崇州年鉴

2018

崇州市人民政府　主办
崇州市地方志办公室　编

方志出版社
Publishing House of Local Records

图书在版编目（CIP）数据

崇州年鉴. 2018 / 崇州市地方志办公室编. —北京：方志出版社，2019.2

ISBN 978-7-5144-3670-9

Ⅰ. ①崇… Ⅱ. ①崇… Ⅲ. ①崇州—2018—年鉴 Ⅳ. ①Z527.14

中国版本图书馆CIP数据核字（2019）第036608号

崇州年鉴（2018）

编　　者：崇州市地方志办公室

责任编辑：刘　珊

出 版 人：冀祥德

出 版 者：方志出版社

地址　北京市朝阳区潘家园东里9号（国家方志馆4层）

邮编　100021

网址　http://www.fzph.org

发　　行：方志出版社图书经销中心

电话（010）67110500

经　　销：各地新华书店

印　　刷：四川胜翔数码印务设计有限公司

开　　本：889×1194　　1/16

印　　张：27

字　　数：629千

版　　次：2019年2月第1版　2019年2月第1次印刷

印　　数：001～800册

ISBN 978-7-5144-3670-9　　定价：350.00元

编辑说明

一、《崇州年鉴》以马克思列宁主义、毛泽东思想、邓小平理论、“三个代表”重要思想、科学发展观、习近平新时代中国特色社会主义思想为指导，坚持辩证唯物主义和历史唯物主义的立场、观点和方法，旨在按年度全面、系统地记录崇州政治、经济、社会、文化和生态文明建设发展情况，真实反映崇州社会主义现代化建设历程，为各级党政机关、研究部门和社会各界人士及中外投资者认识、了解和研究崇州提供基本资料。

二、《崇州年鉴（2018）》采取分类编辑法，由类目、分目、条目组成，以不同字体、字号区别不同层次。2018卷主要记载崇州地区2017年度的基本情况、发展变化及年度大事要闻，内文设特载、专文、大事记、概览、中共崇州市委员会、崇州市人民代表大会、崇州市人民政府、政协崇州市委员会、中共崇州市纪律检查委员会、民主党派、社会团体、法治、军事、对外开放与合作、城乡建设与管理、资源与环境保护、工业、农业、商贸与服务业、能源、财政·税务、综合管理、社会事业、人民生活、乡镇（街道）和附录共26个类目，274幅照片，48个表格，8张图表。

三、《崇州年鉴（2018）》按照“市委领导、政府主持、单位供稿、志办总纂”的修志编纂体制编，统计资料由市统计局提供，内文条目中的数据由各供稿单位提供，图片由相关单位和宣传部门提供，稿件主要由市级各部门、各乡镇（街道）、部分驻崇州单位提供，全稿的组织编写、初纂、总纂与送审后的修改、校订以及后期出版发行工作由市地方志办公室负责。

《崇州年鉴（2018）》编审领导小组

顾　　　　问　赵浩宇

组　　　　长　欧　昭

副　组　长　骆良云　冯卫康

办公室主任　雷庆龄（兼）　李建刚（兼）

成 员 单 位

市委办公室
市人大常委会办公室
市政府办公室
市政协办公室
市纪律检查委员会
市人民法院
市人民检察院
中国人民解放军崇州市人民武装部
市委组织部
市委宣传部
市委统战部
市委政法委员会
市委机构编制委员会办公室
市委统筹城乡工作委员会
市委直属机关工作委员会
市委、市人民政府信访和群众工作局
市委、市人民政府目标管理督查办公室
市委机要保密局
市外台侨事务办公室
市民族宗教事务局
市委政策研究室
市委党史研究室（市地方志办公室）
市委老干部局
市委党校（市行政学校）
成都崇州经济开发区管理委员会
市监察局
市发展和改革局（市粮食局）
市经济科技和信息化局
市教育局
市公安局
市民政局（市社会组织管理局）
市司法局
市财政局
市人力资源和社会保障局
市国土资源局
市环境保护局

市住房和建设局
市城乡规划管理局
市城乡管理局
市交通运输局
市水务局
市农村发展局
市商务和投资促进局
市文化体育旅游局
市新闻中心
市卫生和计划生育局
市审计局
市安全生产监督管理局
市市场和质量监督管理局
市市场服务中心
市供销联社
市档案局（馆）
市政务服务管理办公室
市法制办公室
市防震减灾局
市统计局
市综合执法局
市沼气办公室
市街子景区管理局
市公共资源交易服务中心
市总工会
中国共产主义青年团崇州市委员会
市妇女联合会
市科学技术协会
市残疾人联合会
市红十字会
市社会科学界联合会
市文学艺术界联合会
市关心下一代工作委员会
市工商业联合会
蜀兴投资有限公司
兴蜀投资开发有限责任公司
蜀州城市建设投资有限责任公司
琉璃旅游投资开发有限责任公司
中小企业融资担保有限公司
崇中展业投资有限公司
成都市蜀州兴宇城市建设有限责任公司
四川国网崇州市供电有限责任公司
市国家税务局
市地方税务局
市气象局
中国邮政集团四川省崇州市分公司
公积金中心崇州管理部
四川省烟草公司成都市公司崇州分公司（市烟草专卖局）
中国人民银行崇州支行
四川省银监会驻崇州办事处
崇阳街道办事处
羊马镇政府

崇平镇政府	梓潼镇政府	廖家镇政府
三江镇政府	江源镇政府	大划镇政府
王场镇政府	白头镇政府	道明镇政府
济协乡政府	隆兴镇政府	桤泉镇政府
集贤乡政府	燎原乡政府	元通镇政府
观胜镇政府	锦江乡政府	公议乡政府
怀远镇政府	街子镇政府	三郎镇政府
文井江镇政府	鸡冠山乡政府	

《崇州年鉴（2018）》编辑部

主　　编　雷庆龄　李建刚

副 主 编　谢东强　周　莉

责任编辑　高　雅　林　雯

编　　辑　周继红　王海江

图片编辑　袁　建

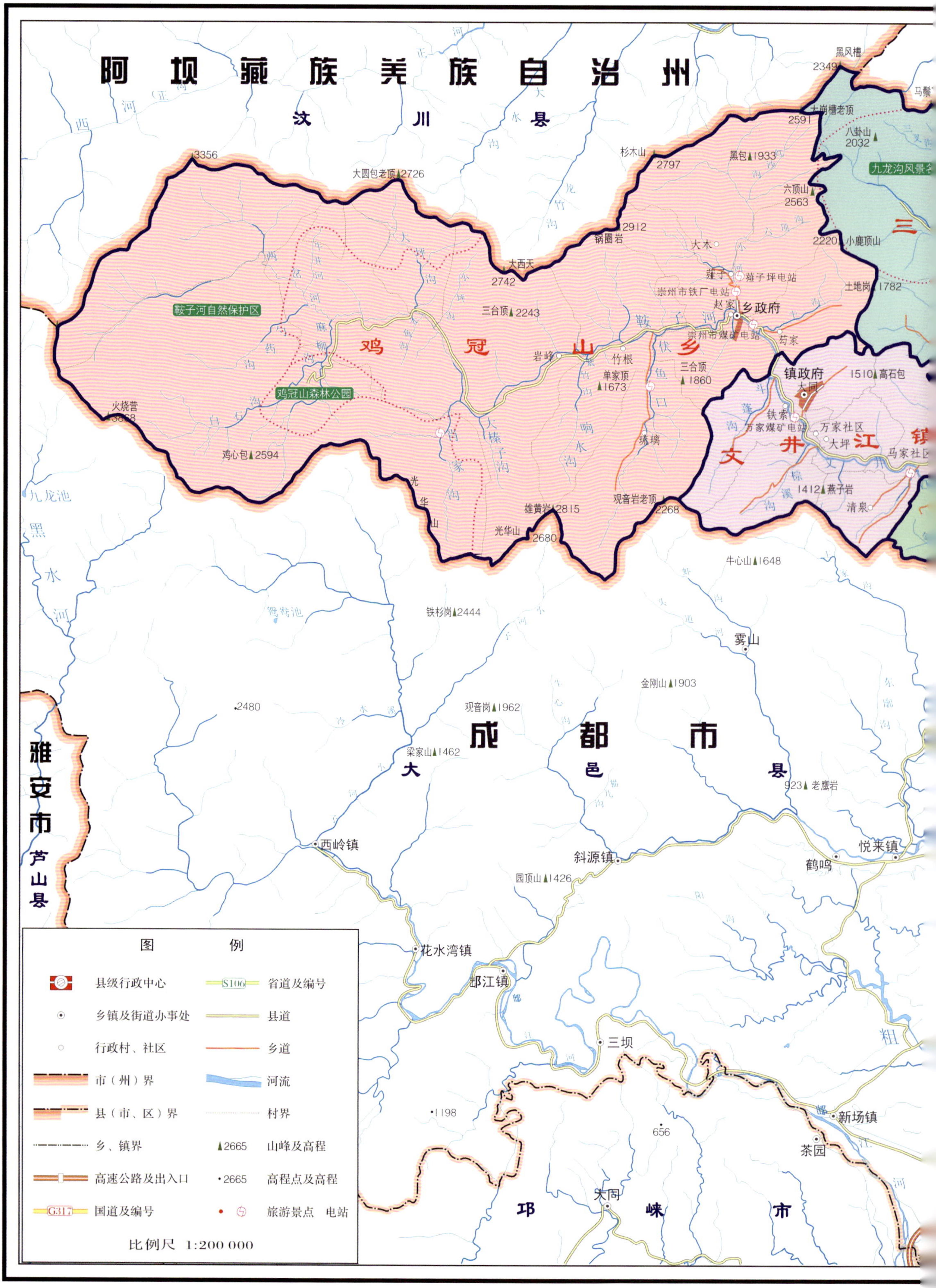

阿坝藏族羌族自治州
汶川县
成都市
大邑县
雅安市
芦山县
邛峡市
鸡冠山乡
文井江镇
乡政府
镇政府
鞍子河自然保护区
鸡冠山森林公园
九龙沟风景名
3356
大圆包老顶▲2726
2742
大西天
2912
锅圈岩
杉木山
2797
黑包▲1933
2591
大岗槽老顶
黑风槽
2349
八卦山
2032
六顶山
2563
2220
小鹿顶山
土地岗▲1782
大木
莲子
莲子坪电站
崇州市铁厂电站
赵家
崇州市煤矿电站
药家
三合顶▲2243
岩峰
竹根
单家顶
▲1673
三合顶
▲1860
火烧营
▲3868
鸡心包▲2594
雄黄岩▲2815
光华山
2680
观音岩老顶
2268
琉璃
大同
铁索
万家煤矿电站
万家社区
大坪
马家社区
1510▲高石包
1412▲燕子岩
清泉
牛心山▲1648
铁杉岗▲2444
雾山
金刚山▲1903
观音岗▲1962
•2480
梁家山▲1462
923▲老鹰岩
西岭镇
斜源镇
悦来镇
鹤鸣
园顶山▲1426
花水湾镇
邮江镇
三坝
•1198
656
新场镇
茶园
大同
九龙池
黑水河
大坪河
鞍子河
图例
县级行政中心
乡镇及街道办事处
行政村、社区
市（州）界
县（市、区）界
乡、镇界
高速公路及出入口
G317 国道及编号
S106 省道及编号
县道
乡道
河流
村界
▲2665 山峰及高程
•2665 高程点及高程
旅游景点 电站
比例尺 1:200 000

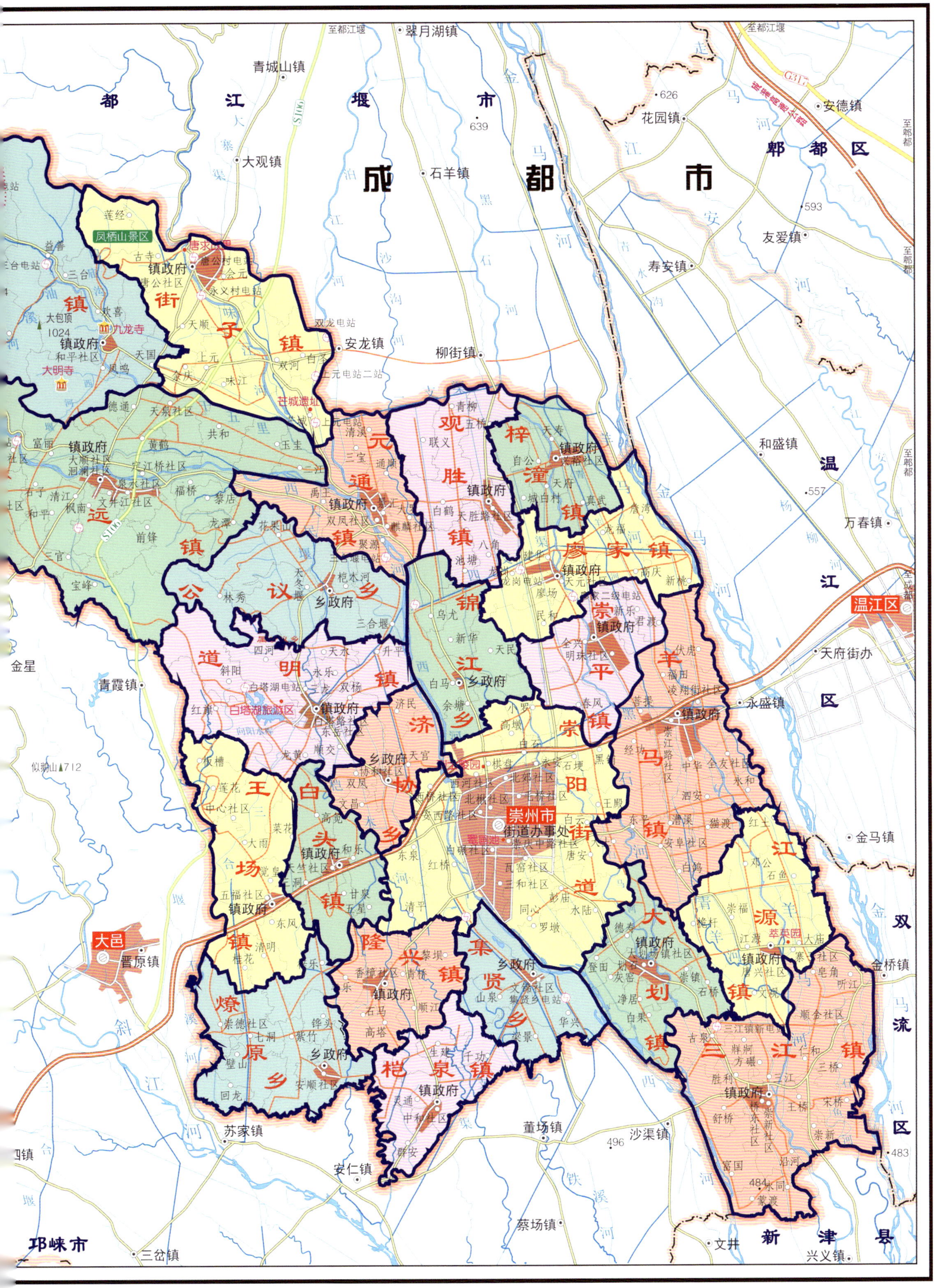

都江堰市
成都市
郫都区
温江区
双流区
新津县
邛崃市
大邑
崇州市
街道办事处
至都江堰
翠月湖镇
青城山镇
大观镇
石羊镇
花园镇
安德镇
友爱镇
寿安镇
安龙镇
柳街镇
和盛镇
万春镇
天府街办
永盛镇
金马镇
金桥镇
金星
青霞镇
晋原镇
苏家镇
安仁镇
董场镇
沙渠镇
蔡场镇
三岔镇
文井
兴义镇
凤栖山景区
九龙寺
大明寺
唐求故里
芒城遗址
白塔湖旅游区
罨画池
萃英园
街子镇
元通镇
观胜镇
梓潼镇
廖家镇
怀远镇
公议乡
道明镇
锦江乡
崇平镇
羊马镇
济协乡
崇阳街道
王场镇
白头镇
江源镇
隆兴镇
集贤乡
大划镇
燎原乡
桤泉镇
三江镇
镇政府
乡政府
S106
G317
626
639
593
557
1024
似鸦山▲712
496
484
483

1

[产业转型升级]

1. 4月26日，崇州市与索菲亚家居（成都）有限公司签订智能家居生产线项目框架协议
2. 智能家居生产线
3. 绿色环绕的崇州经济开发区
4. 8月11日，国家高可信实验室、成都北大科技园和北京大学信息科学技术学院产学研平台落户崇州，共建成都大数据基地签约仪式
5. 5月18日，崇州市与四川中航通用航空产业集团有限公司签订框架协议，共同打造成都（崇州）通用航空全产业链综合发展基地
6. 7月初，崇州智慧产业精彩亮相中国（成都）智博会，参展企业涵盖崇州大数据、电子信息、智能家居等电子制造的三大板块
7. 市民体验BIM技术

2

3

高可信软件技术重点实验室
北大科技园
崇州市人民政府
共建成都大数据基地
签约仪式

韩春林

4

崇州市人民政府
四川中航通用航空产业集团有限公司
成都（崇州）通用航空产业项目

5

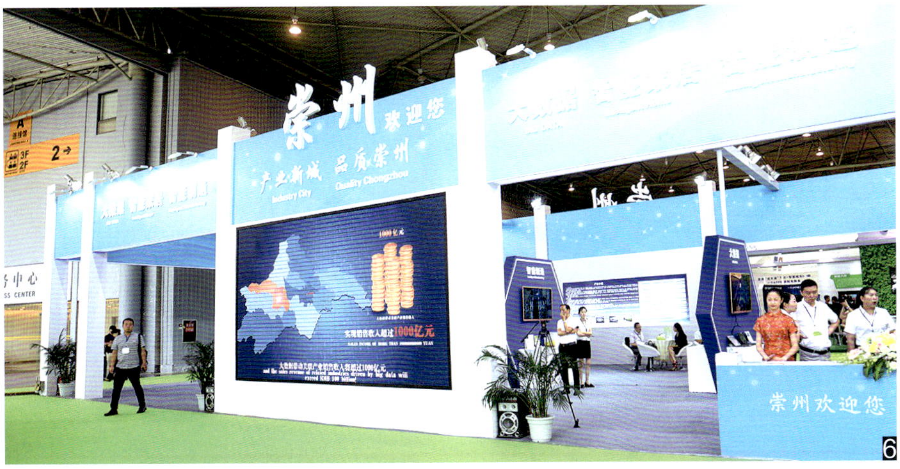
崇州
欢迎您
产业新城
品质崇州
崇州欢迎您

6

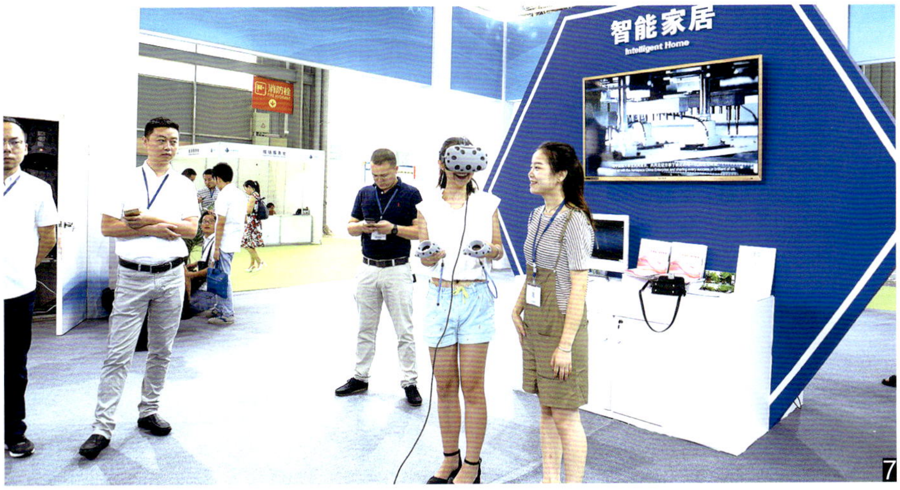
智能家居
Intelligent Home

7

1

2

3

4

[农林业]

1. 鸡冠山盛产美味的牛尾笋
2. 7月7日，崇州市鸡冠山乡首届青梅采摘节开幕
3. 采茶、祭茶、龙门贡茶崇州造崇庆枇杷茶文化体验季活动
4. 11月14日、15日，全国集体林业综合改革试验示范工作推进会在崇州举行
5. “稻虾藕遇·天府好米”正式面市
6. 12月21日，崇州与华川集团签订10万亩“水稻+”全产业链项目投资框架协议，标志着崇州优质粮油产业向中高端发展、精深加工方向发展、品牌化发展、农文商旅跨界融合发展进入了新的历史阶段
7. 隆兴大米上架销售
8. 隆兴大米加工中心

5

崇州市人民政府
华 川 集 团
十万亩"水稻+"全产业链项目
华川集团
崇州市人民政府
6

7

仓 储 中 心
精 米 加 工 中 心
西蜀粮仓大米主题馆
8

1

2

3

4

[乡村旅游]

1. 道明镇竹里
2. 观胜镇严家弯湾盆景园
3. 锦江乡乌尤驿
4. 集贤乡凡朴生活
5. 元通塔建成
6. 鸡冠山雪景
7. 三郎镇樱花基地
8. 桤木河湿地公园

1

2

[第五届四川自驾赏花节]

1. 2017第五届四川自驾赏花节开幕
2. 游走花海
3. 花美人醉
4. 田园火锅
5. 藤编装饰为花田增色
6. 把春色留住
7. 花田里悦动的人群
8. 花田放飞
9. 花田骑游
10. 大美崇州入画来

3

4

5

6

7

8

9

10

1

2

3

4

5

6

7

[城乡建设]

1. 万达广场
2. 宜居的西江河畔
3. 整治后的蜀州广场
4. 共享单车进入崇州
5. 崇州唐人街街区
6. 集贤乡铁溪澜庭
7. 观胜镇严家弯湾院落
8. 白头场镇荷塘美景
9. 竹艺村一隅

8

9

1

2

[生态环保]

1. 山清水秀的自然环境
2. 隆兴桤木河湿地南段
3. 桤木河湿地公园白头段
4. 桤木河湿地鸟瞰
5. 味江河畔
6. 8月，鞍子河自然保护区红外相机再次捕捉到野生大熊猫画面
7. 羊马湿地
8. 春回大地

3

4

5

6

7

8

1

2

3

[民俗文化]

1. 2月3日（农历正月初七），中国民间传统节日“人日”，崇州市首次举办人日诗会，纪念“高（适）杜（甫）酬唱”这一中国诗歌史上的佳话。图为书法家书写人日诗词
2. 小诗童齐声诵读经典杜甫诗句
3. 市民阅读诗人为人日诗会创作的诗词
4. 元通清明会
5. 9月23日，崇州市在罨画池博物馆文庙大成殿前举行丁丑年祭孔大典
6. 春节民俗文化游吸引游客69.3万人，图为游客在街子古镇观看民俗表演
7. 秧歌队走上街头喜迎元宵
8. 元宵节舞龙

4

5

6

7

8

3

[体育赛事]

1-3.　崇州市第四届运动会☒幕式

4-5.　2017年成都市第八届自行车车迷健身节

4

5

[数字崇州]

地区生产总值

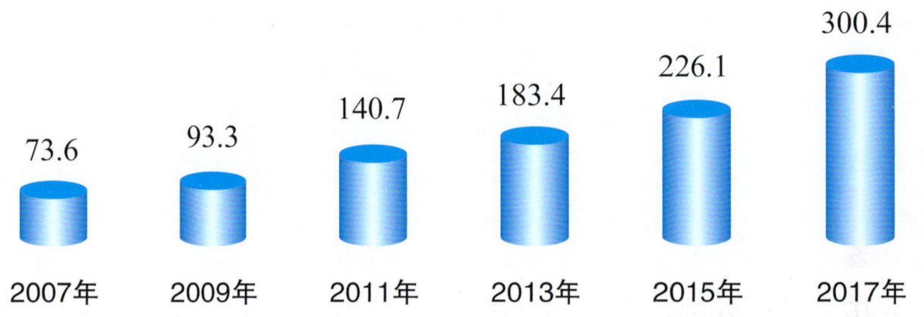

单位：亿元

地区生产总值构成

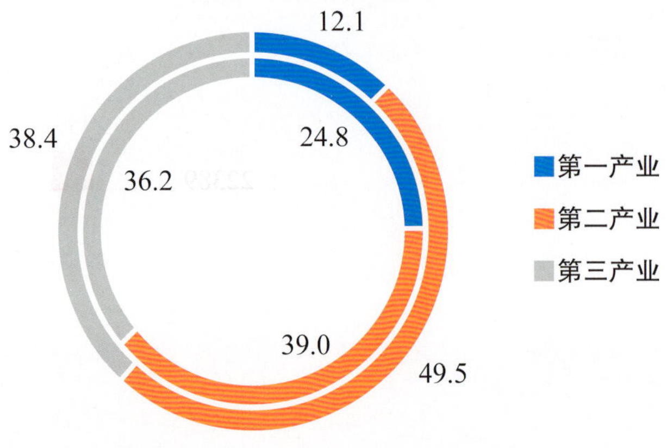

（内环为2007年，外环为2017年）

单位：%

社会消费品零售总额

城乡居民收入

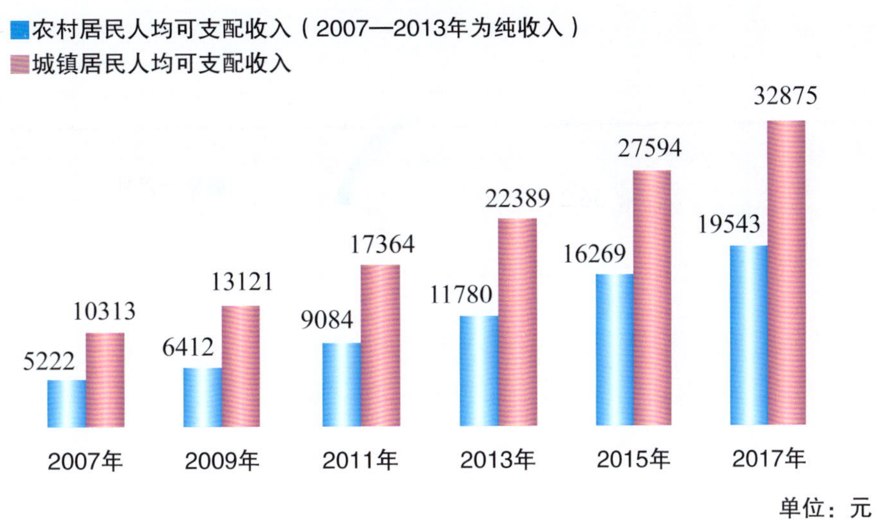

崇州年鉴

2018

目录

CHONGZHOU YEARBOOK

特载

专文

大事记

概览

中共崇州市委

崇州市人民代表大会

崇州市人民政府

政协崇州市委员会

纪检·监察

民主党派

军　事

人民武装

双拥共建

人民防空

开放与合作

外事台务侨务工作

招商引资

对口援藏工作

城乡建设与管理

城乡规划

城乡建设

工业·建筑业

农　业

商贸与服务业

能　源

财政·税务

综合管理

社会事业

乡镇（街道）

中国共产党崇州市委员会工作报告

——在中国共产党崇州市委员会第十三届五次全体会议上

（2017年12月28日）

赵浩宇

这次全会的主要任务是深入学习贯彻中共十九大精神和省委十一届二次全会、成都市委十三届二次全会精神，总结报告市第十三次党代会以来市委常委会工作，审议《崇州市城市总体规划（2016—2035年）》，分析崇州在新时代面临的形势任务，部署当前工作、谋划未来发展。

首先，我代表市委常委会报告工作。报告的主题是“实施主体功能区战略，推进城乡融合发展，加快建设生态宜居的现代田园城市典范”。市第十三次党代会以来，市委常委会坚决以习近平新时代中国特色社会主义思想为统揽，认真贯彻省市决策部署，团结带领全市上下不忘初心、牢记使命，全力推动“产业新城、品质崇州”建设，各项工作取得新的成效。

一年来，我们坚定对表对标，方向思路更加笃定。落实成都市委“十字策略”，坚持在建设全面体现新发展理念的国家中心城市中定位谋划崇州工作，围绕“西控”转型发展，作出建设生态宜居的现代田园城市典范等事关崇州长远发展的重大决策部署，赋予“产业新城、品质崇州”新的时代内涵，成为国家家具质量提升示范区、全省培育农民增收新产业新业态示范县，推动高质量发展的方向更加明确、思路更加清晰。

一年来，我们坚定转型升级，产业质效持续提升。瞄准高端化、绿色化、智能化转型方向，坚持以产业生态圈为核心组织经济工作，智能制造、优质粮油、康养旅游三大主导产业纳入成都市66个重点产业功能区布局。电子信息直奔光电显示等高成长性领域，引进日东电工等产业链核心企业，抢占OLED材料制高点；智能家居瞄准全屋定制等高附加值环节，引进索菲亚、尚品宅配等工业4.0智能制造示范项目，占领行业价值链高端；优质粮油聚焦农业供给侧结构性改革，成为国家农业标准化示范区，实现全省“三农”工作先进县“五连冠”，天府粮仓的地位更加彰显；康养旅游突出龙头带动引领，西南地区首家希尔顿度假酒店开工建设，促成陇海国际旅游度假区、德仁堂健康小镇、百悦·元通天府水乡等重大项目，与地中海俱乐部、绿城集团、仁恒置地、中粮集团强强联合，加快夯基垒台、立柱架梁，国家全域旅游示范区强势起步。

一年来，我们坚定创新突破，发展活力加速释放。全面深化改革蹄疾步稳，“农业共营制”上升为成都方案被中央改革办推广，全国现代林业综合改革等4个现场会在崇州召开，农村金融综合服务改革等经验在全国、全省推介。重点领域改革引发广泛关注，智慧综合执法、诉源治理“五分法”、“文化管家”形成崇州经验。双向开放持续扩大，围绕主导产业引进来，策划、引进10亿级项目27个，50亿级项目5个，100亿级项目5个；与美国硅谷城市群开展国际交流合作，与圣马特奥郡达成建立友好合作关系城市意向；围绕“一带一路”走出去，以智能家居为代表的“崇州制造”走进南亚，形成声势。协同创新成效显著，由中国科学院梅宏院士领衔，与北大信科院、北大科技园、北大附中、北大绿欣高可信软件技术实验室，建立“四维一体”全方位合作关系，搭建大数据人才培养、技术研发、成果转化、推广应用全链条、全要素、全周期创新创业平台，吸引中科曙光等知名企业抢滩布局，崇州大数据产业基地的品牌效应愈加凸显。

一年来，我们坚定品质塑造，城乡区域更加协调。以“四大主体功能区”为基本框架，用新的理念和视野修编《城市总体规划（2016—2035年）》，调整空间结构、重塑经济地理，绘制城乡融合发展蓝图。精心策划、精准对接，争取到二绕三绕连接线、成温崇快速路、A1通用航空机场布局，加速推进光华大道等18个交通项目，对内对外互联互通能力明显提升。优化布局9个功能中心，万达广场建成开业，高位推动城乡环卫一体化、城乡供排水一体化、城乡公交一体化，启动百亿城建攻坚项目，实施乡村振兴“十大重点工程”，积极推进国家卫生城市创建，纵深推进智慧城市、海绵城市建设，城乡面貌焕然一新。

一年来，我们坚定以人为本，人民生活更有质感。投入财政资金30亿元，占一般公共预算支出73.7%，完成民生项目174项。深入实施社区发展治理“五大行动”，背街小巷整治、棚户区改造等一大批惠民举措落地实施。高标准推进精准扶贫，积极支援马尔康市脱贫攻坚。深入推进法治崇州、平安崇州和社会主义精神文明建设，全市大局和谐稳定。持续完善公共服务体系、社会保障体系，办好智慧医疗、智慧照明、市民“一卡通”等民生实事，建成体育公园等一大批便民利民设施。全面推进“三治一增”，切实肩负饮用水源地保护政治责任，加快李家岩水库建设；坚决整改中央环保督察反馈问题，全面推行“河长制”，实施“两湖十河”全流域综合治理，厕所革命、天府绿道、城市绿心、微绿地、小游园、城市慢行系统稳步推进，“城在田中、园在城中、人在绿中”的意境正加快转化为现实场景。

一年来，我们坚定全面从严，党的领导更加坚强。常态化制度化推进“两学一做”学习教育，“四个意识”“四个自信”持续增强。从严从实教育管理干部，践行好干部标准，鲜明用人导向，顺利完成村（社区）两委换届，党的执政根基不断夯实。实施“专家人才、专业人才、技能人才”引育行动，引进院士、“国千”“省千”等高端人才221人，人才结构加快改善。旗帜鲜明惩贪治腐，驰而不息纠正“四风”，深入开展党委巡察，专项治理“微腐败”，风清气正的政治生态持续巩固。

与此同时，充分发挥人大、政府、政协各自职能作用，积极推进法院、检察院司法责任制和体制机制改革，加强与民主党派、工商联和无党派人士的联系与合作，发挥工会、共青团、妇联、科协等群团组织作用，重视老干部、老龄和关心下一代工作，加强人民武装、民族宗教、党史市志和侨台等工作，形成全市上下团结协作、合力攻坚的良好局面。

总的来看，我们战略谋划高位推进，经济运行稳中有进，改革发展蹄疾步稳，社会大局和谐稳定，各方面工作正悄然发生着深刻而积极的变化。一是城乡空间格局发生着深刻而积极的变化。2013年以来，我们制定实施主体功能区战略，按功能定位制定差异化引导政策，分区布局推动大熊猫国家公园、德仁堂健康小镇、天府国际慢城、陇海国际旅游度假区、捷普科技、润恒农产品冷链物流中心等一批具有牵引带动作用的重大项目，空间治理方式更加精细，节约资源与保护环境的空间格局加快形成。二是城市形态格局发生着深刻而积极的变化。坚守城市向东向南发展战略方向，崇阳新城初具规模，羊马新城蓬勃建设，城市中心更加凸显，布局组团化、交通网络化、功能复合化的城市形态逐步成型。三是城乡协同格局发生着深刻而积极的变化。坚持适度超前、整体规划、分步实施，建成百平方公里幸福美丽新村示范片，百公里稻乡、花乡旅游环线，建成农民集中居住区149个，集中居住农民14万人，城乡产业、人口、设施更加协调配套。四是城乡产业格局发生着深刻而积极的变化。始终保持取向高端的信心，拥抱绿色的定力，实施“五换四培育”工程，电子信息成为城市经济的关键支撑，智能家居成为转型发展的靓丽名片，优质粮油成为绿色发展的厚重底色，大数据、康养旅游成为融合发展的战略支点，产业转型发展的“势”与“场”正不断增强。五是城乡形象格局发生着深刻而积极的变化。坚持内聚合力、外塑形象，运用小事件、推动大传播，运用小切口、打开大局面，城市定位从“三圈层”向郊区新城跃升，形象面貌由“二元”向“一体”转变，生活品质由“传统”向“现代”提升，崇州正成为居住安心、工作舒心、投资放心的优先之地、首善之区、向往之城。

这些新进展新变化，是党的十八大以来崇州蓬勃发展态势的延续，是崇州各项事业迈上新台阶的缩影，为迈进新时代、开启新征程奠定了坚实基础。崇州未来可期、前景美好，我们要从这些变化中，增强信心、坚守定力，接续奋斗、砥砺前行，奋力开创新时代“产业新城、品质崇州”的崭新局面。

下面，就贯彻落实中共十九大精神，我代表市委常委会讲几点意见。

一、学习新思想践行新理念

旗帜就是方向、旗帜就是力量。中共十九大把习近平新时代中国特色社会主义思想，确立为党必须长期坚持的指导思想并写入党章，为实现中华民族伟大复兴中国梦树立了精神旗帜。要坚决对表看齐，自觉用新思想武装头脑、指导实践，坚决落实省市决策部署，确保崇州始终沿着正确方向奋勇前进。

一要在发展理念上全面对表。核心是自觉践行创新、协调、绿色、开放、共享的发展理念，准确把握高质量发展的基本要求，全面贯彻省委建设经济强省、成都市委建设现代化经济体系的决策部署，坚持以供给侧结构性改革为主线，推动经济发展质量变革、效率变革、动力变革，引领推动崇州发展朝着更高质量、更有效率、更加公平、更可持续的方向前进。

二要在战略谋划上全面对表。核心是准确把握我国实现现代化的目标和步骤变化，按照“两个一百年”奋斗目标和“两个阶段”战略安排，对照省市“三步走”战略谋划，科学确立崇州新时代的战略目标、努力方向，对表校准工作的时间轴和坐标系，努力在新征程中干在实处、走在前列。

三要在发展实践上全面对表。核心是统筹推进“五位一体”总体布局、协调推进“四个全面”战略布局，全面贯彻省委

“一个愿景、两个跨越、三大发展战略、四项重点工程”治蜀兴川战略部署，主动融入成都市委“五中心一枢纽”建设，坚决把中央和省市系列部署创造性转化为崇州实践。

四要在初心使命上全面对表。核心是牢记“为中国人民谋幸福、为中华民族谋复兴”的初心和使命，自觉践行以人民为中心的发展思想，把人民对美好生活的向往贯穿到崇州工作各领域、全过程，推动城市争先进位与人民生活品质改进提升相得益彰，努力让崇州成为本地人自豪、外地人羡慕、创业者向往的高品质和谐宜居生活城市。

二、标定新方位确立新目标

新时代需要明确新方位、确定新目标。近段时间以来，市委坚持以习近平新时代中国特色社会主义思想为根本遵循，紧扣“西控”转型发展策略，确定了16个事关全市发展大局的重大课题，形成了系列研究成果，明确了生态宜居的现代田园城市典范发展目标。其中，“生态”，就是要践行绿水青山就是金山银山的理念，保持生态优先绿色发展定力，提升绿色发展能级，让绿色发展成为崇州最鲜明特质和最持久优势；“宜居”，就是要推动城市发展从以城为本转向以人为本，加快提升社会文明度、资源承载度、生活便利度和公共安全度，让群众更有获得感、幸福感、安全感；“现代”，就是要着眼城市发展方向，构建以现代产业、现代城市、现代生活为主要支撑的经济结构、城乡形态和生活方式。“田园”，就是要坚持“以水定人、以底定城、以能定业、以气定形”，使城市既具备现代化功能、发达工商业，又能留住独有的田园风光、山水格局，着力塑造“明日之城·翡翠之城”的别样精彩。全市各级党组织要自觉提升站位格局，深化对市情的认识和把握，坚定发展信心，勇担历史使命。

一要用辩证的眼光看待变与不变。历史总是在继往开来中前进，事业总是在接续奋斗中创造。2013年，市委十二届三次全会着眼赶超跨越，提出建设现代产业、现代都市、现代生活充分融合的“产业新城、品质崇州”。2016年，市第十三次党代会，提出高标准打造“产业新城、品质崇州”，将“现代都市”调整为“现代城市”。今年以来，成都市委着眼千年立城、永续发展，制定“东进、南拓、西控、北改、中优”差异化功能空间布局的“十字策略”，明确“西控”就是持续优化生态功能空间布局，大力发展高端绿色科技产业，提升绿色发展能级，保持生态宜居的现代化田园城市形态。崇州全域位于“西控”区域，处于都江堰精华灌区，是距离天府广场最近的郊区新城，有“四山一水五分田”的生态本底，有毗邻中心城、衔接大青城的区位条件，有“大生态、大康养、大数据、大智造”的产业基础，理应在探索城市绿色发展新模式中，肩负使命、走在前列。为此，我们立足于“产业新城、品质崇州”，但不止步于“产业新城、品质崇州”，从担当国家中心城市使命的政治高度，从提升经济发展质量的战略维度，从回应群众美好生活需要的价值尺度，提出建设生态宜居的现代田园城市典范，丰富完善引领崇州未来发展的坐标系。这当中，“产业新城、品质崇州”是城市发展定位，生态宜居的现代田园城市典范是城市发展目标，“明日之城·翡翠之城”是城市品牌形象，发展现代产业实现民共富、建设现代城市实现民共享、创造现代生活实现民共乐是城市发展策略。这一坐标系，第一要务始终没变、为民取向始终没变、品质追求始终没变，变化的是标准的提升、内涵的深化、外延的拓展、路径的优化。全市各级党组织要遵循规律，把握大势，自觉在这个坐标系中聚焦中心找定位、潜心谋划明方位、凝聚共识促发展、奋力拼搏有作为。

二要用发展的思维分析速度与质量。从时间到空间，崇州发展的车轮永不停息。2010年地区生产总值突破100亿元大关，2014年迈上200亿元台阶，到今年接近300亿元，实现经济发展的“三级跳”。虽然实现了高速度发展，但以新发展理念衡量，这种高速发展的水平、效益、质量还亟须提高，集中表现为“三个不平衡”和“三个不充分”：城乡发展不平衡，建设用地集约化利用水平不高，城市建成区国土开发强度达到76.3%，平坝区国土开发强度达到28.4%，逼近30%的公认标准，影响舒适度和宜居性。城镇化率为51.6%，仅高于全省平均水平1.2个百分点，低于成都市平均水平近20个百分点。城乡居民收入低水平均衡，2016年，城乡居民可支配收入比虽调整到1.68∶1，但城镇居民收入仅位列成都市第16位，农村居民收入在16个区（市）县中排13位。产业发展不平衡，主要是产业层次不高、效益偏低，现代生产性服务业和生活性服务业发展滞后，先进制造业和高端绿色科技产业体量小，主要依赖龙头企业。工业产出效益为17亿元/平方千米，不到成都平均水平的三分之一；旅游业人均旅游收入不足400元/人次，低于“西控”区域480元/人次的平均数，远低于成都1200元/人次的平均水平。经济与生态不平衡。近一半的国土面积属于高度重要和极重要生态敏感区。生态补水缺口达到9000万立方米/年，城镇污水管网覆盖率仅为70%，城市建成区污水管网雨污分流比例仅为1∶3，农村面源污染仍然存在。创新引领不充分。经济外向度为6%，净出口对经济贡献度低，区域经济融入全球经济大循环的能力弱；高新技术制造业、战略性新兴产业占规模以上工业产值比重分别为29%、22.6%；只有17家规模以上企业有研发活动，经费投入GDP占比仅为1%。民生保障不充分。城乡公共服务配套仍未有效补齐，优质教育、医疗等资源主要集中在中心城区，随着增量人口导入，供需矛盾更加凸显。目前全市还有“低保”人口9400人。社会发展不充分。主要是民生改善与供给能力有差距，社会治理能力与城市规模能级不匹配，两新组织党组织覆盖率有待提高，社区组织发育程度不高，社区行政化色彩较浓，共建共治共享格局尚未形成，社会发展总体滞后于经济发展。我们必须保持清醒头脑，勇于正视不足，坚持问题导向，把创新作为第一动力，协调作为内生特点，绿色作为普遍形态，开放作为必由之路，共享作为根本目的，着力“控红线、优空间，控门类、优产业，控强度、优品质”，努力实现体现新发展理念的高质量发展。

三要用全面的观点把握整体与局部。田园城市理论主张城市与乡村在分离之后重新走向融合，是符合后工业化时代要求的城市发展先进理念。我们以建设生态宜居的田园城市为目标，就是要增强全局意识，把握“西控”区域自古以来就是成都重要生态屏障的历史规律，坚定不移“以控促优”，肩负好为国家中心城市探索城市绿色发展新模式的使命责任。增强联动意识，注重与西控区域生态共保、设施共联、产业共兴，促进名山与名镇、康养与三医、大数据与大学城、冷链物流与现代农业协同，推动崇州与“西控”区域错位协同、一体发展、共同提升。增强统筹意识，把生态文明建设放在突出位置，统筹市域国土、城乡、产业、生态、人口布局，实施主体功能区战略，从功能空间布局角度推动解决发展不平衡不充分的问题，为功能品质优化、城市能级提升提供空间载体。全市各级党组织必须服从服务大局，在大局中谋划定位，切实履行责任，做出贡献。

四要用前瞻的视野观照现实与未来。千年潮未落、风起再扬帆。回溯崇州4300年的文明史、2300年的建城史、2200年的建置史，自李冰父子开凿都江堰水利工程后，千里沃野、发达水系，孕育了“前村牧笛响悠然”的农耕文明、催生了“西江晚渡客三千”的商业繁华，成就了农业时代“蜀中之蜀、蜀门重镇”的美名。新中国成立后，崇州历经近70年发展，实现了农业地区向工业地区的转型，农业时代向工业时代的跨越，成都远郊县向郊区新城的跃升，站上了工业文明向生态文明、工业时代向智能时代迈进的潮头。当前，一些科技领域已经到了大爆发前夜，“未来已来”的变革大势愈发凸显，大数据、万物互联等技术加速突破，逆城市化加快进程，大城市将进一步走向多中心化，传统中心区的“垄断地位”将下降，远郊区的土地价值将上升。人口50万人至100万人、物价低廉、环境宜人、靠近大型机场和大学城的明日之城，正成为人们理想中的“诗意栖居地”。我们必须树立大历史观和前瞻视野，全面感知城市发展脉络，站在现在看未来，深入分析新科技革命对城市的深刻影响，超前谋划、积极应对、顺势而为，把握“田园城市”主动，抢占“明日之城”先机。

基于上述分析研判，在与中央大政方针和省市部署调焦对表的基础上，本着战略目标的坚定性与战略步骤的阶段性有机统一原则，我们明确了崇州“三步走”战略的步骤安排：到2020年，高标准全面建成小康社会，高标准建设“产业新城、品质崇州”。主体功能区管理体制基本形成，产业生态圈基本构建，成都市饮用水源涵养功能全面提升，成为国家级新型工业化（大数据）示范基地、全国生态文明建设示范市、国家全域旅游示范市、乡村振兴和城乡融合发展示范区。从2020年到2035年，基本实现现代化，全面建成生态宜居的现代田园城市典范。城乡全面融合发展，产业生态圈全面构建，经济充满活力、生活品质优良、生态环境优美，建成全国一流的绿色智慧城市，成为天府康养旅游集聚区、天府古镇文化核心区。从2035年到本世纪中叶，全面实现现代化，成为可持续发展的明日之城。建成富强民主文明和谐美丽城市，城市治理体系和治理能力实现现代化，代表成都参与国际竞合的能力全面增强，成为成都建设现代化新天府和可持续发展世界城市的典范区。

三、开启新征程承载新使命

蓝图已绘就，奋进正当时。实现“三步走”战略目标，我们必须高举习近平新时代中国特色社会主义思想伟大旗帜，全面贯彻落实中共十九大精神和省、市党代会精神，不忘初心、牢记使命，统筹推进“五位一体”总体布局，协调推进“四个全面”战略布局，主动担当成都建设现代化新天府的崇州使命，聚焦民共富提升产业质效，聚焦民共享提升城市功能，聚焦民共乐提升生活品质，深入实施主体功能区战略，全方位促进城乡融合发展，积极回应人民群众日益增长的美好生活需要，加快建设生态宜居的现代田园城市典范。

第一，聚焦民共富，提升现代产业质效。产业体系是经济体系的核心，产业兴则经济兴，产业强则城市强。建设生态宜居的现代田园城市典范，必须把产业高质量发展作为首要任务来谋划，以供给侧结构性改革为主线，转变发展方式，优化经济结构，转换增长动能，加快建设现代产业体系，全方位提升质效能级。

一要加快构建产业生态圈。现代产业生态理论研究表明，产业生态圈是一座城市的比较优势和核心竞争力。产业生态圈是指在一定区域内，人才、技术、资金、信息、物流和配套企业、服务功能等要素有机排列组合，通过产业链自身配套、生产性服务配套、生活性服务配套以及基础设施配套，形成产业自行调节，资源有效聚集，科技人才交互，企业核心竞争力持续成长的一种多维生态系统。树立产业生态圈理念，要注重把握“三个不等同于”，一是产业生态圈不等同于产业链，既包含协作配套构成产业链的各企业，还包含为企业提供各类要素支持的外部环境；二是产业生态圈不等同于产业生态，更注重生产与生活的和谐共生，既体现产业的发展，谋求产业与资源环境承载力的动态平衡，又追求城市功能的多样性、吸引力和带动力；三是产业生态圈不等同于工业或产业园区，将特定区域作为一个完整的生态系统来分析，包含产业园区以外的人力资源、人居环境以及协作配套能力，是一种更先进、更具有动态性和兼容性的经济发展模式。目前，崇州正处于工业化和城镇化加快发展时期，必须重新审视传统产业园区发展模式，转变经济工作组织方式，以构建产业生态圈、创新生态链为核心组织经济工作，以区域集中、产业集群、土地集约、人才集聚为方向，聚焦集群成链、功能配套、产城融合，推动产业园区从单一的生产型园区经济，向生产、服务、消费等多功能的城市型经济转型。

二要严格控制产业门类。坚持主业主导，智能制造重点发展集成电路、光电显示、信息安全、家居全屋定制等高端领域，积极发展大数据、文化创意为代表的新经济，以研发设计、功能总部为代表的楼宇经济，加快推动成都集成电路国际协同创新生态园落地，实施领胜科技、韩国大象OLED、喜临门高端软体家具等重点项目，打造具有国际影响力的光电显示产业基地核心配套区、全国最具竞争力的智能家居产业基地。优质粮油重点发展高端种业、现代林业、农产品冷链物流和农村电商、创意农业、农事体验等新业态，加快润恒农产品冷链物流中心、华川“十万亩+”全产业链等重大项目建设，着力推动“水稻+”“农产品冷链物流+”全产业链发展，用5年时间，培育优质粮油特色水产、现代林竹两个百亿产业和农产品冷链物流千亿产业。康养旅游重点发展森林康养、古镇医养、山水怡养，加快地中海俱乐部、百悦·元通天府水乡、仁恒置地、德仁堂健康小镇等重大项目建设，加速健全医疗、酒店、体育等8类要素，建设以康养旅游为特色的全域旅游目的地，培育区域经济的战略性支柱产业。坚持高端绿色，聚焦绿色化、高端化、智能化转型方向，持续实施“五换”工程，健全完善产业效率评价办法机制，实施工业用地减量提质计划，完善空置低效用地评估和退出机制，加快清理疏解、调迁转移低端低效企业和非主导产业企业，为高端增量腾出空间。坚持跨界融合，顺应产业跨界发展趋势，树立“互联网+”思维，以产业为基础，把融合作为关键，依托大数据基地建设，突出以云计算、大数据、物联网等为代表的新型基础设施布局，深度融入智慧城市、海绵城市、信用城市、平安城市建设，重点推进筷子网电商物流、安德在线跨境电商、土而奇公共电商等平台建设，培育数字经济应用场景。加快推进工业互联网集成应用，建设工业云服务平台，实施智慧工厂、智能车间示范行动，积极发展智能经济。加快国家农村产业融合发展示范县建设，实施“农业+”行动，突出抓好天府国际慢城等重点项目建设，打造“天府味、国际化、慢生活”的产业融合发展示范区；深度挖掘天府林盘等特色文化资源，加快建设中粮集团文创硅谷、羊马城市湿地电影主题公园、中央美院竹艺创客村、桤泉农科田园小镇等5个文化创意基地，培育文化创意、乡村旅游、民宿经济、农耕体验等新业态，促进农文商旅融合发展。

三要加速壮大企业集群。要加快增量，围绕主导产业，加强上下游产业链研究、技术革新前沿追踪，瞄准“6类500强”、行业龙头和产业链缺失环节，持续实施“1+100”招商行动，推动精准招商。当前，重点依托京东方、格罗方德、捷普等龙头企业，开展产业链协作招商；联合陇海、拓米科技等平台型项目，开展“共建共营”招商；聚焦目标产业、目标市场和目标要素，开展品牌企业“业务增量”招商，加快引进住友化学、3M、出光兴产等“6类500强”。要提升存量，持续实施本土领军企业、规模企业、上市企业和企业家队伍培育计划，成就更多的名企、名品、名家。到2022年，力争培育百亿级工业企业2家以上，上市企业5家以上，规模以上企业总数超过300家。要拓展市场，大力发展开放型经济，支持企业主动沿着“一带一路”走出去，拓展国际市场，同步推动我市与沿线国家和地区开展贸易、投资、人文交流，推动形成高水平的对内对外双向开放。2018年，要高水平举办“国际家居创意设计周”，塑造崇州家具设计之都的品牌影响力。

四要创新要素供给方式。坚持要素成网，全面落实新“九通一平”发展环境建设“三十一条”，重点强化金融支撑，破除“让利”思维，推行“基金+基地”“基金+产业”方式，设立10亿元产业基金，发挥大数据、农产品冷链物流等4支基金和城投债等3支债券作用，支持金融机构加强与创业投资、产业投资基金等新金融业态建立投贷联动机制，推动产业扶持由“给优惠”向“给机会”转变。强化人才支撑，秉持“新人才观”，发挥人才促进会作用，持续实施“专家人才、专业人才、技能人才”引育行动，加快人才公寓、青年公寓、人才驿站、青年人才之家建设，优化人才引育留用政策体系，把最优的礼遇给予最优秀的人才，真正把崇州建设成为人才高地、生活福地。强化技术支撑，聚焦产业生态圈，深化协同创新走廊建设，重点在利益导向机制上突破，加快与高校、央企、大型国企和行业设计院、智库、研究中心、检测中心等专业机构合作，为企业搭建产学研用协同创新平台，推动企业技术创新由“给政策”向“给平台”转变。

五要加快推动产城融合。坚持“一个产业类别就是一个主题城市社区”的理念，破除“就产业抓产业，就城市论城市”的思维定式，全面实施“五位一体”管理，围绕产业发展带来的人口结构、消费偏好变化，特别是领军人才、技能人才、企业高管的全周期服务需求，科学布局产业、居住、生态、休闲空间，提升生活配套和生活服务供给水平，建立“产业—社区—社会”生活圈。当前，要针对企业高管“工作在崇州、生活在成都”的突出问题，加快引进一批高端生活性服务业项目，规划建设国际化生活社区；要针对产业工人、创业人才“工作在园区、生活在城区”的突出问题，加快新城市生活中心、明湖生活组团、大划生活配套组团建设，增强美好生活对人才的吸附力。

第二，聚焦民共享，提升现代城市功能。坚持“一尊重五统筹”，以完善产业体系、提高生活品质为逻辑起点，强化精准规划引领，深入实施主体功能区战略，注重以城市营造凝魂聚气、积势赋能，持续提升城市功能品质、形象气质和品牌价值。

一要营造差异协同的功能格局。主体功能区是国土空间开发的基本单元，是区域协调联动的重要载体。崇州全域自西北向东南呈现“高山—浅丘—田园—城市”的空间格局，确定不同区域的主体功能，有利于构建高效、协调、可持续发展的美好家园。山地生态涵养区，就是要高标准建设成都市饮用水源涵养区、区域生物多样性宝库，注重库区、景区、园区、社区“四区”联动，实现生态上山开绿色银行、农民进城过幸福生活，打造“岷山晴雪、茂林镜湖”的秀美森林景观。康养旅游集聚区，就是要高质量发展森林康养、古镇医养、山水怡养，系统打造“青城古镇·文创街子、九龙禅境·怡养三郎、藤蔓分州·匠心怀远、三津蜀院·溪舍元通”，建设天府康养旅游集聚区、天府古镇文化核心区，构建“古镇聚落、街巷生活”的乡愁意境。现代农业功能区，就是要高水平推进农业供给侧结构性改革，大力发展高端绿色现代农业，分区打造稻乡环线、花乡环线、菜粮轮作“三个示范区”，建成天府精品生态粮油产业示范区，创造“景田修竹、共营共享”的田园生活。城市功能核心区，就是要建设高品质宜居宜业的郊区新城、四川省历史文化名城和国家大数据产业基地，塑造“四季翯画、智慧城市”的城市名片。

二要营造城乡融合的空间格局。着眼城市永续发展，优化城乡空间形态，促进城乡融合、区域联动。聚焦“城乡融合”，深入实施乡村振兴战略，规划9个特色镇和900个天府新林盘，构建“郊区新城—特色镇—天府新林盘”三级城乡体系和“郊区新城—功能区—社区”空间治理体系，形成主体功能明确、区块有机联动、资源配置优化、整体效能提升的城乡融合发展格局。当前，重点要加快编制全域乡村振兴发展规划，启动建设白头、道明2个特色镇，竹艺村等4个天府新林盘聚落。聚焦“双核引领”，在南部建设以生态田园为本底、特色产业园区为支撑的综合园区，在北部建设具有全国影响力的古镇群落，构建引领全域的“南园北镇”两个增长引擎。聚焦“两轴串联”，打造成温邛城市发展轴和龙门山前旅游发展轴，形成串联城乡的两条产业轴线。聚焦“两脉提升”，沿西河打造蜀州历史文化主脉，沿桤木河打造自然生态主脉，构建历史文脉、经济流向、绿色廊道、产业分布交互融合的“两核两轴两脉”市域空间结构，形成双中心、网络化、生态型的全域空间模式。

三要营造绿水青山的生态格局。坚持“绿水青山就是金山银山”理念，高标准扮靓蓝绿交织、望山亲水的生态空间。要守好生态本底，坚持“分区管控、差异发展”，调整市域生态空间、农业空间、城镇空间，系统管控13类生态要素区域，建立完善差异化开发强度、土地配置、产业准入等政策，推动主体功能区战略全域落地。当前，重点抓好大熊猫国家公园、李家岩水库等15个重大生态项目建设。要改善生态环境，坚持全民共治、源头防治，以坚决打赢蓝天保卫战为重点，深入实施大气、水、土壤污染防治“三大战役”，全面推进“两湖十河四湿地”全流域综合治理，规划布局双河湿地、滨江湿地，持续推进“宜居水岸”、桤木河国家级水土保持科技示范园区建设，创建国际湿地城市。要塑造生态空间，坚持“景区化、景观化、可进入、可参与”理念，加快推进天府绿道、城市环城生态区、无根山城市森林公园、城市近郊森林公园建设，以绿道为经线，链接城市、乡村、景区，构建“多园支撑、绿道串联、田园覆盖”的绿色休闲空间，启动国家生态文明建设示范市、国家级生态园林城市创建。

四要营造共建共享的治理格局。遵循城市治理规律，完善党委领导、政府负责、社会协同、公众参与、法治保障的社会治理体制。坚持系统治理，稳妥有序推进乡镇整合、镇改街道、合村并村、村改社区，率先在现代农业功能区试点，构建“管委会+街道+社区”管理体制，逐步过渡到“两级政府、三级管理”、扁平高效的城乡管理架构，提升产业规模化经营能力、资源要素整合能力、社会治理效率。加强社区发展治理，实施“居站分离”改革，推动城乡治理重心下移、职能下沉。坚持智慧治理，大力推进智慧城市建设，推动数据资源共享共用，建立服务治理大联动平台，持续推进智慧社区、智慧管网、智慧政务等支撑项目建设，建设成都市综合行政执法智慧治理服务总平台，对外输出综合行政执法“崇州模式”。坚持依法治理，加快法治崇州、平安崇州建设，牢牢守住社会稳定、安全生产、食品药品监管“三条底线”，确保城市安全、社会安定、市民安宁。

第三，聚焦民共乐，提升现代生活品质。生活城市是品质崇州最鲜明的标识和最靓丽的名片。必须始终把满足市民对美好生活的向往作为奋斗目标，着力补短板、提品质，增强公共服务、基础设施、人文景观、生活服务供给能力，打造高品质和谐宜居生活城市。

一要打造高品质的公共服务体系。探索以利民惠民为导向的公共服务体制改革，建立公共服务清单管理、动态调整机制。持续实施就业优先战略，全面落实就业创业扶持政策，启动返乡创新创业示范园区（示范乡镇）建设，提高就业服务供给能力。办好人民满意教育，启动成都北大附中未来学校、城北学校建设。深化产教融合发展，依托“五院一校两基地”，促进教育、人才、产业、创新“四链”融合。扎实开展智慧医疗、现代医院建设，加快推动中医院迁建、二医院新建工程，创建国家卫生城市。完善社会救助、社会福利、优抚安置制度，大力推进全民参保计划，完善多主体供给、多渠道保障、租购并举的住房制度。

二要打造高品质的基础设施体系。按照“先规划后建设、先地下后地上、先景观后项目、先公建后产业”的思路，坚持高起点规划、网络化布局、分步骤实施，推动基础设施向产业发展前沿“延伸”。要加快交通基础设施建设，统筹推进通用航空机场、轨道交通、交通干道、乡村公路、慢行交通系统建设，构建“区域复合、市域一体，全域覆盖、低碳智能”的综合交通网络。要加快市政基础设施建设，持续推进城乡供排水一体化、城乡环卫一体化、全域公交一体化，加快海绵城市建设，深入推进厕所革命。加快布局新一代信息基础设施，推进5G通信网络建设，提升物联网覆盖接入能力。

三要打造高品质的人文景观体系。纵深推进天府文化创新性发展、创造性转化，深化完善“文化管家”，启动“孝善”“乡贤”文化品牌建设，创建省级文明城市。坚决落实“大规模国土绿化行动”，全域对标AAAA景区标准，全面推进“增花添彩”，扎实开展“无违建市”行动，加强对老旧城区、工业园区、历史文化街区、“三边三线”等重要节点绿化彩化景观设计，强化城市天际线、城市色彩管控，打造“主客共享、城景交融”的精品景观环线。深入实施大地景观再造工程，加快城市观山视域廊道建设，推进景观农业发展、特色镇建设、天府新林盘打造、城乡风貌提升，推行“天府文化+设计师联盟+集体经济组织”模式，打造一批承载天府文化记忆的特色街区、建筑群落和文化景观，用文化延续城市韵味，让建筑点亮城市未来。

四要打造高品质的生活服务体系。坚持量力而行、适度超前，突出市民和企业两个主体，推动生活服务设施向人口集中区域“布点”。加快实施文教中心、现代物流、工业服务等9个功能中心，加快发展生活性服务业，以城市社区、特色街区为基本单位，加强社区商业网点、服务设施和便民服务体系建设，构建15分钟生活服务圈，不断满足市民对便捷生活的需求。

四、展现新作为树立新形象

把宏伟蓝图转变成美好现实，关键在党，关键在各级党组织，关键在全市广大党员干部。必须坚持和加强党的全面领导，坚定不移全面从严治党，不断提高党的执政能力和领导水平，为实现新时代崇州“三步走”战略目标提供坚强保证。

第一，强化思想政治建设，保持坚强政治定力。思想政治建设是党的根本性建设，是我们党的重要政治优势。要旗帜鲜明讲政治。始终把政治建设摆在首位，坚决维护以习近平同志为核心的党中央权威和集中统一领导，绝对忠诚核心、拥戴核心、维护核心。坚决听从指挥，坚定贯彻执行党的基本理论、基本路线、基本方略，严格遵守政治纪律和政治规矩，自觉做到“四个服从”，做到党中央提倡的坚决响应、党中央决定的坚决照办、党中央禁止的坚决不做。要加强思想理论武装。坚决用习近平新时代中国特色社会主义思想武装头脑，深入推进“两学一做”学习教育常态化制度化，扎实开展“不忘初心、牢记使命”主题教育，大力弘扬“红船精神”，确立思想理论的“定盘星”，坚定理想信念的“主心骨”，筑牢“四个自信”的“压舱石”。全面加强党对意识形态领域的领导，用社会主义核心价值观凝神聚魂，坚守共产党人精神家园。要严肃党内政治生活。尊崇和维护党章，严格执行新形势下党内政治生活若干准则，完善和落实民主集中制等各项制度，坚决落实民主生活会、领导干部双重组织生活、民主评议党员、谈心谈话等制度，用好批评和自我批评的武器，不断增强党内政治生活的政治性、时代性、原则性、战斗性，加强党性锤炼，永葆共产党人的政治本色。

第二，强化干部队伍建设，激发昂扬精神状态。党的干部是党和国家事业的中坚力量。要鲜明导向选用干部。认真践行好干部标准，坚持正确选人用人导向，突出维护核心、对党忠诚这个政治标准，把适应新时代要求、专业能力突出、忠诚干净担当的干部选出来、用起来，选优配强各级领导班子，着力打造一支讲政治、懂城市、会经济、善治理的高素质专业化干部队伍。要精准精细培养干部。坚决贯彻落实习近平总书记“增强八种本领”重大要求，大力实施干部能力素质提升、领导班子结构优化和年轻干部战略储备工程，切实增强复命意识和画句号能力。尤其注重在工作实践中甄选干部、在艰苦环境中历练干部、在群众口碑中检验干部，促进干部全方位快速成长。要真心真情关爱干部。坚持严管和厚爱结合、激励和约束并重，完善干部考核评价机制，建立激励机制和容错纠错机制，强化“1+5+1”平时考核，旗帜鲜明为敢于担当、踏实做事、不谋私利的干部撑腰鼓劲，激励全市广大干部创造性开展工作。

第三，强化基层组织建设，夯实党的执政根基。基层党组织是确保党的路线方针政策和决策部署贯彻落实的基础。要增强主业意识。牢固树立大抓基层的鲜明导向，从严落实基层党建工作责任制，通过年初“制清单”、年中“回头看”、年底“述评考”，完善有部署、有督办、有跟踪、有问责的工作链，促使各级党组织书记知责明责尽责，扶犁亲耕“责任田”，真正做到书记抓抓书记。要突出政治功能。以提升组织力为重点，发挥好“党领导一切”的组织优势，扩大基层党组织有效覆盖，推进党的基层组织设置和活动方式创新，加强基层党组织带头人队伍建设，把基层党组织建设成为宣传党的主张、贯彻党的决定、领导基层治理、团结动员群众、推动改革发展的坚强战斗堡垒。坚决落实“三会一课”、固定党日等制度，常态化开展“走基层”“双报到”等活动，认真做好发展党员、教育和管理工作，推动基层党建全面过硬、全面进步。要强化服务功能。坚持党的一切工作到支部，把加强政策宣传、思想疏导和政治引领贯穿于各项服务中，跟进全市产业生态圈建设、乡村振兴战略、社区发展治理等重点工作，发动社会各种组织在联系服务群众中传播党的声音、宣传党的政策、落实党的要求，在办好办实群众关心关注的民生实事中树立威信、增强自信，让党的“神经末梢”真正发挥应有作用。

第四，强化党风廉政建设，巩固良好政治生态。要坚决扛起廉洁责任。牢牢抓住主体责任这个党风廉政建设的“牛鼻子”，从市委做起，主动担当、以上率下，层层传导、压实责任，推动“两个责任”落小落细落实，不断把全面从严治党引向深入。要坚持不懈正风肃纪。持久整治“四风”，坚决治理“微腐败”，巩固拓展落实中央八项规定和省委省政府、成都市委市政府十项规定精神成果。要保持惩治腐败定力。坚持无禁区、全覆盖、零容忍，坚决重遏制、强高压、长震慑，做到反腐方向不转动、反腐意志不晃动、反腐标准不松动，健全不敢腐、不能腐、不想腐的长效机制，巩固和发展反腐败斗争压倒性态势。要全面加强党内监督。坚持依规治党、制度治党，突出巡察利剑作用，扎实推进国家监察体制改革，全面加强纪律教育，强化纪律执行，引导党员、干部知敬畏、存戒惧、守底线。

五、关于2018年经济工作

2018年是贯彻中共十九大精神的开局之年，是改革开放40周年，是决胜全面建成小康社会、实施“十三五”规划承上启下的关键一年，做好明年经济工作意义十分重大。

市委初步确定明年经济工作的总体要求是：全面贯彻中共十九大精神，以习近平新时代中国特色社会主义经济思想为指导，加强党对经济工作的领导，始终保持专注发展、转型发展定力，坚持稳中求进总基调，坚持新发展理念，认真落实省市全会以及经济工作会议精神，紧扣我市发展不平衡不充分的主要问题，按照高质量发展的要求，统筹推进“五位一体”总体布局和协调推进“四个全面”战略布局，坚持以供给侧结构性改革为主线，以构建产业生态圈、创新生态链为核心组织经济工作，开展“主体功能区深化建设年”行动，统筹推进稳增长、促改革、调结构、惠民生、防风险各项工作，促进经济社会持续健康发展。

按照这一总体要求，市委初步考虑明年经济工作总体目标，是地区生产总值增长8.5%，一般公共预算收入增长9.5%，固定资产投资完成300亿元，规上工业增加值增长12%，社会消费品零售总额增长10%，城镇居民人均可支配收入增长9%，农村居民人均可支配收入增长9.5%。这个目标是初步安排，近期我们还将召开专门会议，结合省委、成都市委经济工作会的部署要求，对明年的经济工作再分析、再细化、再安排。全市上下要抓早、抓紧、抓实、抓主动，谋好开局篇、当好早行人、打好提前量、确保开门红，为全面顺利完成全年的目标任务打下坚实基础。

同志们，使命重在担当，实干成就未来。让我们更加紧密地团结在以习近平同志为核心的党中央周围，高举习近平新时代中国特色社会主义思想的伟大旗帜，不忘初心、牢记使命，锐意进取、砥砺前行，加快建设生态宜居的现代田园城市典范，为建设全面体现新发展理念的国家中心城市贡献更多崇州力量！

政府工作报告

——在崇州市第十八届人民代表大会第二次会议上

（2018年2月6日）

欧 昭

一、2017年工作回顾

2017年，市政府认真贯彻党的十八大、十九大精神，以习近平新时代中国特色社会主义思想为指导，坚持“稳中求进”工作总基调，按照省、成都市和我市党代会决策部署，在成都市委市政府和市委的坚强领导下，在市人大、市政协的监督支持下，落实“西控”发展战略，紧扣“产业新城、品质崇州”发展定位，积极应对各种困难挑战，经济运行稳中有进、环境保护取得成效、社会发展和谐稳定，圆满完成了各项目标任务。全年实现地区生产总值300.4亿元，增长10.5%；固定资产投资292.8亿元，增长15.3%；地方一般公共预算收入20.5亿元，同口径增长22.0%；社会消费品零售总额86.3亿元，增长12.9%；城乡居民人均可支配收入分别增长9.2%、9.2%。重点抓了七个方面工作：

（一）**产业发展提质增效。**坚持以构建产业生态圈、创新生态链为核心组织经济工作，智能制造、优质粮油、康养旅游三大主导产业纳入成都市66个重点产业功能区布局。智能制造拓展能级。捷普新增投资30亿元，引进日东电工等产业链核心企业，电子信息直奔光电显示等高成长性领域。智能家居在“微笑曲线”两端有新进展，全友家私电商平台、明珠集团信息化和销售板块回迁崇州，引进索菲亚、尚品宅配等工业4.0智能制造示范项目。获批国家家具质量提升示范区。新增规模企业20家；规上工业增加值增长16.1%；完成工业投资135.1亿元，同比增长39.9%；完成技改投资97.2亿元，同比增长51%。大数据产业发展提速，智慧政务、智慧法务、智慧照明等上线运行，综合行政执法智慧服务平台入选“国家政务信息系统整合共享试点应用”，获批国家新型工业化产业示范基地（大数据）。优质粮油提档升级。南部10万亩粮食高产稳产高效综合示范基地被确定为四川省现代农业融合发展示范园，四川农大现代农业研发基地项目建成；北部10万亩粮经旅综合示范基地初具规模，“稻虾藕遇·天府好米”入选“中国好粮油”。引进润恒农产品冷链物流、华川“水稻+”全产业链等一批重大项目。被省委表彰为三农工作先进县，已连续5年获此殊荣；获批创建国家农业综合标准化示范市。现代服务转型升级。以康养旅游为重点，大力推进全域旅游，服务业水平整体提升。陇海·三郎国际旅游度假区、青城国际颐养中心等重点项目有序推进，西南地区首家希尔顿度假酒店开工建设，农商文旅融合发展赋能蓄势。接待游客1302万人次，同比增长10.6%，实现旅游综合收入48.2亿元，同比增长20.1%。荣获四川省旅游强县称号。社会消费品市场持续向好，形成了以唐人街、万达广场为主体的商业圈；安德在线全球跨境电商上线运行、“土而奇”农产品公共电商形成联动效应，荣获成都市农村电商示范县称号。

（二）**城乡面貌不断改善。**开展规划攻坚。完成以《城市总体规划（2016—2035年）》为核心的4级规划体系修编，构建“两核两轴两脉”空间形态。编制《崇州城市总体城市设计》、产业集聚区和重要地段城市设计，形成“十字双核嵌绿心”发展格局。《崇州市历史文化名城保护规划》获省政府审批，构建起市域“一城、三镇、三村、N点”的历史文化保护体系。实施城建攻坚。启动67个建设项目，“三大新城”路桥建设加速成网，江源南路、晋康南路等5条道路竣工通车，琴鹤大桥主体完工，上南街、唐安路完成升级改造和风貌整治，光华大道基本完成路面改造和绿化升级。完成5个海绵城市项目建设。迁建东门农副产品批发市场并投运。实施城中村改造504户、棚户区改造460户，完成老旧院落改造66户。推动城乡环卫一体化、城乡供排水一体化、城乡公交一体化建设。加快村镇建设。街子、怀远等特色镇打造扎实推进，高标准完成梓潼一般场镇改造并形成示范。建成省级幸福美丽新村19个、成都市级“四好村”54个，打造道明竹艺村天府新林盘示范样板，白头镇天府国际慢城等5个田园综合体被命名为成都市田园综合体示范单位。构建交通体系。争取到二绕三绕连接线、二类通用航空机场在我市布局；力促成温崇快速路、成蒲铁路与成青快铁在崇并轨纳入成都市计划。三绕崇州段建设全面开工，成蒲铁路崇州站、羊马站、李家岩水库项目复建道路建设有序推进，开通接驳地铁4号线公交线路。完成82千米通村组（社区）农村公路建设。

（三）**环境保护取得成效。**严格履行主体责任。落实环境保护“党政同责、一岗双责”责任制，高标准、高质量、高效率办结中央环保督察组转交案件113件和省督察组转交信访案件22件。严厉打击各类环境违法行为，查处破坏生态刑事案件12起，刑事拘留23人。全面打响“三大战役”。规范整治环保问题企业4214家，强力整治1594家“散乱污”工业企业，关闭547家；淘汰及清洁能源改造高污染燃料锅炉278台。建立完善污染天气应对长效机制，新建城乡空气微子站28个，PM10、PM2.5平均浓度同比分别下降13.9%、9.7%，空气质量优良天数同比增加14天，大气质量实现扭转。建立健全“两级党政领导、三级河长管理”体系，完成千功堰一支渠等11条黑臭水体整治，关闭、整改畜禽养殖场436家。全域主要河渠基本消除劣V类水质，主要河流出境断面达到Ⅲ类水质。开展农用地土壤污染状况详查，完成279个农用地土壤污染核实与布设。深入推进全域增绿。启动无根山城市森林公园、城市中央森林公园方案设计；完成15千米绿道建设，实施16个机关事业单位拆墙透绿，蔡家碾绿地建成并对市民开放，仁里公园、体育公园主体完工。完成289个“微绿地、小游园”补绿和修复，新增绿地面积26万平方米、改造40万平方米，建成区绿化覆盖率达41.3%。全市森林覆盖率达42.8%。

（四）**改革开放深入推进。**供给侧结构性改革持续深化。围绕“去产能”，淘汰砖瓦窑等落后产能企业39家，单位GDP能耗下降5.0%，单位工业增加值能耗下降10.3%；围绕“去库存”，加快房地产销售，销售周期缩短为半年，家具企业抱团走上“一带一路”参与国际产能合作；围绕“去杠杆”，积极实施“上市企业”培育计划，福蓉科技主板上市申请被证监会受理，10户企业在天府股交中心正式挂牌；围绕“降成本”，积极开展电价调整工作，降低企业用电成本约7000万元；围绕“补短板”，加强企业创新能力建设，专利申请达3233件，其中发明专利770件，“三品一标”农产品达到85个。重点领域改革扎实推进。深化“放管服”改革，积极推进相对集中行政许可权改革试点，扎实开展“减证便民”专项行动，抓好15项成都市村（社区）证明事项保留清单落实；大力推行政务窗口“延时服务”。“农业共营制”上升为成都方案被中央改革办推广，探索形成“林业共营制”；全国现代林业综合改革等4个现场会在崇州召开；农村金融综合服务改革等经验在全国、全省推介；农村产权制度改革深入推进；被省委省政府评为2017年重大农村改革任务年度推进示范县（市、区）。积极推进“营改增”财税体制改革，促进民营经济健康发展。深化商事制度改革，实现企业电子化网上登记全程贯通。双向开放合作成效明显。组织企业参加“迪拜国际办公家具展”“印尼展中展”等系列活动，签订外贸合同近2亿元；与美国硅谷城市群开展国际交流合作。招商引资有新突破，围绕主导产业，瞄准“六类500强”企业，策划、引进10亿级项目5个、50亿级项目2个、100亿级项目2个；实际到位内资超过141亿元，实际利用外资0.99亿美元，外贸进出口突破20亿元，同比增长60%。

（五）**创新驱动成效明显。**成立北大—绿欣高可信软件联合创新实验室，搭建大数据产业全链条、全要素、全周期创新创业平台。全市创新创业载体达6家，开展各类协同创新项目32项。新增院士（专家）创新工作站2个，总数达到6个。引进科技成果转化服务机构6家、成果转化16项，技术合同交易额增长12%。新登记市场主体1900余户。全社会R&D经费投入2.5亿元，同比增长13.6%；新增成都市级企业技术中心2家，新增国家高新技术企业6家，高新技术产业总产值同比增长63.2%。创新农业品牌创建模式，形成“公共品牌+区域品牌+企业品牌”的体系。荣获国家知识产权强县工程示范县称号。成功举办2017微软“创新杯”全球学生科技大赛四川区域赛总决赛。

（六）**社会事业稳步发展。**坚持民生优先，全年财政民生支出30亿元，占一般公共预算支出73.7%，全面完成民生实事。教育事业加快发展。深化师德师风建设，教师队伍素质不断加强。第二实验小学投入使用，并成为“成都市未来教育家基地学校”；建成30所公办幼儿园，其中9所投入使用，新增学位2300个；完成10余所农村寄宿制学生宿舍改造；学区制、家庭教育、小初衔接等教育改革稳步推进；高考本科升学率净增9.8个百分点；校企结合、产教结合职业教育成效明显。医疗卫生稳步推进。启动国家卫生城市创建工作，省级卫生城市顺利通过复审，高分通过国家血吸虫病消除评审验收。在成都市率先启动基层医疗卫生机构硬件能力提升工程。人民医院综合培训中心建成投用，中医院迁建项目主体竣工。智慧医疗项目全面实施，区域医联体建设有效推进，开展“三师”共管，组建家庭医生团队87支，家庭医生签约覆盖率达到50.1%；分级诊疗格局初步形成，区域内就诊率达92%以上。中医药事业健康发展，新创2家成都市示范中医馆。“全面两孩”政策平稳实施。社会保障不断完善。实施积极的就业政策，城镇新增就业9200余人，失业人员再就业1580人，城填登记失业率控制在3.3%以内。实施全民参保计划，城乡居民养老保险、基本医疗保险参保率均达到98%以上。率先在郊区（市）县建成医保智能监控分中心。配租配售保障性住房576套，完成廉租房租赁住房补贴109户。开工建设西江、永安等6个安置房项目。文体事业成效显著。提升“文化管家”公共文化服务品牌，开展文化惠民等公益活动，成功举办崇州市第四届运动会。民生保障持续推进。城乡居民最低生活保障标准两次提标，兜底保障进一步增强。新建城乡日间照料中心53个、社区养老院1所，养老服务点位覆盖全市所有乡镇（街道）。用“绣花”功夫扎实抓好脱贫攻坚工作，16个相对贫困村、239户相对贫困户实现精准“摘帽”。深入推进对口帮扶马尔康工作，实施产业发展、就业帮扶、公共建设、教育医疗等重点项目73个。平安建设扎实有效。完善立体化、信息化社会治安防控体系，刑事发案率连续2年下降。实施重点行业领域安全隐患专项整治，安全生产事故持续下降。食品药品安全形势持续稳中向好。基层应急处置能力有新提升。积极推进“七五”普法，大力推进信访法治化建设，社会保持和谐稳定。

（七）**政府建设切实加强。**严格执行市人大及其常委会决议决定，主动接受法律监督和工作监督，自觉接受市政协民主监督。全力做好人大代表建议和政协委员提案办理，办结建议、提案244件，办复率100%。坚持科学理政，着力提升市场监管、宏观调控、公共服务、社会治理、环境保护履职能力。深入推进依法行政，扎实开展公共法律服务体系建设。深化政务公开，公开政务信息7万余条。积极推进网络理政，被评为成都市网络理政先进单位。“两学一做”学习教育常态化制度化；严格落实党风廉政建设各项规定，扎实开展“微腐败”专项治理，驰而不息纠“四风”，严管“三公”经费。强化公务员队伍管理，探索形成“1+5+1”平时考核模式，得到省市充分肯定。

妇女儿童、青少年、残疾人事业等健康发展，连续三届获评“全国双拥模范城”，人防、气象、邮政、通信等保障能力进一步提升，国防动员、民族宗教、外事侨务、保密、档案、防震减灾、红十字会、老龄、地方志等工作取得新成效。

在肯定成绩的同时，我们也要清醒地看到经济社会发展不平衡不充分的问题客观存在，主要是：区域发展不平衡；经济总量依然偏小，调整产业结构、转变发展方式的任务还十分艰巨；城市建设、管理还存在薄弱环节，城市品质还有待进一步提升；生态环境还需下大力改善；群众在社会保障、就医就学、居住就业等方面的需求还需进一步满足。政府工作效率还需进一步提高，作风还需持续改进。对此，我们将在今后的工作中积极应对，认真解决。

二、2018年工作安排建议

2018年是贯彻中共十九大精神的开局之年，是改革开放40周年，是决胜全面建成小康社会、实施“十三五”规划承上启下的关键一年，是实现市委确定的“三步走”战略目标的起步之年。做好今年各项工作，意义十分重大。

今年政府工作的总体要求是：以习近平新时代中国特色社会主义思想为指导，全面贯彻中共十九大精神，认真落实省市党代会、全委会和经济工作会议精神，自觉践行“五大发展理念”，牢固树立以人民为中心的发展思想，坚持“稳中求进”工作总基调，统筹推进“五位一体”总体布局和协调推进“四个全面”战略布局，按照市委十三届五次全会安排部署，以供给侧结构性改革为主线，统筹推进稳增长、促改革、调结构、惠民生、防风险各项工作，加快建设生态宜居的现代田园城市典范，加快塑造“明日之城·翡翠之城”城市品牌形象，努力为建设全面体现新发展理念的国家中心城市贡献更多崇州力量。

今年经济社会发展的预期目标是：地区生产总值增长8.5%；固定资产投资总额增长10%；一般公共预算收入增长9.5%；社会消费品零售总额增长10%；城镇居民和农村居民人均可支配收入分别增长9%、9.5%。重点抓好以下九个方面工作：

（一）聚焦强基固本，坚决打好三大攻坚战。坚决打好精准脱贫、污染防治、防范化解重大风险攻坚战，夯实全面建成小康社会基础。

一是着重防范化解重大风险。强化底线思维和风险意识，做好政府债务管控。规范政府举债行为，严格依规实施PPP、政府投资基金等项目；严格债务限额管理；优化债务结构，确保政府债务可承受、可持续。强化部门联合监管，严厉打击非法金融活动，防范化解非法集资等引发的社会不稳定风险。加快完善多主体供给、多渠道保障、租购并举的住房制度，积极开展租赁住房试点，防范化解房地产市场风险。

二是深入推进精准脱贫。锁定“两不愁、三保障”和“四个好”目标，下足绣花功夫，围绕产业、基础设施、就业、住房、教育、医疗等，做好相对贫困村、贫困户精准脱贫。强化政治担当，深入推进对口帮扶工作，通过基础建设、智力帮扶、产业援助等，助推马尔康如期脱贫奔康。

三是强力推进污染防治。持续推进中央环保督察问题整改。严格落实“治霾十条”和大气污染防治“650”工程的各项工作部署，持续推进“散乱污”企业整治，打好蓝天保卫战，努力实现全年目标。全面实施“治水十条”，深入推进“河长制”“湖长制”工作，完成乡镇8条30段黑臭水体治理。强化农村面源污染治理，实施乡镇雨污管网改造建设200千米，加快推进城乡供排水一体化。全面落实土壤污染防治“620”工程确定的目标任务，打好“净土”战役，全面推进土壤污染综合防治先行区建设，保护提升土壤环境质量。依法加大对环境污染违法犯罪行为的查处和打击力度，形成有力震慑。

（二）聚焦高端高新，加快建设千亿级智能制造基地。围绕电子信息、智能家居、大数据产业，构建智能制造产业生态圈，做强实体经济，着力建设现代化经济体系。工业投资、规上工业增加值分别增长10%、12%，高新技术产业总产值增长15%。

一是突出高端绿色控门类。着力发展电子信息产业。规范智能工厂、数字车间标准体系，引领、带动一批智能工厂、数字车间建设。瞄准集成电路、光电显示、信息安全等高端领域，充分发挥电子信息产业比较优势，加快推进韩国大象OLED等重点项目建设，夯实光电显示产业基础。启动建设京东方和成都格芯集成电路配套园区。着力发展智能家居产业。瞄准智能家居产业研发设计、全屋定制、功能总部、展示展销等高端环节，支持全友智慧物流、明珠个性化定制加快发展，加快推进尚品宅配、索菲亚、喜临门等重点项目建设，带动传统家具企业提档升级，高水平举办国际家具（家居）设计周活动，打造国家家具质量提升示范区，不断提升崇州家具品牌的国际影响力和竞争力。着力发展大数据产业。加快推进国家新型工业化产业示范基地（大数据）建设。加快培育数字经济应用场景，着重打造现代农业、康养旅游、城市治理等5大特色大数据产业，多维度发展金融、交通、环保等其他行业大数据产业。以IPC（智慧处理中心）为核心，完成大数据产业园（一期）建设，实现企业全面入驻，形成聚集效应。

二是突出集约高效提能级。深入推进“五换”工程。引导低端低效和不适应绿色高端发展要求的企业转型升级、外迁转移，盘活土地800亩、厂房5万平方米。实施智能化技改项目20个以上，提高生产效率。加快推进20万平方米标准厂房建设，鼓励企业提高厂房容积率，集约节约用地。支持企业开展电子商务，实现网上销售10亿元以上。充分发挥“四个资金池”引导撬动作用，为企业发展提供多渠道资金支持。深入推进“四培育”工程。重点促进捷普、领胜、锐点等企业扩能升级，培育领军企业9家，新增规上工业企业20家，力争主板上市企业1家，培育拟上市企业4家，培育专精特新中小企业12家，培育成长型、小巨人企业60家。建立企业家队伍轮训制度。

三是突出产城一体优品质。遵循“一个产业类别就是一个主题城市社区”原则，深入推进产业园区“五位一体”建设管理。做好园区形态风貌塑造，推进天智轻量化等城市设计示范企业建设，启动园区蓝绿空间体系建设。实施经开区污水处理厂扩容、中水回用等项目建设，加快园区1.5平方千米基础设施建设。加快产业园区配套租赁住房、明湖商业综合体和景观绿化项目建设，高标准抓好黑石河城市中央公园规划建设，合理配置商业、医疗、教育等公共服务功能，推动产业园区由单一的生产型经济向生产、服务、消费等多功能的城市型经济转型。

（三）聚焦乡村振兴，加快推进农业农村新发展。以十大重点工程、五项重点改革为抓手，努力实现农业增效、农民增收、农村发展。农业增加值、农业固定资产投资分别增长4.5%、15%。

一是推动农业提质增效。围绕培育优质粮油特色水产、现代林竹两个百亿产业和农产品冷链物流千亿产业，加快构建优质粮油产业生态圈。实施农业固本强基行动。加快国家农村产业融合发展示范县建设，重点抓好“三江—二绕—成温邛—南部10万亩—重庆路”乡村振兴示范走廊建设；加快推进天府国际慢城、润恒农产品冷链物流中心、华川“水稻+”全产业链等重大项目建设，建成天府精品生态粮油产业示范区。实施农业品牌建设工程。创建国家农业综合标准化示范市，建成标准化示范基地100个；依托成都“天府源”公共品牌，开展“三品一标”认证，提升“崇耕”区域品牌，做强“土而奇”公共电商服务品牌，做特“稻虾藕遇”等一批农业品牌，做亮陇海—圣沅等一批“林业+”“康养+”旅游品牌，抓好天府农博园崇州片区打造。培育特色农产品品牌10个以上，实现农产品品牌化销售收入5亿元。实施农民增收促进工程。深入推进“三权分置”，引导农民采取产权入股、租赁、托管等方式，与社会资本合作经营，增加财产性收入。促进农民创新创业和转移就业，增加工资性收入。举办好“自驾赏花节”等一系列活动，推动农业与乡村旅游深度融合，开发各类休闲与体验产品，增加经营性收入。落实惠农富农政策，增加转移性收入。

二是加快建设美丽乡村。实施全域乡村规划提升工程。编制全域乡村振兴发展规划，进一步完善乡村规划师制度，加强乡村规划管理，提升乡村规划的创意设计、功能统筹、产业融合能力，引导城乡有机融合、共享发展。实施特色镇建设工程。按照“特色镇（街区）+林盘+农业园区（景区、产业园）”模式，启动白头、道明等6个特色镇建设，引导资金、产业、人口向特色镇（街区）集聚，加快形成产业集聚。加快推进崇阳乡村振兴创客基地、桤泉农科田园小镇等5个文化创意基地建设，做特做强特色产业。实施川西林盘保护修复工程。启动“道明—白头”“锦江—观胜”两条川西林盘聚落保护带建设，加快凡朴生活·徐家林盘、城北驿站·锦江乌尤等12个天府新林盘建设。实施大地景观再造工程。持续推进农业“七网”配套建设，抓好北部2.2万亩高标准农田建设，提质提档南部10万亩优质粮油产业园业态。

三是持续强化乡村治理。实施农村人居环境整治工程。以土地综合整治为抓手，完善基础设施，大力推进农村厕所革命，集中开展农村环境连片整治。实施城乡社区发展治理工程。开展社区发展治理“五大行动”，实施示范建设“倍增行动”。发挥多元组织在农村社会治理中的积极作用，探索“群团、社工、义工”联动模式，不断提升社区治理科学化精细化专业化水平。大力实施社区营造，完善多层次、信息化、全覆盖的网格化服务管理体系。实施农村文化现代化建设工程。深化“文化管家”改革，持续推进乡风文明建设，启动“孝善”“乡贤”文化品牌建设，创建县级“四好村”55个、成都市级“四好村”55个。实施乡村人才培育集聚工程。进一步培育壮大乡村规划、设计、建筑、文创、旅游、金融、互联网和农业职业经理人等人才队伍。

（四）聚焦品质品牌，努力塑造现代服务新业态。推进国家全域旅游示范区建设，着力构建康养旅游产业生态圈，促进现代服务业整体提升。

一是大力发展全域旅游。瞄准康养旅游主攻方向，以法国地中海俱乐部、希尔顿酒店为抓手，加快推进“森林康养”；以中国青城国际颐养中心、百悦·元通天府水乡为抓手，加快推进“古镇医养”；以李家岩环湖生态旅游带、德仁堂健康小镇等项目为抓手，加快推进“山水怡养”。加快推进百千米稻香花乡旅游环线、通用航空机场等重点项目建设，高水平办好中国·四川第四届森林康养（夏季）年会、四川省第十九届风筝锦标赛。推进旅游公共服务体系建设，加强旅游市场综合监管，着力构建行业诚信体系，提升旅游服务质量。

二是提升发展现代服务业。着力夯实生活性服务业基础，提高生产性服务业比重，服务业增加值增长8.5%。加强社区商业网点、服务设施和便民服务体系建设，构建15分钟生活服务圈，推动生活服务便利化。以中央美术学院驻成都传统手工艺工作站落户崇州为契机，大力实施“文化创意+”行动，推动服务供给品质化。加快发展会议展览、现代物流、金融服务等生产性服务业，培育新的增长点。加快电子商务发展，实施农村电子商务“两馆一创”工程，实现农产品电子商务销售收入占农产品总销售收入的30%以上。

（五）聚焦功能提升，全面展现城乡建设新面貌。大力实施城乡能级提升行动，让城乡发展更美好、人民生活更幸福。

一是强化规划引领作用。修编完善《城市总体规划（2016—2035年）》，启动功能区分区规划编制。按照“一街一特色”原则，结合历史文化保护和小街区规划，完成正东街等重要地段、重要节点的城市设计；正确处理好旧城与新区之间的关系，深化崇阳新区、旧城片区、滨江新城等重点区域控规修编；开展地下管网普查，完成绿地系统、综合交通、全域旅游等专项规划编制。

二是提升城乡功能品质。持之以恒推进城建攻坚，围绕9大功能中心建设，突出旧城有机更新和“三大新城”建设，实施重点项目76个。完成中下南街、中学路等7条道路改造，打通东兴街东段等3条断头路，完成蜀南街等124条背街小巷综合整治。实施仁里、三和等城市综合体建设。完成仁里公园、体育公园以及晋康南路等城市干道绿地景观建设，打造孔子广场、相府广场等特色街区。按照示范标准，启动大划镇一般场镇改造。实施海绵城市一期、成温邛高速路崇州西快速路连接线、南河大桥危桥重建等项目。加快人才公寓建设。完成棚户区改造350户，城中村改造401户，实施6个老旧院落改造。深入推进厕所革命，完成新（改）建城乡公厕30座。实施城乡环卫一体化垃圾综合处理项目。加快5G通信网络基础设施建设，提升物联网覆盖接入能力。实施智慧社区、智慧管网、平安城市（一期）项目建设，完成成都市综合行政执法智慧服务总平台一期建设，提升城市服务管理精准度。建立违法建设治理管控长效机制，全面推进无违建市工作。

三是畅通外交内联通道。强力推进三绕崇州段建设；基本完成成蒲铁路崇州站、羊马站市政配套设施建设。加快实施李家岩水库工程复建道路、二绕三绕街子连接线、城区公交首末站等重大项目建设，提升路网服务能力，创建“四好农村公路”示范县。加快推进全域公交一体化，建立层次完善、全域覆盖、城乡统筹、高效便捷的公共交通体系。

（六）聚焦生态文明，加快推动环境质量改善。牢固树立“绿水青山就是金山银山”理念，强化生态保护和建设，切实改善环境质量。

一是持续强化生态保护。加快国家生态文明建设示范市、国家级生态园林城市创建。严守生态保护红线，加强自然保护区综合整治。推进鸡冠山国家森林公园规范化建设，协助做好大熊猫国家公园推进工作。启动环城生态带、无根山城市森林公园、双河湿地等15个重大生态项目建设，夯实绿色生态本底。大力实施全域增绿，新启动一批微绿地、小游园建设；实施羊马湿地、南部10万亩等区域55千米绿道建设。全市森林覆盖率达到43%。

二是大力推进全民环保。全方位宣传环保理念，倡导绿色低碳文化，开展绿色消费、绿色出行等活动，鼓励公众参与环保公益，推动垃圾分类全覆盖，建设节水型社会，形成生态环保人人有责、人人参与、人人共享的良好社会风尚。

（七）聚焦改革开放，持续注入发展活力。坚持系统思维、问题导向，谋划推进改革和对外开放，进一步释放发展活力。

一是抓好重大领域改革。深入推进供给侧结构性改革，提高供给体系质量。推进以成长为导向的企业扶持激励制度改革，支持实体经济发展。全面推进以农业供给侧结构性改革为主线的“五项重点改革”，加快推动乡村振兴、城乡融合。加快推进现代农业功能区改革，理顺管理层级，完善运行机制和政策配套，提高政务服务、便民服务效率。深入推进以绩效为导向的财政预决算体制改革，建立完善大财政监督、绩效评价全覆盖机制。深化以效率为导向的国资管理体制改革，建立健全以管资本为主的国有资产监管体系。深化国企改革和投融资体制改革，构建形成“5+2”模式。推进以产出为导向的土地资源配置制度改革，形成短期租赁、弹性出让等新模式。

二是加强全方位对外开放。强化“走出去”，支持优势企业在“一带一路”沿线国家设立研发、销售中心，参与国际产能合作。积极“请进来”，围绕智能制造、优质粮油、康养旅游三大主导产业，瞄准“六类500强”，创新“共建共营”“业务增量”等招商新模式，实施精准招商、产业链招商，全年力争引进重大项目10个，到位内资140亿元以上，利用外资1亿美元以上。

（八）聚焦创新驱动，不断增强发展动能。提高市域自主创新能力，着力打造新常态下经济发展新引擎。

一是突出企业创新主体作用。支持企业加大研发投入，着力培育一批高新技术、创新型、知识产权试点示范企业。实施科技型企业培育行动计划，开展国家科技型中小企业评价工作，培育国家科技型中小企业50家以上。促进企业自主创新能力和水平提升，全社会R&D经费投入稳定增长。

二是加强科技创新创业服务平台建设。围绕主体功能区发展方向和需求领域，建立发展利益捆绑机制，推动校院企与产业功能区深度融合，重点抓好与北京大学、四川农业大学、华川集团等院校企业的合作。引进培育科技创新创业服务平台5家，开展合作项目30项，推动成果落地转化10项以上，新建创新创业载体1家，全市创新创业载体面积达到45万平方米。

三是积极打造创新创业品牌。继续办好2018年微软“创新杯”四川区域赛、中国网安“菁蓉杯”创新创业大赛等品牌赛事。加强知识产权创造保护，扶持和培育一批具有示范带动效应的知识产权优势企业，力争全年专利申请总量3280件，其中发明专利突破800件，技术交易额增长12%以上。做好政府质量奖评选工作，鼓励企业自主创新，争创名优品牌，力争全年培育新增中国驰名商标1个，培育新增四川省名牌5个。

（九）聚焦人民需求，加快建设健康幸福城市。始终把人民利益摆在首位，紧紧围绕“七有”目标，以办好民生实事为抓手，努力让城市发展有变化，人民有感受。

一是推进教育优质均衡发展。坚持办好人民满意教育。持续深化师德师风建设，强化中小学生德育工作，构建家庭、学校、社会“三位一体”育人体系。启动成都北大附中、仁里社区小学（幼儿园）等项目建设；21所新建公办幼儿园投入使用，新增学位6300个。深入推进“互联网+教育”行动，完成智慧教育项目。深化教育改革，在县管校聘、中小学生综合素质评价等方面取得突破。扩大优质义务教育资源覆盖面，持续提升高考质量。深化产教融合、校企合作，推进民办教育规范发展。

二是扎实推进“健康崇州”建设。扎实推进国家卫生城市和健康城市创建。着力做好“全面二孩”医疗保障，加快市妇幼保健院第二住院大楼开工建设，推进崇州二医院新院建设，完成市中医院、元通卫生院等4家城乡医疗机构迁（扩）建，启动隆兴等4家卫生院迁建。深化区域医联体建设，规范双向转诊。推进智慧医疗，全面实施分级诊疗信息化应用，推行区域远程医疗服务和便民应用，加强异地就医结算管理。传承发展中医药事业。全面贯彻人口计生法。加快养老产业发展，推动医养融合发展。扎实推进残疾人事业发展。积极开展全民健身，高水平举办系列体育赛事。

三是实施积极的就业创业政策。持续推进就业创业工作，以高校毕业生、就业困难人员、建档立卡贫困户、环保整治关停企业转岗人员为重点的就业创业培训，实现新增城镇就业9000人以上，力争城镇登记失业率控制在

3.5%以内，启动返乡创业创新示范园区（示范乡镇）建设。

四是深化平安崇州法治建设。健全落实安全生产责任体系，加强重点行业重点领域安全生产大整治，强化监管执法，坚决遏止重特大事故。全面推进网格力量整合，加快建设立体化、信息化社会治安防控体系，增强公共安全预防和综合应对能力。以铁的手腕加强食品药品安全监管，守护市民“舌尖上的安全”和用药安全。按照“三到位、一处理”的要求，及时解决群众合法合理诉求。全面实施“七五”普法规划，提升全民法治素养。

三、加强政府自身建设

我们将以锲而不舍、驰而不息的精神，扎实推进政府自身建设，努力打造人民满意政府。

（一）**深化依法行政，努力建设法治型政府**。认真办理人大代表建议和政协提案，主动接受市人大及其常委会的法律监督、工作监督和市政协的民主监督，认真执行人大决议决定，定期向人大、政协报告工作。健全法律咨询、公众参与、专家论证、风险评估等制度，坚持重大事项集体讨论决定，确保科学民主决策。不断强化效能监察和审计监督。继续加强和改进行政应诉工作，严格规范行政执法，强化行政执法监督。着力建成职能科学、权责法定、守法诚信、执法严明的法治政府。

（二）**强化责任担当，努力建设服务型政府**。扎实办好十大民生实事。深入推进“放管服”改革，做好国家、省和成都市下放事项承接、落实和后续监管工作。全面推行权力清单、责任清单、负面清单制度并主动向社会公开。进一步营造创新创业环境，继续深化“多证合一、一照一码”登记制度改革，切实减轻企业和群众负担。全面清理行政审批事项和中介服务事项，进一步优化审批流程，提升服务效率。规范并减少行政事业性收费，坚持收费项目对外公示制度。深入推进网络理政、政务公开，努力打造透明、规范、高效、便捷的“互联网+政务”服务体系。秉持“三到精神”，着力构建亲清政商关系，努力把崇州打造成为机制更活、信誉更好、环境更优的投资热土，厚植崇州发展新优势。

（三）**促进作风转变，努力建设效能型政府**。深入推进“两学一做”学习教育常态化制度化，弘扬“红船精神”，扎实开展“不忘初心、牢记使命”主题教育。深入贯彻落实中央“八项规定”精神和《实施细则》、省委省政府十项规定、成都市委市政府十条实施办法，强化纪律和规矩约束，严格落实“两个责任”，全面做好党风廉政建设和反腐败工作。严控“三公”经费支出。狠抓作风转变和工作落实，加大治庸、治懒、治散力度，力促广大干部真正把精力放在干事业上、把本领用在促发展上，营造风清气正的政务环境。持之以恒反“四风”，严查细究形式主义、官僚主义新表现，坚决防止反弹回潮。

崇州市人民代表大会常务委员会工作报告

——在崇州市第十八届人民代表大会第二次会议上

（2018年2月7日）

易孔盛

2017年主要工作

2017年，市人大常委会在中共崇州市委的正确领导下，全面深入学习党的十八大、十九大和习近平总书记系列讲话精神，紧紧围绕市第十三次党代会决策部署和市十八届人大一次会议确定的各项目标任务，充分发挥全市各级人大代表作用，扎实开展法律监督、工作监督、重大事项决定，助推高标准打造“产业兴城、品质崇州”，为崇州经济社会发展和民主法治建设做出了新的贡献。

一、坚持党的领导，确保人大工作正确政治方向

2017年，人大常委会深入学习党的十八大、十九大精神，学习贯彻习近平新时代中国特色社会主义思想，坚决维护以习近平同志为核心的党中央权威，始终把政治纪律和政治规矩挺在前面。切实把思想行动统一到以习近平同志为核心的党中央的要求上来，牢固树立政治意识、大局意识、核心意识、看齐意识。始终把坚持党的领导贯穿于人大工作的各方面和全过程，确保人大工作的正确政治方向。坚决贯彻落实市委对人大工作的要求，保证市委决策部署在人大工作中得到全面贯彻落实。坚持重大事项向市委请示报告制度，对中央、省、成都和崇州市委重要会议精神和工作部署及时传达贯彻，积极完成市委交办的各项工作任务。扎实开展“两学一做”学习教育，增强思想自觉与行动自觉，持之以恒推进机关党风廉政建设，努力建设一支忠诚党的事业、忠于宪法法律、忠实服务人民的学习型人大干部队伍。

二、紧扣全市中心工作，服务改革发展大局

坚持围绕中心、服务大局、注重实效的工作原则，依法开展监督工作。全年共召开主任会议21次，常委会议11次，听取和审议“一府两院”有关工作报告20项，开展执法检查5项，开展专项工作监督8项，作出决议、决定8项。

围绕中心工作，扎实开展工作监督。紧紧围绕市第十三次党代会确定的发展目标和市第十八届人大一次会议决议，精选议题，扎实开展工作监督。围绕先进制造业基地、都市现代农业发展样板区、国家级全域旅游示范区建设等重大产业发展和大数据、电子信息、深化农业共营制和林业共营制改革等重大项目开展监督，推进新发展理念贯彻落实。聚焦环卫一体化、供水一体化、城建攻坚、创建国家卫生城市、环境保护等重点工作，深入开展专项工作监督。2017年，重点开展了大气、水、土壤污染防治专项执法检查。一是组织学习《中华人民共和国环境保护法》《中华人民共和国大气污染防治法》《中华人民共和国水污染防治法》等法律法规；二是组织部分市人大代表对大气、水、土壤污染防治情况进行调研，征求意见和建议；三是常委会专题听取和审议了市政府《关于实施大气、水、土壤污染防治“三大战役”工作推进情况的报告》，形成审议意见交市政府办理；四是开展环境保护专项监督检查，形成督查报告，通报市政府及职能部门限时整改；五是对市政府及相关职能部门负责人开展现场询问。

加强对财政经济工作的审查监督，保障经济健康运行。听取和审议市政府《2017年上半年国民经济和社会发展计划执行情况报告》，支持市政府加强招商引资，加快产业升级，培育新的经济增长点，推进产业融合发展。听取和审议《2016年度市级预算执行和其他财政收支的审计工作报告》《2017年上半年市本级财政预算执行情况报告》，督促财税部门主动适应经济发展新常态，坚持依法治税理财，落实积极财政政策，不断强化税收征管，切实保障重点支出。听取和审议2015年度市级预算执行和其他财政收支审计查出问题整改情况，要求提升审计监督质量，完善审计整改机制，注重薄弱环节审计监督，推进查出问题整改。审查批准《2016年财政决算的报告》和《市本级财政2017年新增债券预算调整方案》《2017年政府债务限额和财政预算调整方案》，提前介入2018年市级财政预算编制工作，督促相关部门严格按程序和用途使用资金。加强预算审查监督。

开展执法检查，切实加强法律监督。组织开展了《中华人民共和国旅游法》《中华人民共和国建筑法》《中华人民共和国社会保险法》等14部法律和地方性法规在我市的贯彻执行情况督查。在对《中华人民共和国农产品质量安全法》开展执法检查前，组织学习了《农产品质量安全法》以及四川省和成都市相关地方性法规，认真制定工作方案，明确检查目的、方式和重点、工作步骤及责任分工。检查过程中，重点检查政府落实监管责任及执法机构和队伍建设情况，农产品质量安全溯源体系建设和政府对农业投入品使用的管理指导情况。要求市政府及相关职能部门要不断提高农产品质量安全意识和监管能力，健全常态化农产品质量安全监管机制，加强农业投入品使用的监管和农产品溯源管理体系建设，筑牢农产品质量安全监管屏障。开展《中华人民共和国社会保险法》贯彻执行情况监督，督促政府职能部门抓好基金征缴和监管，健全和完善管理制度，确保社会保险基金安全平稳运行。开展《中华人民共和国职业病防治法》执法检查，要求监管部门督促用人单位采取更为有效的措施保护劳动者健康，扎实做到预防有方、管控有力、查处及时，落实救助保障措施，切实保障劳动者健康权益。检查《成都市养老服务促进条例》贯彻实施情况，促进我市健康养老服务业进一步发展。结合相关工作，对《四川省环境保护条例》《四川省农村扶贫开发条例》《四川省宪法宣誓制度实施办法》《成都市旅游业促进条例》《成都市城乡规划条例》《成都市饮用水水源保护条例》《成都市市容和环境卫生管理条例》等四川省、成都市地方性法规条例贯彻实施情况进行检查。

聚焦民生改善，持续推进民生监督。关注公共医疗教育、交通出行、劳动者权益保护、养老保险等民生热点，促进城乡居民学有所教、劳有所得、病有所医、老有所养、住有所居。视察全市食品药品监管体系建设，提出加快构建食品药品安全治理体系，让人民群众用上安全健康食品药品的工作要求。听取和审议了市人民政府《关于我市实施城乡环卫一体化工作情况报告》，形成了《关于市人民政府实施城乡环卫一体化工作情况报告的审议意见》，审议认为，实施城乡环卫一体化，是加快创建国家卫生城市的重要举措，提升了崇州城市品质，得到了广大市民的积极支持，给市民带来获得感。

推进依法治市，强化权力运行监督。对“六五”普法实施贯彻落实情况进行检查，对“七五”普法规划进行调研，在此基础上，听取和审议市人民政府《关于“六五”普法实施情况和法治宣传教育第七个五年规划》报告，提出意见和建议。听取和审议市人民法院诉讼纠纷源头治理专项工作情况报告，肯定了市人民法院该项工作取得的成绩。听取市检察院工作情况报告，要求检察工作要坚持围绕中心，发挥检察职能。依法开展规范性文件备案审查工作，修订完善了《崇州市人民代表大会常务委员会规范性文件备案审查办法（草案）》和《崇州市人大常委会规范性文件备案审查工作操作规程（草案）》，全年共接收报送备案的规范性文件6件。组织部分常委会委员及代表对我市行政综合执法体制改革工作进行调研，针对推进体制改革中如何理顺部门职责、提升执法能力、强化执法监督、鼓励公众参与等提出了建议和意见。

积极参与上级人大的立法调研活动。承办了全国人大常委会在我市黎坝村杨柳土地股份合作开展的《土地承包法》修改立法调研和《农村金融法》立法调研工作。组织相关部门负责人和部分专业人员参与《中华人民共和国图书馆法（草案）》《中华人民共和国水污染防治法》《中华人民共和国土壤污染防治法（草案）》《四川省非物质文化遗产条例（草案）》《四川省农村公路条例（草案）》《四川省就业促进条例（草案）》《成都市历史建筑和历史文化街区保护条例（草案）》等法律法规条例草案的修改立法征求意见工作，提出建议意见。协助成都市人大常委会完成构建完善适应国家中心城市需要的城市法规体系研究工作。

高度重视信访工作。全年接待群众来访500人次，受理群众信访108件，加强信访交办件的督办督查，促进群众合理合法诉求得到依法解决。

三、依法行使重大事项决定权

依法履行决定重大事项职责。听取和审议市政府《关于提请审议引进成都·崇州润恒城项目的情况报告》《关于崇州市城乡环卫一体化有关事宜的报告》《关于提请审议引进百悦集团崇州市元通特色古镇文化旅游开发项目的议案》《关于提请审议崇州市海绵城市建设PPP项目实施方案的议案》以及财政预决算报告，国民经济和社会发展计划执行情况报告等事关崇州发展大局的重要事项，并依法作出决议决定。

依法进行人事任免。坚持党管干部原则和人大依法任免相结合，一是制定和完善了《崇州市人大常委会任命国家机关工作人员法律知识考试办法》。二是坚持任前法律知识考试和任职陈述制度。三是实施宪法宣誓制度，强化任职人员的宪法和责任意识。全年依法任免“一府两院”工作人员60人次。

四、发挥代表作用，保障依法履职

加强代表培训，提高履职能力。一是全年分四批次组织常委会组成人员、部分基层市人大代表、乡镇（街办）人大主席（主任）、副主席和常委会机关工作人员进行集中培训，提高人大工作者的履职能力和水平。二是常委会组成人员多次深入到街子镇、三郎镇等乡镇、街办以及企业，指导乡镇人大工作，就“人大代表之家”建设、乡镇人大主席团建设、代表培训和履职情况进行调研，指导乡（镇）、街道人大代表培训。通过以会代训、定期交流座谈等方式，组织代表学习了《组织法》《选举法》《代表法》等法律法规，切实提高代表履职能力和水平。三是组织200余名市十八届人大代表以及乡镇、街办人大工作者开展集中培训学习，邀请专家就代表履职、乡镇人大工作相关业务知识等进行了专题讲座，实现市级人大代表培训的全覆盖。

强化督办督查，提高办理实效。进一步完善了人大代表建议、批评和意见办理办法，采取办前初审，对重要建议、批评和意见，主任会议集体研究，对办理情况进行视察督查等跟踪问效。

市十八届人大第一次会议期间，代表们认真履行职责，在深入群众、走进基层、掌握社情民意，大量调查研究的基础上，就我市环境保护、城乡规划建设管理、文化教育卫生、社会公共服务等各个方面的事务提出了“建议、批评和意见”93件。市人大常委会将这些建议、批评和意见整理归类后，及时移交市政府进行办理答复。市政府高度重视，积极回应。市长、分管副市长亲自阅批、并召开市政府常务会议，专题研究，分工负责，将建议、批评和意见办理工作纳入目标考核内容，分类交办到有关部门限期办理，目督办全程跟踪检查督促。截至2017年10月，已全部办结，办结率为100%，除因政策规定不能办理的外，代表均表示满意。在督办过程中，常委会与市政府相关领导和部门加强沟通，并对办理情况进行跟踪监督。一是邀请提出意见建议的代表参加市政府及相关部门召集的办理答复会，先后组织代表参加了市水务局、环保局、教育局、民政局、人社局等部门召开的现场征求意见座谈会。二是组织代表参与中心城区提档升级改造、美丽新村建设等建议意见办理的跟踪督查，现场查看办理情况。以解决问题、提高代表满意度为目标，促进市政府与代表之间的沟通联系，提升办理质量和实效，推动民生问题的解决，提高代表履职的主动性和积极性。

丰富代表活动，发挥代表作用。一是坚持常委会组成人员联系代表制度，邀请代表列席常委会会议、参加立法调研、执法检查和专项督查活动150余人次，听取代表对常委会工作的意见和建议，推动“一府两院”加强与代表的联系，组织代表参加常委会专题工作。二是组织代表开展调研，认真开展好代表小组活动，对环境保护“三大战役”、李家岩水库、崇阳新城、北部十万亩粮经旅建设等重点工作进行视察、专题调研和监督检查，拓宽代表知情知政渠道，为高标准打造“产业新城、品质崇州”献计献策，代表素质和履职积极性得到提高。三是密切联系人民群众，不断完善人大代表联系群众制度、人大代表接待选民日制度。以代表之家为平台，深化拓展代表与人民群众联系的内容和方式。重点通过“两本三薄四表”畅通社情民意表达和反映渠道，发挥人大代表的桥梁纽带作用。加强“人大代表之家建设”，在街子、三江、羊马等7个乡（镇）将“人大代表之家”延伸至（村）社区站所，并召开现场工作会，推广经验、规范制度，方便代表履职行权，充分发挥来自社会各阶层代表的作用。四是发挥代表引领示范作用，传递正能量。在市新闻中心和《今日崇州》开设《走近人大代表》宣传栏目，宣传报道了12名市人大代表认真履行职责、发挥代表作用的事迹，激发了代表依法履职为民服务的工作热情，进一步扩大代表的社会影响面。

聚集代表力量，合力脱贫攻坚。常委会把贯彻落实中央、省委、成都和崇州市委脱贫攻坚部署作为一项重点工作，积极投入脱贫攻坚、精准扶贫之中。强化责任担当，发挥自身优势，广泛动员组织各级代表，积极投身脱贫攻坚，形成攻坚合力，为打赢脱贫攻坚贡献人大力量，推动建设全面小康。制订印发了《关于开展“扶贫攻坚——人大代表再行动”的通知》，向全市各级人大代表发出参与扶贫攻坚、精准扶贫的倡议书。多次组织代表深入到贫困家庭走访、慰问，协助解决贫困村、贫困户面临的具体困难和产业发展等方面的实际问题，为脱贫攻坚献计出力。真帮实扶彰显为民情怀，常委会组成人员深入基层、深入群众，扎实开展扶贫督导，督促所联系的定点帮扶村（户）做好精准脱贫规划、特色产业发展等工作，积极联系协调成都市人大领导及成都市级相关帮扶单位，争取政策、资金、项目支持，推动如期完成脱贫目标任务，常委会机关定点帮扶的王场镇6户贫困户已实现脱贫目标。

五、加强常委会自身建设，着力提升履职能力和水平

加强业务学习，提升履职能力。坚持常委会机关每周一集体学习制度和常委会会前集体学法制度，提高运用法治思维和法治方式推进工作的能力。根据人大工作与时俱进要求和会议议程需要，确定学习主题和内容，增强学习活动的针对性和有效性。制订了《2017年度市人大常委会及机关学习计划》，有重点地组织学习《宪法》《地方组织法》《代表法》《选举法》等法律法规，不断提高机关干部职工的法制意识和业务素质。在学习内容上，把拟开展工作所涉及的法律、法规列为集体学习内容的重点，在每周一的全机关学习会上，由各委室轮流组织学习，既提高了干部的学习能力，又丰富了学习形式。全年组织学习了《中华人民共和国各级人民代表大会常务委员会监督法》《中华人民共和国全国人民代表大会和地方各级人民代表大会代表法》《中华人民共和国社会保险法》《中华人民共和国道路交通安全法》《中华人民共和国旅游法》《中华人民共和国农产品质量安全法》等20余部法律法规。

规范议事规则，强化跟踪监督。以议事有规则、工作有制度、行为有规范为目标，进一步规范和完善人大常委会党组会议、主任会议、常委会议议事规则等制度，增加常委会分组讨论程序，延长分组讨论时间，充分听取委员意见。制订和完善了《崇州市人大常委会讨论决定重大事项暂行办法》《崇州市人大常委会关于加强对审计查出问题整改工作监督办法》等规章制度，促进常委会工作的科学化、民主化、法制化。2017年以来，新增对审议意见的跟踪督办措施，并要求政府相关职能部门限时落实回复。

明确职责任务，强化责任意识。对换届后新设立的五个专门委员会和常委会工作机构明确职责和工作目标，建立非驻会委员联系委室工作制度，以及专门委员会向代表大会书面报告工作制度。把代表活动、对口联系部门、专项工作监督、执法检查、组织调研视察、参与市委重大决策部署的督查等工作任务明确落实到各个委室，形成常委会集体统一领导，组成人员各尽其职，各委室分工负责，工作运转协调的领导体制和工作机制，为常委会和人大专门委员会履职尽责提供有力保障。

加强工作指导，强化基层基础工作。加强对街办和乡镇人大工作的指导，依法有序开展工作。督促街办人大工委和乡镇人大主席团要紧密围绕市委中心工作，联系工作实际，认真履行职责，增强服务群众推动发展的责任心和使命感。指导全市24个乡镇依法选举市、乡镇两级人大代表，并召开乡镇人代会，选举产生乡镇人大主席、副主席、政府组成人员；指导补选出缺的市人大代表。

围绕中心工作，深入开展调研。按照成都市第十三次党代会"西控"战略部署，围绕电子信息、大数据、智能制造、全域旅游、都市现代农业、农业共营制等工作认真开展调研，形成《关于我市推进林业共营制工作情况的调研报告》《关于开展环境保护监督检查工作情况报告》《关于联系帮扶精准扶贫工作进展报告》等调研报告，为市委决策提供参考。《围绕中心服务大局　发挥人大职能作用》《着力补齐环保短板　青山绿水惠及民生》等40多篇经验交流材料、信息简报、宣传稿子被《人民权力报》《成都人大》《今日崇州》等报刊采用登载。结合贯彻实施《中华人民共和国旅游法》执法检查，对标桐庐、安吉等全域旅游示范城市，就我市推进全域旅游进行调研，形成了我市国家级全域旅游示范区建设建议意见。按照《成都市产业发展白皮书（2017）》规划，对崇州优质粮油产业和康养旅游服务业发展进行深入调研，并形成调研报告。贯彻落实成都市实施乡村振兴战略推进城乡融合发展大会精神，对建立产业功能区开展调研，走访乡镇、街办和人大代表，广泛听取意见，提出功能区建设便民服务建议。

过去一年，常委会工作取得的新进展、新成就，是在市委的坚强领导下，全体代表、常委会组成人员、各专门委员会、常委会工作机构和机关工作人员履职尽责、扎实工作的结果，是市政府、市法院、市检察院和全市各部门、各乡镇街办密切配合、团结协作的结果，是离退休老同志以及全市人民充分信任、大力支持的结果，离不开市第十七届人大常委会为我们奠定的坚实基础。在此，我代表市人大常委会向大家表示崇高的敬意和衷心的感谢！

在看到成绩的同时，我们也深切地感到，市人大常委会工作与新时代新形势新任务要求，与广大人民群众期盼，还有一定差距，监督机制和措施尚需进一步完善，代表履职服务保障工作还不能完全适应需要，联系指导街办乡镇人大工作有待进一步改进、调查研究的针对性实效性有待进一步增强、人大机关自身建设仍然需要继续努力等。在今后的工作中，我们要坚持问题导向，高度重视和认真解决这些问题，虚心听取各方面的意见建议，自觉接受人大代表和人民群众的监督，不断加强和改进工作。

2018年工作安排

2018年，市人大常委会工作的总体要求是：高举习近平新时代中国特色社会主义思想伟大旗帜，全面贯彻落实中共十九大精神和省、成都党代会精神，崇州市第十三届五次全会精神，把坚持党的领导，人民当家做主，依法治市有机统一，充分发挥人民代表大会制度的优越性，认真履职，为加快建设生态宜居的现代田园城市典范做出新贡献。

一、深入贯彻落实十九大精神，推动人大工作与时俱进

加强人民当家做主制度保障，是中共十九大对新时代人大工作提出的新要求。要深入学习贯彻落实中共十九大精神，自觉维护习近平同志为核心的党中央绝对领导，坚定人大工作正确政治方向，把党的领导贯彻于人大工作的全过程，落实到依法履职的各方面。保障人民通过人民代表大会行使国家权力，更好发挥人大代表作用，使市人大及其常委会成为全面担负起宪法法律赋予的各项职责的工作机关，成为同人民群众保持密切联系的代表机关。

二、扎实开展监督工作，确保市委决策部署落地落实

（一）紧紧围绕市委“产业兴城、品质崇州”城市发展定位，“建设生态宜居的现代田园城市典范”城市发展目标，“明日之城、翡翠之城”城市品牌形象，“发展现代产业实现民共富，建设现代城市实现民共享，创造现代生活实现民共乐”城市发展策略，加强对主体功能区建设，产业生态圈、社区发展治理、乡村振兴战略，开展工作监督，适时实施专题询问和质询，确保市委重大决策部署落地落实见成效。

（二）听取和审议国民经济和社会发展计划执行情况报告，听取和审议预算执行情况报告，审查批准2017年财政决算，听取和审议审计查出问题整改情况报告。做好预算执行情况监督的各项工作，开展对项目资金绩效评价监督和启动预算执行在线监督试点工作。

（三）听取审议城乡供排水一体化、城乡环卫一体化、全域公交一体化等专项工作报告。

（四）扎实开展法律监督，拟对《中华人民共和国土地法》《中华人民共和国就业促进法》《中华人民共和国体育法》等法律贯彻执行情况的执法检查，跟踪问效市人大常委会各项审议意见办理落实情况。

（五）支持市政府、市监察委员会、市法院、市检察院依法履行职能、开展工作，促进依法行政、公正司法，通过人大的支持和监督推动高标准打造“产业新城、品质崇州”建设。

三、保障代表依法履职，充分发挥代表主体作用

进一步深化和加强代表工作，使代表工作适应新时代，推动代表履职上有新作为。

（一）坚持常委会组成人员联系代表制度，坚持代表参与常委会工作。

（二）制定完善《崇州市人大代表联系人民群众制度实施意见》，通过多种方式听取和反映代表对常委会工作的意见建议。

（三）开展代表列席常委会会议、参加执法检查、参与专门委员会和工作委员会活动，推动市政府、市监察委员会、市法院、市检察院加强与代表的联系，拓宽代表知情知政的渠道。

（四）全面贯彻代表建议办理规定，加强代表建议办理工作的组织协调和监督检查，努力使代表建议的办理过程成为国家机关密切联系代表、加强和改进工作的过程。

（五）加强对街办乡镇人大工作指导，帮助解决履行职责中存在的实际问题。开展代表和人大工作者履职培训，提高全市人大工作水平。

四、强化人大自身建设，提高依法履职能力

始终把政治建设摆在首位，旗帜鲜明讲政治，坚决维护以习近平同志为核心的党中央权威和集中统一领导。落实全面从严治党要求，抓好常委会和常委会机关党的建设，坚决做到严守政治纪律和政治规矩。持之以恒抓好作风建设和党风廉政建设，锻造忠诚干净担当的人大干部队伍，进一步加强政治、经济、法律知识的学习，提高履职能力，完善常委会和人大专门委员会运行机制、议事程序和工作制度，确保人大工作依法有序开展。

政协崇州市委员会常务委员会工作报告

——在中国人民政治协商会议崇州市第十四届委员会第三次会议上

（2018年2月5日）

杨火清

一、2017年工作回顾

2017年，在中共崇州市委的领导下，市政协常委会坚持以习近平新时代中国特色社会主义思想为指导，全面贯彻落实习近平总书记对人民政协工作的新要求，团结带领全市政协委员认真贯彻落实中共十八届五中、六中全会和十九大精神以及省委、成都市委、崇州市委的决策部署，围绕“产业新城、品质崇州”建设，全面履行政治协商、民主监督、参政议政三大职能，圆满地完成了各项工作任务，开创了政协工作的新局面，为推进全市经济社会发展做出了积极贡献。

（一）强化学习，提升素质，坚持正确的政治方向。一年来，市政协始终坚持党的领导，始终在思想上政治上行动上与市委保持高度一致，始终坚持把思想政治建设摆在首要位置。通过中心组、主席会、政协常委会、干部职工大会、党小组学习会等形式，深入学习贯彻中共十八届六中全会精神、中共十九大精神和四川省、成都市、崇州市党代会精神，以及中共中央关于《新形势下切实加强和改进人民政协工作实施意见》《关于加强政协民主监督工作的意见》等文件精神，及时传达贯彻全国政协、四川省政协、成都市政协重要会议精神和我市市委对政协工作的重要要求；认真组织有关人员参加全国政协“地方政协干部（委员）培训班”学习、成都市政协“学习贯彻市第十三次党代会精神，全力助推建设全面体现新发展理念的国家中心城市”专题学习、“落实‘西控’战略、推进旅游发展”专题辅导、成都市委党校“十八届六中全会精神教育培训”等活动；积极邀请省政协专委会领导、成都市政协领导、成都市委党校教授来崇开展委员培训，全年共组织参加各类培训学习15批次、1500多人次。通过学习，市政协“懂政协、会协商、善议政”的能力和水平不断提高。

（二）围绕中心，服务大局，全力助推崇州发展。一年来，市政协始终坚持市委的中心工作推进到哪里、政协履职就跟进到哪里，充分发挥政治协商、民主监督、参政议政的作用。

1. 聚焦中心工作，视察调研成效显著。市政协按照“产业新城、品质崇州”的发展定位和建设生态宜居的现代田园城市的总体目标，以“两区一基地”为重点，聚焦智能制造、优质粮油、康养旅游三大生态圈建设，开展专题协商、视察调研。组织完成了政府工作报告、乡镇（街道）行政区划调整、城市总规及城市设计专题协商。政协常委会4次开展对生态环境保护工作、打造智能制造基地、北部片区十万亩粮经旅示范基地、城市重大基础设施建设情况进行视察。政协主席会议开展了智慧交通、智慧医疗、康养旅游、民族宗教、依法行政等12个方面的视察调研。视察调研中，委员们仔细看、认真听、建诤言、献良策，为党委、政府提供了许多有价值的意见建议。同时，还与成都市政协开展了李家岩水库建设、农业共营制、林业共营制、农村集体土地“三权分置”、康养旅游、智能制造、大数据等专项视察，成都市政协形成的专项视察报告报送成都市委、市政府，得到了成都市相关领导的高度重视，助推了我市经济社会的发展。

2. 聚焦界别特点，对口协商取得实效。市政协各专委会和委员小组积极开展对口专题协商，通过委员学习活动、组织专题视察、参加工作会议等形式开展协商议政工作。提案委认真抓好《崇州市政协提案办理协商实施细则》和市政协十四届一次会议提案工作对口协商，有力推动了提案办理。经农委积极为工业企业和农业界别委员搭建沟通交流和建言献策平台，组织与成都市政协农业界别、特邀界别、农工党对我市“休闲农业与生态旅游发展”专题视察暨高标准农田建设的对口协商。科教委组织开展公办医院、私营医院对口协商，为我市加快医疗卫生服务体系建设提供了全方位多角度的意见和建议。社法委组织委员开展对我市律师队伍、桤泉镇田园综合体建设、依法治市等对口协商，形成了对口协商调研报告。民宗委积极构建与宗教界人士经常性联系走访、沟通交流对口协商机制，为挖掘我市宗教文化资源，助推全域旅游建言献策。文史委组织民进党和文学艺术界别委员到羊马、崇平等乡镇就基层公共文化服务体系建设、文化管家和文学艺术创作工作开展对口协商。

3. 聚焦重点领域，民主监督扎实有效。市政协全面贯彻落实中共中央《关于加强政协民主监督工作的意见》，紧紧围绕基本民生、热点民生、公平民生开展监督，先后围绕“十三五”规划实施情况、提案办理工作、城乡供水一体化和城乡环卫一体化、美丽新村建设、生态环境保护、脱贫攻坚、文化根脉、食品药品、依法行政、安全生产工作等11项内容开展民主监督。市政协还组成7个明察暗访组，深入全市25个乡镇街道、经开区和部分企业，对全市环境保护工作情况进行明察暗访，形成《关于开展环境保护明察暗访工作情况的报告》，市委主要领导作了重要批示，并安排相关单位切实整改。同时，结合全市开展环境保护“三大战役”工作，编印了《环境保护知识手册》，受到各界好评。

4. 聚焦重点工作，参政议政作用彰显。市政协积极推动人民政协制度建设的完善，促进参政议政职能的发挥。市政协主席会议组成人员通过列席市委常委会议、市人大常委会议、市政府常务会议等形式进行协商；市委中心组专题学习会议，政协领导和各委室主任认真参加；市上重大会议或重大活动，政协领导积极参与。同时，市政协积极做好市委安排的专项督导工作，先后两次组成6个督导组，分别开展了落实中共十九大以及四川省、成都市和崇州市党代会重点任务完成情况的蹲点督导工作。

5. 聚焦提案工作，提案作用发挥明显。市政协高度重视提案办理工作，召开会议进行动员，明确办好提案的具体要求，并积极联系协调市政府和相关单位，共同做好提案办理工作。2017年共收到提案240件，审查立案151件，办结率达100%。在2017年省政协会议期间，代表成都市出席委员和列席人员提出的《关于建立治理雾霾联动机制的建议》，受到了成都、宜宾、资阳、攀枝花等本组参会人员的充分肯定；委员提出的《关于李家岩水库饮用水源地保护实施生态补偿机制》的提案被成都市政协所采纳，《关于光华大道（崇州至温江段）道路绿化升级改造的建议》被市委市政府所采纳，改造工程现已完工通车。

6. 聚焦民生热点，积极关注社情民意。市政协委员紧紧围绕加大就业和社会保障力度、环境保护、教育卫生、城市建设管理、统筹社会事业发展等群众关心、社会关切的热点难点问题，深入实际，深入群众，了解社情、收集民意、汇集民智，先后提出了《关于涉法涉诉信访工作的建议》《关于小学生放学早引发的相关问题的建议》《关于加强和规范推进我市现代农业发展样板区外农村土地使用权流转的建议》《关于我市部分乡镇、街道区划调整的建议》等社情民意，全年共编报《社情民意》61期，受到了相关部门的高度重视，所提建议得到了很好的采纳和解决。

7．聚焦脱贫攻坚，帮扶活动深入开展。市政协以“我为扶贫攻坚做件事”活动为载体和抓手，委员参与率达到百分之百，开展帮扶活动2000多件次，金额达1300多万元。同时，组织政协委员赴马尔康市开展医疗帮扶，建立“马尔康市医疗救助基金”，并在全市政协委员中组织开展为马尔康市脱贫攻坚捐款活动，共收到捐款200余万元，受到了马尔康市的欢迎和好评。

8．聚焦文史传承，文史工作取得突破。市政协在换届以后及时调整、选聘了28名文史研究员，完成了《崇州文史资料》第31辑的征稿整理工作，已经出版发行；完成了《崇州简史》第三次专题评审会，省、市专家对我市编撰工作给予了高度评价。同时，政协书画院聘任了新一届院长、副院长、秘书长和42名书画师，开展了“喜迎十九大，欢度国庆节”书画展，受到了广大市民的好评。

9．聚焦招商重点，圆满完成目标任务。市政协按照市委对招商引资工作的安排，结合工作实际，及时成立对外开放领导小组，分解下达了招商引资目标任务，并广泛动员和依靠全市政协委员、全体机关干部，主动出击，不等不靠，充分调动各方面的积极性进行招商，先后与湖南伟大集团、重庆友军农业、德仁堂、上海同祺科技、成都锦泰万禾、喜临门、北京今目标、文创清科、中国医学科学院等单位进行接触和商谈，全面完成了年度目标任务。

10．聚焦宣传崇州，相互交流呈现常态。市政协全年在《光明日报》《人民政协报》《中国日报》《四川政协报》等中央和省市级媒体上发表理论研究和宣传文章50多篇，其中《做改革“促进派”和发展“实干家”》被《光明日报》采用，受到各界广泛关注。同时，市政协加强与上级政协的联系，积极争取上级政协的指导，切实做好外地政协到崇州学习考察、经验交流等工作，宣传崇州，扩大影响，四川省、成都市政协先后到崇州开展智能制造、优质粮油、康养旅游和李家岩水库建设情况、成都市农村土地“三权分置”等专题调研，成都市政协领导应邀到崇州为市委中心组作了“落实‘西控’战略、推进旅游发展”的专题学习辅导，中国国际贸易促进会四川省委员会、农工党成都市委员会、民革成都市委员会、民盟成都市委员会领导到崇调研，广西、辽宁、陕西等省内外政协考察团26批次300多人次来崇参观考察。

11．聚焦委员履职，全面加强服务管理。市政协为推动委员履职服务与管理，深入调研视察，充分调动委员履职积极性。建立委员履职情况登记制度，完善委员年度考核工作，印发了《政协崇州市委员会委员履职考核办法》。开展主席会议成员走访委员联系服务工作，全年走访新任委员185人次。做好委员调整、增补的联系服务工作，根据工作需要，对调出崇州市的委员及时进行了调整。

（三）建章立制，固本强基，自身建设不断加强。一年来，市政协始终按照“建一流班子、做一流工作、出一流成绩”的要求，切实加强自身建设，不断提高工作的能力和水平。

1．抓好领导班子建设。市政协领导班子讲政治、顾大局、识大体的思想观念始终不变，讲团结、树正气、促发展的优良作风始终不变。市政协党组自觉接受市委的领导，坚持重大问题及时请示汇报，做到讲政治、政令畅通，讲团结、相互支持，讲学习、提高能力，讲工作、认真负责，讲纪律、严格要求。市政协常委会坚持按照市委的要求和政协工作的特点确定工作思路，始终做到与市委目标上同向、工作上合拍、行动上一致，以最饱满的精神状态、最昂扬的工作热情、最有力的工作措施、最优异的工作成绩履职尽责。市政协主席会议坚持民主集中制原则，集体领导、分工合作、勤政实干、严于律己，不断增强自我净化、自我完善、自我革新、自我提高的能力，在维护核心、服务中心、凝聚人心方面发挥示范带头作用。

2．抓好界别委组建设。根据

界别工作特点，突出界别特色和专业优势，配齐配强了专委会正副主任，新任命20名非驻会副主任，调整充实25个乡镇、街道活动小组组长，初步形成了由“政协党组统一领导、政协机关协调服务、专委会具体负责、各界别广泛参与”的委员履职机制。

3．抓好机关建设。强化机关党建工作，深入推进“两学一做”学习教育常态化制度化，全面落实机关党建“七个一支部工作法”，健全党小组学习制度，组织举办庆“七一”暨“对标”学习座谈会并重温入党宣誓，积极开展“不忘初心、保持激情、献计献策、助推发展”系列党建活动。坚持抓好党风廉政建设，组织学习《中国共产党党内监督条例》《关于新形势下党内政治生活的若干准则》，层层签订《党风廉政建设目标责任书》，深入落实党风廉政“一岗双责”。

在肯定成绩的同时，必须清醒地看到，我们的工作还存在许多不足，也面临不少挑战。主要是：协商议政还不够广泛深入，需要进一步提高能力和水平；视察调研基层不够，需要进一步向乡镇、村组等基层延伸；民主监督的主动性和实效性还不够，需要进一步健全和完善民主监督的机制和途径；意见建议、社情民意采纳落实情况的跟踪还不够及时，需要进一步积极跟进；政协委员的主体作用和示范作用体现得还不够充分，需要进一步发挥。这些问题和不足，必须着力加以解决。

二、新的形势和任务

中共十九大描绘了全面建设社会主义现代化国家的宏伟蓝图，吹响了夺取新时代中国特色社会主义伟大胜利的前进号角，省、市党代会和崇州市委全会也提出了明确要求，我们要认真学习、深刻领会、全面抓好贯彻落实，确保政协工作有方向、有重点、有作为。

（一）中共十九大报告为政协工作指明了前进方向。报告指出了“人民政协是具有中国特色的制度安排，是社会主义协商民主的重要渠道和专门协商机构”。政协工作是我们党全局工作的重要组成部分，崇州市政协必须坚持正确的政治方向，必须坚持市委的绝对领导，切实做到市委的工作安排部署到哪里，政协工作就要跟进服务到哪里，确保市委的政令畅通。只有这样，政协事业才能打牢根基、站稳脚跟、行久致远、有所作为。

（二）中共十九大报告为政协工作提出了重大要求。报告强调了“协商民主是实现党的领导的重要方式，是我国社会主义民主政治的特有形式和独特优势”“人民政协工作要聚焦党和国家中心任务，围绕团结和民主两大主题，把协商民主贯穿政治协商、民主监督、参政议政全过程”。我们要充分发挥崇州政协人才汇聚、智力密集的独特优势和协调关系、汇聚力量、建言献策、服务大局的作用，重点围绕高标准建设“产业新城、品质崇州”，建成生态宜居的现代田园城市典范，建成可持续发展的“明日之城、翡翠之城”以及市委“三步走”战略部署积极建言献策。

（三）中共十九大报告对政协工作寄予了殷切期望。报告阐述了要“加强人民政协民主监督，重点监督党和国家重大方针政策和重要决策部署的贯彻落实”。同时，对政协自身建设提出了新要求，强调要“增强人民政协界别的代表性，加强委员队伍建设”。崇州市政协必须切实加强队伍建设，充分发挥机关的保障作用、各个专委会的纽带作用、全体政协委员的主体作用，围绕供给侧结构性改革、精准脱贫、污染防治、新经济发展等工作，精心组织专题协商、视察调研等活动，当好市委的桥梁和纽带，自觉起好模范带头作用，争做改革的“促进派”和发展的“实干家”，为建设全面体现新发展理念的国家中心城市和深入贯彻落实成都市委“西控”发展战略加力加劲、再添新功。

三、2018年的主要工作

2018年，是全面贯彻落实中共十九大精神的重要一年，是改革开放40周年，是组织实施

“十三五”规划的关键之年。今年，我们工作的指导思想是：高举中国特色社会主义伟大旗帜，以马克思列宁主义、毛泽东思想、邓小平理论、“三个代表”重要思想、科学发展观、习近平新时代中国特色社会主义思想为指导，全面贯彻落实中共十九大和省委十一届二次全会、成都市委十三届二次全会精神，按照崇州市委十三届五次全会总体部署，牢牢把握团结和民主两大主题，不忘初心、牢记使命，围绕中心、服务大局，积极履行政治协商、民主监督、参政议政职能，为全面深化改革、推动创新发展、加快建设全面体现新发展理念的国家中心城市和认真落实“西控”战略部署、高标准建设“产业新城、品质崇州”做出新的贡献，为把我市建成生态宜居的现代田园城市典范贡献政协力量。

（一）**坚持政治引领，深入学习贯彻中共十九大精神**。突出思想政治建设，通过专题学习报告、开展研讨交流等形式，组织广大委员开展主题鲜明、形式多样、务实有效的学习活动，进一步学习贯彻习近平新时代中国特色社会主义思想，特别是关于统一战线、人民政协的新思想新要求，不断提高政治站位，牢固树立“四个意识”，把坚定维护以习近平同志为核心的中共中央权威和集中统一领导作为第一位的政治要求，始终在思想上政治上行动上同以习近平同志为核心的中共中央保持高度一致，始终在市委统一领导下履行职能、开展工作。团结引导广大委员和各界人士坚定“四个自信”，自觉把思想和行动统一到市委的决策部署上来，把智慧和力量凝聚到市委确定的各项目标任务上来。

（二）**坚持工作创新，全面开展民主监督**。在调查研究、协商议政、提案办理、信息公开过程中充分发挥民主监督的作用，支持界别、委员围绕重点项目深入调查研究，发现问题，提出问题。支持以界别为主体，以专委会为依托，聚焦改革开放、经济建设、社会发展、民生福祉、生态文明建设等贯彻落实情况，开展具有监督性的视察和调研活动。加强民主监督组织协调、知情反馈、沟通联系等方面的工作，加大民主监督力度。充分运用民主监督的有效形式，聚焦民共富提升产业质效，聚焦民共享提升城市功能，聚焦民共乐提升生活品质，增强民主监督实效。完善政协协商成果采纳和反馈机制，重点围绕智能制造、优质粮油、康养旅游等三大内容，促进协商成果转化落实。

（三）**坚持围绕中心，全力服务改革发展**。主动适应经济社会发展，围绕影响改革发展的体制机制问题、群众关心关注的热点难点等问题，深入调研视察，科学分析论证，积极建言献策。重点围绕创建国家级新型工业化（大数据）示范基地、全国生态文明建设示范市、国家全域旅游示范市、乡村振兴和城乡融合发展示范区，以及捷普科技、润恒农产品冷链物流中心、百悦元通天府水乡、德仁堂健康小镇、天府国际慢城、陇海国际旅游度假区、大熊猫国家公园、李家岩水库建设等重大项目开展专题调研。重点围绕稳定经济增长、产业生态圈建设、重大项目招引促建、“三治一增”、社区治理、信访突出问题解决、环保突出问题整改等工作开展监督。重点围绕市委重大决策部署和“一府两院”工作报告开展政治协商和专题协商。坚持以协商为重点，做好提案工作，提高提案质量和水平，拓宽提案督办的途径，加强对提案办理的专项监督和民主评议，对重点提案的办理情况开展“回头看”，推动提案办理落实。

（四）**坚持固本强基，进一步提高履职能力和水平**。加强委员履职管理和服务，完善委员履职服务机制和主席会议成员走访联系委员制度，调动和激发委员的履职积极性。发挥专委会的工作沟通和指导作用，加强界别工作，突出界别特色。加强政协常委会建设，提升履职能力和水平。全面落实从严治党主体责任，深入贯彻中央八项规定和《党章》，坚决做到讲政治、懂规矩、守纪律。深入推进“两学一做”学习教育常态化制度化，积极开展“不忘初心、牢记使命”主题教育。

名词解释

产业生态圈：一定区域内，人才、技术、资金、信息、物流和配套企业等要素有机排列组合，通过产业链自身配套、生产性服务配套、非生产性服务配套以及基础设施配套，形成产业自行调节、资源有效聚集、企业核心竞争力充分发挥的一种多维网络体系。

两核两轴两脉："两核"即"南园北镇"两个增长引擎。"南园"为南部生态田园、智能制造产业园、物流园等组成的综合园区；"北镇"，以街子、三郎、怀远、元通为核心的具有全国影响力的古镇群。"两轴"即成温邛城市发展轴、龙门山前旅游发展轴。"两脉"包括沿西河的蜀州历史文化主脉，沿桤木河的龙门山—无根山—坝区自然生态主脉。

十字双核嵌绿心：构建中央公园为城市绿心，其西侧罨画池为古城历史文化核心，东侧新建市级公服集聚区，横纵两轴的"十字"城市空间结构，东西疏解，南北贯通，引导城市向东向南发展，形成"十字双核嵌绿心"的发展格局。

一城、三镇、三村、N点："一城"即崇阳省级历史文化名城；"三镇"即怀远、元通、街子三个省级历史文化名镇；"三村"即羊马伏虎村、三郎凤鸣村、文井江大坪村三个市级历史文化名村；"N点"即紫竹遗址、双河遗址、罨画池等国家重点文物保护单位和省、成都市文物保护单位。

海绵城市：城市能够像海绵一样，在适应环境变化和应对自然灾害等方面具有良好的"弹性"，下雨时吸水、蓄水、渗水、净水，需要时将蓄存的水释放并加以利用。

供给侧结构性改革：从提高供给质量出发，用改革的办法推进结构调整，矫正要素配置扭曲，扩大有效供给，提高供给结构对需求变化的适应性和灵活性，提高全要素生产率，更好满足广大人民群众的需要，促进经济社会持续健康发展。

三品一标：无公害农产品、绿色食品、有机农产品和农产品地理标志。

六类500强：世界500强、美欧日500强、中国500强、民企500强、服务业500强和新经济500强。

区域医联体：区域内以三级医院为核心，联合区内二级医院、基层医疗机构组建成联合体，推动形成分级诊疗机制。

三师共管：大医院专科医师、基层家庭医师和健康管理师共同组成的"三师共管"团队服务模式。

文化管家：即文化能人团队，主要负责提供基层公共文化服务，培育群众文化队伍，开展群众文化活动，展示群众文化自信。

崇州"三步走"战略目标：第一步，到2020年，高标准全面建成小康社会，高标准建设"产业新城、品质崇州"。第二步，从2020年到2035年，基本实现现代化，全面建成生态宜居的现代田园城市典范。第三步，从2035年到21世纪中叶，全面实现现代化，成为可持续发展的明日之城。

明日之城·翡翠之城："明日之城"是指生态本底优良、城市规模适中、交通高效便捷、智力资源集聚、经济高度发展、就业岗位充分、文化氛围浓厚的城市。"翡翠之城"是指崇州的天然本底就像一块翡翠，拥有翠绿、温绿等自然特质，以翡翠比喻崇州城市的优美。城市发展坚持生态文明理念，建成自然与人文景观交相辉映、绿色生产生活方式彰显的城市。

治霾十条： 加快淘汰落后产能，全面清理整治“小散乱污”企业；强化露天焚烧常态化管控，中心城区烧烤店实施“炭改电”；全面推进燃煤锅炉、燃油发电清洁能源替代，高污染燃料禁燃区内所有燃煤锅炉“清零”；开展重点企业达标排放整治，水泥、钢铁等全部实施超低排放改造；实施城市扬尘综合治理，推行绿色施工；严格执行机动车排放标准，坚决淘汰黄标车；综合防治臭氧污染，实施挥发性有机物分类治理；深化餐饮油烟污染控制，提高油烟净化设施安装率；推动成都平原城市群大气污染联防联控；开展大气污染“冬病夏治”，协调重点排放企业错峰生产。

大气污染防治“650工程”： 2017年，成都市大气污染防治工作提出“650”工程，即开展压减燃煤、控车减油、治污减排、清洁降尘、综合执法行动、科技治霾“六大行动”，实施落实责任、综合保障等50条举措。

治水十条： 推进雨污分流全覆盖，加大生活污水处理厂扩能改造力度，加快再生水利用工程建设；加快工业园区污水处理厂、配套管网及自动在线监控装置建设；开展畜禽养殖及屠宰行业专项治理，逐步推进规模畜禽养殖产业有序转移和规范养殖零排放；大力整治洗车场、农贸市场、洗砂场、搅拌站、“小散乱污”、农家乐等违法排污行为；加强饮用水源地规范化建设；实施饮水安全保护工程；强力整治296段黑臭水体；加强重点流域水环境治理；推进地下综合管廊建设，打造海绵城市；加快完成蓝线规划，拆除河道两岸违法建筑，打造宜居水岸、活水成都。

土壤污染防治“620”工程： 2017年，成都市土壤污染防治工作提出“620”工程，即开展土壤环境监测预警、分类管控、风险防范、综合整治、综合执法、治理修复“六大行动”，落实20项工作举措。

五换、四培育： “五换”指空间换地、电商换市、机器换人、腾笼换凤、服务换活力五换工程；“四培育”指领军企业、规模企业、上市企业、企业家队伍四个培育工程。

四个资金池： 贷款风险资金池（壮大贷），企业债权融资风险补偿资金池（科创贷），创业贷风险资金池，崇州市民营企业应急周转资金。

产业园区“五位一体”： 园区城市总体规划、产业招商指导目录、园区设计规划导则、产业引导政务政策和公共服务设施建设规划“五位一体”管理体制。

十大重点工程： 全域乡村规划提升工程，特色镇（街区）建设工程，川西林盘保护修护工程，大地景观再造工程，农村人居环境整治工程，农业品牌建设工程，乡村人才培育集聚工程，农民增收促进工程，农村文化现代化建设工程，城乡社区发展治理工程。

五项重点改革： 农业供给侧结构性改革，农村集体产权制度改革，农村金融服务综合改革，财政支农投入机制改革，农村行政管理体制改革。

三权分置： 在坚持农村土地集体所有的前提下，促使承包权和经营权分离，形成所有权、承包权、经营权三权分置，经营权流转的格局。

社区发展治理“五大行动”： 老旧城区改造行动，背街小巷整治行动，特色街区创建行动，社区服务提升行动，平安社区创建行动。

两馆一创：崇州淘宝特色产品馆、崇州特色产品体验馆，双创孵化中心。

九大功能中心：滨江休闲中心，城市文化中心，城市商业中心，现代冷链物流中心，智慧信息中心，历史文化中心，市民服务中心，工业服务中心及体育运动中心。

七有：幼有所育、学有所教、劳有所得、病有所医、老有所养、住有所居、弱有所扶。

“5+2”模式：将崇州市国有资产、资源按业务形态形成五大企业集团和两家个特色经营企业。五大产业集团指农投集团、工投集团、文旅集团、城投集团、交投集团。两家特色经营企业指金融服务集团、崇信大数据公司。

三到位、一处理：诉求合理的解决问题到位、诉求无理的思想教育到位、生活困难的帮扶救助到位，行为违法的依法处理。

三到精神：“不叫不到”，减少对企业微观经营活动的干预和影响；“随叫随到”，对企业提出的问题报告一次、责任到人、限期解决；“服务周到”，想企业之所想、谋企业之所盼，做到无微不至、关怀备至。

新时代下推动农村土地入股经营助力乡村振兴的实践与思考

市委政策研究室

中共十九大报告提出实施乡村振兴战略，指出农业农村农民问题是关系国计民生的根本性问题，要坚持农业农村优先发展，按照产业兴旺、生态宜居、乡风文明、治理有效、生活富裕的总要求，建立健全城乡融合发展体制机制和政策体系，加快推进农业农村现代化。这是我们党在新时代下解决好“三农”问题的新举措。要实现乡村振兴，产业兴旺是重要内容，必须深化农村土地制度改革，培育新型农业经营主体，发展多种形式适度规模经营，构建现代农业产业体系、生产体系、经营体系。引导农民将土地的经营权量化为股权，入股农民合作社或农业产业化企业，开展农业产业化经营，对提高农业产业现代化水平、拓宽农民增收致富渠道具有积极作用。

近年来，崇州在深化“农业共营制”新型农业经营体系的基础上，紧扣农业供给侧结构性改革主线，以推进农村土地“三权分置”为抓手，培育新型农业经营主体，优化农业经营体系，着力探索土地经营权入股发展农业产业化经营的有效路径和动力机制，打造更加注重融合发展的现代农业产业体系。

一、探索三种模式，培育新型经营主体

围绕促进土地资源合理利用，提高土地产出率、劳动生产率和资源利用率，充分运用农村承包土地确权登记颁证成果，推进农村土地“三权分置”，探索实践土地经营权+农业产业化企业经营，培育新型农业经营主体，发展多种形式适度规模经营，形成三种模式，让土地经营权分享产业化经营效益。

（一）土地折资、企业注资，组建新的农业经营主体。农

户以农村承包土地经营权入股组建土地股份合作社，土地股份合作社再以农村土地经营权折股、农业产业化企业技术和资金等要素折股，组建新的农业公司。由新的农业公司制定生产计划，独立经营，公开聘用总经理、农业职业经理人从事生产经营管理，土地股份合作社监督公司生产经营管理，采取“优先股+分红”分配方式，按股分配给入社社员，让土地股份合作社入社社员分享农业产业化企业的经营收益。比如，白头镇龙翔土地股份合作社与四川润地远大生态农业开发有限公司合作，土地股份合作社以610户农户的1740亩农村承包土地的经营权占股40%作为优先股，公司负责全部生产种植成本投入（每亩每年土地的生产经营成本1200元）占股60%，组建成都润地汉通农业开发有限公司。公司经营纯收入在按土地股份合作社优先股每亩每年250千克稻谷折价（约650元/亩）给予保底收入后，剩余经营纯收入按公司80%、土地股份合作社入社社员20%比例进行二次分红。

（二）**农业产业化企业入股土地股份合作社经营**。农业产业化企业以技术、资金等要素入股土地股份合作社，成为合作社的股东，公开聘用农业职业经理人从事生产经营管理，收益按股权份额进行分配。比如，四川普润生农业科技有限公司入股燎原乡迎新土地股份合作社，作为合作社的新股东，选举公司董事长为合作社的理事长，土地股份合作社以1875亩土地经营权，参照本地土地经营权流转价格，以每亩每年250千克稻谷折资入股作为优先股，四川普润生农业科技有限公司以投入的种子、肥料和生产性投入资金入股，由合作社统一经营，开展羊肚菌种植，合作社监事会监督生产经营管理。经营纯收入在按土地股份合作社优先股每亩每年250千克稻谷折价（约650元/亩）给予保底收入后，剩余经营纯收入按公司80%、土地股份合作社公积金10%、入社社员10%比例进行二次分红。

（三）**土地股份合作社入股农业产业化企业经营**。土地股份合作社以土地经营权入股农业产业化企业，以实际生产并交付的农产品作为股份，企业统一技术、管理、销售等要素，由公司统一经营，收益按股权份额进行分配。比如，隆兴镇杨柳土地股份合作社、集贤乡涌泉土地股份合作社等20家农业经营主体，以4400亩土地经营权入股成都西蜀粮仓农业发展有限公司，股东按照公司制定的《稻田综合种养技术规程》开展生产，统一种子、肥料、农药、植保、收割、烘干，建立农产品溯源体系，股东以实际入库稻谷的数量按比例持有公司的股份，作为盈余分配的依据，由公司统一储藏、加工、包装、营销，采取“保底价格+分红”方式，保底价格按照当年市场优质稻价格为基础，每公斤上浮0.2元分配给股东。

二、构建六项机制，增强创新发展动能

（一）**构建工作联动机制**。着力从政策制定、制度设计上，强化土地经营权入股发展农业产业化经营的推进合力。制定贯彻落实“1+N”系列配套文件，建立领导小组联席会议制度，确保重点难点问题能及时解决，形成主要领导负总责、分管领导亲自抓、责任部门具体抓的工作格局。

（二）**构建经营主体参与机制**。在调查摸底的基础上，通过有效的动员部署和政策宣传，在充分尊重入社农民、土地股份合作社、农业产业化企业意愿的前提下，引导经营主体主动参与，采取自愿方式正确引导土地股份合作社再入股到农业企业或农业企业入股到土地合作社。

（三）**构建土地流转管理机制**。推进农村土地“三权分置”，落实集体所有权，稳定农户承包权，放活土地经营权，探索实施农村土地经营权流转管理、农村产权流转交易鉴证等政策，赋予土地规模经营业主依法享有其流转取得的农村土地经营权占有、使用、收益和处置的权利，健全“归属清晰、权责明确、保护严格、流转顺畅、风险可控”的农村土地流转管理机制。对出租、互换以及股份合作

方式流转的农村土地经营权，经过农村产权交易中心交易鉴证后，可进行登记颁证。全市登记颁发《成都市农村土地经营权证》268本、面积7.8万亩。

（四）构建土地经营权抵押融资机制。运用农村土地经营权证，开展土地经营权抵押贷款，健全抵押融资交易服务、融资担保、价值评估、风险防控、金融服务、政策扶持等“六大体系”。搭建“农贷通”融资综合服务平台，推动“互联网+农村金融”服务，探索形成“一个平台、三级管理、七大体系”的“1+3+7”农村金融服务模式，畅通金融资本和社会资本注入土地经营权入股发展农业产业化经营通道。目前已开展农村土地经营权抵押贷款208笔3.02亿元。

（五）构建政策扶持机制。加大政策扶持力度，对土地经营权抵押贷款用于粮油适度规模经营的，按人行同期贷款基准利率给予50%贴息；对用于粮油加工流通的，按人行同期贷款基准利率给予30%贴息；对用于粮食生产、收储、加工环节的贷款给予担保的，按年给予担保额度2%的担保费补贴。

（六）构建风险防范机制。农户受传统观念的束缚，担心农业企业缺乏生产技术和管理经验，拿不到基本收益，更愿意采取直接租赁土地的方式，由企业自主经营、自负盈亏，导致入股意愿不强。为保障土地流转当事人合法权益，在传统政策性农业保险的基础上，引入平安保险、太平洋、锦泰等保险机构开展土地经营权流转履约保证保险，政府补贴保险费比例50%、农业产业化企业承担保险费比例40%、土地经营权属者承担保险费比例10%。同时，健全农业巨灾风险准备金制度，探索构建农村产权抵押贷款“银行、企业、担保、保险、政府”五位一体的风险防控体系，降低因土地流转失约而造成的损失，有效化解了土地经营权入股经营风险。

三、推动产业融合发展，促进农民持续增收

（一）拓展股份合作模式，培育了新型农业经营主体。新型农业经营主体是当前推进农业经营体制机制创新的重要组成部分。实践中，我们创新新型农业经营主体培育方式，尊重农民主体地位，引导农户以农村承包土地经营权入股组建土地股份合作社，土地股份合作社以农村土地经营权折股、农业企业以技术和资金等要素折股，组建新的股份经济合作公司。公司独立经营、风险共担，公开聘用总经理、农业职业经理人从事生产经营管理，土地股份合作社监督公司生产经营管理活动，形成“独立法人+总经理+职业经理人+合作社监督”运行机制。实践证明，只有不断培育壮大新型农业经营主体，才能提高农民组织化程度，增加股份经济合作组织收入。

（二）构建职业农民培育机制，培养了一批建设现代农业的中坚力量。培育新型职业农民，是破解“谁来种地”“怎样种地”难题的现实需要。实践中，我们开展职业农民“双培训”，建立农业职业经理人初、中、高级“三级贯通”的晋升评定制度、管理制度、考核制度，实行准入及退出动态认定管理机制，形成“农业职业经理人+职业农民”专业化生产经营管理团队。同时，制定出台农业职业经理人享受粮食规模种植补贴、城镇职工养老保险补贴、信用贷款贴息等扶持政策，推行农业职业经理人“竞争竞聘上岗”“超产分成”等激励政策。截至目前，共培养新型职业农民7329人，农业职业经理人1883人，其中受聘于新型农业经营主体有823人，占比43.7%。实践证明，培养一批生产经营型、专业技能型、社会服务型人才，提高其精细化经营和管理水平，能有效推动农民合作组织规范发展，提高农业的质量、效益和竞争力，保障农业产业化经营的人才需要。

（三）聚焦三产融合发展，促进了土地经营权价值增值。一、二、三产业融合发展是提高比较收益和竞争力的重要途径，是扩大农业发展空间的重要措施。实践中，我们以全国农村产业融合发展示范市为主要抓手，鼓励支持新型农业经营主体进行粮油规模种植、种养循环、粮

油加工、电商营销、休闲农业、乡村旅游等融合发展。开展稻田综合种养、乡村旅游赏花节等融合发展项目，推进筷子网电商物流、安德在线跨境电商、土而奇公共电商等平台建设，推动网货下乡、农产品进城，拓宽农业全产业链发展路径，形成了“产加销服一条龙、农工贸旅一体化”的经营格局。实践证明，三产融合发展，是破解土地经营权价值瓶颈的“金钥匙”，有利于延伸农业产业链、拓宽发展空间、增强要素支撑。

（四）创新利益分配方式，保障了入股各方合理权益。农民以土地承包经营权入股，按股权权重进行分红，有利于形成“共营共享”的利益共同体与利益分享机制。实践中，我们主要采取“保底+分红”方式保障入股各方合理权益，即：公司按每亩每年250千克左右稻谷折价给予农户保底收入，剩余经营纯收入按公司80%左右、土地股份合作社20%左右的比例进行二次分红。2016年，农户在每亩土地保底收入约650元的基础上，二次分红平均300元，分别高出土地股份合作社自我经营150元、农户家庭经营300元。实践证明，要充分尊重农民意愿，充分发挥群众智慧，根据不同的股份合作模式，探索形式多样的利益分配方式，才能充分调动各方参与的积极性，保障农民财产权益，壮大集体经济。

（五）搭建农村金融服务平台，畅通了土地经营权抵押融资渠道。发展农业产业现代化必须要具有与之配套的金融供给作为基础。实践中，我们搭建“农贷通”融资综合服务平台，健全抵押融资交易服务、融资担保、价值评估、风险防控、金融服务、政策扶持“六大体系”，土地股份组织可利用农村土地经营权证，开展土地经营权抵押贷款，畅通金融资本和社会资本进入农业的通道。同时，引入平安保险、太平洋保险、锦泰保险等保险机构开展土地流转履约保证保险，化解土地经营权入股风险，降低可能造成的违约损失。实践证明，畅通抵押融资通道，健全风险防控机制，可以让农业企业安心经营，可以让农民放心入股，必将成为助推“三农”发展、实现乡村振兴的重要引擎。

关于崇州市行政执法体制改革的实践和思考

市委政策研究室

深入推进城市管理执法体制改革，改进城市管理工作，是提高城市治理能力的重要举措，是增进民生福祉的现实需要，是促进城市发展转型的必然选择。崇州市作为四川省跨部门、跨领域综合行政执法改革试点地区，2016年以来，充分运用大数据产业、技术及科研优势，不断完善体制机制、创新执法方式，搭建执法智慧服务平台，逐步构建起数据畅通、监督有效、保障有力、全域覆盖的行政执法综合信息化体系，用大数据重塑大盖帽，实现执法处置效率和监督管理水平有效提升。

一、崇州行政执法面临的现实问题

随着我国民主法制建设的不断加强，法律法规的日臻完善，市民法制观念的逐步增强，崇州在城市行政执法方面取得了一定成效。但是在推进综合行政执法体制改革以前，崇州执法过程不严、效率不高等问题依然存在，执法犯法、徇私枉法等现象时有发生，成为依法行政的“绊脚石”，与严格规范公正文明执法要求不相适应。主要表现为：

（一）执法力量较为分散

据统计，2015年年末崇州有执法队伍13支，分散在13个部门。在行政执法实践中，许多违法行为会同时涉及多个部门的执法权限。然而在较为分散的行政执法体制下，各个部门实行“分散分段而治”，相互之间的职能职责交叉致使协调比较困难，存在“多顶大盖帽管不住一顶小草帽”的“九龙治水”局面。从横向上看，各部门下设执法队伍人少事多，无法对综合、巡查、办案进行严格分组管理，日常工作常常处于救火模式，哪里紧急就先应对哪里，导致执法效果不理想。从纵向上看，执法资源区域配备不均衡，城市建成区配备较多，乡村区域配备相对不足，具体表现在乡村区域发现问题能力较弱，更多依赖于移交和举报等被动手段，导致一些持续进行的违法问题，因为发现和处置不及时，造成违法问题扩大化。

（二）队伍素质有待提升

执法人员素质高低直接决定执法水平，影响着执法质量。应该说，近年来崇州通过加强执法队伍集中教育培训，执法队伍整体素质有了明显的提升。但在实际运行中，由于基层部门执法队伍长期缺编、行政和事业人员混岗使用、执法人员调整频繁等原因，导致执法队伍整体素质难以适应新时代行政执法要求。突出表现在：一是思想观念还未完全转变，部分基层执法人员不善于学习总结，执法行为不规范，依法行政观念有待加强。二是执法队伍年龄偏大，干部老龄化现象严重，结构不合理。2016年以前，崇州35岁以上执法人员占比高达76%，其中50岁以上执法人员占比近两成，仍然习惯运用传统简单的方式执法，难以适应现阶段工作需要。三是执法队伍新兵较多，知识结构不合理，特别是熟悉法律法规、特种设备、食品药品等专业知识的人才较少，复合型人才则更为奇缺。

（三）信息技术运用不足

随着政府管理职能的转变，必须善于运用现代化、电子化管理手段更新行政监管和执法方式和方法。但在实际中，执法部门运用信息化的水平普遍不高。比如，有的单位尚未建成行政权力运行信息化平台，仅通过纸质或电子文档办案；有的单位依赖于省市甚至国家部委下发的垂直业务系统，未很好发挥信息化在规范执法过程、量化工作绩效、提升行政效能作用。由此可见，崇州执法在信息化技术运用方面还不够高，特别是缺乏云计算、大数据、物联网、智能终端、智能视频分析等领域的应用，难以灵活应对新时代行政执法需求。

（四）体制机制不尽完善

一方面，执法运行机制不健全。部门协调配合不够密切，社会共管机制尚未形成，各部门执法存在“单打独斗”现象；司法配合还不够充分，公安、法检协助执法机制不完善，联动配合的执法执行力还不够强。另一方面，执法监督机制不完善。对执法工作人员缺乏一套有效的监督机制，比如，部分执法人员不作为、慢作为、乱作为等未受到责任追究，存在“多一事不如少一事”的消极心态，导致一些违法行为得不到有效查处。

二、崇州综合行政执法体制改革的主要做法

针对上述问题，2016年以来，崇州市以四川省跨部门、跨领域综合行政执法改革试点为契机，通过组建综合行政执法局，明确划分执法权限，整合基层执法力量，创新运用大数据产业发展成果，搭建“综合执法智慧服务平台”，探索实践“一体化”智慧执法新模式，推动执法工作由业务驱动向数据驱动转变，实现了行政执法行为的规范公正文明。

（一）整合机构人员推动城市执法“集中统一”

成立综合行政执法局，按照编随事转、人随编走原则，适度集中执法资源和执法力量。将职能相近、执法内容相近、执法方

式相同的7个部门（城管、规划、住建、国土、水务、文旅、交通）以及相关职能进行整合，共划转执法人员462名，权力事项1876项，巡查事项309项，涉及法律法规3600余条，实现机构、职能和人员的“物理组合”。

（二）重构职能职责推动城市执法“权责明晰”

一是明确职责边界。制定综合行政执法行政权力清单、责任清单和日常巡查事项清单“三张清单”，明确综合执法部门与行政主管部门权责边界，为巡查和执法提供相关依据。同时，将清单上传至执法智慧服务平台，使执法人员在执法巡查过程中利用手持执法终端查询到相关信息，让执法更加科学、准确。二是建立综合执法联席会议制度。通过定期召开联席会议，研究部署重大行政执法活动，督促、指导相关部门开展行政执法工作，厘清行政主管部门和综合行政执法部门的职责边界，划分具体工作事项，明确权责关系，协调工作中的困难和矛盾。三是建立专业专业委员会。整合原行业行政主管部门业务骨干，建立以行业为主的执法专业委员会，负责对上联系和部门衔接，制定执法专项计划，监督指导执法人员办案，形成相融互动的协调指导机制，解决综合执法改革后对上衔接不畅、同级协调不顺、执法能力不强等问题。同时，把双随机执法和专项执法、行业执法和网格执法有机结合，实现各专业领域执法的充分融合。

（三）打破信息孤岛推动城市执法“智慧精准”

利用北大燕云大数据索引式管道技术，横向打通7个部门12套信息系统，纵向打通成都市网络理政平台和四川省人口信息、交通运输等数据平台，汇集从国家到县级关于审批、空间、法律法规、权力清单、执法人员等数据866万条，形成平台数据库，把“沉睡”在各个部门硬盘中的数据“唤醒”。依托大数据产业发展优势，搭建综合执法智慧服务平台，初步构建以数据上传、处置、分析为“一体化”的智慧执法联动机制。一是建立部门信息共享模块。整合7个部门的审批数据、空间数据、法律法规数据、权力清单数据、执法人员数据等信息，形成相应的平台数据库和跨部门数据共享机制，为一线巡查执法人员提供智能终端服务应用。比如，在对网吧等固定场所进行执法检查时，可调取数据库内固定场所名录和执法人员数据库信息开展“双随机”执法，杜绝“人情执法”和选择性执法。二是建立可视化调度平台。按照定格、定岗、定责的方式，明确属地巡查执法责任，实行日常巡查网格化，避免推诿、扯皮。同时，配备352台手持执法终端，增加GPS定位、音视频互动、图文实时上传、执法事项和法律依据查询等功能，完成网格内事件上报、任务接收、证据收集的快速处置，进一步缩短执法时间，实现证据的全过程记录。此外，可通过智慧平台的可视化指挥中心对网格信息、执法人员运动轨迹、分布状况等信息实时监控，进行统一指挥、调度和互动。三是发挥“网格+探头”作用。整合城管数字化管理中心、公安110指挥中心、政法委“雪亮工程”和水务防汛等1103个摄像探头，实现数字信息采集全覆盖、管控“一张图”。四是简易案件处置智能化。对适用于简易程序的案件，建立标准化办案模板，执法人员可通过手持执法终端，按步骤录入违法主体、违法事实、证据等信息，即可生成现场勘验笔录和处罚决定书，并现场打印，形成业务闭环，有效防范和减少了“选择性执法”“人情执法”等人为干预，解决了传统办案模式下执法标准不一、程序不规范等难题，案件办理更加规范、公正、高效。五是重大案件处罚专业化。对案情较为复杂的案件，由属地专业处罚大队进行执法查处，重大案件集体审议、集体决定，并加强外界专业部门的执法监督，确保重大案件的办理质量，避免出现人情案、错案、漏案。

（四）夯实基层力量推动城市执法“重心下沉”

在全市25个乡镇和街道均派驻乡镇综合执法中队，通过建立“一中心、一张网、一平台”

不断夯实基层执法力量。“一中心”是指乡镇行政执法联动中心。由乡镇（街办）联动中心负责辖区内行政执法的综合协调，充分发挥其“巡查发现、指令督办、协调联动、考核评价”功能，牵头辖区内各相关职能部门、村（社区）联动站开展行政执法及其后续工作，形成综合职能部门与执法中队联动执法体系，进一步提高基层执法效率。“一张网”是指“镇、村、组”三级巡查联动网。通过发动基层力量，实行网格化管理制度，明确属地巡查执法责任，避免推诿、扯皮。对发现的适用于简易程序的案件，由乡镇中队进行处罚；对不适用于简易程序的案件，移交至执法局进行办理，形成清晰的处理流程。“一平台”是指综合执法智慧服务平台。综合行政执法智慧服务平台整合信息通信基础设施和数据资源，运用移动执法、电子网格等手段，构建了“来源可查、去向可追、责任可究”的信息链条，为提高乡镇一线执法效率提供基础保障。

（五）强化队伍建设推动城市执法“高效廉洁”

一方面，强化执法业务培训。制定翔实的业务培训计划，着手分类别、分行业的业务培训，定期组织行政执法人员参加通用法律知识培训、专门法律知识轮训和新法律法规专题培训，注重运用法治思维和法治方式提高解决执法中突出矛盾和问题的能力。不断提升执法人员素质、提高办案质量。另一方面，加大队伍风纪建设。以“两学一做”“微腐败”专题教育等为抓手，狠抓执法纪律和职业道德教育，大力开展执法人员思想纪律作风建设，全面提高执法人员素质。例如，定期不定期推送廉政警示内容，实现执法人员手持执法终端接受教育。

（六）健全考核体系推动城市执法“科学监管”

一是完善工作制度。注重完善执法程序，建立健全执法全过程记录制度和行政裁量权基准制度，制定出台《崇州市综合行政执法局行政处罚程序规定（试行）》等5项规定办法，建立行政执法主体资格审查、公示制度等5项制度，从制度上保证了执法的公正、透明。二是完善社会监督机制。设立投诉举报电话、成立案件举报受理中心，并在智慧服务平台增设社会监督公众参与功能，群众可通过执法APP上报线索，查看处置流程状态，构建起社会投诉举报快速处置工作机制，实现全民监督。三是量化考评指标。通过可视化指挥中心、手持执法终端，对执法人员日常考勤、办案数量、办案质量、仪容规范情况等进行实时考评，让绩效评估更加科学、合理。四是构建科学监管体系。以大部门制改革为基础建设立体化执法模块，将事先审批、事中检查、事后处罚、强制执行整个监管环节进行有机整合，初步建立内部监督、互相监督、法律监督、行政监察和社会监督“五位一体”行政执法闭合监督体系。

三、关于行政执法体制改革的几点启示

实行综合行政执法是社会主义市场经济发展的必然要求和行政执法体制改革的必然趋势，近年来，全国很多地区都在推行综合行政执法改革，形成诸多经验。崇州市始终秉持是否达成改革初衷、是否获得满意成效、是否具有推广价值“三个是否”标准推进改革，探索建立的“一体化”智慧执法模式，取得了一定成效，主要有以下几方面启示。

（一）合理整合行政执法机构

综合执法改革的初衷是要解决多头执法、多层执法、重复执法等一系列问题，不是简单地将人员、编制、职责合起来，制定出台一些文件就算完成了，关键是要解决好原来分设的执法队伍面临的突出问题。崇州综合行政执法改革，既有“物理变化”也有“化学变化”。所谓物理变化，就是坚持“能综合的尽量综合、不能综合的不强求”原则，系统分析各部门执法队伍实际情况，合理确定整合领域，将符合条件的各领域执法部门的人、财、物、编划归于综合行政执法局统一管理，从体制上解决了执法人员编制受限、执法力量分散

等问题。所谓化学变化，就是把对同一违法行为都有处罚权和强制权的部门执法队伍整合在一起，由综合行政执法局立案查处并强制执行，不仅能提高执法效率，还能从根本上解决“多个执法部门管不好一件事”的问题。同时，在客观上形成了行政执法权与审批、监管权相对分离，可以通过行政执法反向监督行政审批和行业管理，避免各部门既管审批又管执法、既当裁判员又当运动员。

（二）严格界定行政执法职责

明晰的综合执法职能职责范围是改革的关键环节，是综合执法能否有效运行、取得实效的基础。从实践中看，职能部门的职责划转应以符合实际工作需要为导向，专业性不强、与群众生活密切相关、基层发生率高且基层有责无权的事项优先划转，专业技术性强、实行垂直管理、属于专属执法权等事项不宜划转，划转职能职责还要循序渐进并制定清单，进一步厘清部门、乡镇和综合执法局所应承担的职能职责，避免“一刀切”。同时，要全面梳理行政执法相关法律法规，明晰规范行政执法自由裁量权的法律边界，确保在法律法规的范畴内进行自由裁量。由于行政执法权责的进一步明晰，2017年，崇州累计受理投诉举报和信访件313件，处理率100%，群众满意度达100%。

（三）充分运用现代信息技术

随着新一代信息技术的迅速发展和深入应用，信息化在行政执法领域的运用正寻求变革和突破，数字化应用向智慧化应用转变已是大势所趋。基于此，崇州以信息化建设为支撑，依托智慧城市建设成果，创新搭建“综合执法智慧服务平台”，通过数据库的建立、数据挖掘、数据分析、数据应用，实现了执法处置效率和水平提升，为科学执法、依法执法、高效执法打下了坚实基础。比如，通过智慧服务平台，跨部门信息获取由过去的2天缩短为现在的3～10秒；承接成都市网络理政平台跨层级交办的案件，从接件到派送至现场执法人员，平均时间只需要5分钟。再比如，通过一台手持终端，在建工地的日常检查，由原来需要住建、规划、城管、国土等4个部门动用4台车、12人分4批次完成的检查，减少到目前只需要1台车、3个人1次即可完成，从“扰民”转变为“便民”。

（四）不断推动执法方式创新

创新行政执法方式是社会发展变化的必然趋势，是改革创新行政管理的突破口，但方式的创新要符合现代法治要求、符合法律规定。必须用标准化理念规范行政执法行为，建立综合受理、调查取证、执法办案、协同处置、监督考核等执法活动全流程动态管理机制，构建来源可查、去向可追、责任可究的行政执法链条，对执法行为实施标准化管理。同时，要建立全方位监督约束机制，特别是要完善内部监督、部门间监督、法制监督、司法监督、社会监督等制度，对执法人员进行全面监督，确保执法有序统一、规范高效。

（五）营造良好行政执法氛围

行政执法工作大量在乡镇（街道）和村（社区），在基层执法工作中跟老百姓打交道的频率非常高。因此，打造良好的法治环境，能够有效促进法律规范的实施、提高群众满意度，成为推进经济社会发展的保障和动力。崇州在实践中，特别注重对行政相对人群体重制止纠正、轻处罚惩戒，充分给予当事人以应有的尊重与保护。同时，不断提升执法人员能力素质，做到规范公正文明执法，切实解决群众最期盼、反映最强烈的问题，真正做到执法为民。

大事记

1月
January

3日 崇州市召开重大项目工作推进会，市委书记赵浩宇，市委副书记、市长欧昭要求，加强配合、统筹协调，按确定的工作计划抓紧实施，确保重大项目有序推进。

同日 市委召开十三届第六次常委会议，市委书记赵浩宇主持会议，传达学习成都市委常委会议和成都市经济工作会议精神，听取、研究审议相关报告和方案。会议还研究审议了市政府党组《关于崇州市城乡供水一体化工作方案（送审稿）的请示》。

同日 2017年第六届两岸亲子共读道德大讲堂成果展演会暨成都崇州华道生态社区圣贤经典诵读活动在梠泉镇举行。

5日 市委召开十三届第二次全体会议，市委书记赵浩宇主持会议。会议讨论决定四川省出席中共十九大代表候选人推荐人选41人、成都市出席省十一次党代会代表候选人推荐人选63人。

6日 省粮食局副局长王海林到崇州市调研粮食收购、省级储备粮、崇州市级储备粮及烘干中心建设等相关工作。

9—10日 市委书记赵浩宇率队赴京考察北京大学科技园信息化产业，与北大相关负责人就提高崇州“智慧城市+大数据”建设水平，争取北大科技园及实验室落户崇州开展校地合作、协同创新进行了磋商。市委常委、常务副市长赵卫东，副市长叶志俊参加此次考察。

9—11日 马尔康市政府副市长龙湛洵率企业代表团到崇州市开展农副产品销售对接工作。

10日 崇州市邀请环境保护部西南督查中心副处长梅进作“中央、省环境保护督察工作”专题培训。

11日 省卫计委副主任杜波带队到崇州调研医药健康产业及爱国卫生工作。副市长冯卫康、叶志俊陪同调研。

同日 崇州与全球第三大电子合约制造服务商美国捷普集团共同组织召开“成都·崇州电子信息产业链暨捷普供应商大会”。捷普集团200余家电子信息配套企业参加会议；天智科技公司、九伟开发公司、茂腾科技公司、科益展自动化公司、中和恒信公司、尖点科技公司6家电子信息产业企业现场签约，协议投资39亿元。

12日 崇州市召开市第十三届纪律检查委员会第二次全体会议，专题开展述责述廉工作。

13日 市委常委班子召开2016年度民主生活会。成都市委常委谢瑞武到会指导，崇州市委书记赵浩宇代表市委常委班子作对照检查，并带头作个人对照检查发言，其他常委逐一进行个人对照检查发言，互相开展严肃认真的批评。谢瑞武对民主生活会进行了点评。

同日 成都市委常委谢瑞武前往李家岩水库施工现场和崇州经开区，调研重大水利项目推进情况和崇州市农机龙头企业发展情况。崇州市委书记赵浩宇、市委常委王成龙陪同调研。

同日 省农业厅厅长朱万权率队到崇州市白头镇调研农村产权制度改革和农村金融创新工作。

15日 崇州市农民合作社联合会与台湾造园景观学会理事会理事长欧圣荣签署协议，聘请其为幸福美丽新村建设咨询辅导专家。

16日 市人民检察院举行首次入额检察官宪法宣誓仪式，崇州首批20名入额检察官进行宣誓。

同日 崇州市召开2017年计划生育家庭青少年健康发展国家试点工作部署会。副市长冯卫康出席会议并讲话。

同日 副市长文国洪主持召开高速公路沿线“小组微生”新农村综合体建设工作第二次联席会。

同日 市政协副主席陈刚代表市委、市政府，率政协、市委统战部一行来到黄埔军校同学会崇州籍人士夏纯霖、刘瀚深和赵幼成三位老人家中走访慰问。

同日 “四川省信息安全（大数据）产业示范区产城一体建设项目”和“崇州市大数据产业园孵化中心（一期）建设项目”由新蜀康公司中标，总投资约18.14亿元，将采取PPP模式建设。

18日 崇州市无线电管理办公室成功查封一起“黑广播”，收缴一套非法广播电台设备。这是2017年来崇州查封的第一起“黑广播”案件。

同日 陇海集团以5767.65万元价格取得三郎镇3宗商业用地。

同日 崇州市选送的“崇州市综合行政执法改革试点助推法治政府建设”进入全省十个法治政府建设候选事件。

同日 《四川日报》以《绿色引路遇见“美丽崇州”》为题，报道崇州生态环境建设。

19日 成都市委副书记、市长罗强到崇州市慰问驻崇州部队官兵和余旭烈士家属。成都市委常委、成都警备区政委罗相水，市政府秘书长张正红参加慰问。

20日 崇中展业公司与川发展公司签署出资协议，合资成立四川国弘崇展现代服务业投资有限责任公司。

同日 新华网以《推进法治村建设 崇州黎店村建起法制宣传广播站》为题，报道黎店村广播站的法制宣传工作。

22日 崇州市获评“2016年度四川省‘三农’工作先进县”“2016年度四川农民增收工作先进县”。

同日 崇州市召开第十八届人大常委会第四次会议，市人大常委会主任易孔盛主持会议。会议通过了相关人事任免事项。

23日 崇州市与绿欣科技发展（北京）有限公司签订《战略合作框架协议》，将与绿欣科技建立长期、全面的战略合作关系，共同推动自主可控及高可信产品的研发、成果转化、综合实验，打造以崇州为基地、辐射四川乃至西部地区的高可信科技产业研发基地。绿欣集团董事长、北大绿欣高可信技术联合创新实验室顾问林隼，四川中茂投资有限责任公司董事长袁永长，崇州委常委、常务副市长赵卫东，副市长叶志俊出席签约仪式。

同日 省水利厅副厅长张强率队到崇州市黑石河七支渠除险加固工程现场，检查指导项目建设工作。

24日 崇州与江苏润恒物流发展集团在成都签订成都·崇州润恒城项目投资协议，建设内容包括西南农产品交易所、现代化冷藏中心、物流配送中心、农业科技“硅谷”园等。项目选址羊马新城，总投资达100亿元，用地面积约3000亩，总建筑面积约200万平方米。成都市委常委谢瑞武出席签约仪式。江苏润恒物流发展集团副总裁丰安国，成都市农委主任张俊国，崇州市委书记赵浩宇，市委副书记、市长欧昭，市人大常委会主任易孔盛，市政协主席杨火清，市委常委赵卫东、毛向阳、王成龙，副市长郑厚君出席签约仪式。

同日 崇州市“农业共营制”新型农业经营体系荣获2016四川十大改革转型发展案例提名奖。

同日 《中国文化报》以《新春走基层 文化暖人心》为题，报道崇州民俗闹春文化活动。

25日 市委召开十三届第八次常委会议，传达学习省十二届人大五次会议、省政协十一届五次会议、成都市十六届人大五次会议、成都市政协十四届五次会议精神以及成都市委常委会议精神，听取和讨论环保、扶贫、安全生产等方面的工作。市委书记赵浩宇主持会议。

1月 市国税局法规科获“成都市工人先锋号”称号。

2月
February

3日 罨画池博物馆举办首次人日诗会，作为成都杜甫草堂博物馆“人日游草堂”活动的分会场活动，以纪念“高杜酬唱”这一中国诗歌史上的佳话。

6日 崇州市召开环境污染防治“三大战役”暨迎接环境保护督察工作会，安排部署大气、水、土壤污染防治和环保督察迎检工作。

同日 崇州市录超蔬菜创办人刘波等3人荣获“四川省优秀农民工”称号，映像生态农业公司黄丽等2人荣获“四川省返乡创业明星”称号，王场镇劳保所荣获“四川省农民工作先进集体”称号。

7日 市农村改革试验区建设工作领导小组召开2017年第一次农业农村改革联席会议，专题研究2017年拟实施的农业农村改革试点工作。市委常委、总工会主席王成龙，副市长文国洪出席会议。

同日 崇州市召开第三批援藏干部人才座谈会。

同日 市委常委、市委统战部部长毛向阳主持召开援藏工作第五次联席会议，专题研究对口帮扶相关事宜。

同日 崇州市“农业综合标准化示范市”获国家标准委批准立项。

8日 崇州市召开村（社区）自治组织换届工作推进会，对村（社区）自治组织换届工作进行再动员、再安排、再部署。副市长冯卫康主持会议，市委常委、市委政法委书记张泽林出席会议并作讲话。

9日 中共成都市委编办主任曾珂调研崇州经开区，先后参观全友家私有限公司和捷普科技（成都）有限公司，并就崇州经开区机构编制调整事宜举行座谈。崇州市委常委毛向阳、余家洪参加座谈。

同日 崇州市街子镇、街子镇天顺村入选四川省健康村镇名单。

10日 市委书记赵浩宇到羊马镇泗安村、中华村调研润恒城项目征地拆迁情况，并召开润恒城项目推进工作动员会。

同日 李家岩水库导流工程施工实现首次爆破作业。

13日 市委书记赵浩宇参加德仁堂到崇州座谈会，听取德仁堂集团关于《花果山幸福小镇规划方案》汇报并提出修改意见。市委副书记、市长欧昭，市委常委王成龙，副市长文国洪、付大成参加会议。

14日 市委经济工作会议召开，传达学习了中央、省委和成都市委经济工作会议精神。市委书记赵浩宇主持会议并讲话，市委副书记、市长欧昭总结2016年经济工作，分析当前经济形势，安排部署2017年经济工作。

15日 甘孜州委书记刘成鸣率队到崇州考察街子古镇文化传承及旅游发展。甘孜州长肖友才、州人大常委会主任李康、州政协主席向秋参加考察。成都市长助理韩春林，崇州市委书记赵浩宇、市人大常委会主任易孔盛、市政协主席杨火清陪同。

同日 崇州市召开村（社区）换届选举风气监督盘点会。

市委常委、市纪委书记陈波听取各督查组组长工作总结，安排部署近期换届风气监督重点事项。

16日 成都市副市长刘守成率队到崇州调研成温邛快速路车辆通行情况。市委副书记、市长欧昭，市委副书记骆良云陪同。

同日 市委书记赵浩宇陪同四川发展集团董事、总经理李文清一行考察街子古镇青城国际怡养中心、道明镇竹里项目建设现场和桤木河湿地新开工片区等，并就项目合作相关事宜进行磋商。四川发展集团董事许述生，市委副书记、市长欧昭，市委常委赵卫东、王成龙参加座谈。

同日 崇州市召开工业系统环境污染治理工作推进会。副市长叶志俊参加会议。

同日 人民网以《崇州市举行2016年基层宣传优秀案例评选展演》为题，报道崇州市展演节目围绕社会主义核心价值观、创业创新、精准扶贫、增收致富以及基层宣传等特色创新工作，通过舞蹈、小品、情景剧等形式，为现场观众呈现了一台丰富多彩的文艺盛宴。

20—23日 市委副书记、市长欧昭率队赴杭州、上海考察3D打印创新实验室、拓米电子材料有限公司。副市长冯卫康参加考察。

21日 在锦江乡乌尤村举行的成都市传统村落授牌仪式上，崇州市13个村落被列入第一批成都市传统村落名录。分别为羊马镇伏虎村，街子镇唐公社区、天顺村，文井江镇大坪村，桤泉镇群安村余花龙门林盘群，观胜镇联义村严家院子林盘群、池塘村陈家十户、青柳村王家院子，燎原乡壁山村碧山庙、壁山村张家大院，道明镇龙黄村胥家院子、红旗村赵家大院，锦江乡乌尤村赵家大院。

22日 崇州市召开2017年金融工作座谈会。会议提出，要认真贯彻稳健中性的货币政策，促进崇州经济持续稳健发展。

同日 省环境保护督察组副组长钟勤建带队到崇州市全友家居公司、明珠家居公司、美凌蓄电池公司和蜀玻公司开展环境保护督察工作。

23日 市委召开十三届第十次常委会议，学习《中华人民共和国环境影响评价法》《四川省贯彻〈中国共产党问责条例〉实施办法》，研究审议市政府党组《关于报请审定〈实行“河长制”管理工作的意见〉的请示（送审稿）》等报告。市委书记赵浩宇主持会议。

同日 崇州市举行2017年“春风行动”暨就业扶贫大型现场招聘活动，上百家用人单位提供6000多个岗位，以实际行动助力就业扶贫。市委常委、组织部部长余家洪，副市长文国洪参加招聘活动启动仪式。

24日 中国生产力促进中心协会理事长刘玉兰调研崇州市创建国家农业高新技术产业开发区相关工作。

同日 崇州市召开人才工作会议暨优秀人才座谈会。市委常委、组织部部长余家洪通报了2016年全市人才工作情况和2017年人才工作思路及措施。市委书记赵浩宇参加会议。市委副书记、市长欧昭主持会议。

同日 民盟成都市委定点帮扶单位暨成都市肛肠专科医院与崇州二医院技术协作授牌仪式举行，崇州二医院正式成为民盟成都市委定点帮扶单位和成都肛肠专科医院技术协作单位。成都市政协副主席李铀，崇州市领导毛向阳、冯卫康、马灵参加授牌仪式。

27日 市委书记赵浩宇，市委副书记、市长欧昭调研农业农村工作。市领导王成龙、付大成等陪同。

同日 崇州市高速公路沿线“小组微生”新农村综合体建设工作第三次专题会议召开。

28日 成都市政协副主席戴晓雁率队到崇州视察李家岩水库建设情况。市政协主席杨火清，市委常委、李家岩水库指挥部副指挥长王成龙，市政协副主席陈启舟陪同。

3月
March

1日 2017四川花卉（果类）生态旅游节分会场暨第五届四川自驾赏花节在白头镇五星

村开幕。成都市直机关工委副书记梁硕，成都市旅游局副局长杨齐英，成都市文广新局巡视员邓永发，成都市林业和园林局野生动物保护处处长靳敏，四川发展（控股）有限责任公司党委委员、董事、工会主席刘玉环，四川发展（控股）有限责任公司党委委员、董事许述生，以及崇州市委副书记、市长欧昭，市政协主席杨火清，市委副书记骆良云为开幕式鸣笛，并与1500多名健步走爱好者参加了“五彩飞扬”健步走活动。

2日 成都市委统战部副部长、民宗局局长田野，副局长吴德华一行到崇州调研指导宗教工作。崇州市委常委、市委统战部部长毛向阳陪同调研。

同日 农业部产业政策与法规司司长张天佑率队到崇州市调研新型农业经营主体培育、产业基地建设、休闲农业与乡村旅游发展情况。

2—3日 市委常委、市委统战部长、市经开区党工委书记、管委会主任毛向阳率队调研崇州经开区安全工作。实地考察成都丰丰食品有限公司、明珠家具有限公司、康泰塑胶科技集团有限公司、四川一宇钢构工程有限公司、成都新美饰家具有限公司等企业的安全生产工作。

4日 崇州市举行村（社区）自治组织换届大会，选举产生村（社区）主任253人、村（社区）委员905人。

同日 民建成都市委率崇州支部、华西支部、卫生支部等基层组织，邀请四川省、成都市主流医院的专家、教授，赴对口帮扶点——崇州市梓潼镇开展“三下乡”活动，共计发出免费药品200余盒，受益群众达150余人次。

同日 崇州市白头镇“花海爱情迷宫”景观登上中央电视台《新闻联播》栏目。

6日 崇州市召开安全生产暨消防工作会。副市长程志宏、郑厚君参加会议。

同日 崇州市荣获2016年度四川省粮食生产“丰收杯”。

7日 市委书记赵浩宇专题调研政法工作。

同日 崇州庆祝“三八”妇女节，一批三八红旗手（集体）、巾帼文明岗、巾帼建功标兵等受到表彰奖励。表彰会上启动2017年“最美家庭”寻访活动。成都市妇联副主席李洁、崇州市政协副主席王伟参加活动。

同日 崇州市启动“十三五”期间基层医疗卫生机构硬件能力提升工程，全面提升基层医疗卫生机构硬件品质，推进分级诊疗制度建设，为提供品质更高的基本医疗卫生服务奠定坚实基础。

8日 福建省委副书记、福州市委书记倪岳峰率福州市党政代表团到崇州考察统筹城乡发展和产业转型升级等工作。先后来到10万亩粮食高产稳产高效综合示范基地、桤木河湿地公园、白头镇五星村和农村电子商务服务站，详细了解崇州统筹城乡和产业转型升级等情况。福州市委常委、福清市委书记王进足，福州市委常委、常务副市长林飞，福州市委常委、秘书长张忠等参加考察。成都市委副书记、市长罗强，成都市委常委谢瑞武，崇州市委书记赵浩宇，市委常委王成龙陪同。

同日 市委书记赵浩宇调研智慧城市建设推进情况。

9日 中国共产党崇州市第十三届纪律检查委员会第三次全体会议举行，审议通过了陈波代表市纪委常委会所作的《深化全面从严治党，持续巩固良好政治生态，为高标准打造产业新城品质崇州提供坚强纪律保障》工作报告。出席会议的市纪委委员24人，列席238人。市委书记赵浩宇出席会议并作讲话。

同日 市委召开十三届第十一次常委会议，学习贯彻全国“两会”期间习近平总书记参加四川代表团审议时发表的重要讲话精神，传达学习中央、省、成都市组织部长会议精神，研究审议2017年组织工作要点和统战工作要点。市委书记赵浩宇主持会议。

10日 中央社会主义学院原副院长袁廷华、中央统战部一局四处处长张衍前、中央统战部一局综合处副调研员施广强率重点课题调研组，在省委统战部领导刘建军、夏鞍宁、许军，成都市委统战部副部长张世强，崇州市政协副主席王伟的陪同下，到崇州实地调研“中国特色社会主义政治制度研究”。

同日 中央电视台《晚间新闻》以《文化惠民机制创新，百姓幸福加码》为题，报道崇州创新推出的文化管家模式。

11日 2017年微软“创新杯”全球学生科技大赛四川区域赛答疑会在崇州IPC枢纽大楼举行。

同日 第五届四川自驾赏花节龙门贡茶崇州造崇庆枇杷茶文化体验季活动在文井江镇铁索村开幕。此次采茶活动将持续至4月9日。

13日 崇州市与广州安德在线网络科技有限公司签订跨境电商产业园项目框架协议。市委书记赵浩宇致辞。广州安德在线网络科技有限公司董事黄啸天，崇州市委副书记、市长欧昭，副市长文国洪、叶志俊出席签约仪式。

同日 青海省农牧厅副厅长孙文龙率队到崇州市学习考察现代农业示范建设工作。

14日 环境保护部西南督查中心副主任柏伦章率队到崇州督查落实中央环境保护政策、环境保护突出问题整改及环保“党政同责、一岗双责”主体责任落实情况。市委书记赵浩宇参加座谈会并汇报相关工作。成都市环保局党组成员、总工程师刘富忠，崇州市委常委张泽林，副市长叶志俊等参加座谈会。

同日 崇州市举行城建攻坚项目集中开工仪式，仁礼公园、体育公园、石羊安置点等15个城建攻坚基础设施项目集中开工。市委书记赵浩宇，市政协主席杨火清，市委常委、常务副市长赵卫东等参加开工仪式。

同日 崇州市开展以“大规模绿化全川，筑牢长江上游生态屏障”为主题的2017年春季义务植树活动。市政协主席杨火清，市委副书记骆良云，市委常委赵卫东、陈波、王成龙参加植树活动。

15日 崇州召开非正规垃圾堆放点排查暨城市建筑物和公共设施清洁管理工作会。会议确定从3月16日起，全面展开非正规垃圾堆放点排查整治工作。

同日 市委书记赵浩宇调研李家岩水库项目推进情况。

16日 全市民政工作会议出台《崇州市民政事业发展“1135”规划》，明确了未来4年全市民政事业发展的思路和重点。

17日 中国·成都第八届自行车车迷健身节（崇州站）暨第六届公路自行车精英赛在桤木河湿地公园开幕。国家体育总局自行车击剑运动管理中心自行车部主任、中国自行车运动协会秘书长韩继玲，崇州市委书记赵浩宇，市人大常委会主任易孔盛，市政协主席杨火清，市委副书记、市长欧昭，市委副书记骆良云，市委常委廖冬雪、余家洪出席开幕式。

17日 市委召开十三届第十三次常委会议，研究审议2017年政法工作、总工会工作要点和城乡环卫一体化等工作。市委书记赵浩宇主持会议。

同日 崇州市土而奇、蜀禾彩、宏记旅游与马尔康市缘藏至臻公司签订销售合作协议，将在农牧产品销售方面展开合作；崇州市健生堂与阿坝州成合农业发展公司签订技术合作协议，将在蜂蜜产品加工、包装、营销等方面进行技术指导。

17—18日 成都医学会耳鼻咽喉头颈外科分会主任王力红教授率队到崇州开展科技下乡活动。

18日 新华社四川分社副社长陈天湖一行采访调研崇州市绿色农资供给助推绿色农产品供给情况。

19日 四川省民政厅厅长益西达瓦调研崇州市公建民营养老机构的建设、运营等情况。

20日 四川省政协常委、经济委员会主任、省委省政府决策咨询委员会副主任王海林调研崇州市推进供给侧结构性改革促进转型升级工作。崇州市委书记赵浩宇，市政协主席杨火清，市委常委毛向阳，副市长文国洪、叶志俊，市政协副主席陈启舟陪同调研。

同日 中共崇州市委发出

《关于表扬2016年落实党风廉政建设主体责任先进单位的通报》，对崇阳街道、三郎镇、元通镇等8个乡镇（街道），市委办、市人大办、市政府办、市政协办等22个落实党风廉政主体责任先进单位予以通报表扬。

同日　崇州市对口援建马尔康市财政工作交流会召开，达成“人才帮扶、智力帮扶”意向。崇州市人大常委会副主任、援藏工作队领队李文明（挂职任马尔康市委常委、副市长）参加座谈会。

同日　共青团省委书记刘会英到崇州市开展“青年在农业供给侧改革中发挥的作用”主题调研。共青团成都市委书记苏呈祥，崇州市委副书记、市长欧昭，市委常委、组织部部长余家洪陪同调研。

21日　2017年社会工作宣传周启动仪式在羊马镇泗安村委会举行。此次社工日宣传活动的主题是“社工让社区更美好”。副市长冯卫康出席启动仪式。

同日　中国共产党崇州市代表会议召开，以无记名投票方式选举产生20名出席中国共产党成都市第十三次代表大会代表。市委书记赵浩宇主持会议。

同日　崇州市召开2017年动物重大疫病防控暨狂犬病防制工作会议，部署防控防制工作。

同日　崇州市举行2017年社会工作宣传周启动仪式。启动仪式上，一批优秀社工机构和优秀社会工作者受到表彰。副市长冯卫康出席活动并致辞。

22日　崇州市召开对标管理工作专题会议，深入研究全市对标管理工作。会议审议了《关于开展对标管理工作的实施方案（审议稿）》。

同日　成都市副市长刘宏葆到崇州调研李家岩水库项目推进情况，研究解决项目推进过程中出现的困难和问题。崇州市委书记赵浩宇，市委副书记、市长欧昭，市委常委王成龙、副市长文国洪陪同调研。

23日　贵阳市花溪区委常委、统战部部长禄竹率考察团到街子古镇参观考察。

同日　“2017年蓉城女性精准扶贫行动——‘四送’主题活动”启动仪式在崇州举行。成都地区22个区（市）县妇联分管领导、中国人寿各区（市）县支公司分管经理以及崇州市相关单位分管领导、各乡镇（街道）分管领导和乡镇妇联主席共计180余人参加此次启动仪式。大会由中国人寿成都市分公司胡林副总经理主持。崇州市委常委、组织部部长余家洪代表崇州市委、市政府致欢迎辞。

23—24日　市委书记赵浩宇前往北京、天津考察，与北京理工大学副校长梅宏就高可信实验室成果在崇州转化事宜进行洽谈，与清华同衡城市规划研究所交流海绵城市建设经验，与各企业就北大科技园、北大信科、绿欣科技项目落地事宜进行磋商。市委常委、常务副市长赵卫东，副市长叶志俊等参加。

24日　崇州市重庆路上新景点鸡鸣谷开始迎客；王场镇首届隐逸文化体验季正式开幕。

25日　第五届四川自驾游暨首届“羊马嘉裕湿地”风筝节在四川崇州市羊马湿地公园内开幕。

27日　市委中心组召开外事礼仪辅导报告会，邀请成都市政府外事侨务办礼宾新闻处处长陈媛媛作专题培训。市委书记赵浩宇，市委副书记、市长欧昭，市政协主席杨火清，市委副书记骆良云，市委常委赵卫东、陈波、毛向阳、王成龙、余家洪参加培训。

同日　成都市气象局2017年全面推进气象现代化联席会在温江召开。崇州市委副书记、市长欧昭，市委常委王成龙，副市长文国洪、叶志俊参加会议，并与成都市气象局就“2017年合作事项”进行讨论。

28日　国土资源部党组成员、副部长凌月明到崇州考察地质灾害防治工作并给予肯定。省国土资源厅厅长杨冬生、成都市副市长刘宏葆、成都市国土资源局局长胡斌参加考察。崇州市领导赵浩宇、赵卫东陪同。

同日　崇州市中医医院与成都大学附属医院举行医联体签约暨授牌仪式。

29日　国家发改委副主任张

勇率中央一号文件宣讲团到崇州调研“三农”工作。实地走访隆兴镇黎坝村、集贤乡农业综合服务站、白头镇五星土地股份合作社等，详细了解了农业共营制相关情况。省委常委、农工委主任曲木史哈，省委农委副主任毛业雄、省发改委副主任邓长金，成都市委常委谢瑞武，崇州市委书记赵浩宇，市委常委王成龙陪同调研。

29日　中华全国供销合作总社党组成员、理事会副主任邹天敬率队到崇州调研供销社综合改革工作，先后到崇州土地托管服务中心和地宸农业公司，详细了解崇州土地托管服务、农村电子商务及电商品牌建设等方面的情况。成都市副市长刘宏葆，崇州市委副书记、市长欧昭，市委常委王成龙，副市长文国洪陪同调研。

同日　崇州市举行2017年重大工业项目一季度集中开工仪式，上宇钢构、喜马拉雅3D打印等5个重大工业项目集中开工建设。市委书记赵浩宇宣布开工。市委常委、经开区党工委书记毛向阳主持开工仪式。副市长叶志俊致辞。市领导丁加武、王伟参加开工仪式。

同日　市委书记赵浩宇主持召开座谈会，与捷普科技、南平铝业、领胜电子和明珠家具4家企业负责人进行交流，了解企业生产经营情况，帮助企业解决发展中遇到的困难和问题。市领导毛向阳、叶志俊参加座谈会。

30日　国家发改委农经司副巡视员许正斌、财政部农业司综合处处长丁丽丽一行调研崇州市整合涉农资金推进粮经复合产业基地建设情况。四川省财政厅总会计师黎家远、崇州市委常委王成龙陪同调研。

同日　成都市副市长苟正礼带队考察崇州市大数据产业园一期项目建设情况。崇州市委常委、经开区党工委书记毛向阳陪同考察。

同日　崇州市四川豪芸通用航空有限公司初级类飞机“运动驾驶员执照”培训资质通过国家体育总局航空无线电模型运动管理中心审定。系西南地区首家拥有初级类飞机“运动驾驶员执照”培训资质的单位。

30—31日　2017年微软“创新杯”全球学生科技大赛四川区域总决赛在崇州举行。来自四川大学的Imagine Flame团队荣获特等奖，并代表四川参加5月举行的中国区总决赛。

31日　崇州市与成都传媒集团共同主办“美国硅谷走进成都”战略联盟会。崇州与圣马特奥郡签订《友好合作城市关系意向书》，崇州市教育局与加州硅谷联合市教育局签订《交流合作备忘录》。

同日　崇州市首个惠农微银行在白头镇五星村开业，可提供社保、粮补、低保、耕保金等取款业务。

4月
April

1日　马尔康市副市长林敏率队到崇州对接教育、卫生帮扶工作。双方就《对口帮扶五年规划》中“接收专业技术人员到崇州进修”“帮助新建的小学打响品牌”等达成一致意见。

同日　崇信公司荣获“2016年度成都大数据新锐企业十强”称号。

同日　应市委、市政府和成都传媒集团邀请，美国硅谷地区城市的政治、经济和文化等各界代表19人到崇州感受传统的儒家成人礼、考察重庆路自驾赏花节、青城文创硅谷项目和街子古镇，了解崇州文化、教育、科技和产业等领域发展情况，寻求双方更多的合作机会。崇州市委书记赵浩宇，市委副书记骆良云，市委常委、宣传部部长廖冬雪陪同。

同日　市委召开十三届第十五次常委（扩大）会议，传达成都市领导干部大会和成都市委常委（扩大）会议精神，研究部署全市当前重点工作。市委书记赵浩宇主持会议。

同日　市委副书记、市长欧昭主持召开一季度大气污染治理治污减排专题工作会。

4日　崇州市街子镇唐公社区入选四川省第三批传统村落名录，成都市14个村落入选该批次名录。

6日　市委全面深化改革领导小组召开第十一次会议，学习贯彻近期中央和省委深改组会议精神，研究部署2017年全面深化改革工作。市委书记赵浩宇，市委副书记、市长欧昭，市委副书记骆良云，市委常委廖冬雪、陈波、毛向阳、王成龙、余家洪，市政协主席杨火清参加会议。

同日　市委书记赵浩宇陪同北京大学信息科学技术学院副院长蒋云、绿欣集团董事长林隼一行考察崇州大数据产业发展情况，参观北大教育科技产业园地块和IPC枢纽大楼，并与蒋云等人在IPC开展座谈，就发展大数据产业事宜进行磋商。市领导欧昭、赵卫东、叶志俊等参加座谈。7日，北京大学信息科学技术学院、绿欣科技发展（北京）有限公司与崇州签署合作协议，共同打造“崇州北大—绿欣高可信基础软件联合创新实验室”。

8日　农业部财务司副巡视员王晋臣一行调研崇州市重点金融支农工作，实地走访白头镇土而奇禽业合作社、白头镇五星村村级金融服务站、隆兴镇青桥土地股份合作社、隆兴镇10万亩粮食高产稳产高效综合示范基地等点位。

9日　四川省委常委、成都市委书记范锐平到崇州市捷普公司和全友家居调研相关工作。成都市委常委、市政协副主席、天府新区成都党工委书记刘仆，成都市委常委、秘书长王波，成都市政协副主席、天府新区成都管委会主任杨林兴分别参加调研。

同日　成都市副市长刘宏葆到崇州市调研文井江镇枇杷茶产业发展情况。

10日　市委召开十三届第十六次常委会议。市委书记赵浩宇主持会议，传达省委常委、成都市委书记范锐平到崇州调研时提出的要求。

11日　成都市政协主席唐川平到崇州市就当地围绕贯彻落实习近平总书记参加十二届全国人大五次会议四川代表团审议时发表的重要讲话精神，十二届全国人大五次会议、全国政协十二届五次会议精神，以及有效发挥政协作用助推地方经济社会发展进行调研并座谈。成都市政协秘书长颜安参加调研。崇州市委书记赵浩宇，市政协主席杨火清陪同调研。

同日　崇州市康泰塑胶科技集团有限公司荣获第四届四川质量奖（集体），成为“四川制造”品牌单位。

同日　四川省大数据发展研究会秘书长秦强子一行调研崇州市大数据产业发展情况，并就共同推进“大数据公共云平台”“大数据专家库”“大数据交易中心”建设进行磋商。

同日　全省首个“全球风险地图”平台在崇州落成。

12日　崇州市与北京环境卫生工程集团有限公司子公司——北京环境有限公司签订战略合作协议，双方将在推行垃圾智慧化分类、打造绿色低碳双回路循环产业链、移植产业打造西部地区最强产业平台、打造投融资平台等方面开展深度合作。崇州市委书记赵浩宇致辞。北京环卫集团副总经理，北京环境有限公司党委副书记、总经理何亮，崇州市领导欧昭、骆良云、文国洪出席签约仪式。

同日　崇州市新的社会阶层人士联谊会在崇州街子樱花公园开展调研活动并座谈交流。市委统战部副部长杨行勇参加。

同日　省委统战部副部长王斌元率全省统战部长培训班近100名学员到崇州白塔寺开展现场教学。市委常委、市委统战部部长毛向阳陪同。

13日　市委书记赵浩宇在2017年崇州市村（社区）党组织书记、村（居）委会主任培训班上作专题报告。全市25个乡镇（街道）党（工）委书记、副书记，村（社区）党组书记、村（居）委会主任等参加专题报告会。

14日　成都市委统战部第七调研组到崇州开展调研。调研组听取了崇州2017年统战工作重点、创新工作和各分管领域的情况汇报以及统战对象代表的意见建议，对崇州统战工作和干部作风给予肯定，并就下一步工作提出要求。崇州市委统战部领导班子以及中层干部，统战成员单位（工商联、外事办）主要负责人以及民主党派人士、非公经济人士、宗教界人士等统战对象代表参加座谈。

同日 市委中心组召开“强化审计监督、服务经济社会”专题学习会，邀请成都市审计局局长曾军作题为《发挥审计监督作用、服务经济社会发展大局》的专题报告。

16日 全国人大常委会副委员长吉炳轩率队到崇州杨柳土地股份合作社调研土地入股、产权融资等情况。四川省人大常委会党组副书记、副主任黄彦蓉，四川省人大常委会委员、农委主任委员李清禾，四川省人大常委会秘书长徐建群，成都市人大常委会副主任冷刚、成都市人大常委会农业委员会主任委员王蓉陪同调研。崇州市委书记赵浩宇、市人大常委会主任易孔盛、市委常委王成龙参加调研。

17日 市委召开十三届第十七次常委会议，传达学习成都市委十二届第二百二十五次常委会议精神，并研究提出崇州贯彻落实意见。

同日 2017年旅游工作专题会召开，听取全域旅游示范区工作推进情况汇报，并对崇州推进国家全域旅游示范区工作进行研究部署。市委书记赵浩宇，市委副书记骆良云，市委常委赵卫东、王成龙，副市长叶志俊、郑厚君参加会议。

同日 水利部长江委规计局副局长李飞率队督查李家岩水库项目中央投资计划累计完成情况。

同日 西河三合堰水域被成都市地方海事局和成都市交通运输行政执法总队认定为通航水域。此次认定的通航水域范围上游起点为元通古镇景区游客中心码头，下游止点为工农兵大桥，全长1.1千米。

18日 市委召开十三届第十八次常委会议，研究审议《崇州市2017年“项目攻坚行动”实施方案（送审稿）》和《关于开展下级纪委向上级纪委报告同级党委领导班子成员履行全面从严治党主体责任及廉洁自律情况工作的实施办法（试行）（送审稿）》。组织学习《中国共产党工作机关条例（实行）》，研究审议《崇州市2017年统筹城乡改革发展行动计划（送审稿）》等。市委书记赵浩宇主持会议并讲话。

18—19日 市委常委、市经开区党工委书记、管委会主任毛向阳带领崇州经开区、市国土局相关负责人赴深圳开展投资促进工作，先后参观深圳科瑞自动化科技公司和深圳市惠富康光通信公司，并与公司负责人就投资合作相关事宜进行交流。

19日 崇州经开区管委会与四川省开璞环保包装制品有限公司签订环保包装材料研发生产总部基地项目投资协议。该项目投资5亿元，征地约60亩。

20日 成都市经信委主任施跃华到崇州调研工业经济工作。市委书记赵浩宇、副市长叶志俊陪同。

同日 成都一诚投资管理有限公司与崇州签订合作协议，拟投资1亿元建设通信与传感智能制造研发生产基地。

21日 崇州召开2017年依法治市领导小组第二次联席会议，专题研究依法治市相关工作。市委副书记骆良云传达了《关于全省加强依法治省维护社会和谐稳定工作推进会的学习传达提纲》的精神，各个专项工作组就近期工作推进情况作了汇报。

24日 中国人民银行副行长陈雨露一行调研崇州农贷通融资综合服务平台运行情况。副市长文国洪陪同调研。

25日 省高院副院长刘楠一行到崇州调研指导“智慧法院建设”相关工作。

同日 《成都日报》以《高标准打造产业新城·品质崇州》为题，报道崇州市以“两区一基地”为支撑，聚焦民共富、民共享、民共乐，高标准打造现代产业、现代生活、现代都市充分融合的“产业新城·品质崇州”，为努力建设全面体现新发展理念的国家中心城市贡献力量。

同日 政务中心“@崇州服务·政务微管家”平台上线试运行。该平台依托“@崇州服务”微信公众号，将预约排号、办件查询、线上咨询、投诉建议等功能重新优化，新增服务指南、生活缴费、私人订制等服务功能。

26日 崇州召开2017年防汛抗旱暨地质灾害防治工作会。会议贯彻落实国家、省、市防汛抗旱及地质灾害防治工作会议精神，并安排部署2017年防汛抗旱及地质灾害防治工作。

同日 索菲亚家居股份有限公司与崇州签署投资合作协议，拟投资10亿元建设高端智能家居生产线。崇州市委书记赵浩宇，市委副书记、市长欧昭，市委常委赵卫东、毛向阳，副市长叶志俊出席签约仪式。

同日 民政部办公厅副主任陈日发一行到崇州调研督查救助管理机构站外托养工作。

同日 国家发改委发展规划司副司长周南一行到崇州调研非物质文化遗产保护状况，并召开四川省“非遗特色小镇”专题座谈会。省发展改革委规划处副处长郑智峰、成都市发展改革委总工程师吴英、崇州市副市长郑厚君陪同调研。

28日 崇州市召开全市领导干部大会，传达学习成都市第十三次党代会精神。市委书记赵浩宇主持会议。市委、市人大、市政府、市政协领导及各部门、各乡镇（街道）等负责人参加会议。

同日 中共崇州市委、崇州市人民政府制定《关于全面实行河长制管理工作的实施意见》（以下简称《意见》）。《意见》按照中共中央、中共四川省委、中共成都市委关于全面推行河长制的指导精神，结合崇州实际，提出了五个方面的实施意见。

4月 崇州荣获2011—2015年成都市法治宣传教育先进区（市）县称号，市人民检察院、市司法局、团市委、市新闻中心、街子镇党委荣获2011—2015年成都市法治宣传教育先进基层单位称号。

4月 成都市表彰一批2016年度消防工作先进单位和先进个人，崇州被评为“成都市2016年度消防工作先进单位”。

5月
May

2日 赵浩宇主持召开会议，研究《关于以深化农业共营制引领农业供给侧结构性改革增强农业农村发展新动力的实施意见》。市领导王成龙、文国洪参加会议。

3日 崇州市召开纪念五四运动98周年暨建团95周年表彰会，表彰51名2016年度崇州市“优秀共青团员”、39名“优秀共青团干部”，以及“五四红旗团委”“五四红旗团（总）支部”。市委常委、组织部部长余家洪参加表彰会。

同日 崇州市召开第三代社会保障卡发放暨全民参保登记工作部署会。第三代社保卡从2017年7月起集中分批发放。市委常委、组织部部长余家洪出席并讲话，副市长文国洪参加会议。

5日 中组部研究室巡视员、副主任张强一行到崇州调研干部日常管理工作，公务员“1+5+1”平时考核特色做法。

7日 安哥拉人民解放运动高级干部考察团到崇州考察现代农业发展情况。

10—11日 四川省银行协会主办的“农业供给制改革与农村金融服务创新”培训会在崇州中胜大酒店举行。崇州在会上交流经验。与会人员还实地参观了崇州“农贷通”融资综合服务平台，10万亩高产稳产高效综合示范基地以及青桥育秧烘储股份合作社。市委常委王成龙参加会议。

11日 中共崇州市委、崇州市人民政府印发《崇州市2017年“项目攻坚行动”实施方案》，决定2017年要着力抓好315个重点项目，总投资为1289.25亿元，项目分为工业、农业、服务业、基础设施、民生社会事业五个类别。

12日 崇州市在三郎镇天国村开展2017年地震应急综合演练和“5·12”全国防灾减灾主题宣传活动。

同日 崇州市召开加快河长制管理暨防汛减灾工作会，贯彻中央、四川省、成都市关于河长制管理的决策部署，细化落实市委、市政府《全面实行河长制管理工作的实施意见》，安排全市

2017年河长制管理工作和防汛减灾工作。

同日 崇州市召开市委巡察机构成立暨巡察工作动员部署会，安排全市第一轮巡察工作。

15日 崇州市召开查处和防范社会保障欺诈工作联席会议制度第一次会议，贯彻中央、省、成都市关于查处和防范社会保险欺诈的决策部署，细化查处和防范社会保险欺诈工作措施，安排部署下一步工作任务。

同日 市委召开十三届第十九次常委会议，研究审议相关请示。市委书记赵浩宇主持会议。会议研究审议了市政府党组关于《2017年全市经济工作要点》，就《崇州市2017年党风廉政建设和反腐败工作任务分工》和《2017年度全市党委（党组）中心组理论学习安排意见》作出要求，还研究审议了《2017年崇州市民生实事实施事宜的报告》《崇州市廉情分析报告工作办法（试行）》《崇州市创建国家卫生城市工作实施方案》《关于崇州市第四届运动会相关事宜的请示》《关于召开崇州市第十四次妇女代表大会相关事宜的报告》《关于加强农村基层组织建设着力整治“村霸”问题工作相关情况的报告》等。

同日 国土资源部咨询研究中心主任王世元一行到崇州市白头镇调研新农村建设相关工作。

17日 正东街棚户区改造项目模拟搬迁开始签约。

同日 北大科技园与崇州签订框架合作协议，将在科技成果孵化转化等方面展开合作。

同日 四川省水利厅副厅长李勇蔺一行调研崇州北部10万亩粮食现代化灌区试点工作情况。市委常委王成龙陪同调研。

18日 崇州市与四川中航通用航空产业集团有限公司签订框架协议，共同合作打造成都（崇州）通用航空全产业链综合发展基地。四川中航通用航空产业集团有限公司总经理曾波，市委副书记、市长欧昭，市委常委、常务副市长赵卫东，副市长文国洪、叶志俊、郑厚君出席签约仪式。

同日 中国法学会民法学研究会副会长尹田一行调研崇州动产浮动抵押登记情况。市委常委王成龙、副市长文国洪参加调研。

同日 崇州市召开专项治理“微腐败”工作动员部署会。

同日 省贸易促进委员会副会长朱晓锦率队到崇州调研智慧产业发展，现场调研全友家私、捷普科技（成都）有限公司、IPC枢纽大楼，听取崇州智能制造产业和大数据产业发展情况汇报，对崇州智慧产业发展给予肯定。市委书记赵浩宇、市政协主席杨火清、副市长叶志俊、市政协副主席陈启舟陪同调研。

19日 崇州市第27次“全国助残日”活动在蜀州广场举行。每年5月的第3个星期日是“全国助残日”，2017年活动的主题是“推进残疾预防，健康成就小康。”

同日 崇庆中学附属初中与加拿大BC省阿伯茨福公立教育局签订国际交流项目合作备忘录，双方将在开设STEAM特色课程等方面开展合作。

同日 崇州市批准成立崇州市进出口商会。

20—24日 崇州市组织全友家居、明珠家具等7家企业参加2017年中东迪拜国际家具展。其间，市工商联与阿联酋华商联合会、市总商会与阿联酋迪拜龙城总商会分别签订了友好合作协议。

22日 陇海三郎国际旅游度假区入选国家旅游局2017年度优选旅游项目。

24日 2017年全国科技活动周崇州活动启动仪式在怀远小学举行，来自全市各学校的师生代表、科技辅导员以及学生家长代表2000余人参加启动仪式。

同日 崇州市召开“打击破坏环境资源违法犯罪专项活动”和“打击危害食品药品安全违法犯罪专项活动”工作部署会，要求各部门要加强协调配合，增强打击违法犯罪合力，使“两个专项活动”工作落实、落深。

25日 成都市“2017年（第十届）中国环境与健康宣传周”启动仪式在怀远镇举行。活动以“空气质量与健康”为主题。

同日 成都市交委主任刘兵

调研三绕崇州段征地拆迁和施工进展情况。市委副书记、市长欧昭，市委副书记骆良云，副市长郑厚君参加调研。

同日 人民银行系统全省农村金融服务综合改革经验交流会在成都召开。崇州市作为现场参观点位，接受了四川省银监局、证监局、保监局，成都市农委、成都市金融办、人行成都分行及人行四川省各地（市）州中心支行、金融机构等单位负责人60余人实地调研。

26日 全市防汛减灾工作会议召开。

27日 市委统筹委组织各乡镇（街道）村公工作分管领导到蒲江县西来镇两河村学习村公经验做法，并现场召开了工作会。

同日 省人社厅副厅长赖荣率队到崇州调研公务员平时考核试点工作，并给予肯定。市委常委、组织部部长余家洪陪同。

同日 崇州召开专题会议，传达四川省第十一次党代会精神和省委书记王东明参加成都代表团审议时的重要讲话精神。市委书记赵浩宇主持会议。

同日 农业部科技教育司副司长郑芸瑄一行实地考察了10万亩粮食高产稳产高效综合示范基地、集贤乡农业综合服务站、桤泉镇专家大院等，对崇州基层农技推广体系改革创新试点工作进展情况给予肯定。省农业厅科技教育处调研员邓爱群、成都市农委副主任李晓东、崇州市副市长文国洪陪同调研。

31日 市委中心组召开行政审批制度改革专题学习会，邀请国家行政学院法学部副主任、教授、博士生导师杨小军作专题辅导。市委常委、宣传部部长廖冬雪主持会议。

6月
June

1日 2017年“中国老年医学学会青城颐养智库论坛”在街子古镇举行。中国老年医学学会发起人张立平、会长范利，省卫计委副主任杜波，崇州市委副书记骆良云，市委常委、宣传部部长廖冬雪，副市长冯卫康出席论坛活动。

同日 崇州市召开专题会议，学习贯彻省十一次党代会精神、成都市传达贯彻省第十一次党代会精神的要求。市委副书记、市长欧昭主持会议并讲话。

2日 崇州市第十四次妇女代表大会召开。大会总结回顾近年来崇州市妇女工作和妇女事业所取得的成绩，选举袁红跃为新一届市妇联主席。成都市妇联副主席闫晓梅到会。崇州市委副书记骆良云，市委常委廖冬雪、陈波、张泽林、余家洪，市人大副主任陈志贤，副市长郑厚君，市政协副主席王伟出席大会。

同日 成都崇信大数据服务有限公司与四川航天工业集团有限公司签约，并举行成都遥感大数据技术中心授牌仪式。

4日 由市委统战部、市委党校联合举办的全市2017年第一期党外干部培训班正式开班。市委常委、市委统战部部长毛向阳出席典礼。

5日 崇州市实施2017年第一期党内关怀帮扶行动，受市委常委、组织部部长余家洪委托，市委组织部副部长伍建光率队前往市法院、大划镇、公议乡，走访慰问2017第一期党内关怀帮扶对象。

6日 成都市人大常委会副主任冷刚率队督查环保整治工作推进情况，现场督察道明镇养殖场环境整治和元通镇砖瓦土窑关停拆除情况。崇州市人大常委会主任易孔盛，市委常委、市委政法委书记张泽林陪同督查。

同日 成都市发展和改革委员会主任杨羽率队到崇州调研产业扶持政策和当前经济运行情况。市委书记赵浩宇、副市长文国洪陪同调研。

同日 中新社、《中国文化报》、中国文明网、《四川经济日报》、《四川工人日报》等12家媒体前往道明镇竹艺村，专访国家级非遗代表项目道明竹编新生代传承人丁春梅、杨隆梅。

7日 全国供销合作总社党组书记、理事会主任王侠到崇州调研土地托管工作，了解“农业共营制”的运行机制、动力机制和实现路径等情况，对崇州用改革的办法来解决土地托管问题表示肯定。省供销社党组书记、主任青理东，省供销社党组成员、副主任杨武秀，成都市委常委、副市长田蓉，成都市农委（供销社）副主任高国军，崇州市委书记赵浩宇，市委常委、市总工会主席王成龙参加调研。

同日 成都市工商联党组书记黎邦华到崇州调研工商联服务企业工作，并给予肯定。

同日 第十八届成都国际家具工业展开幕。以全友、明珠领衔的崇州10余家家具企业积极参展，盛装亮相。

8日 崇州市与成都农商银行签订战略合作框架协议，将授信300亿元，通过成立产业基金、债券融资、PPP、政府购买等模式，在棚户区改造、保障性住房、环境综合治理等领域开展合作。成都农商银行党委书记、董事长陈萍，成都农商银行风险控制总监季震环，成都农商银行副行长刘津、夏怀刚，市委书记赵浩宇，市委副书记、市长欧昭，市委常委、常务副市长赵卫东参加签约仪式。

13日 成都市政府副秘书长、城管委主任王宏斌率队到崇州调研城市管理工作。

同日 崇州市召开专题会议，传达贯彻成都市区（市）县对标管理工作推进情况汇报会和经济工作调研成果汇报会精神，就贯彻落实会议精神进行具体安排。市委书记赵浩宇主持会议。

同日 市委书记赵浩宇督导大数据产业园、河长制（黑石河八支渠汇入西河点）、天府慢城项目、五星村“微腐败”专项治理工作和青城颐养项目推进情况。市委常委陈波、毛向阳，副市长叶志俊、郑厚君参加督导。

14日 成都市经信委党组书记施跃华率队督察崇州重大工业项目推进情况。崇州市委副书记、市长欧昭，市委常委毛向阳，副市长叶志俊陪同。

15日 市政府召开第十五次常务会，研究讨论气象事业发展、城乡特困人员救助供养、大气污染和水污染防治等涉及民生、招商引资和产业发展相关事项。市委副书记、市长欧昭主持会议。副市长赵卫东、冯卫康、文国洪、叶志俊、程志宏、郑厚君参加会议。

16日 崇州市开展主题为“全面落实企业安全生产主体责任”的安全生产月咨询日活动。市委书记赵浩宇，市委副书记、市长欧昭，市人大常委会主任易孔盛，市委常委、市委政法委书记张泽林，副市长郑厚君参加宣传。

19日 成都市副市长刘宏葆到崇州实地考察金马河崇州段水毁抢险工作。市委常委王成龙陪同。

20日 市委召开十三届第二十次常委会议，审议通过《崇州市产业扶持政策及崇州市产业发展白皮书的请示》《关于推进全市“两学一做”学习教育常态化制度化的实施方案（审议稿）》等事项，传达全省整治群众身边不正之风和腐败问题现场推进会精神，听取市纪委专项治理“微腐败”工作推进情况汇报。市委书记赵浩宇主持会议。

同日 崇州市诉讼与公证对接工作室在市法院挂牌。

21日 中共崇州市委、崇州市人民政府制定《关于加快主导产业发展的若干扶持政策》，共提出七十一条扶持政策，为推进成都职能制造产业园区、成都崇州优质粮油产业园和崇州街子·三郎康养旅游集聚区建设提供政策保障。

23日 崇州市召开援藏工作推进会。相关部门、乡镇（街道）、企业负责人共计90余人参加会议，援藏指挥部相关领导出席会议。

同日 崇州市举行学习贯彻省第十一次党代会精神宣讲报告暨市管主要领导干部读书班开班仪式，就推进全市“两学一做”学习教育常态化、制度化进行动员部署，对省第十一次党代会精神进行宣讲。市委书记赵浩宇主持会议并讲话，并传达学习成都市委书记范锐平在局级主要领导干部读书班开班仪式上的讲话精神。

25日 成都市委副书记、市长罗强到崇州市廖家镇金马河防汛抢险点、鸡冠山乡竹根村地质灾害监测点和成都市防汛物资储备中心，督促检查防汛及地质灾害防治、群众疏散转移、救灾物资储备管理等工作，看望慰问加强隐患排查的干部群众。成都市副市长刘宏葆，副市长、市政府秘书长张正红参加督察检查。崇州市委副书记、市长欧昭，副市长文国洪陪同。

26日 崇州开展以“为爱汇聚、拥抱未来、无毒无悔”为主题的国际禁毒日宣传活动。

同日 德仁堂幸福城建设有限公司与崇州市签订“花果山·德仁堂健康小镇”项目投资协议，拟投资55亿元打造集健康产业、农业公园、旅游休闲、文创产业为一体的健康养生国际社区。

27日 崇州市与马尔康市共同举办“就业扶贫工作启动仪式”暨“2017年崇州市对口帮扶马尔康市就业扶贫专场招聘会”。马尔康市委书记张培云、崇州市副市长文国洪出席仪式。

28日 西南财经大学经济学院实习实践基地授牌仪式在崇州经开区举行。市委常委、经开区党工委书记毛向阳出席。

同日 由成都市人大法制工作委员会和四川大学的相关专家组成的“构建成都市城市法规体系”课题组到崇州调研社区治理。市人大常委会副主任陈志贤、张志新参加调研座谈会。

同日 崇州市设立环境保护督察办公室。

28—29日 共青团崇州市第十五次代表大会举行，近200名团代表参会。市委书记赵浩宇出席会议并讲话。共青团成都市委书记苏呈祥到会指导。崇州市委副书记骆良云，市委常委廖冬雪、陈波，市人大副主任李超，副市长郑厚君，市政协副主席王伟出席大会。大会总结了共青团崇州市第十四次代表大会以来全市共青团工作，提出了今后工作的目标任务和措施，选举罗艳丽为新一届团市委书记，选举产生了共青团崇州市新一届委员会及共青团崇州市第十五届委员会常委、副书记，通过了《共青团崇州市第十五次代表大会关于第十四届委员会工作报告的决议》。

30日 安顺地下党史料馆开馆。史料馆以图文和实物展陈的形式，详细介绍了20世纪40年代末50年代初川西的社会经济形势，以及川康边人民游击纵队、崇大新游击支队和安顺区队阻击国民党残部、参加平叛剿匪等事迹，介绍了崇州市第一个中共党组织安顺支部的建立过程。崇大新游击队老队员出席仪式。

同日 成都市永久基本农田划定成果省级验收确认会在崇州召开。崇州代表成都市接受外业检查，检查验收组前往崇阳街道永久基本农田地块和隆兴镇黎坝村，检查永久基本农田标识牌和界桩设立等永久基本农田划定成果相关情况，并给予肯定。崇州市委副书记、市长领导欧昭，市委常委、常务副市长赵卫东参加会议。

30日 崇州市公共资源交易云平台上线试运行。

6月30日至7月3日 成都第五届国际都市现代农业博览会在成都新会展中心举办。崇州组织20家农业企业参展，现场销售额10多万元，专业采购贸易额192万元，意向签订金额398万元。

同月 元通供销社成功入围2016年度全国供销社基层社标杆社名单，系成都市唯一入选的标杆基层社。

同月 2017年“一带一路”亚洲沿线国家林权改革知识分享与信息传播项目官员研修班学员到崇州考察集体林权制度改革的管理和经营模式。来自巴基斯坦、埃及、乌兹别克斯坦和尼泊尔的学员，在街子参加了座谈会，了解了“林业共营制”经营体系建立情况，实地考察了道明镇季崧林地股份合作社。

7月
July

2日 印度高哈蒂大学杜塔教授带领“印度智库代表团”前往街子古镇参观考察。

同日 崇州市与百悦投资集团有限公司签订特色古镇旅游开发战略合作框架协议，拟投资不低于200亿元打造元通镇、怀远镇。市委书记赵浩宇出席签约仪式并致辞。百悦投资集团有限公司董事长贾鹏、总裁贾毅，崇州市委副书记、市长欧昭，市委副书记骆良云，市委常委、常务副市长赵卫东，副市长郑厚君参加签约仪式。

4日 尼泊尔土著民族发展基金会副主席、民族民主党中央常务委员会联合秘书长昆德拉·巴哈杜尔·古隆一行到街子古镇参观访问。

同日 成都市人大常委会副主任赵小维调研崇州养老工作并给予肯定。崇州市委书记赵浩宇，市人大常委会主任易孔盛、副主任张志新陪同调研。

同日 市委中心组邀请理实国际董事长、大健康产业研究院院长王颖作题为“大健康产业+旅游”的专题辅导。市委书记赵浩宇，市人大常委会主任易孔盛，市政协主席杨火清，市委副书记骆良云，市委常委陈波、余家洪参加会议。

5日 崇州召开创建国家卫生城市暨迎接省级卫生城市复评审动员大会，到2020年崇州将创建成为国家卫生城市，为市民创造整洁、优美、和谐的人居环境，提高群众整体健康水平和环境满意度。副市长冯卫康、市人大常委会副主任张志新、市政协副主席马灵参加会议。

7日 土而奇农场乐苑与四川农业大学管理学院举行教学实践基地签约授牌仪式。双方就人才培养、就业实习实践基地、创新创业实践建设等方面进行交流。

同日 崇州组织收听收看全省幸福美丽新村建设带动脱贫攻坚暨“四好村”创建工作电视电话会议。

同日 市委召开十三届第二十一次常委会议，传达贯彻成都市委深入贯彻落实省、成都市党代会精神抓好重大部署重点项目落地落实专项督导动员培训会精神，研究审议了《关于报请审定〈关于深化农业共营制推进农业供给侧结构性改革的实施意见〉的请示》等事项。市委书记赵浩宇主持会议并讲话。

8日 桤泉镇荷风水村举行第三届荷塘音乐节活动。

10日 崇州市味府食品公司“农产品配送”项目、惠丰农业公司种养循环项目入选2017年成都市标准化试点示范项目（第一批），成都市共有22家单位入选。

11日 全市全面试行公务员“1+5+1”平时考核专题工作会召开。崇州市将在全市全面试行公务员平时考核工作。市委常委、组织部部长余家洪参加会议并讲话。

12日 成都市环保局局长、成都市环保督察办常务副主任王锋君督查崇州环境保护重点工作开展情况。崇州市委副书记、市长欧昭陪同，市委副书记骆良云，副市长叶志俊参加会议。

同日 省文化厅副巡视员唐明率队到崇州调研国家非遗项目道明竹编保护现状和崇州建立成都传统工艺工作站相关情况，对崇州的工作表示肯定。市委常委、宣传部部长廖冬雪陪同。

13日 四川省委常委、成都市委书记范锐平调研崇州市中国青城301医养中心项目，听取“西控”工作推进情况、医养中心项目规划建设情况汇报。14日，崇州市召开会议，传达贯彻省委常委、成都市委书记范锐平调研西控工作推进情况及专题座谈会议精神。

同日 2017年全省旅游新业态暨旅游强县标准宣贯培训会在崇州市召开，旨在培育旅游新业态，加强旅游强县建设。

15日 崇州市迎接中央环保督查专题工作会议召开。

17日 国土资源部调研组到崇州调研农村新产业新业态用地保障情况，调研组到白头镇五星村B区和闲来客栈、五星粮食烘干仓储中心、桤木河湿地公园等地，详细了解了崇州农村新产业新业态发展用地保障相关情况，并表示肯定。国家土地督察局成都局局长董菊卉，省国土资源厅副厅长朱明仓，崇州市委副书记、市长欧昭，市委常委、常务副市长赵卫东陪同调研。

同日 中共崇州市委、崇州市人民政府制定《崇州市国有林场改革实施方案》（以下简称《方案》）。《方案》根据中央、省委相关要求，结合崇州实际，提出了五个方面二十一条实施意见，以深入推进国有林场改革，全面提升崇州生态保障能力。

18日　市委召开十三届第二十二次常委会议，讨论审议相关请示。市委书记赵浩宇主持会议并讲话。会议学习了《中华人民共和国环境保护法》，讨论审议了《关于加大2017年环境保护工作考核权重有关事项的请示》。

同日　成都市人大常委会副主任孙传敏率队调研崇州市统筹城乡综合改革示范建设工作。孙传敏对崇州市坚持“全域规划、改革集成、整镇推进”方法，在统筹城乡综合改革示范建设中取得的成绩给予充分肯定。崇州市委书记赵浩宇，市人大常委会主任易孔盛，副主任张志新、李超，副市长文国洪参加调研。

同日　省地税局党组成员、副局长兼成都市地税局党组书记、局长张建到崇州调研地税工作开展情况，并给予肯定。市委副书记、市长欧昭，市委副书记骆良云陪同。

19日　成都市人大民族宗教侨务委员会及成都市旅游局到崇州开展深化旅游服务业供给侧改革专题调研，并对崇州旅游服务业供给侧改革工作予以肯定。市人大常委会主任易孔盛、副主任张志新陪同调研。

同日　李家岩水库工程推进工作领导小组会召开。市委书记赵浩宇出席会议并讲话。市委常委王成龙，副市长文国洪参加会议。

20日　崇庆中学实验学校入选2017年全国青少年校园足球特色学校。

同日　中共崇州市委、崇州市人民政府制定《在全市开展对标管理工作的实施方案》（以下简称《方案》）。《方案》确定了总体对标城市、专项对标城市、国际对标城市三个类别，确立了“城市规划学天津、生态经济赶安吉、全域旅游追桐庐”的总体对标思路。

21日　崇州市首届稻田小龙虾节开幕。

25日　省政协副主席、省工商联主席陈放率队调研崇州市健康养老产业发展情况。崇州市委副书记、市长欧昭，市政协主席杨火清、副主席马灵陪同调研。

同日　成都市卫计委主任谢强到崇州调研基层卫生计生和卫生扶贫工作。市委副书记、市长欧昭，副市长冯卫康陪同。

同日　市交易中心运用整合后的新平台顺利完成“崇州市羊马镇永和南苑道路建设项目”的组织交易。

26日　成都市环境保护督察办公室副主任肖缨一行到崇州对涉及崇州市的环保信访投诉“回头看”工作进行督察。崇州市副市长、市环督办主任叶志俊陪同。

同日　成都市温江区和郫都区、都江堰市、崇州市四区市在崇州召开行政执法与行政审判府院联席会，研究、规范和促进行政执法与行政审判工作。

同日　成都市“铁腕治霾”督查组到崇州督查扬尘渣土治理、控制臭氧污染及“三无”企业整治等相关工作。崇州市委常委、市委政法委书记张泽林陪同督查。

28日　中共崇州市委、崇州市人民政府制定《关于深化农业共营制推进农业供给侧结构性改革的实施意见》（以下简称《意见》）。《意见》根据中央、四川省委、成都市委“三农”工作决策部署，以深化农业共营制改革为着力点，提出了五个方面十五条实施意见。

同日　中共崇州市委印发《十三届崇州市委巡察工作五年规划（2017—2021年）》。

28日至8月2日　中国人民大学经济学院教授、博士生导师、全国统筹城乡基础领域首席专家、国务院发展研究中心农村经济研究部原副主任刘守英率调研组到崇州调研新型农业经营主体发展状况。

30日　成都市委常委、常务副市长谢瑞武率督导组到崇州专项督导崇州市对省、成都市党代会精神和成都市产业大会精神的贯彻落实情况，并与领导干部个别谈话，召开年轻干部座谈会。谢瑞武一行还到崇州IPC大数据处理中心、润恒城项目、崇州君健塑胶有限公司和索菲亚家居（成都）有限公司，了解项目进展和企业发展情况。崇州市委书记赵浩宇，市委副书记、市长欧昭，市委常委毛向阳陪同。

31日 崇州市在市艺术中心举行庆祝建军90周年双拥表彰文艺晚会，隆重庆祝中国人民解放军90周年华诞，表彰双拥工作先进。市委书记赵浩宇发表讲话。省民政厅副巡视员王小平，省双拥办副主任张文新，市人大常委会主任易孔盛，市政协主席杨火清，市委副书记、市长欧昭，市委副书记骆良云，市委常委廖冬雪、陈波、毛向阳、王成龙、余家洪参加出席晚会。

7月 崇州市与百悦投资集团有限公司签订特色古镇旅游开发战略合作框架协议。市委书记赵浩宇出席签约仪式并致辞。百悦投资集团有限公司董事长贾鹏、总裁贾毅，崇州市领导欧昭、骆良云、赵卫东、郑厚君等参加签约仪式。

8月
August

3日 成都市委常委、市总工会主席吴凯率队到崇州调研旅游产业发展情况，对崇州的工作给予肯定。崇州市委书记赵浩宇，市委副书记骆良云，市委常委、市总工会主席王成龙陪同调研。

4日 中共崇州市委、崇州市人民政府制定《崇州市法治政府建设实施方案（2016—2020年）》（以下简称《方案》）。《方案》根据中央、四川省委、成都市委要求，结合崇州实际，制定了四个方面的具体实施方案。

7日 陕西省委常委、西安市委书记王永康率党政代表团到崇州考察。崇州市委书记赵浩宇向代表团介绍了崇州探索形成的新型农业经营体系“农业共营制”，交流了经营和做法。西安市委副书记、市长上官吉庆，西安市政协主席岳华峰等参加考察。成都市委常委、统战部部长廖仁松，市委常委毛向阳、王成龙等陪同。

8日 市委召开全面深化改革领导小组第十二次会议，学习贯彻中央、省委和成都市委深改组会议精神，听取重点改革工作情况汇报，审议有关专项改革方案，研究部署全面深化改革工作。市委书记赵浩宇主持会议并讲话。市人大常委会主任易孔盛，市政协主席杨火清，市委副书记、市长欧昭，市委副书记骆良云，市委常委廖冬雪、陈波、余家洪参加会议。

同日 市委副书记、市长欧昭主持召开市政府第十九次常务会，研究讨论相关事项。会议学习了《中华人民共和国大气污染防治法》，听取了市监察局2017年上半年工作总结和下半年工作计划，研究讨论了崇州全域增绿工作、城乡环卫一体化PPP项目、再生资源回收利用体系等事项。

9日 全市田园综合体建设工作会召开。会议总结了前一阶段农业农村工作，安排部署加快田园综合体建设，推动农业农村工作和全域旅游再上新台阶。市委书记赵浩宇出席会议并讲话。市委副书记、市长欧昭主持会议并讲话。

10日 成都市人大常委会副主任冷刚率督察组到崇州督办高污染燃料锅炉淘汰工作。市委书记赵浩宇陪同。市委副书记、市长欧昭主持环保问题整改工作汇报会。市人大常委会主任易孔盛、副主任陈志贤陪同督察。

11日 天府国际慢城项目农村集体建设用地流转签约仪式在白头镇五星村举行。市委常委王成龙出席签约仪式。

同日 高可信软件技术教育部重点实验室、成都北大科技园、崇州市人民政府共建成都大数据基地签约仪式在成都天府新城会议中心举行。成都市委副书记、市长罗强，中国科学院院士、北京理工大学副校长、北大—绿欣高可信实验室首席顾问梅宏出席签约仪式。签约仪式上，崇州市政府分别与北大科技园以及北京大学信息科学技术学院、绿欣科技发展（北京）有限公司签订合作协议，共同建设成都大数据基地。8月10日，梅宏曾到崇州考察了大数据产业发展情况。成都市长助理韩春林，北京大学信息科学技术学院副院长谢冰，北大科技园总裁陈庚，绿欣科技发展（北京）有限公司董事长林隼，崇州市委书记赵浩宇，市委副书记、市长欧昭等出席签约仪式。

14日　崇州召开环保督察工作调度会，贯彻落实省委省政府、成都市委市政府关于开展环境保护专项督导工作要求，研究部署相关工作。

15日　崇州市人民政府与北京清华启迪清洁能源集团签订战略合作协议，共同发展以清洁能源为主导的地区绿色生态经济。

17日　崇州与重庆银行成都分行签订战略合作框架协议，在“十三五”期间，重庆银行成都分行将为崇州市产业企业授信100 亿元，重点支持崇州基础设施、产业功能区以及其他重点项目的开发和建设。

同日　成都市政协副主席郝康理到崇州调研一、三产业互动工作，并给予肯定。

18日　成都市委副书记、市长罗强就加快推动大数据应用及产业发展，率队前往成都市部分大数据重点单位、潜力企业开展现场办公。

19日　陇海三郎旅游度假区示范区启动仪式在三郎镇举行。成都市旅游局副局长王敏、副市长郑厚君参加启动仪式。

21日　市委召开十三届第二十四次常委会议，传达学习成都市第一阶段专项督导组专题汇报会精神，以及中央环保督察组检查崇州的相关情况；研究新“九通一平”建设工作情况；审议《崇州市2017年开放型经济工作目标管理办法》等。市委书记赵浩宇主持会议。市委副书记、市长欧昭出席会议。市委副书记骆良云，市委常委赵卫东、廖冬雪、陈波、毛向阳、张泽林、王成龙、余家洪参加会议。市人大常委会主任易孔盛、市政协主席杨火清列席会议。

22日　四川省委政法委副书记李世成率队到崇州调研刑事庭审实质化改革工作。市委书记赵浩宇出席座谈会。成都市委政法委副书记苑小华，崇州市委常委、市委政法委书记张泽林等陪同。

同日　省防汛减灾暨地质灾害防治第一督导组组长、省气象局副局长陈忠明率督导组到崇州督导防汛减灾和地质灾害防治工作。副市长文国洪汇报了崇州防汛减灾暨地质灾害防治工作情况。

25日　四川省稻渔综合种养现场会在崇州召开。省农业厅党组书记、农业厅厅长祝春秀，农业厅党组成员、省水产局局长卿足平等出席会议。崇州市委副书记、市长欧昭，副市长文国洪参加会议。

29日　全市重点项目推进工作专题会议召开。市委书记赵浩宇主持会议并讲话，市委副书记、市长欧昭出席会议并讲话。会议听取了全市项目投资工作总体情况汇报，一、二、三产业部门分别汇报了项目存在的问题及下一步措施。会议还对部分重点项目进行了专题研究。

同日　崇州通过省经信委“国家新型工业化产业示范基地（大数据）”评审，将代表四川省争取“国家新型工业化产业示范基地（大数据）”。

9月
September

1日　万达广场开业。当日客流量25万人次，销售额1930万元。

7日　省委常委、成都市委书记范锐平率队前往都江堰市、崇州市和新津县，调研成都农业农村和统筹城乡工作。范锐平一行先后到都江堰市七里社区何家院子、崇州市黎坝村和新津县兴义镇四川农业博览园，听取川西林盘治理、构建农业共营制、推进农业适度规模经营以及农业博览园建设等情况汇报。成都市委常委、统战部部长廖仁松，副市长刘宏葆参加调研。

同日　中共崇州市委、崇州市人民政府制定《关于实施全面两孩政策改革完善计划生育服务管理的实施意见》（以下简称《意见》）。《意见》根据中央、四川省委、成都市委相关要求，结合崇州市实际，提出五个方面的意见。

8日　根据《中共成都市委

编制机构委员会办公室关于设立崇州市大数据和电子政务管理办公室的通知》，经市委机构编制委员会2017年第四次会议议定，决定设立崇州市大数据和电子政务管理办公室（崇州市人民政府应急管理办公室）。

11日　崇州市首届少年儿童才艺大赛决赛暨“最美家庭”表彰会举行。

13日　成都市委常委、常务副市长谢瑞武率成都市委第九督导组到崇州市专项督导重大产业发展、环境保护、河长制、防汛减灾、安全生产和信访维稳等工作。市委书记赵浩宇汇报相关工作。

同日　成都市依托信息化深入推进综合行政执法体制改革试点工作现场会在崇州召开。成都市委常委、常务副市长谢瑞武主持会议并讲话。市委书记赵浩宇在会上作经验交流。

同日　交通部副部长戴东昌一行到崇州督导平安交通专项整治工作，对琴鹤大桥建设项目施工情况以及成温邛快速路崇州段、西龙路、安仁连接线的公路护栏建设情况进行督查，听取相关汇报，并对崇州平安交通工作给予充分肯定。省、成都市相关领导陪同督导。

同日　全市工业企业落实安全生产主体责任制专题培训会在中胜酒店召开。

14日　市委中心组邀请省委农工委脱贫攻坚面上指导组副组长、农村固定观察站站长向森作《学习贯彻习近平总书记扶贫开发战略思想、以绣花功夫推进脱贫攻坚决策部署落实落地》的专题辅导报告。

同日　市政府召开第二十三次常务会议，学习新版《成都市城乡规划条例》，讨论《崇州市背街小巷环境综合整治工作方案》等议题。

15日　马尔康市委副书记、市长窦孝解率党政代表团到崇州考察。市委副书记、市长欧昭陪同。市人大常委会副主任、市援藏工作队队长李文明，副市长郑厚君，马尔康市副市长龙湛洵参加考察。

18日　杭州市委常委、副市长刘国洪一行到崇州调研农村土地综合整治工作。成都市国土局副局长尹宏、崇州市副市长赵卫东、国土局局长张春阳陪同调研。调研组对崇州多措并举强力推进农村土地整治工作给予高度评价。

20日　崇州市人民政府与鲁能集团签订《成都·崇州美丽乡村项目合作协议》，落地美丽乡村产品线。根据协议，鲁能集团总投资约100亿元，项目总占地约26000亩，涵盖街子古镇和三郎镇，规划范围内有古镇、村落、山地、沟壑、平原等多种地形地貌，建设美丽乡村，发展养老旅游产业。

21日　崇州全民阅读校园行活动走进崇庆中学实验学校。市图书馆邀请本土作家开展讲座，共同分享阅读和写作的乐趣。市史志办向崇庆中学实验学校赠送了图书《崇州文化史话》。

23日　丁酉年崇州文庙纪念大成至圣先师孔子2568年诞辰祭祀大典暨学生冠礼仪式在罨画池博物馆文庙隆重举行。

同日　2017“蓉城之秋”成都音乐季崇州鸡冠山户外摇滚音乐会在岩峰村麻柳沟开唱。

23—25日　在首届中国品质电商节上，全友家居凭借卓越的产品品质荣获品质类大奖。

26日　研究环境保护长效机制专题会议召开，市委书记赵浩宇主持会议并讲话。市环境保护督察办公室对中央第五环境保护督察组进驻四川期间信访举报案件办理及近期环境问题进行了分析总结，相关部门对环保重点问题进行了分析讨论。市委副书记骆良云，市委常委赵卫东、陈波、毛向阳，副市长叶志俊、郑厚君参加会议。

27日　四川省经济和信息化委员会和崇州市人民法院共同主办的2017年“智慧法务”建设暨“小崇”法律机器人应用交流会在成都举行，由崇州市人民法院和成都中数数据服务有限公司联合研发的新一代法律智能服务机器人“小崇”正式上线。市委书记赵浩宇出席会议，市委常委、市委政法委书记张泽林致辞，副市长叶志俊主持交流会。

28日　2017年崇州市“百姓

故事会”评选决赛在市文化馆举行。民政局选送的故事《守望初心的民政人》获得一等奖，市司法局获得特别组织奖。副市长郑厚君出席比赛并颁奖。

同日 崇州市第四届运动会在市体育中心隆重开幕。市委副书记骆良云主持开幕式。市委常委、常务副市长赵卫东致开幕辞。市委书记赵浩宇、四川省体育局副巡视员李以庆，奥运冠军、四川省陆上运动学校校长张山，市人大常委会主任易孔盛、市政协主席杨火清以及市劳动模范代表、道德模范代表、知名企业代表等出席开幕式。本届运动会共有70个项目、85支队伍、上万人参加比赛。

29日 崇州推出的成都平原大米品牌——“稻虾藕遇·天府好米”新米推介活动在隆兴镇黎坝村举行。省农业厅总经济师肖小余出席推介会并宣布活动正式启动，市委书记赵浩宇致辞。省粮食局副局长王海林、省供销合作社联合社副主任杜春茂、省农业科学院副院长任光俊、四川农业大学新农村发展研究院书记周伦理，以及市人大常委会主任易孔盛、市委常委王成龙、市人大常委会副主任丁加武、市政协副主席陈启舟等参加推介活动。

同日 根据《中共成都市委机构编制委员会办公室关于同意崇州市设立市委城乡社区发展治理委员会的通知》，经市委机构编制委员会2017年第五次会议决定，设立中共崇州市委城乡社区发展治理委员会（简称市委社治委），为市委工作部门。内设4个机构：综合科、社区发展科、社区治理科、改革统筹科，人数10人。

10月
October

1日 成都市委副书记、市长罗强率队前往崇州部分街道办、派出所、建筑工地和旅游景区，抽查检查国庆、中秋“双节”期间安全生产和应急值守有关工作，并沿路看望慰问节日期间仍坚守岗位的公安交巡警等一线工作者们。市长助理、市政府秘书长韩春林，以及公安、建设、安监、旅游、城管、督察等市级部门负责人参加检查和慰问。

9日 省财政厅党组成员、总会计师黎家远到崇州调研“林业共营制”新型林业经营体系，前往道明季崧林地股份合作社和街子镇凤栖药花谷林地股份合作社，实地察看了合作社林下种植情况，了解了合作社运行机制、利益联结机制、生产情况等。对崇州工作表示肯定，并希望崇州在实践中形成可复制可推广的改革经验。崇州市委常委王成龙陪同。

12日 来自荷兰、比利时、德国、日本等的农村发展和土地整理专家到崇州考察低碳生态型土地整治技术。实地察看了白头镇五星村、桤木河湿地公园、新建的美丽新村，听取了该镇土地整理经验及新村建设情况介绍，了解崇州生态产业发展的模式及运营情况，以及生态水循环处理系统建设、湿地景观打造情况。

同日 市委召开十三届第二十五次常委会，研究审议相关请示。市委书记赵浩宇主持会议并讲话。会前书面学习了2017 年新修改的《中国共产党巡视工作条例》，审议了《关于报请审定〈2017年本级目标绩效考评体系〉的请示》《关于报请审定〈崇州市法治宣传教育第七个五年规划（2016—2020年）〉的请示》《关于报请审定〈崇州市有突出贡献的拔尖和管理办法（2017年修订）〉的请示》和崇州市青年联合会《关于召开崇州市青年联合会第二届委员会全体会议的请示》。市委副书记、市长欧昭，市委副书记骆良云，市委常委廖冬雪、陈波、毛向阳、张泽林、王成龙、余家洪参加会议。市人大常委会主任易孔盛、市政协主席杨火清列席会议。

同日 成都慢享白头农业旅游开发有限公司成立，并召开首次股东大会。成都慢享白头农业旅游开发有限公司是在五星旅游合作社的基础上，联合白头镇六个村（社区）共同组建的一个集体股、社会股、人才股混合型集体经济组织。

16日 市政府第一次全体会

议暨全市做好第四季度经济工作会召开，会议深入学习习近平总书记系列重要讲话精神，进一步贯彻落实省、成都市和崇州市党代会精神及省、成都市第四季度经济工作电视电话会议精神，总结前三季度工作，分析研判当前形势，安排下一阶段工作。市委副书记、市长欧昭主持会议并讲话。

16—17日 市委书记赵浩宇前往马尔康市，调研崇州对口帮扶工作开展情况，与马尔康市共商2018年对口帮扶工作。马尔康市委书记张培云、市委副书记杨莉陪同调研。崇州市委常委毛向阳参加调研。

17日 成都市委常委、组织部部长胡元坤前往马尔康市调研崇州对口帮扶工作，在马尔康市卓克基镇纳足村的中蜂养殖基地和旅游集散中心项目地，胡元坤听取了崇州在种养殖和旅游产业方面对马尔康市的对口帮扶工作开展情况，对崇州的工作表示肯定。崇州市委书记赵浩宇、市委常委毛向阳，马尔康市委书记张培云、市委副书记杨莉，马尔康市委常委、副市长、援藏工作队领队李文明陪同调研。

同日 成都市审计大数据灾备中心落户崇州大数据产业园，对成都市审计各分支机构数据进行备份。

同日 崇州青年作家杨虎正式签约创作四川省“万千百十”文学活动2017年重点扶持作品。

19日 国家林业局农村林业改革发展司司长刘拓到崇州调研建设全国集体林业综合改革试验示范区工作推进情况和“林业共营制”新型经营体系探索情况，并给予肯定。市委副书记、市长欧昭，副市长文国洪陪同调研，并汇报相关工作。

同日 省法制办副主任王彬一行到崇州开展综合执法改革工作进行调研。对崇州依托大数据优势，整合组织机构，理顺职责关系，统筹城乡执法，健全工作机制，加强执法保障，创新执法方式的做法和工作成效给予肯定。成都市法制办主任薛志明、崇州市委书记赵浩宇陪同调研。

20日 省安监局局长、安办主任孙建军到崇州调研“压实乡镇安全监管责任，规范乡镇安全监管工作，督促企业落实安全生产主体责任”试点工作，并给予肯定。

同日 环境保护部西南督查中心到崇州专项督查大气污染防治工作，先后前往全友家私、掌上明珠家居、沃克家具、捷普集团等地，通过听取汇报、查看资料和实地查看的方式，了解崇州企业环保设施运行和家具企业大气治理等情况。市委书记赵浩宇、市委副书记骆良云、副市长叶志俊陪同。

同日 市委中心组邀请成都市政协副主席郝康理作“落实‘西控’战略、推进旅游发展”专题辅导。

21日 崇州市人才发展促进会成立大会暨质量强市表彰大会举行，崇州市人才促进会正式挂牌成立。市委书记赵浩宇，市委副书记、市长欧昭，成都人才发展促进会秘书长彭肖肖出席成立大会。市委副书记骆良云主持成立大会。

23日 崇州市特色农产品进机关活动在成都市级机关第四办公区举行。50余种崇州特色农产品走进成都机关。

24日 崇州市正式获批创建国家级家具产品质量提升示范区，成为全国3个创建城市之一，也是西南地区唯一一个城市。

同日 市政府召开第二十四次常务会议，学习国土供地政策相关解读，听取市政府办公室关于文件清理工作的报告，讨论审议《崇州市政府质量奖管理办法》等。市委副书记、市长欧昭主持会议。

26日 在蓉参加“第21届非洲国家驻华大使巡讲·成都2017”活动的非洲驻华使节代表团到崇州参观考察。全国对外友协亚非部副主任李海等陪同。在全友家私有限公司及明珠家具（集团）有限公司，代表团走进生产车间和展示大厅，了解生产线运行及产品类型、品牌理念、规模产值等情况。崇州市委副书记、市长欧昭对驻华使节代表团的到来表示欢迎，向代表团赠送了极具崇州历史文化特色的文庙古建筑拓片，并介绍了崇州的悠久历史和发展现状。毛里求斯驻华大使李森光及夫人林利娟，塞内加尔驻华大使马马杜·恩迪亚耶到崇州参观考察。市委常委毛向阳等陪同。

27日 辰居路小学举办百年校庆，庆祝建校100周年。市委常委、宣传部部长廖冬雪出席活动并致辞。

同日 市十八届人大常委会第八次会议召开，会议听取并审议了崇州贯彻落实《中华人民共和国农产品质量安全法》《中华人民共和国社会保障法》《中华人民共和国建筑法》等的情况报告。

30日 崇州市传达学习中共十九大精神大会召开。市委书记赵浩宇主持会议并讲话。市委副书记骆良云传达中共十九大精神、全省传达中共十九大精神大会和成都市领导干部大会精神。市人大常委会主任易孔盛、市政协主席杨火清，市委常委廖冬雪、陈波、毛向阳、张泽林、余家洪出席会议。

同日 中国峰产品协会授予崇州“中国油菜蜜之乡”称号。

同日 市委召开第十三届第二十六次常委会议，传达学习中共十九大精神，研究审议相关工作安排方案。市委书记赵浩宇主持会议。会议研究并审议了崇州学习贯彻中共十九大精神总体安排及城乡社区发展治理的相关工作计划、方案，并就近期重点工作进行部署。

11月
November

1日 市政府党组召开专题会议，传达中共十九大精神和省委、成都市委及崇州市委传达学习中共十九大精神会议的精神。市委副书记、市长欧昭主持会议并讲话，市委常委、常务副市长赵卫东传达相关精神。副市长冯卫康、文国洪、叶志俊、程志宏参加会议。

2日 崇州市学习宣传贯彻中共十九大精神工作部署会召开。

同日 省旅游发展委员会党组书记胡斌前往崇州市调研旅游工作，深入乡村一线宣讲中共十九大精神。崇州市委书记赵浩宇陪同。成都市旅游局党组书记罗建民参加调研。崇州市委副书记骆良云陪同调研。

同日 省血吸虫消除考核验收结果通报会在崇州举行，省评估组专家对崇州血吸虫病防治工作作出专项报告，认为崇州组织保障工作到位。市委副书记、市长欧昭，副市长冯卫康参加会议。

3日 由成都市人才工作领导小组办公室主办、中共崇州市委承办的“蓉漂人才荟——哈尔滨工程大学”系列活动，在哈尔滨工程大学启航阳光大厅举行。在高端人才双选会上，崇州共组织40多家事业单位、实力名企，为广大高校人才提供100余个工作岗位，涉及计算机、软件、建筑、自动化、机械、动力、生物、药学、航空航天等30多个专业，最高年薪达30万元。双选会共发放资料3800份，累计收到求职意向书400多份。

同日 崇州市总河长第一次联席会议召开，总结了河长制试点工作经验，并就下一步工作进行再动员、再部署。市委书记赵浩宇主持会议并讲话，市委副书记、市长欧昭出席会议。会议听取了市河长制办公室关于河长制管理工作推进情况的汇报，审议了崇州市河长制相关方案和制度，各市级河长围绕责任河渠治理工作进行了发言。市委常委骆良云、赵卫东、廖冬雪、陈波、毛向阳、张泽林、王成龙，副市长文国洪、程志宏出席会议。

同日 崇州市城乡社区发展治理大会召开，会议认真学习、深刻贯彻中共十九大精神，深入贯彻习近平总书记关于城市工作和社区发展治理新思想、新理念、新要求，严格落实成都市城乡社区发展治理会议决策部署，推进崇州城乡社区发展治理工作。市委书记赵浩宇对城乡社区发展治理工作提出要求。市委副书记、市长欧昭主持会议。市委组织部、市民政局、锦江乡乌尤村等单位进行了交流发言。市政协主席杨火清，市委副书记骆良云，市委常委赵卫东、廖冬雪、陈波、毛向阳、张泽林、王成龙参加会议。

7日 市委中心组召开专题学习会，专题学习中共十九大精神。

同日 中共崇州市委制定《关于加强和改进新形势下党校工作的实施意见》（以下简称《意见》）。《意见》根据中共十九大精神以及中央、四川省委和成都市委关于新形势下党校工作的部署要求，结合崇州实际，提出了六个方面的意见。

8日 马尔康市委书记张培云率党政代表团到崇州考察，对接对口帮扶工作。市委书记赵浩宇、市政协主席杨火清、市委常委毛向阳等陪同。马尔康市领导何建华、李文明等参加考察。

同日 市新闻中心于第十八个中国记者节举行“学习贯彻十九大精神·好记者讲好故事”活动，庆祝第十八个中国记者节。市委常委、宣传部部长廖冬雪参加活动并为获奖记者颁奖。获得2016年度四川省广播电视优秀节目奖、2016年度（第九届）成都市新闻工作者协会新闻奖、2016年度成都市新闻奖、2016年度（34届）成都新闻奖专项奖的记者受到了表彰，市新闻中心八名记者代表分享了自己的新闻故事。

同日 市政府召开第二十五次常务会议，学习《中华人民共和国行政监察法》，讨论审议《关于报请审定〈崇州市2017—2018年秋冬季大气污染防治攻坚行动方案〉》等相关事项。市委副书记、市长欧昭主持会议。会议讨论审议的十一项议题涉及依法行政、作风建设、铁腕治霾、重拳治水、安全生产、文化教育、康养颐养、现代农业、全域旅游等方面。

同日 中共崇州市委发出《关于认真学习贯彻党的十九大精神的通知》（以下简称《通知》）。《通知》按照中央、四川省委、成都市委部署要求，对全市深入贯彻学习中共十九大精神做了四个方面安排。

9日 市委常委、市委统战部部长毛向阳召开党外人士情况通报会暨统一战线学习宣传贯彻中共十九大精神专题会议，各民主党派、无党派、工商联、新阶联、宗教团体以及统战系统全体干部共计70余人参加会议。

14日 四川省综治办专职副主任杨军率省综治办调研督导组到崇州督查指导年度综治六项重点工作和公安依法打击惩治“黄赌毒黑拐骗”违法犯罪工作开展情况，对崇州的工作表示肯定。成都市综治办副主任权秀峰，崇州市委常委、市委政法委书记张泽林陪同督查调研。

同日 中共崇州市委、崇州市人民政府印发《崇州市创建国家全域旅游示范区实施方案》（以下简称《方案》）。《方案》结合国家旅游局《全域旅游示范区创建工作导则》和《四川省全域旅游示范区创建工作指南》，紧扣成都市“西控”战略部署和崇州“全域旅游追桐庐”对标目标，制定了五个方面的实施方案。

14—15日 全国集体林业综合改革试验示范工作推进会在崇州召开，全国三十一个省、直辖市、自治区林业主管部门代表参会。与会人员详细了解了崇州探索“林业共营制”新型经营体系和推进林业综合改革工作的情况和经验，就深入学习贯彻中共十九大精神，紧密围绕实施乡村振兴战略，扎实推进集体林业综合改革试验示范工作进行交流。国家林业局副局长刘东生，国家林业局农村林业改革发展司司长刘拓，四川省副省长尧斯丹，成都市委常委、统战部部长廖仁松出席会议。崇州市委书记赵浩宇代表崇州做《探索“林业共营制”新型经营体系，助推小农生产融入现代林业加快发展》发言。

15日 市委十三届第二十七次常委会召开，会议传达学习贯彻成都市新经济发展大会、成都市实施乡村振兴战略推进城乡融合发展大会、全国推开国家监察体制改革试点工作动员部署电视电话会议等精神。市委书记赵浩宇主持会议并讲话。会议还讨论了成都市委办公厅《关于学习新思想贯彻新理念实施主体功能区战略提升国家中心城市功能品质的决定（征求意见稿）》，学习了成都市城乡社区发展治理现场推进会精神。

同日 最高人民法院政治部法官管理部副部长刘峥到崇州调研基层法院内设机构改革工作。市委常委、宣传部部长廖冬雪，副市长程志宏陪同。

17日 崇州市依法治市领导小组会议召开，专题研究全市依法治市工作，各专项工作组分别就1—10月工作推进情况及下一步工作安排作了汇报。市委书记、市依法治市领导小组组长赵浩宇主持会议并发表讲话。

18日 市委书记赵浩宇，市委副书记、市长欧昭调研发展改革工作，强调要突出重点深化改革，加强经济运行的预报预警，对县域经济社会发展切实起到把关定向的作用。市委常委毛向阳、副市长文国洪参加调研。

20日 省投资促进局副局长戴绍泉到崇州调研企业生产经营情况，对崇州积极开展招商引资，布局智能制造产业，推动企业形成产业链融合化、集群化发展给予了肯定。市委书记赵浩宇陪同。市委常委毛向阳、副市长郑厚君陪同调研。

同日 中共崇州市委、崇州市人民政府制定《崇州市深入推进城乡社区发展治理建设高品质和谐宜居生活社区的实施意见》（以下简称《意见》）。《意见》按照中央、四川省委、成都市委相关要求，根据成都市城乡社区发展治理大会精神，结合崇州实际，制定了四个方面的意见。

23日 省委宣讲团到崇州举办报告会，宣讲中共十九大精神。市委书记赵浩宇主持报告会。省委宣讲团成员、省委党校（省行政学院）常务副校长、省社科联副主席李新，从中共十九大主题、主要成果，习近平新时代中国特色社会主义思想、中国社会主要矛盾的变化、“两个一百年”的奋斗目标的战略部署，四川省贯彻落实中共十九大精神的重大部署等九个方面，对中共十九大精神作了深刻的解读阐释。市委、市人大、市政府、市政协、各乡镇（街道）、市级各部门、各人民团体、各国有投（融）资公司及省、成都市驻崇州有关单位代表参加报告会。

同日 市委召开十三届第二十八次常委会议，对近期重点工作进行审议和研究。市委书记赵浩宇主持会议并对相关工作进行安排。会议学习了《党的十八大以来中央巡视工作的总结》及中央巡视巡察工作座谈会精神，审议了市委宣传部《关于做好学习贯彻中共十九大精神宣讲工作的通知（送审稿）的请示》，以及市安监局、市委党史研究室、市纪委相关工作计划和实施方案。

同日 崇州市深化国家监察体制改革试点工作小组第一次会议召开，研究部署深化国家监察体制改革试点工作。市委书记、市深化国家监察体制改革试点工作小组组长赵浩宇主持会议。市委十三届第二十八次常委会审议通过了《崇州市深化国家监察体制改革试点工作实施方案（审议稿）》，成立了崇州市深化国家监察体制改革试点工作小组。会议听取了陈波所作深化国家监察体制改革试点工作的相关情况汇报和计划安排。会议指出，深化国家监察体制改革试点工作，要牢固树立“落实到基层、落实靠基层”的理念，结合崇州实际，按照中央、省、成都市的部署要求，坚决抓好改革试点的落地生根。

24日 崇州市基层协商民主实践教学中心在党校正式成立，标志着崇州基层协商民主探索进入新的阶段。基层协商民主实践教学中心主要业务范围是组织基层协商会会员、召集人开展培训、交流和学习。市委常委、市委统战部长毛向阳向市委党校授牌，并向基层协商民主实践教学中心教学点讲解员发放了聘书。

29日 成都市社治委到白头镇调研城乡社区发展治理情况，走访了白头镇五星村B组，察看了“农贷通”电商平台、农村党员教育学院、社工工作站的工作和运行情况，了解了白头镇结合村情民意，引入社工团队，积极开展城乡社区发展治理的相关举措。成都市社治委副主任郭小平对崇州市政府主导、村民融入、社工辅助的社区发展治理格局给予了肯定。崇州市委常委、组织部部长余家洪陪同调研。

同日 中共崇州市委、崇州市人民政府印发《崇州市法治宣传教育第七个五年规划（2016—2020年）》（以下简称《规划》）。《规划》按照中央、四川省委、成都市委相关要求，结合崇州发展实际，制定了2016—2020年崇州法治宣传教育的五年规划，共五个方面。

30日 成都市委宣讲团成员、成都市委常委、市纪委书记王川红到崇州宣讲中共十九大精神。王川红从中共十九大主题和主要成果、习近平新时代中国特色社会主义思想、过去五年的历史性成就和历史性变革、中国特色社会主义进入新时代等十个方面，对中共十九大精神作了深刻的解读阐释。报告还结合成都工作实际，提出了一系列贯彻落实中共十九精神的具体举措。市委书记赵浩宇主持会议并讲话。市委副书记、市长欧昭参加会议。

12月
December

1日 市政府第二十七次常务会召开，会议学习《成都市市容和环境卫生管理条例》，讨论审议相关事项。市委副书记、市长欧昭主持会议。会议讨论审议了市政府常务会议议事决策规则、自办群体性宴席食品安全管理、增花添彩、城区禁止露天烧烤区域管理、市远景战略规划、政府投资项目、“散乱污”工业企业清理整治等方面的议题。

同日 市政府第十二次市长办公会召开，传达近期成都市安全生产工作会等会议精神，对安全生产、环保、教育、项目推进、维稳、目标考核等工作进行安排，通报财政专项资金检查情况。市委副书记、市长欧昭主持会议。

同日 崇州市“我爱故我创·培根行动”暨首届优秀工会主席颁奖典礼举行，表彰奖励全市基层优秀工会主席。受表彰的工会主席共有十人。市委常委、市总工会主席王成龙，市人大常委会副主任陈志贤，市政协副主席王伟向获奖者颁奖。

2日 由中指组、中央电视台合作拍摄的大型纪录片《中国影像方志》“四川卷崇州篇”在中央电视台科教频道播出。该片以文井江为线索，记录了崇州沿线古镇的历史文化、民俗风貌、英烈情怀，以真实的影像呈现出崇州人民书写的千古方志，凸显了崇州的文化自信。

6日 作为三郎国际旅游度假区重点规划之一，希尔顿度假酒店奠基仪式在陇海三郎旅游度假区举行，崇州市打造康养旅游生态圈和布局全域旅游产业又取得新的进展。市委书记赵浩宇出席仪式并为项目奠基。四川省旅发委副主任杨健、成都市旅游局副巡视员岑永康、崇州市副市长郑厚君出席仪式。

同日 市委全面深化改革领导小组第十三次会议召开。会议学习了中共十九大报告关于全面深化改革的重要论述，以及近期中央、省委、成都市委深改组会议精神，听取崇州重点改革工作推进情况汇报，审议有关改革方案，研究部署下一步工作。市委书记、市委全面深化改革领导小组组长赵浩宇主持会议并讲话。会议审议了《关于全面贯彻习近平总书记改革认识论方法论进一步完善改革推进机制的实施方案（送审稿）》等方案。

7日 成都市政府安办副主任、市安监局副局长袁海良率第一督导巡查小组到崇州督查安全生产工作，并听取了安全生产工作情况汇报。督查组对崇州安全生产工作检查情况给予肯定，副市长郑厚君陪同。

8日 以“在社区，爱崇州”为主题的2017年崇州市社区志愿服务月活动启动，5支志愿服务队伍与5个城乡社区结对签约，开启了崇州市以项目化方式推进志愿服务协助城乡社区发展治理的新模式；14支优秀志愿者服务队加入崇州市青年志愿者协会，进一步壮大了崇州市级志愿服务组织力量。市委常委、组织部部长余家洪参加启动仪式。

同日 成都市政协提案工作会议在崇州召开。崇州市政协作提案工作经验交流发言，并受到肯定。崇州市政协主席杨火清、副主席陈刚参加会议，市委常委、市委统战部部长毛向阳陪同视察。

11日　崇州市新的社会阶层人士联谊会在崇州白头镇土而奇农场乐苑召开换届暨创新实践基地授牌大会，54名会员参会。市委常委、市委统战部部长毛向阳应邀出席。

同日　崇州市党外知识分子联谊会成立大会在宫保府召开。市委常委、市委统战部部长毛向阳，市人大常委会副主任张志新、市政府副市长、民进支部主委冯卫康，市政协副主席马灵到会祝贺。市级各民主党派基层组织、新阶联、工商联、市级各相关部门分管负责人出席了会议。会议听取了《崇州市党外知识分子联谊会筹备工作情况报告》，审议通过了《崇州市党外知识分子联谊会章程（草案）》《崇州市党外知识分子联谊会第一届理事会选举办法（草案）》，选举产生了会长1人、副会长6人、秘书长1人、常务理事22人。毛向阳向党外知识分子联谊会进行了授牌。

同日　中共崇州市委、崇州市人民政府印发《崇州市有突出贡献的拔尖人才选拔和管理办法（2017年修订）》（以下简称《办法》）。《办法》为深入实施人才强市和创新驱动发展战略，调动各级各类人才服务崇州经济社会发展的积极性和创造性，结合崇州实际，提出了七个方面的选拔和管理办法。

12日　省委编办、省法制办到崇州调研推进综合执法改革工作，以及综合行政执法智慧服务平台运行情况，听取了崇州综合执法改革推进情况的汇报，对崇州的工作给予肯定。省委编办副主任简旭东，省法制办副主任王彬，成都市委编办主任敬斌参加调研，市委常委、组织部部长余家洪，副市长程志宏陪同。

同日　崇州专题传达省委十一届二次全会和成都市委十三届二次全会精神会议召开，对贯彻会议精神提出要求。市委副书记、市长欧昭主持会议。会议传达了省委十一届二次全会的基本情况和主要内容、省委书记王东明在会上的讲话精神，组织学习了关于学习宣传贯彻中共十九大精神的安排和“一个愿景、两个跨越、三大发展战略、四项重点工程”的总体谋划、七项重点部署等。会议还传达成都市委第十三届二次全会精神，学习省委常委、成都市委书记范锐平的讲话精神。市人大常委会主任易孔盛，市政协主席杨火清，市委副书记骆良云，市委常委廖冬雪、张泽林、王成龙、余家洪出席会议。

14日　成都市检查组到崇州检查2017年度落实党风廉政建设主体责任情况。检查组采取召开民主测评会、个别谈话、抽查责任清单等形式进行检查。会后，检查组对崇州部分市级领导和部门、乡镇（街道）主要负责人进行了个别谈话。市政协主席杨火清，市委常委廖冬雪、陈波、张泽林、余家洪参加测评会。

同日　全国动物疫病防治工作座谈会暨全国动物疫病防控和卫生监督工作会与会人员到崇州考察病死动物无害化处理工作，并给予肯定。成都市委副秘书长秦代红参加考察。崇州市副市长文国洪陪同。

14日　成都市委常委、常务副市长谢瑞武到崇州督导重大部署落地落实情况。市委副书记、市长欧昭陪同调研。谢瑞武先后到日东电工株式会社新材料生产项目基地、道明竹艺村考察，详细了解新材料生产项目基地建设和竹艺村规划打造情况，听取了崇州2017年工业经济发展、智能制造产业生态圈建设及园区“五位一体”推进、扎实推进现代农业功能区改革建设城乡融合发展示范带等相关情况的介绍。市人大常委会主任易孔盛，市委常委毛向阳、王成龙陪同。

15日　市政府召开第二十八次常务会议，对相关工作请示进行讨论和审议。市委副书记、市长欧昭主持会议。会议学习了《成都市人民政府关于进一步推进政府和社会资本合作（PPP）的实施意见》，讨论了市人社局、文旅局、财政局、国资办、住建局、国土局等部门关于国有企业负责人薪酬制改革、非物质文化遗产保护、棚户区改造等方面的工作请示，并对相关工作进行了安排。副市长赵卫东、冯卫康、文国洪、程志宏、郑厚君参加会议。

18日　成都市接待系统第二轮部分区（市）县实训活动在崇州举行，实训演练接待工作。市委副书记骆良云参加活动。

20日　市委社治委邀请首届全国城乡社区建设专家委员会委员、中国社区建设展示中心和中国社区建设培训基地原主任、中国改革开放30年社会人物、全国劳动模范马丽华老师到崇州，为崇州城乡社区发展治理作专题培训。市委常委、组织部部长、社治委主任余家洪出席并主持会议，全市各部门、乡镇（街道）、村（社区）及社会组织代表约500余人参加培训。

同日　成都市科协党组书记、副主席蔡晓军到崇州调研科协工作。副市长叶志俊陪同调研。

20日　崇州市向返乡农民工创业就业示范基地授牌，通过示范基地建设鼓励先进、树立典型，进一步促进“大众创业、万众创新”。授牌土耳其禽业合作社“返乡农民工创业实训基地”，授牌白头镇五星村“崇州市返乡农民工创业就业示范区”，授牌一满田园餐厅高志伟“崇州市优秀返乡创业企业家”，授牌济协现代农业创新创业科技示范园“大学生创业孵化基地”。副市长文国洪向示范基地和先进个人授牌。

21日　崇州市与华川集团签订10万亩“水稻+”全产业链项目投资框架协议，携手打造成都崇州优质粮油产业园，标志着崇州优质粮油产业向中高端发展、精深加工方向发展、品牌化发展、农文商旅跨界融合发展进入了新的历史阶段。市委书记赵浩宇、华川集团党委书记、董事长、总裁谢应文分别在签约仪式上致辞。华川集团副董事长、常务副总裁骆晓红，市人大常委会主任易孔盛，市政协主席杨火清，市委常委王成龙，副市长文国洪出席签约仪式。

同日　市委十三届第三十次常委会议召开，传达学习有关文件精神，研究审议近期重点工作。市委书记赵浩宇主持会议。会议传达学习了成都市委《关于坚决维护党中央集中统一领导的规定》《深入贯彻落实中央八项规定精神进一步改进工作作风密切联系群众的实施细则》的精神，讨论市委十三届五次全会有关筹备事项。

同日　接中共成都市委文件通知：周光富提名任崇州市人民检察院检察长；免去龚亚明崇州市人民检察院检察长职务。

22日　崇州市城乡社区发展治理工作领导小组联席会议召开，研究总结2017年城乡社区发展治理工作推进情况，安排部署2018年相关工作。会议由市委常委、组织部部长、社治委主任余家洪主持，市委办等36个成员单位主要负责人参加会议。市委副书记、城乡社区发展治理工作领导小组组长骆良云出席并讲话。市委常委廖冬雪，副市长冯卫康、程志宏出席会议。

25日　成都市副市长张正红来崇州调研旅游产业及相关工作开展情况。市委书记赵浩宇、副市长郑厚君陪同。

26日　中共崇州市委、崇州市人民政府制定《关于深化供销合作社综合改革的实施意见》（以下简称《意见》）。《意见》根据中央、四川省委、成都市委相关精神，就加快推进崇州市供销合作社综合改革，提出了三个方面的实施意见。

28日　中国共产党崇州市第十三届委员会第五次全体会议召开。出席全会的有市委委员、市委候补委员，市纪委常委和有关方面负责人列席会议。市第十三次党代会代表中部分基层干部也列席会议。会议由市委常委会主持。市委书记赵浩宇作讲话。全会坚持以习近平新时代中国特色社会主义思想为指引，深入学习贯彻中共十九大、中央经济工作会议精神和省委十一届二次全会、成都市委十三届二次全会精神，总结市第十三次党代会以来的工作，审议通过了《崇州市城市总体规划（2016—2035年）（送审稿）》《中国共产党崇州市第十三届委员会第五次全体会议决议》。听取了崇州市四级规划体系成果说明，深入分析崇州在新时代面临的形势任务，围绕建设生态宜居的现代田园城市典范，对崇州未来发展作出全面部署。

概览

市情概貌

City overview

【位置·区划】 崇州市位于四川省岷江中上游川西平原西部，坐落于北纬30° 30' ~ 30° 53'、东经103° 07' ~ 103° 49'之间，面积1089平方千米。东邻温江、双流，西与大邑相接，南同新津毗连，北与都江堰相依，西北部与汶川接壤。全市辖18镇、6乡、1街道，共188个行政村、65个社区居民委员会。市人民政府所在地为崇阳街道。

【建置沿革】 地域政区建置，始于古蜀国时期。距今4300年前的6座新石器时代成都平原城址中，有双河、紫竹、宝墩、芒城4座城址在古江原县（今崇州市）境内，证实崇州地域其时为古蜀国中心。东晋常璩所著《华阳国志》记载，崇州为蜀王杜宇“移治郫邑”前的古蜀国故都。秦灭蜀后筑城置县，先后为郡、州、军、府及其部分辖县治地。崇州市历史文化源远流长，是四川省1991年公布的首批省级历史文化名城之一。

【地形·地貌】 崇州市地处四川省岷江中上游川西平原西部边缘，地势自西北向东南倾斜，呈西北高、东南低之势。地质构造属九顶山华夏系和青城—青霞新华夏系构造。西北部为龙门山褶断带的强上升区，褶皱、断裂构造发育；东南部处于成都凹陷区，沉积了浓厚的第四系冰水堆积、冲洪积的松散堆积物。属山地、丘陵、平原兼有地貌，海拔1000米以上的高中山区占全市总面积的38.4%，低山和丘陵占8.7%，平坝占52.9%。境内主要山峰有六顶山、令牌山、鸡冠山、凤栖山等，均与青城山脉相连。西北部多海拔2000米以上的山峰，海拔最高处为鸡冠山乡境内极西处火烧营峰，为3868米。丘陵和平原地区平均海拔为560米，最低点为三江镇境内的蒙渡，海拔仅480米。

【气候特征】 崇州属亚热带季风气候，四季分明，气候温和，春秋短，冬夏长，雨量充沛，日照偏少，无霜期较长。2017年，崇州市年平均气温16.7℃，较历年平均值16.2℃偏高0.5℃。年极端最高气温36.4℃，较历年极端最高36.8℃偏低0.4℃；年极端最低气温-2.9℃，较历年极端最低-4.7℃偏高1.8℃。年总降水量967.1毫米，较历年平均977.8毫米偏少10.7毫米，即偏少1%。年日照时数1102.6小时，较历年平均

967.5小时偏多135.1小时，即偏多14%。全年出现区域性暴雨3次。主汛期期间天气较为异常，呈现降水分布不均、局地性强的特点。进入汛期，雷雨、大风、短时强降水等强对流天气频发，先后出现了6次较为明显的局地强对流天气过程。5月，出现一般性夏旱天气，未对农业生产造成影响。

罨画池秋色

【矿产·植被·珍稀动物】 境内已探明地下矿藏有15种，其中探明储量的有5种：煤、铅、锌、石灰石和泥炭；尚未查明储量的有10种：硫铁矿、砖瓦用页岩矿、银、金、云母、雄黄、石膏、铝、盐和天然气。矿点分布于鸡冠山、文井江、三郎、怀远、街子、公议、王场、道明和隆兴等乡镇，煤和石灰石储量最多。煤矿已于2006年全部关闭，主要分布在鸡冠山乡、文井江镇和三郎镇，地质储量为5783.7万吨。铅、锌矿主要分布在鸡冠山乡小坪沟、银厂沟，已查明地质储量约20万吨。石灰石矿主要分布于鸡冠山乡大偏岩以上至公安站一带，地质储量为5亿吨；已经开发的石灰石矿（332+333），位于鸡冠山乡岩峰村，矿区面积0.0699平方千米，地质储量653.05万吨，年产量18万吨；已经开发的石灰石矿（331+333），位于鸡冠山乡涂家山，矿区面积6.64平方千米，地质储量8066万吨。砖瓦用页岩矿主要分布于王场、道明、怀远、公议、三郎一带，储量十分丰富。此外，境内还有较丰富的地热水资源。境内植物繁多茂盛，乔、灌树木遍布全境，药用植物120余种。属国家重点保护的珍稀树木有5种：珙桐、紫檀、水杉、红豆树和罗汉松。野生动物有哺乳类、鸟类、鱼类、两栖类、爬行类、昆虫类以及软体类、节肢类、环节类等数百种。珍稀动物有金丝猴、岩驴、扭角羚（野牛）、大熊猫、小熊猫和大鲵；名贵珍禽有相思鸟、百灵鸟、野雉、鹦鹉、绿尾虹雉（又称贝母鸡）等。崇州市于1993年成立鞍子河大熊猫自然生态保护区。

【历史文化】 崇州有着4300多年的悠久历史，是古蜀文明的源头之一，是长江上游农耕文化的发祥地，“江源女子”朱利辅助杜宇建国称帝，教民务农，既是古蜀帝妻第一人，又是崇州人有史可溯的先祖。崇州是中国地方志的发祥地，常璩所著《华阳国志》被称为“中国地方志的初祖”，为中外史学界所高度重视，是中国地方志中的一颗灿烂的明珠。崇州是诗人唐求的故乡，在唐诗史上占有一席之地。杜甫、高适、裴迪、赵抃、陆游等，都曾写下不少歌咏蜀州山水的诗篇，流传至今。崇州是宋代名医唐慎微的故里，唐慎微所著《证类本草》是李时珍的《本草纲目》成书的蓝本，比其早500年。近现代，崇州也涌现出许多仁人志士和英雄人物：有官封“一等昭勇侯”的陕甘总督、清代名将杨遇春，有鸦片战争抗英英雄王国英，有反袁护国先驱任重远、保路风云豪杰孙泽沛，有红军首个战斗机驾驶员龙文光，有红岩英烈张露萍，有为中国航天事业奉献生命的试飞员刘永忠，有中国首个歼十女飞行员余旭。全国重点文物保护单位有州文庙、陆游祠、罨画池、上元双河古遗址、燎原紫竹村古遗址。2000年，崇州被国务院授予“中国优秀旅游城市”的荣誉称号。

经济和社会发展

Economic and social development

【综合经济】 2017年，崇州市紧扣“产业新城、品质崇州”发展定位，落实“西控”发展战略，积极应对各种困难挑战，经济运行稳中有进、生态环境保护取得突破、社会发展和谐稳定。全市实现地区生产总值300.3972亿元，按可比价计算（下同），比上年增长10.5%，其中第一产业实现增加值36.1943亿元，增长5.2%；第二产业实现增加值148.7520亿元，增长12.3%；第三产业实现增加值115.4509亿元，增长9.9%。一、二、三产业结构为12.1∶49.5∶38.4，三次产业对经济增长的贡献率分别为7.1%、56.9%、36.0%。按常住人口计算，人均地区生产总值4.5193万元，增长10.4%。全市非公经济实现增加值195.0693亿元，增长10.6%，非公经济占GDP的比重为64.9%，对经济增长的贡献率达66.6%。年末全市社会从业人员54.2868万人，其中第一产业从业人员11.0471万人，第二产业从业人员28.2822万人，第三产业从业人员14.9575万人。实现城镇新增就业9316人，就业困难人员再就业698人，农村富余劳动力新增转移就业6300人，城填登记失业率为3.14%。

【农业】 全年农林牧渔服务业总产值达62.2036亿元，增长4.4%。其中农业总产值27.2672亿元，增长4.5%；林业总产值1.0778亿元，增长6.2%；牧业总产值30.0323亿元，增长3.8%；渔业总产值1.5907亿元，增长11.6%；农业服务业总产值2.2356亿元，增长5.2%。全年粮食播种面积达4.09万公顷，粮食总产量27.395万吨；油料种植面积11084.4公顷，总产量2.5379万吨。蔬菜种植面积7862.6公顷，产量32.9134万吨。肉牛出栏2.3305万头，肉羊出栏2.2179万只，牛奶产量达6735吨。全市生猪出栏85.07万头，生猪存栏46.22万头。全年肉类总产量7.9748万吨，其中猪肉产量6.0146万吨。农业机械总动力达41.5万千瓦，拥有大中型拖拉机1279台、小型拖拉机5048台、联合收割机911台；全年机耕作业面积48260公顷，机电灌溉作业面积8340公顷，机播面积33670公顷，机收面积41550公顷，全市农机化率达86.16%。统筹城乡改革继续深化，“农业共营制”上升为成都

崇州市北部10万亩粮经旅综合示范园

方案被中央改革办推广，探索形成“林业共营制”；被省委省政府评为2017年重大农村改革任务年度推进示范县（市、区）。南部10万亩粮食高产稳产高效综合示范基地被确定为四川省现代农业融合发展示范园，北部10万亩粮经旅综合示范园初具规模。“稻虾藕遇·天府好米”入选“中国好粮油”，“土而奇”农产品公共电商形成联动效应，荣获成都市农村电商示范县称号。

【工业和建筑业】 全年全部工业增加值113.6123亿元，增长15.6%。年末规模以上工业企业166家；规模以上工业增加值98.5896亿元，增长16.1%。规模以上工业增加值占全部工业增加值比重为87%，比上年提高6个百分点。全年规模以上工业总产值339.5583亿元。规模以上工业主要行业产值中，家具制造业总产值85.4338亿元，增长17.5%；计算机通信及其电子设备制造业总产值86.0649亿元，增长47.1%；两大行业占规模以上工业总产值比重为50.5%，比上年提高4.9个百分点；制革制鞋业总产值8.9456亿元，下降17.9%。全年规模以上工业实现主营业务收入326.0564亿元，实现利税总额29.5316亿元，利润总额17.5148亿元；规模企业实现总资产贡献率为9.6%，成本费用利润率为5.2%，资本保值增值率为106.0%，资产负债率为59.2%。年平均从业人数达6.6854万人。全市建筑业实现增加值35.1397亿元，增长2.7%。资质内建筑企业49家，完成建筑业总产值103.4851亿元，增长9.8%。

【固定资产投资】 全年完成固定资产投资292.8042亿元，增长15.3%，其中技术改造投资97.9874亿元，增长52.29%；全市工业完成投资135.0518亿元，增长39.8%；民间投资完成190.4037亿元，增长47.03%。分产业看：第一产业完成固定资产投资18.2831亿元，增长46.4%；第二产业完成固定资产投资135.0518亿元，增长39.8%；第三产业完成固定资产投资139.4693亿元，下降3.65%。一、二、三产业投资占总投资比重分别为6.2%、46.1%、47.6%。全年房地产开发共完成投资33.166亿元，增长21.59%。全年商品房竣工面积为29.99万平方米，其中住宅竣工19.86万平方米；商品房销售面积71.93万平方米，增长15.39%；商品房销售额44.1910亿元，增长32.98%。

【国内贸易、对外开放和旅游】 全年实现社会消费品零售总额86.2902亿元，增长12.9%，其中批发和零售业实现营业额71.9023亿元，增长13.3%；住宿餐饮业实现营业额14.3879亿元，增长10.9%。城镇实现消费品零售额80.3124亿元，增长13.1%，农村实现消费品零售额5.9778亿元，增长10.0%。电子信息产业方面，围绕捷普崇州项目，全市已签约引进电子信息产业配套企业近100家；围绕京东方等龙头项目建设发展规划，主动开展OLED产业项目招商，签约引进日本日东电工项目。智能家居方面，签约引进索菲亚工业4.0智能定制家居生产项目。优质粮油方面，签约引进总投资达150亿元的江苏润恒集团农产品冷链物流项目。康养旅游方面，签约引进总投资55亿元的“德仁堂·花果山幸福小镇”项目。全市引进到位内资141.47亿元。全年实际利用外资9888万美元。进出口总额21.1241亿元，其中进口12.9641亿元，出口8.16亿元。全市拥有国家A级旅游景区5处，其中国家AAAA级旅游景区2处。陇海·三郎国际旅游度假区、青城国际颐养中心等重点项目有序推进，希尔顿度假酒店开工建设，农商文旅融合发展赋能蓄势。全年接待游客1376万人次，旅游收入50.91亿元。荣获四川省旅游强县称号。

【交通运输】 三绕崇州段建设全面开工，成蒲铁路崇州站、羊马站、李家岩水库项目复建道路建设有序推进，开通接驳地铁4号线公交线路。完成82千米通村组（社区）农村公路建设。2017年年末，全市公路里程为1906.2千米，其中等级公路1843千米，高速公路49千米。全年公路运

成蒲铁路崇州段

输量客运量1627万人次，货运量1516万吨。出租汽车日均客运量达2.18万人次，公交车日均客运量达1.62万人次。

【财政、金融】 全市完成财政总收入49.0488亿元，增长14.48%。其中地方财政收入完成32.0044亿元，增长12.66%，其中地方一般公共预算收入完成20.5493亿元，增长21.96%；地方一般公共预算收入中税收收入16.3121亿元，增长25.75%。财政总支出48.8659亿元，下降5.08%，其中一般公共预算支出37.8592亿元，增长1.97%；一般公共预算支出中农林水事务支出3.8136亿元；科学技术支出6491万元；医疗卫生支出3.7363亿元；教育支出8.1612亿元。全市金融机构各项存款余额达471.9499亿元，增长7.13%，其中居民储蓄存款余额342.3367亿元，增长8.96%。各项贷款余额189.6385亿元，下降2.57%。

【科学技术和教育】 全市创新创业载体达6家，开展各类协同创新项目32项。新增院士（专家）创新工作站2个，总数达6个。引进科技成果转化服务机构6家，成果转化16项，技术合同交易额增长12%。全社会R&D（researth and development，可译为“研究与开发”）经费投入1.4亿元，同比增长13.6%；新增成都市级企业技术中心2家，新增国家高新技术企业6家，高新技术产业总产值同比增长63.2%。荣获国家知识产权强县工程示范县称号。建成30所公办幼儿园，其中9所投入使用，新增学位2300个。全市小学31所，九年制学校6所，特殊教育学校1所，中学12所，中等职业教育学校2所，高等院校3所；小学在校学生3.0227万人，中学在校学生2.0362万人，中等职业学校在校学生1088人，普通高等学校在校生2.3299万人；中小学专任教师4075人，普通高等学校专任教师959人。

【文化、体育、卫生】 开展文化惠民演出75场次，建成道明镇天水村、廖家镇新桃村等10个基层综合性文化服务中心示范点，道明镇成功申报为成都市首批非遗特色小镇。文化馆、图书馆、乡镇综合文化站完成每周48小时的免费开放和错时开放。成功举办中国·成都第八届自行车车迷健身节（崇州站）暨第六届公路自行车精英赛。举办全民健身活动共计112次，为全市乡镇（街道）配置安装健身设施60套，完成9片足球场建设。公共体育场所免费开放共计14.5万人次。启动国家卫生城市创建工作，省级卫生城市顺利通过复评。人民医院综合培训中心投用，中医院迁建项目主体竣工。全市有医疗卫生机构67个，床位5633张，卫生技术人员4498人，其中执业（助理）医师1491人。

【城市建设和环境保护】 江源南路、晋康南路等5条道路竣工通车，琴鹤大桥主体完工，上南街、唐安路完成升级改造和风貌整治，光华大道基本完成路面改造和绿化升级。完成5个海绵城市项目建设。完成东门农副产品批发市场迁建。实施城中村改造504户、棚户区改造460户，完成老旧院落改造66户。单位GDP能耗（2015年价格）0.36吨标准煤，比上年下降3.79%；单位工业增加值能耗（2015年价格）0.78吨标准煤，比上年下降17.9%。

PM10、PM2.5平均浓度同比分别下降13.9%、9.7%，空气质量优良天数205天，达标率56.6%。完成千功堰一支渠等11条黑臭水体整治，全域主要河渠基本消除劣Ⅴ类水质，主要河流出境断面达到Ⅲ类水质，集中式饮用水源水质达标率100%。完成15千米绿道建设，全年新增绿地面积26万平方米，改造40万平方米，建成区绿化覆盖率达41.3%，全市森林覆盖率达42.8%。

【人民生活和社会保障】 城镇居民人均可支配收入3.2875万元，比上年增加2770元，增长9.2%；城镇人均消费性支出2.0369万元，城镇居民恩格尔系数35.95%。农村居民人均可支配收入1.9543万元，比上年增加1647元，增长9.2%；农村居民人均生活消费支出12845元，农村居民恩格尔系数39.14%。城乡居民养老保险参保人数28.7910万人，城镇职工养老保险参保人数19.3192万人。城乡居民医疗保险参保人数46.1014万人，城镇职工医疗保险参保人数21.2376万人。城乡居民最低生活保障人数8085人，其中城镇最低生活保障人数673人，农村最低生活保障人数7412人。户籍人口中特困人口人数2901人。新建城乡日间照料中心53个、社区养老院1所。

【人口】 2017年年末，全市户籍总户数25.2624万户，总人口66.3616万人，其中男性33.1127万人，女性33.2489万人。城镇人口21.3481万人，乡村人口45.0135万人。全市常住人口66.48万人。

中共崇州市委

市委机构

Municipal party committee agencies

【概况】 2017年，中共崇州市委工作部门为9个，即市纪律检查委员会机关（市监察局、市委巡察工作领导小组办公室）、市委办公室、市委组织部、市委宣传部（市精神文明建设委员会办公室）、市委统一战线工作部（市民族宗教事务局）、市委政法委员会（市社会管理综合治理委员会办公室）〈市维护社会稳定工作领导小组办公室、市委防范和处理邪教问题领导小组办公室〉、市委城乡社区发展治理委员会、市委市政府信访和群众工作局、市委机构编制委员会办公室。市委工作机构4个，即中共崇州市委第一巡察组、第二巡察组、第三巡察组，市委统筹城乡工作委员会。市委办公室保留机构3个，即市委机要保密局（崇州市国家保密局、市电子政务内网建设管理办公室）、市委政策研究室、市委市政府目标管理督查办公室。市委老干部局由市委组织部负责管理；市委台湾工作办公室（市人民政府外事办公室、市人民政府侨务办公室、市人民政府台湾事务办公室）在市委统战部挂牌。市委直属事业单位2家，即市委党校（市行政学校、市农村改革教育培训中心）、市委党史研究室（市地方志办公室）。市委、市政府接待办公室由市委办公室管理。

【市委机构设置与变更】 4月17日，设立中共崇州市委巡察工作领导小组办公室（简称市委巡察办），为市委工作部门，设在中共崇州市纪律检查委员会。设立3个中共崇州市委巡察组（简称市委巡察组）：中共崇州市委第一巡察组、第二巡察组、第三巡察组，为市委工作机构。9月29日，经成都市委编办批准，设立中共崇州市委城乡社区发展治理委员会（简称市委社治委），为市委工作部门。

【机构编制管理及资源优化配置】 加大事业单位撤并整合力度。将政府机构改革时调整收回的机构编制主要用于保障市委、市政府重大部署和民生服务重要领域以及充实基层工作力量。7月，通过了成都市委编办的“控编减编”专项督查。优化完善实名制系统功能，在增加中层审核管理模块的同时，增加了机构管理模块和数据提醒功能，进一步修改新招录人员用编流程，及时举办业务培训会。将机构编制管理纳入经济责任审计，现已有15

个单位机构编制执行情况纳入经责审计。规范事业单位登记管理服务。完成全市262个事业单位年度报告公示，同时做好设立、变更、注销登记工作。在全面完成党政群机关赋码颁证工作基础上，做好变更领证工作。网上名称管理和网站标识管理工作成效明显。中文域名注册覆盖率98.07%，网站挂标率100%。

【综合行政执法体制改革】 崇州市是成都市6个综合行政执法改革试点区（市）县之一，通过“构建一个主体（综合行政执法局）、实施两个集中（执法职能、执法资源）、把握三个坚持（问题导向、重点突破、统筹推进）、推进四化同步（制度化、标准化、法治化、信息化）”，初步实现了“五个转变”，即变“条块分割”为“统筹整合”、变“多头执法”为“一专多能”、变“弹性执法”为“刚性执法”、变“内部监管”为“闭合监管”、变“平面执法”为“立体执法”，为构建权责明确、行为规范、监督有效、保障有力和城乡一体的行政执法体进行积极探索。崇州综合执法体制改革成效，先后被新华社、《中国改革报》、《法治日报》、《光明日报》、《经济日报》、《四川日报》、《成都日报》等多家媒体宣传报道。9月，成都市依托信息化深入推进综合行政执法体制改革试点工作现场会在崇州召开。12月，成都市大数据和电子政务办发文推广使用崇州综合行政执法智慧服务平台。12月，国家发改委组织召开政务信息系统共享地方应用试点工作交流会，崇州代表四川省就综合行政执法智慧服务平台作经验交流。

（屈浩春）

市委重要会议
Municipal party committee important meeting

【市委十三届一次全会】 1月5日，市委十三届一次全会召开。市委书记赵浩宇主持会议。会议讨论决定了四川省出席中共十九大代表候选人推荐人选41人、成都市出席省十一次党代会代表候选人推荐人选63人。

【市委十三届五次全会】 12月28日，中国共产党崇州市第十三届委员会五次全体会议召开。市委书记赵浩宇主持会议。全会深入学习贯彻中共十九大、中央经济工作会议精神和省委十一届二次全会、成都市委十三届二次全会精神，总结市第十三次党代会以来的工作，审议通过了《崇州市城市总体规划（2016—2035年）（送审稿）》，听取了崇州市四级规划体系成果说明，深入分析崇州在新时代面临的形势任务，围绕建设生态宜居的现代田园城市典范，对崇州未来发展作出全面部署。

【市委常委会会议】 崇州市委常委会全年召开会议25次，审议146项议题。传达学习中共十九大精神，省十二届人大五次会议、省政协十一届五次会议、成都市十六届人大五次会议和成都市政协十四届五次会议精神。审议全面从严治党、深化国家监察体制改革、统筹城乡改革发展、深化农业共营制、产业扶持政策及产业发展白皮书、环境保护、深入推进城乡社区发展治理建设等工作。会前学习《中华人民共和国环境影响评价法》《中国共产党工作机关条例（试行）》《中国共产党巡视工作条例》等法律法规。

12月28日，中共崇州市委十三届五次全会在市委召开

2017年市委常委会主要议题一览表

表1

次别	时间	主要议题
第六次	1月3日	传达贯彻成都市委常委会议精神、成都市党委办公室主任会议精神、成都市委经济工作会议精神；听取2016年意识形态工作情况及下半年意识形态领域情况分析报告；审议并原则同意崇州市城乡供水一体化工作方案、2016年度党风廉政建设主体责任全面检查反馈意见整改落实方案、召开市纪委十三届二次全会等事项；研究中共十九大、省第十一次党代会和成都市第十三次党代会代表候选人推荐人选；研究组织人事工作
第七次	1月21日	研究润恒项目投资协议有关问题
第八次	1月25日	学习《党委（党组）讨论决定干部任免事项守则》；传达贯彻省十二届人大五次会议、省政协十一届五次会议、成都市十六届人大五次会议和成都市政协十四届五次会议精神，成都市委常委会议精神，成都市人才工作会议暨专家人才新春座谈会精神；通报市委常委班子2016年民主生活会情况；审议并原则同意崇州市迎接环境保护督察工作方案、崇州市环境保护工作职责分工方案、进一步贯彻落实中央“八项规定”精神的实施方案、市委常委会2017年工作要点、市委领导担任主要负责人的部分议事协调机构名单等事项；听取崇州市环境保护自查整改工作开展情况的报告、2016年度安全生产工作总结和2017年工作计划情况的报告、全市信访维稳工作情况的报告、崇州市扶贫开发工作情况的报告、崇州市对口援藏工作情况的报告、崇州市纪委十三届二次全会的报告
第九次	2月4日	专题听取乡镇（街道）党（工）委书记及行业系统党工委书记抓党建工作述职并进行满意度总体测评，开展党风廉政建设集体约谈
第十次	2月23日	学习《中华人民共和国环境影响评价法》《四川省贯彻〈中国共产党问责条例〉实施办法》；传达贯彻成都市委常委会议精神，中央、省、市纪委全体会议精神，中央、省、市统战部长会议精神，成都市宣传部长会议主要精神；审议并原则同意实行“河长制”管理工作的意见、召开市纪委十三届三次全会、调整崇州市信访工作联席会议工作机构和组成人员、崇州市2017年宣传思想工作要点、市委书记党建问需会制度实施方案、市人大常委会2017年工作要点、政协2017年工作要点等事项
第十一次	3月9日	传达贯彻习近平总书记参加四川代表团审议时发表的重要讲话精神和省委书记王东明近期对成都工作的重大要求，中央、四川省、成都市组织部长会议精神，成都市进一步落实党委（党组）意识形态工作责任制工作会议精神；审议并原则同意2017年崇州市组织工作要点、2017年崇州市统战工作要点、市党代表会议相关事宜等事项；听取确定出席成都市第十三次党代会代表初步人选情况的报告
第十二次	3月10日	研究崇州市推荐成都市十三届市委委员、候补委员和市纪委委员建议人选
第十三次	3月17日	审议并原则同意2017年崇州市政法工作要点、2017年崇州市总工会工作要点、崇州市城乡环卫一体化PPP实施方案、市委书记抓党建工作述职评议查摆问题整改方案等事项；研究有关人员纪律处分事宜；研究组织人事工作
第十四次	3月27日	传达学习《中共成都市委关于认真学习贯彻习近平总书记在参加十二届全国人大五次会议四川代表团审议时的重要讲话精神的通知》《领导干部报告个人有关事项规定》
第十五次	4月1日	传达学习成都市领导干部大会和成都市委十二届常委会第二二四次（扩大）会议精神，研究崇州贯彻落实措施
第十六次	4月10日	传达贯彻范锐平书记到崇州调研指示精神；研究《成都市第十三次党代会报告（征求意见稿）》
第十七次	4月17日	传达学习成都市委十二届常委会第二二五次会议精神；研究全市环境保护、信访维稳工作；研究组织人事工作

续表1

次别	时间	主要议题
第十八次	4月18日	学习《中国共产党工作机关条例（试行）》；传达成都市依法治市暨法治示范园区建设工作座谈会精神；审议并原则同意2017年“项目攻坚行动”实施方案、2017年统筹城乡改革发展行动计划、崇州市依法治市2017年工作要点、崇州市依法治市领导小组及办公室组成人员名单、崇州市依法治市领导小组专项工作组组成人员名单、建立健全对乡镇（街道）党政正职和部门主要负责人加强监督的若干制度机制的实施办法、召开崇州市第十四次妇女代表大会、召开共青团崇州市十五次代表大会、崇州市关心下一代工作委员会领导班子成员常务副主任以上建议名单、2017年党建工作会议方案、开展下级纪委向上级纪委报告同级党委领导班子成员履行全面从严治党主体责任及廉洁自律情况工作的实施办法等事项
第十九次	5月16日	传达学习成都市专项治理“微腐败”工作动员部署视频会议精神；审议并原则同意2017年全市经济工作要点、2017年崇州市民生实事实施项目、2017年党风廉政建设和反腐败工作任务分工、崇州市廉情分析报告工作办法、崇州市创建国家卫生城市工作实施方案、崇州市第四届运动会相关事宜、召开崇州市第十四次妇女代表大会、2017年度全市党委（党组）中心组理论学习安排意见等事项；听取加强农村基层组织建设着力整治“村霸”问题工作相关情况的报告；研究组织人事工作
第二十次	6月20日	传达全省整治群众身边不正之风和腐败问题现场推进会精神；审议并原则同意崇州市产业扶持政策及崇州市产业发展白皮书、召开共青团崇州市十五次代表大会、推进全市“两学一做”学习教育常态化制度化的实施方案、庆“七一”系列活动方案等事项；听取专项治理“微腐败”工作推进情况的报告
第二十一次	7月7日	传达贯彻成都市委深入贯彻落实省市党代会精神抓好重大部署重点项目落地落实专项督导动员培训会精神；审议并原则同意2017年度崇州市河长制管理工作方案、深化农业共营制推进农业供给侧结构性改革的实施意见、鼓励基层农技人员创新创业专项改革试点方案、开展对标管理工作实施方案、召开崇州市工会第十四次代表大会、十三届崇州市委巡察工作五年规划（2017—2021年）、中共崇州市委2017年巡察工作计划、成都市管干部2016年度考核等次意见等事项；听取2017年上半年崇州市意识形态领域情况分析报告、首轮巡察市司法局等三个单位的综合情况报告；研究组织人事工作
第二十二次	7月18日	学习《中华人民共和国环境保护法》；审议并原则同意加大2017年环境保护工作考核权重建议、崇州市法治政府建设实施方案（2016—2020年）、2016年度综合目标绩效考核得分及评选先进情况等事项；听取纪委2017年上半年工作总结暨下半年工作计划的情况汇报；研究组织人事工作
第二十三次	7月28日	传达学习成都市委十三届常委会第十二次会议精神，总结反思上半年工作并安排部署下半年工作
第二十四次	8月21日	传达成都市领导带队集中督导第一阶段工作汇报会精神、中央第五环境保护督察组下沉督察成都市见面会精神；通报中央第五环境保护督察组检查崇州相关情况；听取新“九通一平”建设工作情况汇报、2017年上半年组织工作总结暨下半年工作计划的情况汇报、2017年上半年宣传工作总结暨下半年工作计划的情况汇报、2017年上半年统战工作总结暨下半年工作计划的情况汇报、2017年上半年政法工作总结暨下半年工作计划的情况汇报；讨论《以城市空间布局背后的经济规律助力“十字方针”》；审议并原则同意2017年开放型经济工作目标管理办法、2016年度市管领导干部考核等次意见；研究组织人事工作
第二十五次	10月12日	学习新修改的《中国共产党巡视工作条例》；审议并原则同意2017年本级目标绩效考评体系、崇州市法治宣传教育第七个五年规划（2016—2020年）、崇州市有突出贡献的拔尖人才选拔和管理办法（2017年修订）、召开崇州市青年联合会第二届委员会全体会议等事项；研究组织人事工作

续表1

次别	时间	主要议题
第二十六次	10月30日	传达学习中共十九大精神；审议并原则同意学习宣传贯彻中共十九大精神总体安排、城乡社区发展治理大会建议方案、深入推进城乡社区发展治理建设高品质和谐宜居生活社区的实施意见、社区发展治理“五大行动”三年计划等事项
第二十七次	11月15日	传达学习成都市委十三届常委会第二十一次（扩大）会议精神、成都市新经济发展大会精神、成都市实施乡村振兴战略推进城乡融合发展大会精神、全国推开国家监察体制改革试点工作动员部署电视电话会议精神、成都市推进城乡社区发展治理现场推进会精神；讨论《关于学习新思想贯彻新理念实施主体功能区战略提升国家中心城市功能品质的决定（征求意见稿）》
第二十八次	11月23日	传达学习《党的十八大以来中央巡视工作的总结》及巡察工作座谈会精神、成都市今冬明春安全生产和火灾防控工作电视电话会议精神；审议并原则同意学习贯彻中共十九大精神宣讲工作方案、市委及领导班子成员安全生产职责清单、《中国共产党崇州执政实录》编写工作方案、市纪委十三届四次全会方案（专题述责述廉）、崇州市深化国家监察体制改革试点实施方案等事项；听取巡察鸡冠山乡等六个单位的综合情况报告
第二十九次	11月28日	审议并原则同意成都崇州现代农业功能区（成都崇州优质粮油产业园）管理体制改革的工作方案、市工商联（总商会）第十一届领导班子人事安排方案等事项
第三十次	12月21日	传达学习中央政治局《关于加强和维护党中央集中统一领导的若干规定》《贯彻落实中央八项规定实施细则》和省、成都市《关于坚决维护党中央集中统一领导的规定》《贯彻落实中央八项规定精神和省委、省政府十项规定实施细则》《深入贯彻落实中央八项规定精神 进一步改进工作作风密切联系群众的实施细则》；讨论市委十三届五次全会有关文件、材料；听取2017 年度基层党建工作情况汇报；审议并原则同意崇州市鼓励促进主导产业和重点项目投资政策、崇州市宗教工作联席会议制度、崇州市“三级”宗教工作网络和镇、村“两级”工作责任制、申报创建四川省第五届文明城市、召开崇州市工商联合会（总商会）第十一届代表大会、召开崇州市残联第七次代表大会等事项；研究组织人事工作

市委办公室

Municipal Office

【概况】 2017年，市委办公室确定为“品质提升年”，坚持以习近平新时代中国特色社会主义思想为指引，对表对标“五个坚持”，认真践行“四个作用”，聚焦“抓落实”核心职责，站在全局统筹谋划、聚焦前沿调研供智、精解任务督办落实，不断健全“规范化、流程式”管理机制，推动工作延展延伸，为市委科学决策发挥了智囊参谋作用。

【政务】 市委办公室坚持从适应新形势和新任务的工作要求出发，充分发挥左右手、参谋部和后勤部的作用。围绕市委中心工作及重大决策部署，畅通信息渠道，抓好信息管理及辅政工作。构建大信息工作格局，推动调查研究、交办督办等职能向信息科室集中。结合全市重点工作，聘请特约信息员46人，构建以信息员为基点的信息反馈网络，以“微菜单”每周推送进展情况。探索“借脑借智”，与高校、科研院所合作，构建系统化、社会化的大信息“智力链”。坚持“编前会”制度，提前从数据库中筛选整理关联信息编辑《信息参考》。建立信息评估小组，通过移动平台、《每日要情》，动态、及时报送重要信息。信息科刊发《每日要情》249期、《信息参考》27期、《领导批示》19期、《崇州信息》28期、《工作落实》6期、《信息专报》16期，共345期。其中市委主要领导在刊物上批示13次，口头表扬一次；市委相关分管领导批示一次，市委办主要领导批示3次。

信息督办登记市委主要领导书记批交办事项211，销账154项，57项结转到2018年并交由目督办持续督办。贯彻落实中央“八项规定”，精简会议活动、文件简报。全年起草公文456件，其中包含崇委发26件、崇委办55件、崇委报78件、崇委专报33件、崇委函6件、情况通报10期、议事纪要41期、会议通知60件、崇委办字147件、领导讲话稿等大量文字材料。共保障全市性大会73场，各类专题会议860余场，参加了成都市第十三次代表大会的相关会议服务工作，为部门、乡镇（街道）培养会议工作人员16人，积极发挥了会议工作的辅政作用。

【会务接待】 市委办公室发挥枢纽和桥梁作用，协助市委协调四大班子领导政务活动，牵头协调政务接待和大型活动，有力保障了市委的高效运转。严格落实中央“八项规定”中有关节俭做好接待、厉行勤俭节约方面的规范和要求，认真做好会务接待、公车使用管理等工作。2017年全年，共完成政务接待141批次、5701人次。其中，中央、国家机关领导18批次381人次，省（区）市、县代表团119批次、4178人次，大型（会议）活动3批次、920人次，其他国内客人两批次、34人次。商务接待88批次、1371人次。圆满完成“两会”期间接待任务、菜花节开幕式、第八届自行车车迷健身节、美国硅谷市长团来崇考察、产业发展大会、全国林改现场会等重要活动接待。

【后勤保障】 市委办公室严格车辆管理，强化驾驶人员的安全培训，全年无重大安全事故发生；加强对水、电、油、气的管理，定期对办公楼用电、用水进行检查，及时更换节能灯，确保能够正常供应；强化机关大院物防、人防、技防工作，坚持保安人员24小时值班制度和来访人员登记制度，全年无治安刑事案件发生；狠抓安全工作，建立长效管理机制，全年无安全事故发生；进一步做好老干部服务，着力保障好老干部的政治和生活待遇，加大组织老干部活动力度，丰富他们的文化生活，让他们老有所为、老有所乐。

【队伍素能建设】 市委办公室加强思想作风建设。制定《关于加强思想政治工作和业务能力建设的实施意见》，从思想政治建设、业务能力建设、作风建设以及组织保障等方面明确了13项具体工作；结合“两学一做”学习教育，组织集中学习14次，开展组织生活6次，切实将“五个坚持”要求内化于心、外化于行；实行“每日回销”制度，锻造真抓实干、雷厉风行的作风品牌。优化流程规则，修订完善了《崇州市委办公室工作规则》，优化形成规范业务流程14项；运用“大文秘、大信息”理念，实行大科室制，打通信息共享“壁垒”，实现优势互补。优化“七早”机制，形成“五个提前”，切实走好“最初一千米”。强化能力建设，开展全员调研活动，由各科室围绕市委中心工作自选课题，完成1～2篇高质量的调研报告；分批组织干部到发达地区开展考察学习或培训，开阔眼界；实行双向挂职和轮岗交流，推荐1名干部到市委办公厅跟班学习，抽调26名市级部门、乡镇（街道）干部到市委办公室挂职锻炼。

【服务群众活动】 坚持认真开展“党员义工日”“走基层”“双报到”活动，先后开展了义务植树活动、访贫问苦活动、“向党旗汇报”“七一”主题汇报、三季度文明交通劝导等活动；积极帮扶对口精准扶贫户，全年，共走访白头镇五星村、三洞村1603户6000余人次。

（代仙仪）

组织建设
Organization construction

【概况】 2017年，全市共有基层党组织1260个、党委106个、党总支100个、党支部1054个，另设11个党工委、24个乡镇党委、1个街道党工委、253个村（社区）党组织，其中党委53个，党总支82个、支部118个，村级所属党支部

301个。机关党组织共247个，其中党委24个，党总支5个、支部71个，机关单位所属党支部147个。事业单位党组织分别为：学校党组织70个（设党总支6个，党支部42个，单位所属党支部147个），公立医院党组织40个（设党委1个，党总支1个，党支部28个，单位所属党支部10个），其他（机关事业单位党组织等）23个。公有制企业党组织分别为：国资系统所属党支部9个，其他（电信、电力、外贸、盐业等）国有党组织8个。“两新”领域党组织分别为：非公企业178个（其中党委4个，党总支1个），社会组织50个（其中党总支2个）。全市入库党员32374人，其中预备党员266人，占党员总数的0.82%；女性党员8748人，占党员总数的2.7%；少数民族党员142人，占党员总数的0.04%。2017年，全市党员缴纳党费3809487.7元。

市领导关心基层党员

【党员教育管理】 建立常态督查机制，广泛开展“走基层”“双报到”“城乡党建结对共建”等活动，持续实施“蓉城先锋·品质崇州”党员示范行动，在全市范围内亮明“党员家庭户”“党员经营户”。

【基层党组织建设】 以标准化夯实党建基础。建立机关40条、农村90条、非公20条等七大领域党组织标准化建设考评体系；明确10名常委联系对口帮扶点，遴选9名优秀机关干部到软渙村（社区）担任第一书记。标准化建设的探索实践受到成都市委主要领导点赞，机关“七个一支部工作法”、两新“四联五引领”举措等在成都市作了经验交流。以区域化做优共享共建。整合各类党建资源和要素，构建乡镇（街道）、村（社区）、驻地企事业单位等党组织活动共联、资源共享的区域化大党建格局。新增“兼职委员”147人，“两新”党组织28个，实施服务群众项目87个。以项目化推动落地见效，出台《基层党建工作项目化管理实施方案》，把队伍建设、阵地建设等党建任务分解、打包，以项目管理的方式进行申报审批、流程监控、评审验收。筛选入库项目33个，通过验收项目22个，发放补贴319万元。以规模化促进整体提升。分类分批开展“党建练兵”4次，形成党员户长制、党员星级评定、专业党小组等一批特色做法，建成成都唯一省级农民夜校示范实践基地。制发重点任务清单，严格台账管理、清单组卷，开展全覆盖督查3次、随机督查15次。

【干部队伍建设】 规范化推进选贤任能。制定《实名制推荐优秀后备干部办法》，各单位推荐入库30名优秀后备干部，出台《市管领导班子和领导干部综合分析研判办法》，严把动议提名、实绩考察、廉政评价关口，提拔重用62名优秀干部，其中80后18人，85后4人。精细化实施过程管理。全面推行“1+5+1”平时考核，全市3070名公务员（参公人员）、2000余名事业（工勤）人员纳入考核范围，相关做法受到中组部调研组的肯定。制定《市管领导班子和领导干部日常考察办法》。多元化巩固政治生态。出台《干部日常监督预警办法》，用活干监手段。提醒1人，函询19人，诫勉1人；核查领导干部个人有关事项208人次；征求纪委、政法、税务等部门意见建议296人次。

【干部教育培训】 常态化提升政治素养。持续抓好习近平中国特色社会主义思想和中共十九大精神、党内政治生活准则、党内监督条例的专题学习。全年举办读书班1期、市管干部轮训班4期，培训125人，轮训520人次。系统化提质培养路径。选派50名年轻干部到项目建设、招商引资等领域培养锤炼；遴选60名优秀年轻干部实行递进培养，引进急需紧缺专业干部人才45人；分4期组织市管干部200人次到安吉、桐庐对标学习。

【人才引进】 出台《有突出贡献的拔尖人才选拔和管理办法（2017年修订）》《〈推进大数据产业人才队伍建设“百人计划”十条措施〉操作办法》，人才政策制度体系得到进一步优化。积极创建基础性人才培育优势，开展“产业人才提能行动”“蓝领人才引育工程”，组织高级技术认证培训60人次；培训实用人才、技能型人才2万余人次。积极创建成都人才新政链接优势，承办“‘蓉漂’人才荟”哈尔滨站活动，启动实施产业振兴“百人计划”、行业“十佳人才计划”。先后吸引院士1人、“省千”专家2人，聘请高端产业发展顾问3人，聚集行业专家217人，“柔性”引智300余人次。积极创建平台载体服务优势，选任108名人才服务专员，成立人才发展促进会，利用大数据、云平台搭建崇州人才服务管理平台网络。深入推进“协同创新走廊”建设，促成北大高可信实验室和成都北大科技园落户崇州，（签约）落户科技项目100多个，配套专项培育及扶持金1300多万元。

【“两学一做”学习教育常态化】 坚持把学习教育融入教育培训，以中共十九大，省、市党代会精神为重点，组织“讲师团”巡讲39场；开设党校轮训班10期、“微党校”专题班314个，培训党员领导干部1300余人次、普通党员35860人次。坚持把学习教育融入党内生活制度，以“三会一课”“固定党日”等为载体，开展“两学”专题3500多场次，合格党员大讨论819场次；运用崇州党建APP等新媒体，实时推送“两学”内容34479条，覆盖257800人次。坚持把学习教育融入中心工作，实施“蓉城先

党建工作推进会

锋·品质崇州”党组织、党员示范行动，设立党员示范岗917个，选树69个身边典型。持续组织“走基层”和“结对心连心·我们在一起”活动，进一步完善“三本台账”，亮明整改问题1352个，细化整改措施3178条，整改率达96.7%。

（薛亚林）

机关党建
Party Building in Organs

【概况】 2017年，市委直属机关工作委员会有人员9人，市直机关现共有机关党委26个，党总支部8个，直属党支部36个（党委、总支下属党支部218个），机关党员总数4546人，其中预备党员42人。

【思想建设】 中共十九大、省第十一次党代会和成都市第十三次党代会和崇州市第十三次党代会和各级全会召开后，按照市委安排积极组织学习宣传贯彻和集中宣讲各级会议精神，利用上党课、中心组织学习、“三会一课”、固定党日等进行学习宣传讨论，组织机关党组织书记、委员和党员代表宣讲6场共840人次参会。机关各级党组织共组织宣讲会112场共6200余人次参会，通过宣讲会，使市直机关党员明确了过去五年的工作和取得的成就，明确了中央、省、成都市和崇州贯彻落实中共十九大精神的重大部署和具体要求，增强了党员干部政治意识、大局意识、核心意识、看齐意识，在思想上、政治上、行动上始终同以习近平总书记为核心的党中央保持高度一致。

【组织建设】 根据《成都市〈中国共产党党和国家机关基层组织工作条例〉实施细则》，按照基层组织机构设置的要求，结合市直机关领导干部班子调整，及时做好各支部书记、委员的选配，做好业务指导工作，严格“三会一课”、组织生活、民主评议、联系群众、党员发展等各项制度，夯实机关党建各项基础性工作。2017年，机关党委换届5个，党总支部换届3个，直属党支部换届13个，撤销党总支部1个；机关党委、党总支下属党支部换届48个，撤销党支部17个，新设立党支部10个，调整党支部班子成员16人。接转组织关系282人，补办党员档案25人。

【全面推行“七一支部工作法”】 通过两年多的调研探索和实践，提出了以“七一支部工作法”为统领，提升机关党建品牌。在试行“七一支部工作法”的基础上，认真落实市委书记在党建述职会上的点评要求，对“七一支部工作法”进行了认真总结、研讨和征求意见，经过21次修改完善，8月21日，下发了《关于推进“两学一做”学习教育常态化制度化实施机关党建“七个一支部工作法”的通知》。修改后的“七一支部工作法”分为7个方面措施，15个项目内容，40条具体标准，具有指导性、可操作性、可落地、可复制，在市直机关党组织中实现了全面实施，以点带面，点面结合，重点突破，初步形成了检察院、地税局、国税局、财政局、交通局5个经得起看、经得起问、经得起听的党建示范典型。如市交通局“党旗引领、温馨交通”、政务服务大厅办证中心“红旗窗口、红色服务”、国税局的“四崇一创”党建品牌等，市直机关党的建设得到了全面提升。3月24日、29日，邛崃市、金堂县机关工委分别组织机关党组织书记共31人到崇州市直机关工委学习交流机关党建工作。受到了省直机关工委和成都市直工委的充分肯定。

【开展联述联评联考】 2月，扎实开展联述联评联考，将机关党建纳入述职评议考核。2月24日，在本单位全覆盖述职的基础上，现场抽取10个单位党组织书记向工委现场述职、接受询问，并进行评议考核，其余60个机关党组织书记向工委进行了书面述职，市委常委、组织部部长余家洪结合市直机关党建工作实际，对现场述职发言的10个单位党组织抓党建促中心工作情况进行逐一点评，并就2018年机关党建工作提出了具体要求，进一步统一思

邛崃市机关工委到崇州学习机关党建工作

想、鲜明导向、传导压力、压实责任，推动各级党组织把管党治党责任更好担当起来，形成“一心一意谋发展、聚精会神抓党建”的良好格局。

【深入推进“两学一做”学习教育常态化制度化】 广泛开展党员示范行动。督促指导基层党组织认真落实“三会一课”、固定党日、领导干部过双重组织生活、组织生活会、民主评议党员等制度，在开展“品质崇州·党员示范行动”中市直机关党组织以“走在前·作表率·我为党旗添光彩”为主题的党员示范行动。截至2017年，被成都市委组织部命名的示范标兵2人，党员示范团队1个，党员示范单位1个，党员示范行业1个；被崇州市委组织部命名的党员示范标兵16人，党员示范单位5个，党员示范团队6个，党员示范行业1个。

【机关廉政与作风建设】 全力推进机关作风建设，促进机关党员干部积极向上，奋发有为。持续开展正风肃纪工作，积极开展作风督查，坚决治理部分党员干部干劲不足、做事拖延、责任心不强等问题，培养党员干部敢于担当、奋发有为、勤勉务实、真抓实干的精神。结合崇州开展的“结对心连心·我们在一起”和“走基层”、“党员义工日活动”，深入基层、深入群众，了解情况、调查研究，有针对性地帮助解决基层群众在工作生活中的实际问题和困难，进一步提高党员干部的宗旨意识和服务意识。积极发挥机关党组织的资源优势、智力优势和组织优势，组织广大党员走出机关、走进基层、服务群众。以“结对心连心·我们在一起”为主要实践载体，全面开展“走基层”活动，全市“四大班子”领导干部、113个活动单位党政领导干部、6300多名机关事业单位干部分别深入194个联系点、253个“心连心”责任区、121个“双报到”活动地，走访群众近17万户，走访重点联系对象1350多户，走访企业770多家，倾听群众呼声，收集社情民意，疏通矛盾纠纷。9月27日，会同市委组织部，举办基层党务干部党风廉政和预防职务犯罪专题讲座，各乡镇街道分管党务工作的副书记及村社区党组织书记、市直机关各党委（总支、支部）书记以及各党委、总支下属的部分支部书记共400余人参加了会议，对筑牢反腐倡廉的家庭防线起到了积极的推动作用。进一步加强机关党员干部和入党积极分子预防腐败工作，做到了把廉政风险防控，融入业务工作的过程中。认真落实党风廉政主体责任，深入推进廉洁机关创建活动，继续深化“1+3”模式（一个机关党组织+机关党员、党员家庭、家庭成员）和“五个一”活动（读一本廉洁书、观看一次警示片、上一堂廉洁课、签订一份廉洁承诺书、召开一次廉洁座谈会），强化党风廉政建设。2017年，共有3个单位（财政局、地税局、公共资源交易中心）创建了廉洁机关示范点，发挥了引领示范作用。

【党员发展】 3月21日至3月24日，组织机关31个基层党组织和经开区、工业企业、建设、教育、公立医疗机构、个私7个党工委共230名入党积极分子，参加了在市委党校举办的入党积极分子培训班。按照“控制总量、优化结构、提高质量，发挥作用”的新要求，按照市委组织部《关于优化全市发展党员工作程序的通知》要求，对党员发展在标准、程序、材料完善方面提出了更高更具体的要求，2017年全年发展新党员39人，预备党员按期转正83人，接转组织关系285人。

【教育培训】 4月17—20日，组织市公安局等42个机关单位党组织和经开区、教育、工业企业、国资、个私、公立医疗机构、社会组织7个党工委的264名入党积极分子培训。4月22—28日，中共崇州市委组织部、市直机关工委组织优秀机关党务干部共50人，赴中央国家机关工委法治教育中心参加培训。市直机关各单位也结合自身实际，采取“走出去、请进来”等方式，广泛开展思想理论、业务技能等教育培训，拓展学习领域，丰富知识储备，强化了广大党员干部的理想、信念和宗旨意识，增强了市直机关党员干部的思想理论素质。

【组织活动】 3月1日，组织全市干部职工参加四川国际自驾赏花节开幕式，举办崇州市2017年“田园花海·五彩飞扬”健步走活动。配合相关单位举行了崇州市第四届运动会。开展庆“七一”系列活动，充分发挥和大力宣传“走在前 作表率 我为党旗添光彩”先锋模范作用，提升党组织的号召力、凝聚力和战斗力。6—9月，组织全市机关党员参加成都市践行新发展理念建设国家中心城市网络知识竞赛和组队参加电视知识竞赛决赛获崇州市第一名，参加成都市决赛并列第四名，获三等奖。开展走基层、党员义工日、双报到、结对共建等活动。4月1日，在观胜镇青柳村召开市委办等16个单位党组织书记“同心圆”结对共建工作研讨会。

（覃生富）

思想政治宣传

Ideological politics propaganda

【概况】 2017年，市委宣传部坚持围绕中心、服务大局，扎实推进理论学习工作，加强对内对外宣传，持续深化精神文明建设，丰富基层群众精神文化生活，全力塑造“明日之城·翡翠之城”品牌形象，为全市经济社会发展提供思想保障、精神动力和舆论支持。

【理论学习】 制定下发《市委宣传部关于市委及基层中心组2017年度理论学习安排意见》，确定12个专题学习。全年召开市委中心组专题学习会24次。在深入学习贯彻省委、成都市委党代会精神和中共十九大精神基础上，崇州组织开展6次专题学习会，分别由省委宣讲团、成都市委宣讲团及崇州主要领导作专题辅导报告，全面准备地阐释好、解读好省委、成都市委党代会精神和中共十九大精神。发放《四川省第十一次党代会精神学习资料》《成都市第十三次党代会精神学习资料》《川报观察——带你掌握党代会中心思想》《全面从严治党面对面》等宣讲资料4000余册；共印发中共十九大学习宣传资料5000余册，共征订《中国共产党党章》《中共十九大报告读本》等学习读本约4万册，做到党员干部全覆盖。全市各部门、各系统和各乡镇（街道）在本单位、本系统按照“1+1”模式开展宣讲1200余场；各乡镇（街道）班子成员带头到基层深入村（社区）、学校、医院、企业宣讲1000余场。全年共撰写调研文章20余篇，《成都日报》《四川党的建设》《先锋》《廉政瞭望》等刊物刊发崇州理论学习成果。

【宣传工作】 围绕深化改革、统筹城乡、依法治市、全域旅游、生态环保、党风廉政、“两学一做”、文化体育等多个方面亮点工作，借力成都市宣传部资源优势，加快新媒体发展，开展宣传工作。中央主流权威媒体报道崇州近400余次，中央电视台《新闻联播》、新华社、《人民日报》、《光明日报》、《经济日报》、《农民日报》、《法治日报》、《瞭望》等中央媒体报道崇州达90余条，新华网、人民网、中新网、中国网等中央级网站报道崇州达300余条。中央电视台以《生态之城·崇州》为题，联播《崇尚自然》《崇奉文明》《崇盛发展》《崇信绿色》4集专题纪录片；《新华每日电讯》、《经济参考报》、今日头条及省、市新媒体广泛关注崇州“蓝天战役”“河长制”等环保整治工作；中央电视台10套《中国影像方志》栏目用40分钟时间全面展示了崇州的历史文化、生态本底和绿色发展成效；中央电视台《新闻联播》“春天的中国”特别展示万亩花海、大田艺术。37篇“今日崇州”微信阅读量超过5000人次，“品质崇州”政务微博粉丝超过13万人；“今日崇州”微信公众号和“@品质崇州”政务微博荣获2017年度全省十佳区（市）县政务新媒体。全市乡镇（街道）和民生部门全部入驻今日头条、网易号、企鹅号、一点资讯政务号，主动释放权威信息，及时回应群众关切；“今日崇州”、崇州电视台围绕全市中心工作开辟固定专栏24个，传递党和政府声音，始终保持正面宣传舆论领导力、公信力、影响力。

【群众文化活动】 坚持“文化管家”引导，以丰富基层群众精神文化生活为切入点，着力“以文化人”，让社会主义核心价值观潜移默化、润物无声的融入群众文化生活。全市253个村（社区）实现志愿服务活动全覆盖，孵化和培育各类群众文艺队伍341支，群众日均参与量超过1.3万人次。“文化管家”运行机制受到中宣部、文化部等上级部门调研肯定，中央电视台《中国新闻》《晚间新闻》等权威媒体纷纷报道，《四川改革动态》《四川文化改革发展动态》发专文在全省推广，并在成都市推动社会主义核心价值观融入社会生活工作会上交流发言，相关论文荣获2017年中国文化馆年会征文活动一等奖。

【精神文明建设】 大力实施社会主义核心价值观引领文明创建行动，全市乡镇文明村（社区）创建率达59 %，“三美”示范村创建率达44%。持续深化网络精神文明建设，新建“文明崇州”微信公众号和“崇州文明汇”政务微博。广泛开展“我们的节日”“传家训、立家规、扬家风”等主题活动，打造移风易俗示范点25个。2017年，荣获“四川省精神文明建设宣传先进单位”和“成都市群众性精神文明建设先进单位”称号。深入开展“文明交通·礼让斑马线”“文明旅游”等文明风尚行动，积极推进社区志愿服务制度化建设，制定下发《崇州市深化社区志愿服务方案》。全年共注册志愿服务队709支、志愿者7万余人，开展各类志愿服务活动2000余次，有效增强市民的社会责任意识和奉献意识。大力开展“身边好人”“道德模范”等先进典型推荐评选活动，全市共4人获评中国好人，20人获评四川好人（道德模范），8人获评成都市道德模范。举办崇州市首届乡村学校少年宫成果展，开展“美德少年”评选表彰活动。荣获2017年“四

成都市文明办领导参观乡村少年宫技能展示区

川省未成年人思想道德工作先进城市”称号。

【意识形态工作】 印发《关于进一步落实党委（党组）意识形态工作责任制实施方案》，举办全市宣传思想文化干部专题培训会1场，进一步明晰责任、强调纪律。新制定涉意识形态活动申报备案制度、《分析报告》季报制度、20个重点单位联席议事制度，完成意识形态分析半年报告2期、季度报告3期。加大纪组宣联合问责力度，在全市开展意识形态专项督查1次，警示作用明显。全面加强对各类报刊网络、学校课堂、影像书籍、报告会、论坛讲座等重要领域的管理，牢牢把握思想舆论主导权。进一步加强网络舆情监测，全年共报送《舆情日报》365期、《舆情周报》46期、《社会舆情》53篇，为市委、市政府决策部署提供信息保障。妥善处置重大舆情事件，社会舆论导向有度。调整和充实专兼职网评员110余人，全年完成政务网评任务116次，基层网评工作位列成都市第一名。

【文学艺术】 新建“崇州文化项目库”和“崇州文化能人库”，系统梳理崇州城市文化脉络，全面挖掘各类文化能人、文化传承人、文化接班人。汇聚媒体合力，打造“罨画崇州”特色文化品牌，编印城市外宣杂志《罨画崇州》3期，举办“罨画

道德大讲堂成果展演会

讲坛”6场，“今日崇州”新媒体平台开设“罨画崇州”板块和专栏，崇州电视台新开办“文化+”专栏，《今日崇州》报恢复文化专刊，报、台、网、刊、论坛全方位立体展示崇州文化旅游、文化活动、群众文化、文化传承进程，全面提升崇州重文化、重文化人、重文化发展的良好氛围。全年围绕中共十九大主题，举办群众性文艺演出、市民音乐会、书画展、摄影展、歌咏比赛150余场。组织开展第三届文学艺术奖评审工作，树立本土文化标杆，引领文化前行方向，提振文艺工作者热情。支持和培育新文艺组织，指导成立市朗诵艺术家协会，支持各协会按照章程开展工作。

【社会科学】 与成都市社科院合作共建“协同创新走廊”，就《发掘崇州文化资源，推动文化创意产业发展路径研究》开展课题研究。1项社科研究课题荣获成都市第十三届社会科学优秀成果三等奖，崇州荣获成都市“读系列讲话、读党章党规、读党史故事、读中华名篇”征文活动优秀组织奖。

【第五届四川自驾赏花节】 成功举办第五届四川国际自驾赏花节，展现崇州全域旅游成效，在保留了传统活动基础上，新推出多个特色主题帐篷营地和农家一桌餐，赏花节期间共接待游客287万余人次，同比增长30%，旅游收入近13亿元，同比增长过36%，人民网、光明网、新华网、《四川日报》、成都电视台等中央、省、市媒体进行报道，同时运用微信、微博等新媒体手段进行广泛宣传。

（宋威）

统一战线
United front

【概况】 2017年，市委统战部深入贯彻落实中央、省、市党代会精神和各级统战工作会议精神，认真组织贯彻执行中央、省委、市委关于统一战线的方针、政策，着力做好民主党派和党外代表人士工作、民族宗教、非公经济领域统战、港澳台海外统战以及新的社会阶层人士和党外知识分子工作，为建设全面体现新发展理念的国家中心城市汇聚广泛力量。获评崇州市级综合目标绩效考核先进单位、落实党风廉政建设主体责任先进单位、双拥工作先进单位；受指导的崇州浩康医院获评全省民族团结进步创建活动示范单位。

【加强政党协商效能建设】 贯

彻落实市委《关于加强政党协商的实施意见》，并制发《2017年政党协商（会议协商）计划》，举办党外人士专题协商座谈会2次，讨论协商议题9个。支持民主党派建言献策，形成调研课题10个，收到建言献策提案120余篇（立案60余篇）。引导民主党派服务社会，签订民崇合作项目5个；开展智力扶贫、义务劳动等2次，捐款捐物折合5万余元；开展义诊活动2次，捐助药品折合20余万元；组织民主党派人士赴小平故里、朱德故里、犍为县嘉阳学习调研，举办“弘扬长征精神主题培训班”，坚定了民主党派理想信念。

【加强党外代表人士队伍建设】 抓好党外干部配备管理，实施135名党外人才干部数据库动态管理，会同组织部推荐提拔任用3名党外干部。加强党外干部教育培养，举办2期崇州市党外人士统战理论知识培训班，从乡镇遴选3名党外干部挂职市政府部门学习锻炼，邀请省市专家赴崇开展党外干部教育培训；推荐党外干部3批12人次参加省市培训、10名党外人士进入全市干部递进培养班。

【抓好新时期民族宗教工作】 大力推动民族团结进步，指导浩康医院送医下乡、医疗宣传，发放药品1.6万元，受益少数民族1700余人。开展少数民族法制宣传活动1次。做好新形势下宗教工作，建立宗教工作联席会议制度和宗教三级网络和两级责任制，与各宗教场所签订《目标责任书》，抓实场所安全管理。开展“法律进寺庙”活动，在宗教活动场所创新开展“全民阅读”活动，开展佛道教寺观专项治理和“文明敬香”活动，坚决抵御境外利用宗教进行渗透、防范校园传教渗透，切实维护宗教和谐稳定。

【做好非公经济领域“两个健康”工作】 鼓励支持非公有制经济发展，成功举办“中国·成都崇州家具推介会”，现场与阿联酋华商联合签署了友好合作协议书，开展企业走访调查2次，帮助企业排忧解难，坚定发展信心。积极构建“亲”“清”政商关系，组织企业参加浙江大学“2017民营企业转型升级专

党外代表人士队伍建设工作联席会

民族宗教工作会议

赴马尔康开展结对帮扶工作

题培训班”、西南财经大学“财智光华名家大讲坛”等活动。动员29家企业参与“万企帮万村”暨“三对一”结对帮扶马尔康行动，募捐资金150万元，帮助其发展集体经济和特色产业项目。引导企业开展阳光爱心助学行动，为718名贫困学生出资助学金额130余万元，让贫困学生怀揣梦想跨进校门。

【做好港澳台及海外统战工作】 加大对外开放合作力度，主动融入“一带一路”，开展“请进来”“走出去”活动，争取台湾电子公会和农会到崇州交流考察。协调解决2家台企生产经营困难、2名台商有关诉求，成功化解涉及台商的经济纠纷、历史遗留问题。做好服务台资企业工作。促进与台文化交流交往，帮助崇州教育等部门访台交流，促进崇州教育发展。设立领事保护和涉侨法律宣传栏，发放宣传单4000余张、书籍500余册。

【加强党外知识分子工作】 成立党外知识分子联谊会。引导党外知识分子、互联网从业人员围绕崇州“两区一基地”建设形成调研文章3篇，开展技术咨询3场次，提供社会服务200余人次，积极践行社会主义核心价值观，立足岗位建功立业。

【新的社会阶层人士工作】 完成新阶联换届并按界别要求进行调整充实，建立有关工作联席会议制度，明确25个乡镇（街道）和19个部门工作职责，落实工作联络员，建立268人的新的社会阶层人士数据库。组织开展业务培训3次；赴马尔康参与扶贫攻坚，先后捐赠钱物折合30余万元；资助本地贫困学生20余人、贫困户30余户。

【实现基层协商从“实践”到“教学”】 在省社院指导下成立崇州基层协商民主实践教学中心。中心设市委党校，配备专职教师数名，设五星村、乌尤村、春风村、群安村4个现场教学点，聘请10名市乡村一线干部担任讲解员，主要承担学术研究、教育培训、考察接待、总结提炼、宣传推广等职责。2017年，中心与省社会主义学院、成都市委党校建立合作关系，承接省内外8个班次300余人次的教学，推动崇州基层协商在乡村产业振兴、防范社会风险方面发挥更加重要的作用。

（羊珍）

目标督查管理

Target supervision and management

【概况】 2017年，市目督办围绕“西控”发展定位设置目标考核体系，不断优化和调整目标管理督查新机制、新方法，运用目标管理督查的导向和激励作用，助推崇州经济社会全面协调发展。

【目标绩效管理】 根据被考核单位的类别、职能职责、地理位置和体量大小进行分类考评。25个乡镇（街道）按城市功能核心区、山地旅游发展区、现代农业集聚区和生态涵养保护区四类进行考评；26个党群部门分党委工作部门和人民团体两类进行考评；36个政府部门按经济发展类、社会事务及执法类、政务综合类和垂管部门四类进行考评；7个政府投融资公司统一考评。结合成都市考核体系调整优化本级目标考评框架体系，设置省市工作目标和生态文明建设对应成都市功能区发展要求；设置“两区一基地”目标差异化考核各部门、乡镇“优质粮油、智能制造、康养旅游”三次产业发展情况对应成都市产业发展目标；重点突出“西控”战略，通过提高生态文明建设考核权重，筑牢生态屏障、建设现代田园城市目标体现崇州在成都市的功能定位；将部分常规工作设置为倒扣分目标。鼓励创新争优和过程考核导向，规范上级表彰奖励及领导肯定性批示加分，增加现场会（经验交流会）、经验文章被转发加分，引导各部门在强基础、抓成效上发力；将成都市考核结果与本级考核结果相结合，对成都市考核靠前的目标执行本级考核再加分，成都市考核靠后的参照加分政策同等标准执行减分，拉开部门差距；强化目标运行监控，推行目标过程管理和运行提示。

2017年崇州市纳入综合目标考核单位名单一览表

表2

序号	分类	单位	序号	分类	单位
党群部门			22		审计局
1	党委部门19个	纪　委	23		市场质量监管局
2		组织部	24	政务综合类10个	统计局
3		宣传部	25		法制办
4		政法委	26		市场服务中心
5		统战部	27		档案局
6		法　院	28		供销联社
7		检察院	29		政务办
8		人武部	30		防震减灾局
9		统筹委	31		交易中心
10		信访局	32		旅委
11		机关工委	33		气象局
12		政研室	34	垂管类3个	地税局
13		老干局	35		国税局
14		党　校	36		供电局
15		外事办	乡镇（街道）		
16		编　办	1	城市功能核心区4个	崇阳街道
17		机要保密局	2		羊马镇
18		史志办	3		大划镇
19		新闻中心	4		集贤乡
20	群团部门7个	妇　联	5	山地旅游发展区6个	道明镇
21		团　委	6		公议乡
22		总工会	7		街子镇
23		科　协	8		元通镇
24		残　联	9		怀远镇
25		红十字会	10		三郎镇
26		工商联	11	现代农业集聚区13个	廖家镇
政府部门			12		梓潼镇
1	经济发展类11个	经开区	13		崇平镇
2		农发局	14		三江镇
3		经信局	15		江源镇
4		水务局	16		王场镇
5		发改局	17		白头镇
6		商投局	18		济协乡
7		交通局	19		隆兴镇
8		国土局	20		桤泉镇
9		财政局	21		燎原乡
10		住建局	22		观胜镇
11		规划局	23		锦江乡
12	社会事务与执法类12个	卫计局	24	生态涵养保护区2个	鸡冠山乡
13		人社局	25		文井江镇
14		民政局	投融资公司		
15		教育局	1	统一考评	国投公司
16		城管局（综合执法局）	2		蜀兴公司
17		公安局	3		兴蜀公司
18		司法局	4		担保公司
19		安监局	5		旅投公司
20		文旅局	6		兴宇公司
21		环保局	7		崇信公司

制定分月份、季度、半年不同的目标监控周期，随时掌握目标运行态势。加强重点目标监控，每月向市领导报送成都目标、民生工程目标、重点经济指标运行情况，对运行过程中存在问题的目标及时召开项目联席会、协调会，督促相关部门协调解决。2017年，崇州市在成都市目标考核中位列成都市第14名，郊区（市、县）第4名。

【督查督办工作】 围绕各级重要会议和重要文件贯彻落实情况、党建重大工作贯彻落实情况、全市重大产业发展推进情况、全市重大项目投资落地情况四个方面抓督查督办。对省十一次党代会、成都市十三次党代会和崇州十三次党代会、成都市产业发展大会等重要会议精神的贯彻落实情况、环保“三大战役”、“三治一增”工作、重大交通项目、李家岩水库、润恒城、陇海、大数据产业发展等重点工作和重点项目进行了多次专项督查，并在中央环保督察期间，派专人进驻环督办专职参与环保督查督办工作。全年下发各类督办通知百余份，开展专项督查330余次，完成成都市委、市政府督查室交办的督查督办件100余件次，形成本级督查专报123期、通报53期，客观公正地向市委、市政府反馈督查工作情况，推动完成情况不理想的工作及时整改落实；办理省、市人大建议、政协提案10件（主办7件），办理崇州人大建议93件、政协提案151件，办结率100%，代表委员对办理满意率95%以上。

【民生实事】 通过创新民生工程宣传方式（在崇州公众信息网和“今日崇州”微信平台创新开展“本级民生实事项目人气评比活动”，通过微信为群众满意的民生项目进行投票，将投票结果运用到各民生项目牵头部门年底目标绩效综合考核中），鼓励各单位将民生实事办好、办实。2017年，承担省、市民生工程130件，本级民生实事44件，已全部完成。

【对标创新申报工作】 牵头组织相关单位进行崇州对标创新

2017年全市乡镇（街道）对标管理工作推进情况汇报会

工作申报。在综合衡量崇州各项工作发展强弱的基础上，梳理出林业共营制改革、文化管家、大数据产业发展等工作进行提炼总结，再经过多方筛选，最终确定将“应用大数据破解综合执法改革难题”作为向成都市申报对标创新专家评审的项目，位列成都市第19名，郊区（市、县）第6名。

（王小燕）

政策研究和改革推进

Policy research and Reform

【概况】 市委政研室共有行政编制10个，内设机构3个，为综合科、发展研究科、改革科，市委全面深化改革领导小组办公室设在政研室。2017年，政研室全室人员围绕市委、市政府系列决策部署，起草重要文稿91篇，约54万字，确定19个重大调研课题，形成一批重大调研成果，重点推动16项重大改革任务。

【重要文稿起草】 市委政研室起草市委十三届五次全会工作报告、2016年党建工作述职报告、崇州市委常委班子2016年度民主生活会对照检查材料、关于在全市开展对标管理工作的实施方案、崇州市落实“西控”战略推进转型发展绿色发展行动计划等综合性文稿，市委经济工作会、全市社区发展治理大会、全市党建工作会议、全市环境污染防治“三大战役”和迎接环境保护督察工作会议等会议讲话文稿，以及市委主要领导出席四川省、成都市会议的发言提纲，中央、省市领导考察调研崇州市的汇报材料等文稿，共计91篇，约54万字。

【全面深化改革】 市委改革办筹备市委全面深化改革领导小组第十一次、第十二次、第十三次会议，制定出台《市委全面深化改革领导小组2017年工作要点》《中共崇州市委全面深化改革领导小组2017年度改革落实清单》等改革推进文件，统筹推进经济体制、生态文明、统筹城乡、民主法制、社会治理、文化教育卫生、党的建设、纪律检查8个领域的改革。按照成都市委改革办要求和市委统一部署，重点推动16项重大改革任务，以及中央、省、市部署在崇州的18项改革试点任务落地落实。印发《崇州改革信息》12期，其中“农业共营制”经验编入中央改革办《改革案例选编》一书，省委改革办《四川改革动态》采纳1篇，成都市委改革办《成都改革》采纳3篇；全国集体林业综合改革试验示范工作推进会在崇州召开；以“农业共营制”构建新型农业经营体系，被评为“2016年度四川十大改革转型发展案例”提名奖；崇州市被评为“2017年四川重大农村改革任务年度推进示范市”“2017年中国‘三农’十大创新榜样”。

【调查研究】 市委政研室紧扣市委中心工作，深入部门、乡镇调查研究，撰写调研报告，总结经验做法，及时反映有关情况，为市委领导决策提供科学依据。全年深入经济主战场、改革最前沿、基层第一线等开展调查研究110余人次。协助上级政研室（改革办）到崇州调研4次。

【“协同创新走廊”】 市委政研室牵头协调崇州市与10余所高校（科研院所）合作共建“协同创新走廊”日常工作。按照市委要求，结合落实“西控”转型发展战略，确定了19个重大调研课题，并纳入2017年度“协同创新走廊”项目库，通过“一个课题+一名牵头领导+一个专业机构”的模式，开展集中调查研究，形成了一批重大调研成果。

（孙启瀛）

干部教育培训

Cadre Education and Training

【概况】 2017年，崇州市委党校、市行政学校、崇州市农村改革教育培训中心围绕市委、市政府中心工作，紧扣崇州经济社会发展新形势新需求开展，以提高崇州市局级及以下党政领导干部队伍素质为目标，共举办各级各类培训40多期，培训7000余人次。学校占地面积1.2公顷，建筑面积8400平方米，其中党员干部培训中心建筑面积7200平方米，校园绿化率达65%。学校硬件设施、设备完善，设有图书阅览室、电脑室、多媒体教室等。

【干部培训】 全年共开展村（社区）党组织书记、村（居）委会主任培训2期，523人次；局职领导干部培训6期，610人次；新任市管领导干部培训1期，46人次；年轻干部、优秀公务员及入党积极分子培训3期1700余人次；市十八届六中全会轮训班4期，200多人次；对标管理、规划建设、党组织书记示范等异地培训班14期，700多人次。完成省、市党代会宣讲28场，合计3000余人次。

“两新”组织党组织书记井冈山培训班

2017年成都市区（市）县党校教师风采交流观摩活动

【科研调研】 学校科（调）研工作始终紧扣市委、市政府、部门、乡镇的中心工作和阶段性重点工作，着力开展针对崇州经济社会发展的重点、热点和难点问题的实证性调研，科调研工作成果丰硕。2017年，学校完成省委党校系统立项课题3项、成都市委党校系统立项课题8项、成都市社科立项课题1项，其中3个课题获得省市优秀调研课题；完成崇州市合作课题12项，分别在省、市级刊物发表成果13篇。2017年，学校科（调）研工作获得全省科（调）研优秀组织奖。

省委党校第十届四川省党校系统优秀科研工作组织奖牌

【师资建设】 全校定编32人，在职30人。其中，参公管理人员12人，专业技术人员12人（高级讲师1人，讲师8人，助讲3人），工勤人员6人。学历构成：研究生11人，大学16人。学校采取内引外联、资源共享等方式，建立起了一支集领导干部、专家学者和专职老师为一体，适应崇州干部教育培训的师资队伍。2017年，先后选派2名教师到政研室、宣传部锻炼，提高实践能力和调研能力；分期、分批组织安排教师到上级党校和其他高校培训，

2017年，共组织师资学习培训40余次。

【信息化建设】 学校2017年加大对信息软件的投入，为满足党校教学和科研需要，与中国知网对接，以年为单位，签约和购买了《党校知识服务平台》，方便了教学、科（调）研快捷检索和下载。

【对外教学】 2017年，学校立足农村改革教育培训中心，开展对外宣传教学，承接省内外参观代表团90批次，5000余人次，圆满完成宣传解说和教学工作任务。

（曾议）

非洲国家代表到崇州学习

老干部了解街子古镇康养旅游业发展情况

老干部权益保护
Work on Retired Cadres

【概况】 市委老干部局是市委组织部管理的机构，2017年，管理服务的离休和县级退休干部99人，其中崇州市离休干部32人、市（县）级退休干部53人，代管易地安置和省、成都市驻崇单位离休干部11人。被成都市老干部局评为2017年度落实老干部生活待遇工作先进单位。

【“两项”建设】 发挥老干部党校作用，加强老干部思想政治建设和离退休干部党支部建设。全年组织老干部政治学习和党性教育4次，参加人员240余人次。组织老干部实地参观考察4次，参加人员280余人次。做好社会经济发展情况通报工作。市委、市政府向全市老干部作情况通报2次，参加人员160余人次。做好报刊征订发行工作，为老干部订阅《人民日报》《四川日报》等16种报纸杂志，为每位老干部征订《晚霞》《晚霞报》《离退休干部党支部学习参考》等报刊，为老干部政治理论学习提供充足的学习资料。

【开展离退休干部为党和人民事业增添正能量活动】 开展“四大活动”，引领广大离退休干部增添正能量。开展“畅谈新变化、展望新未来”活动，围绕“畅谈十八大以来的变化，展望十九大胜利召开”主题，开展“畅、展”活动8次；参加“喜看蓉城新变化”主题征文活动，报送征文14篇；参加成都市委老干部局开展的“喜迎十九大、真情颂党恩”文艺会演活动，荣获组织奖；结合庆“八一”开展喜迎中共十九大文艺演出活动1场。开展蓉城金秋志愿服务活动，固化活动项目，拓展服务渠道。关工委分队开展志愿服务活动3次， 诗歌创作分队开展活动3次，老科协分队开展志愿服务活动7次。开展老干部网络宣传活动，组织老干部网宣骨干和老干部工作者在有关媒体、网站开展点赞活动，弘扬主旋律，传播正能量。在崇州老干部官方微博上发声，共发布微博1794条。开展“谈发展、颂党恩”活动，组织离退休干部开展“谈发展、颂党恩”等主题活动4次，隋翰高、秦大鼎、陈太丰、陈光明4位离退休干部接受崇州电视台采访谈崇州发展变化，老干部诗词创作志愿分队出诗刊《蜀城金秋》第四集，献礼中共十九大。

【老干部各项待遇】 保障“三个机制”有效运转，全年无一例拖欠老干部离退休费和医药费的情况；落实新中国成立初期参加革命工作的部分退休干部医疗照顾政策，按时将4000元／人／年的门诊医疗照顾划拨到个人账户；5月，组织全市老干部进行了体检；“七一”前夕，代表市委、市政府带队走访慰问了新中国成立前入党的7名离休干部；春节前夕，向有特殊困难的22名老干部、11名老干部遗孀和3名新中国成立初期参加革命工作退休干部发放困难救助金9.8万元。

【离退休干部服务管理工作】 坚持走访慰问制度。做到“三必

老干部学习中共十九大精神宣传资料

访”：在春节、中秋、重阳等传统节日，代表市委、市政府普遍走访慰问全市老干部，向他们送去节日的慰问和慰问金，走访慰问老干部320余人次。为老干部生日祝寿，送去生日蛋糕和鲜花97份。老干部生病住院看望300人次，切实为老干部和老干部遗孀办实事解难事29人次，精心组织老干部活动。老干部休养所全年365天对老干部开放，开展学习、棋牌、健身等日常活动。开展庆“七一”“八一”等活动2次，开展钓鱼、象棋、诗歌等小组活动12次；做好老干部信访工作。全年，协调处理老干部及家属来访52人次，全年无越级上访事件发生，确保老干部队伍的稳定。

【设立成都老年大学教学点】 争取成都市委老干部局支持，拓宽学习渠道，共享成都老年大学优质教育资源，在老干部党校设立了成都老年大学教学点。教学点课程设置围绕党的中心工作，贴近老干部思想实际，主要包括：党性教育、时事政治教育、知识更新等；授课方式采取邀请成都市老年大学专家到教学点现场授课、远程教学或播放影像等方式，全年授课不少于6次；参加学习的学员，一律实行免费。

（罗利娟）

名词解释

“1+5+1”平时考核办法： 第一个“1”是指制定“一份职责”，就是要求每人按照单位职能和市委、市政府下达的工作目标制定《个人岗位和工作任务认定表》，明确个人的工作职责和任务，做到考核时有“责”可对；“1+5+1”中的“5”是指落实“五个环节”，就是通过“日考勤、周记录、月对账、季考评、年终综合测评”进行过程管理；“1+5+1”中的最后一个“1”是指结合“一张清单”，就是结合《崇州市公务员考核管理“问题清单”》，对公务员出现清单中情形的，在考核评定等次时进行相应界定。

七一支部工作法： 一份党建责任清单、一个党建工作品牌、一个特色工作措施、一套组织生活制度、一个党建活动阵地、一个党建宣传平台、一批模范先进典型案例。

崇州市人民代表大会

人大机构
People's congress agencies

【概况】 2017年，崇州市人民代表大会设法制委员会、财政经济委员会、社会事业委员会、城乡建设与环境保护委员会、农业委员会5个专门委员会；常务委员会设立办公室、人事代表工作委员会、预算工作委员会、研究室、信访室5个办事（工作）机构；设立代表资格审查委员会，是专门负责代表资格审查的常设机构。崇州市第十八届人民代表大会常务委员会于2016年12月选举产生，由人大常委会主任易孔盛，副主任陈志贤、张志新、李文明、李超、丁加武，及委员王志伟、万朝银、马绍议、王东红、王伟、王健、方敏、白银刚、冯兵、刘刚、羊省、许绍安、严加彬、李洁华、李鸿奎、余晓凤、宋文芳、宋丽华、张林、陈德全、林云青、周玉兰、屈世樑、秦玉梅、袁仕洪、徐佳彬、游刚、蔺成俊、谭毅组成。

人大重要会议
People's congress important meeting

【人大常委会会议】 全年召开人大常委会7次，审议各类事项70余项。（详见表3）

7月26日，第十八届人大常委会第七次会议召开

人大工作
People's congress work

【法律监督】 市人大常委会组织开展了《中华人民共和国旅游法》《中华人民共和国建筑法》和《中华人民共和国社会保险法》等14部法律和地方性法规在崇州的贯彻执行情况督查。在对《中华人民共和国农产品质量安全法》（以下简称《农产品质量

2017年市委常委会主要议题一览表

表3

时间	届次	主要议题
1月4日	第十八届人大常委会第三次会议	经崇州市第十八届人民代表大会常务委员会第三次会议通过，接受柳宁辞去成都市第十六届人民代表大会代表职务的请求
1月22日	第十八届人大常委会第四次会议	审议崇州市人民政府《关于提请审议引进成都·崇州润恒城项目的报告》；根据崇州市人民政府市长欧昭的提名，经崇州市第十八届人大常委会第四次会议通过，同意免去杨文良崇州市公安局局长职务，同意任命程志宏为崇州市公安局局长，姜德尧为崇州市人民政府办公室主任，俞冬梅为崇州市发展和改革局局长，戚斌为崇州市司法局局长，张春阳为崇州市国土资源局局长，谢建明为崇州市环境保护局局长，马绍宏为崇州市城乡管理局局长，陈权为崇州市交通运输局局长，马永忠为崇州市水务局局长，徐剑为崇州市商务和投资促进局局长，陈玲为崇州市文化体育旅游局局长，胡川为崇州市卫生和计划生育局局长，张学如为崇州市审计局局长，余文祥为崇州市市场和质量监督管理局局长，万敏为崇州市统计局局长，王涌俨为崇州市安全生产监督管理局局长，罗加红为崇州市民政局局长
3月7日	第十八届人大常委会第五次会议	审议崇州市人民政府《关于崇州市城乡环卫一体化有关事宜的报告》
4月24日	第十八届人大常委会第六次会议	审议市人民政府贯彻执行《中华人民共和国职业病防治法》的情况汇报；审议崇州市实施大气、水、土壤污染防治“三大战役”工作推进情况的报告。根据崇州市人民政府市长欧昭的提名，经崇州市第十八届人大常委会第六次会议通过，同意免去马绍议崇州市监察局局长；同意任命向斌为崇州市监察局局长。根据崇州市人民法院张静院长的提议，同意免去易凌波的崇州市人民法院民事审判第二庭庭长职务，刘耿的崇州市人民法院行政审判庭庭长职务，刘建英的崇州市人民法院怀远人民法庭庭长职务，冯全的崇州市人民法院元通人民法庭庭长职务，易春艳的崇州市人民法院河西人民法庭副庭长职务，谢奎的崇州市人民法院三江人民法庭副庭长职务，谭莉的崇州市人民法院审判员职务，羊娟的崇州市人民法院审判员职务，蒲云龙的崇州市人民法院审判员职务；同意任命陈胜为崇州市人民法院副院长、审判委员会委员、审判员，易凌波为崇州市人民法院审判委员会委员，刘耿为崇州市人民法院民事审判第二庭庭长，吴冬开为崇州市人民法院行政审判庭庭长，刘建英为崇州市人民法院元通人民法庭庭长，易春艳为崇州市人民法院怀远人民法庭（环境资源审判庭）庭长，谢奎为崇州市人民法院河西人民法庭（少年家事审判庭）副庭长；根据崇州市人民检察院龚亚明检察长的提议，经崇州市第十八届人民代表大会常务委员会第六次会议表决通过，同意任命羊娟为崇州市人民检察院检察员
7月26日	第十八届人大常委会第七次会议	组织学习《中华人民共和国全国人民代表大会和地方各级人民代表大会代表法》；审议《崇州市人大常委会任命国家机关工作人员法律知识考试办法》（草案）；审议《崇州市人民代表大会常务委员会讨论决定重大事项暂行办法》（草案）；审议《崇州市人民代表大会常务委员会关于加强对审计查出问题整改工作监督办法》（草案）；审议崇州市人民政府贯彻执行《中华人民共和国旅游法》情况报告；审议2017年上半年财政预算执行情况报告。根据崇州市人民政府市长欧昭的提名，经崇州市第十八届人民代表大会常务委员会第七次会议通过，同意免去陈玲崇州市文化体育旅游局局长职务，马绍宏崇州市城乡管理局局长职务，同意任命戴万川为崇州市文化体育旅游局局长

续表3

时间	届次	主要议题
10月27日	第十八届人大常委会第八次会议	组织学习《中华人民共和国各级人民代表大会常务委员会监督法》；审议市人民政府贯彻执行《中华人民共和国农产品质量安全法》情况报告；审议市人民政府贯彻执行《中华人民共和国社会保险法》情况报告；审议2017年上半年国民经济和社会发展执行情况报告；审议崇州市2016年度本级预算执行和其他财政收支的审计工作报告；审议市人民政府关于2015年度审计发现问题整改落实情况报告；审议崇州市2016年财政决算的报告；审议崇州市2017年新增债券预算调整方案的报告；审议市人民政府贯彻执行《中华人民共和国建筑法》情况报告；审议市人民政府城乡环卫一体化实施情况报告；审议市人民法院《诉源治理》专项工作报告；审议市人民政府“六五”普法实施情况报告和“七五”普法规划；听取市人民政府关于2017年代表建议、批评和意见办理情况报告。根据崇州市人民政府市长欧昭的提名，经崇州市第十八届人民代表大会常务委员会第八次会议表决通过，同意免去戚斌崇州市司法局局长职务；同意任命黄勇为崇州市司法局局长
12月22日	第十八届人大常委会第九次会议	审议补选崇州市第十八届人大代表相关事项；审议2017年政府债务限额和财政预算调整方案（草案）的报告。根据崇州市人民检察院检察长龚亚明的提名，经崇州市第十八届人民代表大会常务委员会第九次会议表决通过，任命周光富为崇州市人民检察院检察员、检察委员会委员、副检察长；接受龚亚明辞去崇州市人民检察院检察长、检察委员会委员、检察员职务的申请；决定周光富为代理检察长

安全法》）开展执法检查前，组织学习了《农产品质量安全法》以及四川省和成都市相关地方性法规，认真制定工作方案，明确检查目的、方式和重点、工作步骤及责任分工。检查过程中，重点检查政府落实监管责任及执法机构和队伍建设情况，农产品质量安全溯源体系建设和政府对农业投入品使用的管理指导情况。要求市政府及相关职能部门要不断提高农产品质量安全意识和监管能力，健全常态化农产品质量安全监管机制，加强农业投入品使用的监管和农产品溯源管理体系建设，筑牢农产品质量安全监管屏障。开展《中华人民共和国社会保险法》贯彻执行情况监督，督促政府职能部门抓好基金征缴和监管，健全和完善管理制度，确保社会保险基金安全平稳运行。开展《中华人民共和国职业病防治法》执法检查，要求监管部门督促用人单位采取更为有效的措施保护劳动者健康，扎实做到预防有方、管控有力、查处及时，落实救助保障措施，切实保障劳动者健康权益。检查《成都市养老服务促进条例》贯彻实施情况，促进崇州健康养老服务业进一步发展。结合相关工作，对《四川省环境保护条例》《四川省农村扶贫开发条例》《四川省宪法宣誓制度实施办法》《成都市旅游业促进条例》《成都市城乡规划条例》《成都市饮用水水源保护条例》《成都市市容和环境卫生管理条例》等四川省、成都市地方性法规条例贯彻实施情况进行检查。

【工作监督】 围绕市第十三次党代会确定的发展目标和市第十八届人大一次会议决议，精选议题，开展工作监督。围绕先进制造业基地、都市现代农业发展样板区、国家级全域旅游示范区建设等重大产业发展和大数据、电子信息、深化农业共营制和林业共营制改革等重大项目开展监督，推进新发展理念贯彻落实。聚焦环卫一体化、供水一体化、城建攻坚、创建国家卫生城市、环境保护等重点工作，深入开展专项工作监督。重点开展大气、水、土壤污染防治专项执法检查。一是组织学习《中华人民共和国环境保护法》《中华人民共和国大气污染防治法》《中华人民共和国水污染防治法》等法律法规；二是组织部分市人大代表对大气、水、土壤污染防治情况进行调研，征求意见和建议；三是常委会专题听取和审议了市政府《关于实施大气、水、土壤污染防治"三大战役"工作推进情况的报告》，形成审议意见交市政府办理；四是开展环境保护专项监督检查，形成督查报告，通报市政府及职能部门限时整改；五是对市政府及相关职能部门负责人开展现场询问。加强对财政经济工作的审查监督，保障经济健康运行。听取和审议市政府《2017年上半年国民经济和社会发展计划执行情况报告》，支持市政府加强招商引资，加快产业升级，培育新的经济增长点，推进产业融合发展。加强预算审查监督。听取和审议《2016年度市级预算执行和其他财政收支的审计工作报告》《2017年上半年市本级财政预算执行情况报告》，督促财税部门主动适应经济发展新常态，坚持依法治税理财，落实积极财政政策，不断强化税收征管，切实保障重点支出。听取和审议2015年度市级预算执行和其他财政收支审计查出问题整改情况，要求提升审计监督质量，完善审计整改机制，注重薄弱环节审计监督，推进查出问题整改。审查批准《2016年财政决算的报告》和《市本级财政2017年新增债券预算调整方案》《2017年政府债务限额和财政预算调整方案》，提前介入2018年市级财政预算编制工作，督促相关部门严格按程序和用途使用资金。

【人大调研】 因地制宜开展定向视察和专题调研，承办全国人大常委会在崇州黎坝村杨柳土地股份合作开展的《中华人民共和国土地承包法》修改立法调研和《中华人民共和国农村金融法》立法调研工作。组织相关部门负责人和部分专业人员参与《中华人民共和国图书馆法（草案）》《中华人民共和国水污染防治法》《中华人民共和国土壤污染防治法（草案）》《四川省非物质文化遗产条例（草案）》《四川省农村公路条例（草案）》《四川省就业促进条例（草案）》《成都市历史建筑和历史文化街区保护条例（草案）》等法律法规、条例草案的修改立法征求意见工作，提出建议意见。协助成都市人大常委会完成构建完善适应国家中心城市需要的城市法规体系研究工作。

【人事任免】 坚持党管干部原则和人大依法任免相结合，制定和完善《崇州市人大常委会任命国家机关工作人员法律知识考试办法》。坚持任前法律知识考试和任职陈述制度。实施宪法宣誓制度，强化任职人员的宪法和责任意识，全年依法任免"一府两院"工作人员60人次。

【代表工作】 全年分四批次组织常委会组成人员、部分基层市人大代表、乡镇（街办）人大主席（主任）、副主席和常委会机关工作人员进行集中培训，提高人大工作者的履职能力和水平。常委会组成人员多次深入到街子镇、三郎镇等乡镇、街办以及

市人大开展代表履职培训

三级人大代表视察崇州市环保“三大战役”工作

市人大常委会开展《中华人民共和国农产品质量安全法》执法检查

市人大常委会视察崇阳新城规划建设情况

市人大视察食药品安全监管工作

企业，指导乡镇人大工作，就“人大代表之家”建设、乡镇人大主席团建设、代表培训和履职情况进行调研，指导乡（镇）、街道人大代表培训。通过以会代训、定期交流座谈等方式，组织代表学习了组织法、选举法、代表法等法律法规，切实提高代表履职能力和水平。组织200余名市十八届人大代表以及乡镇、街办人大工作者开展集中培训学习，邀请专家就代表履职、乡镇人大工作相关业务知识等进行专题讲座，实现市级人大代表培训的全覆盖。市十八届人大第一次会议期间，代表们就崇州环境保护、城乡规划建设管理、文化教育卫生、社会公共服务等各个方面的事务提出“建议、批评和意见”93件已全部办结，办结率为100%。坚持人大常委会组成人员联系代表制度，邀请代表列席常委会会议、参加立法调研、执法检查和专项督查活动150余人次，听取代表对常委会工作的意见和建议，推动“一府两院”加强与代表的联系，组织代表参加常委会专题工作。组织代表开展调研，认真开展好代表小组活动，对环境保护“三大战役”、李家岩水库、崇阳新城、北部10万亩粮经旅建设等重点工作进行视察、专题调研和监督检查，拓宽代表知情知政渠道，为高标准打造“产业新城、品质崇州”献计献策，代表素质和履职积极性得到提高。密切联系人民群众，不断完善人大代表联系群众制度、人大代表接待选民日制度。以代表之家为平台，深化拓展代表与人民群众联系的内容和方式。重点通过“两本三簿四表”畅通社情民意表达和反映渠道，发挥人大代表的桥梁纽带作用。加强“人大代表之家”建设，在街子、三江、羊马等7个乡（镇）将“人大代表之家”延伸至（村）社区站所，并召开现场工作会，推广经验、规范制度，方便代表履职行权，充分发挥来自社会各阶层代表的作用。在市新闻中心和《今日崇州》开设《走近人大代表》宣传栏目，宣传报道了12名市人大代表认真履行职责、发挥代表作用的事迹，激发代表依法履职为民服务的工作热情，进一步扩大代表的社会影响面。常委会把贯彻落实中央、省委、成都和崇州市委脱贫攻坚部署作为一项重点工作，积极投入脱贫攻坚、精准扶贫之中。强化责任担当，发挥自身优势，广泛动员组织各级代表，积极投身脱贫攻坚，形成攻坚合力，为打赢脱贫攻坚贡献人大力量，推动建设全面小康。制定印发《关于开展“扶贫攻坚——人大代表再行动”的通知》，向全市各级人大代表发出参与扶贫攻坚、精准扶贫的倡议书。多次组织代表深入到贫困家庭走访、慰问，协助解决贫困村、贫困户面临的具体困难和产业发展等方面的实际问题，为脱贫攻坚献计出力。真帮实扶彰显为民情怀，常委会组成人员深入基层、深入群众，扎实开展扶贫督导，督促所联系的定点帮扶村（户）做好精准脱贫规划、特色产业发展等工作，积极联系协调成都市人大领导及成都市级相关帮扶单位，争取政策、资金、项目支持，推动如期完成脱贫目标任务，常委会机关定点帮扶的王场镇6户贫困户已实现脱贫目标。

崇州市人大代表建议、批评和意见一览表

表4

序号	编号	建议标题	领衔代表	建议类型	内容分类	主办单位	办理结果	答复日期
1	181093	关于三郎镇到街子的部分道路的修建的建议	徐佳彬	建议、批评和意见	交通邮电	市交通局	A	2017-06-13
2	181092	关于建立完善城乡环境综合治理一体化的建议	施会如	建议、批评和意见	社会事务与公共服务	市城管局	A	2017-06-19
3	181091	关于安装街子部分路段路灯的建议	徐佳彬	建议、批评和意见	城乡建设与管理	街子镇	A	2017-07-05
4	181090	关于加快以铁路车站为中心的崇阳新城建设速度的建议	刘　伟	建议、批评和意见	城乡建设与管理	市住建局	B	2017-08-18
5	181089	关于修建金带街农贸市场的建议	王　健	建议、批评和意见	商贸旅游	市场服务中心	A	2017-06-06
6	181088	关于尽快规划建设羊马生猪交易市场的建议	秦玉梅	建议、批评和意见	农林水利	市规划局	C	2017-06-30
7	181087	关于扎实开展未成年人禁毒宣传教育建议	宋　丹	建议、批评和意见	教科文卫体	市公安局	A	2017-07-05
8	181086	关于露天烧烤治理的建议	谢　奎	建议、批评和意见	资源环境	综合执法局	B	2017-07-05
9	181085	关于通用航空产业集群落户济协的建议	程建文	建议、批评和意见	商贸旅游	市文旅局	B	2017-07-27
10	181084	关于崇州市打造千亿级先进制造基地的建议	刘福怀	建议、批评和意见	工业经济	崇州市经济科技和信息化局	B	2017-07-09

续表4

序号	编号	建议标题	领衔代表	建议类型	内容分类	主办单位	办理结果	答复日期
11	181083	关于白塔湖区域不再新建、扩建公墓的建议	李洁华	建议、批评和意见	社会事务与公共服务	市民政局	B	2017-06-19
12	181082	关于加大妇幼卫生能力建设，全面迎接二胎生育高峰的建议	余梦虹	建议、批评和意见	教科文卫体	市卫计局	A	2017-06-05
13	181081	关于将元通古镇人民堰处的长寿廊桥纳入即将进行建设的元通绕镇路中一并实施，以打通通往古镇“金三角”及“第二个10万亩”和花果山区域旅游通道的建议	王　健	建议、批评和意见	城乡建设与管理	市交通局	B	2017-06-07
14	181080	关于加大河道、坑塘非法采砂打击力度的建议	周树良	建议、批评和意见	农林水利	综合执法局	B	2017-07-05
15	181079	关于禁止利用基本农田种植草皮的建议	肖永忠	建议、批评和意见	农林水利	市国土局	A	2017-06-19
16	181078	关于加强土壤重金属污染的控制和治理的建议	罗　巍	建议、批评和意见	农林水利	市环保局	A	2017-06-19
17	181077	关于整治道明路口环境的建议	冯　兵	建议、批评和意见	城乡建设与管理	综合执法局	B	2017-07-05
18	181076	关于加大中心城区的城市风貌、道路、光亮 绿化等基础设施的提档升级，提升崇州城市品质的建议	张泽东	建议、批评和意见	城乡建设与管理	市住建局	B	2017-08-18
19	181075	加快大划工业配套服务区建设的建议	庞　敏	建议、批评和意见	工业经济	大划镇	B	2017-08-01
20	181074	关于10万亩粮经旅示范区建设产业发展的建议	王晓梅	建议、批评和意见	农林水利	市委统筹城乡工作委员会	A	2017-07-12
21	181073	关于加大对空间停车位和地下停车位建设的建议	施会如	建议、批评和意见	城乡建设与管理	市住建局	B	2017-08-18
22	181072	关于加快组建崇州市农村合作经济组织的建议	李建强	建议、批评和意见	农林水利	市委统筹城乡工作委员会	A	2017-06-16
23	181071	关于提高村（社区）工作人员待遇的建议	施会如	建议、批评和意见	组织人事	崇州市人民政府崇阳街道办事处	B	2017-08-01
24	181070	关于规范崇州市砂石资源管理的建议	袁科劲	建议、批评和意见	资源环境	综合执法局	B	2017-07-12
25	181069	关于加快重庆路沿山浅丘游山步道附属项目工程建议	任恩志	建议、批评和意见	农林水利	市农发局	B	2017-06-12

续表4

序号	编号	建议标题	领衔代表	建议类型	内容分类	主办单位	办理结果	答复日期
26	181068	建议在白头高速出口拥军路旁边修建占地六亩拥军广场，拥军路打造“双拥示范街”、甘泉村打造“双拥示范村”	李铭剑	建议、批评和意见	城乡建设与管理	市民政局	B	2017-07-17
27	181067	建议将白头小学迁至白头新场镇	张丽娅	建议、批评和意见	教科文卫体	市教育局	B	2017-06-14
28	181066	建设崇州五星国际田园度假区	李铭剑	建议、批评和意见	发展规划	市文旅局	B	2017-07-27
29	181065	关于加快九苟路建设的建议	常茂元	建议、批评和意见	交通邮电	市交通局	B	2017-06-07
30	181064	关于提高山区乡镇村公建设类项目最高限价的建议	常茂元	建议、批评和意见	城乡建设与管理	市委统筹城乡工作委员会	A	2017-07-21
31	181063	加强中小学法制教育、防艾、禁毒工作的建议	吕世成	建议、批评和意见	教科文卫体	市教育局	A	2017-06-14
32	181062	关于打造崇州市小东街文化旅游商业的建议	孙　宝	建议、批评和意见	商贸旅游	市住建局	B	2017-08-01
33	181061	关于调整崇州市城区学校布局解决“就学难”及“大班额”问题的建议	陈士英	建议、批评和意见	教科文卫体	市教育局	B	2017-06-14
34	181060	关于三郎镇卫生院扩建用地问题的建议	王调虎	建议、批评和意见	教科文卫体	市卫计局	B	2017-06-05
35	181059	关于市职教中心迁扩建的建议	王　祥	建议、批评和意见	教科文卫体	市教育局	B	2017-06-16
36	181058	关于崇王路王场段至第二快速通道道路改扩建的建议	李茂清	建议、批评和意见	交通邮电	市交通局	A	2017-06-13
37	181057	关于加快崇州市沿山乡镇农家乐提档升级促进乡村旅游发展的建议	杨　军	建议、批评和意见	商贸旅游	市文旅局	B	2017-07-20
38	181056	关于取缔李家岩水库项目料场的建议	罗全福	建议、批评和意见	资源环境	市水务局	B	2017-07-07
39	181055	关于将黎店村纳入美丽新村建设的建议	王海清	建议、批评和意见	发展规划	市委统筹城乡工作委员会	A	2017-06-15
40	181054	立足生态环境，保护美丽水库	秦　忆	建议、批评和意见	农林水利	市水务局	B	2017-07-07
41	181053	努力构建生态保护，立足生态涵养发展	秦　忆	建议、批评和意见	资源环境	市农发局	A	2017-06-12

续表4

序号	编号	建议标题	领衔代表	建议类型	内容分类	主办单位	办理结果	答复日期
42	181052	怀鸡路文井江镇境内路面损坏严重需维修	刘　霞	建议、批评和意见	交通邮电	市交通局	B	2017-06-06
43	181051	关于启动怀远古镇旅游开发规划的建议	金红兵	建议、批评和意见	发展规划	市文旅局	B	2017-07-27
44	181050	关于在何元路开通公共交通工具的建议	马建强	建议、批评和意见	交通邮电	市交通局	B	2017-06-06
45	181049	关于加大对“医闹”打击力度的建议	付　瑶	建议、批评和意见	教科文卫体	市公安局	A	2017-07-05
46	181048	关于结合李家岩建设和精准扶贫打造富强村旅游业的建议	付小兵	建议、批评和意见	商贸旅游	市文旅局	B	2017-07-27
47	181047	关于对场镇老旧供水系统进行改造的建议	杨本强	建议、批评和意见	社会事务与公共服务	市水务局	B	2017-07-07
48	181046	关于对怀远车站进行搬迁的建议	王艳旭	建议、批评和意见	交通邮电	市交通局	B	2017-06-13
49	181045	关于进一步加强和改进法院执行工作的建议	粟崇泽	建议、批评和意见	政法工作	崇州市人民法院	A	2017-06-13
50	181044	加强白马河上游污染治理的建议	朱幼彬	建议、批评和意见	资源环境	市水务局	B	2017-07-07
51	181043	崇双货运大道大划段江源路十字路口安红绿灯的建议	曹　洪	建议、批评和意见	交通邮电	市交通局	A	2017-06-15
52	181042	戚家湾水闸桥拓宽改造的建议	陈俊林	建议、批评和意见	交通邮电	市交通局	B	2017-06-21
53	181041	尽快实施大划城镇道路改造的建议	宋丽华	建议、批评和意见	交通邮电	市交通局	A	2017-06-07
54	181040	关于为迎接崇庆中学百年校庆，加强学校校园文化建设和部分硬件建设的建议	李　俊	建议、批评和意见	教科文卫体	市教育局	B	2017-06-20
55	181039	关于完善鸡冠山国家级森林公园相关配套的建议	刘洪彬	建议、批评和意见	商贸旅游	市农发局	B	2017-06-12
56	181038	关于崇州市永安村白马河整治的建议	施会如	建议、批评和意见	资源环境	市水务局	B	2017-07-07
57	181037	关于编写崇州乡土教材并在中小学校开设乡土课程的建议	杨凤鸣	建议、批评和意见	教科文卫体	市教育局	A	2017-06-14
58	181036	关于加强城区公厕建设与管理的建议	刘　铀	建议、批评和意见	城乡建设与管理	市城管局	A	2017-06-19

续表4

序号	编号	建议标题	领衔代表	建议类型	内容分类	主办单位	办理结果	答复日期
59	181035	关于贯通鸡冠山到九龙沟公路的建议	刘洪彬	建议、批评和意见	交通邮电	市交通局	C	2017-06-07
60	181034	关于对三江镇三桥工业点规范管理的建议	肖永忠	建议、批评和意见	工业经济	崇州市经济科技和信息化局	B	2017-08-17
61	181033	关于利用羊马河水域发展农业和旅游的建议	肖永忠	建议、批评和意见	商贸旅游	市委统筹城乡工作委员会	A	2017-06-20
62	181032	关于崇州大桥以北锦江段河堤及交通条件改造提升工程的建议	骆磅礴	建议、批评和意见	交通邮电	市水务局	B	2017-07-07
63	181031	关于三通道设立燎原出口的建议	刘乾富	建议、批评和意见	交通邮电	市交通局	C	2017-06-13
64	181030	关于增设崇州至桤泉公交的建议	周群如	建议、批评和意见	交通邮电	市交通局	B	2017-06-12
65	181029	关于乡镇集中供水的建议	李建强	建议、批评和意见	社会事务与公共服务	市水务局	B	2017-07-07
66	181028	关于加大对村社区干部待遇的建议	郑成强	建议、批评和意见	组织人事	隆兴镇	B	2017-06-05
67	181027	关于对集贤徐家渡大桥进行改建的建议	吕　鹏	建议、批评和意见	交通邮电	市交通局	B	2017-06-15
68	181026	关于在光华大道桤木河湿地南段入口从建设人行天桥的建议	罗　巍	建议、批评和意见	交通邮电	市交通局	B	2017-06-07
69	181025	关于解决隆兴场镇主要街道、村（社区）久联道路路灯安装问题的建议	骆　沙	建议、批评和意见	交通邮电	市城管局	B	2017-06-19
70	181024	关于对周澄波烈士故居进行保护和修葺并在三江镇塑立雕像的建议	刘　刚	建议、批评和意见	教科文卫体	市民政局	B	2017-07-17
71	181023	关于打造沙沟河和井水河的建议	宋文芳	建议、批评和意见	农林水利	市委统筹城乡工作委员会	A	2017-07-25
72	181022	关于修建观胜镇小学住宿楼的建议	宋文芳	建议、批评和意见	教科文卫体	市教育局	B	2017-06-16
73	181021	关于坚持“四区联动”指导思想，高标准打造文井江镇生态茶产业的建议	戴万川	建议、批评和意见	教科文卫体	市农发局	B	2017-06-12
74	181020	关于江源镇消除安全隐患建议	徐波洪	建议、批评和意见	交通邮电	市公安局	A	2017-07-05

续表4

序号	编号	建议标题	领衔代表	建议类型	内容分类	主办单位	办理结果	答复日期
75	181019	关于在经开区采取集中供热的建议	刘　刚	建议、批评和意见	教科文卫体	崇州市经济科技和信息化局	B	2017-08-16
76	181018	关于江源镇消除安全隐患建议	陈孟常	建议、批评和意见	农林水利	市水务局	B	2017-07-07
77	181017	关于加大提高养老服务质量引入第三方机构进行评估的建议	冯　莎	建议、批评和意见	社会事务与公共服务	市民政局	A	2017-07-17
78	181016	关于制定“全域旅游示范区”创建相关政策的建议	甘艳红	建议、批评和意见	发展规划	市文旅局	B	2017-07-25
79	181015	关于解决街子镇城乡居民饮用水问题的建议	周建军	建议、批评和意见	社会事务与公共服务	市水务局	B	2017-07-07
80	181014	关于加大对羊马镇域道路交通建设的建议	秦玉梅	建议、批评和意见	交通邮电	市交通局	B	2017-06-13
81	181013	关于加快统规统建安置房建设进度的建议	肖文安	建议、批评和意见	城乡建设与管理	市国土局	A	2017-06-16
82	181012	关于统规自建区基础设施遗留问题的建议	倪根华	建议、批评和意见	城乡建设与管理	市住建局	B	2017-08-01
83	181011	关于村（社区）两委干部发放年终绩效奖励的建议	倪根华	建议、批评和意见	社会事务与公共服务	崇州市人民政府崇阳街道办事处	B	2017-08-01
84	181010	关于2004—2005年三类人员入社保养老金遗留问题的建议	倪根华	建议、批评和意见	社会事务与公共服务	市人社局	A	2017-06-21
85	181009	关于加大力度对“城中村”改造的建议	倪根华	建议、批评和意见	城乡建设与管理	市住建局	B	2017-08-01
86	181008	关于加强对崇州市中小企业减负的建议	蒲　斌	建议、批评和意见	工业经济	崇州市经济科技和信息化局	B	2017-08-16
87	181007	关于对崇州市发展乡村旅游的几点建议	刘　铀	建议、批评和意见	商贸旅游	市文旅局	B	2017-07-20
88	181006	泊江河、干五里河河堤防险加固	甘艳红	建议、批评和意见	农林水利	市水务局	B	2017-07-07
89	181005	文井江镇清泉村1～5组饮水难问题	余仕英	建议、批评和意见	社会事务与公共服务	市水务局	B	2017-07-07
90	181004	李家岩水库建成后相关发展规划	余仕英	建议、批评和意见	发展规划	市水务局	B	2017-07-07

续表4

序号	编号	建议标题	领衔代表	建议类型	内容分类	主办单位	办理结果	答复日期
91	181003	建议将崇王路主线延伸至大邑工业区大约600米的路段	刘乾富	建议、批评和意见	发展规划	市交通局	B	2017-06-13
92	181002	建议改建崇王路主线——崇王路二支线间1300米的路段	徐　宏	建议、批评和意见	城乡建设与管理	市交通局	A	2017-06-13
93	181001	关于切实解决老龄工作经费的建议	韦金莲	建议、批评和意见	社会事务与公共服务	市民政局	A	2017-07-17

说明：分类中，A类为已经得到解决和基本解决；B类为正在解决或列入计划逐步解决；C类为受政策、管理权限、资金等因素制约，现阶段不能解决的

【信访工作】 信访是社情民意的重要窗口，全年共受理群众来信来访108件（批、次），督促“一府两院”依法办理了一批涉法涉诉以及征地拆迁、劳动社保等反映强烈的群访性信访案件，督促办理一批涉及个人切身利益的个案诉求，维护人民群众合法权益和社会稳定。

（王丹）

名词解释

两本三簿四表：两本是指人大代表联系选民登记本、选民接待日登记本；三簿是指人大代表活动情况登记簿、人大代表活动考勤登记簿、人大代表述职登记簿；四表是指人大代表联系选民征集意见登记表、人大代表服务或创办企业登记表、人大代表结对帮扶登记表、人大代表建言献策登记表。

崇州市人民政府

政府机构设置

Governmental agencies

【概况】 2017年，崇州市人民政府设置工作部门24个，即崇州市人民政府办公室、崇州市发展和改革局（崇州市粮食局）、崇州市经济科技和信息化局（崇州市知识产权局）、崇州市教育局、崇州市公安局、崇州市民政局（崇州市社会组织管理局）、崇州市司法局、崇州市财政局（崇州市国有资产监督管理办公室、崇州市人民政府金融工作办公室）、崇州市人力资源和社会保障局、崇州市国土资源局（崇州市不动产登记局）、崇州市环境保护局、崇州市住房和建设局（崇州市人民防空办公室）、崇州市城乡规划管理局、崇州市城乡管理局（崇州市综合行政执法局）、崇州市交通运输局（崇州市物流发展办公室）、崇州市水务局、崇州市农村发展局、崇州市商务和投资促进局、崇州市文化体育旅游局、崇州市卫生和计划生育局、崇州市审计局、崇州市安全生产监督管理局、崇州市市场和质量监督管理局（崇州市食品药品监督管理局、崇州市食品安全委员会办公室）、崇州市统计局；崇州市监察局与市纪律检查委员会机关合署办公，列入政府工作部门序列，不计入政府机构个数。市政府设置派出机构2个：成都崇州经济开发区管理委员会、崇州市旅游发展和景区管理委员会。市政府设置保留机构3个：崇州市大数据和电子政务管理办公室（崇州市人民政府应急管理办公室）、崇州市行政审批局（崇州市人民政府政务服务中心）、崇州市人民政府法制办公室，为设在市政府办公室的正局级行政机构。市政府直属事业单位7家：市档案局（馆）、市供销合作社联合社、市防震减灾局、市沼气办公室、崇州市市场服务中心、崇州市公共资源交易服务中心、崇州市职业教育培训中心（崇州市职业中专学校、崇州市技工学校、成都市技师学院崇州分院）。

【政府机构设置与变更】 6月28日，设立崇州市环境保护督察办公室（简称市环保督察办），设在市环保局；7月25日，经成都市委编办批准，将崇州市古镇景区管理局更名为崇州市旅游发展和景区管理委员会（简称市旅委），为市政府派出机构；7月25日，经成都市委编办批准，依托崇州市人民政府政务服务中心，组建崇州市行政审批局（简称市审批局），挂崇州市人民政府政务服务中心（简称市政务中心）牌子，为设在市政府办公室的正局级行政机构；9月8日，经成都市委编办批准，依托市人民政府应急管理办公室，组建崇州市大数据和电子政务管理办公室（简称市大数据和电子政务办），挂崇州市人民政府应急管理办公室（简称市应急办）牌子，为设在市政府办公室的正局级行政机构。

【“放管服”改革】 6月，召开市政府推进职能转变协调小组2017年第一次全体会议，成立协调小组下设的行政审批改革组、商事制度改革组等8个专题组和综合组、专家组等4个功能组，牵头负责崇州市“放管服”改革各项工作。印发了《崇州市2017年简政放权放管结合优化服务工作要点》《崇州市2017年行政审批制度改革工作要点》。在简政放权方面，切实推动相对集中行政许可权改革，10月，省政府正式批复，原则同意崇州相对集中行政许可权试点方案。在放管结合方面，着重推进“互联网+政务服务”，积极推动一站式智慧服务打造，同时，通过综合行政执法智慧服务平台一期建设，实现“互联网+综合执法”模式；在优化服务方面，推进行政审批标准化建设，优化审批大厅功能布局，积极开展“延时服务”，深化工商登记制度改革，抓好并联审批，在全市范围内进一步推进实施“多证合一”登记制度。

（屈浩春）

政府重要会议
Governmental important meeting

【市政府第一次全体会议】 10月16日，召开市政府第一次全体会议，会议对2017年前三季度工作进行了总结，安排了第四季度工作。市委副书记、市长欧昭主持会议并讲话，市委常委、常务副市长赵卫东通报了前三季度全市经济运行情况。市政府领导参加会议，市人大常委会、市政协领导应邀列席会议。

【市政府常务会议】 市政府全年召开常务会议26次，审议议题219项（详见表5）。议定主要事项有崇州市全民健身实施计划（2016—2020年）、崇州市惠民殡葬政策实施细则、崇州市2017年统筹城乡改革发展行动计划、崇州市“项目攻坚行动”实施方案、崇州市城乡困难群众临时救助实施办法、崇州市黑臭水体治理工作方案和崇州市主城区黑臭水体治理工作方案、崇州市饮用水水源保护管理办法、崇州市人民政府常务会议议事决策规则、崇州市自办群体性宴席食品安全管理实施细则、崇州市增花添彩实施方案、崇州市城区禁止露天烧烤区域管理规定等。

5月26日，市政府第五次廉政工作会议召开

2017年市政府常务会议主要议题一览表

表5

次别	时间	会议审议的主要议题
第三次	1月4日	学习《中华人民共和国环境保护税法》，推进“小规模、组团式、微田园、生态化”新农村综合体建设管理的实施意见（送审稿）、崇州市全民健身实施计划（2016—2020年）、崇州市惠民殡葬政策实施细则（送审稿）、崇州市污水处理收费标准调整方案（送审稿）、智慧教育项目有关事项，有关人事任免事宜
第四次	1月11日	学习《成都市党政领导干部生态环境损害责任追究实施细则（试行）》，《政府工作报告》确定的主要目标任务责任分解方案，修编羊马镇总体规划，小城镇（中心村）电网改造升级和“井井通电”工程合作协议，有关人事任免事宜
第五次	1月21日	成都·崇州润恒项目招商引资情况汇报，成都·崇州润恒城项目协议
第六次	1月23日	学习《中华人民共和国保守国家秘密法》和《保密法实施条例》，网络理政相关工作的情况汇报，2016年度安全生产工作总结和2017年工作计划情况汇报，“河长制”管理工作的意见，崇州市迎接环境保护督察工作方案（送审稿），崇州市环境保护工作职责分工方案（送审稿），崇州市环境空气质量考核激励办法
第七次	2月9日	学习《四川省贯彻〈中国共产党问责条例〉实施办法》，表彰2014—2015年度崇州市科学技术进步（专利）奖，2017年2月500万元以上待立项审批政府投资项目，崇州市水务工程质量安全监督管理办法（试行），大划镇白果村村庄规划，任命公安局督察长，有关人事任免事宜
第八次	3月3日	学习《四川省食品小作坊、小经营店及摊贩管理条例》，市监察局2016年工作情况报告暨2017年工作思路，成都崇州经济开发区、崇阳街道、羊马镇等十三个乡镇新建（规划）街道、小区、公园命（更）名，2017年3月500万元以上待立项审批政府投资项目，崇州市城乡环卫一体化PPP项目实施方案，崇州市2016年度审计工作情况汇报
第九次	3月10日	学习《四川省行政处罚听证程序规定》，安德在线崇州跨境电商产业园项目《投资协议书》及《补充协议书》
第十次	3月20日	学习《中华人民共和国民法总则》，2017年全市经济工作要点，崇州市高污染燃料锅炉大气污染物排放专项整治工作方案，崇州市2017年统筹城乡改革发展行动计划（送审稿），天府国际慢城项目投资合作协议书，崇州市全友路片区控制性详细规划
第十一次	4月13日	学习《四川省农村住房建设管理办法》，崇州市“项目攻坚行动”实施方案（送审稿），2017年4月500万元以上待立项审批政府投资项目，关于2017年崇州市民生实事实施事宜，实施崇州市“统一数字认证工程”项目
第十二次	5月4日	学习《成都市节约用水管理条例》，崇州市创建国家卫生城市工作实施方案，崇州市第四届运动会相关事宜，崇州市开展新型农业经营主体参与财政资金支持小型水利工程项目建设改革试点的实施方案，崇州市“一带一路”专项资金实施细则，有关人事任免事宜
第十三次	5月17日	学习《成都市人民政府关于完善重大土地资源配置的实施意见》，崇州市人民政府关于做好2017年安全生产工作的通知（代拟稿）
第十四次	5月26日	学习《成都市环境保护“十三五”规划》，2017年度崇州市河长制管理工作方案，崇州市集中式饮用水水源地环境保护整改方案，崇州市2017年度地质灾害防治方案，崇州市突发地质灾害应急预案，完善《崇州市征地补偿安置实施办法》，深化农业共营制推进农业供给侧结构性改革的实施意见，崇州市鼓励基层农技人员创新创业专项改革试点方案，全市消防安全形势分析及2017年消防重点工作安排，有关人事任免事宜

续表5

次别	时间	会议审议的主要议题
第十五次	6月15日	学习《中华人民共和国国家赔偿法》，划定畜禽养殖区域范围的实施办法（送审稿），崇州市气象事业发展“十三五”规划，加强城乡特困人员救助供养工作的实施意见，崇州市特色古镇旅游开发项目战略合作框架协议，崇州市科学技术奖励办法，崇州市大气污染防治行动实施细则2017年度实施计划，2017年崇州市水污染防治实施方案，崇州市突发环境事件应急预案（送审稿）
第十六次	6月19日	崇州市产业发展工作方案、崇州市产业扶持政策及《成都市产业发展白皮书》修改内容
第十七次	7月14日	学习《中华人民共和国水污染防治法》，崇州市法治政府建设实施方案（2016—2020年）（送审稿）及崇州市人民政府2017年度法治政府建设工作安排（送审稿），关于2017年上半年安全生产工作总结和下半年工作计划，2017年7月500万元以上待立项审批政府投资项目，崇州市城乡困难群众临时救助实施办法（送审稿），崇州市融入“一带一路”建设2017年工作计划（送审稿），崇州市创建“国家农业综合标准化示范市”实施方案（2017—2019年），崇州市黑臭水体治理工作方案和崇州市主城区黑臭水体治理工作方案，积极采用国际一流标准品质提升行动的实施方案（2017—2020年）
第十八次	7月24日	专项治理“微腐败”工作推进情况，崇州市政府购买棚户区改造服务管理暂行办法，建设全面体现新发展理念的国家中心城市构建成都市能源互联网战略合作协议，崇州市开放型经济目标管理办法，贯彻落实中央、省、市关于进一步加强政府债务管理和规范国有公司融资行为的意见，崇州市政府国有投资公司转型发展的实施意见
第十九次	8月8日	学习《中华人民共和国大气污染防治法》，市监察局2017年上半年工作总结暨下半年工作计划，崇州市全域增绿工作实施方案，城乡环卫一体化PPP项目实施情况，促进经开区低效工业建设用地待开发提升土地综合利用水平的实施意见，崇州市再生资源回收利用体系规划报告，填埋场生活垃圾污水应急抢险有关事宜，有关人事任免事宜
第二十次	8月18日	学习国务院《建设项目环境保护管理条例》，城南社区养老院项目建设运营方案
第二十一次	8月22日	学习《中华人民共和国统计法实施条例》，崇州市部分行政区划调整方案，崇州市工业企业综合效益评价办法，崇州市城镇污水处理设施建设（2017—2019年）推进方案，2017年8月份500万元以上待立项审批政府投资项目，崇州市饮用水水源保护管理办法，崇州市有突出贡献的拔尖人才选拔和管理办法（2017年修订）（送审稿），有关人事任免事宜
第二十二次	8月30日	学习《中华人民共和国网络安全法》，进一步加强文物工作的实施意见，崇州市贯彻落实成都市创新要素供给培育产业生态提升国家中心城市产业能级若干政策措施的实施方案，崇州市法治宣传教育第七个五年规划（2016—2020年），进一步规范农村小型公共基础设施村民自建项目管理，崇州市村级公共服务和社会管理改革项目发包及验收评议管理办法（试行）（送审稿），进一步加强政府投资建设项目审计监督的实施意见，崇州市计划生育特殊困难家庭扶助工作实施方案，有关人事任免事宜
第二十三次	9月14日	学习《成都市城乡规划条例》，2017年本级目标绩效考评体系情况，崇州市餐饮服务项目油烟、噪音污染协作共治机制实施暂行办法，崇州市背街小巷环境综合整治工作方案，崇州市社保经办管理服务现代治理体系建设实施方案
第二十四次	10月24日	学习近期国土供地政策解读，崇州市政府质量奖管理办法，2017年10月500万元以上待立项审批政府投资项目，加快促进冷链物流产业发展的实施意见
第二十五次	11月8日	学习《中华人民共和国行政监察法》，2017年1—10月行政复议诉讼案件分析报告，崇州市人民政府工作规则，崇州市2017—2018年秋冬季大气污染防治攻坚行动方案，崇州市重污染天气应急专项实施方案，实施“崇州治水十条”推进重拳治水工作方案，崇州市人民政府及领导班子成员安全生产职责清单（送审稿），聘请第五届市政府督学

续表5

次别	时间	会议审议的主要议题
第二十六次	11月28日	崇州市现代农业主体功能区管理体制改革实施方案
第二十七次	12月1日	学习《成都市市容和环境卫生管理条例》，崇州市人民政府常务会议议事决策规则，崇州市自办群体性宴席食品安全管理实施细则，崇州市增花添彩实施方案，崇州市城区禁止露天烧烤区域管理规定，2017年11月500万元以上待立项审批政府投资项目，进一步加强“散乱污”工业企业清理整治工作方案（送审稿）
第二十八次	12月15日	学习《成都市人民政府关于进一步推进政府和社会资本合作（PPP）的实施意见》，崇州市深化市属国有企业负责人薪酬制度改革的实施方案，崇州市政府性债务风险应急处置预案，国有投（融）资公司政府投资建设项目管理责任追究的办法，2017年棚户区改造项目有关事项，通过购买服务方式实施土地整理项目

（政府办）

办公室工作
Office work

【概况】 市政府办公室按照落实新要求、适应新常态、遵循新规则的工作原则，认真履行办公室参谋助手、综合协调、督查督办、服务保障的职能，为市政府领导提供了优质高效的服务，确保市政府各个部门、各项工作、各个环节的顺畅运转。

【公文办理】 市政府办公室进一步规范来文审查、发文审核、文件办理等规程，严把公文拟稿、审核、会签、签发程序关，提高公文撰写质量，减少公文差错，确保文件的流转顺畅和指令的上传下达。全年接收上级文件4400余件，传阅密级文件265件，接收部门和乡镇（街道）请示报告2900余件，自制文件600余件。

【会议办理】 高质量承办市政府全体会、市政府常务会、市长办公会等会议40余次。认真研究上级政策，精心起草工作报告、领导讲话、汇报材料等资料，全年完成各类重要文稿100余篇。其中，《政府工作报告》、市长办公会、专题会议确定的工作任务，及时分解落实到相关领导和职能部门，促进各项决策和目标任务的落实。

【信息调研】 市政府办公室坚持以全市中心工作和重大项目为抓手，总结特色亮点、反映突出问题，通过认真分析梳理，撰写调研报告和工作建议5篇；编发《政务信息》44期，刊载政务信息900条；上报成都市政府重要信息337条，采用85条。

【领导批示】 市政府办公室定期对文件的批示情况进行汇总，做好转办、催办工作，加强重大事项办理情况的跟踪反馈，使领导在第一时间准确、直观、形象地掌握进展情况。全年印制《领导批示》48期，办理主要领导批示事项1400余件。

【建议提案办理】 市政府办公室督促各部门和各乡镇（街道）完成并答复成都市人大代表建议7件、政协提案3件，督促办理崇州市人大代表建议93件、政协提案151件，按期办结率100%，确保“事事有回音，件件有落实”。

（政府办）

人事管理
Personnel Affairs Administration

【概况】 2017年，市人社局持续深化人事人才制度改革，扎实做好事业单位工作人员动态管理工作，积极开展各类人才摸底调研工作。被成都市人社局评为“2017年事业单位招聘考试先进单位”。

【公务员管理】 全面试行公务

员“1+5+1”平时考核模式，成功开发运行网上考核系统，受到中组部、省人社厅等领导的充分肯定并在四川省表彰奖励及公务员考核工作会上进行交流发言。扎实做好公务员职务职级并行工作，完成1320名公务员晋升条件审批工作。

【事业单位人事管理】 推进社区专职工作者职业化薪酬体系建设和党校薪酬改革，完成教育系统收入分配统计分析工作，建立中小学教师中（初）级职称评审委员会。积极推进社区专职工作者职业化薪酬体系建设和党校薪酬改革工作，完成教育系统收入分配统计分析工作。各类考试组织工作得到各级肯定和好评。

【人才引进】 成立人才政策研究小组，深入开展人才专题调研工作，研究制定出《崇州市大数据产业人才队伍建设扶持激励政策操作办法》《崇州市贯彻落实省市党代会精神、成都市“产业政策50条”“人才新政12条”重点工作责任分工》《崇州市拔尖人才管理办法》等贯彻落实“成都人才36条”和人才行动计划的相关配套文件或实施细则。全年面向社会公开招聘事业人员122人，其中向事业单位引进高层次人才46人。按政策帮助173名企业军转干部解困。扎实推进高校毕业生服务基层项目管理工作，创新开展了“大学生干部五个一”管理模式。

（周伟）

政务服务

Government affairs service

【概况】 2017年，崇州市人民政府政务服务中心设置服务窗口102个，集中办理行政审批事项和服务事项718项。市政务中心本级受理各类行政审批和服务事项739612件，办结739816件，其中网上办理（含网上预审）达办理总量的18.31%；乡镇便民服务受理31086件，办结32033件。全市各级政务服务机构均实现省政府行政审批事项按时办结100%的目标，群众满意率达99.9%以上。

【开展“延时服务”工作情况】 根据成都市政府、成都市政务中心关于“错时、延时服务”的工作要求，自8月1日起，全市政务服务系统试行“延时服务”，市政务中心，市人社局人才交流中心、社会保障中心，市公安局公安办证、出入境证件办理，市公证处，各乡镇（街道）便民服务中心等29家单位在法定工作日中午（12:00—13:00）提供延时服务；52个服务窗口在每周六9:00—17:00为群众提供延时服务；市政务中心在每周六9:00—17:00为企业（单位、组织）提供供预约服务。为扩大“延时服务”的知晓度，市政务中心在门户网站、崇州电视台、《今日崇州》、“@崇州服务”和各实体政务服务大厅进行了广泛宣传，确保“延时服务”落到实处。2017年，全市政务服务系统共延时办理各类审批服务事项4901件，其中市本级办理4532件，乡镇（街道）办理369件，预约服务38件。

【规范服务事项】 按照崇州市2017年“放管服”工作要求，进

政务大厅“延时服务”

政务大厅咨询引导站

一步精简行政审批事项，优化审批流程，加强事中事后全过程监管。承接上级下放审批事项4项，取消2项，全面落实《取消、调整和保留的省市县联审项目目录》，全面清理崇州现有的行政审批前置环节的技术审查、评估、鉴证、咨询等有偿中介服务事项，形成《崇州市行政审批中介服务事项目录》。

【深入推进效能建设】 推进行政权力依法公开规范运行，制定下发《关于加快推进行权平台事项录入工作的通知》，进一步加强行权平台管理和数据录入，持续有效推进行权平台工作运行。按照四川省、成都市及崇州要求，各行权部门对录入的行政权力事项进行动态管理，2017年，行权平台共计录入各类行权事项6116项，其中行政处罚5635项、行政强制178项、行政征收49项、行政裁决2项、行政确认29项、行政给付20项、其他行政权力203项。依托基层公开综合服务监管平台，形成市、区（市）县、乡镇（街道）、村（社区）四级一体基层公开综合服务监管网络，实现横联部门、纵贯村（社区）城乡全域覆盖，为广大基层群众提供全方位、综合性政务和公共服务，全年崇州基层公开综合服务监管平台信息录入总量67382条；累计访问量1175210人次；处理信件41条，向社会公开涉及民生政策及解读文本、解读人信息累计144条。2017年，“@崇州服务”政务新媒体共受理和办理网民诉求7707条，较2016年增长68.7%，其中涉及户籍、社会保障、环保、交通管理、市场监管、民政方面的诉求较多，诉求办结率100%，网民满意率99.6%。

【扎实开展“减证便民”专项行动】 按照国务院“减证便民”专项行动要求，抓好15项成都市村（社区）证明事项保留清单的宣传和落实工作。按照“只减不增”的要求，对村（社区）证明事项实行动态管理并建立退出机制，编印《成都市村（社区）证明事项保留清单材料汇编》3000册，畅通咨询投诉渠道，开展专项督查，防止“滥开证明”现象反弹，切实让便民利民落到实处。

【试点推进全省一体化政务服务平台】 崇州市作为成都地区试点，市政务中心牵头全市各相关行权部门、人民团体和党委部门严格按照四川省要求推进完成实施清单认领填报和行权事项测试运行工作。配合市大数据办，开展崇州市级自建系统梳理上报，完成与省一体化平台的对接。

【行政审批局筹备组建工作】 按照全市行政审批制度改革的总体要求，4月，成立市行政审批局筹备组，先后赴新津县、武侯区，广东佛山，江苏盱眙、如皋和浙江桐庐等地考察学习，并抽调了15名业务骨干充实筹备组，确保筹建工作积极有序开展。通过筹备组多次研究讨论，形成《崇州市深化相对集中行政许可权改革试点工作实施方案》，共涉及19个部门的许可事项163项和审批服务事项21项；配合编办初步拟定市行政审批局机构和人员编制；根据改革后审批机制重建需要，积极开展审批流程再造，建立“三单管理”的运行机制；优化功能布局，按照拟划转的行政审批事项和人员安排，设置公共服务区和审批服务区并聘请专家进行改造设计；夯实服务保障，对现有的便民设施、行政效能电子监察设备和信息化支撑软硬件设备等进行功能评估和需求分析，制定下一步升级改造方案；调整办公场所，保障成立后的行政审批局的正常运行。7月，市编办下发《关于设立崇州市行政审批局（崇州市人民政府政务服务中心）的通知》，依托市政务中心，组建崇州市行政审批局，挂崇州市人民政府政务服务中心牌子，市审批局（政务中心）内设10个机构（办公室、政策法规科、商事登记审批科、投资立项审批科、规划建设审批科、城管交通审批科、涉农事务审批科、社会事业审批科、监督管理科、财务科）和2个下属事业单位（行政审批服务中心和行政审批现场勘验中心）。

（刘星　岳艳）

政务公开与电子政务

Openness of government affairs and e-government

【概况】 2017年，崇州市结合实际情况，对政务公开工作要点任务进行分解，明确政府信息公开工作重点，贯彻落实四川省2017年政务公开工作要点，深入开展了行政权力清单、财政资金、公共资源配置、重大建设项目、公共服务、食品药品安全、环境保护等重点领域政府信息公开。全市各部门通过专题培训、工作会议等方式，加大教育培训力度，强化干部职工主动服务意识和责任意识，强化政府信息公开的监督指导工作。每季度定期发放通知，对政府信息公开工作提出具体要求，对发现的问题进行通报，并要求及时整改。崇州市大数据和电子政务管理办公室（崇州市人民政府应急管理办公室）依托电子政务外网基础设施建设，进一步加强崇州公众信息网（崇州市人民政府门户网站）的管理，深入推进电子政务项目建设与应用，提升网络理政平台信件的办结效率和回复质量，促进电子政务管理水平的提高。

【政府信息公开】 全市各级行政机关通过各种方式主动公开政府信息66967条。其中，市政府及相关部门主动公开44712条，乡镇（街道）主动公开22255条。全市各级行政机关共受理政府信息公开依申请665件。其中市政府受理146件，市级部门受理336件，各乡镇政府受理153件。申请涉及的主要内容有土地征用、房屋拆迁、财政资金、扶贫和行政执法等，全部依法依规给予及时答复。

【基层公开】 崇州25个乡镇（街道）的253个村（社区）深入开展了基层公开综合服务平台建设工作，共计录入信息84711条。全市重点栏目（基层民主活动、邻里互助、百姓生活、村级公共服务与社会管理项目）更新共计10799条。信箱信件共计收到42件，回复42件，无超时处理信件。

【公共企事业单位公开】 经清理后的公共企事业单位办事公开目录中保留公共企事业单位137家，涉及水、电、气、土地、教育、医疗、公共服务等行业，共发布信息8004条。

【政府网站管理和建设】 严格信息发布审核制度，加强政务信息公开力度。配合宣传部门开辟中共十九大精神宣传专栏，及时发布全市贯彻落实中共十九大精神主要措施和做法。切实做好政府网站安全防范工作，安排值班人员每日登录网站读网，做好中共十九大等敏感时期的政府网站安全排查工作，确保正确的舆论导向，防止出现不良言论。按照成都市的统一部署，要求原街子景区管理局、文旅局、教育局、检察院等部门的自建网站完成关闭工作。配合成都市完成崇州公众信息网服务器迁移至成都政府网站集约平台的有关事宜。崇州公众信息网主动公开各类政府信息14411条。

【电子政务外网的管理和建设】 完成崇州政务应用数据机房基础

环境建设，将原有政务应用机房的部分核心交换设备、服务器和安全设备迁移至新建机房，以达到政务应用机房的统一管理、统一建设和统一运维的目的。编制完成机房服务一体化解决方案，电子政务外网统一链路、互联网统一出口建设方案，并聘请第三方专业机构对方案的服务内容和购买年限进行专业评估，待市政府同意后予以实施。

2017年地震应急综合演练

【网络理政】 崇州市全年共收到成都市长公开电话11831件、成都市委书记信箱和成都市长信箱1490件、成都市短信工单33件、崇州市政府领导网络理政信件278件、崇州市长信箱9560件，崇州市长热线电话1016件，合计24208件，较2016年增长41.3%。以上信件全部办结，办结率100%，群众满意率为84.64%。打通成都市网络理政平台与综合行政执法智慧治理服务平台数据通道，实现一级平台向三级平台的事件（案件）派发，缩短事件（案件）处置时限。

（陈小兰）

应急管理和应急值守

Emergency management and duty

【概况】 崇州市大数据和电子政务管理办公室（崇州市人民政府应急管理办公室）负责全市突发性公共事件的综合协调和相关的组织管理工作；负责编制修订全市突发性公共事件总体应急预案；负责全市各类专项应急预案、部门预案、单位预案和大型活动应急预案的审查、备案、监督实施；指导乡镇人民政府（街道办事处）和市级部门、辖区各单位组织开展应急演练；负责全市应急队伍建设。2017年4月29日，市委、市政府总值班室正式运行，负责市委、市政府总值班工作；指导、监督乡镇人民政府（街道办事处）、市级部门应急值守工作。

【突发事件信息报送和值班值守管理】 总值班室自成立以来，认真贯彻落实成都市委、市政府和崇州市委、市政府关于值班工作的相关要求，不断提高自身能力建设，确保了市委、市政府值守工作正常运行。2017年，共接报各类突发事件信息154件，其中自然灾害类8件、事故灾难类69件、公共卫生类6件、社会安全类51件、其他类（猝死、自杀等）20件，共造成69人死亡45人受伤。

【应急避难场所建设】 崇州市将蜀城中学和隆兴镇小学作为崇州市Ⅱ类应急避难场所建设项目，为保质保量按时完成任务，按照市级领导指示，由民政局牵头，应急办和教育局协调配合开展应急避难场所建设的相关工作，根据省、成都市政府文件精神，崇州市政府文件精神，及时向崇州市政府申请该工程建设的专项经费。确定整个工程作为一个整体项目进行公开招标，项目建设资金由崇州市财政局拨付至民政局，由民政局组织整个工程的招标流程，分别为两所学校进行了双水源改造，并购置了相应的应急救援物资，配置了发电机、净水器，安装了标准化应急避难标牌标识等，项目建设资金结余部分由业主单位负责管理，作为应急避难场所维护等后续管理费用。崇州市Ⅱ类应急避难场所建设工作于11月底全面完成，并组织相关单位进行工程项目的验收工作。

【基层社区应急能力提升建设】 崇州市乡镇（街道）确定25个村（社区）作为全市第三批基层社区应急能力建设点位，立足基层村（社区）实际，建立了“六个有”，即一是有一套较为完善的村（社区）应急管理制度机制，二是有一支能迅速响应的村（社区）应急救援队伍，三是有一组适用可操作的村（社区）应急预案，四是有一批必要的村（社区）应急救援设施和装备，五是有一个运转高效的村（社区）应急指挥管理平台，六是有针对性的组织村（社区）群众开展应急宣传培训和演练的工作模式，扎实推进完成了2017年基层村（社区）应急能力建设工作。

【应急管理宣传培训和应急演练】 为进一步提升乡镇（街道）应急管理能力，结合地方村（社区）风险隐患特点，组织公安、安监、消防、红十字协会等相关部门，联合开展有针对性的安全应急知识技能培训。由成都市政府应急办和崇州市应急办联合举办的“成都市社区应急响应队示范培训”于3月13—17日在崇阳街道办三和社区、王场镇板槽村顺利开课。此次培训分为两班，参训人员均为崇州市各乡镇、街道村（社区）应急响应队员，共计180人，培训内容主要包括：村（社区）应急响应队伍的组织建设、村（社区）风险评估和灾害隐患排查、灾害医疗动作、简易搜救营救、灾后心理疏导、综合演练等，并对培训人员进行综合认定考评。2017年，全市开展局级领导应急管理培训2次，开展市级综合应急演练5次（包括地震应急综合演练、地质灾害避险演练、旅游安全应急突发事件救援演练、山洪灾害抢险避灾演练、校园应急疏散演练等），参与人数6万余人，重点部门和全市所有乡镇都开展了相应的应急演练工作。

（陈小兰）

群众来信来访
Letters and visits from people

【概况】 2017年，收到群众传统纸质件365件，接待人民群众781 批2677人次。信访量同比下降，信访人依法信访持续有序。信访局强化信访基础业务管理，规范办理信访案件，三项信访基础业务工作表现突出，受到成都市信访联席办的通报表彰2017年到省集访处置工作表现突出单位（表彰10个区县），2017年信访工作网上办理工作表现突出单位（表彰9个区县），2017年群众来信和领导留言办理工作表现突出单位（表彰8个区县）。圆满完成全国“两会”、“一带一路”、G20峰会、中共十九大等重大会议期间信访维稳工作。中共十九大期间信访维稳工作得到成都市信访联席办发文表彰。市信访局被省信访局、省人社厅评为四川省信访系统“三查三促三争当”活动先进集体，信访局局长刘毅评为先进个人。

【矛盾纠纷排查化解】 夯实基层基础工作，坚持矛盾纠纷每月一排查，对排查出的矛盾纠纷建立工作台账，按照“一岗双责”的要求，明确化解稳控责任，对突出的矛盾纠纷形成专报18期，使矛盾纠纷及早发现、及时化解、妥善处置，有效防止矛盾激化、累积和升级。在传统信访案件中，进京到省越级上访大幅度减少，重点进京人员案件中有8批16人息诉息访，及时处置群体性上访12批800余人。

【领导接访约访和包案】 深入基层大接访，主动沟通信访群众。在坚持群众接待中心定点接访的同时，集中开展基层走访、重点约访、专题接访、带案下访、上门回访等活动，重点对城乡建设、劳动社保、土地征用、涉军、非法集资、环境保护等领域的信访问题开展接访下访和督办，扎实开展市级领导信访包案工作，对属于崇州市职责范围内的突出信访问题、领导接访的重大疑难问题和上级交办件，落实领导包案，并在规定时间内全部办结。推动重大疑难信访问题

崇州市乡镇纪检干部就群众信访问题进行回访

的化解稳控，进一步密切党群关系。全年共有21名市级领导134次到群众接待中心接访群众94批378人次，群众诉求得到真实反映，合理诉求得到及时解决；省、市专项交办以及崇州自排信访积案难案共计77件，100%落实领导包案、化解和稳控责任。

【信访信息化运用】 拓宽和畅通信访渠道，灵通信息，确保群众依法上访。受理网上信访220件，人民网交办件95件，成都市转交办件349件，加大对信访信息化系统运用，实现网上流转，信访办理过程网上全透明，让群众信访少走路、少走弯路。

【压实信访事项化解责任】 深化“两学一做”学习教育成效，巩固和拓展信访积案攻坚化解工作，强化信访干部的群众观念和为民情怀，深入基层大调解，积极协调化解案件。结合开展“我为群众办件事”活动，局中层以上的干部深入基层、深入约谈信访群众，确保问题化解；下派信访干部到村（社区）当第一书记，在基层发挥先锋模范作用；对重大矛盾纠纷和突出信访问题，落实领导包案，深入项目现场，约谈、召开协调会，切实维护好群众利益。

【信访宣传】 创新信访法制宣传教育形式，扩大覆盖面增强针对性，引导群众合理合法表达诉求，把宣讲信访法律法规、告知信访人权利义务作为接待群众的必要内容，引导群众依法逐级走访，营造依法治信的社会环境。

（王艳梅）

档案管理
File management

【概述】 2017年，崇州市档案局、档案馆馆藏档案152个全宗（其中民国档案全宗3个，清代档案1个），206个立档单位，其中文书档案87469卷，专门档案6428卷（册）档。档案局本着“为党管档、为国守史、为民服务”宗旨，紧紧围绕市委、市政府中心工作，加强“三大体系”建设，扎实推进档案工作创新发展，不断提高服务经济社会发展的能力和水平，各项工作取得了新的进展。其中“精准扶贫档案工作”荣获成都市先进集体表彰。

【档案管理】 贯彻执行《中华人民共和国档案法》和《档案管理违法违纪行为处分决定》，有针对性地开展档案执法检查，有力推动了全市档案工作的开展。加强部门、乡镇、街道办档案管理工作。依法监督指导各乡镇、行政村、社区和市级各部门做好2016年档案资料的立卷归档，确保了档案资料的齐全完整，按照中央《关于加强和改进新形势下档案工作的意见》要求，加强档案室建设，逐步配备档案专用库房以及配套设施。

【档案服务】 加强对全市重点项目李家岩水库、琴鹤大桥、征地拆迁、移民、重大招商引资项目档案管理以及民营企业档案管理的指导工作。为服务“四改六治理”专项整治工作，安排专人对棚户区改造、老旧院落改造、老旧市场改造、河渠污染治理等前后面貌进行对照拍摄，以此见

档案库房

证全市经济社会的发展变化。加强全市11个乡镇16个相对贫困村村级档案管理，召开现场会，规范管理，配齐村级档案室设备设施，确保安全。做好迎接中央环境保护督察档案资料规范工作。成立档案局迎接中央环境保护督察档案资料规范领导小组，抽调业务骨干到市迎接中央环境保护督察档案资料组工作，通力协作完成此次环保资料规范、齐全、有序的迎检工作。加强民生档案的查阅利用服务工作，进一步做好全市重大活动和重要政务活动档案的采集管理工作。完成双重资料采集67余次，接待来馆查阅档案群众3500余人次，提供利用档案6895卷（盒）、7500件。提供利用资料198卷（册），查阅177人（次）；打印或复印档案资料15000多页，为利用者提供了方便快捷的档案信息服务。

【档案保护】 依据档案法的规定，做好市级各部门、各乡镇（街道办）到期档案的接收入馆工作，接收民生档案550盒，14870件，并做好到期档案的鉴定开放工作。落实库房安全管理责任制，切实做好档案管理“九防工作”确保档案安全。做好新接收入馆档案1500卷50万页进行全文数字化，完成重点档案抢救800余卷，民国档案文件级目录注录5.5万条，并完成档案异地备份工作。

【档案文化建设】 开展“6·9”国际档案日宣传活动。6月9—16日通过开展档案征文、设置宣传展板、发放宣传资料、开展档案咨询服务等形式，宣传档案法律法规、档案业务知识和服务社会、服务民生的惠民事例，进一步增强市民的档案意识。档案宣传上求突破，加大对档案工作宣传重要性的宣传，创新档案宣传渠道，注重扩大宣传的深度和广度，主动配合相关部门，采取多种宣传方式，努力把“死档案”换成“活信息”，为服务崇州发展建设。

（唐其凤）

名词解释

三单管理： 建立行政审批目录清单、审批程序清单、审批责任清单，形成“三单管理”的运行机制。

“四改六治理”： “四改六治理”中的“四改”指棚户区、城中村、老旧院落、老旧市场改造，旨在改善居民生活环境；“六治理”指大气雾霾、河渠污染、交通秩序、市容市貌、违法建设、农村环境的治理，旨在提升城乡环境品质。

档案管理“九防工作”： 档案库房的防虫、防霉、防潮、防火、防盗、防尘、防高温、防污染等“九防工作”。

政协崇州市委员会

政协机构

Political consultative conference agencies

【概况】 政协第十三届崇州市委员会有委员243人，其中女委员56人。下设经济农业委、提案委、社会法制委、民族宗教联谊委、文史学习委、教科文卫体委6个专门委员会和6个农村片活动小组，办事机构有办公室、委组办和研究室。

政协重要会议

Conference of the CPPCC

【市政协全委会议】 8月18日，政协崇州市第十四届委员会第二次会议召开。应到委员243人，实到201人。大会的执行主席为杨火清、王伟、陈刚、陈启舟、朱泽军、马灵。会议听取了市委常委、常务副市长赵卫东所作的崇州市人民政府关于2017年上半年全市经济社会发展情况的通报和下半年工作安排；听取政协副主席王伟所作的政协第十四届崇州市委员会关于2017年上半年工作总结和下半年工作安排；选举陈玲为政协第十四届崇州市委员会秘书长。会议强调，全体政协委员要按照成都市委提出的“东进、南拓、西控、北改、中优”十字方针的要求，履好职、尽好责、起好模范带头作用，多为市委工作献计献策，多为政府工作排忧解难。要带头开展招商引资，带头搞好生产经营，守住环境保护、安全生产和食品卫生

8月18日，政协崇州市第十四届委员会第二次会议召开

三条底线和红线，为崇州智能制造、优质粮油、康养旅游的进一步发展，为早日把崇州建设成生态宜居的现代田园城市做出更大的成绩和贡献。

【市政协常委会议】 市政协全年召开常委会会议4次，分别就如何加强委员履职工作、加强政协自身学习建设，围绕先进制造业基地打造、北部10万亩粮经旅示范基地建设、城乡规划建设等工作组织视察和听取通报，并提出建议。

【市政协主席会议】 市政协全年召开主席会议25次，分别协商讨论、安排部署2017年工作、调研课题、专题学习、重点提案等事宜。

2017年市政府常务会议主要议题一览表

表6

时间	会议次别	会议议题
1月12日	第一次常委会议	1. 传达学习成都市经济工作会议精神；2. 关于加强政协委员履职工作的管理意见
6月12日	第二次常委会议	1. 视察经开区企业；2. 法律知识培训；3. 经开区通报经开区工作情况；4. 经信局通报“打造成都重要的先进制造业基地”工作推进情况；5. 市政协常委建言献策；6. 有关人事任免；7. 市委、人大、政府领导讲话；8. 市政协主席作总结讲话
8月2日	第三次常委会议	1. 会前学法，学习《四川省城市建设管理条例》；2. 市规划局负责人介绍崇州市城乡规划工作情况；3. 市住建局负责人通报崇州市“城建攻坚”工作推进情况；4. 市政协常委建言献策；5. 市政府负责人通报2017年崇州市城乡规划、城乡建设工作；6. 协商决定有关人事任免事项；7. 领导讲话
9月22日	第四次常委会议	1. 会前学法，学习《中华人民共和国旅游法》；2. 市统筹委负责人介绍全市北部10万亩粮经旅示范基地建设工作情况；3. 市农发局负责人介绍全市都市现代农业样板区打造工作情况；4. 市政协常委建言献策；5. 协商决定有关人事任免事项；6. 领导讲话

2017年市政协主席会议议题一览表

表7

时间	会议次别	会议议题
1月9日	第一次主席会议	研究市政协近期工作
2月3日	第二次主席会议	研究市政协近期工作
2月13日	第三次主席会议	研究市政协2017年工作要点、重点视察调研等工作
3月3日	第四次主席会议	组织学习《关于加强和改进人民政协民主监督工作的意见》；传达学习成都市政协专题学习座谈会议精神和崇州市委会议精神；研究2017年重点提案工作等
4月5日	第五次主席会议	学习传达市委十三届第十五次常委（扩大）会议精神，研究政协近期工作
4月13日	第六次主席会议	视察崇州市交通建设推进情况
4月19日	第七次主席会议	视察崇州市生态环境保护工作
5月15日	第八次主席会议	研究市政协近期工作
5月22日	第九次主席会议	调研全域旅游、视察三郎陇海旅游项目建设推进情况
5月31日	第十次主席会议	研究市政协近期工作，传达学习省第十一次党代会精神等
6月19日	第十一次主席会议	研究市政协近期工作
7月3日	第十二次主席会议	传达学习成都国家中心城市产业发展会议精神，安排部署近期工作

续表7

时间	会议次别	会议议题
7月10日	第十三次主席会议	研究市政协近期工作
7月26日	第十四次主席会议	研究市政协近期重点工作
8月9日	第十五次主席会议	研究市政协近期工作
8月15日	第十六次主席会议	讨论政协第十届崇州市委员会第二次会议相关材料
8月31日	第十七次主席会议	组织学习成都市委常委、纪委书记王川红的讲话精神和崇州市党风廉政建设社会评价满意自主测评情况，通报全市近期重点工作，安排部署近期主要工作
9月11日	第十八次主席会议	研究市政协近期工作
9月18日	第十九次主席会议	研究市政协近期工作
10月9日	第二十次主席会议	传达成都市政协界别工作座谈会和崇州市卫生与健康工作大会精神，强调有关工作纪律，研究市政协近期工作
10月31日	第二十一次主席会议	传达学习市委召开的十三届二十六次常委会精神和中共十九大会议精神，研究贯彻落实工作
11月16日	第二十二次主席会议	传达学习成都市政协十四届第二十四次常委会界别负责人会议和崇州市委十三届第二十七次常委会议精神；安排部署市政协近期工作，同时还开展了信息化知识培训
12月4日	第二十三次主席会议	研究市政协近期重点工作
12月15日	第二十四次主席会议	专题协商《崇州市城市总体规划（2016—2035）》和《崇州市总体城市设计》座谈会
12月18日	第二十五次主席会议	研究市政协近期工作

政协工作

Political consultative conference work

【概况】 在中共崇州市委的领导下，自觉践行“五大发展理念”，全面贯彻落实省委“三大发展战略”、成都市委“157”发展总体思路、崇州市第十三次党代会确定的高标准打造“产业新城、品质崇州”的总体目标，紧扣改革开放、经济发展、社会进步、民生福祉、生态文明建设、脱贫攻坚等建言献策，协力做好稳增长、促改革、调结构、惠民生、防风险工作，为建设国家中心城市卫星城贡献智慧和力量。

【协商议政】 市政协各专委会和委员小组积极开展对口专题协商，通过委员学习活动、组织专题视察、参加工作会议等形式开展协商议政工作。提案委认真抓好《崇州市政协提案办理协商实施细则》和市政协十四届一次会议提案工作对口协商，有力推动提案办理。经农委积极为工业企业和农业界别委员搭建沟通交流和建言献策平台，组织与成都市政协农业界别、特邀界别、农工党对崇州“休闲农业与生态旅游发展”专题视察暨高标准农田建设的对口协商。科教委组织开展公办医院、私营医院对口协商，为崇州加快医疗卫生服务体系建设提供全方位多角度的意见和建议。社法委组织委员开展对崇州律师队伍、桤泉镇田园综合体建设、依法治市等对口协商，形成对口协商调研报告。民宗委积极构建与宗教界人士经常性联系走访、沟通交流对口协商机制，为挖掘崇州宗教文化资源，助推全域旅游建言献策。文史委组织民主促进会和文学艺术界别委员到羊马、崇平等乡镇就基层公共文化服务体系建设、文化管家和文学艺术创作工作开展对口协商。

【民主监督】 市政协全面贯彻落实中共中央《关于加强政协民主监督工作的意见》，紧紧围绕基本民生、热点民生、公平民生开展监督，先后围绕“十三五”规划实施情况、提案办理工作、城乡供水一体化和城乡环卫一体化、美丽新村建设、生态环境保护、脱贫攻坚、文化根脉、食品药品、依法行政、安全生产工作等11项内容开展民主监督。市政协还组成7个明察暗访组，深入全市25个乡镇（街道）、经开区和部分企业，对全市环境保护工作情况进行明察暗访，形成《关于开展环境保护明察暗访工作情况的报告》，市委主要领导作重要批示，并安排相关单位整改。同时，结合全市开展环境保护“三大战役”工作，编印《环境保护知识手册》，受到各界好评。

【参政建言】 市政协积极推动人民政协制度建设的完善，促进参政议政职能的发挥。市政协主席会议组成人员通过列席市委常委会议、市人大常委会议、市政府常务会议等形式进行协商；市委中心组专题学习会议，政协领导和各委室主任认真参加；市上重大会议或重大活动，政协领导积极参与。同时，市政协积极做好市委安排的专项督导工作，先后两次组成6个督导组，分别开展落实中共十九大以及四川省、成都市和崇州市党代会重点任务完成情况的蹲点督导工作。

【专题调研】 市政协按照“产业新城、品质崇州”的发展定位和建设生态宜居的现代田园城市的总体目标，以“两区一基地”为重点，聚焦智能制造、优质粮油、康养旅游三大生态圈建设，开展专题协商、视察调研。组织完成政府工作报告、乡镇（街道）行政区划调整、城市总规及城市设计专题协商。政协常委会4次开展对生态环境保护工作、打造智能制造基地、北部10万亩粮经旅示范基地、城市重大基础设施建设情况进行视察。政协主席会议开展了智慧交通、智慧医疗、康养旅游、民族宗教、依法行政等12个方面的视察调研。视察调研中，委员们仔细看、认真听、建净言、献良策，为党委、政府提供许多有价值的意见建议。同时，还与成都市政协开展

崇州市政协主席杨火清（左二）一行调研指导崇州法院工作

市政协视察教育优质均衡高位发展工作

市政协视察智慧医疗建设

李家岩水库建设、农业共营制、林业共营制、农村集体土地“三权分置”、康养旅游、智能制造、大数据等专项视察，成都市政协形成的专项视察报告报送成都市委、市政府，得到成都市相关领导的高度重视，助推崇州经济社会的发展。

【提案办理】 市政协高度重视提案办理工作，召开会议进行动员，明确办好提案的具体要求，并积极联系协调市政府和相关单位，共同做好提案办理工作。2017年，共收到提案240件，审查立案151件，办结率达100%。在2017年省政协会议期间，代表成都市出席委员和列席人员提出的《关于建立治理雾霾联动机制的建议》，受到成都、宜宾、资阳、攀枝花等本组参会人员的充分肯定；委员提出的《关于李家岩水库饮用水源地保护实施生态补偿机制》的提案被成都市政协所采纳，《关于光华大道（崇州至温江段）道路绿化升级改造的建议》被市委市、政府所采纳，改造工程现已完工通车。

2017年政协崇州市委员会委员提案、建议一览表

表8

编号	提案标题	提案者	提案类型	内容分类
141001	关于推进崇州市生态文明建设的建议	陈有智	会议期间提案	资源环境
141002	关于尽快启动培育和扶持优质企业上市发展工作的提案	秦世革	会议期间提案	工业经济
141003	崇州市食用菌产业发展现状及对策建议	杨　建	会议期间提案	农林水利
141004	关于在中医药领域加强大数据应用的提案	陈　刚	会议期间提案	教科文卫体
141005	大力发展崇州市通用航空产业—航空运动产业打造西南地区一流的低空旅游基地	鲁　涛	会议期间提案	商贸旅游
141006	利用崇州产业，发展乡村旅游	宋遵友	会议期间提案	商贸旅游
141007	鼓励社会组织参与创新创业助力“产业新城、品质崇州”打造	张桂铭	会议期间提案	其他
141008	关于加强崇州市山地片区全域旅游发展的建议	李　捷	会议期间提案	商贸旅游
141009	关于集贤乡姚林酒传统村落保护与开发的建议	骆妍杉	会议期间提案	商贸旅游
141010	关于进一步加强安全监督的建议	王钰菡	会议期间提案	社会事务与公共服务
141011	优化教育布局	秦　婧	会议期间提案	教科文卫体
141012	华怀路三江段增设交通设施的建议	陈加勇	会议期间提案	交通邮电
141013	关于组建崇州市大数据管理局的提案	陈　刚	会议期间提案	其他
141014	做好青少年科技创新工作　助推崇州科教事业全面发展	帅志军	会议期间提案	教科文卫体
141015	建议规范或拆除滨河路东西岸的茶摊	陈晓红	会议期间提案	城乡建设与管理
141016	关于协调解决市中心广场显示屏与商家音响的建议	谢松清	会议期间提案	其他

续表8

编号	提案标题	提案者	提案类型	内容分类
141017	关于对周澄波烈士故居进行保护和修葺并在三江镇塑立雕像的提案	陈　刚	会议期间提案	教科文卫体
141018	在鸡冠山乡设立国家森林公园专属管理机构	李良俊	会议期间提案	城乡建设与管理
141019	关于崇州市公厕的几点建议	陈晓红	会议期间提案	城乡建设与管理
141020	关于修建廖家白云路延伸段的建议	刘学鹏	会议期间提案	交通邮电
141021	关于加快统规统建安置房建设进度　让群众早日住进安居房的提案	胡青卿	会议期间提案	社会事务与公共服务
141022	关于在经开区实行集中供热的建议	冯　涛	会议期间提案	工业经济
141023	加强对崇州市二手车交易市场的管理工作	余　刚	会议期间提案	城乡建设与管理
141024	关于当前形势下农村留守老人的身心与消费问题	吴志红	会议期间提案	其他
141025	加强崇州市乡镇金融自助服务　促进农村电子商务发展	何　麟	会议期间提案	财税金融
141026	关于加快崇州市沿山乡镇农家乐提档升级促进乡村旅游发展的建议	方志勇	会议期间提案	商贸旅游
141027	关于建设崇州电动汽车充电站（桩）和专用停车位的提案	雷嘉庆	会议期间提案	发展规划
141028	关于提高山区乡镇村公建设类项目最高限价的建议	方志勇	会议期间提案	城乡建设与管理
141029	关于尽快启动崇州市地铁建设规划工作的建议	朱泽军	会议期间提案	发展规划
141030	关于日间照料中心管理和建设的几点建议	宿　红	会议期间提案	社会事务与公共服务
141031	关于白塔湖景区公共设施管理的几点建议	高斌成	会议期间提案	城乡建设与管理
141032	关于区域特色农产品电商集中配送的建议	杨贤强	会议期间提案	农林水利
141033	关于企业转型升级所遇到的互联网服务公司缺失的问题	张　滔	会议期间提案	工业经济
141034	就多方融合，发展乡村旅游的几点想法	蒲茂军	会议期间提案	商贸旅游
141035	加强公民个人信息安全保护的建议	雷成杰	会议期间提案	其他
141036	以“文化旅游”作为切入点，提升崇州城市品质	李瑶盖	会议期间提案	教科文卫体
141037	将“崇州经开区打造成现代化产业新城”的建议	崔世俊	会议期间提案	工业经济
141038	商业综合体布局不合理造成交通拥堵	方　鹏	会议期间提案	城乡建设与管理
141039	关于加强崇州市城区交通基础能力建设的建议	季志忠	会议期间提案	城乡建设与管理
141040	关于进一步推进企业上市的建议	方　驰	会议期间提案	工业经济
141041	关于增加停车供给的建议	黎昌国	会议期间提案	城乡建设与管理
141042	改善崇州市人民医院门口堵车问题	白　燕	会议期间提案	城乡建设与管理
141043	关于打造崇州市数字娱乐产业的建议	方　驰	会议期间提案	教科文卫体
141044	关于缓解高峰时段堵车的建议	雷成杰	会议期间提案	城乡建设与管理
141045	关于加强校园周边食品安全监管的建议	宋晓跃	会议期间提案	教科文卫体
141046	关于积极发展崇州市公共交通事业的建议	李思蓓	会议期间提案	交通邮电
141047	关于崇州市社会工作建设的建议	民　革	会议期间提案	社会事务与公共服务
141048	关于修建华怀路与成温邛高速崇州出入口连接线的提案	秦世革	会议期间提案	交通邮电

续表8

编号	提案标题	提案者	提案类型	内容分类
141049	关于加快新型城市社区建设的建议	胡艳清	会议期间提案	城乡建设与管理
141050	关于优化企业生产经营环境的提案	王　宽	会议期间提案	工业经济
141051	农业服务标准化　产品安全可追溯	艾　攀	会议期间提案	农林水利
141052	关于园区出行不方便的提案	王　利	会议期间提案	交通邮电
141053	关于加强南部新城学校片区街面管理的提案	张新艳	会议期间提案	城乡建设与管理
141054	对于城乡信息化的建议	李　柯	会议期间提案	教科文卫体
141055	关于白塔湖环湖路车辆限行，完善设施的建议	李惠君	会议期间提案	城乡建设与管理
141056	关于以余旭精神为重点深化崇州市爱国主义宣传教育的建议	张　琳	会议期间提案	教科文卫体
141057	做好青少年科技创新工作助推崇州科教事业全面发展	帅志军	会议期间提案	教科文卫体
141058	关于引进和留住高层次人才的建议	张　琳	会议期间提案	组织人事
141059	加快文创产业发展　打造国家级全域旅游示范区	杨　虎	会议期间提案	商贸旅游
141060	关于加大支持家庭养猪场力度的提案	唐春祥	会议期间提案	农林水利
141061	关于崇州市不动产登记工作的建议	李　毅	会议期间提案	社会保障
141062	关于市妇幼保健院第二住院大楼建设项目的提案	姚　山	会议期间提案	教科文卫体
141063	关于崇州优势产业参与国际市场合作的建议提案	文继恩	会议期间提案	工业经济
141064	对于世纪大道和光华大道的建议	刘正全	会议期间提案	城乡建设与管理
141065	关于开展以无人机为载体的大数据应用的建议	王云辉	会议期间提案	交通邮电
141066	建议加强对崇州市民营医院和诊所管理、出其健康发展为崇州社会事业和民生健康提供好的保障	高玉勇	会议期间提案	教科文卫体
141067	关于加强幼儿园、小学附近小学和放学时间段交通管理的提案	唐铭民	会议期间提案	交通邮电
141068	关于引进沿海家具产业以加快人才流动的提案	沈闯新	会议期间提案	组织人事
141069	关于加强公共场所小摊小贩安全管理的建议	曹　蓉	会议期间提案	城乡建设与管理
141070	茶开发保护的建议	杨　军	会议期间提案	商贸旅游
141071	迎接高考新改革，开齐教育各课程	张志敏	会议期间提案	教科文卫体
141072	促进崇州市企业向印度发展的提案	王　军	会议期间提案	工业经济
141073	关于教育均衡化的建议	秦　婧	会议期间提案	教科文卫体
141074	建设项目品质崇州高速路出入口道路两侧建筑绿化应提档升级	施启军	会议期间提案	城乡建设与管理
141075	促进家具出口　增强企业实力	王建兵	会议期间提案	工业经济
141076	关于协商解决农村产权抵押登记问题的提案	苏琦琦	会议期间提案	社会事务与公共服务
141077	关于尽快解决街子场镇自来水供需矛盾的建议	吴　刚	会议期间提案	教科文卫体
141078	关于加强专科医疗机构发展的提案	龚学伟	会议期间提案	教科文卫体
141079	关于解决外来务工人员子女教育问题的建议	杨卫国	会议期间提案	教科文卫体
141080	关于完善公共交通的建议	张　琳	会议期间提案	社会事务与公共服务

续表8

编号	提案标题	提案者	提案类型	内容分类
141081	关于城南新城建设和城乡环境治理的几点建议	杨　兵	会议期间提案	城乡建设与管理
141082	打造成都卫星城的养老基地	李法可	会议期间提案	教科文卫体
141083	城市交通拥堵问题	曾　猛	会议期间提案	交通邮电
141084	关于健全农产品安全保障网络的提案	何　强	会议期间提案	教科文卫体
141085	加强食品安全监管的建议	王钰菡	会议期间提案	社会保障
141086	改善投资环境，支持企业上市发展	张景忠	会议期间提案	工业经济
141087	关于“北部10万亩粮经旅综合示范区”发展乡村旅游的建议	尹朝红	会议期间提案	教科文卫体
141088	关于高标准打造北部10万亩粮经旅示范基地的建议	杨　婷	会议期间提案	其他
141089	关于宗教文化在全域旅游中的作用和发展建议	康　瑛	会议期间提案	民族宗教
141090	关于加强城市公厕的建设与管理	叶　蓉	会议期间提案	社会事务与公共服务
141091	关于促进民营医院健康发展的提案	胡艳清	会议期间提案	教科文卫体
141092	关于修建崇王路至大邑工业园延伸线的建议	王家家	会议期间提案	交通邮电
141093	关于加大对创新、创业企业帮扶力度的提案	王　宇	会议期间提案	工业经济
141094	关于将观胜镇青柳村王家院子纳入全市北部10万亩粮经旅示范基地项目打造范畴的建议	杨　婷	会议期间提案	发展规划
141095	关于科学编制紫竹遗址保护与利用规划的建议	张俊文	会议期间提案	发展规划
141096	充分发挥军民办优质幼儿园作用，缓解入园难问题	吕　冰	会议期间提案	教科文卫体
141097	关于四川豪芸通用航空有限公司发展的建议	王　波	会议期间提案	商贸旅游
141098	让行业协会的资源优势在崇州市乡村建设中为乡创者发挥专业作用的建议	李雪梅	会议期间提案	社会事务与公共服务
141099	关于进一步做好新型职业农民（职业经理人）培训建议	李　毅	会议期间提案	组织人事
141100	关于崇州市在农业领域大力推进“互联网+”的思考	民　革	会议期间提案	教科文卫体
141101	关于尽快设立民营企业应急周转资的提案	刘　旭	会议期间提案	教科文卫体
141102	关于尽快启动崇州市地铁建设规划工作的建议	朱泽军	会议期间提案	交通邮电
141103	串起景点项链，助推国家全域旅游示范区建设	余成茜	会议期间提案	商贸旅游
141104	关于借力云计算和“互联网+”模式开展政府大数据基础应用的建议	王云辉	会议期间提案	社会事务与公共服务
141105	关于如何将“规模企业培育”计划真正落到实处的建议	叶建伟	会议期间提案	工业经济
141106	关于增强白塔湖环湖公共设施的几点建议	高斌成	会议期间提案	商贸旅游
141107	三江道路、基础设施及配套建设	雷志强	会议期间提案	城乡建设与管理
141108	关于交通拥堵和停车问题的建议	唐　佳	会议期间提案	交通邮电
141109	完善社会保障体系　建立健全服务机制	闵荣曦	会议期间提案	社会保障
141110	关于和规范崇州市物业管理的提案	毛　丽	会议期间提案	城乡建设与管理
141111	关于加大对崇州市大气污染和水源污染，环保执法力度的提案	方浩宇	会议期间提案	资源环境
141112	关于缓解停车难建议	叶嗣康	会议期间提案	交通邮电

续表8

编号	提案标题	提案者	提案类型	内容分类
141113	关于引导崇州市民营企业经济战略升级的建议	民　革	会议期间提案	教科文卫体
141114	关于新常态下崇州工业转型升级的建议	民　建	会议期间提案	教科文卫体
141115	关于加强城市建设的几点建议	张　耿	会议期间提案	教科文卫体
141116	关于加强和规范崇州市物业管理的提案	毛　丽	会议期间提案	教科文卫体
141117	关于散装水泥行业发展有关问题的思考和建议	赵　彬	会议期间提案	城乡建设与管理
141118	建筑垃圾回收综合利用问题需引起高度重视	余　刚	会议期间提案	资源环境
141119	关于“海绵城市”建设有关问题的思考和建议	赵　彬	会议期间提案	发展规划
141120	关于禁止在农田内开展草坪种植的建议	张　耿	会议期间提案	农林水利
141121	关于加强对城镇职工基本医疗保险定点药店监管的提案	龙晓梅	会议期间提案	社会保障
141122	关于引进优秀教师的提案	张新艳	会议期间提案	组织人事
141123	关于在桤木河湿地公园建艺术基地的建议	蒲稀有	会议期间提案	教科文卫体
141124	关于规范管理整治崇州市区电动车三轮车的提案	刘成军	会议期间提案	城乡建设与管理
141125	关于做好专利资助金保障　打造国家知识产权强县工程示范县的提案	方　驰	会议期间提案	其他
141126	关于整治金带街占道经营的提案	徐梓轩	会议期间提案	城乡建设与管理
141127	增加“应届大学生和初级人才”的鼓励政策	储九荣	会议期间提案	组织人事
141128	关于整合资源　凝聚力量　着力关心关爱留守儿童的建议	罗艳丽	会议期间提案	教科文卫体
141129	加强政府投资建设项目中绿化工程养护管理	罗海燕	会议期间提案	城乡建设与管理
141130	关于加快新型城市社区建设的建议	胡岩松	会议期间提案	社会事务与公共服务
141131	关于在元通二江桥处设立平叛烈士殉难处纪念碑的建议	马　灵	会议期间提案	教科文卫体
141132	合理规划崇州市城区停车场所，切实解决机动车停车难问题	余远军	会议期间提案	交通邮电
141133	利用创新活动吸引高级人才向崇州流动促进产业发展	皮建军	会议期间提案	组织人事
141134	崇州中小企业工业垃圾的处理	向　玮	会议期间提案	工业经济
141135	关于F1基地废置问题的建议	李皓碧	会议期间提案	教科文卫体
141136	关于尽快启动崇阳新城体育馆建设的建议	沈术强	会议期间提案	教科文卫体
141137	关于加大提高养老服务质量引入第三方机构进行评估的建议	刘学鹏	会议期间提案	教科文卫体
141138	关于培育和发展音乐舞蹈艺术丰富崇州市人民群众文化生活的建议	王云辉	会议期间提案	教科文卫体
141139	将九龙沟打造成为地质公园旅游景区	吴自红	会议期间提案	商贸旅游
141140	“加强法治教育的引导培训刻不容缓”的建议	罗艳丽	会议期间提案	政法工作
141141	关于崇州市中小学周边餐饭，小食摊贩的治理建议	王建伟	会议期间提案	教科文卫体
141142	关于打造重庆路“国际自驾赏花节”成为崇州旅游发展的一张名片的提议	王　雄	会议期间提案	商贸旅游
141143	关于进一步加强崇州市青少年毒品预防教育的建议	刘国虎	会议期间提案	政法工作
141144	关于解决停车难的建议	胡　诚	会议期间提案	城乡建设与管理
141145	加强城市管理的建议	李艾国	会议期间提案	城乡建设与管理

续表8

编号	提案标题	提案者	提案类型	内容分类
141146	政府应重视小区内车辆占用消防通道导致安全隐患的提案	王晓宁	会议期间提案	城乡建设与管理
141147	对崇州市低保人群实施治疗救助的设想	朱志忠	会议期间提案	教科文卫体
141148	关于医疗介入精准扶贫（因病致残、因病致贫）的建议	李文江	会议期间提案	社会保障
141149	关于加强对崇州市10万亩良田、稻乡旅游环线进行提档升级、更新打造的建议	董治康	会议期间提案	农林水利
141150	《关于加强崇州市游泳池管理的建议》	李皓碧	会议期间提案	教科文卫体
141151	关于加快推进崇州市现代林业发展的建议	陈启舟	会议期间提案	农林水利

【服务管理】 市政协为推动委员履职服务与管理，深入调研视察，充分调动委员履职积极性。建立委员履职情况登记制度，完善委员年度考核工作，印发《政协崇州市委员会委员履职考核办法》。开展主席会议成员走访委员联系服务工作，全年走访新任委员185人次。做好委员调整、增补的联系服务工作，根据工作需要，对调出崇州市的委员及时进行调整。

【文史理论研究】 市政协在换届以后及时调整、选聘了28名文史研究员，完成了《崇州文史资料》第31辑的征稿整理工作，已经出版发行；完成了《崇州简史》第三次专题评审会，省、市专家对崇州编撰工作给予高度评价。同时，政协书画院聘任新一届院长、副院长、秘书长和42名书画师，开展“喜迎十九大，欢度国庆节”书画展，受到广大市民的好评。

【互动交流】 市政协全年在《光明日报》《人民政协报》《中国日报》《四川政协报》等中央和省、市级媒体上发表理论研究和宣传文章50多篇，其中《做改革“促进派”和发展“实干家”》被《光明日报》采用，受到各界广泛关注。同时，市政协加强与上级政协的联系，积极争取上级政协的指导，切实做好外地政协到崇州学习考察、经验交流等工作，宣传崇州，扩大影响，四川省、成都市政协先后到崇州开展智能制造、优质粮油、康养旅游和李家岩水库建设情况、成都市农村土地“三权分置”等专题调研，成都市政协领导应邀到崇州为市委中心组作了“落实‘西控’战略、推进旅游发展”的专题学习辅导，中国国际贸易促进会四川省委员会、农工党成都市委员会、民革成都市委员会、民盟成都市委员会领导到崇调研，广西、辽宁、陕西等省内外政协考察团26批次300多人次到崇州参观考察。

（何伟）

名词解释

“157”发展总体思路：是成都市委十二届七次全会确定的当前和今后一个时期，成都发展的总体思路。“一个目标”即建设国家中心城市；“五维支撑”即西部经济中心、西部科技中心、西部文创中心、西部对外交往中心和西部综合交通枢纽；“七大任务”即城市空间、城市动力、城市经济、城市文化、城市生态、城市民生、城市治理。

【概况】 市纪委、市监察局合署办公，设置行政编制30个，在职人员28人，领导班子7人。内设办公室、党风政风监督室、组织部、研究室、宣传部、信访室、案件审理室、案件监督管理室、第一纪检监察室、第二纪检监察室、第三纪检监察室11个职能室（部）。全市25个乡镇（街道）纪（工）委，配备纪（工）委书记、副书记和纪委委员86人；设置市纪委（监察局）派驻机构行政编制56个、政法专项编制6个，实际派驻市级部门纪检监察机构40个、40人。2017年，崇州市纪委坚持全面从严治党，以推进“七大工程”建设为龙头，聚焦监督执纪问责，持续巩固崇州良好政治生态，工作成效得到群众肯定和上级关注，检控类信访举报比2016年同期下降17.7%，《人民日报》《中国纪检监察报》等中央、省、市各级媒体报道崇州党风廉政建设工作130篇，党风廉政建设“两个责任”考核均进入成都市先进行列。

【重要会议】 全年召开各类重要会议8次，会议分别围绕述责述廉，学习贯彻中央、省、市纪委会议重要精神，治理“微腐败”，党风廉政建设等内容展开。

12月29日，中共崇州市第十三届纪律是委员会第四次全体会议在市委召开

表9

2017年市纪检监察重要会议一览表

序号	会议名称	会议内容	会议时间	会议地点	参会人数
1	市纪委十三届二次全会	专题述责述廉	2017年1月12日	市委1号楼五楼会议室	123人
2	市纪委十三届三次全会	学习贯彻十八届中央纪委七次全会、省纪委十届六次全会和成都市纪委十二届九次全会精神，总结2016年全市党风廉政建设和反腐败工作，安排部署2017年工作	2017年3月9日	市委1号楼五楼会议室	221人
3	全市专项治理“微腐败”工作动员部署会	对全市开展专项治理“微腐败”工作进行动员部署	2017年5月18日	宫保府大会议室	119人
4	2017年全市纪检监察系统干部集中业务培训	纪检监察系统干部集中业务培训	2017年6月20日、21日	崇州市妇女儿童和青少年活动中心	170人
5	全市专项治理“微腐败”工作推进会	总结前段时间开展专项治理“微腐败”工作情况，对下一阶段工作进行安排部署	2017年7月6日	市委1号楼五楼会议室	131人
6	党风廉政建设专项工作会	对全市纪检监察系统实施“推进‘七大工程’建设，全面争创一流业绩”工作进行动员部署；通报崇州市党风廉政建设满意度自主测评情况；对环保领域追责问责工作进行通报	2017年8月25日	市委1号楼五楼会议室	147人
7	全市党风廉政社会测评工作动员会	安排部署2017年下半年党风廉政社会测评工作	2017年9月20日	市委1号楼五楼会议室	216人
8	市纪委十三届四次全会	专题述责述廉	2017年12月29日	市委1号楼五楼会议室	167人

【压紧压实“两个责任”】 推动市、乡两级党组织和党员领导干部切实担负管党治党政治责任，巩固齐抓共管的工作格局。创新建立“清单制+责任制+问效制”工作机制，协助市委将党风廉政建设和反腐败工作细化分解为8类51项具体任务，确定责任领导13人，牵头部门29个；将清单管理延伸到国有投融资公司、学校、医院和村（社区）等基层单位，构建起纵向到底、横向到边的责任网络；加强对同级党委领导班子成员监督，点对点向市委市政府领导班子成员报送廉情通（专）报；综合运用提醒约谈、述责述廉、考核评价、责任追究等“组合拳”倒逼责任落实，召开纪委全会专题听取15名领导干部述责述廉，约谈17个单位主要负责人，问责党员干部24件26人、党组织1个。

【持续正风肃纪】 制发《关于开展正风肃纪集中督查的通知》，组建6个督查组，开展全覆盖集中督查；围绕违规购买消费高档白酒、三项整改“回头看”等情况开展专项督查。定期排查梳理“四风”问题新动向新表现，建立单位自查、牵头单位专项检查、纪检机构督导抽查、干部群众举报核查“四重检查”工作机制。2017年，查处群众身边不正之风和腐败问题39件45人，违反中央“八项规定”精神案件18件18人。深入开展扶贫领域“3+1”突出问题专项整治两轮66次，查处问题14件20人。严肃查处扶贫领域滥用职权、暗箱操作、优亲厚友等违纪违规案件12件18人；紧盯环保“三大战役”

实施追责问责9件29人；紧盯节假日等重要时间节点，发送廉政提醒短信31000余人次。

【专项治理“微腐败”】 聚焦侵害群众利益的不正之风和腐败问题，紧盯8个方面内容，立案查处103件109人，通报曝光77件91人。一是强化监督检查。成立专门工作机构，构建党政领导班子成员带头督导，纪委分片督导，各单位交叉检查，社会领域积极参与的“四线”监督检查格局，累计开展督导检查291次，发现并解决问题171个，谈话提醒4人次，问责2人，扎实推动工作落到实处。二是强化宣传引导。开辟专项治理“微腐败”宣传专栏，动态报道新闻、信息465条（次）；举办“专项治理微腐败、聚力促廉护民利”宣传活动，印发廉洁文化宣传品32000余份；各基层单位制作宣传展板和宣传标语437块（条），设立LED宣传点位73个、举报箱311个，《人民日报》两次报道崇州专项治理“微腐败”工作做法，营造出专项治理工作的良好氛围。三是强化快查快处。主动拓宽线索渠道，对“微腐败”问题线索进行“清仓起底”，梳理线索196个。建立“微腐败”纪律审查工作组，对“微腐败”问题线索坚持第一时间受理、第一时间查处，第一时间反馈，做到有报必快查，查实必快究，对4个问题突出、群众反映强烈的问题线索处置情况进行挂牌督办。

崇州市干部在“微腐败”宣传活动“承诺墙”上签名

【预防腐败】 强化权力运行监督制约，强化领导干部监督，制定《关于建立健全对乡镇（街道）党政正职和部门主要负责人加强监督的若干制度机制的实施办法（试行）》《关于开展下级纪委向上级纪委报告同级党委领导班子成员履行全面从严治党主体责任及廉洁自律情况工作的实施办法（试行）》，出台《崇州市廉情分析报告工作办法》，制发《廉情专（通）报》28期。深化廉政风险防控机制建设，在10个单位开展14项实施廉政风险专项防控。组织开展一级廉政风险岗位抽查审计工作，抽查审计市住建局、市国土局、市交通局和大划镇4个单位9个一级廉政风险点位。全面推进基层“微权力”治理，全市25个乡镇（街道）梳理汇总镇、村（社区）两级各类权力事项共计56项，绘制权力运行流程图56幅，探索形成梳权、亮权、用权、督权、问权“五权工作法”。

【锻造纪检铁军】 深入推进“两学一做”学习教育常态化制度化，深入学习贯彻落实中共十九大和省市党代会精神，推动纪检监察干部牢固树立“四个意识”。开设“干部课堂”36课时，开展“专题讲座”8场次，分层分类开展全覆盖培训9期，培训干部940余人次；严格内控监督，分级召开“打铁还需自身硬”专题民主生活会和组织生活会。坚持“刀刃向内”，对涉及纪检监察干部的问题线索，第一时间核查，约谈提醒24人次，追责问责2件2人，立案2件2人，严防“灯下黑”。

【反腐倡廉宣传教育】 拓展各类宣传“阵地”，集合全市各单位媒体资源，构建起集报刊、电视、网络、微信、微博和户外广告于一体的宣传平台。全年成都市级以上主流媒体累计采用稿件147篇，其中《人民日报》等中央级媒体14篇，《四川日报》等省级媒体13篇。紧扣信息及时性，“第一时间”对重大会议、重点工作信息进行推送，全年在“智慧崇州”网站更新信息1500余篇。深挖廉洁文化打造，与市宣传部、文旅、妇联等8家部门抠实16项以“荷风廉韵”为核心内容的廉洁文化活动，联合成都市纪委“清廉蓉城”网站推出“荷风送香·廉韵悠长”主题活动，极大提升基地对外品牌形象。组织开展“妙手绘廉心”“晒优良家风”“好书分享”等20余次线上线下活动，推出少儿书画比赛网络评比吸引1万余人点击参与。抓实廉洁警示教育，会同市委组织部、宣传部、党校开设6个党员干部党规党纪教育培训课程。以目标考核为抓手，督促各单位主要领导讲授专题廉政党课，常态化开展“党纪教育每月一课”。坚持正面教育与反面警示相结合，策划“四种形态”教育读本制作，按程序对30件典型案例进行曝光，督促各单位开展警示教育900余场次，其中案发单位开展案例剖析38次。紧扣中心工作抓好任务落实，指导各单位累计印发“微腐败”治理宣传品3.2万余份，制作宣传展板437个，持续营造专项治理良好氛围。落实中共十九大精神学习贯彻要求，组织各单位纪检干部开展“弄通做实·持续十九大学习热潮”等5次学习宣传活动。围绕党风廉政建设社会评价工作，制作“12340”动漫宣传片及系列主题微信，指导全市各单位做好本地区党风廉政建设、民生改善等正面宣传，提升“12340”知晓度。

【信访举报】 全年年共受理信访举报371件次，同比2016年349件次上升6.3%。其中检举控告类208件次（初次举报127件次，同比2016年188件次下降32.4%；重复举报81件次，同比2016年64件次上升26.6%），同比2016年252件次下降17.5%；业务范围外163件次，同比2016年96件次，上升69.8%；上级转办交办241件次，同比2016年219件次，上升10%。

【执纪审查】 一是处置问题线索情况。全市纪检监察机构收到问题线索315件，处置问题线索311件，对外移送4件。其中，拟立案178件次，占处置方

中共崇州市纪委重复越级重点信访督办工作会

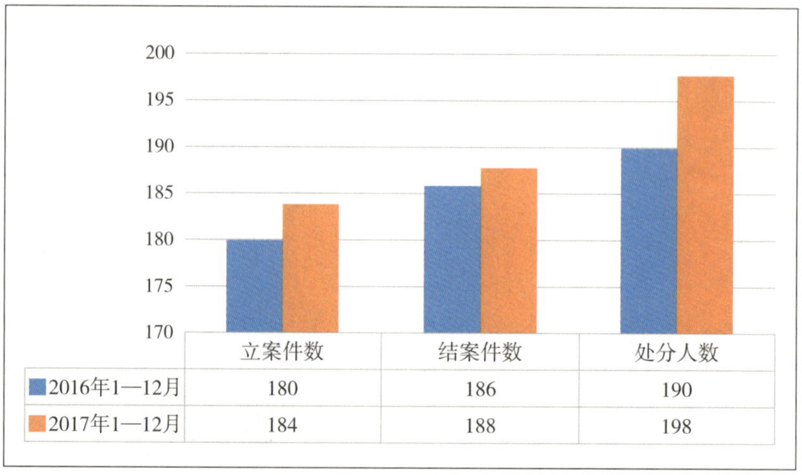

全市纪检监察机构审查情况与2016年同期对比图

式总数的25.28%；初步核实183件次，占比25.99%；谈话函询162件次，占比23.01%；暂存1件次，占比0.14%；了结180件次，占比25.57%。经初步核实或谈话函询后给予组织处理38人。二是立案审查情况。立案184件，同比上升2.22%。其中市纪委监察局机关立案17件，占比9.24%；乡镇（街道）纪（工）委（以下简称乡镇纪委）立案129件，占比70.1%，同比上升3.2%；各部门纪检监察机构立案38件，占比20.65%，同比上升80.95%。结案188件，同比上升1.1%。给予党纪政纪处分198人（受党政纪双重处分5人），同比上升4.21%；其中党纪处分185人，同比上升2.78%，政纪处分18人，同比下降30.77%。从处分档次看：轻处分166人，占比83.84%，同比上升22.96%；重处分32人，占比16.16%，同比下降41.82%。从受处分人员职级看：乡科级干部7人，占比3.54%；一般干部34人，占比17.17%；农村和其他人员157人，占比79.29%。从违纪行为看（一人有多个违纪行为的重复计算）：违反组织纪律6人，占比3.03%；违反廉洁纪律11人，占比5.56%；违反群众纪律15人，占比7.58%；违反工作纪律23人，占比11.62%；违反生活纪律的2人，占比1.01%。违反“六大纪律”案件占全部案件的28.8%。三是运用监督执纪“四种形态”情况。全市纪检监察机构运用监督执纪

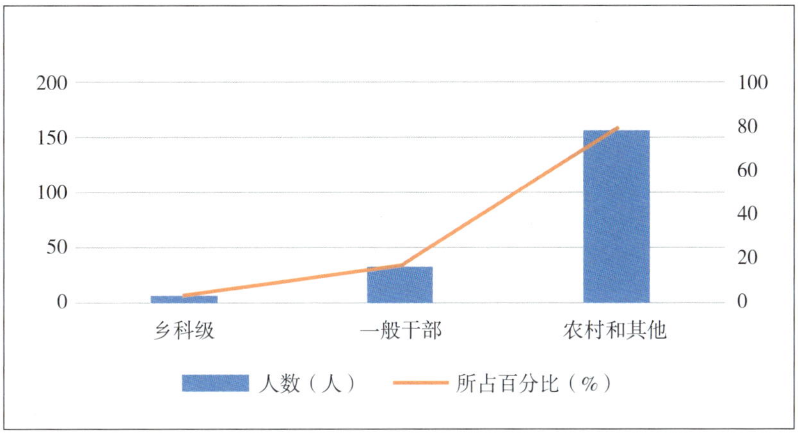

受处分人员职级分类图

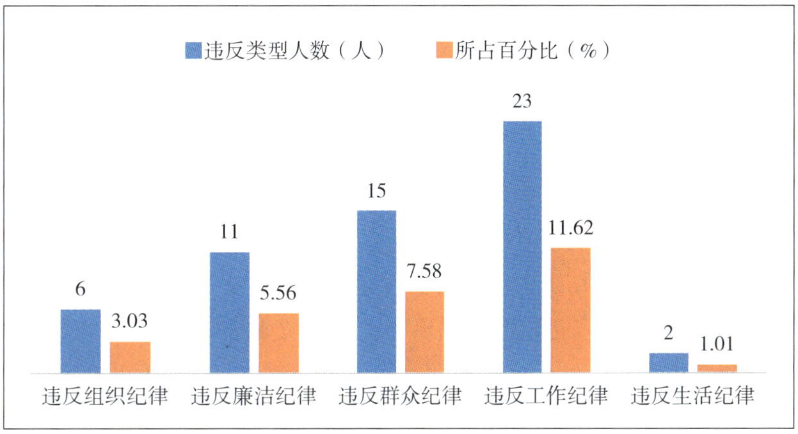

受处分人员违纪行为分类图

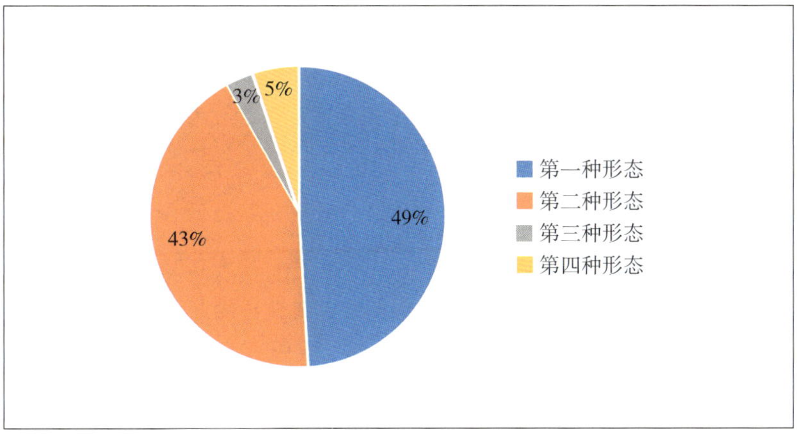

全市纪检监察机构运用监督执纪“四种形态”占比图

“四种形态”处理387人次。其中运用第一种形态处置188人次，占比49%；运用第二种形态处置167人次，占比43%；运用第三种形态处置11人次，占比3%；运用第四种形态处置21人次，占比5%。

【深化国家监察体制改革试点工作】 先后召开4次常委会、3次专题工作会，研究制定《崇州市

深化国家监察体制改革试点工作方案》。推动成立崇州市深化国家监察体制改革试点工作小组，在试点工作小组下设办公室、组织指导组、制度机制组、后勤保障组和宣传组5个工作机构，分别由5名市委常委担任主任（组长），加大工作推进力度。确定了11个成员单位的19名分管负责人、22名内设机构负责人作为每一项具体工作的一线责任人，倒排时间节点，加强督促协调。

【探索乡镇纪委向村（社区）派驻纪检员工作】 指导羊马镇制定《派驻村（社区）纪检员履行工作职责实施细则》，明确职能职责和工作权限。积极引导8名派驻村（社区）纪检员全覆盖走访群众两轮，组织召开“坝坝会”63次，发放《征求意见卡》8000余份，接待群众咨询300余人次，收集群众意见建议130余条，解决群众诉求53个，协助镇纪委办理违纪违规案件8件8人。工作开展以来，该镇群众信访量同比下降41.5%，公共服务满意度上升9位。

名词解释

“七大工程”建设：2017年4月，在成都市第十三次党代会上，成都市纪委提出了建设“七大工程”的总体安排，包括“葆本色”“聚合力”“扬清风”“护森林”“磨利剑”“创品牌”“铸铁军”7个方面。

“3+1”突出问题专项整治：“3”是指集中整治贪污侵占、截留挪用、骗取套取扶贫资金问题。集中整治扶贫项目分配安排、审核审批、检查验收中以权谋私、徇私舞弊、优亲厚友问题。集中整治脱贫攻坚工作中滥用职权，不作为、慢作为、乱作为问题。“1”是指集中整治工作效率低，项目推进缓慢。

“四风”：指形式主义、官僚主义、享乐主义和奢靡之风。

“四种形态”：经常开展批评和自我批评、约谈函询，让“红红脸、出出汗”成为常态；党纪轻处分、组织调整成为违纪处理的大多数；党纪重处分、重大职务调整的成为少数；严重违纪涉嫌违法立案审查的成为极少数。

“两学一做”：学党章党规，学系列讲话，做合格党员。

“四个意识”：政治意识、大局意识、核心意识、看齐意识。

“12340”：国家统计局社情民意调查热线电话号码。

“六大纪律”：中国共产党的政治纪律、组织纪律、廉洁纪律、群众纪律、工作纪律、生活纪律。

民主党派组织
Democratic parties organizations

【概况】 2017年，崇州市有民革、民盟、民建、民进、农工党等5个民主党派基层支部，共有会员/盟员/党员180人，其中民革会员41人、民盟盟员22人、民建会员52人、民进会员37人、农工党党员28人，主要分布在教育界、医卫界、经济界、文化艺术界等方面。本科以上学历97人，占成员总数的53.89%；硕士研究生5人，高级职称15人。

2017年各民主党派主要负责人

民革崇州市支部 主委：陈刚
民盟崇州市支部 主委：张琳
民建崇州市支部 主委：罗红蕾
民进崇州市支部 主委：冯卫康
农工党崇州市支部 主委：陈刚

【思想建设】 崇州市各民主党派支部始终坚持开展以思想建设为主要内容的“自我教育”，通过认真学习习近平新时代中国特色社会主义思想，学习中共四川省委第十一次代表大会、中共成都市第十三次代表大会和中共崇州市第十三届委员会第五次全体会议精神，在崇州市委的领导下，在成都市委统战部的关心指导下，紧紧围绕统筹推进“五位一体”总体布局、协调推进“四个全面”战略布局和“建设全面体现新发展理念的国家中心城市”等中心工作，以落实“西控”、“产业新城·品质崇州”建设为主线，充分发挥各民主党派支部的优势，团结带领各民主党派支部组织广大成员履职尽责、扎实工作，广泛凝聚政治共识，不断巩固共同思想政治基础。

【队伍建设】 市委统战部积极协助加强各民主党派支部四个建设，提高五种能力，配合各民主党派支部举办各种形式的培训班、学习会；会同市委党校举办2期与党同心同向培训班（马尔康市一期，广安市一期），共培训民主党派支部成员等党外人士98名；会同市委组织部遴选10名民主党派成员参加为期3个月的市级后备领导干部递进培训；支持各民主党派支部赴厦门、安吉、广安、乐山、雅安等地参加各种形式的同心学习培训；协助完成民建崇州市支部班子换届；会同市委组织部召开党外人士队伍建设工作联席会议2次，推荐提拔使用民主党派干部2人（副局职2人）。

民革崇州市支部
Chongzhou Branch of the RCOTCK

【概况】 2017年度中国国民党革命委员会崇州支部委员会共有党员40人，陈刚任主委，叶蓉、方志勇任副主委。支部有民革成都市委委员2人；崇州市政协委员12人，其中，崇州市政协副主席1人，政协常委3人；崇州市人大代表2人，其中，崇州市人大副主任1人；成都市人大代表2人；科局级干部5人。民革崇州市支部获评民革成都市委社会服务工作先进集体。

【参政议政】 主委、副主委共同抓参政议政工作，定期召开专门会议研究讨论有关提案、社情民意工作等相关事项（每次都会邀请市委统战部领导到会给予指导）。要求不仅支部中的人大代表、政协委员要履行参政议政职责，所有党员都要撰写社情民意与调研文章，并以此作为评选优秀党员的依据。为了搞好支部的参政工作，制定《民革崇州支部调研制度》。制订当年的调研计划，确立课题，由主委专门负责调研活动，组织集体调研。支部撰写调研报告3篇，上交集体提案3篇、个人提案14篇，社情民意6篇。2017年度支部进一步完善各种制度，召开支委会6次，党员学习交流会及其他各种会议16次。全面深入学习贯彻中共十九大精神和习近平总书记一系列重要讲话精神、中共十九大和学习教育实践活动中相关论述、《中国共产党统一战线工作条例（试行）》以及中共四川省委印发的《实施细则》。学习传达了民革成都市委开展多党合作优良传统教育专题讲座的精神、中央和省统战部工作会议精神。编印工作简报11期。

【社会服务】 按照民崇合作协议的要求，尽其所能服务社会，将思想行动聚力到当前“精准扶贫”和“脱贫攻坚”战斗中。在传统节气期间，坚持会同市委统战部组织党员，开展春节慰问贫困户、送春联、送温暖、送健康进校园进乡村活动。帮助中山小学创立品牌学校，打造书香校园。继续跟踪服务中山小学，包括组织全体党员到中山小学调研、座谈，了解他们在办学中遇到的问题和困难，给予力所能及的支持；积极联系民革成都华西支部等为中山小学举行各种支教活动；向中山小学开放式图书馆捐赠图书三次共600多套；支部党员、成都市英语学科带头人袁丽琼老师联系中山小学并对该校教师进行了培训；党员杨泽高为中山小学孩子们举行书法培训；挖掘孙中山的思想资源，努力把中山小学办成一所成功的平民学校，使中山小学的校园环境、教育教学设施得到极大改善。民革中央领导李宁视察中山小学，对中山小学取得的成绩给予高度评价。帮困支教落在实处，几年来，支部积极参与由民革成都市委会企业支部牵头组织的精准捐资帮助贫困家庭学生的活动。资助包括崇庆中学、崇庆中学附属初中、树德怀远中学、怀远小学、中山小学的5所学校的10多名学生，总计捐资34000元，先后向中山小学、崇州市实验中学捐赠图书共计1500余册。协助崇州市实验中学与川师大签订了实习基地协议。支部联系民革华西支部专家并组织支部的医务工作者每年至少举行一次健康讲座、一次送医下乡活动。在崇州市中山

民革崇州市支部开展义诊活动

小学第62次教师论坛上，崇州市政协副主席、民革崇州市支部主委陈刚做了《身教胜于言教》主题分享讲座。结合抗日战争胜利七十周年，先后看望慰问抗战老兵15人次；组织民革党员多次在学校、广场和青少年艺术宫等地对学生和一般市民进行口腔保健宣传和义诊；联系社会爱心人士开展贫困家庭学生精准捐资助活动。除支部集体的捐助之外，支部党员个人也利用各种机会捐助困难群众。（张新艳）

民盟崇州市支部

Chongzhou Branch of the China Democratic League

民盟崇州市支部成立一年周年健身走活动

【概况】 2017年，中国民主同盟崇州支部委员会共有盟员26人，张琳任主委，张志敏、宋遵友任副主委。盟员中有民盟成都市委委员1人，崇州市政协常委3人、委员6人，崇州市人大常委1人。支部重视思想建设、组织建设，积极服务社会，被中国民主同盟成都市委员会评为“2017年度成都民盟盟务工作先进集体”和“2017年度成都民盟社会服务工作先进集体”，支委王建被成都市人民政府评为“2014—2016年度爱国卫生工作先进个人”。

【参政议政】 以中共十九大会议精神和习近平总书记讲话精神以及民盟中央十一届五中全会精神为指导，围绕崇州市经济建设、社会发展重点，积极参政议政，认真履行参政党的职能。支部集体和个人向政协递交提案共计10件，其中《崇州市高层次人才的引进和培养》《崇州举办成都“天府古镇马拉松”赛事的可行性研究与思考》《紧抓机遇，迎头赶超，崇州急需提前布局中学生职业生涯教育》等调研报告受到上级领导的重视和部门的采纳。支部还组织盟员和入盟积极分子对崇州全域旅游发展、崇州市公议乡花果山康养旅游项目、元通古镇旅游资源发展情况、交通基础设施的建设情况和近期的发展规划等进行深入调研和讨论。

【社会服务】 民盟崇州市支部与民盟成都医卫支部经搭建起成都市肛肠专科医院与崇州市二医院深度合作的崇州医疗帮扶平台，双方通过派驻专家指导、帮助技术推广、提供免费培训、畅通双向转诊、共享信息资源等方式建立长期稳定的深度帮扶关系，为崇州市民提供优质的肛肠专科医疗服务。2017年2月24日，民盟崇州市支部精心组织了成都市肛肠专科医院与崇州市二医院技术协作授牌仪式，民盟四川省委副主委、成都市政协副主席李铀，民盟成都市委主委、成都中医药大学副校长刘旭光，崇州市委常委、统战部部长毛向阳，市人民政府副市长冯卫康等各级领导参加会议。2017年11月5日，民盟崇州市支部邀请四川大学教授、盟员秦永红在崇州市崇庆实验中学开展《中学生生涯发展教育系列讲座之自主招生》公益讲座，此项活动将长期在崇州市高中学校开展，惠及崇州市高中学生及家长。2017年12月，“崇州市民主党派创新实践基地”在更新生态农场挂牌成立。

（王森）

民建崇州市支部

Chongzhou Branch of the CDNCA

【概况】 2017年，中国民主建国会崇州支部委员会有会员54

人，罗红蕾任支部委员会主任委员。支部有3位会员关系上挂到民建成都市委会，有崇州市政协委员22人，崇州市人大代表3人。

【参政议政】 崇州两会召开前，支部组织会员中的人大代表、政协委员进行专题研究，确定提案议案的方向和重点，开展调查研究。3月，受邀到乐山市经贸总支，参观考察会员企业、城市建设、乡村旅游，会议内容形成调研文稿报送市上有关领导参阅。9月24日，支部召开座谈会，就调研报告进行讨论。11月中旬，支部调研报告《崇州市推进河长制的主要做法和建议》送交相关部门。全年，支部会员在人大、政协会议上提出的建议和意见11件，支部提案2件。

【社会服务】 3月4日，组织结对帮扶梓潼镇天府村，农技专家为现场近200名群众进行知识传授，并进行现场技术指导；来自华西等9家医院的20名专家现场诊断。6月6日，组织5名志愿者远赴马尔康市，开展扶贫对接走访活动。9月24日，24名会员走访崇州市蜀州水稻研究所，为企业扶贫增收出谋划策。服务社会。会员陈冬林向廖家镇民和村捐赠价值近6万元的环保风景亭。会员王建兵助学合江县打坝撮小学生44人、金秋助学高考学生共120余万元。会员罗强吸纳就业人口500余人，上缴税金1000余万元。会员邓永前带领绿洲纸业为150余名工人提供稳定工作，实现利税200余万元。会员王明强向崇庆中学捐赠2万元银杏树，在街子镇积极开展留守儿童关爱活动，与20多名志愿者出资出物保证“心手相牵传递温暖”活动长期开展。支部会员共计资助贫困学生60余人，捐款捐物近110万元，吸纳就业人口6400余人，缴纳利税1.1亿元。

【理论学习】 2月26日，支部召开了2017年第一次全体会员会议，传达民建成都市委第一次支部主任会议精神，学习了中央、省、市相关文件及市委会2017年工作要点。3月25日，支部与武侯总支、高新总支、交通总支，在崇州市王场镇政府联合召开传达全国“两会”精神专题学习会。11月9日、10日，支部以重走长征路的形式，开展了“不忘初心·与党同行”的主题教育实践活动。12月2日，崇州支部、大邑支部和温江总支的近100名会员，在大邑县雾山镇，聆听中共十九大参会党代表占地斯门所作的专题报告。

（冯兵）

民建崇州市支部2017年关爱留守儿童主题活动

民进崇州市支部
Chongzhou Branch of CAPD

【概况】 2017年，中国民主促进会崇州支部委员会共有会员37人。冯卫康任支部主委，张向阳、周玉兰任支部副主委，马灵、季志忠、徐佳彬、郑文颖任支部委员。会员中有成都市人大代表3人。

【参政议政】 围绕中共崇州市委、市政府的中心工作，积极建言献策。在“两会”期间，围绕城市环境整治、基础设施建设、文化教育、医疗卫生、城市交通等方面的热点、难点问题，支部会员共提交提案、议案20余件。围绕成都“西控”战略布局和崇州实施主体功能区战略，深入开展视察调研，形成了《“景区旅

民进崇州市支部参观崇州博物馆

游”向“全域旅游”转变如何破题》的调研文章，围绕崇州产业结构调整积极开展调研工作，先后参与完成《崇州电子信息产业发展现状分析及建议》《关于打造崇州智能家居的实践与思考》《崇州大数据产业发展路径研究》三项调研成果，受到相关课题编制单位的好评。

【社会服务】 会员立足本职，发扬民进优良传统，积极投身到崇州经济、政治、文化、社会和生态文明建设中，据不完全统计，会员所属企业全年缴纳税收1000余万元，解决就业1000余人；教育界会员无私奉献，再创佳绩，有的会员经营的医院积极参加崇州对马尔康的对口支援工作，开展对藏区群众的义诊送药活动，为患者免费送医送药和减免医药费，累计金额达100万元，增进了汉藏民族友谊，被省市部门授予少数民族团结示范医院、成都市少数民族团结创建先进集体等荣誉。

【理论学习】 支部以牢记“只有跟着共产党走，才是在正道上行”的初心，一是把深入学习贯彻中共十九大精神作为当前和今后一个时期首要的政治任务，二是先后组织全体会员重点学习传达了习近平总书记“7·26”重要讲话、四川省第十一次党代会、成都市第十三次党代会精神，并印制发放了学习材料，使会员对各级党委的大政方针、路线政策有了更加深入的了解，进一步统一了会员的思想认识，为下一步围绕中心服务大局，开展建言献策工作奠定了坚实的基础。三是组织会员学习传达民进十二大、民进四川省第八次代表大会精神，大力弘扬民进优良传统，勇担时代责任，牢记初心，在正道上行，自觉投身于伟大事业中。

（郑文颖）

农工党崇州市支部

Chongzhou Branch of CPWDP

【概况】 2017年，中国农工民主党崇州支部委员会现有党员29人，入党积极分子11人，刘刚任支部主委，陈刚、冯涛任支部副主委，何麟、王庆、帅志军、李杰明为支部委员。有成都市政协委员1人，崇州市人大代表2人、政协委员8人。党员平均年龄42岁，本科以上学历67%，主要包括医药卫生、科教信息、人口资源、环境保护等界别。支部被推荐为由中共四川省委统战部、四川省人社厅共同开展的“四川省各民主党派开展坚持和发展中国特色社会主义学习实践活动”2017年度省级先进集体；被农工党成都市委会授予先进基层组织、组织建设先进集体、思想宣传先进集体、参政议政先进集体、社会服务先进集体等。

【参政议政】 结合界别资源开展调研，在2016年促成四川省中医药大数据发展基地落户崇州经开区基础上，先后邀请四川省卫计委副主任杜波、四川省中医药管理局副局长罗建、四川省中医药信息学会会长王筛等莅临崇州调研考察；助力从事中医药种植、收购、加工、电商、数据应用等业务的高科技企业——四川康丰美泰科技有限公司投资落户崇州市IPC枢纽大楼，注册资本2100万元。依托市政协、农工党成都市委会平台，积极做好招商引资工作，牵线并推荐全国领先的互联网云组织运营平台、中国最大的企业工作平台“北京今目标信息技术有限公司西区总部基地”落户崇州。积极参加农工党成都市委会和西南财经大学宣传统战部联合举办，主题为“深入学习贯彻中共十九大精神　助推建设全面体现新发展理念的国家中心城市”的首届金沙论坛，提交的《崇州创建国家新型工业化产业（大数据）示范基地　助推成都国家中心城市建设》学术文章受到论坛组委会肯定。就如何进一步做好四川农工党创始人之一周澄波故居保护并将其建设为民主党派创新教育实践基地以支部文件请示中共崇州市委。就智慧统战工作要依托统战信息办公系统、手机应用客户端、统战服务网站和微信公众号“四大载体”，建好统战基础信息库，联动办公平台，在线服务平台，学习交流平台等“一库三平台”，形成较为完备的基础信息系统和快速服务系统，编制完成《崇州市智慧统战信息化平台》规划方案。在两会期间提出的关于设立大数据管理局、做好革命先驱周澄波故居保护、加强中医药领域大数据应用等建议提案共11件，得到与会领导和代表委员的充分肯定，分组讨论中的发言和提案被大会简报摘要刊登。特别是《关于设立大数据管理局》的提案，得到市委、市政府高度重视，市委编办在办理过程中多次征求支部意见，采纳并写入已经组建完成的崇州市大数据和电子政务管理办公室三定方案中。

农工党崇州市支部与市卫计局达成战略合作协议

【社会服务】 发挥医疗资源优势，协调农工党四川省委社会服务专委会、省委直属省人民医院总支、省人民医院健康管理中心、崇州市人民医院等单位知名专家、技术骨干、学科带头人组成的专家团队到元通、怀远、街子、锦江、三江等多个乡镇开展义诊义检活动10多次。共接受咨询5000余人，测血压1500人、测血糖2000余人，发放健康宣传资料1万余份。继续发挥好“四川省齐力慈善基金会·蜀州医疗救助专项基金”作用。每年利用约300万元经费用于医疗救助、健康教育、医保政策宣传、医改政策宣讲、基层医生培训和农村适宜中医药技术推广，为群众建平台，为政府分忧，长期送健康到社区，开展健康知识科普讲座暨义诊活动。按照中央、省、成都市对“精准扶贫”工作的要求，开展“我为扶贫攻坚做件事”行动，赴马尔康市进行对口帮扶和义诊活动。

【思想宣传】 进一步做好思想宣传推广和优秀党员风采展示活动，相关信息、简报多次被农工党中央网站、四川省委会、成都市委会网站刊发；四川新闻网、《四川政协报》、成都全搜索、崇州市新闻中心、崇州电视台、崇州公众信息网、今日崇州等媒体多次报道崇州市支部动态信息；先后宣传了缪育红、岳玲、杨尚雄、龚旭伟、李文江5位支部党员的优秀事迹；进一步优化“农工党崇州市支部”微信公众号平台应用，新增了三大板块设置，细化了15个子栏目内容，进一步丰富和完善了微信公众号的实用性、功能性、特色性和可读性。

（陈刚）

工会
Trade Union

【概况】 2017年，市总工会内设办公室、组织科、权益保障科3个科室。直属事业单位有：崇州市职工服务中心。市总工会以扎实推进“改革创新、基层服务年”活动为主线，深入创建“我爱故我创·培根行动”服务品牌，突出重点，创新方式，共获得成都市总工会表彰6项。

【基层工会建设】 依法普遍建会，开展了“农民工入会集中行动”，辖区内工会组建率达98.79%，职工入会率达97.43%。突出质量建会，推进工会组建和会员发展采集辖区会员实名制信息。基层工会组织有阵地、有牌子、有人员、有经费、有活动。

2017年崇州市优秀工会主席评选

【职工技能提升】 开展以“技能成就梦想”为主题的2017年成都百万职工技能大赛，举办藤编、竹编、烹饪、叉车、焊工、砌筑工等技能大赛，搭建职工技能素质提升平台被成都市总工会评为2017成都百万职工技能大赛“优秀组织单位”。以重点工程、重点项目为龙头开展劳动竞赛活动，规模以上企业参与劳动竞赛的参赛面达96.4%，职工参与率87.6%。积极开展工人先锋号创建活动，创建活动开展面93%，创建单位196个。深化“三室一制”（即劳模工作室、技师工作室、职工创新工作室和名师带徒制度）建设工作，新建命名3个本级工作室。

【创业就业援助】 帮助84户农

职工技能大赛藤编竞赛

民工创业小额贷款2330万元，贴息24.48万元，带动就业3010人；举办“崇州市2017年春风行动暨就业扶贫大型现场招聘活动”6场，提供岗位7300个，应聘职工人数达1.2万人，登记求职数6000人，达成意向5000人，向求职者发放劳动法、工会法、农民工维权手册等宣传资料2万份，接待各类咨询人员8000人次。开展夏送清凉活动，为3200名户外劳动者送去物资3200份。

【职工帮扶与关爱】 开展对下岗失业人员、失地农民、返乡农民工就业、创业援助工作和农民工技能培训工作，实现就业565人。开展“送温暖”活动，向全市300名建档困难职工和153名未建档困难职工及其家庭发放慰问金共计35.39万元。为150名困难职工子女提供入学救助，发放助学金15.66万元，帮助他们圆大学梦。组织23 名困难职工和1177名环卫工人进行健康体检。依法推进妈咪宝贝屋建设工作，已建成妈咪宝贝屋4个。开展眼科义诊活动，为1265名社区居民和195名劳模进行眼健康免费检查。为190名劳模送去慰问金20.96万元。为195名劳模进行健康检查。为1.0231万名职工办理职工互助医疗保险，为400名生病住院职工办赔付金39.471万元。在22个乡镇（街道）建立户外劳动者“15分钟之家”31个。

【职工维权】 强化源头维护，推进工会法治宣传教育工作。利用“春风行动”大型招聘会和“大学生就业援助月”招聘会活动，开展了法制宣传和法律咨询。为11名职工追讨工资近3万元，追缴社保金2.3万元；帮助2名农民工讨回304万元补偿金；为一名农民工提供法律援助，帮助该职工获得工伤赔偿金6.4万元。对网络舆情反映的农民工欠薪和工伤维权案件及时进行了分析、处置，依法维护农民工合法权益。

【工会文化建设】 在街子镇举行“我爱故我创　培根行动”启动仪式，为4个示范乡镇、2个示范村授牌。举办“我爱故我创　培根行动”寻找最美中国娃大型文艺晚会，表彰20名“最美中国娃”称号的孩子，从娃娃抓起，对社会主义核心价值观进行宣传教育。由崇州市精神文明办、崇州市大群团等部门主办的“我爱成都　匠心培根　童心飞扬”少儿才艺大赛，在25个乡镇（街道）分6个片区进行选拔赛。开展“优秀工会主席”选树活动，经各方推荐、媒体宣传和投票打分等阶段，评选出10人为2017年“优秀工会主席”，9人获得2017年“优秀工会主席”提名奖。开展“践行新发展理念，建设国家中心城市”群众知识竞赛活动，组织全体干部职工群众7.9万余人参加竞赛注册，参加答题27.12万人次，组织36支队伍共144人4天分7场参加全市电视答题选拔赛，总成绩荣获成都市组织奖三等奖。

（付征杰）

共青团

The Communist Youth League of China

【概况】 2017年，共青团崇州市委设书记1人，副书记2人（其中上派至成都市团委挂职锻炼1人），挂职书记助理1人，工作人员8人（其中服务崇州市西部计划志愿者5人），下设团市委办公室、关工委办公室、少工委办公室，崇州市预防青少年违法犯罪工作领导小组、崇州市未成年人保护委员会下设办公室在团市委办公室。2017年，全市共有基层团组织628个，直属团组织66个，其中团委30个，团工委1个，团（总）支部35个，全市共有团员1.7856万人。

【团组织建设】 共青团崇州市第十五次代表大会在6月顺利召开，选举产生共青团崇州市第十五届委员会，会议流程、团代表、委员、常委比例严格执行最新要求，其中基层一线团代表占团代表总数的97.8%，基层一线代表占委员总数的76.5%，基层一线代表占常委总数的42.9%。联合市委组织部联合印发《关于印发〈崇州市乡镇（街道）团委换届工作实施方案〉的通知》文件，规范乡镇（街道）团委换届工作事项，指导其做好换届工作。年度实现25个乡镇（街道）团委顺利完成换届。新增建设非公企业团组织26个。

【服务平台建设】 在25个乡镇（街道）范围内新建青年之家综合服务平台13个，其中街道1个，乡镇12个，示范性“青年之家”2个，各青年之家并结合自身实际开展综合服务工作；在全市各乡镇（街道）、部分学校建设并运营童伴之家（留守学生之家）35所，并有效整合资金39万元在全市范围内集中开展“微心愿”圆梦、快乐留守夏令营等特色关爱留守学生活动；深入推进“青年像素计划”，已全面完成253个村（社区）的公众微信号注册运营工作。

【从严治团】 坚持“党建”带“团建”，全团开展“一学一做”教育实践，将从严治团贯穿始终。分别于3月15日、4月5日制定并下发实施方案和通知，成立教育实践领导小组，并于4月12日

6月，共青团崇州市第十五次代表大会召开

召开动员部署会议，动员全市团员参加到“学习总书记讲话 做合格共青团员”教育实践中。落实教育实践十项工作任务，认真开展自学，全市各级团组织共开展宣讲（动员）大会69场，组织全市各直属团组织负责人到四川省团校开展专题脱产培训1次，发布教育实践新媒体宣传产品有10余个，阅读量近万人次；讲好主题团课，各级团组织共举办主题团课69场次，覆盖直属团组织数量67个，讲授团课的团干部数量68人，参与团员数量1.5万人，其中，崇州市团委书记上团课2次（含学校联系点团课1次），并获得团省委团课评比三等奖；收集教育实践征文35篇，并择优上报成都市团委参评；召开组织生活会的团支部数量66个，参与团员数量1.5万人；联合市委组织部表扬了“五四红旗团委”16个，“五四红旗团支部”31个，优秀团员51人，优秀团干39人；认真开展团员先锋岗（队）创建活动，最终“崇庆中学学生创新工作室”获得崇州市评选命名，并参与成都市级评选。

【青少年思想引领】 引导广大青少年自觉践行社会主义核心价值观。紧紧抓住“五四”青年节重要时间节点，在崇庆中学举办以“以青春之名，筑梦品质崇州”为主题的纪念五四运动98周年主题团日活动，全市各中学师生代表共计2000余人参加该次活动。随即，全市各基层团组织举办入团仪式共18场次，合计共有1.2万名团员参加活动；各中小学集中组织观看《入学第一课》的团员数量达1.2万人次。“团建”带“队建”，组织全市中小学开展“喜迎十九大 红领巾心向党”建队节活动49场。做好网络舆论引导工作，先后注册并运营“崇州青年频道”官方微信、微博，年度新增开通“今日头条”“网易号”“企鹅号”官方阵地串联号，在网络阵地平台发布中共十九大精神宣传、小青走乡镇、法律法规解读等党团动态、党团政策、党团声音，有效引导青少年正确思潮。

【青年志愿服务】 积极推进“全团志愿者”，全年组织并引导全市各级团组织、青年社会组织、青年自组织开展“志愿崇州 青力青为”、“团聚青年 助力环保”、“你的回家路 我的志愿行”、车迷健身节志愿服务、拥军、送清凉等各类青年志愿服务活动近24场，发动青年志愿者2300余人次。

【关心关爱行动】 聚焦民生，务实关爱青少年健康成长。为有效解决青年婚恋交友难的问题，为崇州经济社会建设留住可靠人才，于11月11日举办以“蓉漂觅缘 邀你脱单”为主题的崇州市第六届优秀单身青年派对活动，共计服务青年400余人，成功牵手34对；会同市关工委、市红十字会、市扶贫办等部门筹集爱心资金4.8万元以及50套棉衣、50套棉被等物资，联合开展以“2017年爱在一起”为主题的崇州市第四季暖冬行动，向50户特困青少年家庭送上关怀和温暖；长期关注特殊青少年群体的健康成长，有效整合资金38万元，先后组织

“快乐留守 予爱同行”七彩夏令营活动

开展“快乐留守 予爱同行”七彩夏令营活动和“情暖童心”微心愿圆梦行动，共计关爱帮扶特殊青少年900多人；通过项目化运作的方式，委托第三方专业机构，组织开展“青春飞扬”留守儿童心理关爱活动，有效矫正留守儿童心理健康问题达1000多人次。

【创新创业】 紧扣“双创”，务实服务青年创业就业。依托崇州市青年（大学生）创业园实现年度新增创业项目7个，实现大学生创业人数35人，开展“创业导航”“创业新方向”等创业培训6场；承办成都市“蓉漂英雄汇”崇州专场、“导师巡诊”崇州专场活动，服务就业大学生50人、青创企业35家，有效解决3家青创企业难题；积极推进成都市“蓉漂计划”，新建并运营“崇州市青年人才驿站”，为到崇州应聘就业大学生提供7日以内免费住宿；成功举办“蓉漂计划——走进东南大学”专场活动，成功协办“蓉漂计划——走进哈尔滨”和“蓉漂计划——走进南京航空航天大学”2场专场活动；成功推报成都弘达财务咨询服务有限公司参与2017年成都市“创业新星”评选。

【关心下一代工作委员会活动】完成崇州市关工委换届工作，报请中共崇州市委十三届第十八次常委会议审议同意：市委常委、组织部部长余家洪任新一届崇州市关工委主任，张春生任崇州市关工委执行主任，孔祥文、常开明、李超3人任崇州市关工委常务副主任，并按照市委“精简机构、务实高效”的要求，反复召开会议研究，调整充实了新一届市关工委组成人员，由原8个组团调整为农口组、政法组、文卫组、机关组、计经建组、财贸组6个组，由140余人精简为42人，并对人员调整和责任分工作出了明确安排，还结合工作实际需要，将各组联系指导的乡镇和部门进行混合编组。顺利通过成都市关工委常务副主任徐登杰带队赴崇州市开展创“六好”基层关工委调研验收工作。为全面拓展关心下一代工作，市关工委会同市委组织部印发《关于切实做好民营企业建立关工委工作的通知》，并配套制发了《关于印发〈崇州市关心下一代工作委员会在全市民营企业中组建关工组织实施方案〉的通知》，先后新成立工商联关工委和经开区关工委2个行业系统关工委，新建民营企业关工组织34个、社会组织关工组织35个，达到应建必建目标数的50%。持续推进“核心价值观教育、遵纪守法教育、科普知识教育”的“三大主题”教育活动，“爱学习、爱劳动、爱祖国”的三爱教育活动，党史国史教育活动三大系列教育，传递正能量。

（杨曦）

妇女联合会
Women's Federation

【概况】 2017年，全市有乡镇（街道）妇联25个、村（社区）妇联253个、机关单位妇委会34个。崇州市妇女联合会按照中央和省、成都市委关于加强和改进群团工作的新要求，以“新常态、新作为、新女性”为主题，以“两学一做”学习教育为抓手，促进妇女儿童发展工作取得积极进展，被成都市妇联评为宣传、基层组织建设、基层阵地建设、妇女创新创业、普法宣传、家庭文化建设工作先进单位，成都市2017年度寻找“最美家庭”活动先进集体，被崇州市委、市政府评为双拥工作先进单位。

【创新创业】 依托高校培训和各类社会组织教育服务阵地，开设“女大学生创业指导”、成都市“巾帼云创”、“互联网+巾帼农创”等专题讲座，开展创业就业能力、职业技能提升等培训，全市培训妇女1.5万余人。依托女知联、女企业家协会等，开展女领导干部、女科技工作者“进企业、送服务”和女企业家互动系列活动20余场次。围绕女性就业，在街子镇忙城村以朱利杜宇文化为背景，以杜鹃花、黄润细布为载体，建立集展示、教学、体验、销售为一体的“川西女红艺术文化创客基地”，与四川师范大学建立校地合作关系，举办

川西首届杜娟女红大赛暨"杜鹃巧妹"评选活动

"'一针一线·编织爱的春天'川西首届杜鹃女红大赛暨'杜鹃巧妹'评选活动",创新旅游服务新业态,促进当地妇女就业增收。围绕文化创意,建成道明竹艺村巾帼文化创意示范点,指导非遗女传承人创业典型杨隆梅、丁春梅等,与中央美院对接,创新设计制作符合消费者需求的竹编产品,向小朋友及家庭传授竹编技艺,大力宣传非遗文化。围绕妇字号品牌,在白头镇土而奇农场乐园建立"指尖的爱·西蜀巧妹生活馆",汇集崇州市知名和特色"巾帼造"农副产品,重点针对团体旅游消费者,为他们提供价格合理、品质优良的地域农副产品礼品。围绕巾帼人才,大力培育女农业职业经理人,以王伶俐、谢娇、黄丽为代表的巾帼典型,她们的现代农业创业事迹相继被中央电视台、《中国妇女报》和省、成都市等新闻媒体进行专题报道,其中,女职业经理人谢娇建立的崇州市季崧林地巾帼科技示范基地还作为全国集体林业综合改革试验示范工作推进会的现场参观点位,受到中央农办、国家林业局和全国各省领导的关注。

【素质提升】 深化巾帼建功活动,全市开展"巾帼岗位争优秀、转型升级建新功"系列主题活动10余场,参与人数15000多人次。举办女性专场用工招聘会3场,帮助1580多名妇女实现就业。依托崇州市西蜀巧妹家政服务公司,培训月嫂、护理员、餐饮服务员等500多人,并结合全域旅游示范区建设,在街子镇、白头镇等试点"田园天使"培训,着力提升农家乐的服务水平。

【扶贫攻坚】 及时更新全市356名相对贫困妇女及家庭脱贫台账,协调各类资源力量帮助她们尽早脱贫,脱贫率达72%。主动对接相对贫困村和精准扶贫户,协调帮扶项目资源,落实贫困哀悼脱贫扶持资金,关注贫困村妇女就业和身心健康。通过"扶贫日"活动,号召妇联系统积极参加扶贫助困捐款活动,引导社会爱心企业参与到全市356户贫困妇女及家庭的脱贫攻坚行动中。

【民生实事】 实施妇女创业就业援助项目，结合成都市妇联“四送”活动，促进千名城镇登记失业妇女实现再就业，帮扶百名就业困难妇女实现就业，援助有就业意愿的零就业家庭中女性成员实现及时就业。推进精准扶贫户贫困妇女关爱暖冬项目，整合社会资源，协调爱心企业为全市350多名贫困妇女及家庭送去价值40余万元的大米、食用油等过冬物资，传递党委政府的关怀和社会的正能量。推进妇女儿童心理咨询援助项目。引进社工组织开展专业化服务，在全市6个乡镇（街道）的12个村（社区）开展针对妇女儿童的心理健康咨询援助服务工作，组织活动100余次、受益妇女儿童21000多人次。实施留守儿童微心愿圆梦项目。市妇联、团委、教育等部门联合主“情暖童心·微心愿圆梦活动”，向社会发布300多名留守少年儿童的“微心愿”，并全部被社会爱心人士、企业负责人认领，强化对农村留守儿童的关爱。争取财政支持，配套专项资金50万元，标准化、规范化建设“儿童之家”11个，常态化开展服务儿童的各类活动。

崇州10万亩粮食综合示范区妇女联合会成立

2017年“三八”国际妇女节表彰大会

【创优创美】 开展“立家规、传家训、树家风、圆家梦”寻找2017崇州“最美家庭”活动，市妇联召开推进会、发放倡议书等，并依托全市253个“妇女之家”，借助多媒体渠道开展广泛宣传。各级妇联因地制宜，开展各具特色的“最美家庭”主题活动，通过群众评、群众议、群众学，挖掘、选树和宣传一批平凡而真实的“最美家庭”。崇州市有2户家庭获成都市“最美家庭”称号。加大女性典型培育，各级妇联结合工作开展各类女性先进典型评选活动，在市委组织部、市委宣传部等主办的“基层案例展演”“百姓故事会”活动中，呈现一批巾帼典型，通过她们引导广大妇女争做新时期的美丽女性。市妇联开通官方微信，运用网络、手机等手段开展妇女工作，通过网上网下“双网”互动，教育引导妇女群众坚定“三个自信”，自觉践行社会主义核心价值观。深化未成年思想道德教育，注重家庭教育指导，项目化开展家庭教育指导服务活动，创建“智爱崇州”家庭教育活动品牌，发挥家庭教育专家和家庭教育讲师的作用，积极开展家庭教育辅导讲座活动，推广科学家庭知识。加强家长学校管理，关注儿童健康成长，营造全社会关心关爱儿童的良好氛围。

【妇代会】 6月2日，崇州市妇女第十四次代表大会召开。来自全市各条战线的180多名妇女代表共商妇女事业发展大计，选举产生了市妇联新一届领导班子，袁红跃当选为市妇联主席，陈桂书、胡香君当选为副主席，张建英、杨磊当选为兼职副主席。大会全面总结六年来崇州妇女工作取得的新成就、新经验，明确提出今后五年的奋斗目标和主要任务，确定今后五年崇州妇女工作的重点任务是：大力实施巾帼创新创业、巾帼民生关爱、巾帼创优创美、巾帼持续维权“四大行动”，更加坚决地贯彻落实男女平等基本国策，更加紧密地联系和服务妇女群众，更加有力地推进实施妇女儿童发展纲要，更加尽责地代表和维护妇女儿童合法权益，让大爱阳光照亮每个角落，让党的关怀温暖每个家庭。团结动员广大妇女积极投身崇州市“两区一基地”建设中，为高标准打造“产业新城、品质崇州”而不懈奋斗。

【特色妇女儿童之家】 围绕乡村田园建设，在隆兴镇建立凡朴农村妇女儿童之家，耕耘“三种情怀”（即耕耘农业、体验、交流，实现特色化、影响力、国际化），常态化开展农耕、手艺、美食、文旅、科技等综合体验，现已开展活动500多次，参与妇女儿童达2万余人次。

【区域化妇联组织改革】 在25个乡镇（街道）实施完成成都市乡镇（街道）妇联区域化建设改革试点工作。在崇阳街道明湖小区、崇州市10万亩粮食综合示范区、王场镇旅游发展协会建立妇联组织3个，因地制宜在新领域、新群体、新组织中建立妇联组织。对全市253个村（社区）新当选妇联主席进行培训，要求基层妇联打开大门建组织，为广大基层群众提供更好的服务。

（杨洁）

科学技术协会
Association of Science and Technology

【概况】 2017年，崇州市科学技术协会实施国家级科普基层行动计划1项，成功创建省级科普示范社区1个、农技协1个，获得上级资金支持117.7万元。成功开展在蓉院士崇州行活动，刘宝珺、刘盛纲、姜文汉、张锡祥、陈星弼5位院士参加活动，为企业引进院士1人。全国科普日——科普畅游活动荣获中科协优秀组织单位表彰，被评为2017年四川省科普工作先进单位。

【基层组织建设】 强化基层组织建设，按照“五有”要求在全市所有乡镇（街道）建立健全科协组织。新增高校和企业科协4个，围绕高校和企业中心工作，促进科技交流，推动技术创新，举荐创新人才，充分激发企业科技工作者创新热情。激发学会（协会）活力，积极探索园区科协秘书长公司化、秘书处专业化模式，总结经验逐步辐射到其他行业组织，为承接政府职能转移打好基础。

【科普阵地建设】 科普阵地建设成效显著，科普影响力不断提高。评选出崇州市级科普示范单位和个人48个，创建成都市级科普示范单位5个、省级科普示范社区1个、省级科普示范农技协1

蜀南小学学生在隆兴镇凡朴农场与科技的一次亲密接触

个，实施国家级基层科普行动计划项目1项。科普e站建设全面铺开，科普信息影响进一步扩大，34处全媒体科普阅览屏“互联网+科普”精准推送，涵盖“五大类”人群，有效契合了群众获取科普知识的习惯。强化科普畅游基地建设，助力全域旅游。三条科普畅游专线有机地整合涵盖了工业、农业和人文等40个科普基地，集中展现了科技在各领域应用的新成就、新发展。

【科普惠民】 以重要科普时间节点为抓手，围绕“科技之春”科普月、科技活动周、科普活动日、科技工作者日，在全市范围内开展农业专业技术、医疗、安全、法治、环保等惠民活动，全年开展各类知识讲座和技术培训15场，科普宣传资料6万余份，新增科普宣传栏100余米，惠及群众15万余人。市科协、市农发局和邮储行崇州分行三方共建“银会合作”平台，助推产业扶贫、科技扶贫，促进农业产业化发展。为农技协、专业合作社、种植大户提供“银会合作”涉农贷款2800余万元，完成贴息16万元。

【科技扶贫】 发挥农技协在农业科技成果推广普及中的重要作用，鼓励和支持农技协开展农业科技推广和技术交流活动，不断将各类创新要素引向农村，使农民群众得到真正实惠。全年邀请高校和农技协农业专家开展水稻、食用菌、蔬菜、肉牛等种养植技术培训10余场。积极推动成都中医大、农科院、川农大等科研院所的深度合作。成都中医大副教授尹鸿翔团队在崇州鸡冠山乡建立重楼种质资源圃（基因库），开展重楼种子人工育苗关键技术研究，助推全市中药材产业提档升级，降低农户种植成本，帮助老百姓增收致富。

【课题研究】 深入调研电子信息企业28家、家具企业17家，形成《崇州市电子信息产业重点企业调研报告》《崇州市家具产业重点企业调研报告》，为市委、市政府供给侧改革提供了决策依据；摸底竹编和藤编两大传统产业，编写《藤编重点企业发展调研报告》，并与经信、文旅等部门共同谋划两大产业发展思路。

【科普教育】 深入实施未成年人科学素质行动，培养中小学生创新精神和实践能力。将科技教育列入中小学科学素质教育的重要内容，要求各学校设立培养未成年人科学素质的校本课程，配备科技教师，充分运用科普教育基地、科普旅游基地等资源，开展科技教育培训和科普活动等，开展形式多样、内容丰富的青少年科学素质教育。11月17日，在蜀南小学举办“体验、创新、成长”为主题的崇州市第三届青少年科技创新大赛。比赛项目包括车模、航模、科幻画等，激发青少年对科学技术的兴趣，增强青少年的思维能力、动手能力、创造能力，同时提高青少年科技教育活动的组织能力和水平。全市

表10

2017年崇州市级科普基地一览表

序号	基　地
1	崇州市蜀州水稻研究基地
2	成都市农林科学院食用菌新品种新技术科普示范基地
3	崇州市青青种养循环繁殖基地
4	凡朴农业科普体验基地
5	崇州市白圣村樱花种植基地
6	崇州市稻湘科普观光旅游体验基地
7	崇州市崇平镇新乐村水稻种植基地
8	崇州市龙腾居科普基地
9	西山枇杷茶研究基地
10	崇州市道明志成土地股份合作社科技培训基地
11	街子镇杜鹃花种植基地
12	崇州市味江股份合作社水稻种植基地
13	崇州市顺泰御园科普基地
14	四川崇州粮油储备有限责任公司北部示范基地
15	陶巴巴农耕文化科普示范基地
16	崇州市硕谷稻田养虾基地

各学校的师生代表、科技辅导员以及学生家长代表2000余人。

【企业服务工作】 紧扣产业供给侧改革，积极服务企业，助企业转型升级，服务企业126家，科技工作者1300余人次，推送产经、政策信息700余条。为企业引进院士1人、高层次人才2人，推荐39名各届科技工作者代表进入崇州市人才促进会；西部地区鼓励类产业项目认定1项，创新载体体系建设13项。积极帮助企业争取各级资金支持1000多万元。

【院士（专家）创新工作站】 四川福蓉科技股份有限公司和四川省川杭塑胶科技有限公司获批成都市级院士（专家）创新工作站。工作站是提高企业自主创新能力、建设创新型国家，组织和动员广大科技工作者服务企业，推进产学研相结合的新时代的新载体，是建设创新型科技人才队伍的重要举措，对地促进方产业转型升级、技术创新、经济社会发展有着重要作用。

（帅志军）

工商联
Federation of Industry and Commerce

【概况】 2017年，市工商联（总商会）设主席（会长）1人，副主席23人，副会长7人。其中驻会副主席（兼副会长）3人，不驻会副主席（副会长）27人，常委35人，执委72人，商会秘书长1名（由驻会副主席兼任）。乡镇商会覆盖率达100%，异地商会1个（崇州工商联西藏商会），直属商会3个（崇州市古玩书画商会、崇州市装饰建材商会、崇州市园林绿化商会）。与国内结缔友好商会5个，国外友好商会2个。

【参政议政】 市工商联紧紧围绕市委、市政府中心工作，积极开展课题调研活动，完成《大力推进构建“亲”“清”新型政商关系促进崇州经济健康发展》调研文章1篇。“两会”期间，认真组织会员企业履行参政议政，对社会经济发展中的热点、难点问题建言献策，认真撰写提案，会员企业中的人大代表、政协委员提交提案、建议共计达56条（篇），提案建议受到了崇州市委、市政府及有关部门的肯定和采纳。

【教育培训】 继续整合知名院校、培训机构等优势教育资源，采取“走出去”“请进来”方式，着力提高非公经济人士的能力和素质。全年共组织企业开展各类培训6次，培训人数达465人（次）。4月14日，组织成都隆腾鞋城投资开发公司、全友家私、明珠家具、四川聚力建材、四川省川汇塑胶、四川宇通电力等会员企业参加了在西南财经大学（光华校区）举办的“财智光华名家大讲坛——2017中国经济热点问题解析”；5月8—12日，组织46多家会员企业到浙江大学《崇州民营企业高级研修班》集中学习培训5天；8月30日，承办了“2017年特色培训——《互联网+商业模式创新》专题培训”；11月7日，组织全友家私有限公司、四川省崇州建筑安装工程有限责任公司等企业董事长、总经理、CEO及部门相关人员，参加

组织非公企业赴浙江大学学习培训

成都大有元通企业管理咨询有限公司在锦晖西二街84号举办的“人人成为经营者·阿米巴经营模式”专题培训等。

【经济服务】 坚持每季度开展需求调查，帮助企业排忧解难。全年共开展企业需求调查活动4次，发放企业需求调查表720余份，收取企业反映的建议和意见48条，对它们反映的问题和需求进行整理汇总，及时向市委、市政府汇报，会同市相关部门沟通协调，为会员企业解决问题发挥好桥梁纽带作用。为提升金融服务实体经济的效率和能力，缓解企业融资难、融资贵问题，市工商联积极与职能部门联合举办融资座谈会2次。配合相关部门为14家会员企业申请9500万元贷款。大力支持行业商会举办展销会活动。3月15日，崇州装饰建材商会在隆腾建材市场隆重举办第四届崇州装饰建材博览会，34家会员企业参加，签约700多单，成交额达1200万元。

【经贸交流】 加强对外交流合作，为崇州企业对外交流合作搭建服务平台。3月14日，组织川盛塑胶、康泰塑胶等会员企业参加了四川省工商联举办的“机遇泰国”泰国投资政策说明会和成都市工商联举办的经济沙龙“2017年宏观经济、资本市场形势研讨会”，为民营企业开阔眼界、帮助民营企业结合经济形势做好规划与判断，实现转型升级搭建平台。5月21—25日，市工商党组书记吴敏率全友家私、明珠家具等崇州家具企业赴迪拜参加迪拜国际办公家具展销会，举办“中国·成都崇州家具推介会”。在推介会上，两地企业进行交流活动，崇州与阿联酋华商联合会签署了友好合作协议书。全友家私有限公司与迪拜SWIN FZCO集团达成合作意向，在迪拜开设专卖店，标志着“崇州造”开启中东市场。先后有河南省鹤壁市商会代笔到崇州考察家具产业；遵义市工商联代表到崇州考察康养产业；成都市青白江区工商联到崇州调研家具产业。

成立崇州市家具行业商会筹备会

【“万企帮万村”精准扶贫】为贯彻落实中央、省、成都市和崇州市“万企帮万村”精准扶贫会议精神，市工商联积极组织会员企业参与精准扶贫，在现有企业与和马尔康市贫困村结对帮扶的基础上，细化帮扶措施，确保精准扶贫工作落到实处。引导会员企业与16个相对贫困的11个乡镇开展村企共建行动，对全市11个乡镇16个相对贫困村建档立卡，实现精准扶贫“全覆盖”；按照崇州市援藏指挥部《关于进一步推进对口帮扶工作的实施意见》文件要求，市工商联积极响应援藏工作安排，把帮助马尔康如期脱贫摘帽作为一项光荣的政治任务。先后有成都成都隆腾鞋城投资开发有限公司、全友家私有限公司明珠家具股份有限公司等29家企业对口帮扶马尔康市29个贫困村，帮助发展产业、发展集体经济、提升公共服务能力，拓宽就业渠道。成都隆腾鞋城投资开发公司、全友家私、明珠家具等5家企业为马尔康市捐款150万元精准扶贫款，为马尔康市“县摘帽、村退出、户脱贫”以及经济社会持续发展贡献力量。

【社会服务】 倡导会员企业开展关心下一代活动，继续引导企业开展“追随中国梦，致富思源，富而思进”阳光爱心助学行动，35家爱心企业和26位爱心人士为718名贫困学生出资助学金额130多万元，让贫困学生怀揣梦想跨进校门。10月，在西藏拉萨商会组建成立关工小组。组织会员企业开展“送温难　献爱心”活动。春节前，组织非公企业走进社区、敬老院、五保户、贫困户等开展走访慰问，向他们发放慰问品和慰问金，累计金额达18万元。引导会员企业参与社会充分就业。会同市就业局、市总工会等部门开展招聘活动3次，印发就业宣传资料2400份，组织企业到招聘现场为失地农民、待业人员、大学毕业生提供就业岗位。会员企业共吸收各类就业人员5780余人。

（张海）

残疾人联合会
Federation of Disabled Persons

【概况】　2017年，崇州市残疾人联合会以残疾人“两个体系”建设为主线，带领全市残疾人和残疾人工作者，着力实施一系列民生项目，为新起点上推进残疾人事业发展打下良好基础。

【基层残联组织建设】　夯实基层基础，配齐配强工作人员，积极争取市委、市政府支持，通过人事干部调动、劳务派遣等方式，加强机关人员和乡镇（街道）残联专干队伍建设，配齐、配强工作人员，为残疾人工作提供有力的组织保障。全市补录残联专干2人、劳务派遣人员3人。

【民生和职能工作】　承担省和成都市残联工作共有16项，其中省和成都市民生工程有14项。实施的崇州市级民生工程有2项。重点开展脑瘫儿救助、辅具适配、重度听力儿童救助、残疾人居家无障碍改造、城乡残疾人居家灵活就业、农村贫困残疾人发展生产、重度残疾人护理补贴、特困残疾人生活补助、截瘫偏瘫患者康复救助、智残儿童教育康复一体化服务和持证残疾人城乡居民基本医疗保险全覆盖等民生工程，惠及残疾群众3万余人。开展康复体育进家庭1500户。实施“残疾人文化进社区、进家庭五个一”工程，大力丰富残疾人文体生活。

【全面深化“量服”】　建立重度残疾人养老保险、医疗保险、居家护理费用补贴、残疾人托养、困难残疾人生活补助等保障性制度。实施白内障复明、人工耳蜗、重性精神病患者“阳光救助”、智力残疾儿童社区康复、聋儿康复等救助工程，服务群众2000余人次。实施按比例安置残疾人就业90人，扶持残疾人创业基地4个。开展“温暖万家行”，慰问贫困残疾人家庭1677户。实施残疾人“阳光家园”计划，依托省复员退伍军人医院开展机构托养服务，有38名重度残疾人在机构生活、生产、学习。深入开展为全市2万余名残疾人提供“量体裁衣”个性化服务工作，推行“机构量服”和“开放量服”，不断创新残疾人工作社会治理机制。认真开展“线下”和“线上”督查工作，切实把各项残疾人方针政策落地落实，不断满足残疾人美好生活需求。

【创新工作】　印发《崇州市残疾人联合会机关规章制度汇编》。市残联强化日常管理，对各项机关日常管理制度进行认真修订完善，向每名残联干部职工印发《崇州市残疾人联合会机关规章制度汇编》。建立《崇州市残疾人信息动态精准管理等三项制度》。市残联结合审计、巡查绩效评估等各项检查中发现的问题，认真对全市残疾人工作各项服务项目进行反复讨论，建立《崇州市残疾人信息动态精准管理等三项制度》等8项业务规范化制度。

（刘雅丽）

红十字会
Red Cross Society

【概况】　2017年，市红十字会大力弘扬“人道、博爱、奉献”的红十字精神，坚持依法治会，坚持服务民生，以公信力建设为重点，扎实开展红十字核心业务工作。积极探索筹资新途径，不断提高红十字会参与赈灾的应急能力和日常的救助能力。

【依法治会】 一是按照依法治市整体工作部署，结合红十字会工作实际，抓好《中华人民共和国红十字会法》《中国红十字会章程》和四川省、成都市涉及社会救助、公益事业等相关法律法规的执行落实，依法履行职责，以法治思维和法治方式扎实开展红十字会各项工作；二是认真落实上级红十字会工作规范和要求，强化制度落实，规范业务工作开展和信息公开流程，完善政府监督、社会监督和自我监督结合机制，打造规范透明红十字会；三是深入推进专项治理“微腐败”工作，强化红十字会干部队伍纪律作风建设，努力提高干部队伍政治素养。

【资金募集与发放】 从筹资入手，转变思维，主动作为，积极探索筹资新途径，拓宽资金来源渠道，不断提高红十字会参与赈灾的应急能力和日常的救助能力。在争取政府支持的同时，把重点放在公益捐赠来源上，充分尊重捐赠者意愿，坚持专款专用原则，依法募集人道救助救援资金。2017年度共募集捐赠资金346.75万元。

【帮贫助困】 开展“红十字博爱送万家”活动，向161户因突遭变故、重大疾病、因灾遭受损失陷入困境的城乡低保家庭或低保边缘家庭每户发放救助金400元，共计投入资金6.56万元。开展“关爱拯救行动”，向全市56名重大疾病困难人员发放救助金68万余元，减轻患重大疾病困难人员的医疗负担，解决患重大疾病困难家庭因病返贫、因病致贫的问题。开展“阳光爱心助学行动”等系列助学活动，募集爱心捐款18.84万元，实施救助174人；情系特殊教育学生，在“全国助残日”向崇州市特殊教育学校捐赠1万元。借力“小天使”“天使阳光”等公益品牌，共协助2名患病儿童申请公益基金，争取了6万元的专项资金。实施应急性临时救助，截至2017年底，共给付临时性救助资金18.74万元，助学、助医、助困61人，雪中送炭，情暖人心。结合“城

崇州市“关爱拯救行动”2017年度救助金发放仪式

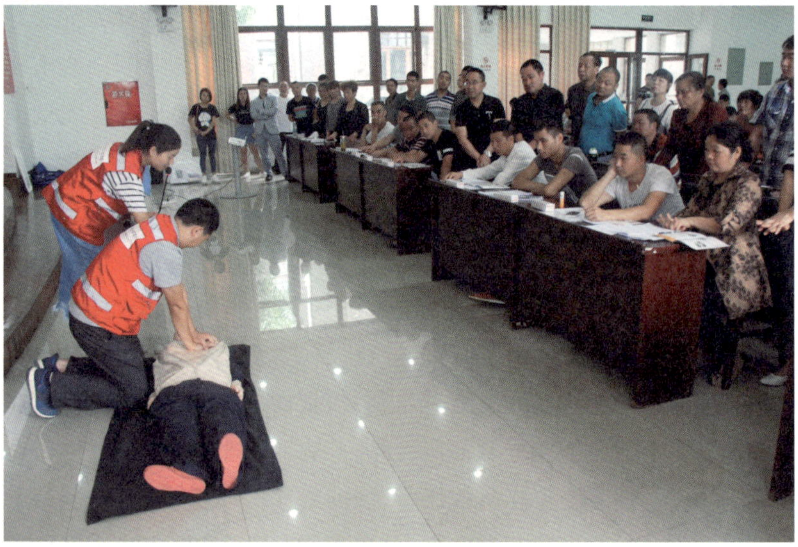
红十字应急救护知识培训

乡党建结对共建”和精准扶贫活动，多次深入对口联系点慰问困难群众，送去关怀与温暖，积极思考脱贫对策，力争帮助相对贫困村实现业兴、家富、人和、村美。向马尔康市红十字会捐赠38万元，投入到教育扶贫、卫生救助、困难群众关爱等项目；动员崇州市5家爱心企业向马尔康市红十字会捐赠资金150万元，投入到马尔康市特色产业发展，进一步助推马尔康市打好打赢脱贫攻坚战，促进马尔康市社会事业发展。

【提升应急自救互救能力】 开展2017年应急救护培训“进校园”“进企业”“进社区”活动，开办应急救护知识培训班20期，培训合格学员893人；由市卫计局和乡镇政府、街道办牵头，乡镇（街道）红十字会和乡镇卫生院积极配合，认真开展“博爱家园——红十字应急救护志愿服务进社区”活动，按全市户籍数3%的比例完成救护知识普及，共计6450户。推荐热心公益和应急救护知识推广的4名志愿者参加成都市红十字应急救护师资培训，全市现有合格应急救护师资20余人。9月8日，组织优秀师资参加2017年成都市红十字会应急救护技能大赛，获得优胜奖，通过交流与学习，提高红十字应急救护师资志愿服务的活力与水平，促进民生工程应急救护培训工作质量提升。

【公益宣传】 大力宣传“人道、博爱、奉献”的红十字精神，形成全社会积极参与红十字事业的浓烈氛围。在2017年度的世界红十字日等重要节点、基层走访调研、应急救护培训时，开展集中宣传活动，发放宣传资料1万余份。在市政府的精心组织下，与崇州市教育局密切配合，组织青少年学生1.6万余人参加中国红十字会总会2017《中华人民共和国红十字会法》暨全国红十字应急救护知识竞赛，崇州市人民政府、崇州市红十字会、崇州市教育局等多家单位分别荣获最佳组织一等奖。通过多种宣传活动的开展，使广大群众认识红十字、理解红十字、支持红十字、热爱红十字，扩大红十字会的影响。

【特色亮点】 扎实开展“中国红十字博爱家园”项目建设前期工作，先后在王场镇大雨村、怀远镇安乐社区和三江镇富国村，开展中国红十字基金会博爱家园项目社区易受损性及能力评估（VCA）活动和基线调查工作，充分调动社区居民的积极性，增强社区群众的参与意识和责任意识，展现社区群众的集体智慧和自我价值，同时，也贯穿博爱家园项目的全新理念，为项目的顺利实施奠定基础。结合前期易受损性及能力评估（VCA）活动和基线调查，分别制定3个村（社区）项目建设计划书，待上级部门批复后分步实施。

（石钰）

法治

政法委及综治

Politics and law committee

【概况】 2017年，全市政法工作，紧紧围绕市委中心工作，坚持以维护社会大局稳定、促进社会公平正义、保障人民安居乐业为主要任务，以深化平安崇州建设、法治崇州建设和“五个”过硬队伍建设为载体，担当尽职，真抓实干，精准发力，全力维护社会政治稳定，圆满完成中共十九大期间全市安保维稳信访工作，牢牢控制社会治安大局，有力保障和服务全市发展大局，为加快推进“产业新城、品质崇州”，创造了安全稳定的社会环境、公平正义的法治环境和优质高效的服务环境。工作受到了成都市委市政府高度肯定，在成都市中共十九大安保维稳信访工作中集体记三等功。

【稳定工作】 深入开展反分裂、反渗透、反颠覆和反恐怖斗争，切实维护国家政治安全。建立健全乡镇（街道）二级国家安全工作领导小组，完成对“涉外机构”等数据采集，排查潜在威胁，有效开展“4·15”《中华人民共和国国家安全法》等相关法规的宣传教育活动。共组织重大安保活动28次，确保全市无重大涉稳问题、无影响国家安全的政治性事件，特别是中共十九大期间，守住了“大事不出、小事可控”的底线，实现了“五个严防”“三个不发生”“六个零”目标。开展社会稳定风险评估27件，实施27件，确保全市重大决策、重大事项、重大项目落实推

省委政法委副书记李世成（右一）到崇州法院调研指导刑事庭审实质化改革工作

进过程中无不稳定事件发生。开展月集中排查12次、专项排查13次，梳理各类信息650余件；开展月形势分析研判12次、重要时段每日一研120次；排查突出不稳定因素25件，调处25件，稳控化解率达100%。实施动态社会稳定风险评估管理，改变重评估，轻跟进的格局，实时跟进，随时了解掌握项目建设过程中的不稳定因素及矛盾纠纷，及时调处化解不稳定因素及重大矛盾纠纷。全年对26件重点信访案件和10件政法类信访事项，全面落实“五包一”工作措施，确保重大节日、重大活动、敏感节点期间的社会稳定。圆满完成成都市挂牌督办的九龙天瑞售后包租问题督办件的化解。立案查处16件非法集资案，稳控率100%；7月，崇州市围绕“善心汇”等传销案件排查梳理3394人，稳控率达100%，采取强制措施8人；建立健全应急处置机制，妥善处置各类突发事件10余起。

【专项整治工作】 依法严厉打击各类违法犯罪，始终保持严打高压态势。公安机关立案2436件，同比下降6%；破案1486件，同比上升34%，其中破现行命案6件、命案积案1件，连续六年现行命案破案率为100%。法院受理刑事案件814件，结案809件，结案率99.4%；受到民商事案件3794件，审结3600件，结案率94.89%，结案标的8507.67万元；受理行政案件144件，结案141件，结案率97.92%。检察院办理审查逮捕案件537件763人、审查起诉案件850件1149人。突出治安问题专项整治，突出抓肇事肇祸等严重精神障碍患者排查管控、吸毒人员社会化管理、寄递物流依法常态化管理等工作，确保无精神病人肇事肇祸现象发生、寄递物流企业“三个100%”和有效预防和管控涉毒人员。大力开展治安重点整治工作，加强市级重点整治部位长城路540号至世纪大道交汇处和梓潼镇场镇2处的整治工作，共查处赌博21件、电信诈骗3件、入室盗窃12起，拘留14人，刑拘3人，有效解决了整治区域突出的社会治安问题。

【“大调解”工作】 “大联动·微调解”体系有效运行，切实运用法治思维和法治方式研究解决问题，确保矛盾纠纷有效化解，共调处各类矛盾纠纷1007件，调解成功995件，调解率100%，调解成功率98.8%，无因调解不当引发的民转刑和非正常死亡案件。

【社会治理工作】 建成“雪亮工程”乡镇8个、村（社区）25个；建成“雪亮工程”乡镇平台8个、村（社区）平台67个，接入监控探头660个，入户视频监控486个。完成42个幸福美丽新村的“雪亮工程”项目和15个农集区的“四防”建设工作任务。完成市级综治中心建设，配备工作人员6名；完成17个乡镇综治中心建设，覆盖率68%；完成96个村和35个社区综治中心建设。市级中心已与网格化服务管理系统、大联动中心平台及天网实现互联互通，共录入13类53项基础数据

引导群众防范非法集资犯罪

共计90万余条，收集群防群治队伍上报信息8000余条。有效运行市网格化监管中心。网格化监管中心共录入事件9.9万余件，监管中心分流交办事件1200余条，办理率100%，办结率98.7%；“大联动·微治理”平台录入各类基础信息90余万条，处置突发事件581件，矛盾劝解8340件，参与治安防控18374件。完善专兼职网格管理员队伍。共核定划分541个网格，配备网格员541人，其中专职网格员71人、兼职网格员470人。发挥网格管理员作用。积极协助管理三项重点工作，录入各类特殊人群3022人，每月至少对重点对象走访2—4次、对一般对象走访1—2次；共采集吸毒人员、刑释人员、重症精神病患者2726人；报送流动人口情况信息11300条；报送特殊人群信息11862条，发现治安隐患79条。

【“平安崇州”建设】 抓实创建，营造平安和谐的社会环境。创建平安乡镇（街道）、单位、村（社区）76个，平安校园28所，申报成都市三星级平安乡镇5个、平安示范村（社区）5个、平安单位5个，已基本完成创建目标任务。

【改革创新】 组织法院创建诉源治理智慧模式——“五分法”，创新运用分析研判、分层递进、分类处理、分别人员、分区治理“五分法”智慧模式，其工作及成效得到党委和上级法院的充分肯定；创立“智慧法务”建设，创建“小崇”法律问答机器人，其举措及成效受到省、市领导，上级法院领导、专家学者高度关注与充分肯定。组织检察院在怀远镇黎店村创新推进“‘向日葵工作室’+乡村法治广播站+林盘说法”的“1+1+1”普法宣传模式，其做法及成效受到成都市检察院检察长吕瑶肯定。组织公安局依托“一标三实”基础信息采集工作，推进社区警务模式改革，通过设立派出所“一站式服务点”，引入出入境自助签注机等推进窗口单位“最多跑一次”改革。组织司法局加强全省司法行政系统改革示范单位三江司法所的规范化建设，促进该镇社会治理工作向上向好发展。

（何小丹）

法治政府建设

Legal government Construction

【概况】 2017年，市法制办以全面贯彻落实《法治政府建设实施纲要（2015—2020年）》为主线，统筹推进依法行政，加快法治政府建设，提升城市治理体系和治理能力现代化水平，为奋力建设“产业新城、品质崇州”提供坚实的制度支撑和有力的法治保障。

【依法全面履行政府职能】 全面部署落实法治政府建设各项工作。按照法治政府建设新思路、新要求，制定《崇州市2017年法治政府建设工作安排》，将年内各项重点工作进行责任分工，明确牵头单位、责任单位和完成时限，将工作任务分解落实到各单位各部门，并抓好监督落实。切实提高领导干部法治意识。持之以恒推进领导干部学法，结合2017年工作重点和新出台的法律法规，印发《2017年市政府常务会议学法安排》。全年开展政府常务会会前学法23次。

【推进简政放权】 继续清理行政许可项目和精简行政审批前置条件。严格执行国务院、省、市政府关于取消和调整的行政许可项目，及时对应清理和汇总；全面清理精简行政审批前置条件，建立投资项目和非政府投资项目行政审批前置条件目录，推行行政审批前置中介服务项目目录管理。精简行政权力事项2项，承接新增权力事项4项。加强“三张清单”管理工作。加快建立健全依法、科学、透明的权力运行机制。进一步完善行政权力清单，推进乡镇（街道）编制公布权力清单。政务中心办理的所有行政权力事项均建立办事指南和办事流程（除涉密事项外），并在LED显示屏上滚动播出，切实做到依法规范公开运行。积极探索建立政府责任清单并严格执行国家公布的外商投资负面清单。

市政府第五次廉政工作暨法治政府建设工作会

【推进依法科学民主决策】 扎实推进重大行政决策科学化、民主化。严格执行重大行政决策程序规定，对民生项目、招商引资、社会稳定等重大行政决策事项，严格按照公众参与、专家论证、风险评估、合法性审查和集体讨论五大步骤进行科学、民主决策。特别是在推进城乡环卫一体化、城乡供水一体化等民生项目过程中，通过深入基层调研，广泛征求意见，专门提请市人大常委会审议，摸清项目的适用性；邀请权威专家和评估机构对项目进行风险评估，论证项目的可行性；由政府法制机构或法律顾问团队全面审查，确保项目的合法性；提交政府常务会议，集体讨论决策，切实做到科学决策、民主决策、依法决策。经政府常务会讨论决定的重大行政决策共计33项。为加强对重大合同的审查监督，制定对外签订合同管理办法，政府收回乡镇对外签订招商引资合同权，对原乡镇所签合同进行清理，杜绝增量，减少存量，摸清家底。效降低风险，维护政府公信力。全年共审查各类协议和合同207件，标的额约155.4亿元，提出合理化建议和意见400余条，出具合法性审查意见书38份、法律意见书9份。全面实现政府法律顾问的制度化、常态化。制定《崇州市全面完善法律顾问制度的实施方案》，建立法律顾问联系和考核制度，实现乡镇和部门政府法律顾问制度全覆盖。通过建立部门法律顾问、政府法制机构对政府行政行为双重把关的审核机制，有效筑牢依法行政的“防火墙”，减少行政争议和矛盾纠纷。强化规范性文件监督管理，指导全市各行政机关严格依法制定行政规范性文件，组织开展专题培训，严格规范性文件的合法性审查和备案，切实做到有件必备、有错必纠。市级部门共制定规范性文件5件，报备5件，市政府制定规范性文件6件，报备6件。

【深化改革，公正文明执法】推进行政执法“三项制度”改革试点。深入行政执法单位进行调研，广泛征求意见，草拟《崇州市推行行政执法公示制度执法全过程记录制度重大执法决定法制审核制度实施方案》，选择市场监管局、环保局、综合执法局、公安局、人社局、农发局、政务中心作为首批试点部门，召开工作推进会细化工作任务、责任分工以及各项任务完成的时间节点。认真组织行政执法证件核发工作。组织开展清理行政执法人员和行政执法验证工作，共对23个单位986个证件进行清理和验证工作，验证合格961个，对年审合格的证件予以加贴2017年行政执法证件年审专用合格标签。同时，对申领了行政执法证件的行政执法人员名单通过网站等形式向社会公布，实行动态管理、时时更新，接受群众监督。

【依法化解矛盾纠纷】 加强行政复议工作，共接收行政复议案件92件，立案87件，维持7件，撤销20件，未审结57件，申请人自愿撤回申请终止复议3件；成都市政府复议答复案件58件，维持14件，未审结44件；四川省政府复议答复案件8件。加强行政应诉工作。全市各级行政机关共发生行政诉讼案件57件，其中行政赔偿2件；受理48件，已审结27件，行政机关负责人出庭9件，行政机关败诉7件，按撤诉处理1件，准许撤诉10件。大力推动行政调解工作，健全市政府统一领导、各职能部门为主体的行政调解工作体制，积极加强行政调解与人民调解、司法调解和信访工作的有效衔接，推进行业性专业性行政调解工作，在消费者权益纠纷、劳动工伤纠纷等领域组建专业性行政调解组织，取得较好成效。

【深化综合行政执法体制改革】按照中央、省、市关于综合行政执法体制改革相关精神，基于“智慧崇州”的总体框架，依托现有大数据产业基础设施，搭建综合行政执法智慧服务平台，建立起由智慧执法业务平台、指挥中心、手持执法终端“三位一体”的立体化执法模式，实现执法处置效率和查处水平的进一步提升，为科学执法、依法执法、高效执法打下坚实基础。

（周玉）

公安
Public security

【概况】 2017年，市公安局内设指挥中心（办公室）、政工监督室、纪检监察室、交警大队、刑警大队、国保大队、治安管理大队、警务保障室、法制大队、禁毒大队、经侦大队、网安大队、看守所、拘留所、出入境大队，下辖崇庆路、滨河路、工业区、元通、怀远、三江、王场、隆兴、廖家、道明、羊马、街子、文井江、燎原、济协、集贤、鸡冠山、锦江、桤泉、白头、观胜、崇平、梓潼、大划、三郎、公议、江源27个派出所（其中文井江派出所和鸡冠山派出所合署办公），代管森林警察大队、崇州市公安消防大队（政府消防队）、武警中队。两个集体荣获成都市委、市政府维稳综治先进集体称号；两个集体荣立三等功、5个集体受到上级嘉奖；1人荣立个人二等功，12人荣立个人三等功，26名民警受到上级嘉奖，两人入选崇州十大法制人物候选人；10名民警当选“十佳崇州卫士”，37名民警当选“优秀崇州卫士”。

【维护稳定】 先后完成中共十九大，全国“两会”，“一带一路”高峰论坛，省、市党代会，成都马拉松，世旅会，第五届四川自驾赏花节开幕式，中国·成都第八届自行车赛，崇州万达开业等安保维稳任务55次，积极支援警力到成都市区、高新、简阳、都江堰等地区参加安保工作20余次；重大安保工作确保万无一失。强化情报信息收集和网络舆情管控，共收集维稳情报信息300余条，上报舆情信息1900余条，被上级采用284条；开展24小时网上巡查，及时封堵、删除网上政治谣言和有害信息，开展落地查证100余次，有效提升维护网络安全的能力，网安舆情涉恐支撑点工作和配侦工作被省厅通报表扬，网安工作位列成都第一。狠抓反恐处突，严密做好值班备勤和应急值守，“屯警街面、动中备勤”，常态化开展公安武警武装混编巡逻，全面加强社会面防控；确保全市未发生暴恐事件、大规模群体性事件。强化重点人员的稳控，对95名重型精神病人正在全面进行重新鉴定评估，规范日常监管；妥善稳控3394名崇州籍“善心汇”非法传销人员，稳控工作得到公安部督导组和上级公安机关的表扬；中共十九大，省、市党代会等重要节点期间，重点人员均稳控在手，实现重点人员漏管失控进京非访人员“零登记”的目标。

【“110”接处警】 2017年，共接警28586起，其中刑事案件警情1217起，行政案件警情2990起，交通事故警情16956起，火灾警情165起，求助7258起；处置报警28596起，其中刑事案件警情1217起，行政案件警情2990起，交通事故警情16956起，火灾警情165起，求助7258起。

【治安防控】 立足辖区治安日趋复杂、警力不足的实际，通过内部挖潜、外部借力，有效整合社会资源，加强立体化治安防控的建设。积极利用微博、微信等新媒体和传统媒体，加强与电影院、网吧、银行等单位合作，通过悬挂标语、发送短信、播放短片等多渠道、多方式开展安全防范知识宣传，全面提升群众防范意识。扎实开展巡逻防控工作，进一步完善社会面分级巡控机制，“屯警街面、动中备勤”，常态化开展武装混编巡逻，最大限度消除治安隐患和治安盲点，卡点查控工作得到罗强市长的肯定；特巡警工作位列市县组第一。积极抓好“天网工程”建设应用，新增300个高清天网、20个治安卡口，积极利用天网为案件侦办服务；利用“天网工程”抓获违法犯罪人员340余人，破案270余件，抓获上网追逃人员20人，追回被盗车16辆。入室盗窃、盗抢机动车等侵财案件比2016年下降13.6%，破案比2016年上升27.7%，人民群众的安全感进一步提升。

【刑事侦查】 严打各类违法犯罪，破各类刑事案件1486件，比2016年上升34%；打击处理人员3467人，比2016年上升19%。持续高压打黑除恶，打掉2个涉恶犯罪团伙，抓获团伙成员18人；现行命案连续七年全破。严打侵财犯罪，破侵财案件736件；打掉跨境电信诈骗团伙，冻结涉案资金1700余万元；及时破获“温莎指韵温泉足道”抢劫案、“8·26”街面抢劫案等案件，追回被盗抢汽车51辆。强势辑枪治爆，破获涉枪案50件，打击处理45人，缴获各类枪支47支、子弹660发，破案154件，查处吸毒人员1563人，强制隔离戒毒281人；破获毒品犯罪案件154件，打击处理148人；成功打掉6个制毒窝点（3个非本地）和一个聚众吸毒窝点，收缴毒品300余千克。共立案侦查各类经济犯罪案件37件，破获各类经济案件26件，移送起诉60人；经侦工作位列市县组第一。严厉打击破坏环境的各类违法犯罪，打掉两个非法盗采砂石团伙，破获环保刑事案件12件，

治安防控

处置突发情况演练

刑事拘留23人。共查处行政案件1276件，调解治安案件970件，行政拘留2102人；其中黄赌治安案件155件，行政拘留306人；破获黄、赌刑事案件22件，打击处理44人。全年共查处林业刑事案件3件、行政案件5件，打击处理12人（判决7人，行政处罚5人）。

【服务保障】 护航企业发展，严打破坏企业生产经营的违法行为，全力维护经济发展成果，成功侦破公安部、省公安厅督办的佰泓非法期货交易案，护航互联网金融健康发展，被评为2017年成都市十大最具影响力法治案件，公安部发来贺电予以褒奖；破获特大制售侵权假冒伪劣商品案，保护合法企业权益；被中央电视台第二、第四频道宣传报道。

【治安管理】 加强对危爆企业、特种行业的管理，共组织开展各类安全管理检查93次，发现、整改问题48处；共审批炸药136752公斤、雷管62100发、导爆管18000发、导爆索18000米；查处非法存储销售烟花爆竹经营户193户，收缴价值80余万元的各类非法烟花爆竹，收缴黑火药3234克。

【交通管理】 制定完善“治堵十条”崇州方案，推进智能交通二期建设，推动重点道路的隐患治理；启动车驾管监控分中心的建设，从严治理“七乱”“五车”违法行驶等交通违法行为；全年共排查道路隐患248处，完成整改212处，查处交通违章11.9万余起、交通事故12828起，吊销机动车驾驶证242本，刑事拘留32人，交通事故数与2016年同期相比下降28.07%；确保交通秩序安全畅通有序。

【消防管理】 加强消防安全管理，全面排查、整改隐患，增配消防举高战车，加强高层火灾的救援演练。共检查单位7169家，查找整改隐患3332处，处置火灾事故136起，无人员重大伤亡，无群死群伤恶性火灾事故发生。

【行政管理】 通过建设4个派出所“一站式”服务点，购置自助办证系统，推广网上办理、手机办理等多渠道办理，利用微信预约排号、移动智能支付等服务，切实让数据多跑路，让群众少跑腿。积极组织开展上门服务，与银行、邮政等部门合作开展“代办服务”；打造多渠道、多方式、全覆盖的公安服务网络。共办理出入境手续4.9万余人次，车管手续7.3万余人次，户籍手续、身份证件、居住证等8万余人次；窗口服务工作实现无延期、零投诉。

【队伍建设】 强化从严治警，建立政工、纪检例会制度，积极开展“严格队伍管理，规范执勤执法”专项教育整顿活动，启动网上督察中心，建设廉政教育室，聘请20名警风监督员，强化警示教育，深入开展“微腐败”专项治理，保持对违法违纪“零容忍”，查处违纪民警7人，诫勉谈话10人，约谈提醒4人；调整中层干部11人次，筑牢“不能、不敢、不愿”违法违纪的制度防线。狠抓爱警护警，制定落实机关民警选调工作制度；坚决依法捍卫民警正当执法权益，共查处侵害民警执法权益案件22件，打击处理24人；及时组织看望慰问受伤、生病住院民警77人；为民警送生日祝福、组织民警过集体生日；持续开展“崇州卫士·每月之星”的评选，共评选“每月之星”46人次，开展“蜀警风采”系列文体活动和法律知识竞赛；提升民警伙食标准，完善食堂等“惠警工程”建设；凝聚了警心、增强民警归属感、职业自豪感。

（余成才）

检察
Procurator work

【概况】 市人民检察院内设反贪污贿赂局、反渎职侵权局、侦查监督科、公诉科、控告申诉检察科、刑事执行检察局、民事行政检察科、检察技术科、预防科、未成年人刑事检察科、政治处、监察室、办公室、法律政策研究室、司法警察大队、案件管理办公室16个职能机构，设立驻崇州市看守所检察室、驻羊马镇检察室2个派出机构，设立非常设性机构1个（人民监督员办公室）。全院政法专项编制在职干警57人，其中男干警39人，女干警18人，本科以上学历56人，大专学历1人。2017年，市检察院有12个集体、10名干警获得上级表彰，被评为四川省文明单位，涌现出最高人民检察院侦防骨干人才、四川省打击破坏生态资源违法犯罪工作先进个人、成都市检察院三等功等先进典型。

【刑事检察】 与公安机关、人民法院紧密配合，保持打击犯罪高压态势，办理审查逮捕案件537件763人，审查起诉案件850件1149人，比2016年上升34.8%、29.5%。切实维护社会公共安全，依法惩治涉枪犯罪42人，打击聚众斗殴、寻衅滋事等破坏社会管理秩序的犯罪119人。坚持对严重刑事犯罪重拳出击，对故意杀人、强奸、抢劫等“八类”恶性犯罪实行专案办理，以加大司法办案力度积极回应社会平安需求。密切关注“互联网+”和大数据时代网络犯罪新动向，惩治利用网络贩卖毒品、传播淫秽视频、开设赌场以及电脑黑客破坏计算机信息系统犯罪43人。高度关注经济金融风险向司法环节传导的问题，打击非法集资、非法传销等破坏市场经济运行的犯罪53人，依法起诉涉案金额365

推进庭审实质化

亿元、全国首例利用虚假网络平台非法经营国际期货案20名被告人。贯彻宽严相济刑事政策，对犯罪情节较轻、社会危害不大的初犯、偶犯、过失犯依法不批捕104人，不起诉7人。

【查处和预防职务犯罪】 坚持有腐必反、有贪必肃，立案查处贪贿渎职等职务犯罪10件17人，涉案金额476万元。以高度的政治责任感支持、配合监察体制改革试点，为崇州市首届监察委选送优秀干部11人，认真开展办案衔接、线索移交等工作，确保惩治职务犯罪力度不减、节奏不变。健全社会化预防工作体系，大力开展预防进机关、进企业、进村组活动，举办预防警示教育47场，3000多名干部职工受到教育，努力使“莫伸手，伸手必被捉”的观念深入人心。细化深度融合式精准预防，继续开展“预防跟着项目走”，派员对李家岩水库建设、经开区拆迁安置等重点项目开展同步预防，监督使用资金4亿多元，保障政府投资安全。积极拓展预防网络，与中国邮政共建“预防邮路”，与国家电网等6家单位建立常态化预防机制，向发案单位发出检察建议9条，切实从源头上预防职务犯罪滋生蔓延。

【关爱涉罪未成年人】 高度重视未成年人权益保护，依法打击强奸、猥亵等侵害未成年人的犯罪19人。大力开展校园欺凌专项治理，深入17所学校开展安全警示教育，增强未成年人安全防卫意识。严格执行未成年人刑事诉讼特别程序，依法不批捕12人、不起诉4人，对27名未成年人犯罪记录予以封存，最大限度挽救失足未成年人。推进强制亲职教育，强制10名未尽职责的家长接受教育5次，督促加强对子女的教育管理。未成年人刑事检察“向日葵工作室”机制在全省推广，《人民日报》等媒体作报道，“向日葵”团队被评为“成都市巾帼文明岗”，正争创国家级青少年维权岗。

充满青春活力的队伍——“向日葵”法律志愿服务队

【诉讼监督】 完善监督信息化平台，实现监督实时化、系统化和精准化。加强侦查活动监督，监督立案11件，督促撤案4件，纠正漏捕5人、漏诉23人，纠正违法77件；加强刑事审判监督，办理刑事抗诉4件，推动完善办案程序10件；加大民事、行政诉讼监督力度，提出再审检察建议3件，推动完善民事审判和执行程序12件。强化刑事执行检察监督，纠正刑罚执行和监管活动违法45件；深入开展财产刑执行专项检察，监督及时执行10件已生效判决；坚持打击犯罪与保障人权有机统一，开展羁押必要性评估49件，依法对36名无继续羁押必要的嫌疑人变更强制措施。

【控告申诉检察】 健全矛盾纠纷化解机制，选派干警驻守乡镇检察室，畅通来信、来访、网络、电话及远程视频接访“五位一体”的群众诉求表达渠道，邀请律师参与化解和代理涉法涉诉信访，依法妥善处理控告、申诉、信访81件。深化刑事司法救助，为6名生活困难的被害人发放救助金8.5万元。完善刑事和解

邀请群众进行乡村法治广播

机制，以召开听证会等方式主持和解、调解，督促60名嫌疑人及时赔偿被害人损失，减少社会对立因素。建立“互联网+检察”工作模式，建成集门户网站、“两微一端”、传统纸媒于一体的检务公开体系。

【“1+1+1”法治宣传项目】大力实施“向日葵工作室+乡村法治广播站+林盘说法”的“1+1+1”法治宣传项目。在学校开展特色课堂、模拟法庭、法治夏令营等活动22次，不断提升法治教育效果；在对口联系村设立乡村法治广播站，进行治安访谈、以案说法等宣讲12次，把普法好声音传递到田间地头；在治安问题突出的村（社区）巡回开展“林盘说法”31次，播放法治微电影、演出法治小话剧，使法治宣传更接地气。

（陈昱煜）

法院
Court

【概况】 2017年，崇州市人民法院进行“大部制”内设机构改革，将原有的15个内设机构，经整合后新成立6个中心，分别为：刑事审判业务中心、民事行政审判业务中心、执行指挥中心、审判管理中心、审判事务中心、审判保障中心。刑事审判业务中心由刑事审判庭组成；民事行政审判业务中心由民事审判第一庭、民事审判第二庭、行政庭、速裁庭、道路交通事故审判庭组成，另有5个派出法庭，包括怀远人民法庭（加挂环境资源审判庭）、河西人民法庭（加挂少年家事审判庭）、三江人民法庭、元通人民法庭、羊马人民法庭；执行指挥中心由执行局、法警大队、技术室组成；审判管理中心由研究室、审监庭组成；审判事务中心由立案庭、集中送达办公室组成；审判保障中心由政治处、办公室、监察室、机关事务管理中心组成。全年共受理各类案件7515件，结案7008件，比上年分别上升22.35%和21.31%，结案率93.25%，法官人均办案数219件，比上年上升123.65%，结案标的额8.507亿元，确保办案效率、效果、质量和数量的统一。法院整体工作以成都市总分第三名的优异成绩跃入全市法院先进序列，在20个单项工作中，民事审判、行政审判、立案、申诉复查及信访维稳、诉讼服务、司法公开、行装、信息技术、行政管理、调研、信息宣传、档案、政治、机关党建14项工作跃入全市法院先进行列。其中，行政管理工作和档案工作名列全市首位，行政审判工作名列全市第二名，民事审判工作名列全市第三名，信息技术工作名列全市第四名，信息宣传工作名列全市第五名。另外，创新工作名列全市第三名。

【刑事审判】 依法惩治刑事犯罪，助推平安崇州新进程。坚持宽严相济刑事政策，营造安定有序的社会环境。受理刑事案件814件，审结809件，比上年分别上升29.62%和30.06%，结案率99.39%。其中轻刑快办484件，占刑事案件的59.46%。严厉打击危害社会治安犯罪，审结“两抢三盗一诈骗”等多发性侵财案件161件197人。加大对未成年犯罪的教育、感化、挽救力度，审结17件29人，回访帮教11人，引导重归社会。作为全国“三项规程”试点法院，积极推进以审判为中心的诉讼制度改革，省委政法委副书记李世成调研指导崇州法院刑事庭审实质化工作并充分肯定。粟某某非法营运校车危险驾驶案、赵某等人电信诈骗案同时入选全省、成都市法院“十大典型案例”。

【民事审判】 依法妥处民商事纠纷，助推和谐崇州新发展。发挥规范、调节、指引功能，营造和谐宜居的社会环境。受理民商事案件3844件，审结3647件，比上年分别上升10.84%和10.58%，结案率94.88%。继续探索民事庭审优质化改革，充分发挥庭前会议功能，组织示范庭审30余次，息诉服判率93.84%，位居成都市第2名。积极探索道交联动一站式化解，推行保险预付抢救费等做法，高效处理道路交通事故纠纷464件。保护合法民间借贷、制裁高利放贷行为，审结借款纠纷465件，维护正常的金融秩序。加强涉军维权工作，畅通诉讼绿色通道，快速审结涉军停止有偿服务纠纷3件，为深化国防和军队改革提供司法保障。持续探索民事庭审优质化改革，审判质量不断提升，服判息诉率95.38%，改判发回重审率仅为0.25%，均居成都市基层法院首位。

【行政审判】 依法化解行政争议，助力法治崇州新气象。监督行政机关依法行使职权，促进依法行政。审查非诉强制执行案件78件，稳妥处理无证行医、追索劳动报酬等涉民生行政案件，支持行政机关积极作为，维护百姓合法权益。按照异地管辖原则，受理都江堰市的行政案件144件，审结141件，比上年分别上升71.43%和85.52%，审结率97.92%，审查非诉强制执行案件78件，比上年上升1460%。持续深化行政审判与行政执法良性互动机制，定期收集涉崇州市行政案件情况，报送分析专报4期，市政府主要领导高度重视并督促整改。举办府院联席会和对口联席会5次，增强行政调解、行政裁决、行政复议与行政诉讼融会贯通，有效预防和减少崇州行政纠纷。与都江堰市政府建立联席会议制度，向都江堰市政府发送白皮书、司法建议10份，得到主要领导高度重视和采纳。

【执行工作】 创新执行机制，全力破解执行难题。积极推动市委深改组出台破解执行难意见，形成党委领导、法院主办、部门配合的工作格局。受理执行案件2583件，执结2320件，比上年分别上升33.90%和32.72%，执结率89.82%，执行到位1.25余亿元。着力破解“财难查”，完善网络执行查控机制，查询土地、房产等1000余次。着力破解“人难找”，联合公安、银行等部门，达成“一处失信，处处受限”的共识，发布失信被执行人信息965人，限制高消费、出境等16人。着力破解“变现难”，运用“互联网+司法拍卖”，在淘宝网等平台进行网络拍卖，拍卖成交额5434余万元。深入开展“执行大会战”“执行风暴”等专项活动，依法打击拒不执行判决、裁定行为，司法拘留15人，兑付赡养费、抚养费、工伤赔偿金等民生款项6809余万元。

崇州法院执行大会战

【司法为民】 以人民为中心，持续优化线上线下诉讼服务，让老百姓“最多跑一次”，办理各类事项15605件（次），网上立案699件。在成都率先启动跨域立案，方便群众异地诉讼。开展拖欠农民工工资专项整治活动，搭建劳动争议、追索劳动报酬“直通车”，帮助396人及时追回工资1172万余元。守护绿水青山的生态本底，严惩盗挖砂石、污染环境犯罪案件10件23人，责令恢复栽种林地约500立方米，回填土地11万立方米，扮靓“岷山晴雪、茂林镜湖”的崇州画卷。加大司法救助力度，缓减免诉讼费84余万元，让63名经济确有困难的群众感受到司法温暖。在郊区率先成立“诉讼与公证对接工作室”，与崇州市公证处签订《诉讼与公证对接合作协议》，以司法服务的新方式为社会治理创新“点睛”。专业便民法庭布局全新构架。突出便民利民原则，打造司法的广度。围绕乡村振兴战略，重构人民法庭功能布局，赋予人民法庭新职能新职责，打造“专业+便民”的“三型法庭”，组建劳动争议、少年家事、环境资源、物业服务、道交事故5个专业审判团队，实行诉讼服务就近办理、跨域服务。主动服务城乡社区发展治理，积极对接乡镇社区，开展法治座谈20余次、巡回审理67次、法律咨询700余次，走村入户、帮扶回访30余次，进一步强化基层治理功能。

环资庭首例案件开庭

旅游法庭在街子古镇开展法治宣传

在成都率先启动家事审判改革，组建3个专业化团队，吸纳社会关护员400余人，出台反家暴、冷静期、财产申报等制度。延伸司法服务，主动对接民政、妇联等部门，探索家事案件调解前置程序，打造共建共享的家庭共治格局。加大对妇女儿童保护力度，邀请心理学专家参与研判，全省首创《未成年人心理特征告知书》制度，发出告知书500余份，促进家庭关系修复和睦。在成都家事审判改革会和西南民族大学国际学术研讨会作交流发言，受到好评。最高人民法院法研所任容庆博士后莅临崇州法院调研家事审判改革工作，对崇州法院的家事审判改革创新举措和取得的成绩给予充分肯定。

【司法改革】 全面实施员额法官、辅助人员、行政人员分类管理、分类定岗，梳理169项权力清单，以制度管人、用流程管事。出台专业法官会议、静默化监管等15 项管理制度，36名员额法官组建16个专业审判团队。作为全省繁简分流示范法院，适用小额诉讼程序审结318件，采用要素式审判154件。在成都率先试点静默化自动监管等系统，对四类监管案件自动提级管理，对183个节点全程监管，院庭长审结3009件，占全院审结案件的42.94%，比上年上升53.11%，做到放权到位、控权有效。在全国率先开展内设机构改革探索实践，被市中院确定为内设机构改革试点法院。按照精简、务实、效能原则，以扁平化、专业化为目标导向，将原有15个内设机构整合，实行3个审判业务部门、2个审判综合部门、1个综合部门的“3+2+1”运行模式，优化资源配置，提升工作效能，成为最高法院内设机构改革重点课题的实践样本，运行报告获全国法院系统第二十九届学术讨论会二等奖。最高法院政治部法官管理部副部长刘峥，省高院党组成员、政治部主任时小云，成都中院党组成员、政治部主任牟家忠到院实地调研内设机构改革工作并充分肯定。

【队伍建设】 坚持以习近平新时代中国特色社会主义思想武装头脑、指导实践、推动工作，牢固树立“四个意识”，增强“四个自信”，推动“两学一做”学习教育常态化制度化，以党组会、专题学习辅导会、支部学习会等为载体，深入学习中共十九大精神，全力在学懂弄通做实上下功夫，始终在思想上政治上行动上同以习近平为核心的党中央保持高度一致。严格执行规定动作，深入开展制度执行年、治理“微腐败”专项整治活动和“四对照四提升，做忠诚卫士”专题教育；结合实际自选动作，开展“遵规守纪，风清气正，全力推进执法办案”等专项整治行动。常态化开展廉政警示教育，组织干警观看各类警示教育片20余次，筑牢拒腐防变的思想防线，提高抵御廉洁风险的能力。严格落实领导干部和法院工作人员过问案件“全程留痕”制度，努力建立不敢腐、不能腐、不想腐的司法廉洁长效机制，队伍的廉洁意识不断提高，行为不断规范，全年无违法违纪案件发生。启动卓越法官培养工程，大力弘扬公正、廉洁、为民的司法核心价值观，以“崇法讲坛”“崇法沙龙”等为载体，实施“五十百千”计划，营造崇尚学习、积极进取、特色鲜明的文化氛围，有效激励干警奋发有为、干事创业。与西南民族大学等高校共建教育实践基地，全年组织800余人（次）参加各种业务培训。全院干警硕士占比6.25%，本科学历占比87.5%。培育先进典型，李飞等12名干警获得省市表彰，王春等4名法官被评为“资深法官”“卓越法官”。注重司法综合能力提升，2篇裁判文书被省市法院评为“优秀裁判文书”，刑事、民事、行政3件庭审荣获省市法院“优秀庭审”和“十佳庭审”，9篇获国家级省级优秀奖以上奖项，32篇调研文章在各类刊物发表。

【自主研发“小崇”法律问答机器人】 以人民需求为导向，深度应用大数据、人工智能、云计算，融合法官智慧和审判经验，自主研发“小崇”法律问答机器

崇州法院自主研发的“小崇”法律问答机器人

人，获得国家版权局颁发的计算机软件著作权登记证书。与四川省经济和信息化委员会主办2017“智慧法务”建设暨“小崇”法律机器人应用交流会。“小崇”为公众提供法律咨询、诉讼风险评估、纠纷解决指引等实体权利和诉讼程序引导，服务5.8余万人次，引起省内外广泛关注，省、市政法委和上级法院领导、专家学者、知名律师、社会各界人士纷纷点赞，《人民日报》《法制日报》等中央级、省、市级媒体予以报道，全省法院推广应用。

（易凌波　冯毅　闫宇飞）

司法行政
Judicial administration

【概况】　市司法局内设办公室、政治处、研究室、法制宣传科、基层工作科、社区矫正帮教安置工作科、公证律师工作科7个职能科室；下辖崇阳、元通、怀远等25个乡镇司法所；有公益二类事业单位市公证处1个，参公事业单位市法律援助中心1个；有彰正、世康、创新、百里、平伦5个律师事务所和崇阳、元通、怀远、三江、隆兴5个基层法律服务所。全市有执业律师37人，基层法律服务执业人员18人，公证员5人，公证辅助人员10人。2017年，市司法局全面实施普法实效攻坚提升行动、人民调解扩面升级行动、特殊人群规范监管行动，打造城乡法律援助网络体系，为社会发展和稳定提供司法保障。

【普法教育】　加强落实国家机关“谁执法谁普法”普法责任制的实施。司法、市级各行政执法部门组织开展覆盖全市规模的普法活动共3250次，直接普法服务850万人次，其中司法机关84次，直接普法服务5720人次；行政执法部门2730次，直接普法服务820余万人次；其他承担民生任务的单位574次，直接普法服务30余万人次。实施重点对象“精准普法”项目。抓好领导干部“关键少数”学法活动，“四大班子”开展会前学法42次，党委（党组）中心组学法950次；市委党校、市行政学院专门开设“法治政府建设实施纲要”专题培训班。局干班、科干班、青干班培训的干部，受教育率与考试合格率均达100%；推进青少年法治教育工作，开展“法治课赛课”“模拟法庭”等活动67次，开展中小学法治课教师、副校长、辅导员专题法治培训3次350人。实施“法律七进”示范项目。加强示范点位建设，切实发挥示范引领作用，深入开展法治宣传教育活动，举办市级“法治大讲堂”活动95期，直接普法服务1.5万人次；乡镇（街道）讲堂120期，直接普法服务3万余人次；村（社区）讲堂600余期，直接普法服务1.2万余人次；其他形式的“法治大讲堂”105期，直接普法服务2.5万余人次。实施法治示范创建重点项目。加强普法阵地建设，用活基层依法治理资源，推广村（社区）法治副主任（副书记）制度，在白头镇五星村、梓潼镇兴裕社区实施“法律之家”民生工程建设项目。实施“互联网+法治宣传”推广项目。与新华社APP签订合作协议，积极衔接今日头条APP的崇州专栏，开设新浪、腾讯官方微博学法用法话

接受依法治市考核检查

为群众办理司法公证

题。建成普法类微博账号27个，发布信息8740条；建成普法类微信公众号37个，新建1个，发布信息1367条；建成普法类网站1个；开设法治类电视栏目3个、广播节目1个，有力推动了全民普法。

【人民调解】 完善调解组织网络，落实调解个案补贴。根据村委换届情况，全市25个乡镇（街道）调委会和253个村（社区）调委会及时进行换届。加强矛盾纠纷排查，积极调处。全年共调处矛盾纠纷845起，调解成功838起，成功率达99.17%。其中，成功调解医疗纠纷43件，围绕“三绕”、李家岩水库、新10万亩良田排查矛盾纠纷隐患106件，化解和调处68件。完善信息化平台，建设多元化纠纷解决机制。对省司法行政公共法律服务平台中25个司法所、278个调委会和993名调解员的信息进行更新和维护。

【社区矫正和安置帮教】 完善落实社区矫正教育制度，深化对社区服刑人员的思想教育。坚持个人学习与集中学习相结合，先后组织社区服刑人员350余人次到崇州监狱进行入监警示教育。强化对社区服刑人员的管控措施。严格按规定办理外出请假审批手续，落实审批责任，对违反社区矫正管理规定的社区服刑人员，均按照《四川省社区矫正实施细则》给予相应处罚，共给予社区服刑人员杨某等警告21人次。认真开展社区矫正工作督查。成立社区矫正工作督查小组，每季度对全市司法所进行一次督查，共督查出问题14条，在全局大会上进行通报，并责令整改。积极开展服刑人员探视帮教工作。先后前往邑州监狱、邛崃监狱、崇州监狱对崇州籍服刑罪犯开展入监探视9次，发放慰问品合计4万余元。严格落实重点刑满释放人员必接必送制度。对涉黑涉恶类、经济类、职务类“三类”人员，无亲可投、无家可归、无业可就的“三无”人员在刑满释放时实行必接必送制度。5月，组织工作人员到甘肃天水监狱将白头镇甘泉村5组的重点刑满释放人员何某某（经济犯罪类）接送到其父母手中。新增社区服刑人员339人，解除301人，现有在册329人；共接收刑满释放人员262人，已衔接人员262人，帮教率和安置率均在95%以上。

（张筱筱）

行政执法
Administrative law enforcement

【概况】 2017年，市综合行政执法局共办理案件477件，不予立案9件，完成罚款总计221.19万元。办理案件类型涵盖城管、文旅、交通、住建、国土、水务等领域，其中城管类207件、文旅类42件、交通类177件、住建类16件、国土类14件、水务类19件、卫计类2件。

【行政执法】 根据中央和省、市关于城市执法体制改革的精神，市综合行政执法局在原综合执法的基础上，新增划转工商、食药监、环保部分权力事项，12月1日起正式承担12个领域1812项行政处罚事项。积极推进 “三项制度”，将制度融入市综合行政执法局日常执法检查中，加快推

执法队伍

进执法过程规范、透明、公正。积极开展“双随机一公开”工作，严格按照工作流程开展行政抽查工作。共完成省、成都市、崇州市级培训共10余次，参与人数800余人/次；组织局内部开展执法业务相关法律知识培训12次，参与人数达600余人/次。分批次组织全局执法人员参加执法证的培训工作，151名未持证人员参加执法证的统一考试，完成全局执法证申领工作。成立改革领导小组，着力推进城管执法体制改革，会同市法制办对涉及309项巡查事项进行编制，逐条梳理处罚权、行政强制权，形成了权力清单，并印发了巡查清单和责任清单。深入落实“法律七进”宣传活动，组织开展了“弘扬志愿精神，普法进景区”“法制宣传进乡镇，法律法规入人心”等共计16次法律宣传活动，印发案例展示板20个、宣传册1000余本、宣传单5000余张，受益人群达6000余人次。为使行政执法工作更加公正高效，市法制办执法监督科两次对市综合行政执法局执法工作展开监督工作，局监督科也不定期对各大队执法工作进行督察，切实保障了执法工作规范、公正、严格。完善同公安局、检察院的协同配合机制，在行政执法与刑事司法衔接工，共移送涉嫌犯罪需公安调查处理案件2件。

【城管执法】 扎实做好环境保护“三大战役”工作，通过开展露天烧烤集中整治、机动车清洗站专项治理及运渣车专项治理行动，助推生态环境建设。开展专项行动助推精细化管理。全年开展市容秩序集中整治、伸缩棚专项整治、背街小巷整治等专项行动6次，共计拆除伸缩棚等126处（次），拆除违法户外广告、LED共计321块（处）。加强元旦、春节等节日期间执法保障，坚持领导带班、分管大队长值班制，确保遇有各类突发情况能第一时间迅速妥善处置。

【交通执法】 集中开展“打非治违”专项行动，共查处未取得从业资格证驾驶营运车辆案件2起，不按规定检测、维护运输车辆案件1起，车辆技术档案不全案件2起，非法营运车辆5台，出租车异地经营案件1起；开展危险化学品执法专项整治行动，查处未取得危化品运输资格从事危化品运输案件2起；开展驾培、维修市场集中整治行动，查处教练车违章案件1起，非法从事维修经营案件4起，配合市交通运输局关停无证维修企业203家；开展寄递物流执法专项整治行动，出动执法人员2025人次、执法车辆466台次，发放宣传资料1000余份，检查寄递物流门店及网点120个；组织执法人员会同市公安交警大队开展“双超”联合执勤执法工作，共检查货运车辆8924余台次，查处超限车辆57台次，卸载289.45吨；加大区域公路、乡镇路段占道经营、摆摊设点的整治和扬尘治理，清理路障300余处，清理摆摊设点、可移动店招200余处，拆除非公路标志标牌80余处。积极加强重污染天气执法保障，制止未覆盖货运车辆800余台次，处罚污染公路车辆58台，未采取必要措施防止货物脱落扬撒案件35件。顺利通过成都市交委执法总队对市综合行政执法局的交通运输行政执法工作考核和海事安全工作考核，并被成都市交委评为“2017年度交通运输行政执法先进单位”。

【文旅执法】 认真开展文化市场、旅游市场的专项整治行动，针对网吧、KTV等文化娱乐场所和印刷企业开展了集中整治行动。2017年，共计办理文旅执法领域案件21件。检查印刷、复制企业及书报刊等出版物经营单位223家，收缴非法音像制品盘1500余盘；移送1件非法销售盗版光碟案件；查处网吧23家、印刷企业4家、娱乐场所10家。立案查处1起超范围经营案件，由于当事人未履行罚缴义务，待法定期限到达时将移交法院执行。加强元旦、春节等节日期间执法保障。针对旅游市场，进一步加强执法检查力度，特别是在重要节假日实行全日巡查制度，对导游、辖区内旅行社服务网点、酒店等开展针对性检查，为辖区内旅游市场的安全平稳提供了保障。

【国土、水务执法】 认真分析研讨砂石盗采的严峻形势，实行分管领导亲自抓，各大队负责人具体抓的模式，与公安派出所联合执法，全方位无死角的打击水务违法行为；各乡镇中队定期巡查河道，做好巡查登记，做到出勤有记录、工作有痕迹，治砂组与乡镇中队对重点河段重点监控，及时打击偷挖盗采砂石的违法行为；认真落实值班轮守制度，做好值班值守；与其他执法工作紧密结合突破案源。认真对待群众来信来访，结合群众举报事由，对举报线索及时开展调查工作；在交通执法工作中发现运输车辆运输砂石扬撒、超限等违法行为时，除按交通法律法规调查处理外，还对砂石来源进行调查，从源头上杜绝偷盗砂石行为的发生。查处国土资源违法案件14件，结案14起，罚款8.3万元。查处水务类违法案件19件，罚款10.11万元。查处了“8·23”世纪大道侧盗采案等重大案件。2017年，国土、水务获四川省成都市案件评查优秀奖。

【住建、规划执法】 加强在建建筑工地和市政基础设施工程的执法检查，加强重污染天气期间建筑工地扬尘专项执法检查，特别是大气环保督查环控期间，狠抓工作落实，加大对“四大工地”施工现场落实“六必须、六

拆除违章建筑

不准”情况的执法巡查频率和处罚力度，案件处理率比上年增长140%。规划执法坚持“遏制新增、存量递减”的工作原则，按照“网格管理、分类查处”，建立违法建设发现、制止、报告和查处“网格化”监控管理机制，认真贯彻落实“四改六治理”十大行动和成都市城市建成区违法建设专项治理工作五年行动计划有关工作要求，严格日常巡查执法，加大违建治理查处力度，有效遏制了新增违法建设的发生。

【案件办理】 全年共办理案件477件，不予立案9件，完成罚款总计221.19万元。办理案件类型涵盖城管、文旅、交通、住建、国土、水务等领域，其中城管类207件、文旅类42件、交通类177件、住建类16件、国土类14件、水务类19件、卫计类2件。完成各行政管理部门移交至市综合行政执法局的案件审核、办理工作，全年共审核受理并办结各行政管理部门移交案件61件。加强案卷档案工作硬件、软件建设，严格落实档案工作规范，促使档案工作进一步制度化、程序化、规范化。在重大、疑难案件集体会审方面共开展6次重大、疑难案件集体讨论会审，审理案件41件。

【舆情服务】 全年受理成都市级举报投诉和信访件1244件、崇州市级举报投诉和信访件698件，共处理投诉举报和信访件1942件，受理电话投诉136余条，认真受理群众举报投诉并及时高效办理，处理率为100%，满意率达98%。

【执法创新】 通过对执法管理模式、执法平台和执法机制的创新，不断深化行政执法手段和行政执法效能的提升。成立综合行政执法乡镇联动中心，实行镇、村、组三级行政管理巡查联动，形成执法合力。探索网格化执法，实现“定格、定岗、定责”，落实属地巡查执法责任，避免推诿、扯皮。运用大数据成果，整合信息通信基础设施和数据资源，建立智慧执法平台，统一网络投诉举报服务平台；利用手持执法终端和智慧指挥系统，实现执法全过程记录，进一步健全执法监管，提高执法效率。建立巡查清单制度、部门协作配合制度、执法办案制度、监督制

崇州市综合行政执法智慧服务指挥中心

度、信息共享制度等配套机制；成立执法专业委员会，将行业执法和网格化综合执法有机结合，实现各专业领域执法的融合，提高办案效率，强化办案质量。

【综合行政执法智慧服务平台建设】 建设综合行政执法智慧服务平台，依托大数据应用开展行政执法的工作模式，受到了中央、省、市的关注、肯定。住房和城乡建设部、四川省委编办法制办、成都市相关部门及省内外多家单位崇州开展专题调研，9月13日，成都市依托信息化深入推进综合行政执法体制改革试点工作在崇州召开，“崇州实践”受到充分肯定，《光明日报》《经济日报》等主流媒体对崇州市改革创新工作进行报道。

（颜峥）

名词解释

“三项规程”：包括庭前会议规程、非法证据排除规程和法庭审理规程，是固化刑事庭审实质化改革成果的配套举措。刑事庭审实质化是相对于“庭审虚化”而言的，所谓的庭审实质化是指案件事实及被告人的罪责只能在庭审过程中认定和解决，是以“审判为中心”的刑事诉讼制度改革的根本要求。

“民事庭审优质化”：根据司法改革目标和新民事诉讼法及相关司法解释的规定，通过强化庭审中心主义，优化庭前程序、庭审程序及其相关延伸工作内容，实现庭前程序更实、庭审水平更高、审判效率更快、审级职能更明、法官职能作用更好、公正高效审理案件。

“府院联席会”：法院与管辖区域政府及相关部门以联席会的形式加强对接，进行点对点、面对面交流，及时总结审判经验、梳理问题、提出建议、形成共识，是拓展行政审判职能，强化司法行政良性互动的重要途径，有助于从源头上预防和减少行政纠纷。

“静默化监管”：以网上办案为基础，以法律法规为依据，以计算机提示、监督为手段，以专门人员监督为辅助，对各类网上运行案件的立案、分案、审理、审限、结案、归档、上诉移送等环节进行规范有序的动态实时跟踪、监控和管理。

“要素式审判”：围绕案件的基本要素进行庭审并制作裁判文书的一种审判方法，具体而言，要素式审判法就是在审理案件的过程中，对一些能够概括出固定案情要素的案件，进行要素提炼，并对双方当事人就案件中各种要素是否存在争议进行归纳，主要包括案件审理方法和裁判文书制作方法。

“四类监管案件”：成都中院2017年开展四类案件的专项评查整改。第一项评查是对长期未结案件，重点是对一年以上未结案进行动态排查，加重院（庭）长的监管责任。第二项评查是对诉讼拖延、作风拖沓的案件，主要通过信访、网上举报等渠道来开展排查，有一件查一件。第三项评查是对涉法涉诉信访老案、骨头案件，建立常态化的清理和办理机制，有一件办一件。第四项是对司法责任制、法官员额制改革推进过程中出现的“类案不同判”等有争议的案件进行专项评查。加快制定类案审判规则、指南，促进司法责任制落实，规范法官自由裁量权。

“三型法庭”：“三型”是指“服务型、阳光型、效能型”，服务型人民法庭，便民利民措施更为完善，回应群众诉求更为及时，矛盾纠纷化解更为妥善，服务经济社会发展成效更为明显；阳光型人民法庭，司法透明度显著增加，司法民主得到严格落实，社会认同进一步加深，司法公信力明显提升；效能型人民法庭，法庭布局设置更加合理，职能作用发挥更加有效，审判工作机制更加科学，组织保障水平更加有力。

“卓越法官”培养工程：用3—5年时间，有计划地在全市法院培养造就一批具有鲜明的政治立场、坚定的法治信仰、高尚的职业道德、广博的学识积淀、娴熟的司法技能、丰富的司法经验、高超的司法智慧、严格的行为自律、良好的公众形象等特质的卓越法官。

“五十百千”计划：五年内邀请十名以上的专家学者、资深法官举办百场讲座，培训千人次。

“四位一体”：数量、效率是提高办案质效的关键要素，质量、效果是反映办案结果的核心体现，“四位一体”即是将数量、质量、效率、效果作为一个有机整体在全部司法办案过程中协同推进。

人民武装
People's armed forces

【概况】 2017年度，市人民武装部以党在新形势下的强军目标引领，推进政治建军、改革强军、依法治军、战备训练、军民团结，各项工作稳中求进，被四川省军区评为全面建设先进人武部，被成都警备区全面建设先进党委、安全稳定工作先进单位。

【思想政治建设】 坚持紧跟党的创新理论步伐，及时组织干部职工学习习近平主席系列重要讲话精神，重点学习“治国理政篇”“强军兴军篇”“国防动员篇”。紧跟警备区党委中心组带机关和人武部理论学习节奏，自觉做到全员参与、全程参与、全心参与、全力参与。开展“维护核心、听从指挥”主题教育活动和推进“两学一做”学习教育常态化制度化以来，严格按照警备区的统一部署，集中学习同步参加，党课辅导同步聆听，体会交流同步展开，问题整治同步进行，确保了教育活动不走过场、不务虚功。学习有关政策规定，按时收集汇编干部职工的学习心得体会，确保了教育时间、人员、内容和效果的落实。根据任务形势需要，及时更换营区宣传橱窗，定期为人武部人员购买优秀书籍，丰富学习内容。改造文体活动室和文化学习室，添置新的运动器材，购买一批书籍，营区环境更加舒适、氛围更加浓厚。围绕处置涉军网络舆情、征兵宣传、大学生征兵体检、缅怀余旭烈士等工作，先后在《中国国防报》《中国民兵》《解放军画报》等国家级媒体上稿7篇，在《国防时报》、省军区政工网等省级媒体上稿10篇。

【军事斗争准备】 修订完善反恐怖行动、处置突发事件、处置群体性事件、涉藏维稳、抗洪抢险、抗震救灾、森林防火、民兵武器仓库安全防范8个应急预案，规范值班秩序，组织民兵参加崇州市抗震救灾演练及地质灾害演练，有效提高战备水平。参加省军区组织的战役集训理论辅导，利用早操和体能训练时间进行单兵队列训练和3000米跑。专门召开民兵整组工作培训会，围绕建强应急队伍、建精支援队伍、建实储备队伍的目标，指导各乡镇（街道）进一步调整优化基干民兵组织结构和力量布局。联合崇州市人民医院加强新质支援队伍建设。开展征兵宣传进系入班活动，采取现场报名咨询、悬挂宣传标语、发放征兵资料等

民兵整组

多种形式，在校园营造“参军报国无上光荣”的浓厚氛围。

【国防教育】 3月21日下午，崇州市人武部全体干部职工前往崇州市烈士陵园参加扫墓活动，向余旭烈士敬献花圈，鞠躬表达哀思。“八一”建军节时，在市中心广场开展国防教育暨征兵宣传活动。9月下旬，组织国教委成员单位在全市范围内开展“全民国防教育日宣传活动”，采取办板报、贴标语、广播、印发传单等多种方式，对广大群众进行国防知识宣传。

【安全稳定工作】 依法治军、从严治军，学习贯彻条令条例，严格对早操、上下班、值班、请销假进行规范，部队战备、训练、工作和生活“四个秩序”更加正规，坚持每月分析安全稳定工作形式，扎实开展“条令学习月”活动，重大节日和敏感时期抓好安全大检查的倾向性问题专项整治。开展武器装备仓库专项整治，落实重要岗位人员政治审查规定，定期排查安全隐患，加装避雷装置，维护监控设施，增添除湿设备，完善登（统）计表册，规范各项制度。落实安全管理责任，检查党委负总责，主管负主责，副部长具体负责，细化各岗位职责，做到人人肩上有责任，人人心中有安全，筑牢安全稳定工作的思想防线。

【推进涉军维权和信访工作】 组织部队民兵参与地方建设和综合治理，认真开展涉军维稳摸底

涉军维权获军属感谢

排查，确保敏感时期社会稳定。作为军地职能部门，在抓好国防法律法规和军事行政规章的宣传学习的同时，增强人民群众和部队官兵的国防法制观念，强化自身法规制度意识，认真落实涉军维权工作机制，切实做到用机制规范、按机制运转、靠机制督导，致力于形成军地各司其职、齐心协力的良好格局。坚持把信访工作作为维护社会稳定、构建和谐社会的重要举措，牢记服务宗旨，健全工作制度，认真解决群众合理诉求，及时化解信访问题和矛盾纠纷。

【军民融合发展】 保持30万元额度的扶贫开发专项工作基金。与地方有关部门对梓潼镇天府村贫困户提供了产业扶持，继续对结对贫困学生提供助学资金。充分发挥桥梁纽带作用，5月5日，组织召开军地协调座谈会，就驻军移防后需要解决的污水处理、军人家属随军安置、军人子女入学等13个难题进行协商，并达成解决意向。

【正规化建设】 12月，省军区"非转专"集训，现场观摩市人武部和羊马镇武装部正规化建设，主要观摩市人武部和羊马镇武装部办公室场所、器材室、档案资料室等软硬件设施，了解市人武部和羊马镇武装部日常工作、装备器材配备、应急体系建设以及民兵队伍建设等情况。市人武部和羊马镇武装部正规化建设受到省军区"非转专"集训观摩团的一致好评。

【征兵工作】 广泛开展征兵宣传动员，开展征兵宣传进系入班活动，采取现场报名咨询、悬挂宣传标语、发放征兵资料等多种形式，在校园营造了"参军报国无上光荣"的浓厚氛围。网上报名1919名应征青年，经过初审初检1066人，对体检合格的进行了政治考核，并于9月4—8日对预定兵员进行了役前教育训练。

（杨长明）

新兵入伍

双拥共建

Double support co-construction

【概况】 2017年，双拥工作主动融入全市工作大局，坚持把双拥工作列入政府工作报告和党委政府的年度工作计划，纳入市委市政府目标考核。恰是中国人民解放军建军90周年，崇州深入扎实开展双拥国防宣传教育，宣传颂扬人民军队90年的光辉历程和优良传统，营造浓厚的军民融合发展氛围。立足全面落实优抚安置政策，切实维护军人合法权益，积极支持解决驻崇州部队的困难，服务国防军队建设，以深入开展"双拥在基层"活动为重点，扎实开展重大节日或纪念日的双拥活动，开展"送法律、送党课、送政策、送岗位进军营"活动和弘扬雷锋精神，军地携手志愿服务社会活动，驻崇州各部队着眼驻地实际情况，持续做好扶贫帮困、助学兴教、医疗帮扶等工作，促进了军民融合深度发展。

【优抚安置政策落实】 全市共接收安置退役士兵335人，为300名退役士兵发放自主就业和自谋职业补助经费667万元，35名符合政府安排工作的退役士官（含一名荣立平时二等功）已于2017年10月上旬完成安置，其中1人选择自主就业创业。另外，接收和安置军休干部1人、退休士官1人。参加技能培训的退役士兵共计25人。

【拥军优属活动】 扎实开展重大节日或纪念日的双拥活动。元旦、春节期间，认真组织开展双拥活动，扎实推进了双拥工作向社会化、向社区、两新组织延伸。春节、“八一”前夕，市上组织拥军优属慰问团，分赴驻崇州各部队和优抚事业单位，开展拥军慰问活动，送上价值80余万元的慰问品。市级各部门、乡镇（街道）、人民团体春节、“八一”前夕慰问驻崇州官兵。为官兵送去肉、水果、洗化用品、书籍等慰问品。开展基层多元化的社会拥军活动。各乡镇（村和社区）、各单位、各部门在元旦、春节、“八一”及平时结合本职工作，开展了形式多样、内容丰富的“拥军”活动。如开展了关爱优抚对象、走访慰问抗战老战士老同志活动，为烈士军人家属、伤残退役军人和在乡老复员军人等生活困难的优抚对象给予关心和照顾；为现役军人家庭张贴“光荣之家”，为重点优抚对象家庭张贴“优抚之家”，为复退军人送慰问信和春联。积极支持解决驻崇州部队的困难，因军队改革，31667部队、31680部队入驻崇州。市领导第一时间前往了解部队所需，组织相关部门支持解决部队提出的水务、供电、子女升学、随军家属安置、备战道路改造等15个问题，投入经费1000余万元。开展“送法律、送政策、送岗位、送党课进军营”活动。法院、司法局等部门进一步提高法律援助拥军工作整体水平，帮助官兵解决工作生活实际问题，切实保障国防利益和军人军属合法权益。民政局到部队宣传退役士兵安置条例，解答各项拥军优待政策。人社局和经开区组织企业开展专场招聘会，为即将离退队的老兵提供就业岗位和就业扶持。市委党校送党课进部队，宣讲解读中共十九大精神。

【拥政爱民工作】 驻崇州各部队自觉践行根本宗旨，着眼驻地实际情况，持续做好扶贫帮困、助学兴教、医疗帮扶和支援社会主义新农村建设等工作。广泛开展“送温暖、献爱心”和学雷锋便民服务活动，就地就近为群众特别是城乡低保对象、残疾人家庭、空巢老人和留守儿童等困难群体排忧解难。利用训练演习间隙，积极为当地群众做好事、办实事，不间断加强官兵群众纪律检查监督，切实维护军队良好形象和声誉。同时各部队密切关注灾情，时时与防汛办联系，充分做好抗洪抢险准备，确保遇有灾情迅即出动，坚决保卫人民群众生命财产安全。部队大力支持实施的重大建设项目和民生工程项目，凡涉及部队军用光缆加固和迁改的，部队都全力保障地方政府建设项目的顺利完成，如陇海项目建设中，61480部队全力支持迁改光缆和电路。支持城乡环境建设，疏沟渠、扫场镇、运垃圾。各部队和人武部本着军民、军政团结合作，促进双拥工作的原则，积极开展精准扶贫活动，走访慰问低保对象、残疾人家庭、空巢老人和留守儿童等困难群体，为他们送医送药，送去助学金和粮、食用油等慰问品，关心他们的生活状况，倾听他们的心声，积极帮助解决他们的实际困难。

【双拥共建领域拓展】 推进共建体系建设是新时期双拥工作的有力抓手，对促进国防、军队建设和地方经济社会发展有着极其重要的意义，更是军民融合深度发展的具体要求，按照《关于全面推进成都市基层双拥共建体系建设指导性意见》要求，扎实推进此项工作，对全市军民共建单位进行调整，特别是对基层军民共建单位进行调整，规范完善共建协议。军地共建单位定期、不定期召开联席会议，紧密结合双方的中心工作，研究解决共建活动过程中出现的新情况新问题。认真开展共建活动，如开展共建文明单位。注重发挥“道德讲堂”的作用，加强社会主义核心价值观教育，在军民中大力弘扬社会公德、职业道德、家庭美德，积极倡导爱国、敬业、诚信、友善的道德规范，提升广大军民的文明素养。共建扶贫帮困活动，聚焦创新、协调、绿色、开放、共享的发展理念和精准扶贫攻坚工程实施，着力扶助弱势群体，结合年度老兵退伍、新兵入伍和“两节”慰问等时机，广泛开展扶贫帮困送温暖活动，帮助军烈属、特困群众、孤寡老人及困难军人等群体解决生产生活中的实际困难，不断增进军民鱼水情谊。如31680部队、78098部队、61480部队共建社区一起开展精准扶贫活动，资助贫困家庭的学生读书。共建生态文明建设，军地携手，共抓环境卫生综合治理，对农村（社区）进出道路和周边环境进行美化绿化，联合开展生态治理活动，共同建设绿色家园，大力推进生态文明建设，为创建国家级生态区做出贡献。共建平安家园，充分发挥部队优势，指导村（社区）民兵队伍建设，建立健全军地联防联动机制和抢险处突机制，组建抢险救灾小分队，培训联防骨干队伍，实行军民联防联治，维护社会安定稳定。地方单位与崇州籍现役军人所在部队共建，部队定期向地方共建单位告知军人在军队的表现情况，地方通过定期走访等方式联系军人家庭，了解其家庭生活状况，开展相关活动，提高官兵安心部队服役的积极性，为双拥工作中的一大亮点。

【双拥表彰暨文艺晚会】 7月31日晚，举办“喜迎十九大 共筑中国梦”——崇州市双拥表彰暨文艺晚会。以歌舞、小品等形式，展现军地改革发展、双拥共建的新成就、新风貌、新气象。市委、市政府表彰了市委办、市民政局、市交通局等71个拥军优属先进单位；31667部队、61480部队、78098部队等15个拥政爱民先进单位；曹艳、李铭剑等36名拥军优属先进个人；方吉文、张伟平等20名拥政爱民先进个人和冉启斌、王建军等5名优秀复员退伍军人。

崇州市庆祝建军90周年双拥表彰文艺晚会在崇州市艺术中心举行

【优待抚恤】 全市重点优抚对象3989人，其中在乡抗日老战士1人，在乡老复员军人（1954年10月31日前入伍）610人，“两参”（参战、参加核试验）人员1562人，带病回乡退伍军人1110人，革命伤残军人622人，“三属”（烈属、因公牺牲军人遗属、因病牺牲军人遗属）84人。全年发放抚恤、生活补助4985万元，全市60岁以上的农村籍退役士兵3712人，全年发放军龄补贴512万元。为667人发放义务兵家庭优待金和大学生义务兵奖励金共计1220余万元；为重点优抚对象参加医疗保险（2018年度）并支出经费103余万元，医疗补助3550人次，补助经费214余万元，完成了166人次的伤残军人评调残、带病回乡退役军人、“两参”人员的评定工作；对特殊困难的退役军人及家庭采取多种方式帮扶解困，在临时医疗救助、临时生活救助上解困9人次，共计发放金额8.6万元，利用成都市慈善总会退役军人关爱援助专项基金申请帮扶解困5人次，共计发放金额8.9万元。

【军粮（油）供应】 坚持将军粮供应工作纳入目标管理，健全和完善各项管理制度，明确目标责任，搞好优质服务。严把军供粮（油）质量关，坚持定期和不定期走访部队，征求意见，不断改进服务质量，完善服务设施，2017年，军粮合格率100%。坚持慰问和开展军民联谊活动，扎实做好双拥工作。利用“八一”建军节和新春佳节，购买物资和节日用品到驻崇州部队开展慰问活动，给全体官兵及家属表示诚挚的问候。

（付敏　张蓉华）

看望慰问抗战老兵

人民防空

Double support co-construction

【概况】 2017年，崇州市人防办认真贯彻落实第七次全国人民防空会议和第七次全省人民防空会议精神，不断增强人防履行“战时防空、平时服务、应急支援”使命任务的能力，圆满完成了全年工作目标任务。被成都市人民政府、成都警备区评为“十二五”期间成都市人民防空工作先进单位，被成都市人民防空办公室评为2017年度人防维护管理、组织指挥先进单位。

【警报系统建设】 完成人防警报控制中心及44台防空警报末端的升级改造，并联网测试成功；完成新建3台警报的安装测试工作；对9台有故障的警报器进行维修，确保警报设施（设备）始终处于良好战备技术状态。完成“9·18”警报试鸣日演练，警报试鸣响率达100%。

【人防工程管理】 审批人防易地建设费项目21个，审批人防工程结建项目3个。其中，在建人防工程项目2个，完成施工图审查项目1个。

【人防宣传教育】 以国际民防日、防灾减灾日、警报试鸣日为契机，开展了形式多样的人防宣传活动，进一步提高了广大市民的民防观念、公共安全意识，增

四区（市）县人防开展机动指挥所跨区域联合演练

开展人防教育

强了应急救灾能力。完成了全市1万名中学生人防知识教育，受教育率达100%。10月18日，在市委党校对崇州市局干班、青干班学员开展了以《积极防御与人民防空——国防建设与应急对策》为题的人防知识专题讲座，参加人员达150余人。

【人防组织指挥】 制定完善的机动指挥车管理使用规定和年度训练计划，实现和成都市的短波、超短波互联互通，与青羊、大邑人防办联合开展短波、超短波互联互通训练。制定年度人口疏散地域达标建设工作安排，编制3个乡镇、村级人口疏散接收安置方案，完成3个乡镇的疏散地域标准化建设工作。

【人防执法】 认真贯彻《中华人民共和国人民防空法》及实施细则、《中华人民共和国行政许可法》等法律法规，加强行政审批管理，规范优化审批流程。坚持规范执法，严格执法、秉公执法、文明执法。全年共开展人防执法检查12次，促使结建单位依法办理相关人防手续。

（罗川）

名词解释

“三二三”专项特别行动：开展退役军人安置就业培训、随军家属就业培训和军人子女入学等三个专项行动，实施为基层部队办实事关爱计划和困难军人家庭慈善关爱计划等两个关爱计划，大力推进军休干部社会化服务体系建设、优抚对象服务体系建设和基层双拥共建服务体系建设等三个服务体系建设。

“六个一”：“一个小组”强领导；“一张蓝图”定方向；“一本手册”明思路；“一项清单”列重点；“一支队伍”常督促；“一份通报”重问效。

外事台务侨务工作
Foreign Affairs Taiwan Affairs Overseas Chinese

【概况】 2017年，崇州市外事、侨务办努力寻求外事侨务工作的新突破，以服务经济大局为抓手，顺利完成了对外交流目标任务和为侨服务工作，开展具有实质性、服务当地及全市经济社会发展的国际交流项目22次，协助四川省、成都市外侨办开展7次涉外团组考察活动，开展预防性领事保护活动4次及侨法宣传2次。崇州市台办坚持“和平统一、一国两制”的基本方针，牢牢把握两岸关系和平发展的主题，做好服务台胞台企工作，增进两岸交流合作，促进崇州对台工作不断取得新进展。

【因公出国境管理】 以高效务实出访为目的，认真落实中央及省、市因公出访政策规定。根据中央“八项规定”和省委、省政府“十项规定”，坚持从规范着手，提高科学管理水平，确保有效出访。完成党政人员出国自组团4批13人次；党政人员赴港澳1批2人次，双跨团组8批8人次；企事业人员出国开展技术交流4批4人次。计划指标12人次，实际出访23人次，占指标9人次。认真落实中央“八项规定”和“六项禁令”，严格执行成都市委外事领导小组下达的2017年度出访计划，对因公出访团组和个人，从出访任务、出访人员身份、出访时间、日程和经费等方面严格审核和审批。不断加强和完善崇州市党政干部因公出国境计划管理制、事项审批制、行前教育制、归国报告制。按照党政干部因公出国境有关规定，严格把关，未出现一起违纪违规事件。坚持以科学服务经济建设为宗旨，做到每批团组带任务务实出访。

【对外交流及宣传】 以服务“产业新城、品质崇州”为重点，进一步深化国际合作和交流。做好全市对外交流相关外事服务工作。为推动对外交流、国际友城建设及教育国际化，美国硅谷地区城市的政治、经济和文化等各界代表19人应崇州市委、市政府和成都传媒集团邀请，莅临成都和崇州。3月31日，与美国加州圣马特奥郡签署《崇州市与圣马特奥郡建立友好合作关系城市意向书》。扎实推进对外开放工作。始终坚持把握关键，突出重点的原则，以高质量的外事服务提升崇州的国际知名度。应 DMCC展览公司的邀请，部分家具企业于5月21—25日赴阿联酋参加2017年迪拜国际办公家具

3月31日，“美国硅谷走进成都”战略联盟会签约仪式

展，并成功举办“中国·成都崇州家具推介会”，工商联与阿联酋华商会和迪拜龙城商会分别签署两项友好合作协议，将推动与阿联酋在项目交流、信息数据运用、人力资源开发培训和投资建设等“双向开放”平台建设方面密切合作。应九事展览公司和香港贸发局的邀请，崇州市人民政府副市长郑厚君于2017年10月4—11日率团赴印度尼西亚、中国香港进行家具产业推介及经贸合作。代表团举办“成都造·全球行”暨崇州家具产业印度尼西亚展中展活动，进行产业推介，提升家具产业知名度。积极响应“一带一路”倡议。应中联部邀请，非洲政党理事会秘书长一行三人，在到华出席“一带一路”国际合作高峰论坛“增进民心相通”平行主题会议后，于5月17日来到街子参观考察学习发展旅游产业经验，并与有关部门探讨交流合作事宜；6月16日，巴基斯坦、埃及、乌兹别克斯坦和尼泊尔的20多名2017年“一带一路”亚洲沿线国家林权改革知识分享与信息传播项目官员，到崇州学习林业“共营制”模式，并表达了将进一步在林权制度改革上深入合作的意向；7月4日，应中国驻尼泊尔大使馆邀请，以尼泊尔全国土著民族发展基金会副主席、民族民主党中央常务委员会联合秘书长昆德拉·巴哈杜尔·古隆为团长的尼泊尔少数民族代表团一行10人来访；10月11日，以泰国呵叻府—四川省友好协会会长颂差·差达帕那色立为团长的泰国呵叻府政府代表团一行6人到崇州考察。圆满完成重要参访团组接待任务。5月7日，安哥拉人民解放运动高级干部考察团考察白头镇五星村新农村建设情况；7月2日，印度智库代表团到街子镇考察；8月9日，由商务部主办、农业部外经中心承办的“援非洲法语（英语）国家示范中心经营管理研修班”到位于崇州的四川省水产高科技园、刚毅集团进行现场教学，来自南非、贝宁、布隆迪、科特迪瓦等非洲国家农业主管部门50余名官员参加；8月15日，尼泊尔议会发展委员会主席阿迪卡里为团长的尼泊尔议会代表团一行到崇州考察；10月26日，在蓉参加“第21届非洲国家驻华大使巡讲·成都2017”活动的非洲驻华使节代表

市长欧昭（右）与几内亚驻华大使索·依帕依马·索雷（左）交谈

团到崇州参观考察，代表团成员包括几内亚驻华大使索·依帕依马·索雷，毛里求斯驻华大使李淼光及夫人林利娟，塞内加尔驻华大使马马杜·恩迪亚耶等外交官员，实地考察全友家私、明珠家具，表达进一步交流合作的愿望。港澳合作交流获得新成果。8月22—25日，市委主要领导参加“川港澳合作周”成都建设国家西部文创中心专场活动。在专场活动中，崇州市政府与香港百悦国际有限公司签署《特色古镇旅游开发项目合作协议》，计划投资200亿元，按照“全域旅游”的发展理念，打造具有国际性、地域代表性的集文化创意、乡村旅游、高端康养社区等于一体的特色古镇项目。

【涉侨工作】 以服务经济社会发展为根本，强化为侨对台服务工作。按照为侨服务，不断涵养侨源，进一步服务地方经济建设的要求，做好侨务工作。常态化开展侨法宣传。在法治广场的宣传橱窗内制作了关于领事保护和涉侨法律的宣传，在崇阳镇三和社区设立“为侨服务”示范点，以点带面，积极探索“侨之家”建设工作，采取多种形式开展侨界群众活动，进一步扩大党的侨界群众工作覆盖面。

【两岸交流】 主动服务，积极促进两岸交流，积极参加成都市台办组织的各类两岸青年交流活动。教育、旅游、农发、统筹和台办等30余人赴台进行教育农业等方面的交流。做好服务台商大走访工作。对全市台企进行走访，重点了解台企在经营中遇到的困难，并协调相关单位解决。不断加强为台服务，切实解决在崇台胞台属现实困难和问题，走访看望困难台胞台属，帮助解决来崇台商经济纠纷问题，帮助侨眷寻亲等事宜。

（秦俭）

招商引资

Attract investment

【概况】 2017年，全市新签约引进重大项目12个，完成目标任务的133.33%，比上年增长50%；实际到位内资141.47亿元，完成目标任务的101.78%%，比上年增长13.84%；实际利用外资9888万美元，完成目标任务100.9%，比上年增长15.6%；实现外贸进出口21.1亿元，完成目标任务的133.5%，比上年增长41.9%。

【区域合作】 3月，组织汤长发麻饼、地震农业、奥森食品、文井江牛尾笋合作社、润惠农业等传统特色企业参加“成都造·中国行”北京站活动。10月，崇州市人民政府副市长郑厚君在香港拜访香港中华出入口商会，与商会副秘书长杨静洽谈家具贸易合作事宜。

【抢抓“蓉欧+”战略机遇】 组织全友、明珠等7家家具企业组成考察团赴迪拜参加“2017年迪拜国际办公家具展”并举办了“中国·成都崇州家具推介会”。组织全友家居、明珠家具等9家崇州家居代表企业赴印尼雅加达开展“‘成都造·全球行’印尼展中展活动”。展会期

成都·崇州索菲亚高端智能家居生产基地项目签约仪式

润恒城项目签约仪式

间，开展了专场推介，吸引了超过1.5万人/次的关注，接等待企业和经销商263家，梳理出有合作意向的客户53户。

【招商引资新突破】 电子信息方面，签约引进日东电工、锐点、喜马拉雅、天智轻量化等电子信息项目8个。智能家居方面，签约引进索菲亚工业4.0智能定制家居生产项目。优质粮油方面，签约引进江苏润恒集团农产品冷链物流项目。康养旅游方面，签约引进鲁能美丽乡村项目、“德仁堂·花果山幸福小镇”等一批康养旅游龙头项目。

（张涛）

对口援藏工作
Counterpart assistance work

【概况】 崇州以“七大行动”（产业帮扶、教育保障、医疗保障、基础设施建设、智力帮扶、机制体制帮扶、招商引资）为抓手，投入970万元实施9个援建项目；分步实施人才共育“三百”工程，实施规划、审计、财会等培训20余人次；促进崇州4家公立医院、2家民营医院与马尔康市医院结对，崇州—马尔康5所学校结对；搭建农畜产品营销合作平台，促进两地企业签订合作协议4份，建立电商合作平台，在成都、崇州共开设4家农副产品体验中心和展区；组织32家崇州企业在马尔康“就业扶贫专场招聘会”上，与贫困人员签订就业意向合同180份。

【马尔康雪马山国际户外运动公园（景区）项目】 崇中展业多次实地探勘马尔康松岗、纳足、雪马山及周边区域，对项目进行了初步分析、定位、投资测算、投资模式思考和研究，并于9月16日在成都与马尔康政府完成项目合作框架协议签订，为下一步投资合作打下了良好的基础。

【红原壤口乡项目】 崇中展业多次对红原县壤口乡地块进行踏勘并完成产品分析，并于12月17日与红原县人民政府签订项目合作框架协议。

（羊珍 何菲）

崇州市—马尔康市社会帮扶资金捐赠仪式

城乡建设与管理

城乡规划
Urban and Rural Planning

【概况】 崇州市城乡规划管理局内设办公室、城乡规划编制科（挂市规划委员会办公室牌子）、城乡规划管理科（挂行政审批科牌子）、法规科、市政测绘管理科（挂崇州市测绘管理办公室牌子）5个职能科室，下设城乡规划设计院、展览中心、街子规划管理所、羊马规划管理所、桤泉规划管理所、鸡冠山规划管理所6个院所。2017年，市城乡规划管理局围绕西控政策落实，认真抓好规划编制、审批和项目管理，不断优化完善城乡结构、功能、布局和品质，为"产业新城、品质崇州"提供强有力的规划保障。

【规划编制】 围绕"生态空间山清水秀，生产空间集约高效，生活空间宜居适度"规划建设田园城市，按照精准规划推动城市科学发展，提升优化规划编制。修编羊马镇、三郎镇、怀远镇等18个乡镇的总体规划；编制西江片区，旧城片区，街子镇A、B、C地块，羊马镇，元通镇7个片区控制性详细规划；编制怀远镇、羊马镇、大划镇、集贤乡城市设计；编制崇州市形态分区规划；专题研究崇州市城区商业用地规划调整；编制三郎镇全域村庄规划。

【扶贫攻坚】 为全力打好精准扶贫攻坚战，规划紧扣扶持对象、扶贫项目、资金使用、扶贫措施、驻村帮扶、脱贫成效"六个精准"，实施改革发展、电商培育等"七大行动"，构建统筹推进、合力推进等"四大机制"，遵循"四态合一""产村相融""小、组、微、生"等规划理念，编制《怀远镇黎店村相对贫困村村庄规划》《三郎镇茶园村相对贫困村村庄规划》《道明镇天水村相对贫困村村庄规划》等16个相对贫困村村庄规划，乡村规划师小组到甘肃省庆阳市现场踏勘、走访，通过讲座将成都乡村规划建设的经验与庆阳地区政府部门进行分享，开展规划扶贫工作。

【乡村规划师制度】 7月，乡村规划师制度纳入《成都市城乡规划条例》。崇州市共有乡村规划师7人，分别派驻怀远镇、元通镇、三江镇等7个特色镇，协管三郎、公议等13个一般乡镇，乡镇覆盖率达80%。共编制相关规划16项，代表乡镇政府编制各类镇村规划56项，参加乡镇政府规划建设事务会议200余次，审查乡镇建设项目方案130余项，并提出初审意见按程序报乡镇政府及区规划局；向当地政府提出改进规划工作的建议和措施62条；规划知识、政策的宣传和讲解23次。

【西控政策落实】 落实成都市第十三次党代会上确立的“东进、南拓、西控、北改、中优”十字策略，以“三控三优”（控本底、优空间，控门类、优产业，控规模、优品质）为主要抓手，增强国家中心城市重要生态屏障、绿色产业发展高地，着力建设现代宜居的生态田园城市典范。增强成都市重要水源地和生态屏障功能；生态涵养区按一类、二类管控区实施生态红线管控，重点建设大熊猫国家公园、李家岩水库、鸡冠山森林公园和鞍子河自然保护区；全面加强3.38公顷永久基本农田保护，实施土壤改良；构建“1+9+N”城镇村体系；构建一湖、三园、双湿地城市生态绿地；构建六纵、四横、五中心的景观绿地系统；按照“五位一体”要求建设智能制造产业园、优质粮油产业园、康养旅游服务业集聚区，提高产业门类，夯实西控高效发展产业支撑；按照“以水定人、以地定城、以气定形、以能定业”，将城市建设规模控制在70平方千米，城镇人口控制在63万人。

【四级规划体系规划提升行动】 启动四级规划体系规划提升行动，成立以市委书记赵浩宇，市委副书记、市长欧昭为指挥长的规划攻坚领导小组，组建专家顾问团和公众咨询团。市规划局组建攻坚小组，建立工作台账、信息报送、值班制度、巡检制度、信用考核、部门联动等保障制度，通过立即整理一批、适时优化一批、加快新编一批的原则，确定113项规划攻坚项目。启动编制《崇州市城市总体规划（2016—2035）》；编制旧城片区、西江片区（原滨江新城）、崇阳新区、南部新城4个片区控制性详细规划；启动编制《崇州市总体城市设计》、分片区城市设计及重要地区、重点地段、重要节点详细城市设计；启动编制成都智能制造产业园、成都崇州优质粮油产业园、崇州康养旅游服务业集聚区3个集聚区城市设计；启动编制市域综合交通规划、崇州市绿地系统规划、崇州市蓝线等7个专项规划；主办14期四级规划体系规划提升行动期刊。

【城市总体规划修编】 针对《成都市总体规划（2016—2035

崇州市总体城市设计鸟瞰图

年）》中要求高标准建设西部区域，探索城市绿色发展新模式，及时对崇州市城市总体规划作出相应的修编，拟构建“两核两轴两脉”空间形态（“两核”指“南园北镇”，“南园”为南部智能制造产业园、优质粮油产业园、冷链物流园、职教与人才家园等组成的城市综合园区；“北镇”是以街子、怀远、元通为核心的具有全国影响力的天府古镇群；“两轴”代表成温邛城市发展轴和龙门山前旅游发展轴；“两脉”分别是沿西河的蜀州历史文化主脉和沿桤木河的龙门山—无根山—坝区自然生态主脉。），“十字双核嵌绿心”发展格局，统筹安排各项重大基础设施。于6月启动《崇州市城市总体规划（2016—2035）》编制工作，9月底形成总规修编方案并报成都市规划局审查，并将总规修编方案广泛征求部门、公众意见，12月，总规修编方案通过中共成都市第十三届委员会第二次全体会议审议。

【规划管理】 完善制度保障体系，强化规划管控力度，制定《崇州市农村自建房规划方案图集》；优化行政审批流程，提高服务效率，办理“一书三证”（建设用地规划许可证、建设工程规划许可证、乡村建设规划许可证，建设项目选址意见书）209宗。其中，建设项目选址许可6宗，总用地面积10.8公顷；建设用地规划许可39宗，总用地面积145.99公顷；建设工程规划许可90宗，总建筑面积1901665平方米；乡村建设规划许可74宗，总建筑面积32332平方米。完成润恒城、德仁堂、陇海、北大公学、百悦、天府国际慢城等重点项目的规划保障工作。

【市政测绘】 市规划局完成上、中、下南街，文化东西街，唐安路，晋康南路，永康西路西延线等道路方案和景观方案审查。完成成蒲铁路崇州站、羊马站站前广场设计方案审查；完成成灌快铁延长线崇州段47.1千米线路选型及成灌快铁站点初步选址。完成雅蜀、蜀景500千伏电力线路可研路径选线。办理羊马、元通消防站和大划污水处理厂市政类《规划选址意见书》3宗。完成崇州市经开区1∶500比例尺约15平方千米地形测绘。强化对测绘成果和测绘行业的监管，完成测绘项目备案登记71项，开展涉密测绘成果保密检查活动，检查测绘单位5家。

【规委会办公室工作】 召开规委会主任会议7次，审议民生项目、公建项目、规划编制方案、规划调整及项目选址、开发项目、安置点等62个议题。

【重点项目】 完成重点项目14个，完成10亿元的固定资产投资目标任务。对外开放目标完成省外到位资金2.01亿元，引进新项目3个。

（杨梅）

城乡建设
Urban and Rural Construction

【概况】 2017年，市住房和建设局及相关国有公司围绕“产业新城、品质崇州”的发展定位，以“项目攻坚年”为契机，积极推动“西控”战略落地落实。在城市建设、村镇建设、风景名胜区建设等方面积极开展工作。市住房和建设局荣获2017年度棚户区改造工作先进单位、2017年度全市房管系统新闻宣传工作先进单位、2017年度房地产市场调控与统计分析工作先进单位、2017年度成都市建设工程质量安全工作先进单位等称号。

【城市基础设施建设】 完善崇阳新城骨干道路网建设。完成文体路、兴盛路、晋康南路、江源南路等道路建设，实施老城区道路改造。完成上南街、唐安路、三元街、中心广场以及6所学校周边道路改造；实施仁礼公园、体育公园、成蒲铁路站前广场、蔡家碾绿地等公共配套设施建设；完成琴鹤大桥主体工程建设，启动崇州大桥、南河大桥拆除重建工作；全面开展城建攻坚行动，全年共实施城建攻坚项目共计62个，年度计划投资39.27亿元，实际完成投资40.06亿元。

建设中的体育公园

蔡家碾绿地

【小城市和特色镇建设】 在山地旅游发展区着力打造街子、怀远、元通“古镇金三角”，依托区域内特有的历史文化资源，深入挖掘传统技艺，打造中国最美古镇聚落，创建“天府古镇联盟”首位品牌。怀远镇按照小城市标准完善区域交通路网、城市功能配套和公共服务设施，加快藤编小镇建设，街子加快实施青城文创硅谷项目，启动国家旅游度假区创建工作，建设以文创、度假、养生为主题的音乐小镇；元通加快实施百悦明清古镇建设，按照“一核、一心、两区、三带”的旅游产业发展思路，建设以清明春台会为特色、古镇文化旅游和乡村特色旅游为主体的全域旅游示范小镇。在现代农业集聚区着力打造粮油、粮经、粮菜综合示范区，全域推进美丽乡村建设，打造都市田园样板区，突出4个特色镇，即“田园林盘小镇”桤泉、“水韵小镇”三江、“绿色低碳小镇”白头、“食用菌小镇”白头的区域中心地位。在南北2个10万亩区域，连线实施川西林盘保护计划，串点成线形成乡村产业新增长极，结合成都市对高速公路沿线“小组微生”综合体建设，对廖家镇胥家院子、大划德寿村陈家院子、白头和乐村和甘泉村王林林盘进行整治。道明竹艺村实施竹里一期建设；大划镇德寿村完成728平方米广场建设；廖家胥家院子、白头和乐村和甘泉村王林林盘按照成都市委书记范锐平对林盘建设提出的新要求，正在完善方案和进行规划调整。实施小城市和特色镇建设基础设施和产业项目共72个，完成投资20.35亿元。

【学校周边环境整治】 根据成都市人民政府办公室《关于印发成都市中小学校周边环境整治提升实施方案的通知》要求，确定用2年时间分两批次，对全市6所中小学校周边环境进行全面整治提升。及时成立崇州市校园周边环境整治提升工作领导小组，制定《校园周边环境整治提升实施方案》。由市重大办牵头，相关单位参与，平台公司具体实施，并结合“城建攻坚”“拆墙透绿、增花添彩”“海绵城市”等工作统筹推进，初步达到校园周边设施配套、功能完善、环境优良、教学安全的目标。7月10日，崇庆中学、蜀城中学、蜀南小学3所学校周边整治施工正式进场。市重大办多次牵头协调，组织相关单位对3所学校周边进行现场勘测，对实施过程中出现的问题，提出切实可行的解决措施；投资约900万元，于8月25日开学前保质保量完工。在整治过程中，植入了海绵城市建设理念，完善道路配套设施，美化校园周边环境，保障师生出行安全。

【海绵城市建设】 崇州市海绵城市建设本着高起点高目标进行海绵城市建设，从片区控制，逐步推进，实现全域控制。在海绵城市建设中，着重解决水环境、水安全、水资源、水生态四个方面问题。一方面是面源污染控制，另一方面是坚持系统治理，让污染就地消纳，使干净的雨水流入河道水体中，保障水系水质，为崇州市营造良好的水环境和“西控”战略做出贡献。对建筑与小区项目、市政基础设施配套项目、公园绿地与广场项目、水系综合整治项目，均要求纳入海绵城市建设管控。具体为以南城星汇项目带动建筑与小区类，以中下南街改造带动市政基础设施配套类，以蜀州公园带动公园绿地与广场类，以黑石河改造带动水系综合整治类海绵建设。以点带面带动全市海绵城市建设，探索海绵城市试点建设的经验，形成一套适合崇州的海绵城市建设，最终达到连片示范效应的目的。结合崇州市实际情况，因地制宜，创新利用当地材料，积极探索技术本地化，组织和发动本地相关企业，逐步推进海绵产品本地化，实现经济适用性。以竞选方式，引导群众参与海绵小区改造。院落海绵改造以公开征集群众意愿，通过遴选、竞争方式确定，充分调动群众积极性，参与到海绵城市建设的过程中，增加群众的参与感、获得感。

（罗川）

【崇阳新城基础设施建设】 崇阳新城基础设施建设项目由成都市蜀州城市建设投资有限责任公司负责建设，2014年6月开工，位于崇州市规划区南部核心区，北接老城区，东临工业集中发展区，总规划面积8.33平方千米，规划人口15.4万人，项目总投资20亿元。规划定位为：交通先行，产业立城，生态为底，文化提升的新城建设示范区。已形成人民医院、政务中心、蜀南小学、七一实验小学、崇庆中学、技师学院、传媒学院等一批城市配套公建设施，成蒲铁路站前广场、中医院、体育公园等公共配套设施在建，计划2018年投入运行。建成中胜一期、恒宇尊城、金丰翰林院、鹭岛之星、南城锦地、中胜二期、南城星汇、北大资源、公园一号等房地产项目周边配套基础设施。

【羊马新城基础设施建设】 羊马新城基础设施建设项目由崇州市羊马新城建设投资发展有限责任公司负责建设，2008年开始建设，包括羊马新城规划区内道路建设、农田水利综合整治、安置区建设等，总规划面积11.31平方千米。截至年底，完成产值约8亿元。年内开工建设3个项目：羊马消防站（项目投资215万元）、羊马旧城排水改造工程（项目投资920万元）、润恒项目一期（崇江路、经一路）（项目投资1.1亿元）。截至12月底，羊马消防站的主体工程建设完工，羊马旧城排水改造工程完成80%，润恒项目一期（崇江路、经一路）完成临时设施搭设。

【琴鹤大桥项目】 崇州市西江1号、2号桥选址重建工程——琴鹤大桥项目由崇州市羊马新城建

在建中的琴鹤大桥

设投资发展有限责任公司负责建设，2016年4月开工，2017年年底工程主体成形。项目顺延崇州市永康西路，跨越西河，穿越滨江新城规划区与安仁连接线相接，按一级公路标准设计。总投资约1.96亿元，全长624米，桥梁长480米，引道长144米，包括桥梁工程、路基路面工程、交叉工程、公路设施及预埋管线工程、绿化及环境保护工程等。8月完成主桥合龙，截至12月底，已完成主桥施工、匝道及下穿通道的挡墙及路基施工。

（古明姝）

【城市道路建设】 崇州市崇阳街道龙门街断头路改造工程项目，修建长约200米、宽约30米的道路，其中包括道路、人行道、雨污管网、路灯照明、行道树绿化、交安设施、红绿灯等配套设施，1月22日通车。南街道路改造工程是崇州市政府为民办实事、提升城市品质的一项重点建设项目，总投资约29780万元。上南街段于5月启动改造，10月完工，全长770米，改造内容包括道路改造、人行道铺装及路灯安装等。

【城区基础设施改造】 汇蜀花园小区环境和配套设施维修改造，项目总投资350万元，包括对小区绿化、停车位、道路、垃圾房、健身场所、污水管网、公共路灯等配套设施进行改造，5月完工。启动崇阳街道永安路片区一期棚户区改造项目基础设施配套工程（升平街），项目总投资1200万元，对道路进行改造升级，内容包括人行道、车行道、雨污管网、文化景观、交安设施、城市家具、配电改造等配套设施。崇州市万达广场周边区域风貌整治及道路改造工程，项目总投资约495万元，包括对万达广场周边区域进行风貌整治及道路改造，一是对万达广场西侧区域进行绿化，建设内容包括拆除原有场地面层和路沿石、种植土回填、新做路沿石等；二是将张家碾路扩宽及辰居路小学周边人行道铺装、道路绿化，其中张家碾路分别向左右各扩宽3米，达到路面宽16米，建设内容包括挖土方、路床整形碾压、商砼路面、移除乔木、转移原有设备、人行道铺装、人行道盲道铺装及人行道树池等；三是对政务中心周边民房进行风貌改造，建设内容包括外墙砖饰面、仿石材面砖、人行道砼方砖、树池、栽植乔木等。

【街道风貌提升改造项目】 小东街、文庙街、大北街等街道风貌提升改造项目，项目总投资约1.05亿元。大北街、小东街、文庙街等道路的小街区规制由规划局迁头已过规委会，项目分三期实施，一期项目启动设计。

【改制后路桥公司实施的项目】 蜀州广场维修维护项目、西江紫园至滨河路排污管改造项目，合计总投资约1295万元，是路桥公司并入兴宇公司后实施的项目，均采取自行采购材料、自行施工管理的方式实施，严格控制成本，高标准要求施工质量。蜀州广场改造工程项目，总投资约600万元。内容包括对中心广场人行道、车行道、文化景观、交安设施等配套设施进行改造升级，12月完工。西江紫园至滨河路排污管改造项目，总投资约695万元。改造西江紫园至滨河路之间的排污管长约240米，内容包括拆除及恢复路面、人行道、绿化带、河堤，修建加压泵站、污水管及检查井等。

（李偲榕）

【老10万亩区域建设情况】 蜀兴公司共完成老10万亩区域11个项目。包括桤泉余湾岛拆迁安置点基础设施配套建设工程、铁溪澜庭二期、桤木河路跨线桥工程、桤木河湿地北段建设项目在内的重点项目都已完工，并投入使用；崇州市10万亩农业基础设施配套工程——燎原项目和王场张家林风貌配套项目以及崇州市燎原乡崇德社区“拆院并院”土地综合整理安置点项目，总投资分别为1150万元、1650万元和1500万元，完成勘察设计工作；白头镇安置点外联道路建设项目（二批），新增5条白头镇安置点外联道路，共6.47千米，截至年底仍在施工。

【新10万亩区域建设情况】 蜀兴公司共完成北部新10万亩区域5个项目。包括环线道路工程、环线道路观胜支线工程、梓潼场镇改造工程、廖家高速路出口安置点风貌提升工程、梓潼场镇污水改造工程。2017年底，环线道路崇平支线工程、环线道路锦江支线工程仍在施工。

（沈英玉）

【经开区项目建设】 成都兴蜀投资开发有限责任公司承担的大数据产业园孵化中心（一期）建设项目主体基本完工，29.73万平方米的明湖二期安置房已建成并通过竣工验收，23.64万平方米的明湖三期安置房项目主体已完工。2017年，配套基础设施建设项目完成招标，其他零星建设项目全面完成，并确保了所有建设项目安全生产工作和环境保护工作得到全面落实，为经开区发展提供有力保障。

（李清海）

北部10万亩环线道路完成铺设

改造后的梓潼场镇

【道明竹里林盘打造】 道明竹艺村结合竹里借鉴国际国内一流的田园城市建设理念，依托崇州生态本底，精准规划、精心设计、精细管理，通过开展公益讲座、创意活动举办、文创产品展览等多元化功能，为文化创意产业的发展提供一个传播和交流的平台，引领当地竹编产业的创意设计及营销，带动国家级非物质文化遗产的“华丽转身”，打造“开放、活力、共享”的文创社区“现代、时尚、文化”的天府新林盘。崇中展业3月完成竹里一期建设并开业运营；9月起，对道明镇龙黄村竹艺村项目进行村容村貌改造、产业配套设施新建、公共基础设施建设、新业态引入、竹编龙头企业转型升级等。

【鸡冠山—九龙沟风景名胜区建设】 成立旅游发展和景区管理委员会，通过完善机构职能职责切实履行保护和管理工作，加强属地管理实现景区的常态保护和永续利用。启动了鸡冠山—九龙沟风景名胜区详细规划编制工作。分别在鸡冠山乡场镇、三郎镇欢喜村、街子镇古寺村设置3处风景名胜区、世界遗产地标志标牌。对景区内“农家乐”污水排放进行整治，关闭小水电和矿山并进行植被恢复。对景区内68宗违章建筑进行摸底调查。

【元通塔项目】 元通塔位于元通古镇的长寿街，2016年2月开工建设，建筑面积为2774平方米的地下一层、地上七层仿古木结构和钢框架结构建筑，2017年11月竣工。

【楠木休闲广场项目】 楠木休闲广场位于元通古镇中部麒麟街，2016年3月开工建设，建筑面积约为2000平方米，其中1号楼为建筑面积为245平方米的地上一层仿古木结构建筑；3号楼建筑面积为585平方米的地上一层仿古木结构建筑；4号楼建筑面积为857平方米的地上一层，局部地上两层仿古木结构建筑；6号楼建筑面积为178平方米的地上一层仿古木结构建筑；7号楼建筑面积为163平方米的地上一层仿古木结构AAA级厕所，包含内部精装修；运营商铺建筑面积为66平方米的地上一层仿古木结构建筑；约150平方米景观水池；室外地面基本全青石板铺装。建筑结构全部包含安装和消防。工程于2017年11月竣工。

【元通镇游客接待中心项目】 元通镇游客接待中心位于元通镇聚源村，元通镇游客接待中心包含装饰、安装、消防，建筑结构为框架结构，内部全精装修，建筑面积1442平方米；长300米、宽15米景观大道一条；130个停车位的停车场一个；总体绿化面积约20000平方米。开工时间为2015年7月，竣工时间为2016年1月。

（罗川　蒲石　何菲）

元通楠木广场

城乡管理

Urban and Rural Construction

【概况】 崇州市城乡管理局内设办公室、计划财务科、政工人事科、景观管理科、城乡环境卫生管理科、园林绿化管理科、政策法规科、行政审批科8个科室，下设园林绿化管理所、路灯管理所、环境卫生管理所、数字化城市管理中心4个单位。2017年，市城管局坚持以“绣花”功夫推进城市精细化、智能化、常态化管理，全市城市管理和环境治理工作取得长足进步。

【市容秩序管理】 严格按程序审批管理店招和户外广告，按照窗口接件、现场指导、严格办结的程序，共完成招牌设置现场勘查核准办理90余件，户外广告10余件。扎实开展户外广告、伸缩棚专项治理工作，完成城区户外广告、标识标牌、LED显示屏、伸缩棚等户外广告设置的甄别统计工作，清理伸缩棚128个，各类违法违规广告招牌1500余个，存量户外广告规范减量72块。加大政府统一打造店招管理力度，对蜀州中路、唐安西路、唐安东路、蜀南路等街道的店招进行集中整治，对擅自改变店招的，及时予以清理拆除。杜绝在店招上蒙喷绘、打广告等违规行为，确保政府打造店招统一规范。着力推进城市风貌建设，完成明珠家具等4个卖场的户外广告提升改

唐安东路店招店牌打造

造，上南街原房管所外墙风貌整治提升。

【园林绿化管理】 扎实推进增花添彩项目，认真做好崇州市《绿地系统规划》和《花重锦官城—增花添彩详细规划》编制工作，圆满完成崇庆南路绿化带升级改造工程、崇州三郎樱花基地2个重点示范项目的建设任务和年度市花芙蓉、行道树增量提质目标任务；积极促进拆墙透绿，新增立体绿化705平方米；新增中胜世家、上林西江、蔡家碾等绿地约12公顷；南城锦地小区创建市级园林式小区工作进展顺利。注重突出日常维护管理，坚持制度化管理广场喷泉、常态化组织洒水降尘、精细化养护绿植绿带，共修剪行道树、绿篱、草坪20轮次，修剪树木4000余株，补栽树木150余株；对城区绿化喷药施肥2次，面积达29万余平方米；对面积约10万平方米的背街小巷绿化带进行了裸土覆盖、清除杂草落叶等；每日出动洒水车辆30余台次，洒水面积100余万平方米。经常开展城市扮靓行动，圆满完成蔡家碾小游园建设和崇庆北路、羊马周边等区域绿化提档升级工作，共计栽植鲜花约1.6万平方米，完成绿化改造约3万平方米，摆放鲜花约120万盆，在中心广场、怀华路、高速路出口等主要绿化节点，采取花箱、花墙、花球、绿地栽植等形式，用鲜花点缀展现出“整体出效果、景点出形象”的城市园林景观，打造姹紫嫣红的城市风景线。

蔡家碾小游园全景

智慧照明升级改造后的崇庆北路

【路灯照明管理】 着力抓好路灯照明设施日常管护工作，组织各类维修705次，事故处理及时率100%，路灯亮灯率和设施完好率均保持在98%以上。着力抓好背街小巷照明覆盖民生工程，圆满完成朱氏街、早觉街等片区21条新增背街小巷100套路灯的配套安装工作。着力抓好城区道路智慧照明升级改造项目，累计完成70余条道路改造、新建任务，安装灯具3830余套。着力抓好路灯“三防”井盖改造，新安装路灯“三防”井盖100座，检查治理路灯病害井盖258座。

【数字化城管系统管理】 推进市场化运作，完成《信息采集和平台处理市场化运作方案及拓展监管区域方案》编制工作，按程序实施市场化招标前期准备工作。努力实现常态化监管，严格按照朝8晚9要求，采用视频监控与人工巡查相结合方式，积极开展背街小巷广告招牌、城市道路无障碍设施、横幅标语整治等专项普查工作，数字化中心共受理案件1.5889万条，处置1.5166万条，处置率95.45%。主动拓展系统功能，拓展数字城管系统操作流程、数据统计等功能，实现政务网、互联网多渠道登录系统；拓展处置通、创建部门子账号，有效减少案件派发中间环节；探索依托现有数字化城管系统，引入市民参与城市管理机制，建立公众参与奖励机制，提供面向公众的城市治理服务，达到“全民参与，共建共管”的目的。

【城乡环境综合治理】 突出“四改六治理”十大行动，完成棚改项目400户、城中村改造399户，投入2140余万元改造老旧院落55个；狠抓背街小巷专项治理，以示范样板街蜀南街为标准，以祠堂街周边背街小巷为重点，完成人行道铺装、道路黑化、标识标线施划、路灯节能改造等工作；开展“攻坚行动”，抓好常态化监督检查，组织周督查50余次，月暗访10余次，季检查4次，发现问题3500余个，整改率近100%；圆满完成省级农村垃圾治理2个镇10个村和8个成都市级、15个崇州市级百村容貌整治试点村（社区）目标任务。强力推进扬尘治理工作。注重突出运输公司（车辆）、四大工地管理和常态化冲洗降尘作业，扎实开展露天烧烤专项整治，圆满完成“四大工程”目标任务，在严格日常巡查督察、查处处罚力度的基础上，斥资50万元为10个在建工地安装扬尘在线监测设备。

【城乡环境卫生管理】 市城管局注重加强环卫保洁作业，生活垃圾日产日清不积存，城区生活垃圾清运率、处理率均达100%；积极开展“清洗城市”专项整治活动，深化道路冲洗除尘“本色行动”，全年共清除各类牛皮癣50万余处，清运处置生活垃圾26万余吨；高标准完成成都市生活垃圾应急临时处置调配任务，紧急接收处置郫都区、新都区积存生活垃圾4000余吨。注重强化环卫设施管护，完善《崇州市环卫设施专项规划》，完成公厕升级改造、环卫工人作息房建设年度目标任务和金鸡生活垃圾中转站升级改造工作以及城市管理多功能物流中心建设的前期准备工作，更换环保垃圾桶2572个、果屑箱2202个。注重加大洒水降尘力度。每日全城冲洗量不低于160车（次），重点区域冲洗降尘不低于12次。注重突出监督监管工作，抓好保洁公司监管，制定《城市道路清扫保洁和环卫作业考核办法》、节日期间环卫保洁服务值班排班及应急预案，环卫保洁作业市场化运行监督考核机制逐步完善；抓好填埋场监管，填埋场污水应急处置服务项目落地运行，污水处理量由60吨/天提高至180吨/天；抓好机动车清洗站监管，对全市201家机动车清洗站进行清理整治，其中自行关闭或改行的24家，停业整改的43家，边整改边营业的85家，手续齐全的49家。圆满完成涉城管领域中央环保督察信访案件办理工作，办理主办件6件、协办件3件，结案率100%。

【环卫基础设施配套建设】 加强环卫工人作息房建设。新改建环卫工作休息房6座（平均建筑面积在22平方米以上），配套完善标识标牌等设施设备。抓好公厕建设，完成陆游公园、蔡家碾绿地2座公厕主体工程建设，对沙滩广场、太阳岛广场等8座公厕按照旅游公厕AAA级标准进行升级改造。突出生活垃圾转运设施建设。启动崇州市城乡环卫一体化PPP项目——垃圾综合处理，项目包含3个子项：城区生活垃圾前端分类；城市管理多功能物流中心建设；垃圾填埋场库容腾退，库容腾退垃圾处理量约149万立方米，新建一座日处理200吨渗滤液处理项目。

【城乡环卫一体化工作】 按照市场化、一体化思路，采取PPP模式，引进国有大型专业公司，以清扫保洁为纽带，区域范围由主城区向经开区、崇阳新城、金鸡万人小区、古镇景区、部分乡镇、部分主要交通道路延伸，合作内容由道路、绿化、市政设施、水域的保洁，向公厕的建、管、保洁与城区的生活垃圾前端分类、市政道路的维护、城区和乡镇的生活垃圾集中清运处置、多功能生活垃圾转运站建设运营延伸，全区域实行环卫一体化管理，统一标准、统一考核，不断提升城市管理运营水平。4月13日，与北京环境有限公司签订战略合作暨崇州市城乡环卫一体化PPP项目协议；4月16日，北京环境有限公司作业团队进场；2017年年底，与该公司完成城区和主要乡镇街道的环境卫生与园林绿化管护方面的交接工作。

城乡环卫一体化：多功能抑尘车作业

【持续推进垃圾分类试点工作】 确定95个小区、5所学校、所有行政单位为垃圾分类试点单位，完成试点单位数据采集工作，分门别类建立台账，协调小区业主委员会、物管公司，确定垃圾分类设施设备安装点位，完成2.2万余户信息统计和《环卫一体化垃圾分类实施方案》编制等工作。

（曾祥军）

【智慧城市】 启动编制《智慧城市应用项目绩效评估管理办法》，做好智慧城市项目工作协调、监督管理、资金概算；启动BIM云、智慧管网、智慧社区、智慧医疗、智慧政务、智慧民政等项目；推进智慧一卡通项目；建设政务数据共享交换平台、智慧法务（“小崇”机器人）、

"1+5+1"公务员管理系统、信用崇州等项目；完善综合行政执法智慧治理服务平台功能，建设成都市级平台，并在成都范围内推广；在IPC枢纽大楼归集各类数据2000T，政务数据5300万条。接待住房城乡建设部、工业和信息化部、国家发改委，四川省编办、法制办，成都市大数据和电子政务办，威海市、普洱市，成都市各区（县）相关领导到崇州考察智慧城市建设情况；组织人员赴南京、深圳、武汉、普洱、杭州等地学习考察智慧城市建设。

（陈小兰）

交通运输

Urban and Rural Construction

【概况】 市交通运输局（市物流发展办公室）是交通行业和物流业行政管理职能部门，负责全市公路建设和公路养护管理、道路运输、水上运输管理、物流管理工作，内设办公室、安全监督管理科、法规科、政工人事科、财务科、运输管理科、交通战备科、物流科、养护科、规划建设科10个科室，下设养路段、交通运输服务中心和崇州市公路工程质量监督管理站3个事业单位。2017年，市交通局围绕完善市政道路建设、市政设施维护、道路安全监管、服务市民出行开展了卓有成效的工作。

【交通建设】 交通重点项目建设强力推进，成都经济区环线高速公路（"三绕"）崇州段工程全面开工，完成90%征地拆迁任务；李家岩水库工程复建道路项目、成温崇快速路前期工作进展顺利；成蒲铁路与成青快铁延伸线并轨方案已经确定，成蒲铁路崇州站、羊马站紧张施工，力争2018年开通运行。旧危桥拆除重建项目、桤集路Y035项目、城区公交站台改造工程推进顺利；光华大道（崇州至温江段）道路绿化升级改造工程道路改造部分完工；完成山区道路地质灾害整治工程、统筹城乡村组道路建设82.1千米、70千米波形护栏建设。全面推进"平安公路"建设，农村道路安保工程（波形护栏及旧危桥改造）代表省、市接受交通部检查，受到副部长戴东昌充分肯定。

【交通管理】 全面提升公路管养水平，加强道路交通安全隐患整治，共修补公路路面2万余平方米，修复、增加交通安全警示牌210余个，清理山区公路垮塌土石方8000余立方米。加快公路养护机械化进程，新购置多功能

乡村道路

养护车1辆、洒水车1辆。强化道路运输管理，完成全市5家客运企业、5家出租车公司、3家公交公司、11家货运企业、3家驾校以及74家一、二类汽修企业的服务质量信誉考核，合格率100%。深入推进机动车维修污染防治，关停无证维修企业6家，规范整改228家，清理运营黄标车1383辆，清理完成率100%，确保黄标车全部退出运营市场。全面建立安全生产检查和安全生产管理制度，开展行业安全隐患集中检查8次，检查企业和点位400余个次，发现并整改隐患82个，投入整改资金200余万元，实现安全事故零目标。

【寄递物流管理】 全市寄递物流企业共19家，寄递网点共160个，寄递运输车辆共28辆，从业人员约318人。物流（货运）规模企业（20台车以上）14家，从业人员约1394人。开展寄递物流整治12次，重点检查了170家寄递企业、代办点，落实制度建设情况，进一步规范寄递物流行业经营行为。

【交通服务】 交通运输继续保持良好发展势头，公路运输客运量1627万人次，货运量1516万吨，出租汽车日均客运量达2.18万人次，公交车日均客运量达1.62万人次。大力发展公共交通慢行系统，引进摩拜单车进入崇州，推动绿色出行。提升运输服务保障能力，新增25辆新能源公交车，开通接驳地铁4号线温江万盛站点的公交线路，新增5条公交线路：105路（万达广场—万达广场环城线路）、106路（机电校—捷普集团）、107路（客运中心—技师学院）、108路（客运中心—万人小区）、王场工地定时公交（王场工地—客运中心），优化调整城区4条公交线路：206路（客运中心—王场工地）、103路（客运中心—捷普集团）、205路（客运中心—万人小区）、208路（客运中心—明湖小区），并开通4条公交延时服务线路：207路（客运中心—政务中心）、105路（万达广场—万达广场环城线路）、107路（客运中心—技师学院）、108路（客运中心—万人小区），满足市民出行需求。

电动公交车投用

【全域公交一体化建设】 按照成都市十三次党代会提出建设公交都市及《崇州市委十三届五次全会任务项目化清单》的要求，为促进公共交通健康有序发展，解决崇州公共交通发展中存在的经营主体多、客运矛盾大、财政保障机制不完善、服务质量不高等问题，提升常规公交运营服务水平和公交出行分担率，满足群众出行需求，市交通运输局结合本地实情编制完成了《崇州市全域公交一体化改造的实施方案》，力争三年基本建成“城乡公交全域化、运输网络一体化、运输服务优质化”的公共交通网络，形成三级（城市、城乡、城际）公交网络体系，到2020年，实现有通达条件的镇、村公交全覆盖。

【三绕崇州段建设】 成都经济区环线高速公路崇州段工程包括三绕崇州段及二绕三绕街子连接线两个部分，总投资33亿元，其中三绕主线崇州段全长13.8千米，从大邑县金星乡进入崇州，经怀远、街子进入都江堰，设计为双向六车道高速公路，主线已全面开工。二绕三绕街子连接线全长16.34千米，经街子、元通、观胜、廖家连接二绕廖家互通，设计为双向四车道快速路。

成蒲铁路崇州段

【成蒲铁路崇州站羊马站建设】成蒲铁路崇州站净用地面积5.53公顷，地上总建筑面积9620平方米，地下总建筑面积5.1719万平方米，总投资约3.4亿元，配套建设有南、北两个站前广场、长途车站、公交场站、社会停车场、出租车停靠站等设施。项目业主为国投公司，已进入施工阶段。成蒲铁路羊马站项目总用地面积为2.53公顷，配套建设有站前广场、公交场站、社会停车场、办公用房等内容，项目业主为国投公司，总投资3000万元，已进入施工阶段。

【李家岩水库复建道路建设】李家岩水库工程复建道路建设项目的建设内容主要是新建5条道路，总长29.092千米，其中主线右岸二级道路长8.632千米，左岸三级道路长12.784千米，其他连接线7.676千米。业主为国投公司，项目总投资6.47亿元，计划2018年全面开工。

【深化巡游出租汽车改革】按照国家、省、市发布的深化出租车改革的指导意见和实施意见，市交通运输局结合当地实情制定《崇州市关于巡游出租汽车改革的实施方案》，通过转变经营权处置方式、保障合法权益、推动行业转型升级、减轻企业与驾驶员负担、加强维稳监管、完善基础服务设施6个方面工作措施，促进出租汽车行业健康发展，不断提高行业监管能力和服务水平。

（张杨）

名词解释

“1+9+N”：涉农社区及村标准化设置配置，即1个涉农社区、村，9项公共服务和社会管理设施由政府配置，N项以市场为主按需配置。

“四改六治理”：“四改六治理”中的“四改”指棚户区、城中村、老旧院落、老旧市场改造，旨在改善居民生活环境；“六治理”指大气雾霾、河渠污染、交通秩序、市容市貌、违法建设、农村环境的治理，旨在提升城乡环境品质。

资源与环境保护

国土资源

Land resources

【概况】 2017年，崇州市有土地面积1089平方千米，其中建成区面积29.96平方千米、耕地面积390.92平方千米。崇州市国土资源局机关内设机构为办公室、法规监察科、地籍管理科、土地规划科、耕地保护科、土地利用管理科、矿产资源管理科（地质环境监测站）、计财科、行政审批综合科、纪检监察室8科2室。市国土资源局下属事业单位有崇州市地质环境保护监测站、国土资源信息中心、崇州市征地地籍事务中心、崇州市土地整理耕地保护事务中心和11个基层国土资源所。2017年，市国土资源局围绕国土管理重点工作，切实改善和大力提升保障发展的服务能力，各项工作都稳步推进。崇州市国土资源局被国土资源部评为土地利用执行先进单位。

【耕地和基本农田保护】 坚守耕地“红线”。将土地利用总体规划调整完善和永久基本农田划定有机结合，全面完成基本农田划定工作，划定永久基本农田3.38万公顷，严守耕地保有量面积3.89万公顷以及基本农田保护面积3.38万公顷“红线”。全面强化土地管护和土壤污染防治。实施建设用地准入管理，全市已建立崇州市污染地块名录库，污染地块（疑似污染地）34宗，实行动态跟踪和更新管理；配合做好土壤污染调查，全市共确定293个农用地土壤污染状况详查点，确保耕地土壤环境质量不下降。

【土地综合整治】 积极推进幸福美丽新村建设。以农村土地综合整治项目为载体，积极推进“小规模、组团式、生态化、微田园”幸福美丽新村建设，全年完成挂钩项目验收13个，节余新增周转指标123.88公顷，超额完成成都市下达给涉及例行督察整改目标任务；申请立项集贤、锦江、观胜、梓潼、廖家、王场等乡镇9个挂钩项目，科学规划土地利用，积极推进两个10万亩示范区新村建设。

【不动产统一登记】 创新推动不动产登记工作。创新服务方式，建立绿色通道和对年龄大、卧病在床的当事人提供上门办理不动产登记业务，实行工作日中午和节假日延时服务；对属历史遗留的单位房改房、商品房等办证问题，积极主动多方联系，共同商讨解决问题办法，现部分数年未办理土地证分户的小区开展国土面积分摊，换发了“不动产权证书”。全年受理各种土地利用类业务（包括划拨补办出让、出让增加年限）398宗，土地出让金收入1650.4万元；共颁发“不动产权证书”“不动产权证明”共2.6721万本，登薄审核共2.6668万宗。

【土地利用】 编制完成2017年土地供应计划，按照供地计划及时拟定出让方案，实现供地率为67%，确保全市前五年供地率达到成都市国土资源局不低于65%的要求。积极保障重大项目用地，供地30宗，面积104.53公顷，实现土地出让收入10亿元。其中经营性用地13宗，面积50.07公顷；工业用地10宗，面积42.46公顷；划拨土地7宗，面积12.01公顷。严格落实“西控”战略部署，积极推进工业用地供给侧结构性改革，完成全市批而未供、供而未用以及存量工业用地情况统计，形成管理台账并上图；除成都市人民政府批准的具有战略性新兴产业、先进制造业等鼓励类重大工业项目外的企业，实行工业用地弹性年期出让；配合草拟《崇州市工业企业效益综合评价试行办法》及《关于促进经开区低效工业建设用地再开发提升土地综合利用水平的实施意见》，完善工业低效用地退出机制，通过对企业实施差异化的供地方式、税收、信贷、人才、用能权和排污权等政策，把有限的资源交给最优秀的企业，倒逼落后企业主动转型升级或破产退出。

【地质灾害防治】 制定《崇州市2017年地质灾害防治方案》，修订《崇州市突发地质灾害应急预案》；汛前，会同108地质队开展全市地质灾害隐患点排查工作，落实332处隐患危险点监测责任人。“6·24”茂县特大滑坡及“8·8”九寨沟7级地震后，第一时间启动全市地质状况排查评估，确保地质灾害隐患排查无死角全覆盖。排查原有隐患点332处，已经销号的隐患点93处，山区农家乐500余家，全市共排查出地灾隐患点342处，均落实群测群防措施。全市2017年共发布地质灾害气象风险预警18次，其中2级预警2次，三级预警16次，共

国土资源部领导到崇州检查地质灾害防治工作

外国专家到崇州调研低碳生态型土地整治技术工作

转移人员1.51万人次（其中受威胁群众1.18万人次，游客3365人次）。汛期，会同108地质队开展地质灾害应急排危调查42次，确保地质灾害零伤亡。完成20户地质灾害受威胁户避险搬迁民生。

【土地监察执法】 积极配合完成中央第五环境保护督察组转交案件16宗，其中主办6宗，协办10宗，圆满完成环保督察工作；及时修订动态巡查制度，严格划分巡查区域、巡查路线和责任人员。全年共发现国土资源违法行为128件，现场制止71件，立案查处1件，移送综合执法局土地矿产违法案件40件。健全全市矿产资源长效管理机制，深入推进规范矿业秩序，加强探矿权、采矿权监督管理，开展安全生产百日安全活动、汛期安全生产活动，会同市安监局对非煤矿山进行安全检查30次，坚决打击不规范作业开采行为。

（蒲虹）

水资源
Water resources

【概况】 崇州市区域多年平均降水量为1099毫米，2017年降水量1176.1毫米。地表水年径流量9.44亿立方米，地下水资源4.73亿立方米，水资源总量10.60亿立方米。向阳水库年末蓄水量636万立方米。用水总量4.1881亿立方米，其中生产用水3.91亿立方（第一产业3.21亿立方米、第二产业0.66亿立方米、第三产业0.04亿立方米），生活用水0.25亿立方米，生态环境用水0.02亿立方米，地表水利用量为3.8亿立方米，地下水开发利用量为0.38亿立方米，地表水利用量占总用水量的90.9%，地下水开发利用量占总用水量的9.1%，用水结构较为合理。污水年处理总量1199.8万立方米。市水务局内设行政办公室、政工人事科、计划财务科、水政水资源科（节水办公室）、水利水保科、供水科、排水科、建设管理科、行政审批科9个职能科室，下设崇州市水务工程质量安全监督站、崇州市防汛办公室、崇州市河道管理站、崇州市文井江滨河管理站、崇州市向阳水库管理站和6个片区水利服务站。2017年，被省都江堰管理局评为四川省都江堰灌区2017年度用水管理先进集体；获得成都市2017年农田水利工程管理绩效考核平坝区第一名；省水保局将桤木河湿地公园列入2018年国家级水土保持科技示范园区创建名单；省水利厅初步拟定崇州为平原区现代化灌区试点县；崇州市白头镇五星村被省水利厅确定为2017年四川省“水美新村”。

世界水日中国水周宣传活动

【依法治水】 市水务局落实“行政执法三项制度”，提高水政执法效能，并对工业园区企业自备水源进行整治。设置一级保护区、二级保护区、准保护区界桩63个，设置界牌、宣传牌110个，采购水质在线监测系统2套，关闭畜禽养殖场3家，搬迁住户63户，清除猕猴桃8.27公顷，拆除企业2家，企业搬迁5家，企业断电停产25家。实施8家小水厂与大水厂碰管工程，建设供水主管网19千米。启动三郎水厂取水口上移工作。通过以上措施，饮用水水源地一级保护区得到根本性治理，二级保护区也得到有效治理。为解决城市生态供水不足问题，编制《崇州市水生态环境供水实施方案》，年投入265万元（次年起每年增加投入100万元），增购生态用水5000万立方米，解决主城区和街子景区枯水期生态用水不足问题，提高城市水环境质量。加强与省水利厅工作对接，获得省厅大力支持，已启动枯水期生态补水。

【工程质量安全监督】 崇州市水务工程质量安全监督站于2016年6月6日经市委机构编制委员会研究决定设立，为市水务局下属公益一类事业单位，代表崇州市政府行使水务工程质量安全监督管理工作。2017年2月9日，经市政府批准，制定《崇州市水务工程质量监督管理办法（试行）》及《崇州市水务工程质量监督细则（试行）》，对全市水务工程各参建单位的质量行为和安全行为进行强制性的监督管理，主要是保证全市水务工程质量，确保水务工程安全，充分发挥水务工程投资效益。质监站全年登记报监备案水务工程项目9个，其中水务局作为业主单位实施在建项目7个，政府投资平台公司实施项目2个。

【李家岩水库开工建设】 李家岩水库坝址位于成都市崇州市怀远镇境内青峰岭大桥上游约1.3千米处，最大坝高123米，总库容1.71亿立方米，项目总投资49.64亿元，总工期为54个月，属大（2）型水库，主要水源为文井江，可控制流域面积352.6平方千米。工程投入使用后，每年可向周边供水2.7亿立方米，其中，每年为成都市城区供水1.43亿立方米，为崇州市城乡供水0.91亿立方米，农业灌溉供水0.36亿立方米，同时，工程还能提供0.42亿立方米应急备用水量，可满足成都中心城区至少30天、人均70%用水定额的应急水源需求。全年完成导流洞工程443米，占总长度的93.4%；复建道路全长29.461千米，施工单位已进场开展施工准备工作，总工期36个月；继续做好企事业单位补偿迁建工作，抓紧与懋林置业公司、蜀玻柏木沟分厂等企事业单位沟通协调，尽快签订协议草案；启动移民安置点建设，规划集中安置点2处，陆续开展两个安置点场地平整和房建工作，5月进场开工建设；做好库区征地和社保工作，4月完成土地报征，5月取得国土资源部批复，在取得批文后2个月内完成公告、公示，购买失地农民社保及土地补偿款的发放工作。崇州市围绕李家岩水库工程复建道路建设、移民安置、库区信访维稳、保障工程项目按时序进度施工。

【城乡供水一体化】 实施农村供水“最后一千米”，提高农村自来水入户率，“十三五”期间，每年财政安排500万元资金，用于提高农村自来水入户率。经过2016、2017年的实施，农村自来水入户率达66%，全市自来水入户率为72%。

【水利建设】 在全省两个现代化灌区试点县中，省水利厅初步拟定崇州为平原区现代化灌区试点县，建设北部10万亩现代化灌区。北部10万亩粮经旅综合示范区规划面积约120平方千米，包括崇平镇、廖家镇、梓潼镇、观胜镇、锦江乡5个乡镇。按照总体规划，示范区以“水木北部·品质崇州”为主题，坚持“粮食生产集约发展，政策资金集成整合，机制创新集聚示范，产村相融集中成片”的原则，全力打造产业新村合理布局，组团节点特色鲜明，一、三产业融合发展的粮食高产稳产高效综合示范基地。四川省水保局、成都市水务局将桤木河湿地公园列入2018年国家级水土保持科技示范园区创建名单。以现有桤木河湿地公园为核心区向桤木河流域扩展，通过清洁小流域治理和水土保持科技示范园区建设，实现园区范围内的桤木河生态环境和人居环境整体改善，形成代表成都平原城郊水土保持特色的优质示范样本。同时，水土科技示范园区的创建，将有效加强水土保持生态建设科普教育。白头镇五星村被省水利厅确定为2017年四川省“水美新村”。五星村围绕水美新村“水安全有保障、水资源

隆兴桤木河湿地南段

有保证、水生态有保护、水文化有底蕴、水景观有特色”的建设标准，统筹考虑生产、生活、生态用水，促进水利与产业融合发展，打造水清、渠畅、岸绿、景美的人水和谐宜居新村。全村自来水普及率达100%，2014年，实施高标准农田建设，耕地灌溉率达100%，建成供全村使用的污水处理站，2015年，完成辖区内黑臭河流的治理，每年对沟渠、岸坡等及时进行疏浚清掏，2017年，河长制工作开展以来，对辖区内河流的治理力度进一步加大，确保水生态环境优良。坚持对辖区内水利工程进行维护和管理，确保水利工程正常使用。利用桤木河黑臭河治理契机，建成占地66.67余公顷的桤木河湿地公园，将水利与旅游等产业融合。

【山洪防治】 崇州是山洪灾害易发的地区，涉及8个乡镇、77个村，根据非工程《调查评估报告》，山洪灾害易发区危险点122处。针对实际情况，安装自动监测站28套、预警广播站77套、简易雨量站88套、视频监控站25个、乡镇会商系统25套，实现与25个乡镇的视频会议系统的互通互联，初步建成覆盖全市的山洪灾害监测预警系统和群防群测体系，并指导乡镇、村编制完成山洪防治预案，明确“一对一”帮扶对象，组织危险区开展山洪灾害防御综合演练。全年防汛减灾演练参演群众达1200多人，沿山各乡镇出动各级防汛抢险队员748人，最大限度减少人民群众财产损失，确保生命安全。

【河长制管理工作】 按照《中共崇州市委 崇州市人民政府关于全面实行河长制管理工作的实施意见》要求，河长制管理工作全面展开。境内河流均属于岷江流域，多条河道与西河主河道形成了发达的水网体系，结合实际，制定《崇州市全面实行河长制管理工作方案》和《崇州市河长制管理2017年度工作要点》。市委、市政府领导全参与，任命市级河长15人，市、乡、村三级河长共608人，河道警长27人，成立市级河长制办公室和25个乡镇河长制办公室，设立河长公示牌748个。构建完成市、乡、村“两级党政领导、三级河长管理”的河长制管理体系，全市主要河流均有了自己的河长，河长管理做到全覆盖。为全面推进河长制管理，创新推进“2+7+11”管理模式。“2”即《河长制实施意见》和《实施方案》，“7”即《联席会议制度》《信息通报制度》《巡查督办制度》《河长制管理工作考核制度》《联系部门工作制度》《信息共享制度》和《工作验收制度》7项配套制度，“11”即市政府出台了《崇州市2017年水污染防治实施方案》，市经信局制定了《关于分解下达2017年淘汰落后产能目标任务的通知》《关于进一步加强工业园区外工业企业管理工作的通知》和《崇州市进一步加强“三无”工业企业治理工作的实施方案》，市农发局制定了《关于加大畜禽养殖污染治理助推河长制全面落实工作方案》，市住建局制定了《搅拌站专项治理方案》《崇州市建设工地现场违法排放污水专项整治行动方案》和《小区院落及农民集中居住区排水管道病害治理及运行维护管理工作实施方案》，市市场监督管理局制定了《关于加强对2017—2022年崇州市餐饮环节排污检查及整治工作方案》，市公安局制定了《河道总警长及警长制工作方案》，市旅委制定了《关于农家乐废水监管处置实施方案》。全年市级河长累计巡河101次，乡级河长累计巡河3280次，村级河长累计巡河12408次，河道警长累计巡河451次。完成8条15段黑臭河渠治理，新增污水处理能力2.2万吨/日，新建和整治病害管网3.7千米；对1594家散乱污企业进行断电停产；禁养区120家养殖场完成关闭70家，适度养殖区728家养殖场完成治理320家；8家屠宰场完成治理；201家洗车场有66家完成治理；394家农家乐有204家完成治理。市河长办每月对全市主要河渠开展水质监测工作，在全市各乡镇出境断面共设置监测点位127个。年底水质监测结果显示，全市三类及以上良好水体点位共112个，占比88.2%，相比5月监测结果增加47个，占比增加37.1%；劣五类水质点位共5个，占比3.9%，相比5月监测结果减少8个，占比减少6.3%，全市河湖库渠水质改善成效初现，市长信箱、群众举报同比下降12%。泉水河、石鱼河、青羊河、铁溪河等重污染河渠水质明显改善，部分河段鱼虾重现，河渠沿线成为群众消暑纳凉、休闲健身的好去处，群众获得感明显提高。

（青艳）

环境保护
Environmental protection

【概况】 市环境保护局内设办公室、法规宣教科、建设项目环境管理科（挂行政审批科牌子）、污染防治科、污染物排放总量控制科和计划财务科6个职能科室，下设环境监测站、环境监察执法大队2个事业（参公）单位。2017年，市环保局全力推进自然生态保护与建设、环境综合整治，强化环保监督执法问责，加强环保宣传教育，环境质量进一步提升。

【自然生态保护与建设】 编制《崇州市生态文明建设规划》和《崇州市生态保护红线划定方案》，制定《崇州市环境综合整治三年行动计划》，完成街子镇省级生态文明示范乡镇重点项目建设，加快生态细胞工程建设，完成街子镇省级生态文明示范乡镇重点项目建设，三郎镇学校、梓潼镇小学校、崇州市实验幼儿园通过“成都市环境友好型学校”考核验收；申请中央专项资金1330万元、省级专项资金234万元，完成街子、隆兴、桤泉、白头镇农村环境连片整治项目，有效改善和提升农村生态环境质量，为全域推进农村环境连片整治提供典范；申请成都市级专项资金60万元，实施宏宇养殖场等3家养殖场污染治理，为农村畜禽污染治理提供资金支持；完成“白头镇五星村生态乡村示范工程——桤木河水污染治理项目”二期工程，推进湿地水环境质量改善。

【大气、水、土壤环境综合整治】 编制《崇州市大气污染防治行动实施细则2017年度实施计划》《崇州市高污染燃料锅炉大气污染物排放专项整治工作方案》以及《关于全面实行“河长制”管理工作的实施意见》《崇州市2017年水污染防治实施方案》《崇州市环境污染防治“三大战役”实施方案》等一系列大气和水污染整治规划和方案。坚持铁腕治霾，全面落实成都市

天朗气清

"治霾十条"，强化源头控制、分类整治、协作治霾，制定环境空气质量考核办法，全力推进大气污染防治"六大工程"，关闭取缔"三无"企业1594家，拆除全部83座砖瓦窑，淘汰全部1968辆黄标车和老旧车辆；完成全市264台高污染燃料锅炉淘汰和清洁能源改造以及"禁燃区"内884户民用燃煤改造；建立337家挥发性有机物污染源清单，完成6家家具企业挥发性有机物治理示范工程和42家加油站油气回收设施安装，城区和乡镇632家燃煤餐饮全部完成"煤改气""煤改电"；关闭拆除17家砂场设备，对9条16.5千米扬尘严重土路实施"白加黑"油化提质改造；全市覆盖裸土15.6万余平方米，绿化带提挡降土2.6万米；城区机械化精细化清扫率达80%。全年PM10、PM2.5年平均浓度为99微克/立方米和65微克/立方米，分别较2016年同期下降13.9%和9.7%，空气质量优良天数205天，较2016年增加14天，大气环境质量得到有效改善。坚持重拳治水，建立"两级党政、三级河长"管理体系，完成千一支片区和黑石河三江段共11条河渠20段黑臭水体治理，治理污染源166个，清淤治理88.3千米13.6万平方米，关闭、整改畜禽养殖场436家；完成6家制革行业铬减量化和封闭循环利用技术改造以及完成全市21家加油站双层罐或防渗池设置改造；实施全市饮用水源保护区规范化建设，关停一级保护区内企业45家、搬迁拆除住户73户，改造供水管网11.5千米，完成三郎水厂饮用水水源保护区划定和全市5个饮用水源地在线监控建设，全市乡镇河流127个跨界断面水质监测点位中，三类以上优良水质点位达106个，占比87.6%，全市基本消除劣五类水质；西河石头堰出境断面达到二类水质，氨氮、总磷浓度同比下降4.6%、17.3%；羊马河余石村出境断面水质由六类提升为三类，氨氮、总磷浓度同比下降112%、184%；城区饮用水源水质达标率100%。坚持科学治土，启动省级土壤污染综合防治先行区建设工作，完成279个农用地土壤污染状况详查点位布设与核实，确定21家四川省、成都市土壤环境重点监管企业名单，初步建立疑似污染地块名录，安全转移处置工业危险废物8500吨。全市全年秸秆综合利用率达99%，推广有机肥面积10万亩以上，测土配方施肥技术推广覆盖率90%以上。

【主要污染物总量消减】 完成总量减排项目25个，累计削减化学需氧量129.187吨、氨氮9.6156吨、二氧化硫224.5597吨、氮氧化物112.884吨，超额完成成都市下达总量减排目标任务。

【环境应急与信访】 制定《崇州市饮用水源突发环境污染事件应急预案》，修订《崇州市处置突发环境污染事件应急预案》和《崇州市重污染天气应急预案》；全年启动重污染天气蓝色预警2次、黄色预警6次、橙色预警2次，在预案执行期间，限产、停产125家企业，全市未发生一起重特大环境污染事故；引进第三方环保专业公司为园区和重点企业提供"环保管家"服务，完成全市区域环境风险评估工作和

湿地公园

187家重点工业企业环境应急预案备案以及18家较大以上环境风险企业开展环境风险隐患自查；全年共受理办结各类环境污染信访投诉3805件，全市未发生一起因环境问题群访和越级上访事件。

【环境宣传教育】 全年在四川新闻网、《今日崇州》报、崇州公众信息网、崇州电视台以及"崇州环保"政务微博、政务微信等各类媒体进行环保专题（专栏）宣传报道2300余条次，开展环保宣传活动20余次，散发宣传资料2万余份、宣传手册3万余册、环保纪念品1万余份。

【建设项目环境保护管理】 全年清理整顿环保违法违规建设项目4214个（其中完成环保整改和核查3926个，整顿规范98家，淘汰关闭190个），有效解决部分企业因历史原因而存在的"未批先建"、无环保治理设施等环境问题；完成索菲亚智能家居、天智项目、陇海旅游、拓米电子、润恒城冷链物流项目等一大批重大项目环评审批工作；全年完成项目环评审批433个，跨层联动审批54个，全年否决不符合产业政策和园区规划环评项目5个。

【环境监测】 环境空气质量监测：按照空气质量新标准，开展PM2.5、PM10、二氧化硫、二氧化氮、一氧化碳、臭氧等项目自动监测；雾霾期间，加强全市大气环境的监控，增设点位开展环境空气质量手工监测，同时利用便携式颗粒物监测仪对重点区域实施监控，共取得空气质量监测数据5.18万余个。环境水质监测：完成全项目监测，共出具水质监测报告38份，取得监测数据5400余个；完成全市出入境扣缴断面水质监测，出具监测报告36份，取得水环境质量监测数据750余个；配合成都市完成西河、羊马河、四新堰、桤木河的石头堰、余石村、泗江堰、安仁大桥、向阳水库、元通等断面水质自动监测站选址工作。污染源监测：完成成都市环保局下达的14家国控、12家省控和28家市控重点污染源以及23家乡镇污水处理厂、12家纸厂、7家制革厂和生活垃圾填埋场等重点企业监督性监测和废水在线自动监测仪比对监测工作，共出具监测报告253份，提供监测数据27100余个；完成全市涉重金属的7家制革企业和4家铅酸蓄电池企业的重金属监督性监测，配合第三方机构完成对全市重金属重点防控区开展水环境、大气环境、土壤环境、底泥以及重金属企业周边环境等开展重金属专项监测，出具重金属监测报告37份，提供监测数据2400余个。环境执法监测：配合成都市环境监察执法支队、崇州市环境监察执法大队开展双随机抽查执法监测，出具监测报告55份，取得监测数据260余个。环境信访投诉应急监测：配合环境信访案件和污染纠纷的调查处理工作，开展环境信访投诉应急监测608次，出具监测报告608份，取得监测数据2900余个。空气子站建设：编写完成《崇州市环境空气质量点位增设优化技术报告》，新建24个乡镇空气微子站，对城区和乡镇大气质量进行24小时实时监控。

【环境监察执法】 积极开展饮用水源地、污水处理厂、化工、制革、造纸、重金属等重点行业企业的环境执法专项检查，全年立案查处129件环境违法行为，其中查封、扣押13件，行政移送9件，司法移送2件，限产停产1件，按日计罚1件，处罚金额358余万元。

【环保督察案件办结】 制定《崇州市环境保护工作职责分工方案》《崇州市迎接中央环境保护督察工作方案》，成立崇州市环境保护督察办公室，全面落实相关部门和乡镇（街道）环境保护"党政同责、一岗双责"；四川省环保督察期间，省督察组转交23件信访案件已全部办理完结，中央环保督察期间，督察组转交信访案件101件（主办件90件，协办件11件），已完成92件，其他未到期案件正严格按计划推进；严格执行《成都市党政领导干部生态环境损害责任追究实施细则（试行）》，严肃查处整治工作中责任落实不力、工作不作为、执法监管不到位、履职尽责不到位等行为，全年因环境问题追责问责9件，共问责29人，其中纪律处分9人，诫勉12人。

（李俊）

气象监测
Meteorological monitoring

【概况】 2017年，崇州市年平均气温16.7℃，较历年平均值16.2℃偏高0.5℃。年极端最高气温36.4℃，较历年极端最高36.8℃偏低0.4℃；年极端最低气温-2.9℃，较历年极端最低-4.7℃偏高1.8℃。年总降水量967.1毫米，较历年平均977.8毫米偏少10.7毫米，即偏少1%。年日照时数1102.6小时，较历年平均967.5小时偏多135.1小时，即偏多14%。崇州站全年出现区域性暴雨3次。主汛期期间天气较为异常，呈现降水分布不均、局地性强的特点。进入汛期，雷雨、大风、短时强降水等强对流天气频发，先后出现了6次较为明显的局地强对流天气过程。5月，出现一般性夏旱天气，未对农业生产造成影响。崇州市气象局承担崇州市天气预报、气候评价、地面气象资料观测、人工影响天气、防雷减灾和广告气球施放的安全管理工作。当年被成都市委改革办列为崇州现代农业气象保障服务工程试点。

【气象服务】 结合气象服务实际，每周报送市长办公会议专题天气预报，每月报送气象工作简报。全年共发布重大气象信息快报3期、气象信息快报19期、暴雨重要天气消息7期、地质灾害风险预警18期、各类预警信号50期。对"崇州气象"微信公众号进行升级，设"天气服务""天气监测""农业气象"三大模

防雷检测

块。提升气象防灾减灾能力，完成崇州市气象灾害监测预警与应急服务平台建设。积极开展现代农业气象服务国家标准化试点，邀请专家开展培训3期，完成项目实施方案和申报材料的编写和上报。完成崇州集贤乡山泉村现代农业气象监测试验基地建设，建成20套农业气象信息推送系统，联合市农发局、四川农业大学、北京华泰德丰技术有限公司针对粮油农作物等开展精细化农业气象服务。

【全面推进气象现代化建设】 加快推进气象观测站网建设，完成12套六要素区域自动气象站的选址和建设任务。完成《崇州市气象事业发展“十三五”规划》《崇州市气象灾害应急预案（2017年修订）》编制，并通过市政府审议下发。召开市政府与成都市气象局关于全面推进崇州市气象现代化工作第一次联席会议，并落实资金投入625万元，建设9个现代化项目。围绕崇州市“智慧城市”建设，依托成都“气象云”和崇州市IPC信息化资源，以为农气象服务作为气象大数据应用开发重点，开展崇州市“智慧气象”试点建设，第一批、第二批气象大数据已全面纳入崇州市IPC政务数据共享平台。截至年底，数据总量排行各部门首位。

【气象灾害防御体系建设】 重大转折性、灾害性、关键性天气预报预警服务的针对性和有效性显著提高，在“7·21”“8·17”“8·25”区域暴雨天气过程中发挥重要作用，降低和减轻气象灾害带来的危害程度及重大损失，取得明显的经济和社会效益。积极与市民政局及相关社区联系，不断推进城市气象防灾减灾社区建设。

【人工影响天气】 共建有崇平、三郎、公议3个省级标准化人工影响天气作业点和鸡冠山、九龙沟两个碘化银发生器作业点，共计16名工作人员。现有“三七”双管高炮3门、车载火箭作业车2辆。全年地面火箭增雨作业126箭次，发射火箭弹1419枚，地面高炮作业42炮次，用弹1421发，地面碘化银作业148批次，同时，积极配合成都市人影办完成飞机增雨作业18架次，燃放飞机碘化银烟条1192根，有效提高全年降水量，改善空气质量，实现全年控制区域无雹灾，完成市政府“民生工程”目标任务。

人工降雨炮点

【安全管理】 市气象防灾减灾服务中心全力做好易燃易爆场所安全生产检查和宣传工作、行政许可防雷装置设计核准、防雷装置竣工验收，履行气象管理职能和安全管理，为促进防雷的社会依法管理和服务工作提供有效的支撑。重大节日、民间庆典和各种社团活动期间，共52次对违法流灌、施放氢气球事件进行了安全执法检查。对存在的安全隐患进行及时整改，确保民用氢气球灌充施放安全。

（唐婷）

防震减灾

Seismic prevention and disaster mitigation

【概况】 2017年，崇州市分别被评为“全国县级防震减灾工作考核先进单位”“全省市（县）防震减灾工作考核先进单位”。

【地震监测基础工作】 优化设置宏观观测点位，重新梳理确立16个地震宏观观测骨干点，宏观观测点位布局更加合理，宏观观测对象更加丰富。监测台网高效运行，台网运行连续率达到99%，强有感地震发生后能迅速绘制地震烈度速报图，实现科学高效运行。完善震情跟踪服务，建立健全震情跟踪工作方案，做到节假日和重大社会活动等特殊时段值守开展震情监测。妥善处置地震事件，及时调查处理并上报怀远镇井水变黄宏观异常，及时调查处理并上报了三郎镇大量蛇类活动的地震谣言事件。精心维护地震台站，把面临洪涝灾害危险的大木村烈度台，迁建至薤子村委会。

【震害防御服务功能】 主动服务重点项目，为通用航空机场建设提供选址意见，完成的李家岩水库地震小区划成果，直接为水库规划建设提供基础资料；主动服务工业经济，开展并完成崇州市经开区地震小区划试点工程，勘察面积达20平方米，成果在实际工作中得到运用。

【地震应急救援体系建设】 合作共建应急救援队伍。与社会组织合作，建立一支队员在120人且核心队员有35人的崇州防震减灾救援队，在地震应急演练、地震科普知识宣传、应急救援培训、救援队伍规范化建设和开展救援行动等方面进行深度合作，努力探索建立政府主导、多方参与的地震应急救援机制。成功开展地震应急演练，完成地震应急决策部署、应急疏散避险、火灾扑灭、搜救被困人员、狭小空间救援、伤员航空转运等14个科目，约4万余人参与。积极参与灾害应急救援，崇州防震减灾救援队先后参与了“6·24”叠溪镇新磨村山体高位垮塌、“8·8”九寨沟7.0级地震应急救援，均在第一时间积极响应，“6·24”山体高位垮塌后组织两批队员于当日10:30、12:30前往茂县；“8·8”九寨沟7.0级地震发生后，组织队员携轻型救援装备和海事卫星电话于第二日上午9时到达地震现场，至8月10日，先后执行交通疏散任务，抢通约3千米公路，对震中漳扎镇上四寨村共100余户群众进行入户调查，体现过硬的应急反应能力。

【防震减灾科普宣传培训】 持续开展“一三四一”工程（即“一项要求、三项工作、四项硬件、一项自主创新活动”。其中“一项要求”是学校建设工程按照高于当地房屋建筑的抗震设防要求一度进行设计和施工，从而把学校建成更安全、更牢固、群众更放心的地方；“三项工作”是《中小学生地震灾害预防读本》进课堂，学校每学期举行一次防震避震应急演练，学校每年度开展一次防震减灾主题实践教育；“四项硬件”是各示范学校要建设一个地震应急避难场所、安装一套地震报警终端、一套地震应急箱和一套地震科普宣教设备）建设。完成了2所学校（元通镇九年制学校、羊马镇九年制学校）防震减灾标准化示范建设工作。强化示范社区、示范学校日常管理，坚持月检查、季巡查全覆盖，保证示范社区、示范学校标准不减、设施完好、管理规范。街子镇古寺村获批省级“防震减灾示范社区”，建成成都市“防震减灾示范社区（学校）”13所。认真开展基层防震减灾培训，邀请省地震局应急救援处调研员、高级工程师、省减灾委员会专家组成员龚宇为“崇州市2017年村（社区）党组织书记、村（居）委会主任培训班”学员作防震减灾知识专题讲座，全市25个乡镇（街道）的253个村（居）委会主任参加培训。6—9月，分5期对全崇州25个乡镇（街道办）、253个村（社区），共278名地震灾害“第一响应人”进行了全覆盖培训。常态开展防震减灾科普知识宣传。开通短信推送平台，面向防震减灾队伍推送相关防震减灾科普信息。开展

崇州市2017年地震灾害"第一响应人"工作培训会

平安中国防灾宣导活动，在5个社区采用散发宣传资料、接受群众咨询和放映防震减灾影视作品等形式，以群众喜闻乐见的形式宣传防震减灾知识。结合"春台会"、科普宣传月和"5·12"防灾减灾宣传周等活动，积极开展防震减灾科普宣传"六进"工作，先后11次面向群众开展防震减灾科普宣传，发放宣传资料1万余份（册），现场接受群众咨询。更换原有防震减灾宣传栏11处，增设防震减灾法制宣传栏6处，《地震灾害防御读本》全覆盖进校园。中国地震局省内外防震减灾工作部门等10余批次莅崇调研指导；四川电视台、《成都日报》、《成都商报》、《今日崇州》和成都电视台等10余家新闻媒体报道了综合应急演练工作，四川电视台以《成立防震减灾救援队，探索应急救援新机制》作了专题报道。

【探索建立应急救援新机制】 与市共青团应急救援中心成立核心队员35人的崇州防震减灾救援队，队伍随时保持应急状态，第一时间响应灾害救援，参与"6·24"茂县叠溪新磨村山体高位垮塌现场救援和"8·8"九寨沟7.0级地震现场救援，体现过硬的应急反应能力，锻炼队伍、提升能力。这是成都市区（市）县成立的第一支县级专业防震减灾救援队伍，探索建立政府部门和社会组织、志愿者协同参与地震应急救援的新机制。

【地震应急综合演练】 5月12日，"成都市（崇州）2017年地震应急综合演练"在三郎镇天国村成功举办。演练完成了地震应急决策部署、疏散避险、人员搜救、狭小空间救援、伤员航空转运等14个科目，为历年演练科目最多。实现了第一次改"桌面推演"为"现场演练"，第一次改单一部门参与为部门、社会组织、志愿者和企业多方协作，第一次演练无人机高空搜救、SRT绳索救援和伤员航空转运等新科目。演练组织严密高效、应急响应快速、指挥决策有方，在"地震"现场进行更符合应急救援要求、更贴近应急救援实战，收到了检验预案、锻炼队伍、训练群众、提高能力实效。

（文启帆）

名词解释

SRT：英文single rope technique的缩写，在国内称"单绳技术"，是能在一根绳上实现自如上、下的技术。

工业 · 建筑业

工业经济
Industrial Economy

【概况】 2017年，全市规模以上工业企业达160家，较2016年净增3家，其中电子信息产业21家，智能家居产业36家，绿色建材产业39家；全市规上工业实现主营业务收入334.4亿元，增长20.8%，实现利税26.7亿元，下降5.6%；企业亏损面11.2%，同比收窄0.9个百分点。全市工业增速总体运行平稳较快，规模以上工业增加值增长率16.1%。在成都市22个区（市）县排位第1，增速比全国（6.6%）、全省（8.5%）、全市（9%）分别高出9.5个、7.6个、7.1个百分点。在远郊县市排位第一，比邛崃市（15.6%）、蒲江县（15.2%）分别高出0.5个、0.9个百分点。

【工业经济运行】 160家规模以上企业增加值同比增长16.1%，同比下降1.8个百分点；工业投资完成135.1亿元，同比增长28.4%；技改投资完成98亿元，同比增长52.3%；万元GDP能耗降低3.5%，工业增加值能耗降低12%。崇州市15个亿元以上重大工业项目完成投资42.59亿元，完成全年投资计划的177.5%。

【工业结构调整】 升级改造传统产业，高新技术产业迅速壮大。随着崇州市创新驱动战略的持续实施，企业不断加大技改技创力度，一批智能化改造项目先后实施。有效国家高新技术企业增加到23家，高新技术产业总产值达158亿元，同比增长63.15%，占全市工业总产值比重46%。大力培植新兴产业，主导产业支撑作用凸显。电子信息、智能家居两大主导行业规模企业产值占全市规模企业产值比重达61.8%。其中24家电子信息规模企业完成工业总产值121.5亿元，同比增长38.2%，总量占全部规上工业的35.6%；32家智能家居规模企业完成工业总产值90.9亿元，同比增长15.3%，总量占全部规上工业的26.5%。持续推进落后产能淘汰，重点支持建材、化工、纸业等领域企业开展落后产能淘汰工作，争取上级政策性资金约700万元。

【科技创新驱动】 全市新增科技企业53家，规模以上工业企业研究与应用经费达2.45亿元，全年研究与开发经费达2.2亿，技术合同交易额增长12%；建成创新创业载体达7家，全市创新创业载体面积达45万平方米。截至年底，崇州“互联网+”众创空间入

经开区晨曦大道

四川省信息安全产业示范园

驻创新创业企业37家；崇州市青年大学生创业园入驻企业46家，实现年产值约1.5亿元；崇州市力兴创新创业孵化园吸纳近200家小微企业；建成市级以上创新平台已达31家。经信局联合市财政局修订出台《崇州市科技创新驱动专项资金管理办法》，推动崇州市现代农业创新驱动试点区和崇州市大数据创新驱动试点区建设工作，2017年，累计实施创新驱动项目78项；新增成都市级科普基地3家；建立“农业科技创新服务e平台”，新增点位15个。

【工业生产保障】 崇州市金融机构为全市企业累计发放贷款82亿元。通过“贷款风险资金池”“应急周转资金池”“企业债权融资风险资金池”和“创业贷风险资金池”，为企业发放贷款1.13亿元（其中“创业贷风险资金池”于12月开始运行）；九江500千伏电力线路工程、九江至鱼凫220千伏电力线路工程建成投运，成蒲铁路110千伏电力线路已建成，羊马镇伏虎村燃气管线、街子镇高墩社区燃气管线施工进度建成并投运。

【大数据产业】 招商引进大数据相关企业132家，其中新增36家，IPC注册企业共103家，入驻IPC企业29家，常驻工作人员约80人，其中蜀信信用、客车帮、四川云润等重点企业业务在全川开展，全年大数据产业产值约1.8亿元。

【电子信息产业】 电子信息产业实现工业总产值121.5亿元，增长38.2%，对全市规上工业增长贡献率达52.9%，占规上工业比重35.3%，从主营业务收入规模看，电子信息产业首次迈上100亿元大关。

【家具产业】 智能家居产业继续保持较快增长，实现工业总产值90.9亿元，增长15.3%；绿色建材产业增速稳步提升，实现工业总产值56亿元，增长35%，对全市规模以上工业增长贡献率达41.8%，占规上工业比重达42.7%。

（胡桃）

成都·崇州经济开发区
Chengdu Chongzhou Economic Development Zone

【概况】 成都·崇州经济开发区成立于2005年，2010年升格为省级经济开发区，2017年被成都市确定为“成都智能制造产业园区”。经开区距成都市中心约30千米，成温邛高速、光华大道、成蒲高铁、二绕高速、第三快速通道等交通要道从南至北贯穿整个区域。经开区遵循“产城一体”理念规划建设，由崇阳街道、大划镇、羊马镇部分区域构成，规划面积21.09平方千米，已建成区面积约18平方千米，重点发展电子信息、大数据和智能家居产业。2017年，经开区按照“西控”总体战略部署，以智能制造产业生态圈建设为主线，突出规划建设、项目招引促建、服务保障等重点工作，实现了经济平稳较快增长。全年，经开区实现规上工业总产值283.2亿元，比2016年增长23.3%，规上工业增加值增幅17.4%，固定资产投资100.8亿元，上缴税收14.2亿元，从业人员约9万人。

【规划编制】 编制完成经开区城市总体规划、规划设计导则和公共服务设施建设规划方案，形成经开区城市设计指导性意见，建立项目规划设计评审制度和过程管理制度，确立电子信息、大数据、智能家居、智能装备四大产业功能区以及明湖、大划两大综合配套功能区的空间布局。

【综合承载能力建设】 基础设施建设投资约11亿元，重点推进已建成区域配套道路、管网和电力线路建设。建成道路合计86.2千米，各类道路绿化、广场绿化合计57万平方米；配有2万吨/天工业污水处理厂1座、110千伏变电站4座（其中明和、鲁家2座在园区外）；天然气供应能力为110万立方米/天，自来水供应能力为20万吨/天。

【招商引资】 制定包含191个目标企业的产业招商目录和四大类14个具体门类的负面清单，瞄准“6类500强”、上市公司、全球行业龙头企业和上下游关键配套项目加大引进力度。2017年，引进天智轻量化、索菲亚4.0、喜临门家居、日东电工等15个项目，总投资约70亿元。

【重点项目建设】 共实施重点项目67个（产业项目57个，基础设施项目10个），累计完成投资100.8亿元，比2016年增长11.3%。其中，成都市级重点项目12个，完成投资39亿元，完成计划总投资额的196%；四川省重点项目3个，完成投资31亿元，完成计划总投资额的220%。

【创新驱动发展】 启动创建国家级产品质量提升示范区（家具类）和新型工业化产业示范基地工作；积极推进协同创新，实施8个产学研合作项目；实施企业“四培育”（培育行业领军企业、上市企业、规模企业、企业家）工程，经开区规上企业总数达107家，其中10亿元级以上规模企业6家，4家企业签订上市辅导协议，1家企业（福蓉科技）进入上市排队阶段，6家企业在天府股交中心挂牌，45家企业进入成都市中小企业成长工程培育名单；扶持企业实施技改项目，全年完成技改投资70亿元；扶持企业积极融入“一带一路”倡议，18家企业全年实现外贸销售总额约1.7亿美元；加快闲置资源

捷普集团厂区

市领导与福蓉科技公司员工座谈交流

施工现场安全

清理，清退转移85家低端低效企业，清理盘活低效闲置土地30.05公顷、厂房5万平方米。

【企业服务】 全年争取土地指标29.2公顷，为企业办理国有土地使用证62.67公顷；发挥产业基金撬动作用，全年帮助86家企业获得担保或贷款共4.18亿元；建立实施网格化服务管理制度，对企业实行精细化、精准化服务监管，提升服务质量效益。

（陈维华）

建筑业
Construction Industry

【概况】 2017年，市住建局坚持建筑行业的规范化管理，强化安全监督管理、安全责任落实和扬尘治理管理，全年年建筑工程质量高效运行，受监工程覆盖率达100%，未发生重大安全、责任、质量事故。

【建设工程安全监管】 扎实开展安全生产监督管理工作。全市现报安全监督工程67个（城区41个，工业区26），安全监督率达100%，未发生安全责任事故；67个安监备案项目都签订安全施工责任书，强化安全生产目标管理，层层落实安全生产责任；每个新开工项目均对建设项目各方责任主体进行开工前安全教育；共检查在建工程200余次，监督项目建筑面积约260万平方米，查出一般安全隐患450余条，100%整改完成，约谈项目6个，下发隐患限期整改通知书31份，停工通知书43份；全市共有8个项目通过成都市建委标准化安全文明工地评定，其中6个项目通过四川省级标准化安全文明工地评定，4个项目创建绿色施工建筑工地。按照成都市建委要求，建筑面积5000平方米以上且工期6个月以上的项目，安装扬尘在线视频检测设备，全市23个符合要求的项目完成扬尘在线视频检测设备安装。

【建设工程质量监管】 强化建筑质量监管，新增报监项目80个，总计约202.08万平方米，报建受监率达100%，受监工程覆盖率达100%，工程竣工52个项目，竣工面积约137.73万平方米，无质量安全事故。全市报监工程质量安全监督率达100%；积极引导建筑施工企业开展质量创优活动，“四川省养老实训示范基地（一期）项目”“崇州市大数据产业园孵化中心（一期）建设项目”两个项目通过成都市结构优质工程评审。全面落实五方责任主体终身责任制，在建工程全部签署终身责任制法人委托书和承诺书。

【建筑业管理】 强化招投标监督管理工作，进一步规范招投标程序，共办理招标备案87个，中标备案89个，竣工结算备案15个，成都市建设领域实名信用管理登记474个；加快推进绿色建筑及装配式建筑发展，全年完成绿色建筑推广面积约409.84万平方米；对全市范围内13家有资质的预拌混凝土企业进行绿色生产达标验收；做好企业统计联网入库工作。全年共有入库企业49家，完成建安产值103.49亿，比上年同期增加9.91%。

（罗川）

农业

农林业经济与综合管理

Agroforestry economy and integrated management

【概况】 2017年，市农村发展局以深入推进农业供给侧结构性改革为主线，以发展农产品冷链物流产业为引领，以培育稻田综合种养为主的优质粮油特色水产、食用竹笋为主的优质林竹、休闲农业为主的乡村旅游三大主导产业为抓手，做实招商项目建设，做优生产基地，做强农产品加工，做活农业旅游，调优产品结构，调好生产方式，调顺产业体系，加快培育农业农村发展新动能，大力推动乡村振兴，农业增效、农民增收、农村增绿取得成效。《农民日报》授予崇州市“农业共营制”2017年中国“三农”十大创新榜样，中共四川省委办公厅四川省人民政府办公厅授予崇州市2017年度全省“三农”工作先进县（市、区）、2017年度全省重大农村改革任务推进示范县（市、区），四川省人民政府授予崇州市“四川省建设长江上游生态屏障”先进集体称号，成都市人民政府办公厅授予崇州市第五届成都国际都市现代农业博览会突出贡献等表彰奖励。

【农业农村经济发展】 紧扣优化农业农村经济结构，农业农村经济实现持续发展。全市农、林、牧、渔业和服务业总产值60.88亿元，比上年增长4.4%。其中农业总产值26.70亿元，增长4.5%；林业总产值0.97亿元，增长6.2%；牧业总产值29.44亿元，增长3.8%；渔业总产值1.58亿元，增长11.6%；农业服务业总产值2.19亿元，增长5.2%。农、林、牧、渔业及农业服务业产值在农业总产值中的比重由2016年的43.82：1.56：48.63：2.42：3.57调整为43.86：1.59：48.36：2.59：3.6。全市农业增加值36.50亿元，比上年增长5.2%。其中农业增加值20.14亿元，增长4.1%；林业增加值0.78亿元，增长6.1%；牧业增加值13.72亿元，增长6.5%；渔业增加值0.75亿元，增长11.6%；农业服务业增加值1.11亿元，增长5.2%。农、林、牧、渔业及农业服务业增加值在农业增加值的比重由2016年的55.74：2.13：37.15：1.93：3.05调整为55.18：2.14：37.59：2.05：3.04。全市一、二、三产业产值结构比重由2016年的13.2：48.6：38.2调整为12.05：49.52：38.43，一产业产值比重比上年调减1.15个百分点。全市农村居民人均可支配收入达1.9543万元，比上年增长9.2%。

【主要农产品生产供给】 紧扣保障粮食安全和“菜篮子”生产供给，提高农业综合生产能力，全市粮、油、猪、菜、果、肉、禽、蛋、奶和水产品等主要农产品产量实现稳定发展。2017年，全年粮食作物播种面积4.09万公顷，比上年减少0.95 %；全市粮食总产量27.40万吨，油菜籽总产量2.54万吨，蔬菜产量32.91万吨，水果产量1.70万吨，分别比上年增长0.29 %、2.83%、6.44%、0.59%；全市出栏生猪86.74万头、肉牛2.33万头、肉羊2.22万头、家禽798.22万只，分别比上年增长2.19%、5.91%、8.29%、2.31%；全市肉类产量8.1万吨，禽蛋产量3.73万吨，水产品产量1.02万吨，分别比上年增长2.79%、8.12%、15.91%。

【农业供给侧结构性改革】 紧扣推进农业供给侧结构性改革，制定出台《关于深化农业共营制推进农业供给侧结构性改革的实施意见》，优化农业产业、生产、经营“三大体系”，补齐要素供给、环境改善“两个短板”，以国家AAAA级旅游景区标准推进“4+1”特色农业基地建设，形成南部10万亩粮食高产稳产高效综合示范基地、北部10万亩粮经高效综合示范基地、10万亩粮菜（食用菌）轮作综合示范基地、10万亩花果山生态观光农业旅游综合示范基地、中高山区生态森林旅游综合示范基地发展格局。推进农业由增产导向转向提质导向，2017年，被国家标准委列为创建全国农业综合标准化示范市，制定出台《崇州市创建“国家农业综合标准化示范市”实施方案（2017—2019年）》，建立涵盖农业生产、管理、服务和产品安全的农业标准化体系，初步形成优质粮油、优质畜禽、优质水产、林下种植、特色经济、农产品加工、乡村旅游七大产业标准体系。

【现代农业示范区建设】 紧扣推进现代农业示范区建设，崇州南部10万亩粮食高产稳产高效综合示范基地被确定为成都崇州优质粮油产业园、四川省现代农业融合发展示范园。编制完成《崇州优质粮油产业生态圈研究及投资促进方案》《成都崇州优质粮油产业园建设规划（2017—2022年）》《崇州市粮食生产功能区和重要农产品生产保护区建设规划》《崇州市渔业发展规划》。制定出台产业园基地建设、科技创新、用地扶持、企业发展、品牌培育、电子商务、设施建设扶持政策，促进产业园加快建设，推进成都崇州优质粮油产业生态圈建设见成效。全市完成划定粮食生产功能区2.47万公顷、油菜重要农产品生产保护区1万公顷，建成优质水稻基地1.42万公顷。

【现代林业产业发展】 紧扣发展现代林业产业，编制完成《崇州市现代林业发展规划》《大规模绿化全川成都行动崇州市实施方案（2016—2020年）》《李家岩环湖生态带现代林产业发展规划》。深化集体林权改革，探索形成“林业共营制”新型经营体系，组建林地（木）股份合作社53个，入社林地4133公顷，入社林农5300余户；培育职业林农623人，林业职业经理人108

崇州市北部10万亩粮经旅综合示范园

崇州市北部10万亩粮经旅综合示范园收获季

人；建成林业社会化服务总部2个；累计开展“林地经营权流转证”抵押贷款53宗，贷款1.1211亿元，“经济林木（果）权证”抵押贷款23宗，贷款7781万元。全市新建牛尾竹笋基地333.33公顷、现代林业基地200公顷。

【农业农村产业融合发展】 紧扣全域推进全国农村产业融合发展试点示范县、四川省培育农民增收新产业新业态示范县建设。围绕农业供应链、价值链、产业链，发展农产品精深加工、初加工，农产品精深加工、初加工比重不断扩大。全市农产品加工业产值达58.42亿元，比上年增长12%；农产品精深加工率达46.5%，比上年提高6.5个百分点；农产品初加工率达85%，比上年提高7个百分点。制定出台《关于加快提升“农业+乡村旅游”发展的实施意见》，推进现代农业产业基地景区化建设，发展休闲观光农业和乡村旅游，建成省级桤木河湿地公园、凡朴家庭农场、缘道家庭农场等一批休闲农业景区，承办第五届“四川自驾赏花节” 开幕式，举办油菜花节、樱花节、首届稻田小龙虾节、“稻虾藕遇·天府好米”推介会等活动。全市休闲农业与乡村旅游业年接待游客950万人次，休闲农业与旅游年收入26亿元，分别比上年增长5.6%、18.2%。实施农业品牌建设工程，依托成都“天府源”公共品牌，推出“崇耕”区域品牌，做特“稻虾藕遇” “天健君”等一批农业品牌，形成“市级公用品牌+区域品牌+企业自主品牌”的品牌体系。四川省委农工委、四川省财政厅命名崇州市为全省培育农民增收新产业新业态示范县。

【农业组织化规模化发展】 紧扣培育新型农业经营主体，大力发展企业、合作社、家庭农场经营，提高农业组织化水平。全市工商注册农民合作社达812家，其中土地股份合作社259家，比上年增加66家。其中国家级示范农民合作社3家，省级示范农民合作社11家，成都市级示范农民合作社28家。全市工商注册家庭农场达599家，比上年增加136家。其中省级示范家庭农场6家，成都市级示范家庭农场30家。全市农业企业达89家，比上年增加5家。其中成都市级以上农业产业化龙头企业30家，省级林业龙头企业4家。全市土地适度规模经营2.77万公顷，土地适度规模经营率71%，比上年提高5.68个百分点。

【农业招商项目建设】 紧扣扩大农业对外开放，全市引进农业项目20个，引进重大项目2个，引进到位省外资金15亿元。特别是引进四川发展集团投资100亿元建设天府国际慢城项目，引进江苏润恒集团投资150亿元建设“崇州润恒城”项目。开工建设农业重点项目29个，完成农业项目投资12.5亿元。建成北部10万亩粮经旅综合示范基地42千米环线等一批重大项目。全市完成农业固定资产投资18.28亿元，比上年增长46.4%。

【农业科技推广服务】 紧扣推进农业科技创新驱动，加快农业科技成果转化应用，建成崇州市长江中下游水稻新品种展示示范基地、蜀州水稻研究所。全市建成高端种业基地341.67公顷，良种集中供给率达98%以上，种植业良种覆盖率达99%，养殖业良种及杂交改良面达98%以上。加快农业新技术推广应用，集成推广应用农业新技术11项、新品种18个，建成万亩水稻高产强化栽培示范。实施农业科技示范户441户，农业科技示范带动农户4410户。全市新技术覆盖率达98%以上。加快构建农业综合服务体系，采取政府引导、市场参与、多元合作方式，构建农业科技、品牌、金融和社会化相结合的农业综合服务体系。提升基层农业综合服务站、林业综合服务站综合服务能力，开展政府购买公益性服务试点，建成农业社会化服务总部2个、农业服务超市10个，实现农业生产“一条龙”服务，社会化、科技服务覆盖率90%以上。

【农业装备提升建设】 紧扣提升农业装备水平，加快高标准农田建设步伐，坚持农业生产集约发展、政策资金集成整合、机制创新集聚示范、产村相融集中成片，配套农业田网、水网、路网、观光网、服务网、信息化网、设施农业配套用地网，推进高标准农田建设，全市新建菜粮高标准农田2293公顷。加快先进农业机械推广应用，集成推广稻麦油全程、农林牧副渔机具和农产品加工技术、工艺和装备，全市新增农机具201台（套），全市农机总动力达41.51万千瓦时。加快推进农业生产全程机械化，全市机耕作业面积4.83万公顷，机电灌溉作业面积8340公顷，机播面积3.37万公顷，机收面积4.15万公顷，农业综合机械化水平达86.16%。加快推进设施农业建设，采用新技术、新工艺、新设备，发展设施农业，全市设施农业面积累计达3680公顷。

【农业农村信息化建设】 紧扣推进“互联网+农业”行动，搭建农产品电商“公共平台+企业平台” 双平台，建成“土而奇”农村公共电商平台，培育农产品电商品牌，发展“线上农业”，带动“线下农业”，实现线上线下融合发展。全市建成农村电商“四站合一”231个，实现农村电商行政村覆盖率达100%。推进信息进村入户，实施村级益农信息社建设，益农信息社从无到有达107个。推进智慧农业建设，运用互联网、大数据，建成水稻、果蔬、药材等智能化、设施化、节水化、信息化农业示范基地10个，建成农业物联网信息化示范基地8个、农产品示范基地综合监控监管平台30个，农业科技化、机械化、信息化深度融合发展加快。

【农林生态环境保护建设】 紧扣实施“三大战役”，推进农业面源污染治理，落实“一控两减三基本”措施，化肥、农药年施用量分别比上年减少2.5%、1.5%。开展秸秆综合利用，实现秸秆禁烧“不见烟雾、不见火光、不见黑斑”，秸秆综合利用率达99%以上。开展畜禽粪污综合利用，清理整顿养殖场267家，关闭养殖场255家，畜禽粪污综合利用达92%，比上年提高7个百分点。推进种养循环农业绿色发展，实施土壤改良培肥行动，推广稻田种养实现以水净土，扩大绿肥作物种植，实现以绿色固土，增施农家肥实现以肥培土，全市建成稻田综合种养基地1333公顷。推进公园、滨水、城市道路、小区绿化与立体绿化、增花添彩、天府绿道、生态廊道、龙门山植被提升、生态管护与修复全域增绿工程建设，全市森林覆盖率达42.8%，森林蓄积量增长达4.2万立方米。

【重大动植物疫病防控】 紧扣实现重大动植物疫病防控“清净无疫”，全市开展免疫猪瘟103.7万头、猪蓝耳病102.3万头、猪口蹄疫103.8万头、牛口蹄疫2.26万头、羊口蹄疫1.72万头，强制免疫禽类禽流感939.25万羽，免疫鸡新城疫399.15万羽，猪瘟、口蹄疫、高致病性猪蓝耳病、禽流感、鸡新城疫群体免疫密度常年保持在90%以上，畜禽有效免疫抗体合格率达75 %以上，实现清净无疫。开展植物调运检疫60批次，签发检疫证书60份，植物产地检疫合格率达100%。探索建设智慧森防监测预警体系平台，林业有害生物测报准确率99%以上，有害生物成灾率控制在1.41‰以下，林业产地检疫率达100%。

【农产品质量安全监管】 紧扣保障农产品质量安全，深入开展“瘦肉精”等农产品质量安全专项监测工作，全年开展“瘦肉精”抽样监测42414份。强化动物产地检疫、屠宰检疫，全年开展生猪产地检疫14.08万头、家禽1007.26万羽，开展生猪屠宰检疫78.73万头、家禽屠宰检疫267.73万羽。健全农产品质量安全检测体系，全年开展农产品检测8000组，定量检测1100余组，省级农产品监测项目100组。开展农产品执法监督抽样153个，农业投入品执法监督抽样331个，全市农产品质量安全抽检合格率均达100%以上。强化农产品质量安全监管体系建设，落实乡镇（街道）农产品质量安全监管员25人、村（社区）农产品质量安全协管员253人、组农产品质量安全信息员3586人，实行农产品质量监管网格化管理。

【农业综合行政执法】 紧扣深

隆兴大米加工中心

崇州市杨柳土地股份合作社烘储中心

入开展农业综合执法规范化示范建设，开展农资专项治理行动，全年农业行政执法检查覆盖率达100%。深入开展农资专项治理行动，营造农业投入品“防、控、堵、打”氛围，全年开展种子、肥料、农药、兽药、饲料等农资打假和农产品质量安全专项整治、春季禁渔、“绿剑护农”、生猪屠宰“扫雷”行动等专项治理行动。强化农业综合执法，依法严厉打击收购、屠宰、加工、冷藏、营销病死动物及动物产品行为，依法严厉查处农业、林业违法案件。全年出动农业执法人员7854人次、执法车辆1766车次，检查农业林业经营户、种养殖户和生产企业3215户次，立案查处各类行政违法案件31起。规范行政审批服务，全年受理行政审批（服务）事项20项，办结6310件，办结率100%。

【农业安全生产监管】 紧扣全面落实安全生产“一岗双责”主体责任，深入开展“百日安全”、“安全生产月”、安全生产大检查等活动，全年无涉农生产安全责任事故发生。强化农机安全生产，同农机生产企业签订安全责任书，同农机手签订农机安全责任卡，全年无农机安全责任事故发生。加强木材加工经营企业的生产指导和安全检查，督促企业依法依规进行安全生产，全年无涉林生产安全责任事故发生。

【深化农业农村改革】 紧扣深化“农业共营制”新型农业经营体系，开展土地经营权入股发展农业产业化经营试点，探索实践形成折股联营、入股经营、合作联营3种模式，全市开展“土地经营权+农业产业化企业”经营试点参与农业产业化企业4家、土地股份合作社23家，试点土地面积729.73公顷。开展农村产权多权同确，全市新增登记颁发“成都市农村土地经营权证”21个、“成都市农业生产设施所有权证”28个、“林地经营权证”2个、“经济林木竹（果）权证”7个、“农村养殖水面经营权”3个，农村产权多权同确实现按需所颁。开展农村集体产权制度改革试点，制定出台《崇州市深化农村集体产权制度改革发展农村新型集体经济的实施意见的通知》，组建村级股份经济合作社50个，发展壮大集体经济。推进农村金融服务创新，探索形成“1+3+7”农村金融服务模式，全市累计开展农村产权抵押融资1184笔、23.16亿元，其中开展农村土地经营权抵押贷款208笔，贷款3.02亿元。

【惠民政策与民生工程】 紧扣落实惠民政策与民生工程，持续深化农作物良种补贴、种粮农民直接补贴、农资综合补贴合并为“农业支持保护补贴”改革，全市发放农业支持保护补贴3450.16万元、成都市2017年粮食规模种植奖补补贴3972.29万元，发放农机购置补贴资金609.73万元。培训农民实用技术4.4万人次、新型职业农民468人、农业职业经理人280人。

【幸福美丽新村建设】 紧扣建设“业兴、家富、人和、村美”幸福美丽新村，遵循“小组微生”建设原则，采取“保护、建设、改造”建设方式，全域推进幸福美丽新村建设，全市新建幸福美丽新村38个，建成幸福美丽新村231个，幸福美丽新村实现全市行政村全覆盖。全面开展以“住上好房子、过上好日子、养成好习惯、形成好风气”为主要内容的“四好村”创建活动，全市创建县级“四好村”54个、成都市级“四好村”54个、省级“四好村”19个。建成集贤徐家林盘、观胜严家湾林盘等川西林盘聚落，白头镇天府国际慢城等5个田园综合体被命名为成都市田园综合体示范单位。

【农村精准扶贫开发】 紧扣推进城乡精准扶贫，全市财政投入扶贫资金1095.4万元，其中成都市级财政568.4万元、市级财政配套527万元；对口帮扶单位投入扶贫资金200多万元；精准扶贫户每户财政和对口帮扶单位投入帮扶资金6000元以上。实施相对贫困村基础设施、产业发展项目18个，完成投资1340.2万元。全市16个相对贫困村人均可支配收入1.8万元以上，达到成都市同期水平70%以上。239户精准扶贫对象人均可支配收入1.4万元以上，达到崇州市农民人均可支配收入同期水平70%以上，实现精准脱贫“摘帽”。

【农业宣传和对外交流】 4月16日，全国人大常委会副委员长吉炳轩到崇州市调研，对崇州市“三农”工作给予充分肯定。国家部委领导到崇州调研、国家级科研院校所到崇州调研达100余批次。省（区）市党政学习考察团、省（区）市农业委厅等农业部门学习考察团，近400批次到崇州市学习考察。《四川崇州：“农业共营制”破解三大难题》4月入刊中央改革办《改革案例选编（三）》。11月14—15日全国集体林业综合改革试验示范工作推进会上，崇州市作了题为《探索“林业共营制”新型经营体系，助推小农生产融入现代林业加快发展》交流发言。《崇州市探索实践“1+3+N”农村金融模式推进农村金融综合服务创新改革》被成都市人民政府办公厅《政务信息》专刊第27期采用转发。全国集体林业综合改革试验示范工作推进会、全省稻渔综合种养现场会等在崇州市召开，全国兽医工作大会、全省农业职业经理人培育现场会代表参观崇州市现场点位。11月30日《经济日报》报道《新农民播种新希望——探寻乡村振兴之路（下篇）》。10月15日，《新华每日电讯》报道成都“共营制”让林地“活”起来，人民网以《央行专家：成都农村金融服务综合改革进入“深水区”》为题报道崇州市农村金融改革的经验做法。

（杨成伦）

统筹城乡改革发展
Balancing urban and rural reform and development

【概况】 2017年，统筹城乡改革工作以质量兴农、绿色兴农为目标，以农业供给侧结构性改革为主线，以南部10万亩粮食高产稳产高效综合示范区、北部10万亩粮经旅综合示范区和花果山农业观光生态养生度假区重大项目建设为重点，深入推进农业农村新业态培育发展，扎实抓好重大项目的招引和促建，不断建立健全体制机制和政策体系，各项工作稳步有序开展。在南部10万亩区域，引进投资100亿元的天府国际慢城项目和投资50亿元的华川10万亩“水稻+”全产业链项目。在花果山农业观光生态养生度假区，引进投资51亿元的蓝城·德仁堂健康小镇项目。完成北部10万亩环线、桤木河湿地公园南段建设和桤木河湿地公园北段提升。完成固定资产投资32.7亿元，四川省外到位资金完成12亿元，引进省外新项目20个。全市累计实现农村产权流转交易7733宗，交易额26.98亿元，累计实现农村产权抵押融资1179笔，金额23.01亿元。成功承办了四川省银行业协会农村金融改革座谈会和省人行系统农村金融改革现场会，被评为全省“三农”工作先进县（市）、全省“重大”农村改革推进示范县（市），“农业共营制”荣获“2017年中国三农十大创新榜样”称号。

【深化农村金融服务综合改革】 抓好“农贷通”平台运营建设，制定出台《关于完善“农贷通”平台促进现代农业与现代金融有机融合的试行意见》，促进现代农业与现代金融有机整合发展。建立25个乡镇农贷通融资综合服务中心、231个村（涉农社区）农贷通融资综合服务站，统一标识标牌和制度上墙，实现农村金融综合改革网点“全覆盖”。完善“农贷通”风险补偿机制，制定印发《崇州市农村产权收购和处置实施办法（试行）》。建立农村产权抵押风险基金3500万元。健全完善新型农村经营主体信用等级评定体系，加大对信用合作社、信用家庭农场、信用职业经理人等新型农业经营主体的信用评定力度。完善农村产权交易平台功能建设，拓宽风险化解渠道，完成2015年农村产权抵押融资贴息56笔、34.13万元。扩大农村产权抵押融资规模，运用农村产改成果，推进农村土地承包经营权、林权“三权分置”改革试点，深入开展各类农村产权抵押融资，累计实现农村产权抵押融资1179笔，金额达23.01亿元。开展涉农保险产品创新，引导融资业主参加政策性农业保险、农村产权流转履约保险、特色农业保险等保险，降低融资担保风险，全市有中航安盟、人保财险、锦泰保险、中华联合保险四家保险公司参与农村产权融资担保保险，全市发放各类涉农保险费补贴738万元。

【深化农村集体建设用地流转交易】 争取集体建设用地入股（联营）省级改革试点，制定并出台《崇州市农村集体建设用地入股（联营）支持产业发展试点实施方案》。通过调查摸底、权属审核、征求意见、自主申报、划定红线等工作流程，确定王场镇、集贤乡为集体建设用地入股（联营）试点点位。集贤乡集体建设用地入股点位凡朴生活已建成营业。深入推进集体建设用地开发利用，新增集体建设用地出让4宗。其中崇平镇君渡村五组0.02公顷集体建设用地以112.5万元成交价由崇州云图康养服务有限公司成功“摘牌”，完场地平整、景观绿化、道路工程已完工，已启动主体工程建设。王场镇莲花村农民集中区房屋主体工程已竣工。积极稳妥开展农民自愿有偿退出宅基地试点，白头镇、三郎

崇州市粮食银行

白头镇五星村

镇、集贤乡统筹城乡示范片（镇）39户农户完成自愿退出宅基地，领取补偿款545万元，有效促进农村土地资源利用最大化。

【深化农村产权制度改革】 深化农村产权确权颁证，按照农村土地“三权分置”要求，开展“新六权”登记颁证，颁发“新六权”证书6606本。探索农村不动产登记试点，颁发不动产权证书955本，累计颁证989本。完善农村产权流转服务体系，市政府出资100万元，与成都农交所合作组建成都农交所崇州公司（崇州公司是成都公司下属子公司、成都公司占51%股份，崇州占49%股份，经营由成都公司控股经营，年底按照股份进行分红和承担责任），率先实现市场化运作。深化农村集体资产股份量化改革，出台配套文件4个，建集体经济股份合作社34个，实现行政管理和经济活动职能分离。深入推进农村产权流转交易，修订完善《崇州市农村产权入场流转交易实施办法（试行）》，完善农村产权交易鉴证制度，规定流转面积6.67公顷以下的农村土地，由乡镇农村产权管理服务中心办理交易鉴证；流转面积在6.67—33.33公顷的，由崇州市交易公司办理交易鉴证；流转面积在33.33公顷以上的，由成都农交所办理。全市累计实现农村产权流转交易7733宗，交易额26.98亿元（2017年增加3.24亿元）。

【统筹城乡综合改革示范建设稳步推进】 集成运用统筹城乡改革发展成果和政策措施，进一步深化改革探索，力争在重点领域和关键环节的改革取得突破，以项目为载体，完善基础配套、健全公共服务、连片发展产业、统筹推进新型城镇化，努力将综合改革示范片打造成为统筹城乡综合改革发展的典型。综合示范片地区城镇化率达75%，城镇居民人均可支配收入达2.6万元，农村居民人均纯收入达1.8万元。白头—集贤示范片和三郎示范镇，“8+1+N”改革事项颁发各类农村证书24268本，新增土地股份合作社2家，出台6个配套办法。五星新村探索建立“1+3+2+N”治理机制。示范片12个建设项目，白头镇完成6个项目建设，集贤乡完成4个项目建设，剩余2个项目已开工建设。三郎示范镇6个项目，完成3个项目建设，剩余3个已开工。“小组微生”建设，白头镇高笕村“细水里”完成主体，三郎镇天国村魏家院子完成规划设计和34户拆迁工作。

【天府国际慢城项目】 3月21日，四川发展（控股）有限责任公司与崇州市正式签订协议，共同成立国弘崇展公司，联手在白头投资100亿元，打造“天府国际慢城”项目。项目总规划区域74.29平方千米，以白头为核心，延伸9个乡镇。项目总投资50亿元，分三期6年建成，于年底开工建设。项目以白头镇为核心，以成都崇州优质粮油产业园为建设区域，打造乡村振兴典范起步区，形成“一核一带一环六区”（天府国际慢城核心区，桤木河养生休闲带，田园游憩慢行环线，慢生活体验区、锦绣田园区、生态观光区、康养休闲区、农业产业区、文化度假区）空间布局，建成中国乡村振兴示范区、国家AAAA级旅游度假区、世界级慢城田园综合体。项目紧扣“天府味、国际范、慢生活”为特色的核心理念，对天府特色文化资源进行深入挖掘和开发利用，打造天府文化、天府民俗集成体验区；按照国际慢城联盟宪章标准，打造优雅从容的欢乐田园嘉年华集聚区；推出慢时尚、慢空间、慢运动、慢娱乐等旅游产品，打造绿色低碳的田园慢生活区。坚持政府主导、企业主体、市场运作、群众参与运营模式，由四川发展（控股）有限责任公司出资7000万元，崇中展业公司注资3000万元，组建国弘崇展公司统一运营。发挥四川发展（控股）有限责任公司基金引导优势，已引入华西集团、意大利忠利农业、北京复华控股、深圳宝能集团、雅居乐集团（港交所：3383）、东方园林等知名企业，采取加盟、入股、联营等方式合作开发方式，共同推进崇州天府国际慢城建设。崇州天府国际慢城项目一期工程已开工建设，规划在白头镇占地面积666.67公顷，以白头“慢享田园”特色镇等项目为载体，主要实施精品度假酒店及民宿群落、国际花园育种中心、传统二十四节气园艺农场、国际慢城精品农庄、藤蔓主题乐园、慢行系统六大项目建设。

（汤雷）

供销合作
Supply and marketing cooperation

【概况】 崇州市供销合作社联合社是崇州市人民政府直属参照公务员法管理的事业单位。2017年12月，崇州市委、市政府出台了《关于深化供销合作社综合改革的实施意见》。崇州市供销社组建了供销合作社为农服务公司和土地托管服务公司。崇州市供销社围绕实施乡村振兴战略和城乡融合发展，以提升为农服务本领为根本，加快推进综合改革项目建设和基层服务组织建设，拓展服务领域，供销合作社为农服务能力得到极大提高，供销社综合改革工作取得了新成效。2017年，崇州市供销社被四川省供销社评为综合改革先进单位和经济发展先进单位，获成都市供销社综合改革先进单位等8项表彰。6月7日，全国供销总社党组书记、主任王侠到崇州调研，对崇州供销社综合改革取得的成绩给予高度赞赏，并在《经济日报》刊载。

【基层供销社组织体系】 着力转变职能，以提升为农服务能力为根本，夯实供销合作社基层服务组织体系。供销合作社坚持开门开放办社，把服务职能摆在首位，全年通过联建、新建和恢复重建等方式，在全市建成19家基

全国供销联社主任王侠（右二）到崇州调研

供销社土地托管服务中心

层供销合作社，加强市农合联与各类农民合作社的联系和服务，指导的农民专业合作社达54家，农村村级服务网点100余家，农村电商服务网点、农资放心店网点和再生资源回收网点遍布全市乡村，供销合作社服务组织已覆盖全市100%的乡镇和60%的村（社区）。2017年，全市供销合作社系统销售总额达4.4亿元。供销合作社正逐步成为全市开展农业社会化服务的一支重要力量，成为完善崇州“农业共营制”的一个重要环节。

【创新推进土地托管服务】 推广土地托管试点经验，在崇州市南部10万亩粮食高产稳产综合示范区，投资1457万元，完成了国家土地托管试点项目建设并通过审计验收。土地托管项目的实施，既可为农业规模生产提供全程社会化服务，又为分散经营的小农生产者提供了最便捷的全产业链服务；在此基础上，引农入社、教农学技、助农增收，推动小农生产者融入现代农业产业化经营大局。总社、省、市社领导多次到崇州调研和考察，崇州土地托管试点所取得的成绩表示肯定，并作为经验在成都市和全省推广。试点区域粮油等主要农作物开展托管服务总规模达2000公顷，辐射带动全市土地托管面积达1.33万公顷。

【积极参与农村电商发展】 加快推进供销总社电子商务示范县建设。重点通过参与市级电商公共平台建设，指导和服务土而奇等农村电商企业开展线上线下品牌打造和产品推广，建设线下体验馆和村级电商服务网点。在全市建成100个村级电子商务服务便民店，通过集中培训、现场上门指导等方式培训基层电商服务人才300人次，构建崇州农村电商生态环境，“农产品进城、工业品下乡”已覆盖全市80%以上的行政村。

【加快建设农资物流体系】 争取上级供销社政策项目资金397万元，在北部10万亩粮经旅示范区农业社会化服务总部基地，建设农资配送服务中心和配套仓储设施。基本完成2900平方米农资配送仓库、600平方米的配送服务中心和800平方米的产品展示展销大厅建设任务，完善全市农资溯源监管服务平台。项目建成后服务区域将涵盖全市大部分乡镇，通过整合多项农业生产服务功能，为全市农业生产经营主体提供农产品投入品溯源、农资物流仓储、配送和生产技术服务等多项服务，为全市农业生产质量安全提供保障。

（黄启云）

名词解释

“1+3+7”农村金融服务模式： 指“一套体系”（农村金融信用体系）；“三大平台”（农村产权抵押、担保和收储平台，“农贷通”平台，“互联网+农村金融”平台）；“七大服务体系”（农村产权流转交易、价值评估、信息信用、融资保障、风险分担、担保收储、政策扶持）。

“新六权”： 农村承包土地的经营权、林地经营权、林木（竹、果）权、生产设施所有权、养殖水面经营权、小型水利所有权。

8+1+N： 8，即结合国家发展改革委部署的任务和成都已有的改革探索，在示范镇（片）集成推进8项改革；1，即成都在统筹城乡综合配套改革过程中，经过多年实践摸索出来的成都经验——“小组微生”新农村综合体建设模式；N，即各区（市）县根据自身实际自选确定的创新改革任务。

1+3+2+N： 自治管理服务机制，一个总要求，两个承诺，三个平台，N项服务。

商贸与服务业

现代服务业

Modern Service Industry

【概况】 市商投局按照“五位一体”工作要求，推进崇州康养旅游服务业集聚区推进方案和政策编制，签约引进了三郎陇海国际旅游度假区、德仁堂幸福小镇、街子圣沅国际颐养中心等龙头项目，着手编制相关规划、完善产业政策。城区范围内汇集了万达、沃尔玛、永辉、苏宁、国美等行业领先企业。推动现有商业设施提档升级，唐人街商业街正在积极申报国家AAAA级旅游景区。加快电子商务发展，新签约引进安德在线跨境电商项目。同时，以成都市农村电商示范县建设为抓手，建成农村电商展示中心2个、电商示范站150个。全年服务业增加值实现115.45亿元，增长9.9%。

【服务业重大项目推进】 全年服务业重大项目共7个。按进度推进5个，开工1个，竣工1个，其中，崇州万达广场项目建设历时两年建设完成，于10月开门营业。

表11

2017年崇州市服务业重大项目进度表

序号	项目名称	签约时间	开工时间	建设进度
1	崇州润恒城项目	2017年1月	2017年12月	施工打围及周边道路等基础设施建设
2	三郎国际旅游度假区项目	2016年4月	2016年12月	起步区14公顷项目已完成主体工程，接待展示区已建成
3	崇州万达广场项目	2015年8月	2016年6月	2017年10月已开业
4	崇州市高墩青城国际马术休闲运动基地项目	2016年5月	2016年7月	商务会议中心已经建设完毕，生态农业观光区、婚纱摄影基地正在建设中
5	崇州市龙腾居休闲农业旅游农庄建设项目	2015年4月	2015年6月	餐饮、住宿配套服务设施建设，园区道路、绿化基础设施建设
6	崇州市豪芸通用航空旅游项目	2016年12月	2015年9月	道路及基础设施建设
7	金河国际度假庄园	2016年8月	未定	已打围，临时建筑已搭建

明珠家具展厅

【电子商务发展】 龙头企业作用凸显，全友家私、明珠家具等带动了家具电子商务发展，全友电子商务公司实现销售3亿元。跨境电商形成突破，与深圳安德在线成功签约，共同打造跨境电商产业园，为优势产业走出国门增加重要平台。农村电商加快发展，以成都市农村电商示范县建设为抓手，积极推动电商龙头企业、电商村、电商示范站建设，建成农村电商展示中心2个、电商示范站150余个，带动电商整体发。

【会展业情况】 1月11日，崇州市人民政府与捷普集团在崇州市共同组织召开“成都·崇州电子信息产业链暨捷普供应商大会”。捷普集团高级副总裁、捷普绿点科技有限董事长、成都市国际咨询顾问团成员江怀海先生等公司高层，成都市人民政府、四川省投资促进局、成都市博览局、经信局等相关领导，崇州市级领导出席会议，捷普集团200余家电子信息配套企业参加会议。会上，崇州与天智科技公司、九伟开发公司、茂腾科技公司、科益展自动化公司、中和恒信公司、尖点科技公司6家电子信息产业企业签订了投资合作协议，协议投资达39亿元。

【康养旅游服务业集聚区】 依托丰富的自然人文资源，积极规划打造崇州康养旅游服务业集聚区，该集聚区涵盖街子、三郎、元通、怀远等沿山乡镇，引进三郎陇海国际旅游度假区、德仁堂幸福小镇、街子圣沅国际颐养中心等龙头项目。

（张涛）

金融业

Barking business

【概况】 2017年，全市银行业金融机构12家，分别是中行、农行、工行、建行、农发行、成都银行、农商银行、邮储银行、重庆银行、民生银行、崇州上银村镇银行、浙商民泰银行；保险业金融机构6家，分别是中国人寿保险、中国人民财产保险、中国人寿财产保险、大地保险、锦泰财产保险股份有限公司崇州支公司、安盟保险；融资性担保公司2家，分别是崇州中小企业融资担保有限公司、崇州市蜀兴融资担保有限公司；小贷公司1家，即成都市崇州合力科技小额贷款有限公司。2017年年末，全市银行业金融机构各项存款余额471.95亿元，贷款余额189.64亿元，存贷比40.18%。

【货币政策】 认真落实稳健中性的货币政策。按月汇编《崇州金融》，送崇州市委、市政府主要领导参阅。召开金融工作座谈会、金融机构负责人会等，加强政策解读和营业管理部工作要求的传导。制定《金融支持崇州市供给侧结构性改革促进经济转型升级的指导意见》，引导金融机构加大对经济发展薄弱环节的支持力度，为崇州“两区一基地”建设提供有力金融支撑。推动政府成立“应急周转资金池”“贷款风险资金池”等，支持34家应急周转困难企业渡过难关。推动开展银企对接会、乡村旅游融资需求座谈会，100多家中小微企业获得近8亿元的资金支持。用好用活用足支农再贷款，向村镇银行新增5500万元的支农再贷款，累计发放2.25亿元，引导资金精准支持农业省级示范基地和“粮经旅”示范基地。密切关注县域经济金融运行情况，继续做好家具、建材的特色监测分析工作，对“两权”抵押贷款试点情况进行了调查。

【深化金融生态环境改革】 深入推进农村金融服务综合改革试点。在成都辖内率先打造整合信用信息、产权交易、支农政策等资源，实现财政与金融务实融合的农贷通平台，平台运行一年来，已采集入库629户农业新型经营主体基础信息及相关农村权证信息，搭建包括110个农业产业化项目的重点支持项目库，成功放款451笔、2.6亿元。加强农村金融综合服务站建设，建立金融机构分片区对口联系服务站制度，已在全市25个乡镇、231个村建成农村金融综合服务站，组织2次培训，乡镇分管领导、各服务站联络员400余人参训。持续推进“两权”抵押贷款试点工作，重点推动以农业职业经理人为承贷主体，土地股份合作社权证为抵押的农村承包土地经营权抵押贷款。截至年末，崇州市累计发放各类农村产权抵押贷款921笔17.9亿元，其中，农村承包土地的经营权抵押贷款266笔、4.43亿元。全面深化省级农村信用体系实验区建设，在全市25个乡镇开展农村信用体系建设由点到面扩展试点工作。加强信用信息录入和共享，探索建立符合新型农村经营主体特点的信用评价体系，已评定信用乡镇23个，信用村169个，信用农户1.18万户，信用专业合作社、信用家庭农场72个，信用职业经理人131人。建立健全农村信用激励奖惩机制，优先支持“信用镇”“信用村”等信用创建主体。加强对新型金融机构的监管，设立“智库”，配备专业人才，加强抽查督查，引导新型金融组织积极发展壮大，为中小微企业和“三农”提供金融支持。村镇银行累计发放贷款1310笔、13.69亿元，小贷公司累计发放贷款2043笔、49.50亿元，担保公司累计提供担保4549笔、43.48亿元，为缓解中小企业等融资难问题起到了积极作用。

【金融管理】 突出监管导向加强金融管理。落实金融风险监测分析机制，突出对村镇银行流动性和不良资产的风险监测。认真落实存款保险制度，对村镇银行存保评级进行了现场核查。加强金融管理，推动金融机构积极响应和主动落实人民银行工作要求。加强反洗钱工作的管理和指导，对村镇银行进行了首次反洗钱评级工作。配合开展打击电信网络新型违法犯罪以及整治非法买卖银行卡信息专项行动。认真贯彻落实《金融消费权益保护实施办法》，做好了金融消费者投诉和咨询受理。

【金融服务】 扎实做好金融服务工作。继续推行国库会计标准化管理，做好了四川省助农支付管理系统和会计核算数据集中系统ACS的上线运行。深入开展支付惠农示范工程创建活动，已上报3个助农取款优质服务示范点和1个农村金融综合服务示范站。推进横向联网工作常态化，电子缴税笔数、金额占比均超过98%。继续推动国库直拨业务和国债业务创新，完成直拨业务3177笔，在成都率先实现依托“农贷通”平台国债下乡销售。持续推进硬币循环体系建设，全市已布放和投入使用3台纸硬币兑换机。抓好反假币工作，新确定10个反假币工作监测点开展日常监测。围绕社会公众关注，开展了系列金融知识宣传。

【融资性担保公司、小额贷款公司发展和监管情况】 崇州市辖内融资性担保公司共2家，注册资本合计2.38亿元。两家公司分别是崇州中小企业融资担保有限公司（简称中小担公司），主要为中小企业提供融资性担保服务；崇州市蜀兴融资担保有限公司（简称蜀兴担保公司），主要为农户自主创业、涉农企业融资进行担保，承担农户灾后重建担保贷款回收工作。截至年末，两家融资性担保公司自成立以来已经累计为崇州市中小微企业提供融资性担保贷款4574笔，担保金额44.21亿元；在经济持续下行，整个担保行业规模不断紧缩的不利环境下，两家融资性担保公司努力开拓业务，主动服务企业，广泛宣传担保政策，中小担公司新增担保2.09亿元，在保余额3.02亿元；蜀兴担保公司新增担保9233万元，在保余额1.03亿元。崇州市辖内有小额贷款公司1家，即成都市崇州合力科技小额贷款有限公司（简称合力小贷）。合力小贷公司注册资本3亿元，公司管理层均由来自投资银行等大型金融机构的行业专家和资深管理人员组成，熟悉投融资业务，风险管理水平较强。合力小贷成立至今，累计支持三农、小微、个体等达2000余户，发放贷款49.49亿。截至年底，贷款余额3.5亿元，全年累计发生业务111笔，累计发放贷款187.38万元。崇州市相关部门按照各自职责依法加强对小额贷款公司日常监管、业务指导，积极支持和指导公司申报金融业发展专项资金，合力小贷公司共获得补贴资金5.2万元，为鼓励小额贷款公司积极拓展业务，营造了良好的金融生态环境。

【创新融资方式】 市金融办创新融资方式，降低融资成本。积极尝试债券融资、基金融资、PPP模式融资，融资工作取得较好成效，一些重点项目，如成温邛快速路、民富安置区项目建设等融资需求得到较好保障。建立健全信贷风险补偿机制。通过设立“壮大贷”“科创贷”“应急周转资金”等各种资金池，进一步加大对中小微企业和“三农”的金融扶持力度。多渠道推动直接融资，加大对企业扶持力度。通过发行公司债、企业债，对提高直接融资规模和比重给予一定补贴。运用基金模式，多渠道吸引社会资本参与经济社会发展。设立总规模5亿元的“成都新越股权投资基金”，首期规模1.01亿元，主要用于支持街子创客小镇、“互联网+文化”、传统文化产业发展、文化地产和教育等；设立总规模2.5亿元的大数据产业基金，主要用于支持落户大数据产业园的企业发展。

人民银行崇州市支行牵头召开2017年中小企业融资对接会

【金融风险防控与处置】 崇州市形成了覆盖地方政府债务管理各个环节的“闭环”风险防控体系。金融及地方政府债务风险总体可控。有针对性地开展了以“防控金融风险”为宗旨的专项宣传活动，积极配合崇州市处非办开展“涉金融”矛盾纠纷排查化解工作。出台了《崇州市政府性债务管理暂行办法》，逐步建立“借用还”与“权责利”相统一的债务管理、举债评审、偿债机制和责任追究等制度，进一步规范了政府债务管理，有效地防范了财政金融风险。同时，健全政府债务风险预警和应急处置机制，制定中长期债务风险化解规划，对可能出现的债务风险做好应对，切实防范债务风险。将地方政府债务全部纳入预算管理。严格按照《地方政府一般债务预算管理办法》和《地方政府专项债务预算管理办法》，将政府债务分类纳入一般公共预算和政府性基金预算管理，主动接受人大和社会监督。争取上级部门债券转贷资金。根据崇州市2014年年底清理甄别政府债务的实际情况，对清理甄别后纳入预算管理的政府存量债务，通过债务置换方式积极争取转贷债券资金，降低债务成本，减轻短期内还款压力和利息负担。同时，积极争取政府新增债券支持重大公益性项目建设，维护地方经济社会持续健康发展，有效推进供给侧结构性改革。

【资本市场建设】 崇州市高度重视企业上市相关工作，成立了崇州市推进企业上市工作领导小组，建立了信息沟通与反馈机制。截至年底，福蓉科技公司股改进入“申报阶段”，尚需证监会发行审核委员会审核通过；新增四板市场挂牌及展示企业10家；开展企业上市融资培训2次；成都拟上市企业入库30家。

（王小平 杨月 杨苗）

专业市场与大型卖场

Specialized Markets and Shopping Malls

【概况】 2017年，全市有万达、唐人街等大型商场、超市8家，城乡集贸市场37个。全年实现社会消费品零售总额86.29亿元，增长12.9%；集贸市场年交易规模约85亿元。

【城区标准化菜市场】 城区标准化菜市场共有7个。城区菜市场主营蔬菜、粮油、干杂、水果、禽蛋、水产、肉类及日用副食品，主要服务城市社区群众日常生活。

【乡镇标准化农贸市场】 乡镇

表12

2017年崇州市大型商场、超市列表

专业市场、大型商场超市名称	地　址	建筑面积（万平方米）
崇州生产资料市场	崇州市崇阳镇水陆村三组（南平铝业旁）	1.6103
水果批发市场	崇州市朱氏街西江路93号	0.9831
农副产品批发市场	崇州市工业园区科德大道429号	2.0297
崇州食品城	崇州市崇阳街道永安路224号	1.0278
崇州市金瑞联二手车交易经营管理有限公司	崇州市锦江乡余塘村8组	0.1
万达广场	永康东路	8
唐人街购物中心	唐安东路	5
金都汇购物中心	蜀州中路	3
中港城购物中心	蜀州中路	3

表13

2017年崇州城区标准化菜市场列表

市场名称	地　址	占地面积（公顷）
东门标准化菜市场	位于崇阳镇永康东路原旧货市场内（该市场已于2017年6月底完成搬迁）	0.93
金鸡标准化菜市场	位于崇阳镇原金鸡乡金鸡中学旧址	0.67
马家碾标准化菜市场	位于崇阳镇蜀州南路	0.67
白石花草市场	位于崇阳镇白石社区17、18组	1.47
朱氏街标准化菜市场	位于崇阳镇朱氏街原西江中学旧址	1.2
石羊社区东兴街北侧标准化菜市场	位于崇阳镇石羊社区	0.93
石羊社区实验小学南侧标准化菜市场	位于崇阳镇石羊社区	0.7

英邦城

标准化农贸市场包括锦江、道明、三郎、梓潼、元通、济协、桤泉、鸡冠山、公议、街子、集贤、王场、怀远、文井江14个标准化农贸市场。乡镇标准化农贸市场主营蔬菜、粮油、干杂、水果、水产、禽蛋、肉类及日用副食品，主要为农村群众日常生活提供便利，解决失业失地农民就业，为城乡统筹服务。

【乡镇成建制的市场】　乡镇成建制的市场有15个，总面积2.95公顷，年交易规模3.5亿元以上，分布在怀远、元通、道明、王场、三江、江源、集贤、隆兴、羊马等10余个乡镇，主营粮食、农副产品、日用杂品、猪牛、生产资料等。

【市场迁建】　崇州市工业园区农产品配套项目暨城区东门市场整体搬迁。6月底，引进社会资金采用PPP模式修建的工业园区农副产品批发市场建成并投入使用，同步完成城区东门市场整体搬迁。食品城迁建是将城区永安路崇州食品城进行异地迁建。崇州食品城属重点防火单位，位于城区永安路旧城改造范围内。因该市场建成时间较长，设施老化，经营场地及停车场地窄小，消防通道长期堵塞，已严重阻碍了市场可持续发展，急需进行升级换代或异地迁建。该项目已完成选址，占地3.33公顷，初步完成征地拆迁预算，启动征地及招商。

【市场整治】　出动车辆90余次，人员300人次，取缔市场内使用明火商家2户，投入资金进行市场线路隐患整改、消防泵房维护、新增和灌装灭火器，更换灭火器320余个，更换消防水袋及扳手40余套。共计印发消防宣传资料25000余份，组织消防演练10余次，开展消防安全知识学习30余次，查处食品城吸烟行为10余起。全力配合相关职能部门深入抓好消防安全工作，配合做好各个时段的重点检查，重点加强对食品城的安全督查，为平安市场建设打下坚实基础。按照成都“治水十条”的要求和成都市商委《关于成都市农贸市场排污整治工作实施方案》和《崇州市农贸市场排污整治实施方案》要求，启动对城乡19个农贸市场内的化粪池、公厕、管网等的改造。聘请设计单位对实施排污整治的农贸市场进行前期摸底调查，完成初设方案，并规范现有市场经营户排污行为。

【招商引资】　全年完成招商引资5600万元，新引进项目3个（金竺园林、淇瑞投资、万丰农业），超额完成全年引资任务。将城乡市场建设列入全市规划总盘子，科学规划，合理布局，充分体现规划前瞻性，逐步构建了以初级集贸市场为基础，以专业批发市场为重点的层次清晰、功能完善的市场网络体系。在抓紧实施城乡标准化农贸市场建设的基础上，又在城区及乡镇新规划布点了一批农贸市场项目。如城区金带街、早觉街、红桥、毛桥、龙门街、城北等社区市场，乡镇大划、三江、羊马等社区农贸市场。完成“公园一号”农贸市场、高家巷农贸市场、三和安置点农贸市场、金鸡农贸市场、上林西江农贸市场等城区农贸市场三年建设计划，对具备条件的农贸市场加快实施，从而丰富和完善了城区市场体系。已启动高家巷农贸市场和“公元一号”农贸市场项目工作。

（徐成　张涛）

旅游业
Tourism

【概况】　2017年，崇州市旅游发展和景区管理委员会组建成立后，紧紧围绕国家全域旅游示范区建设目标，大力推进业态升级、设施完善；不断加大投入，强化宣传推介；着力打造精品景区，全面提升服务水平。全市接待游客数1376万人次，其中过夜游客298.99万人次，旅游营收50.91亿元。

【旅游发展规划及政策】　加快全域旅游示范区建设策略研究，完成《崇州市全域旅游产业发展和投资促进方案》，12月底完成《崇州市全域旅游总体规划》（含策划）、《崇州市绿道和慢行系统专项规划》、《崇州市北部粮经综合示范区旅游专项规划》、《崇州市乡村旅游发展专项规划》编制工作，谋划崇州全域旅游发展思路。年底，出台《崇州市促进“全域旅游”发展奖励扶持办法》《促进青城文创硅谷发展扶持办法》《关于加快提升休闲农业与乡村旅游发展的实施意见》等产业扶持政策，充分发挥扶持政策对旅游产业健康有序发展的助推作用。

【旅游招商引资】　以精准招商助力全域旅游整体推进，重点招引精品民宿、自驾营地、自驾游产业功能配套等项目。引进百悦集团（百悦元通特色古镇文化旅游项目已签订框架协议）、鲁能集团2家投资超百亿元旅游项目，全年旅游项目招商引资额度达200亿元以上。金河国际度假庄园、西江晚渡项目等有序推进。

【旅游项目建设】　加快项目建设，完成经济目标。市旅委共承担市重点项目51个，全年完成投资56.37亿元，完成固定资产投资42.3亿元。市旅委以项目工作为抓手，发挥整合优势，全力推进项目的引进、促建、续建工作。重点项目有序推进，陇海集团三郎国际旅游度假区、崇州市圣沅国际颐养中心、豪芸通用航空旅游、高墩青城国际马术休闲运动基地、龙腾居休闲农业旅游农庄等8个成都市重点项目建设有序推进；鲁能美丽新村项目正在积极做好前期准备工作。在建项目专人跟进，针对在建项目落实专人跟进、全程服务督促，完成度假区内基础设施建设、街子镇三郎镇拆迁安置房项目、街子古镇绕镇路项目、会唐路项目、梅驿广场项目、景观大道项目；完成成都市重点项目圣沅国际怡养中心的建设促建工作。

【旅游行业监管】　按成都市要求稳步推进乡村旅游“四改一提升”工作，积极开展全市666家农家乐环保整治工作，整改首批提档升级的农家乐及乡村酒店共18家。对环保违法违规建设项目整改、核查，牵头星级农家乐废水油烟规范处理、达标排放，餐厨垃圾妥善处置。整治旅游景区（点）、各乡镇农家乐内部及周边环境问题。按照《崇州市环境保护自查整改工作方案》和《崇

陇海三郎旅游度假区示范区“梦田·三郎里”

州市迎接环境保护督查工作方案》，完成环境保护自查整改和迎接中央环保督察准备工作，并完成中央督察组交办件21件，处理有效投诉8件。

【涉旅安全监督检查】 黄金周、小长假前开展酒店、景区、农家乐消防、食品、交通等安全大检查有效防止安全事故发生；对沿山8个乡镇的水上项目、临河农家乐等进行汛期安全督查，在街子镇和三郎镇分别召开汛期安全工作会；加强景区安全管理，联合相关部门强化景区管理，常态化巡查；在“五一”、“十一”黄金周前，开展酒店、联合执法检查；定期召开联席会议，形成会议纪要，有效解决景区旅游安全问题；对客栈、酒店、消防安全、游乐设施安全、道路运输安全、食品卫生安全等进行隐患排查，发现问题及时整治。

【旅游公共服务体系】 完成旅游景区提升。按照《成都市AAAA级及以上旅游景区提升工作方案》相关要求开展景区提升工作，元通AAAA级旅游景区内完成2个AAA级旅游厕所（游客中心、楠木广场）、1个标准化生态停车场、1个多功能游客中心、1套规范合理的导视系统；街子A级旅游景区内完成2个AAA级旅游厕所（游客中心、味江景区）、1个标准化生态停车场、1个多功能游客中心、1套规范合理的导视系统。开展所辖范围内的旅游导视系统设置情况调查摸底，拟定改造及设置方案工作并完善三级导视系统的设置。顺利通过街子、元通旅游园区考核。继续加强对监控网络、官网、微信、微博的管理维护，在景区内增设了监控探头数量，并安排专人对网络舆情进行管理维护，改版微信，提升景区智慧化管理水平。

【乡村旅游提档升级】 完成乡村旅游提升新业态评定工作，对白头镇创建省级乡村旅游特色镇进行创建辅导，顺利通过成都市旅游局现场检查；完成全市1家星级酒店和28家星级农家乐（乡

街子古镇登山漫游节

元通古镇汇江桥

元通古镇第264届清明春台会

车迷健身节

村酒店）复核工作。

【公共厕所提档升级】 新改建旅游厕所6座，全部完工并投入使用，达到A级标准。街子古镇已完成3座旅游厕所第三方卫生间建设。元通古镇完成2座旅游厕所第三方卫生间建设。完成A级旅游厕所、省级示范厕所创建资料报送工作，桤木河湿地公园游客中心厕所、白塔湖大坝停车场厕所被评为AAA级旅游厕所，桤木河湿地公园游客中心厕所被评为省级示范厕所，争取上级资金补贴36万元。

【旅游宣传营销】 成功举办2017四川花卉（果类）生态旅游节分会场暨第五届四川自驾赏花节、中国·成都第八届自行车车迷健身节（崇州站）暨第六届公路自行车精英赛等重大节庆活动，进一步提升崇州城市知名度和品牌形象。为拓展市场先后赴北京、上海、西安、浙江等地参与大型会展，宣传推介崇州旅游。依托央视、《人民日报》、《中国文化报》、《中国旅游报》、《中国日报》等主流媒体，借力媒体造势，精心策划旅游宣传报道。组织开展“5·19”中国旅游日崇州主题活动，展示崇州全域旅游和旅游业发展成果。协助做好马尔康旅游宣传推介活动的前期工作，借助崇州旅游平台，积极推介马尔康市文化旅游资源，发挥对口旅游扶贫积极作用。开展乐游崇州官方微信公众号推广工作，全面介绍崇州旅游要素信息，为游客提供详尽旅游出行攻略。完成崇州旅游地图数字版测试、乐游崇州微信公众号二次升级测试、崇州旅游地图数字版测试工作，进一步提升宣传水平。

（王静）

烟草专卖
Tobacco monopoly

【概况】 2017年，烟草专卖局四川省烟草公司成都市崇州分公司销售卷烟25850箱，净增384箱，创历史新高；川烟销量10450箱，迈过万箱大关，占比40.7%。娇子销量保持圈层“龙头”地位，市场占比30.84%，全市第一；单箱均价36144元，净增1415元；销售收入8亿元，增长5.9%，合计税利2.65亿元，增长5.6%。

【营销工作】 坚持以市场为根本，深度发掘市场增长点，实现卷烟经营强势突破。卷烟总销25850箱，净增384箱，创历史新高，规模跃居圈层第二。川烟销量10450箱，迈过万箱大关，占比40.7%，是三圈层唯一规模超万箱且份额超40%的单位。娇子销量保持圈层“龙头”地位，市场占比30.84%，全市第一。力推软黄天子，突破时间进度思维，全年任务半年完成。抢抓紫云退市契机，推进红格调领军的10元川烟置换，市场占有率由29.8%突进至49.6%。按照“线路均衡、区域集中、户数均等”的原则，重划访销线路，突破区划掣肘，提高14条线路科学性、均衡性。单箱均价36144元，净增1415元；销售收入8亿元，增长5.9%；合计税利2.65亿元，增长5.6%，经济运行实现稳健突破。

【案件查处情况】 紧盯终端市场净化，暗流管控持续加强，专卖队伍约束严格，专卖工作整体推进，案件任务全面完成。坚持“打准、打实、打痛”三原则，大户案件同比增长23.8%，达52起。主动宣传、库存监控、顶格处罚、依法收购多措并举，紫云停售处置有力，市场平稳。“物流快递”“娇子竞品”专项行动自主开展，关键环节、关键品规治理力度加强。市场净化率由2016年的97.74%高位升至98.38%。深化微信案打击，实现由一般案件到5万元案件，再到网络案件的突破。巧用伪装侦查，以一包假烟为源头取得酒席专用10万元大案突破。大力培养快递线人，建立烟草、邮政联系机制，本土运输案首次突破30起。专项清查“僵尸户”，办理停歇业17户，消除风险隐患。深入市场，发现上报湖北、云南中烟违规促销线索2条。组织营销、直营店关键岗位签订《规范经营责任书》，全年无业内人员违规经营。

【内部专卖管理监督及综合管理工作】 企业管理在改革中不断前行，为企业规范健康发展提供源源动力。不断推进“正风气、转作风”。全面梳理职权目录，排查部门风险28处、岗位风险69处，防控措施逐项明确。积极参加专卖比武，1名队员入选成都团

崇州市烟草专卖局执法人员对卷烟零售户进行日常检查

队，为荣获全省第一做出崇州贡献。部门包干，对口帮扶，3人技能鉴定合格，专卖综合持证率全市第一，营销实现全员持证，30名职工素质能力测试全部合格。《安全责任书》层层签订，日常巡查到人到岗，隐患排查深入细致，整改落实责任、措施、资金“三到位”。消防培训、驾驶讲座认真开展，灭火实操演练、中毒事件推演立足实际。

（羊双）

邮政宣传活动

邮政业

Mail business

【概况】 崇州市邮政分公司下设综合办公室、市场经营部、金融业务部、渠道平台部、包裹快递部和集邮与文化传媒部，下辖羊马、怀远、元通、三郎、街子、道明、三江、隆兴、王场、唐安西路10个邮政支局，蜀州北路营业组（含西街邮政营业门市）、投递组、封发组3个班组，邮政代办所25个，村邮站223个，便民服务站126个。全市拥有转运邮路4条，城区拥有投递段道169条（其中汽车6条，电瓶车10条），报刊亭19个。2017年，坚持转型升级，创新经营，在逆境和挑战中抢抓机遇，在改革和创新中谋求发展，主动作为拓市场，收入规模再上台阶，各项工作取得了较为明显的成效。

【包快业务】 包裹快递业务全年增长34%，标准快递同比负增长9%，普通包裹同比增长34%。2017年，新增快递包裹客户数2户，新增标准快递客户1户。2017年前期客户开发、摸排情况不够细致，粗矿发展增收不增效，造成后期市公司政策调整因素收入下降，7月开启渠道及营揽投，揽投合一，“以投促揽，以揽增收”建设渠道5个，营揽投人员20人，2017年收寄959件。

【文传业务】 邮务类共计实现业务进度120.13%。其中，函件完成进度122.60%，集邮完成进度111.59%，报刊完成进度112.46%。分公司多频次组织参与集邮协会邮展，做好集邮业务宣传工作，全年共举办了“生肖首发”“儿童游戏（一）”“中国恐龙”“集邮进网点”“集邮进社区”等9场邮展活动；6月1日，联合当地虹桥欢乐谷幼儿园举办了“儿童游戏——特种邮票首发式”活动。同时，联合中共崇州市委宣传部、崇州市教育局、崇州市文化体育旅游局等相关部门开展喜迎十九大·共筑中国梦“记录发展·书香崇州”青少年书信征文活动启动暨崇州市第二届书香节开幕式活动。

【电商项目】 围绕“筑渠、引水、便民”的农村电商战略思路，成立了专项工作推进领导小组，并制定了相关实施方案。主要依靠前台积极宣传和业务知识的及时掌控，让用户能够在办理违章时充分了解邮政自邮一族会员带来的会员福利。加强合作，实现客户引流推动发展增量，成为收入增长亮点。

【分销专业】 3月起，开展金融优惠购，利用金融台席用户及客户信息系统，通过电话通知和现场宣传方式，邀约客户。3月，开展“酒水品鉴会”活动，针对网点、渠道开设酒水专场的摆设。商家全力配合对网点及渠道摆设展架、海报等吸引人气的宣传品。

【营业投递】 寄递类重点业务和营业类指标方面：城市快递包裹当日妥投率92%，三日妥投率95%，农村快递包裹及时妥投率为90%。约投挂号城市当日妥投率80%，三日妥投率95%，约投挂号农村及时妥投率80%。快递包裹妥投信息实时反馈率城市为98%，农村为90%。银企回执率均达到市公司指标。总包信息上传率100%，邮件封发率100%。同时，在旺季期间，结合分公司实际情况制定“双11”“双12”业务旺季期间投递应急方案，组织全体人员进行启动、布置安排会议，通过大家的共同努力，平稳渡过并取得了良好的成绩。旺季期间共计进口11万件快递包裹，其中城市三日妥投率达99.89%，取得了三圈层小组第一的成绩。

【安全管控】 在抓好企业稳定发展的同时，不断完善各项规章制度。坚持“安全第一，预防为主”的原则，制定并下发了《崇州分公司通信服务质量、安全生产考核办法》，并严格落实两岗履职，不断加强服务监督和业务指导，不间断地对职工进行安全生产教育、应急预案演练，做到警钟长鸣，有效确保企业的金融安全、资金安全、邮件安全、生产安全和车辆安全。各项通信质量指标完成良好，未发生重大安全生产事故，实现各类事故为“零”的目标。

（骆帆）

通信业
Communications industry

【概况】 崇州市通信行业发展态势良好，移动通信基站共有1700个，行政村宽带覆盖率达98%，主城区千兆小区已全面普及，互联网电子商务达10亿元。

【信息化推进】 在民生领域，启动建设智慧民政、医保、教育、交通、法务、照明、征信等项目；在政务领域，上线运行桌面云、综合行政执法智慧服务、“1+5+1”公务员平时考核系统等平台；在产业领域，明珠家居、全友家居、索菲亚、蓝邦家私等家具制造企业开展“互联网+”试点工作成效显著。稳步推动传统企业“两化融合”工作，全友、明珠等企业获得成都市政策资金补贴。在公共服务领域，结合“i-chengdu”免费WiFi项目的实施，崇州市已在市委、市政府、政务中心、图书馆、罨画池博物馆、人民医院、中医院、二医院等10个场所建成免费WiFi。

【电信崇州分公司】 2017年，中国电信崇州分公司大力推进智慧城市信息化建设和宽带乡村建设，打造行业领先的视频、宽带、4G三张精品网，支持“1000兆引领、200兆普及”的网络能力，不断创新深化“互联网+”应用，以信息化手段助力当地特色经济发展，推动农村产业结构升级，丰富群众生活，切实改善民生，促进经济平稳增长与社会和谐发展。全年宽带用户净增1.6万户，移动用户净增5.8万户。年底，宽带用户达14万户，手机用户达30万户，电信电视用户达18万户，固话用户达16万户。加强渠道建设，建立健全以直销、实体为主，电子、社会渠道为辅的渠道体系，已建天翼专营渠道147家、益农信息社116个、建设宽带镇25个、签约专区46个、专柜18个，实现渠道全覆盖，同时推进服务进社区和乡村工作，方便广大群众办理包括宽带移动业务在内的中国电信业务。城市、乡镇已实现100%全光纤覆盖，行政村实现100%以上全光纤覆盖，4G网络实现90%以上覆盖。完成鸡冠山、九龙沟等防洪通信工程。以促进信息惠民为目的，将宽带提速工作纳入民生工作目标，年底，169户用户提升至200兆。

（朱莎）

【移动崇州分公司】 中国移动通信四川有限公司崇州分公司依托崇州经济的快速发展，按照省、市公司工作部署，秉承“正德厚生、臻于至善”的核心价值观，全力做好崇州移动网络建设工作，为广大客户提供语音、数据、IP电话、互联网、物联网、大数据、云服务、手机终端等信息化产品与服务。崇州移动公司将生产经营与企业文化相结合，全力推进“学习型”企业建设，树立典型，传播正能量。持续开展“满意100”服务提升活动；实现乡镇营业网点扁平化管理，重点抓好4G网络运营，积极践行“宽带中国”战略，持续提升“发展、创新、和谐”能力，助力智慧城市建设，努力开创移动互联网时代发展新局面。2017年是崇州移动的“深化转型年”，公司上下务实精进、开拓创新，大力发展4G业务，4G客户突破65%；响应国家“提速降费”号召，增进民众使用感知，积极推进流量不限量套餐发展，不限量套餐客户提升50%；大力支持农村宽带发展，通过用手机送宽带，提升农村宽带渗透，实现光纤全部到村，全年宽带用户新增5万户。进一步加强沟通协调，积极争取政策支持，重点以4G、骨干光纤传输和家庭宽带建设为抓手夯实网络基础，着力推动智慧旅游发展和信息化推广，关注客户需求，提升服务水平，实现了重点旅游景区的全面网络覆盖及游客大数据分析。持续加强与渠道合作商等上下游企业、其他相关行业企业的合作，拓展合作领域，为当地提供了450个就业岗位。当年，手机销售突破15万台，拉动当地零售消费2.5亿元，实现共同发展。持续优化渠道布局，提升网点规模，服务网点建设已突破300家，实现了渠道全覆盖。优化企务环境，提升服务形象，积极探索企业发展新模式，深入持久地开展了文明单位创建活动。公司上下齐心协力，争先创优，于2018年3月15日获得崇州市“文明单位”称号。按照国家、省、市关于实施“宽带中国”战略，加快推进宽带产业发展与应用的工作部署，促进城镇农村宽带、电视业务规模和质量提升，向用户提供“高起点、高品质、高价值”产品，中国移动四川崇州分公司积极推进农村宽带网络覆盖，移动电视全面覆盖所有行政村，有线端口渗透率达80%；为工业园区、重要企业、景区解决网络盲区，投资金额6000万元，新建基站180 个，4G网络实现95%覆盖，实现了网络建设覆盖面、网络传输质量双优。

（杨聃）

农村宽带建设

【联通崇州分公司】 中国联通崇州分公司内设综合支撑中心、

建设维护中心2个职能部门，外设政企客户中心、线上渠道中心、社会渠道中心、自有厅运营中心、家庭互联网中心5个营销服务中心。2017年度崇州联通大力开展互联网化转型，在个人用户方面，以线上渠道为主，线下地推为辅进行互联网化产品营销，全年互联网新增用户；在政企用户方面，以大数据、云服务产品为重点进行业务拓展。全年新增移动网络用户31000户，新增宽带用户520户，移动网络用户达53000户。自有营业厅店4个，社会代理渠道48家，移动基站物理站点数量达315个，2G、3G、4G逻辑站点数量共计达751个。8月16日，中国联通董事长王晓初在中期业绩发布会上公布混改方案，引入包括腾讯、百度、京东、阿里巴巴在内的多位战略投资者。9月13日，国务院国有资产监督管理委员会同意中国联通混改方案，中国联通混合所有制改革正式开启，区县级分公司混合所有制改革自11月开始实施。

（胡椰杉）

名词解释

“四改一提升工程”：改厨、改厕、改餐、改客房和提升服务。

“1+5+1”：第一个“1”是指制定“一份职责”，就是要求每人按照单位职能和市委、市政府下达的工作目标制定《个人岗位和工作任务认定表》，明确个人的工作职责和任务，做到考核时有“责”可对；“1+5+1”中的“5”是指落实“五个环节”，就是通过“日考勤、周记录、月对账、季考评、年终综合测评”进行过程管理；“1+5+1”中的最后一个“1”是指结合“一张清单”，就是结合《崇州市公务员考核管理“问题清单”》，对公务员出现清单中情形的，在考核评定等次时进行相应界定。

能源供应
Energy Supply

【概况】 2017年，实施天然气入户工程，在羊马镇伏虎村、街子镇高墩社区增设天然气管道，为沿线1500户群众提供用气保障。实施完成农村电网10千伏10千米改造任务，以及智能电表更换工程，对崇阳新城电力线路进行改造，轮换3500个故障智能电表，将3684个多功能电能表更换成智能电表。

【能源协调】 协调推进九江500千伏电力线路拆迁安置，成蒲铁路电力线路拆迁安置，九江至鱼凫220千伏电力线路进场工作，蜀景500千伏第三回线路电力线路建设，富士康至锦江燃气管线工程建设等工作。

【能源安全生产】 加强对燃气企业安全工作的监管，做好常态化检查工作及时开展燃气安全检查，督促相关企业进行整改。按照燃气管线隐患整治工作要求，督促相关天然气公司加强日常巡查工作，协调相关乡镇（街道）处理日常燃气管线隐患整治工作。突出协调推进川西北气矿涉及崇阳、锦江、元通燃气管线隐患整治工作。继续深化液化石油气安全专项整治督查工作的整治效果，强力推进液化石油气行业的管理工作，抓好整治工作常态化，督促液化气公司抓好液化气配送点的日常管理工作，协调相关部门和乡镇开展日常管理工作。

燃气应急抢修

电力
Electric Power

【概况】 国网四川省电力公司崇州市供电分公司成立于1980年，担负着崇州市24个乡镇的供电任务，供电区域1090平方千米，供电人口67万人，供电客户数30.36万户。2017年，崇州地区有35千伏及以上变电站18座，总容量187.1万千伏安，其中220千伏变电站2座，主变容量78万千伏安；110千伏变电站9座，主变容量94.7万千伏安；35千伏变电站7座，主变容量14.4万千伏安。35千伏及以上线路30条、319.707千米，其中110千伏线路16条、192.975千米，35千伏线路14条、126.732千米，10千伏配网线路151条、2042.92千米。

【电网建设】 积极对接地方政府，促成成都公司和崇州市人民政府签订城市能源互联网战略合作协议，启动《崇州市2017—2035年电力专项规划》编制。完成35千伏兴隆站双电源改造和9项大修技改、39项配电网改造项目，电网供电可靠性切实提升。全面完成220千伏经开区输变电工程前期工作，取得核准批复，项目已纳入2018年开工计划。高效推动110千伏羊马、大划输变电工程和110千伏崇州站扩容项目的前期工作，分别进入现场选址和方案编制阶段。坚持电网规划服务地方发展，围绕崇州市智能制造、优质粮油、康养旅游产业发展规划，完成“十三五”电网规划滚动修编和2018年项目储备。落实属地化管理要求，促成500千伏蜀景三线规划红线正式落地。积极协调推动成蒲铁路大邑牵引站110千伏线路建设，全面完成崇州境内43基铁塔组立和12.5千米线路放线工作。

电力服务大厅工作人员为客户讲解掌上电力

【优质服务】 针对捷普和全友增容等重点项目实施“双客户经理”服务机制，开通绿色通道，切实简化程序、压缩流程，平均接电时间缩短25%，助力项目早投产，有效拉动电量增长。深化工业园区供电服务，客户经理上门提供业务办理、用电安全检查、用电方案优化和供电质量改善等差异化服务，提升企业用电体验。创新打造成都地区首家掌上电力智能体验区，持续推广“掌上电力”。优质高效完成7800余次“95598”故障报修工作，回访满意度100%。圆满完成48个老旧院落电力改造工作，6700余户居民受益。出动600余人次、车辆130台次，圆满完成崇州市两会、中共十九大等重大保电任务40余项。

（吴颖）

天然气
Natural Gas

【概况】 2017年，全市有天然气公司4家，分别是崇州市天然气有限公司、崇州市东部天然气有限公司、四川江油川北恒丰天然气有限公司崇州分公司、成都中能能源开发有限公司，全年天然气供应总量达11277.63万立方米，供应户数137093户（含工业和民用）。

【崇州市天然气有限公司】 2017年，崇州市天然气有限公司

燃气安全检查

乡镇主线已经全部建设完毕，公司所辖16个乡镇的重点发展方向转变为散户、场镇近郊以及林盘用户，为提高村镇居民的生活质量做出贡献。年底，公司民用户突破10万户。冬季实行限量供气后，为确保生活用气，兼顾CNG、学校等单位的供气，公司成立迎峰度冬领导小组，按照“压非保民”的供气原则制定了对生产性企业轮供的办法。密切关注每日用气数据，抽调职工组成8个小组，每天启闭80多个阀门，确保工业企业轮流用气。6月微信“生活缴费”开通后，公司完成所有线上缴费渠道的开通。普通气表用户可以通过“红旗”连锁、微信和支付宝的“生活缴费”、“京东”缴费；金卡物联表用户可以通过公司的微信公众号缴费；红外数传表可以通过终端机的“支付宝”扫码缴费。在乡镇，用户无须到公司就可以通过扫码缴纳各种费用。中心城区街道整改，增大了管网巡检工作量和难度。通过巡检员的共同努力，确保了城区管网安全运行，保障管网安全无损。利用市政道路改造升级的机会，整改上南街、永康西路、蔡家碾等街道管网四处。在做好前期沟通宣传工作后，整改了环卫所西侧、交管所、宣传部等老旧院落管线31处。与此同时，也消除了多处积年的安全隐患。

（胡桃　任驰）

沼气
Methane

【概况】 2017年，崇州农村沼气项目总投入资金152万元。大中型养殖场沼气工程总投入资金51万元，其中，成都市财政补助资金19.2万元，崇州市财政配套资金4.8万元，业主自筹资金27万元。农村面源污染治理种养结合农业循环经济建设项目总投入资金101万元，其中，成都市财政补助资金50万元，业主自筹资金51万元。项目经财政、农发、沼气办等部门联合检查验收合格后，项目补助资金全部补贴到位给养殖业主。

【养殖场大中型沼气工程项目建设】 围绕农村面源污染治理、水环境污染治理、生态养殖小镇和特色镇建设等工作，在6个乡镇开展养殖场大中型沼气工程建设，实施养殖场粪污的无害化处理和资源化利用，推广“猪—沼—果（菜、粮）”等能源生态模式，有效防止农村面源污染和大气污染。新建养殖场大中型沼气工程6座、600立方米。项目总投资51万元，其中，成都市财政补助资金19.2万元，崇州市财政配套补助资金4.8万元，业主自筹资金27万元。

【种养结合农业循环经济示范项目建设】 围绕现代农业发展、美丽新村建设和大气、水、土壤污染防治等工作，项目以新建粪污处理系统、沼渣沼液综合利用系统、沼气综合利用系统，将养殖业与种植业有机结合，实现生态系统良性循环利用。新建四川省地宸农业有限责任公司种养结合农业循环经济示范项目沼气建设。项目总投资101万元，其中，成都市财政补助资金50万元，业主自筹资金51万元。

【城乡生活污水净化沼气池建设】 围绕加强城乡生态环境、城市水环境保护、城乡社区发展治理等工作，在城市开发区、城镇化规划区、农村新型社区、风景旅游区开发保护、棚户区改造等建设中推广净化沼气池处理生活污水。新建生活污水净化沼气池工程7处、3150立方米。

【中央预算内投资沼气项目建设监管】 按照省、成都市行业主管部门要求，督促检查成都巨星农牧科技有限公司2015年、2016年中央预算内投资建设项目燎原猪场、兴裕猪场沼气综合利用工程建设进度，做好服务企业工作，加强项目建设推进事宜，达到2017年12月务必完成工作任务的要求。

【农村沼气安全生产】 8月10日，组织召开全市农村沼气安全生产月活动动员会，市农发局分管领导、各乡镇人民政府分管领导、沼气专干等参加会议。传达学习省农业厅《关于开展全省农村沼气安全生产月活动的通知》等文件精神，全面启动崇州市2017年“农村沼气安全生产月”活动。各乡镇人民政府、崇阳街道办对辖区历年实施的农村户用沼气池、养殖场大中型沼气工程和种养结合农业循环经济示范项目沼气工程使用安全管理进行拉网式大检查，特别重点排查因环保督察处理的关停整顿闲置的沼气设施使用安全，全市共检查养殖场大中型沼气工程169座、40700立方米。各乡镇人民政府、崇阳街道办切实做到安全检查不留死角、整改不留后患，确保无沼气安全事故发生。

沼气池建设现场

【项目申报政策宣传】 组织召开2018年项目申报工作会，发动乡镇沼气专干在镇政府、村社区公开栏张贴沼气项目政策宣传资料，在召开综合性工作会议上宣传沼气项目政策，在开展科技“三下乡”等活动中，进企业、入户宣传沼气项目补助政策，引导企业和农民合作组织进行规模化沼气工程建设，发动群众积极参与农村清洁能源建设，改善农村人居环境，提高群众的环境保护意识。

（唐崇君）

财政
Finance

【概况】 2017年，市财政围绕“产业新城、品质崇州”发展定位，着力推进财税体制改革，依法加强预算收支管理，保障和改善民生，促进政银企有效合作，拓宽投融资渠道，推动经济社会持续健康平稳发展。

财政资金安全检查

【财政收入】 财政运行总体平稳，财政收入增速加快。全市地方一般公共预算收入首次突破20亿元，达20.55亿元，同比增长22%。税收收入占比上升，财政收入结构优化。全年税收收入完成16.31亿元，同比增长25.8%；税收收入占一般公共预算收入的比重达79.4%，较上年提高7.7个百分点。对上争取增势强劲，财政收入质量提高。全年争取到位各类资金37.31亿元，较上年增长8.1%，增加2.8亿元。其中争取置换债券资金15.95亿元，争取新增地方债券转贷资金2.93亿元。

【财政支出】 财政总支出48.8659亿元，下降5.08%，其中一般公共预算支出37.8592亿元，增长1.97%，一般公共预算支出中，农林水事务支出3.8136亿元，科学技术支出6491万元，医疗卫生支出3.7363亿元，教育支出8.1612亿元。

【民生投入】 全市一般公共预算支出完成37亿元，其中民生支出占一般公共预算支出的比重继续稳定在73%以上高位水平。与地区生产总值核算密切相关的财政八项支出合计增长17.9%。坚持政府过“紧日子”。全市一般性支出压减达5.2%，“三公”经费只减不增，下降幅度达22%。盘活存量资金。对执行进度较慢的部门项目预算资金，以及闲置沉淀的转移支付资金，统筹用于急需资金支持的领域。致力脱贫攻坚。2017年，成都市共下达崇州市扶贫资金568.4万元，崇州市级配套扶贫资金568.4万元。

【政府采购监督管理】 不断拓宽采购渠道、规范采购行为。2017年，完成采购376次，货物和服务类政府采购金额19.2591亿元，节约资金2751.04万元，节约率为1.42%。

【促进产业发展】 促进产业转型升级，促进工业经济快速发展，突出发展电子信息产业，加快发展新兴产业，优化发展传统优势产业。安排资金保障润恒城、经开区发展用地等重大项目的顺利实施。全力支持城镇提质。通过财政投入、PPP等渠道，大力筹措资金，全面推进智慧城市、互联网城市、海绵城市建设。加大城乡生态环境整治投入力度，持续推进“四改六治理”和美丽乡村建设。以卫星城建设为依托，加快城市基础设施建设。

【依法科学理财】 建立财政大监督机制。进一步完善监督检查和预算编制、预算执行相互协调机制。进一步清理规范地方财政专户，共清理出不合规账户6个，截至6月，不合规账户已全部撤销。加大预决算公开力度。以公开为常态，以不公开为例外，全面推进预决算公开，建立健全公开透明的财政信息公开制度。完善国库集中支付制度，深入推进公务卡改革。截至10月，共办理公务卡560张，刷卡消费799万元。加强财政内控制度建设，印发了《崇州市国库集中支付系统监控预警规则（2017年修订版）》。

【绩效评价】 剖析现行财政权力运行情况，认真研究新形势下经济运行对财政收支的影响，重点研究规范财经权运行制度改革，强化对财经权力运行的监督和制约。继续实施财政绩效评价全覆盖。从拓展评价内容，优化评价方式，提升评价质量等方面继续深化财政绩效评价工作，重点支出绩效评价项目达43个，涉及资金规模2.37亿元，较上年增长45.4%。

【政府性债务管理改革】 成立债务管理领导小组，出台《崇州市政府性债务管理暂行办法》，逐步健全政府债务风险预警和应急处置机制。控制政府债务规模及增长速度，构建政府债务管理长效机制。对全市的项目融资实行集中审批制度，落实限额管理的规定。对债务进行认真梳理，分类管理，建立和完善偿债准备金制度，确保了贷款本息的及时足额偿还，政府和平台公司债务风险得到有效控制，偿债风险得到了一定缓释。

（杨月）

国家税务
State Taxation

【概况】 2017年，崇州市国家税务局组织全口径税收收入19.29亿元，完成崇州市级财政收入5.43亿元。其中，增值税144522万元，消费税4805万元，企业所得税39070万元，车辆购置税4470万元。

【税制改革】 落实商事改革制度，新增市场登记主体1325户，新增占比10.91%。重点推进征管“转方式 提效能”，成立转变税收征管方式领导小组，制定《崇州市国税局转变税收征管方式 提高税收征管效能工作实施方案》，设置一个基础管理和一个风险管理工作部门，采用“管事制”工作模式，人数合计不低于原税源管理部门总人数的60%，分别以检查核实和账目审查为主要工作方式；设置4个事务性工作部门，采用“管户+管事制”工作模式，根据税源规模大小、行业特征、行政区域等因素对纳税人进行分类分级管理。

【依法治税】 深化推进供给

侧改革，持续加强“营改增”后续管理，多轮次全方位开展“营改增”政策递进培训，落实政策辅导；开展“营改增”税负跟踪分析，确保税制改革落地。深入推进依法治税，规范税收执法，严格执法监督，扎实推进“放管服”改革，做好行政审批制度改革和取消行政审批事项的后续管理，整理公开权力清单，创新法律决策机制，完善重大案件审理机制。严格执行和落实税收优惠政策，共办理增值税即征即退715.48万元，办理出口退税8.27亿元，免抵1.16亿元，扩大出口退税无纸化企业试点范围至14家企业。积极落实小微企业所得税优惠政策，全年共有1163家小微企业累计减免企业所得税额789.43万元；贯彻落实西部大开发、高新技术企业、研发费加计扣除、农林牧渔等各项企业所得税优惠政策，2016年度汇算清缴减免企业所得税共计1.51亿元。加强税务稽查工作，落实行政执法与刑事司法衔接制度，进一步提高审理工作质效，依法打击涉税违法行为，2017年，稽查查补收入1245.88万元。

【税收管理】 为征管基础年，全年重点开展税户普查、实名办税采集认证、基础数据清理、征管基础事项流程优化、“走逃失联”纳税人专项治理、种养殖业风险防控和企业所得税核定征收方式清理等工作。做好纳税信用评价工作，实行守信激励及失信惩戒措施。联合崇州市地税局开展税户普查工作，漏征漏管户清理完成率达93%，漏征户清理完成率达100%。开展走逃企业虚开发票专项治理工作，认定异常凭证总金额714.94万元，进项转出258.60万元，补缴企业所得税263.44万元。狠抓数据清理工作，清理率达96.19%。承接2016年国地税个体联合征管工作，2017年，联合下发《进一步加强个体联合办税的意见》，对纳税人实名采集，联合签订划款协议，注销登记流程和发票领购进一步规范，明确“以票控税”实施办法，有效强化联合个体税收征管质效。

【纳税服务】 强化纳税服务团队建设，初步建成集税务登记、纳税申报、税款征收、行政许可、发票管理、政策咨询等服务功能为一身的全职能办税服务大厅，严格执行首问责任制、领导值班、延时服务、一次性告知等制度，大力推进“非接触式”办税服务，实体办税服务大厅办件量共计14.32万件，网上办税服务厅办件量共计21.38万件，共计受理延时服务事项1023件。持续推进“便民办税春风行动”，做好六项减税措施的宣传，印发宣传手册5000余份；开展“百千万”行动（即评选百名满意服务明星、剖析千户纳税人需求、走访万名纳税人）、纳税人学堂等特色服务工作。

【税收宣传】 4月，以“深化税收改革、助力企业发展”为主题，开展第26个全国税收宣传月活动，全年开展“营改增”政策大辅导、“税收助双创 激发新活力”主题税收政策普及宣传活动等重点税宣活动，开展“共融 和谐 发展”税企沙龙、“为百户诚信典型纳税人点赞，为万

国地税联合举办企业所得税汇算清缴培训

户主动承诺纳税人喝彩”活动、“企业当老师，税务送支持”经验分享、“送法下乡”等特色宣传活动，基本实现各行各业税收宣传全覆盖。

【“营改增”推进】 重点开展“营改增”政策大辅导工作，制定并发布《崇州市国家税务局营改增政策大辅导工作计划》，全年共举办“营改增”政策大辅导集中培训会三期，覆盖“营改增”所有行业，开展餐饮住宿行业、房地产行业风险管理，进一步规范辖下“营改增”行业管理。

（杨芮）

地方税务
Local Taxation

【概况】 四川省崇州市地方税务局主要负责个人所得税、企业所得税等12个税种以及教育费附加等4种基金（附加）征收管理和代征工作，共管理纳税户14925户，其中单位纳税户7576户，个体工商户7349户。2017年，累计组织各项收入15.22亿元，比上年增长31.2%；其中税收收入14.25亿元，比上年增长33.08%。

2017年崇州市地税收入年表

表14

项　目	累计收入（万元）	同比增长（%）
组织收入总计	152208	31.20
税收收入	142469	33.02
中央级	22070	25.82
省（市）级	11560	16.08
区县级	108839	36.73
第一产业	374	49.00
第二产业	41082	1.43
其中：建筑业	11925	–3.21
家具制造业	7311	–8.72
第三产业	101013	52.24
其中：房地产业	49309	191.77
金融业	6651	20.40
批发和零售业	6368	274.15
信息传输、计算机服务和软件业	208	26.06
企业所得税	14465	16.73
个人所得税	18489	11.79
土地增值税	14633	185.63
城市维护建设税	10076	39.38
车船税	3652	16.79
房产税	6743	20.52
资源税	484	734.48
城镇土地使用税	10325	–6.54
印花税	2517	28.94
契税	56491	36.21
增值税（双代）	1349	270.60
非税收入	9739	17.37
教育费附加	4576	18.37
地方教育费附加	3050	18.22
残疾人就业保障金	802	78.62
工会经费	1269	12.20
税务部门罚没收入	39	11.43

【税制改革】 抓远抓实，确保水资源税改革扩大试点和环境保护税顺利开征。与市水务局、环保局、财政局等部门协作联系，成立专门工作小组，建立联合工作机制，细化责任分工，确认工作方案，加强信息共享，分步骤移交征收档案资料。开展环保税法、水资源税政策解读和“金三”系统模块操作培训，线上线下及时发布公告信息，营造良好开征氛围。强化责任意识，严格按照规定的步骤和时限做好信

息核实和确认工作。深入走访调研，核实信息，完善税源台账，摸清税源情况。与相关部门定期沟通，及时上报工作进展情况及存在的问题。

【依法治税】 围绕“依法治税”生命线，贯彻依法治税，税收法治工作稳步前行。规范行政行为，创新执法案卷评查要点和流程，加大税收司法保障力度，荣获“四川省地税系统法治税务基地”称号。主动对接供给侧结构性改革，落实税收优惠，规范税收减免，助力崇州经济发展和产业结构转型。累计减免各类税收15241万元。加大督审工作力度，围绕重点行业土地增值税征收管理和纳税人注销清税管理等事项实施日常督察，严肃任期经济责任审计督察整改，有效防范和化解执法风险。发挥税务稽查作用，开展重点行业专项随机抽查等税收专项整治工作，建立税警协作机制，严厉打击税收违法行为，营造区域协税护税良好氛围。通过税务稽查组织各项收入4285.11万元。

【税收管理】 围绕税收征收管理，不断实施征管创新，强化信息管税。强化收入统筹，针对收入新形势，优化收入结构，以税收经济分析和数据监控为手段，提高税收收入预测准确率。加强重点项目管理，实行以契税为抓手，各税统管的税收管理模式，动态监控房地产项目各环节涉税情况，依法规范房地产行业全程跟踪管理。全面清理企业房产、土地税源信息，完善税源台账，比对入库信息。提高土增税管理质效，落实税收政策，建立健全项目台账，强化土地增值税预征；完善清算三级审核制度，规范涉税文书审核，科所联动，层层跟进，确保清算审核结果执行到位。完成清算审核项目16个，清算入库563万元。发力中小税种管理，通过事前介入、事中严格审核、事后强化监管，完成1101户企业2016年所得税汇算清缴。做好个税全员全额明细扣缴、年收入12万元以上个税申报及股权转让涉税管理，促进个人所得税征管量质双升。做强信息管税，强化税收共治，上线征管电子档案管理系统，联合国税对单管户和状态不一致的纳税人数据开展数据清理和后续管理，修正率达98.7%。拓展第三方涉税信息来源，与26个部门建立数据共享机制，强化数据共享应用。做优风险管理，建立以“向上融合、横向互动、向下推动”的联动式、团队式为载体的税收风险管理新常态，以精准有效为目标开展风险识别推送，以质量为核心推动风险应对。应对成都市局推送风险4批次120条，推送风险9批次2085条，入库税款及滞纳金1534万元，命中率达99.17%。

【纳税服务】 按照“放管服”改革要求，不断提升税收服务水平，优化税收营商环境。推进便民办税，服务更贴心，从纳税人需求出发，围绕缩短办税时间，简化办税流程，合理简并缴税次数。落实审批事项“一窗受理、内部流转、限时办结、窗口出

崇州地税税务干部走访明珠家具

向新办纳税人讲解税费申报

件”，完善首问责任制、限时办结、预约办税、延时服务和绿色通道等制度，实现制度管人。升级完善办税大厅值班长和导税制度，促进纳税需求及时解决。深化联合办税，服务更安心，重构办税服务厅格局，联合国税推行“一窗一人”模式，实现“一窗式”办结。将二手房窗口入驻不动产登记中心，让纳税人“进一道门、办三家事”。加强国地税注销协作，优化联合办理流程，提高联合注销同步率与办结率。通过数据比对持续完善个体联合征管流程，提高个体纳税人税收遵从度。打造综合平台，服务更全面，强化政务微博、网站、“12366”热线建设，加强对新办户网上办税服务厅、“天府e税”APP、“码上办税”的宣传辅导，让纳税人“多走网路，少跑马路”。强化纳税人学堂建设，创新课程内容及授课方式，共开设26堂纳税人学堂课程，受众1525人次。

【税收宣传】 总结以往年度行之有效的宣传形式，在保持开展传统宣传项目的同时，拓展税收宣传阵地，积极与国税、大学生创业园区、行业协会等联合，探索有深度、有特色、有新意的税收宣传项目。围绕第26个税收宣传月，开展“局长进大厅”、征纳互换体验、国地税联合个体宣传、“千名党员进千企”、“创新创业 地税同行”、“税法宣传进景区”等9项宣传活动，取得良好效果。拓展宣传媒介，在《天府早报》《今日崇州》等媒体刊载20余篇报道，积极宣传纳税服务、转变征管方式等亮点工作，积极营造良好舆论氛围；安装LED显示屏幕，实时更新全局重点工作、税收政策和公告通知等内容，展示工作面貌。活用“互联网+”，贯彻落实政府信息公开条例，按更新维护门户网站，通过微博及时推送税务工作动态。

【转变税收征管方式】 按照征管体制改革工作部署，将转变征管方式列为“一把手工程”，因地制宜部署，优化人力配置，于7月1日率先完成税收征管方式转变，初步实现“四个转变”。科学分类纳税人，按照税收规模、行业、属地等原则划分重点税源所和一般税源所。梳理分类涉税事项，税源管理所负责47个基础涉税事项，注销清税、股权转让、资产处置等15个较复杂事项由新成立的2个风险应对所承担。明晰风控管理所职能，专司上级下发风险任务和本局风险任务的分析、识别和推送，专业风险应对所专司中风险事项应对。适度分离风险识别和应对环节，制定风险管理办法、风险等级划分标准、应对流程指引等制度，优化风险闭环管理。撰写的调研文章《转变税收征管方式的实践与思考》在《中国税务》成功发表，《四川地税简报》2017年第36期刊登市地税局转变征管方式专报，并获得四川省地方税务局局长刘晓华批示。

【优化绩效管理】 市地税局秉承“用好绩效，带好队伍，干好税务”理念，把绩效管理作为一项重要工作，抓好抓牢抓出效果。强化认识，通过参加视频会议、绩效管理专项培训、学习上级绩效文件精神等方式引导干部职工主动融入绩效管理工作，学绩效，干绩效，营造绩效文化氛围。完善体系，贯彻落实绩效管理5.0版新要求、新变化，并按照转变税收征管方式后各部门的职能职责，完善绩效管理组织领导和责任绩效责任体系。过程管控，做实季度绩效讲评会绩效分析，深入分析绩效管理漏洞和薄弱环节，运用绩效日历、绩效提醒单等方式强化节点监控。公平公正，强化痕迹管理，突出动态监控，确保个人绩效考出成效、考出干劲，绩效管理“指挥棒”作用不断显现，位列2017年成都地税系统组织绩效考评第二名、三圈层第一名。

（赵帆）

宏观经济指导
Macro Economic Guidance

【概况】 2017年，市发展和改革局坚持以产业生态圈和项目投资为中心组织经济工作，进一步解放思想、创新举措，突出抓好经济运行、项目投资、产业转型、改革创新4个方面工作，助力崇州建设生态宜居的现代田园城市。获得四川省人力资源和社会保障厅、四川省发展和改革委员会“四川省发改委系统先进集体”，成都市委、市政府“专项建设基金工作成绩突出单位”称号。

【国民经济和社会事业运行管理】 围绕经济平稳健康发展开展一系列调查研究，完成“崇州市远景发展战略研究”“通用航空产业生态圈研究”“农村三次产业融合发展路径研究”等10多个重大课题。协同制定主导产业扶持政策，并纳入《成都市产业发展白皮书（2017）》。动态监测全市经济运行情况，及时与相关部门沟通，共同解决经济发展过程中的困难和问题，确保全市经济稳中有进、稳中向好，编制《崇州市2017年国民经济和社会发展计划执行情况报告》。地区生产总值（按经济普查调整口径计算）完成300.4亿元，增长10.5%，其中第一产业增加值完成36.2亿元，增长5.2%；第二产业增加值完成148.8亿元，增长12.3%（规上工业增加值完成98.6亿元，增长16.1%）；第三产业增加值完成115.4元，增长9.9%。三次产业结构比为12.1∶49.5∶38.4。地

通用航空项目工作会

方一般公共预算收入完成20.5亿元，增长22.0%。全社会固定资产投资完成292.8亿元，增长15.3%。社会消费品零售总额达到86.3亿元，增长12.9%。城镇居民人均可支配收入达3.2875万元，增长9.2%。农村居民人均可支配收入达1.9543万元，增长9.2%。

【固定资产投资】 固定资产投资稳定增长，全市固定资产投资完成292.8亿元，增长15.3%，完成全年目标的100.6%。其中农业投资18.3亿元，增长46.4%；工业投资135.1亿元，增长39.8%；三产业投资（不含房地产）125.4亿元，下降9.1%；房地产开发投资33.2亿元，增长21.6%。

【项目管理】 按照市委、市政府的要求，市发改局对全市政府投资项目进行全面统筹管理。年初，通过收集、整理，初步筛选出全市重大建设项目，报请市委、市政府审定后，梳理出全市重大项目315个，完成投资298.9亿元。其中农业项目44个，完成投资20.4亿元；工业项目91个，完成投资129.8亿元；服务业项目180个，完成投资174.6亿元。41个省市重点项目，完成年度投资116.1亿元，占年度投资计划的129.8%。

【立项审批】 完成立项审批项目251个，审批投资总额为151.72亿元（政府投资）；完成备案项目516个，投资总额为907.19亿元；核准项目1个，总投资12亿元。按时完成政务中心交办的各项工作，严格遵守政务中心各项规章制度。对于非涉密项目，均通过四川省投资项目在线审批监管平台申报并赋码，办理的同时，通过在线审批监管平台告知相关部门，实现投资项目在线全程办理。

【对上争取】 着力加强与上级部门的联系与沟通，千方百计谋划项目，坚持经常化、多层次、全方位的汇报请示制度，为争取项目和资金创造良好的条件。全年对上争取中央预算内资金4322万元，省级资金1041万元，成都市级资金640万元，合计6003万元。

【建设工程招投标管理】 着力加强对全市工程建设项目招标投标的监督检查，对项目招标方案、投标、资格预审、开标、评标、中标等工作，实施事前、事中和事后全过程有效监管；对规避招标、违反招标事项核准规定和核准事项、违规发布招标公告或资格预审公告等违法行为进行查处；受理投标人和其他利害关系人的投诉。积极引导全市建立统一的招标投标、项目比选、政府采购信息发布平台，充分引入有效的市场竞争机制，建立招投标行业自律机制，加强社会舆论监督。全市公开招标（比选）200个标次（其中公开招标117个标次，代理机构比选75个标次，施工比选8个标次）。完成招投标项目79个，招标控制价共计20.21亿元，中标金额共计19.5亿元，节约资金7077万元。

【项目评审】 坚持公正、公平、公开原则，不断优化评审流程，确保项目评审的高质量。全年完成可行性研究报告评审52项次，共计65.98亿元；招标控制价评审401项次，审核投资42.83亿元，核减5.14亿元，审减率12%；变更增量评审35项次，审核投资4867万元，核减852万元，审减率17.5%。

【PPP服务中心】 严格执行国家、财政和发改PPP政策文件要求，及时公开PPP项目信息。收集储备项目9个，总投资66.44亿元，其中崇州市海绵城市建设PPP项目、崇州市主城区水环境治理项目、崇州市大划污水处理厂工程项目有序推进，总投资32.42亿元。

【供给侧结构性改革】 持续深化供给侧结构性改革，严格按照《崇州市人民政府关于推进供给侧结构性改革促进经济平稳健康发展的意见》要求，加快传统行业提档升级步伐，推进互联网、大数据、人工智能和实体经济深度融合。按照“三去一降一补”要求，落实各类扶持政策，持续为企业松绑解困。全面落实“产业新政50条”，深化要素市场化配置改革。围绕能源、资本、信息、人才、技术、土地等关键要素，加快新“九通一平”发展环境建设，形成具有比较优势的要素供给新体系。全年共推荐6个供给侧结构性改革工作案例到省、市作为典型经验案例。

【全面创新改革】 系统推进全面创新改革试验，扎实抓好成都市全面创新改革试验“9项清单”落实。推进政产学研用协同创新，引导企业创新驱动发展，拓展技术创新联盟，构建科技成果转移转化全过程服务体系。规划建设崇州通用航空机场，打造西南地区航空运动中心和通航全产业链集群。

【“放管服”改革】 创新网上审批形式，市发改局的审批（服务）事项，均开通网上审批功能。启动崇州市企业投资项目承诺制工作，进一步打造服务最好、审批最少、流程最优、体制最顺、机制最活、效率最高的营商环境。建立崇州市企业投资项目服务微信群，为企业投资单位提供政策咨询、事项办理咨询平台，做好了入驻崇州市企业投资项目服务工作。

【价格管理】 开展全市行政事业性收费清理工作，重点清理了涉农、涉企、涉民生收费，及时更新了《崇州市涉（企）收费公示表》，印发了《崇州市2017年度行政事业性收费目录》。加强价格管理，开展旅游、殡葬、机动车停放、教育收费、涉农价格收费等各项专项价格检查，坚持节假日市场巡查和日常检查。对全市污水处理费标准进行了调查。

【涉案物品价格认定】 刑事案件涉案财物价格鉴证451件，涉及标的金额1236.63万元，无一例重新鉴证、补充鉴证或复核裁定案件，结案率达100%；进行市场价格调查924余人次；深入现场进行实地勘察592余人次；整理各类档案400余宗；接受价格咨询服务170人次。

【粮食收购与销售】 按照“购得进、销得出、不亏损”的原则，积极掌握粮（油）源和确保市场供应。完成辖区内粮食收购（购进）14.89万吨（其中国有企业3.62万吨）；粮食销售13.46万吨（其中国有企业2.5万吨）。积极拓展粮油销售业务，全市粮油增加值增率7.2%左右，粮油批发销售额增速13.5%，粮油零售业销售额增速12.1%。

【粮油流通管理】 加强粮食仓储管理，结合“低温储粮仓”及“粮库智能化升级改造（政策性收纳库）”建设项目，提升粮食收购网点功能，发挥国有粮食购销企业现有仓储设施能力。完成粮食质量安全风险监测12批次，未发生粮食质量安全事故。制定超标稻谷处置方案和处置流程，未发生超标粮食流入口粮市场的质量安全事故。严格落实国有粮食仓储设施保护制度，未发生擅自拆除仓房等违规行为。制定了《粮食库存清查工作实施方案》，确保各级储备粮数量真

爱粮节粮宣传活动

实、质量完好。开展粮食收购资格核查、大小春粮食及政策性托市粮收购等专项执法工作，实施专项检查18次，出动执法人员40多人次，确保了粮食收购市场规范有序。

（张蓉华）

国有资产管理
State-Owned Assets Management

【概况】 2017年，崇州市深化国有公司改革，加强国有公司投融资监管，对国有公司实行“分级分类”动态管理，盘活存量资产，确保国有资产保值增值，促使国有公司资产效益最大化。全年实现国有资产收入16000余万元。

【国有资产保值增值】 出台《崇州市行政事业单位国有资产管理暂行办法》，建立资产管理信息系统，进行动态监管。对面积约4.3万平方米闲置资产进行公开招租，盘活闲置资产。对全市行政事业单位自行出租出借、自行变卖处置国有资产进行清查。截至年底，追缴入库租金79.82万元。通过债务置换、加强优质资源注入等方式，改善平台企业财务状况，减轻债务和发展负担。通过市公共资源交易中心按程序举行了公车改革取消车辆拍卖会4场、大划青年公苑商铺五年租赁权拍卖会、科尔达皮业机器设备残值拍卖会、林场商品林拍卖会等国有资产处置项目。全市实现国有资源有偿使用收入1.6143亿元。

【助推国有资本聚集重点领域】 定期对公司的融资情况进行考核，加强政策性项目贷款资金使用情况的监督检查，每月对公司的资金使用进行抽查，每季度对公司的经营情况进行检查，每年引入第三方对公司进行2次专项审计，定期举行政府投资公司联席会。增加注册资本，降低资产负债率，运用市场化手段，努力推动国有资本向基础设施、公共服务、普惠金融、电子商务等能形成新产业模式的重点领域聚集。如兴蜀公司投资0.42亿元，参股南平吕业。积极构建开放型国有资本运营模式。如兴蜀公司采取战略合作的方式，与华宝信托共同发起设立总规模的30亿元城市发展基金，用于城市建设项目。

【做强做大做优国有公司】 引导企业以市场为导向对各类经营资源和业务进行归并整合，加快向产业经营实体转型，将平台公司与具有工程施工资质的企业进行整合，形成“投融资+工程施工”运营模式，增强公司“造血”功能。明确国有企业发展方向和功能定位。初步对市属国企按照三级架构监管体制和运作模式搭建企业重组的基本框架：实施“同行业同板块”归类整合，形成“国资办—集团公司—子公司”三级国资监管和企业集团母子公司管理架构。

（杨月）

国有资产安全检查

审计
Audit

【概况】 2017年，市审计局完成审计项目177个，其中财政预算（决算）审计6个，经济责任审计16个，专项审计调查8个，重大政策措施落实情况跟踪审计1个，固定资产投资审计97个，拆迁资金预审24个，投资回报项目

13个，资产评估复核12个。共提交审计要情、信息、专题报告62篇，向有关部门提出审计建议54条，向纪检监察机关和行业主管部门移送案件线索9件。

【财政预（决）算审计】 组织对全市2016年度市级财政预算执行情况和其他财政收支情况进行审计，加强对市级财政预算管理审计监督，对政府预算编制、执行、决算情况强化监督检查，提高财政资金使用绩效。并代市政府拟写了向市人大常委会报告的《崇州市2016年度本级预算执行和其他财政收支的审计工作报告》和《崇州市2015年和2016年度审计发现问题整改落实情况报告》。全年完成对财政局、地税局等6个部门的预算（决算）和税收征管审计。

【政府投资审计】 为进一步规范投资审计行为，提高审计质量，进一步强化政府投资建设项目管理能力，加强和规范政府投资建设项目审计监督，规范政府投资行为，根据上级有关规定，代市政府重新拟定了《崇州市人民政府关于进一步加强政府投资建设项目审计监督的实施意见》，并顺利通过市政府常务会审议，并以崇府办发〔2017〕9号文件下发。同时，市审计局积极开展重大建设项目跟踪审计，对李家岩水库、成都市第三绕城高速等项目开展全过程跟踪审计，提高被审计单位建设项目管理水平和节约财政资金。另外，研究制定《崇州市审计局委托社会中介机构参与政府投资项目审计管理办法（试行）》《社会中介机构参与政府投资项目审计工作考核办法》等制度办法，不断加强对审计中介机构的监督管理，并与预防腐败工作紧密联系在一起，着力深化对中介机构服务行为的规范管理和监督，提高中介机构的审计质量，降低审计风险，保障政府投资项目审计工作的健康发展。

【经济责任审计】 紧贴“全面从严治党”的精神要求，持续加大领导干部任期经济责任审计力度。强化对领导干部权力运行的制约和监督，加大对不作为、慢作为、乱作为等问题的提示和反映；努力拓展经济责任审计工作思路，充分利用大数据分析、现代化信息平台、计算机辅助审计等技术提高经济责任审计的质量与效率。重点关注领导干部重大经济决策、财经政策法规执行、单位内部管理以及贯彻落实中央“八项规定”精神情况，发挥经济责任审计在加强干部管理监督方面的积极作用。推行经济责任审计联席会议成员单位联合进点机制，形成对领导干部权力运行的监督合力。

【专项资金审计（调查）】 开展重大政策措施落实情况跟踪审计、2016年度城镇保障性安居工程跟踪审计、2016年财政扶贫资金使用情况专项审计调查等重点领域的审计项目。以政策措施落实和资金使用情况为主线，重点检查有关政策的落实情况、专项资金的使用绩效、项目建设的运营情况，着力揭示和反映阻碍政策措施落实、制约资金使用整合的体制性障碍和制度性缺陷，积极提出对策建议，促进完善制度机制，力保各项民生政策措施落实到位。

【审计整改落实】 为进一步贯彻落实《国务院关于加强审计工作的意见》，深入推进成都市人民政府办公厅《关于进一步加强审计查出问题整改工作的通知》的落实，建立健全审计回访制度，加强审计整改跟踪检查工作的力度，对近两年审计发现问题的整改落实情况采取单位自查和审计局检查的方式进行全面梳理。有关部门和单位认真执行审计决定，积极采纳审计意见和建议，采取有效措施，从完善工作机制、实现部门联动、加强制度建设等方面入手，推进审计发现问题的整改工作取得实效。审计整改内部工作机制不断完善。主管部门形成合力，依托部门职责共同推动审计整改。注重制度建设，加强源头管理，各国有投资公司针对审计查出问题，制定或修订了内部管理制度，涉及项目管理、内部控制等机制、体制建设。

【审计大数据】 配合上级审计机关，努力建立一整套规范有序、动态发展的大数据运行机制，促进各部门、各环节的协调配合；逐步建立面向不同领域，覆盖各个行业，不断动态更新的大数据体系，为实现信息资源共享奠定基础；着力协助上级审计机关在崇州建立一个能够实现各类信息系统数据交换、共享的平台，真正实现信息流动。

（任劲宇）

统计
Statistics

【概况】 统计工作具有信息、咨询、监督职能。2017年，崇州市统计局根据统计制度要求，完成了名录库建设、农业统计、规模以上工业统计、能源统计、固定资产投资统计、房地产统计、建筑业统计、批发零售贸易住宿餐饮业统计、服务业统计、综合统计、国民经济核算、劳动情况统计等专业的月报、季报、年报工作。严格按照国家制度要求，开展了民营经济监测、采购经理人指数调查、工业生产价格指数调查、规模以下工业抽样调查、限额以下商贸和服务业调查、妇女儿童监测、文化产业调查、人才调查、规模养殖户和生猪畜禽月度监测、城乡统筹考核指标体系等工作以及重点镇监测工作。完成了城镇居民住户监测和农村居民住户的监测工作。第三次全国农业普查基本完成，统计数据公布和开发利用正有序进行。

【主要统计数据】 2017年，全市实现地区生产总值300.4亿元，增长10.5%，其中第一产业增加值36.2亿元，增长5.2%；第二产业增加值148.8亿元，增长12.3%；第三产业增加值115.5亿元，增长9.9%。规模以上工业实现增加值98.6亿元，增长16.1%。固定资产投资完成292.8亿元，增长15.3%。社会消费品零售总额达86.3亿元，增长12.9%。全市财政总收入完成49.04亿元，增长14.48%，其中地方财政收入32.0亿元，增长12.66%；地方财政收入中，地方一般公共预算收入20.55亿元，增长21.96%，其中税收收入16.31亿元，增长25.75%。全市金融机构各项存款余额471.95亿元，增长7.13%；各项贷款余额189.64亿元，下降2.57%。农村居民人均可支配收入和城镇居民人均可支配收入为1.95万元和3.29万元，分别增长9.2%和9.2%。

【深化统计改革】 认真学习领会中央办公厅、国务院办公厅《关于深化统计管理体制改革提高统计数据真实性的意见》，四川省委办公厅、省政府办公厅和成都市委办公厅、市政府办公厅《关于深化统计管理体制改革提高统计数据真实性的实施意见》文件精神。以《统计专报》形式向市委、市政府主要领导及分管领导汇报省、市统计改革的重点。积极推进统计改革，制定崇州深化统计改革清单，按照统计改革清单逐项落实，改革各项工作稳步推进，全市25个乡镇建立统计站，统计专网已全部开通；建立名录库规范化领导小组，指定专门的名录库管理人员，及时核实新增单位，及时更新名录库；新增加一名事业编制，根据《崇州市事业单位引进高层次人才办法》，引进一名研究生学历人员；乡镇已实施垂直管理，主要采取乡镇（街道）主导模式，人员、编制、经费由乡镇（街道）负责，人员变动调整须征求市统计局意见。

【统计服务】 积极撰写统计信息分析，针对领导关注、社会关心的热点难点问题，积极开展经济社会发展运行情况的分析研究，撰写统计分析报告和信息，全年共撰写统计分析22篇，统计信息89篇，其中二季度、三季度经济运行预警分析及《关于崇州市下半年经济运行面临相关问题的预警专报》得到了市政府主要领导的肯定性批示。立足“西控”战略部署，围绕功能定位，积极作为，以对标思维，积极探索崇州发展新模式，先后赴浙江安吉、桐庐考察，撰写《崇州市统计局赴桐庐安吉考察报告》《立足发展 创新理念 以对标思维做好“西控”下的品质崇州》

和《对崇州绿色发展的思考》3篇报告，详细分析两地的发展特点和优势，提出崇州的发展方向，受到领导的好评。做好统计公报的发布工作，5月，在《今日崇州》上发布《崇州市2016年国民经济和社会发展统计公报》。创新服务方式，利用手机短信按月向主要领导发送崇州市主要经济指标完成情况，确保领导第一时间了解到实际情况。积极做好为社会公众服务，严格按照《崇州市统计资料发布制度》要求，对社会各界查询的统计数据，按照有关规定认真负责地给予答复，受到社会的好评。

【统计资料开发应用】 不断加强月度资料的整理编印工作，对月报进行改版和完善，丰富内容，增加全国、省、市等主要指标，方便领导和需求者的查阅。改进封面设计，加入有代表性的图片，编印的《崇州月度经济快讯》，因其装帧精美、编发及时、便于携带等特点，广受各级党政领导、有关单位的欢迎和好评。做优年度资料的编撰工作。编印的《崇州统计年鉴2016》，内容进一步丰富、完善，集美观性、实用性、可读性为一体。认真做好统计公报的编写和发布工作。并在《今日崇州》上公开发布，用丰富翔实的统计数据展示2016年崇州市在经济和社会事业等方面的发展状况和取得的成就。

【统计法制建设和统计执法】 积极开展统计法制宣传教育，对乡镇统计人员进行专题统计法律法规讲座培训，组织学习新《统计法实施细则》《四川省统计管理条例》等法律法规基础知识；成立联合执法检查组，开展统计巡查与数据异常企业统计联网直报检查工作，结合成都市统计局开展执法检查和数据核查通知的要求，对数据异常波动的企业5家进行执法检查，有效遏制少数单位的统计违法行为的发生。

【普查工作】 精心组织，全面完成第三次全国农业普查的入户数据采集工作。全市25个乡镇、街道3000多名农普骨干和普查指导员和普查员于1月1日按国家农普办的要求正式开始第三次农业普查入户数据采集工作。经过两个半月的紧张工作，于3月15日按时完成全市的入户登记和数据

市领导调研农村普查工作

采集工作，完成村和乡镇普查表的登记和数据采集工作。明察暗访，确认入户情况，确保普查数据质量。全市农普工作安排人员进行电话回访5000余户，先后对100余个村、300多个普查小区进行暗访，确保普查数据的真实。认真审核，对收集的数据资料进行认真审核，及时发现错误，及时纠正。4月初，开始对省数据处理平台返回来的差错数据和需要进行核实的数据及时进行修改和核实，经过一个多月的紧张工作，圆满完成农业普查的数据的采集和上报工作。下一步农业普查工作重点将放在第三次农业普查公报的发布和普查资料的开发应用上。

（董亚凯）

市场监督管理

Market Supervision and Administration

【概况】 2017年，崇州市市场和质量监督管理局（简称市市场质量监管局）加强基层市场监督管理，强力推进食品、药品、市场和质量安全监管，加大行政执法力度，维护消费者权益和市场公平竞争秩序。新登记各类市场主体8516户，其中新登记企业1903家，新增企业注册资本金127.25亿元。市场质量监管局获成都市质监局“2016年度行政执法优秀案卷二等奖、三等奖”、成都市工商局“红盾春雷行动2017”质量维权奖和先进集体称号。

【建设放心舒心消费环境】 完成示范街区（街子镇江城街）、示范旅游景区（街子古镇景区）和示范商场（沃尔玛崇州商场）的建设。沃尔玛成为成都市首批命名的“放心舒心消费城市”示范商场。出台《崇州市政府质量奖管理办法》。康泰塑胶科技集团有限公司凭借“生产过程推行‘双零缺陷’管理模式”和“服务过程推行‘首问责任制’及‘一站式服务’管理模式”，获第四届“四川省政府质量奖”制造企业称号（全省五家企业之一）。崇州市40家单位的44个产品（服务）品牌荣获四川省第十二届“四川名牌”称号，“四川名牌”数量位居成都市第3名、三圈层第1名。着力培育、打造国家级家具产品质量提升示范区，促进成立崇州塑胶联盟。

【企业信用管理】 崇州市2016年度企业、个体工商户、农民专业合作社年报率分别为99.6%、99.64%、99.86%，被四川省、成都市工商局评为年报工作先进单位，获成都市委常委副市长田蓉肯定性批示“崇州工作抓得有力，值得各地学习借鉴”。定向抽查152家涉环类企业年报信息，吊销长期未经营企业289家。171家企业、个体工商户被列入经营异常。

【注册登记】 为崇州重点项目开通登记绿色通道。全年为“润恒城”“万达广场”“亚视金桥”等项目开通登记绿色通道。助力“双创”，进一步激发市场活力，新登记各类市场主体8516户，其中新登记企业1903家，新增企业注册资本金127.25亿元。新核发食品经营许可证1836户，新核发药品零售经营许可证41户。

崇州登记注册首家营利性民办学校

【商事制度改革】 实行注册资本认缴登记制。公司实收资本以及股东认缴和实缴的出资额、出资方式、出资期限不再作为工商登记事项，公司注册资本由实缴制改为认缴制，公司登记时不再收取验资报告。全年登记认缴注册资本金127.25亿元。大力减少前置审批，在注册登记时对于国务院决定改为登记后置审批的事项，一律不再作为登记前置条件，不再要求申请人提交相关审批部门的许可文件、证件；对经营范围中涉及后置许可项目的，在发放营业执照时告知申请人须办理的后置审批文件以及审批机关，同时告知相关审批部门有关市场主体信息，并且在营业执照中加注“依法须经批准的项目，经相关部门批准后方可开展经营活动”字样。放宽住所（经营场所）登记要求，简化住所（经营）场所登记手续，实行企业集群注册登记。允许同一地址可以登记为两个以上市场主体的住所（经营场所）；允许崇州市内市场主体在住所以外设立经营场所，经营场所可以申请备案，不再办理分支机构登记。

【企业简易注销登记】 自3月起对领取营业执照后未开展经营活动、申请注销登记前未发生债权债务或已将债权债务清算完结的有限责任公司、非公司企业法人、个人独资企业、合伙企业实行简易注销登记，由其自主选择适用一般注销程序或简易注销程序。申请简易注销登记的企业通过国家企业信用信息公示系统《简易注销公告》专栏，主动向社会公告拟申请简易注销登记及全体投资人承诺等信息（强制清算终结和破产程序终结的企业除外），公告期为45日，公告期限届满后企业在申请简易注销登记时只需要提交《申请书》，《指定代表或者共同委托代理人授权委托书》，《全体投资人承诺书》（强制清算终结的企业提交人民法院终结强制清算程序的裁定，破产程序终结的企业提交人民法院终结破产程序的裁定），营业执照正、副本即可，不再提交清算报告、投资人决议、清税证明、清算组备案证明、刊登公告的报纸样张等材料。办理企业简易注销登记18户。

【多证合一登记】 将企业原需分别办理的工商营业执照、组织机构代码证、税务登记证、社保登记证、统计登记证等32种证照合并为加载统一社会信用代码的营业执照，不再要求企业就上述事项提交相关材料，由工商部门将企业相关信息以互联网方式与上述事项的审批部门共享，企业不再办理上述事项的审批。9月1日起，实行“多证合一、一照一码”登记。共新核发加载统一社会信用代码“一照一码”营业执照8516份。

【电子化网上登记】 按照《成都市人民政府办公厅关于印发成都市推行工商登记全程电子化和电子营业执照实施方案的通知》文件精神，依托成都市工商局全程电子化网上登记系统，于9月起推行电子化网上登记。登记申请人可自主选择网上登记或窗口登记。办理网上企业名称预先核准35家，办理企业全程电子化网上登记1家。

【质量强市】 出台《崇州市政府质量奖管理办法》，促进崇州经济社会转型升级发展。康泰塑胶科技集团有限公司获第四届“四川省政府质量奖”。推荐12件商标申报认定省、市著名商标。会同崇州市农村发展局开展国家级和省、市农业标准化示范项目创建工作，制定《崇州市创建国家农业综合标准化示范市实施方案（2017—2019年）》，形成“1+3+7+N”的崇州特色农业标准化推进模式。新制定标准88项，起草4项区域性地方标准并通过专家审查，确定8家标准示范点。崇州市40家单位的44个产品（服务）品牌荣获第十二届“四川名牌”称号，位居成都市第3名、三圈层第1名。推行企业首席质量官制度，培育、打造国家级家具产品质量提升示范区，促进成立崇州塑胶联盟。

【食品药品安全监督管理】 崇州市公立中小学幼儿园和大专

崇州市人才发展促进会成立大会暨质量强市表彰大会

整治保健食品市场

院校纳入食品流通溯源电商平台。崇州市59所学校，24家特大型、大型餐馆全部实施“明厨亮灶”。乡村厨师培训率达100%，群宴申报1.3万件。规范群宴占道等城市管理问题，积极推动农村群宴保险工作，健全农村群宴食品安全管理政府主导、企业主体、社会参与的新体制。督促市场开办方和市场内销售者履行主体责任，严格落实索证索票（二维码溯源）制度、食品安全准入制度，城区4个农贸市场设立快速检测室。开展食药安全风险隐患大排查大整治。落实崇州市118家食品生产企业主体责任，实现检查全覆盖。开展药品GSP（商品供应规范）飞行检查，撤销药品GSP证书1家，收回GSP证书1家。开展药品不良反映监测上报工作，收集整理上报ADR事件409例，抽验药品172批次。全年未发生食药安全系统性风险问题。开展无菌植入医疗器械等专项整治及药品风险研判和突发事件演练。升级“药品安全示范店”创建工作。崇州市被确定为第三批省级食品安全示范创建县（成都市仅两个区县参加）。

【消费维权】 受理各类渠道的投诉举报共计1645件，受理率100%，调解成功率80%以上，为消费者挽回直接经济损失168.79万余元。针对辖区内出现的虚假宣传、误导消费、商品质量等问题，开展行政指导、行政约谈11次，在崇州电视台发布消费警示信息6条。

【民生实事】 检查崇州市危险化学品、加油站和烟花爆竹经营户。检查特种设备生产使用单位263家，发现一般安全隐患58处，下达监察指令书58份，查处3家。开展特种设备安全管理培训和电梯应急救援演练。“大气污染防治行动计划”颁布以来排查燃煤锅炉393台，强制拆除2台非法安装的燃煤锅炉，淘汰报废锅炉246台。开展气瓶充装站和检验站专项安全整治工作。免费检定集贸市场的电子秤和台秤1600台件，强制检定计量器具备案企业245家。

【行政执法】 立案查处各类一般程序案件333件，结案300件，罚没195.13万元。开展“红盾春雷行动2017”“质检利剑”“晚霞消费维权”等行动，发布打击传销警示提示18次，宣传资料560份，协调遣返参与销售保健品人员500余人。

【宣传引导】 开展食药安全行政执法办案体验活动，组织食品药品安全监督员“零距离”观摩食品药品执法办案现场调查，并以第三方身份向案件当事人、执法人员了解相关情况，参与案件调查、告知、处罚等环节体验。开展覆盖崇州各片区乡镇（街办）的片区式“小灶式培训”，有别于以往全市集中培训，小课堂的内容更具有针对性，课堂气氛更加活跃，互动交流更通畅，培训内容更易入耳入脑入心。采用大讲堂和小课堂相结合的形式，强化餐饮业从业人员的食品安全培训。开展“预防职务犯罪 弘扬崇廉守纪”道德讲堂、“两学一做·重拾自信”征文、“聚合力、再出发”运动会、诚信经营示范店、药品安全示范店、“‘3·15’网络诚信　消费无忧”等系列主题宣传教育活动52次。

（周洁薇）

安全生产监督管理

Production Safety Supervision and Administration

【概况】 2017年，全市37家企业通过三级标准化达标，创建国家级职业卫生示范企业2家，建成安全文化企业2家，1个乡镇通过“四川省安全社区”复评，3个乡镇完成“四川省安全社区”工作报告，5个乡镇完成“四川省安全社区”启动备案，完成新增职业危害申报企业45家，完成职业卫生基础建设达标企业42家，完成职业卫生预控服务系统新增上线企业55家。全市共发生各类事故244起，死亡38人，其中生产经营性交通事故13起，死亡13人；工矿商贸事故5起，死亡5人。相比2016年同期，事故起数下降3.56%，死亡人数上升8.57%，安全生产形势平稳可控。

【安全生产基础建设】 市委、市政府主要领导带队检查安全生产工作21次，其他市级领导按照“一岗双责”的要求，带队检查分管行业领域和联系点安全生产工作160次，召开各类会议研究安全生产工作14次，部署安全生产重点工作。开展季度综合督查4次，发综合督查通报3期。白头镇作为成都市“压实乡镇（街道）安全监管责任、规范乡镇（街道）安全监管工作、督促企业落实安全生产主体责任”试点，四川省安监局局长孙建军10月20日到该镇调研时，给予充分肯定。

【安全生产隐患排查治理体系建设】 市安监局制定《崇州市建立安全风险分级管控和隐患排查治理双重预防工作机制防范和遏制重特大事故的实施意见》，对相关工作进行专门安排和部署。确定7家企业作为企业风险管控试点，白头镇作为成都市试点，进行镇域安全风险辨识。全市1199家生产经营单位在隐患排查治理动态监管系统上自查自报隐患24032条，系统中企业信息采集完成率100%，企业自查自报率100%，隐患整改销号率99.89%。

【重点行业领域专项整治】 按照“五个一批”的要求，扎实开展道路交通、消防、人员密集场所、非煤矿山、特种设备、危险化学品和烟花爆竹、建筑施工、学校、景区景点、电力和有限空间、冶金煤气、涉氨制冷等重点行业领域和重点时段专项整治，

加油站安全检查

共检查企业、隐患点位9722余家次，实施断电处理生产经营单位302家，停产83家，关闭53家。开展涉爆粉尘安全专项治理，检查企业96家，确认粉尘涉爆企业72家，查出隐患和问题504条，下达限期整改指令52份，现场处置决定书17份，已完成整改405条。完成成都市挂牌督办的2处道路交通、1处燃气、3处工贸企业和15处电力安全隐患销号。共立案查处安全生产违法案件19起，共处罚款129.3226万元，其中，查处安全生产事故案件5件，共处罚款109.3726万元；查处一般违法案件14件，增长250%，共处罚款19.95万元。

【安全生产宣传教育】 崇州电视台开辟《安全生产崇州行》栏目，播出安全新闻110期，《今日崇州》刊登安全信息39期，崇州新闻网刊登安全信息15期，“今日崇州”APP刊登安全信息15期，“今日崇州”微信刊登安全信息1期。长期在崇州市中心广场和高速路口两个户外LED屏上滚动播出安全生产宣传标语，深度报道安全生产大检查工作。培训乡镇基层安全监管人员2次、120余人次，培训企业安全管理人员和从业人员11次、1500余人，送安全知识到企业4次，培训人数400余人。通过“安全生产月”“春台会”“安全社区建设”等专题工作，印发安全生产月主题折页、《安全生产知识手册》、《安全社区宣传手册》、安全生产月公益宣传扇、安全生产公益宣传扑克、安全生产公益宣传手提袋等宣传资料近10种、4万余份，受众群众达5万余人。

（余建科）

公共资源交易服务

Public resource transaction service

【概况】 2017年，市公共资源交易服务中心完成公共资源项目交易604个，交易金额23.1亿元。其中，完成建设工程项目交易179个，中标金额4.62亿元，节约资金2765.94万元，节约率5.7%；完成政府采购项目交易394个，成交金额17.38亿元，节约资金688.91万元，节约率0.4%；完成国有资产类项目交易21个，成交金额

3611.89万元，溢价金额1033.97万元，溢价率40.11%；资源类项目10个，成交金额8186.53万元。

【交易场馆提档升级】 市交易中心实施交易场所功能提升工程，设置服务对象专用停车位，完善标识标牌、交易信息显示屏、视频会议室功能建设，增设开评标场所办公设备，配置电脑、打印机、投影、实物展台、标书搬运箱、电子条码储物柜等，进一步优化完善公共服务、便民设施设备。

【电子交易平台建设】 上半年，市交易中心成功申请成为首批云平台试运行测试单位，并率先成功实施了首宗建设工程招标项目，顺利实现交易规则、门户网站、用户注册管理、用户登录、报名、项目报件、房间预约、信息发布、保证金网上缴退、统计报表等13个方面的统一；先后共享成都市网上竞价、定点家具、软件、印刷及制服供应商库，顺利试运行云平台电子商城，促使政府采购项目最快可在1个工作日内完成交易，最大限度地降低了采购成本，有效地解决了"价高质次、周期长"的问题。同时，共享公车拍卖交易平台，超预期完成第三、四批公务用车公开拍卖任务，网上公开拍卖成交率达186.83%，溢价率达240.63%，分别是线下拍卖的4.6倍和4.76倍，公共资源电子化交易水平再上新台阶。

【政府采购监管】 优化机构设置，实施轮岗交流工作机制。按照"分事行权，分岗设权，分级授权"的原则，于8月完成中心内设机构及人员配置调整优化。取消了原有的业务科室政府采购部、建设工程部、综合产权交易部，按照交易流程优化调整为受理部、交易一部和交易二部，新增信息技术部，保留原有的综合部和财务部。进一步完善业务受理各个环节的内部流程控制和岗位权力的制约机制，从源头上有效杜绝了"微腐败"的滋生。同时，认真贯彻落实"定期开展轮

市教育局对幼儿家具及办公家具政府采购项目举行专家论证会

岗交流”的内控工作机制，进一步提升干部职工的综合素质。严格实行巡查机制，由班子成员及科室负责人随机组成内部巡查小组，交叉检查工作纪律，对重大项目交易开评标现场进行专项巡查。定期督查专项治理“微腐败”工作进度，对岗位工作职责中容易滋生的“微腐败”问题提出意见建议，及时约谈或内部通报存在问题的责任人。深化社会监督，通过座谈会、发放征求意见表以及向中介机构发放廉洁交易承诺书等形式，向服务对象征询中心在提质增效和预防腐败方面的意见和建议，进一步营造风清气正的交易氛围；委托第三方机构，在11月中旬前完成了全市行政事业单位开展政府采购满意度测评，随机抽取近60个政府采购项目，包括对网上竞价计算机项目进行验收和软件正版化工作调查，着力收集意见，及时发现和纠正违规问题，进一步维护各方交易主体的合法权益。

（汤涓）

名词解释

“1+3+7+N”：以国家农业综合标准化示范市创建为载体；以“崇耕”农产品公共品牌平台、“土而奇”农产品电子商务公共平台、农业标准化实施监督管理平台“三大平台”为基础；以优质粮油、优质畜禽、水产养殖、林下经济、特色经济、农产品加工、乡村旅游产业“七大产业”为核心；以“N个示范基地”为引领的农业综合标准化“崇州模式”。

教育
Education

【概况】 2017年，市教育局坚持以质量提升为第一导向，以改革创新为第一动力，以安全稳定为第一保障，全面加强党的建设，全面加强师资队伍建设，全面提升教育均衡化、信息化、国际化、现代化水平。全市共有幼儿园110所（其中民办74所），小学31所，初中9所，九年制学校6所，普通高（完）中3所，直属事业单位5个（教培中心，教育人才中心，教育支付中心，教育技术中心，教育保障中心），职教中心1个（市政府直属事业单位），民办职业中学1所，特殊教育学校1所。在校学生7.2927万人，其中幼儿园1.8432万人（含民办9341人），小学3.0172万人，初中1.1698万人，普通高中8644人，职业高中3906人（含民办745人），特殊教育学校75人。在职教职工6779人，其中幼儿园2254人（含民办1294人），小学1704人，初中978人，九年制学校548人，完中633人，普通高中293人，职业高中376人（含民办68人），特殊教育学校23人。1月，荣获2016年度“消防宣传先进单位”称号，受到成都市人民政府消防安全委员会表彰；2月，成都市人民政府教育督导委员会授予崇州市教育现代化先进区（市）县荣誉称号；12月，获得“成都市实施妇女儿童发展纲要先进集体”称号，受到成都市人民政府妇女儿童工作委员会表彰。

【学前教育】 2月，市教育局印发《崇州市幼儿园管理工作评估

绿色实验幼儿园的早操

细则》，并组织开展评估工作。9月，明湖幼儿园等9所新建标准化公办幼儿园投入使用，新增学位1410个，全市公办和公益性幼儿园达64所。11月，对全市幼儿园从严格办园准入、师德师风建设、教职工持证上岗、幼儿园安全管理、卫生保健和收费管理等6个方面进行专项督导。全市学前教育入园率为98.8%，普惠性幼儿园学位覆盖率为85.3%。

【义务教育】 3月，市教育、公安、财政、人社、住建、质监6部门联合印发《关于印发〈崇州市关于做好2017年进城务工人员随迁子女接受义务教育的实施意见〉的通知》，统筹安排新接收进城务工人员随迁子女2080人。5月，市教育局印发《关于做好2017年小学一年级新生入学工作的通知》和《关于2017年小学毕业初中入学工作的意见》，完善义务教育段招生办法，规范学校招生行为，采取小学新生划片入学，初中新生划片和计算机排位相结合，免试就近入学。2017年，全市小学一年级招收5612人，适龄儿童入学率为100%，小学毕业生升学率为100%，辍学率为0；初中一年级招收4110人，毕业率为99.5%，辍学率为0.3%。

【普通高中教育】 普通高中一年级招生2477人，毕业3303人，毕业率为98.42%，毕业年级三年巩固率为99.44%。参加高考2545人，一次性本科上线1418人，上线率为55.72%。其中，一本上线523人，一本上线率为20.55%，比上年提高6.33个百分点；二本上线1418人，上线率为55.72%，比上年净增9.79个百分点。艺体飞特长生专业本专科上线人数为351人，比上年净增106人。高中毕业生国外留学人数9人。

【特殊教育】 成立崇州市残疾人教育专家委员会，指导全市17个资源教室开展工作，巡回指导随班就读工作18次，随班就读学生130人。全年开展市内特殊教育交流学习20余人次，组织9人次教师参加成都市特殊教育师资培训3次。持续开展义务教育阶段适龄重度残疾儿童、少年“送教、送康上门”服务工作，并把“送教、送康上门”重度、多重残疾儿童、少年纳入学籍管理，送教上门服务25人，“送教、送康上门”服务86人次。全市义务教育阶段各类残疾儿童、少年总数217人，已入学205人，入学率为94.47%。

【职业教育】 全年投入3000万元，用于校舍外墙装修、学生宿舍改造、汽修、建筑等基础设施和实训室建设。加强校企合作，与4家企业签订校企合作协议，其中，与巨源科技股份公司、喜马拉雅科技股份公司开展校企合作，共建工业机器人仿真实训基地和3D打印实训中心，为学生提供新的实习和就业渠道。以“3+2”和五年一贯制调整学生学制年限，提升学历层次。加强学生技能训练，以赛促学，参加省、市学生技能大赛和校园文明风采大赛，获得成都市一等奖15个、二等奖20个、三等奖25个。2017年就业安置的毕业生301人，专业对口率79.2%。2017年度参加对口高考、单招人数106人，上线106人，其中本科5人。

【社区教育】 以构建终身教育体系为目标，以服务城乡统筹、提升市民素质为落足点，开展社区教育工作。开展“非遗”进校园、进村（社区）活动，参加“怀远藤编文化与传承”“道明竹编”培训的社区居民和学生2800人次。依托面向社区群众的公益性“罨画讲坛”平台，邀请周鼎、封龙、阙海等知名中青年学者，围绕祖国优秀历史文化举办讲座，先后开设了“国学源流”“中国香文化”“中古时期核心价值观孝文化”“细说孔子”等18期讲座。开展初、中、高级创业失业培训，新型职业农民培训，大学生创业培训，返乡农民工“创业+技能”培训，在职职工技能等级培训，中式烹饪技能培训等各类短期职业技能培训，技能鉴定2600人次。羊马镇社区教育学校创建为成都市优质社区教育学校，怀远镇大顺街社区教育工作站和江源镇寨子社区教育工作站创建为成都市示范社区教育工作站。全市有成都市规范化社区教育学校10所，成都市示范社区教育工作站19个。

【教育均衡化】 6月，按照《成都市义务教育优质均衡监测指标体系》要求，全市义务教育学校正式启动新的监测指标体系。2017年成都市义务教育校际均衡监测报告显示，2016年度，崇州市县域内义务教育校际均衡指数为0.47，高于成都市义务教育指数的0.32，未达到成都市教育现代化发展水平监测“县域内义务教育校际均衡指数小于等于0.27”的目标。在被计算差异系数的14项A级指标中，小学仅有生均教学仪器设备值的差异系数低于小学0.3的成都市优质均衡标准，初中有2项指标的差异系数低于0.27的成都市优质均衡标准，其余11项指标的差异系数均高于标准。

【教育现代化】 1月，由成都市人民政府教育督导委员会办公室组织，对崇州市教育现代化工作进行了阶段性评估验收。2月，成都市人民政府教育督导委员会关于教育现代化先进区（市）县的通报，崇州市被评为成都市教育现代化先进区（市）县。按照成都市教育现代化新的监测指标体系要求，监测结果显示，2016年崇州市教育现代化发展水平的目标总达成度为76.96%。其中，A级指标的平均达成度为80.86 %；达成度在90%以上的指标有2个，分别是A1教育普及水平和A8学习型社会建设水平；达成度最低的2项指标是A4教育投入水平和A9教育治理水平，分别为65.34%和62%。

【教育信息化】 按计划推进“智慧教育建设”改革项目，承担的成都市教育学院规划课题“电子白板与教学深度融合”完成研究任务，形成崇州经验。举办第二届电子白板赛课，57所学校、9个教研共同体、4000余名教师参加活动。参加成都市“一师一优课”活动，注册2841人，赛课2953节，69人次获得成都市级奖励，其中一等奖6人，二等奖12人，三等奖51人，成都数字学校注册2.973万人。继续在崇庆中学、江源小学、桤泉学校、三江中学探索电子书包进校园。到12月底，全市完成了“中小学教师信息技术应用能力提升工程”，培训总人数为5247人，完成率100%。

【教育国际化】 全年聘任6名外籍教师到农村12所中小学教学，学生游学650人。4月1日，美国硅谷六城市30多位代表到崇州参观访问。4月26日，大划小学、听江小学接待泰国皇家学校35名学生、3名老师来访。11月，召开崇州市教育国际理解教育培训会，四川师范大学国际关系学院院长汤宏作《中华文化与跨文化交际以及汉语国际推广政策》主题发言。在学府小学和崇庆中学附属初中分别接待“汉语桥——美国校长访华之旅”访问团，并签署友好合作协议。11月24日，市教育局与丹麦VIA大学签订友好合作备忘录，就学前教育、小学教育以及职业教育展开教育合作。12月16，在学府小学成功举办首届崇州市对外汉语教师培训班，培训学员29人。

【师资培训】 全市学校（园）干部参加各级培训421人次，其中境外培训4人次，乡村学校校长专题培训4人，“中西部”项目培训4人，“幼师国培”项目培训5人，新优质学校校长专题培训5人，农村寄宿制学校校长专题培训5人，九义学校校长培训2人，高中校长培训5人，中小学法治教育专题培训2人，暑期组织50名校长到上海参加“校长管理能力提升高级研修班”培训，省优促进会培训63人，崇州市级学校安全教育培训55人和中层干部培训195人。全年组织全市教师培训6046人次，其中，文翁大讲堂培训330人次，国培3209人次，新教师培训71人。

【教师交流】 继续与温江区教育局结成教育联盟，两地共有28所联盟发展学校，常态化联合开展教学研究、教师培训等活动。选派5位干部到温江区中小学、幼儿园挂职锻炼。对18名校级干部（含副校长）进行轮岗交流，占全市义务教育学校校长（含副校长）总数的20%；交流教师138名，交流比例为全市应交流教师数的13.4%，其中骨干教师27人，交流比例为全市应交流骨干教师数的21%。

【队伍建设】 6月，市教育局印发《关于2017年教职工暑期师德学习活动及师德满意率测评工作的通知》，组织全市教职员工学习先进人物事迹，学习《中华人民共和国义务教育法》《教师行为八不准》和《成都市中小学（幼儿园）教师职业道德行为准则（修订版）》等法律法规知识。成立师德师风学习测评工作督查领导小组。组织开展评优表彰工作，并召开庆祝第33个教师节表彰大会。全年表彰“四川省特级教师”1人，“成都市学科带头人4人”，“成都市优秀青年教师”4人，“成都市教坛新秀”4人，“成都市优秀德育工作者”4人，“成都市优秀班主任”13人，“蓝光园丁奖”乡村班主任4人，“成都市秀域美丽教师奖”3人，“万腾特教园丁奖”1人，崇州市级优秀教师123人。

【人才引进】 开展人才引进工作，面向社会公开招聘硕士研究生等高层次人才，共引进本科及以上学历高层次人才46人。聘请“常青树”计划学监、导师共9人次。9月，4位“常青树”学监、导师组建崇州市第一届“常青树导师工作室”。组建教育行业专业委员会，通过学校推荐、个人申报、组织遴选等程序，向市委组织部推荐21名“崇州市教育人才”，与民办学校、职教中心等单位推荐的6名教育人才共同组成崇州市第一批“崇州市教育行业专业委员会”。

【项目建设】 继续推进公办标准化幼儿园建设工作，30所公办标准化幼儿园建设项目，第一批次9所幼儿园全部竣工，并完成设备购置、附属建设，于9月投入使用。第二批次16所幼儿园于8月全部竣工。第三批次5所幼儿园主体竣工。完成第二实验小学（原金鸡小学）建设，并于9月投入使用。推进学校基础设施建设工作，实施江源小学、羊马学校、西江学校、道明学校、崇平小学、江源中学标准化校舍风貌改造；完成崇庆中学、学府小学、燎原小学、桤泉思源学校的食堂改造工程；实施部分学校学生宿舍条件提升工程。

【建立第二实验小学】 第二实验小学由原金鸡小学于9月迁建更名，学校全称为“崇州市第二实验小学校”。学校由崇州市教育局举办，经崇州市事业单位登记管理局登记，实施六年制（小学）教育的全日制公办教育机构，具有法人资格，独立承担民事责任，属公益一类事业单位。校址为崇阳街道中兴西路98号，占地面积2.49公顷，其中建筑总面积10661.5平方米，设计教学班级30个，学位1350个。学校建设总投

崇州市第二实验小学（由原金鸡小学迁建更名）正式投入使用

资6944.94万元，其中上级补助资金5300万元，其余部分为本级配套资金。学校有教职工67人，其中专任教师66人；在校学生1113人，其中进城务工子女822人。

【智慧教育】 智慧教育项目（简称项目）属崇州市智慧城市试点优先启动项目。项目包括硬件建设和软件（即智慧教育云平台）建设。项目规模3800万元，建设内容75%以上为硬件。先后完成调研、规划、设计、评估、立项、融资、招投标、签约等工作，并完成硬件建设。12月，智慧教育云平台完成前期工作，项目的师生计算机、班班通多媒体电子白板投入使用，进入试运行阶段。

【教育援藏】 3月，马尔康市教育考察团赴崇州市考察交流，并与市教育局商谈援藏工作。5月，市教育局印发《崇州市对口帮扶马尔康市教育工作实施方案》。5月25日，市教育援藏工作代表团14人到达马尔康，与马尔康市教育局对接教育援藏工作。5月26日，双方在马尔康市教育局召开“马尔康—崇州教育援藏工作”座谈会。6月，市教育局印发《关于加强崇州教育对口帮扶工作的实施意见》，明确对口帮扶任务职责，并确定20所中小学与马尔康学校确立对口帮扶关系。11月，在马尔康市启动“崇马两市教学骨干培养百人工程”，开展拓展援助，并向马尔康市教育局赠送120节优质微课。先后选派优秀干部人才10人次、中小学教师16人次到马尔康市支教。

【教育督导】 11月，经市政府第二十五次常务会议通过，聘任崇州市第五届市政府督学。聘任吕鹏为市政府总督学，聘任刘艳、苏红良、王凯、赵强、兰宏、罗红蕾、王剑为副总督学，聘请乐玮、邵家孟、李淑清、陈林华为督学顾问，聘请了18名政府督学。第五届市政府督学从2017年11月起聘任，聘期为3年，由崇州市人民政府教育督导委员会办公室负责管理。全年对照创建全国中小学责任督学挂牌督导工作创新县目标，开展学生防溺水、师德师风、预防校园欺凌、幼儿园规范办园行为等专项督导和经常性督导工作。持续进行教育现代化、教育国际化、义务教育均衡化监测工作。

【教育资助】 全年投入资金1497万元，对各类学生共计25174人次进行资助。其中，学前教育有3547人符合条件的“三儿”（家庭经济困难儿童、孤儿和残疾儿童）享受减免保教费的资助，补助资金180万元。按照标准对义务教育阶段家庭经济困难寄宿生6286人次给予生活补助，资助金额350万元。6040人次普通高中家庭经济困难学生享受国家助学金补助，补助金额604万元，对4155人次家庭经济困难普通高中学生免除学费，免学费金额达159万元，对城乡低保家庭的普高学生实施免课本费资助，资助学生230人次，资助金额6万元。享受中职国家助学金2813人次，金额56万元，中职免学费1346人次，金额125万元。对符合条件的家庭经济困难的中职一、二年级住校生757人实施了减免住宿费，减免金额15万元。

【教育科研】 修改完善《崇州市教育教学科研成果表彰奖励办法（试行）》。6月20日，市教培中心承担的成都市心理学课题——“沙盘游戏咨询技术在留守儿童心理成长中的运用研究”，在实验中学开题。举办2017年崇州市教育教学科研成果评选活动，市人民政府投入100万元，用于奖励全市教育科研优秀成果。10月24日，在蜀南小学开展教育科研课题立项答辩活动，11项课题成功立项为崇州市级课题。绿色实验幼儿园的“幼儿园户外科学探究活动的设计和实施研究”、中山小学的“提升学生自主学习品质的策略研究”立项为成都市课题。三郎学校的“基于未来学校建设的课堂实践研究”立项为四川省电教馆省级课题。推荐8项科研成果参加成都市教育科研成果评比，崇庆中学附属初中《薄弱初中快速提高教学质量的学校策略》获成都市三等奖。

【心理健康教育】 建立崇州市中小学心理健康维护中心，依托中心开展“心理健康教师专业化技能培训（沙盘游戏治疗师培训）”和心理健康活动。成立崇州市教育局“心起航”专业志愿服务队伍，组织、邀请专家为高三、初三师生作考前心理辅导。结合“青春期性健康教育”课题，在高完中学校为学生开展专题心理辅导。开展以“留守儿童、单亲家庭子女”为对象的心理健康研究，在“青春地带”学校、“成都市心理健康示范校”等18所学校开展了研究工作。开展“生涯规划”主题班队赛课活动，邀请部分高校专家对全市心理健康教师进行“生涯规划”主题业务培训。

【德育教育活动】 开展文明校园创建，11所学校被命名为崇州市首批文明校园，其中，七一实验小学、锦江小学等5所学校荣获第一届四川省文明校园称号。有23所学校参加“品格教育”课题研究，学府小学成为全国首批品格教育联盟学校；中国教育报以《品格教育，学府小学创新发展之路》为题，专题报道学府小学品格教育工作；11月，市教育局以“品格教育在崇州——践行德育理念，塑造完美品格”为项目，申报成都市全面改革创新成果。11月17日，崇州市第三届青少年科技创新大赛在蜀南小学举行，来自全市中小学的学生代表参加科技展和科技竞赛活动。开展全市校园足球P联赛，元通镇幼儿园认定为成都市足球兴趣特色试点幼儿园，崇庆中学实验学校被评为全国青少年足球示范学校。开展非物质文化遗产——空竹进校活动，空竹运动在20余所学校展开，举办“运动成都”第一届崇州市校园空竹学生和教职工大赛。组织学校参加成都市中小学生“少年智库”创意、创想比赛展出活动，市教育局获得先进区（市）县荣誉。

【乡村学校少年宫】 全市有乡村学校少年宫31所，为留守儿童开展“粽叶飘香　端午传亲”“展现风采、放飞梦想”等关爱活动20余场。怀远小学、道明学校乡村学校少年宫代表成都市接受四川省文明办督导组的检查。锦江小学参加四川音乐学院聂耳音乐厅举行的“成都市青少年宫舞蹈学校2017专场会演”活动，表演舞蹈《千瓣莲语》。西江学校少年宫空竹社团参加“运动成都”2017年第四届全民健身运动会暨成都市“功群杯”第二届教师中小学生校园空竹比赛，获得小学组团体和小学甲组团体一等奖，3名队员分别获得个人比赛项目第一名。11月17日，全市在锦江小学举办以“欢乐童年　放飞梦想”为主题的崇州市首届乡村学校少年宫成果展示会，28所乡村学校少年宫参加展示活动，活动现场表彰5名2017年“美德少年”、10名“优秀乡村学校少年宫工作者”和5个展示活动“组织奖”单位。锦江小学获得“四川省优秀乡村学校少年宫”称号。

崇庆中学附属初中学生到社区义务劳动

锦江小学学生在“移动少年宫”成果展上制作展品

【家庭教育】 3月，市教育局印发《关于加强家庭教育工作的实施意见》，把“创建学校、家庭、社会三位一体教育生态共同体”作为崇州市课题研究，确立8所家庭教育示范引领学校，完善三级家委会建设，建成家长学校56所，建立家庭教育专兼职队伍200余人，主要开展父母论坛、专题讲座、家长开放日、家长进课堂、亲子共阅读、亲子活动等活动300多场。10月，面向全市家长征集优秀家教案例200多篇，宣讲团成员在部分学校巡回开展家庭教育宣讲活动。

【法律进学校】 全市学校（园）以创建“法律进学校”示范点位为契机，推进依法治校工作，55所中小学、幼儿园全部完成章程建设并公示。4月，实验幼儿园通过验收，被命名为成都市级依法治园示范园；11所成都市级依法治校示范学校（园）接受了成都市复查。12月8日，七一实验小学通过成都市“法律进学校”示范点位检查验收，成为成都市级示范点位。全市共有依法治校示范学校，省级2所，成都市级12所，崇州市级（含成都市、省级）41所。

【安全管理评定规范】 5月，市教育局印发《关于开展〈成都市中小学、幼儿园安全管理评定规范〉达标建设工作的通知》（以下简称《规范》），启动《规范》达标建设工作。9月，按照《成都市教育局、成都市安全生产监督管理局关于按照〈成都市中小学、幼儿园安全管理评定规范〉开展达标（星级）学校申请与评定工作的通知》，制定《崇州市教育局、崇州市安全生产监督管理局开展〈规范〉达标评定工作实施方案》。按照方案要求成立《规范》评定工作组。10月，评定工作组在中山小学按标准开展评定工作，讨论评定办法。11月，分2个工作小组开展第一批次20所学校（园）《规范》初评工作。12月，评定工作小组深入部分学校（园）继续指导、督促《规范》达标建设工作。

（杨成云）

传媒
Education

【概况】 崇州市新闻中心和崇州市广播电视台均为市委宣传部所属事业单位，两个单位合署办公。内设总编室、采编中心、广告部、新媒体拓展部、技术播出部和行政办公室。2017年，新闻中心各平台圆满完成市委、市政府下达的工作任务，创优创先工作也取得新成绩。被评为2011—2015年全市法治教育先进集体，“今日崇州”微信被评为2017年度四川十佳区县政务新媒体（成都地区）之一；1件作品获四川省级奖励，18件作品获得成都市级奖励。

【《今日崇州》报】 《今日崇州》全年出版50期，约600个版面，1000多条消息，300余篇专题，全面报道崇州市经济社会发展状况。2017年，围绕中央、省、市和崇州市重点工作开展宣传，为中央和省、市重大决策部署及崇州市重点工作的落地落实营造良好的氛围受到市委、市政府和社会各界的好评。为贯彻省市重要会议精神，《今日崇州》先后开辟《学习贯彻四川省十二届人大五次精神》《学习贯彻成都市委经济工作会议精神》《学习贯彻成都市第十三次党代会精神》等专栏，学习宣传会议主要内容和重要要求。中共十九大召开期间，精心策划《喜迎中共十九大》《聚焦十九大》《献礼十九大》3个系列专栏，通过新闻、专题的形式，全面展现崇州建设全面体现新发展理念的城市的生动实践、取得的成绩，以及各乡镇（街道）和部门学习贯彻中共十九大的具体情况，用实际行动向中共十九大献礼。崇州市市委经济工作会召开同时，《今日崇州》及时开辟《市委经济工作会特别报道》专栏，详细解读市委经济工作的新部署新要求，并通过人物专栏的形式，报道各相关部门学习贯彻会议精神的计划。随后，开辟《聚焦两区一基地 撸起袖子加油干》专栏，结合“两区一基地”建设，对重点部门和重点乡镇落实情况进行专题报道。第五届四川自驾赏花节期间，开辟专栏，通过新闻、专题、特写等形式，相继报道崇州市赏花节的旅游线路、重点点位、取得的成绩等，吸引《四川日报》《新华每日电讯》《人民日报》和中央电视台数度关注，极大地推进崇州旅游业和乡村经济的发展，提高崇州的吸引力和影响力。结合“西控”战略部署和成都市对标管理工作要求，《今日崇州》安排记者与2017年崇州市第四期领导干部对标先进能力提升班随团采访。策划《深化落实对标成果 创新实践“西控”部署》专栏，学习对标城市浙江安吉和桐庐在生态发展、美丽新村建设等方面的成功经验，报道各部门、乡镇（街道）对标管理举措和创新做法。崇州市“三大战役”打响后，《今日崇州》结合不同阶段工作重点，先后开辟《生态崇州 绿色行动》《打好环保攻坚战 建设美丽新崇州》栏目，对全市各个单位、部门环保动态及取得的成绩进行及时报道。中央环保督察组进驻四川后，每周固定版面，大篇幅、重点报道督察组交办的信访案件整改情况，极大地促进全市环保工作的进一步推进。

【广播电视】 崇州市广播电视台2017年播出电视新闻309组（2488条），电视专题10个专题栏目 、294期，广播新闻309组、2488条，开设5个电视专题栏目，共播出236期。全年，围绕中共十九大精神，四川省、成都市和崇州市党代会精神；依法治市、精准扶贫、产业发展、环保攻坚、创新创业、第五届四川·崇州自驾赏花节等。策划“聚焦中共十九大”系列报道，历时半年，全媒体推出437篇（条）报道；策划“环保攻坚”报道，历时一年，全媒体推出372篇（条）；策划“依法治市”“法制崇州”全媒体推出418篇（条）；策划“项目攻坚”“双创行动”“精准扶贫”等10余个系列报道，全媒体推送。

【新媒体平台】 “今日崇州”微信共发布250期微信，合计上千条，内容包括崇州的政治、经济、文化、教育、体育、环保、卫生等方面。新闻网上全年上载各类崇州时政、经济、文化等方面的新闻上千条，“今日崇州”APP及时上传崇州各类新闻，全年合计上千条，及时上传崇州新闻视频，全年累计上传视频新闻近两千条；在“图”栏目中，及时上传崇州城市、乡村照片，累计上百张。策划报道了“赏花节”“环保攻坚”“喜迎中共十九大”“聚焦中共十九大”“贯彻学习中共十九大”“崇州两会”“依法治市”“健康崇州”等20多个特色专题栏目。开展和粉丝的互动活动，包括贯彻学习中共十九大在线知识答题，领奖品；对崇州美照的收集、展播等活动。

【作品创优】 在四川省、成都市组织的新闻作品创优活动中，有18篇（次）作品获奖，其中广播消息《拆迁不拆邻里情》获四川省广播电视新闻提名奖。

【安全播出】 做好广播电视播出日常巡查维护工作，建立巡查制度，对所有设备继续做好档案管理工作，对每一台设备进行建档列表并跟踪设备的使用情况。做好全台各类设备的技术维护、维修工作。确保全台设备的正常运转和安播工作，有力地保证了各项宣传工作的顺利进行。

（刘艳梅）

文化
Culture

【概况】 2017年，崇州文化工作以贴近群众、贴近生活为理念，精心策划，深入基层开展各类文化活动。图书馆获得四川省图书馆、四川省古籍保护中心授予的“四川省古籍保护先进单位”荣誉称号；在2017年“成都文化四季风·民俗闹春”市级优秀节目展演评比中，选送节目《红红火火》获得一等奖。

【公共文化服务】 在配套建设方面，全年建成道明镇天水村、廖家镇新桃村等10个基层综合性文化服务示范点；打造3个村级特色文化院坝；农家书屋补充更新图书2.773万册；在文化惠

燎原综合文化站

道明竹编技艺

民工程方面，完成文化惠民演出48场、公益性演出90场次；举办免费讲座115次、临展8场次，培训社会艺术学员4.1万人（次）；完成农村电影放映2805场次；在提升公共文化服务效能方面，首批开展"成都市公共文化服务大数据绩效管理"试点平台工作。"四馆两中心"、乡镇综合文化站完成每周48小时以上的免费延时、错时开放。

【文化创意产业创新发展】 文化产业增加值占崇州市GDP比重为3.8%，预期实现文化创意产业增加值11亿元，较上年提升0.5%。完成成都市级文化产业示范基地建设，川西民歌村被命名为首批成都音乐产业示范基地。街子音乐小镇完成主题建设规划，顺利通过专家组评审。以"文化+"为指引，融合发展凡朴社区营造、无根山坊、道明竹艺村、观胜严家湾湾、廖家龙马艺雕、道明田园秘境、文井江枇杷茶生态文化休闲中心等一批新业态项目。

【提升"文化管家"品牌建设】 启动文化管家孵化工程，重点开展中共十九大宣传"文化管家微风行动"和"教练型文化管家"建设工作。依托文化管家模式撰写的《公共文化服务的社会化专业化探索》论文获得2017年中国文化馆年会征文活动一等奖。

【提升"版权"服务品牌建设】 指导推动成都汉联孵化器有限公司开展版权登记并荣获"成都市优秀版权服务站"称号，并列入"省级版权示范单位"提名。川西民歌村成功打造大型实景音乐剧《蜀歌·蜀嫁》，创作原创歌曲35首，完成著作权版权登记。

【提升道明竹编非遗品牌建设】 以保护和传承国家级非遗项目道明竹编为核心，全力推动道明"竹艺村"项目，"丁知竹"非遗特色文化院坝等公共文化服务体验为示范，实现乡村再建、民艺复兴、休闲旅游、文化创意、健康运动大融合，构建文化创意产业特色品牌。

【非物质文化遗产保护】 12月28日，由文化部办公厅公布的公告《文化部公示第五批国家级非物质文化遗产代表性项目代表性传承人推荐名单》中，序号为676号的竹编（道明竹编）项目，赵思进入选第五批国家级非物质文化遗产代表性项目代表性传承人推荐名单。为做好非物质文化遗产的传承和保护，先后举办道明竹编新作品及技能展示大赛；组织道明竹编参加第六届中国成都国际非物质文化遗产节系列活动，参加英国、白俄罗斯、斐济、蒙古等国家开展的中国传统文化交流活动，参加2017乌巢非物质文化遗产邀请展，参加四川省第二届农民艺术节非遗传统手工艺展览。

表15

崇州市非物质文化遗产一览表

项目名称	项目级别	项目入选时间	批次	项目所在地	传承人及其级别
道明竹编	国家级	2014年	第四批	崇州市道明镇	赵思进（国家级） 丁志云（省级） 陶亭革（省级） 丁志伟（市级） 陈少文（市级）
怀远藤编	省级	2008年	第二批	崇州市怀远镇	李志辉（市级） 李建康（市级） 李正强（市级） 邓 春（市级）
怀远三绝制作技艺	省级	2009年	第二批	崇州市怀远镇	唐君展（省级）
街子汤长发麻饼制作技艺	省级	2009年	第二批	崇州市街子镇	皮仁远（省级） 汤克阳（市级） 汤小梅（市级） 汤柳霞（市级）
金鸡风筝扎制技艺	省级	2009年	第二批	崇州市金鸡	高加辉（省级）
崇阳大曲传统酿造技术	省级	2011年	第三批	崇州市崇阳街道	
元通清明春台会	成都市级	2013年	第四批	崇州市元通镇	
石观音板鸭制作技艺	崇州市级	2010年	第一批	崇州市观胜镇	
天主堂鸡肉制作技艺	崇州市级	2010年	第一批	崇州市崇阳街道	

【非遗特色小镇申报】 道明镇成功申报为成都市首批非遗特色小镇。推进落实中央美术学院驻四川成都传统工艺工作站在崇州挂牌事宜。启动推进街子音乐小镇、怀远藤艺小镇、元通春台会非遗小镇等特色镇申报工作。

【文物保护与考古发现】 在文物保护方面，市文旅局7月举办崇州市2017年文物工作会议，邀请副市长郑厚君，各乡镇（街道）、市相关部门分管领导出席会议，拟定《崇州市人民政府关于进一步加强文物工作的实施意见》及《崇州市人民政府关于成立崇州市文物审查委员会的通知》，并完成征求意见工作；7—8月，推荐成都市文物保护单位元通天主堂为四川省文物保护单位，完成并上交申报材料；7月，完成纸质文物修复项目（16年开始）专家验收并顺利通过，9月开始第二批修复竞争性谈判程序；8月起，依次完成成都市目标任务——建立10处文化地标的选点、设计、制作、安装工作，至12月中旬全部完工；8月，启动一般不可移动文物现状调查工作；9月，启动罨画池（含文庙、陆游祠）保护修缮工程及张家大院维修工程的方案设计工作，经现场测绘、白蚁虫害调查等工序，于

崇州市博物馆纸质文物修复项目顺利验收

11月完成《四川省崇州市罨画池保护修缮设计方案》并上报省文物局；完成上南街张家大院维修设计方案并申报2018年成都市文物保护专项资金。在考古发现方面，1—5月，配合成都市考古队进行李家岩水库考古发掘与古墓搬迁工作；6月起，“三绕”崇州段开始施工，配合成都市考古队进行考古调查工作；6月，完成白头镇和乐村12组地下窖藏铜钱的发掘；12月，配合成都市考古队完成国保单位成都平原史前城址——紫竹遗址的考古调查并在遗址东侧建设控制地带外清理发掘唐代墓藏7座。

【古籍保护修复】 完成蜀州文献库建立，收集整理古蜀州（崇州、大邑、新津、都江堰、温江和邛崃）地方特色文献资源，建成蜀州文献库，启动图书馆古籍修复室建设。2017年，被四川省图书馆、四川省古籍保护中心授予“四川省古籍保护先进单位”称号。

【新闻出版管理】 完成全市文化市场经营单位、新闻出版经营单位、广播电视播出机构等年检工作。完成“八一”阅兵、中共十九大等重要敏感时期的广播视安全播出工作，获得成都市广播电视安全播出指挥部的通报表扬。通过版权服务工作站报送版权作品登记817件，超额完成成都市下达目标任务30%；开展“扫黄打非”进社区、进景区以及“净网、清源、秋风、护苗、固边”五大专项整治行动，共出动执法人员1000余人次、车辆400多台次，检查印刷复制企业400余家次，出版物经营单位180余家次，物流公司5家次，收缴非法出版物3100余（册/张），删除网上有害信息1200余条，办理刑事案件7件，行政处罚案件14起。大划镇划石村被授予四川省基层“扫黄打非”网格化管理示范网格点称号。

体育
Sports

【概况】 市文旅局深入贯彻《国民健身计划纲要》，在全市范围内开展体育工作。举办中国·成都第八届自行车车迷健身节（崇州站）暨第六届公路自行车精英赛、崇州市第四届运动会。崇州射箭队参加四川省“协会杯”中小学射箭锦标赛，取得12枚金牌、4枚银牌、4枚铜牌。豪芸通用航空获得初级类飞机“运动驾驶员执照”培训资质。青城马术园被四川省体育局确定为“四川省青少年马术训练基地”。1人被国家体育总局评为“全国群众体育先进个人”。

【体育民生工程】 承办崇州市机关2017年五彩缤纷健步走活动；四县（崇州、大邑、邛崃、蒲江）网球联谊赛、崇州市首届武术文化节等全民健身活动共计112次，超额完成12次；培训三级社会体育指导员116人，超额完成16人；为全市25个乡镇（街道）配置安装了健身设施60套；全年新建10片示范性足球场（五人制8片，七人制2片，动员社会力量投资新建4片），并全部通过成都市体育局验收；完成无根山健身步道建设并投入使用；全年分时段分别到文井江、廖家、元通、梓潼、怀远、实验幼儿园等单位开展国民体质检测工作，共检测样本2950例，超额完成150例。公共体育场所免费开放共计14.5万人，超额完成4.5万人次。

【青少年体育工作】 积极组织全市相关学校参加成都市十大传统活动（乒乓球活动月、百日游、校园足球等）。举办崇州市校园空竹比赛、崇州市校园足球联赛、崇州市第四届运动会青少年组田径、跳绳等40多个项目的比赛；崇州籍足球运动员张霄入选2024年国家奥林匹克足球队，有望参加2024年奥运会；射箭队参加四川省“协会杯”中小学射箭锦标赛，取得12枚金牌、4枚银牌、4枚铜牌；足球代表队参加成都市校园足球P联赛获高中组一等奖，小学组二等奖两个、三等奖两个，初中组三等奖；承办成都市田径锦标赛、成都市田协杯运动会、成都市小飞人比赛、成都市第四届全民健身运动会暨成都市第十届青少年体育俱乐部30

人31足比赛。

【发展高端文体运动】 市文旅局指导豪芸通航、青城马术园做好场地、设施建设，举办成都崇州第三届遥控直升机大奖赛，为承办高水平的比赛积累了经验。豪芸通用航空在3月获得初级类飞机“运动驾驶员执照”培训资质，是西南地区首家拥有培训资质的单位。青城马术园被四川省体育局确定为四川省青少年马术训练基地，并积极申请四川省马术队落户青城马术园。

【成都第八届自行车车迷健身节】 3月17—18日，为期两天的中国·成都第八届自行车车迷健身节（崇州站）暨第六届公路自行车精英赛在崇州桤木河湿地公园和重庆路举行。参加赛事的有国内外自行车运动爱好者及成都市级单位、各区（市）县、崇州市各单位的120多支代表队，共计2000余名运动员。中央、省、市近30家主流媒体关注和报道。

崇州市第四届运动会开幕式

【崇州市第四届运动会】 崇州市第四届运动会于5月27日拉开帷幕，11月17日闭幕。共设置老年组、成年组、青少年组3个组别，参赛项目共计68项。直接参与人员10多万人次，间接参与人员20多万人次。参加该届运动会的共计85支队伍2000多名运动员。

公路自行车精英赛

卫生和计划生育
Health and Family Planning

【概况】 2017年，全市共有各级各类医疗卫生机构486家。其中，县级公立医院3家（人民医院、妇幼保健院为三级乙等，中医医院为二级甲等），公共卫生机构4家，乡镇卫生院和社区卫生服务中心26 家，村卫生站（社区卫生服务站）238 家，非建制乡镇卫生院6 家，民营医院24家（其中二甲医院1家），门诊部5家，诊所148家，驻崇医疗机构5家，医疗机构分支机构、厂矿和学校医务室27家。全市医疗卫生机构核定床位数4868张，实际开放床位5633张。卫生专业技术人员5943人，其中注册医师2198人，注册护士2664人，其他卫计人员1081人。2017年，全市卫生资源利用状况呈现良好势态。全市医疗机构总诊疗数449.77人次，门急诊437.26万人次，入院

16.34万人次，出院16.17万人次。崇州市被评为2016年四川省卫生单位、成都市2014—2016年度爱国卫生工作先进集体。

【民生工程】 市中医医院迁建项目按序推进，市人民医院综合培训中心建成投入使用，崇州二医院新建项目加速推进。“十三五”期间，基层医疗卫生机构硬件提升工程，完成城南、街子、元通及46个村卫生室建设前期准备，项目推进走在区县前列。

【医疗卫生体制改革】 区域医联体建设更加扎实有效，组建5支不同类别医疗联合体，实现县、乡、村三级医疗卫生机构全覆盖；初步实现医联体内人通、医通、财通，优质医疗资源下沉更加顺畅；组建家庭医生团队87支，家庭医生签约覆盖率达50.1%。县级公立医院综合改革持续深化，出台《崇州市深化医药卫生体制综合改革试点实施方案》和《崇州市推广深化医药卫生体制改革经验实施方案》，将医改工作纳入部门年度目标考核，与省、市同步推进相关改革；自加压力，研究制定对口帮扶薄弱乡镇卫生院、推进“基层首诊”等十项深化医改“医疗专项行动”实施方案，进一步加大“三医联动”医疗方面改革力度；规范实施取消药品加成和“两票制”采购；加强精细化管理，建立医疗控费长效机制，持续改善医疗服务，落实财务审计和医院巡查制度，顺利完成省医药卫生体制改革任务完成率90%的目标，患者就医负担持续减轻，县级公立医院看大病、解难症水平进一步增强。在成都市创新性实施怀远、三江等8个乡镇急救站（点）建设，构建15分钟急救服务圈，有效化解较远乡镇急救半径过大问题，急救服务体系更加完善。三江、廖家、三郎、道明4家卫生院顺利通过国家满意乡镇卫生院创建成都审核工作；成功创建2家成都市示范中医馆。

【智慧医疗】 完成人口健康信息平台和卡管平台两个基础平台搭建，完成分级诊疗、家庭医生签约、远程医疗（影像、心电、B超、胎监）、双向转诊、健康档案管理、居民健康卡应用等功能系统构建，实现市、乡、村三级公立医疗机构业务的互联互通、数据共享。居民健康卡累计发放55万张，实现公立医疗机构全覆盖应用。完成家庭医生签约（APP）建设，实现26家基层卫生院（社区卫生服务中心）全覆盖应用，通过手机APP签约已近2.2万人。推出“健康崇州”（微信、APP）便民服务应用平台，短短1个多月已关注近1.5万人，实现区域内预约挂号、网上缴费、居民健康档案查询等便民应用。

【国家卫生城市和健康城市建设】 高分通过省级卫生城市复审并顺利启动国家卫生城市创建工作。深入开展市容环境卫生、环境保护、公共场所、食品卫生、病媒生物防制等专项整治，积极巩固卫生城市成果，新建省级卫生镇2个、省级卫生村23个、省级卫生单位17个、省级无烟单位9个。专题召开全市卫生与健康大会，启动健康城市建设工作。街子镇及街子镇天顺村成功创建为省级健康单位，市政务服务中心、元通镇、崇阳街道白石社区、元通镇卫生院、街子镇学校、全友家私等15个单位成功创建为成都市健康细胞。重大疾病防控取得显著成效，圆满完成血吸虫国家消除达标工作。11月2日，成都市青白江区、新都区、金堂县等4个区（市）县血吸虫病消除达标考核验收通报现场会在崇州举行，崇州以第一名的成绩顺利通过血吸虫消除达标。H7N9疫情防控有力有效，及时启动联防联控机制，加码“1110”禽产品市场管理制度，全面加强家禽养殖、运输宰杀、哨点排查、监测预警、个人防护、医疗救治等方面措施。

【妇幼和计划生育】 积极稳妥实施“全面两孩”政策。全市孕产妇死亡率为0，5岁以下儿童死亡率、婴儿死亡率、新生儿死亡率等均达到国家、省、成都市指标。享受奖励扶助对象4.81万人，享受特别扶助对象1992人，共发放奖励金6081.228万元，重点落实计生特殊困难家庭关心关怀政策，发放关怀资金200余万元。做好流动人口管理服务工作，全面深化流动人口基本公共服务均等化工作，全年关怀慰问流动人口困难家庭100户，新建流动人口计生协会2个，流动儿童和农村留守儿童示范学校1所。

【对口援藏】 全年选派37人次赴马尔康帮扶指导，其中21人常驻（含疾控、妇幼、临床等），通过建立常态化人员交流机制，开展医疗机构深度结对，协助马尔康市人民医院"二级甲等"综合医院、市妇幼保健院"二级乙等"妇幼保健院顺利完成等级评审。

（石斌）

党史·地方志
Party History and Local Chronicles

【概况】 市委党史研究室（市地方志办）始终将史志征编研作为主业，在深入学习贯彻中央、省、市党史、地方志工作文件和会议精神的基础上，着力编纂史志精品。编纂出版《中共崇州市委执政实录2016》《崇州年鉴（2017）》；完成《成都年鉴》《四川年鉴》2017年卷崇州部分组稿工作和地方志资料年报工作；编辑出版《唐求诗探》；完成《蜀州纵横》编辑出版工作；完成《四川省乡镇简志》崇州部分稿件修改工作；乡镇志工作有序开展，2017年，《三郎镇志》《鸡冠山乡志》编纂工作稳步推进，《怀远镇志》进入资料搜集阶段。全年共完成编辑任务130余万字。

【执政实录编纂工作】 市委党史研究室按照省委、市委要求，启动执政实录编纂工作。《中共崇州市委执政实录》是记述中共崇州市委执政实践的一套大型综合性、资料性工具书。该书由崇州市委主办、市委党史研究室主编，从2015年开始，逐年编纂。《中共崇州市委执政实录（2016年卷）》为总第二卷，以市委重要会议、重要决策、重要文件、重要事件、重要经验为主线，忠实地记述中共崇州市委贯彻落实党的路线、方针、政策，带领全市广大干部群众勇担历史使命，抢抓战略机遇，积极奋发作为，深化改革开放，推动创新发展，全面推进社会主义现代化建设的实践历程。全书按照工作综述、特刊转载、执政方略、重要讲话、执政实践、执政思考、大事记、附录八大部分进行分类编辑。12月，由中共党史出版社出版。

【党史大事记修订】 《中国共产党崇州历史大事记（1930—1993）》于12月出版。该书是在《中共崇庆县党史大事记（1930—1987）》《奋进者的足迹——崇庆县经济社会发展六年纪实（1988—1993）》两本党史资料专辑的基础上，对现有资料进行校核、修订、补充、整理编辑而成的。与前期出版的撤县设市20周年专辑《中国共产党崇州历史大事记（1994—2013）》编辑和编排体例一致，时间连贯，是展示中国共产党在崇州1930—2013年共83年发展历史的资料性党史工具书，对于全市干部群众了解中国共产党在崇州的历史发展概貌具有一定的参考价值和借鉴意义。

党史、地方志编纂成果

【年鉴编纂出版】 2017年卷《崇州年鉴》于12月出版，设概况、特载、专文、大事记、中共崇州市委员会、崇州市人民代表大会、崇州市人民政府、政协崇州市委员会、中共崇州市纪律检查委员会、民主党派、社会团体、法治、国防、对外开放与合作、城乡建设与管理、资源与环境保护、工业、农业、商贸与服务业、能源、财政·税务、综合管理、社会事业、人民生活、乡镇（街道）和附录共26个类目，共53.6万字，全面系统地记载了2016年度崇州自然、政治、经济、文化、社会等方面的基本情况、发展变化及大事要闻。

【地情资源开发利用】 《唐求诗探》于12月出版。该书收录了唐朝末年蜀州街子"一瓢诗人"唐求所作诗歌35首半，并由一直致力于崇州历史文化研究的刘光全辑注，由市地方志办校核印制，对更大范围的推介唐求诗作，推动社会对唐求其人其诗的进一步了解研究有着积极意义。《增修崇庆州志》是崇州极为珍贵的旧志，为了扩大其受众面，特别制作《增修崇庆州志》影印本，在原影印本基础上对排版进行调整以方便读者阅读，方便更多的历史文化爱好者研究崇州，服务崇州建设；完成燎原地下党支部、集贤严家弯湾相关口述资料收集整理，传承口口相传的崇州人文历史。以服务崇州建设为根本，扩大地情资料的开发范围，助推地方文化传承。结合观胜严家湾弯的打造，深入乡村，搜集整理了口述资料，为打造严家湾弯新农村建设注入民俗文化提供翔实资料；在燎原乡安顺地下党史料馆建设、周澄波烈士故居进行保护和修葺并在三江镇塑立雕像、在元通二江桥处设立平叛烈士殉难处纪念碑、张露萍烈士故事宣传等方面，为各相关单位提供资料20余次。受各乡镇、各部门和单位的资料查询共计20余次，提供资料共计30多本；向纪委、宣传部报送家风家训征文两篇、党史故事一篇、读书征文一篇；此外，同市纪委协同合作，挖掘赵抃的为官、为人之道，宣扬清正廉洁的政风；搜集余花龙门子的资料，挖掘和宣传余氏家族的优良家风，在全市形成传承好家风的良好氛围。

【史志研究平台】 为办好《蜀州纵横》，广泛发动社会力量，邀请史志专家把刊物发展把脉，鼓励史志爱好者为《蜀州纵横》投稿。与隆兴镇策划编辑的《蜀州纵横·隆兴专辑》，在历史、文化界专家的帮助下，展示了隆兴的人文风貌、特色产业。

【乡镇志编纂】 《三郎镇志》《鸡冠山乡志》稳步推进，《三郎镇志》完成资料整理，《鸡冠山乡志》完成总纂初稿。市地方志办按照《地方志工作条例》等要求，充分发挥组织、统筹、指导职能，在修志等工作中，为乡镇提供业务指导30余次，确保乡镇修志工作科学、规范、合法。

【数字方志馆建设】 为紧跟数字化建设步伐，启动方志数字化建设工作，对全办收藏的珍贵旧志手写稿和部分藏数不多的旧志、年鉴进行逐一梳理，并已启动数字化整理，以方便查阅和宣传。

【史志宣传】 多渠道、多形式、多方位宣传地方文化精品。12月2日，中央电视台十套播出了地方志办参与制作的《中国影像方志》"四川卷崇州篇"，该片以文井江为线索展现了崇州的历史文化民俗风貌，以真实的影像呈现崇州人民书写的千古方志，足见方志初祖常璩这张国家级名片的重要地位，提升崇州对外影响力，引发市民对崇州历史文化的热议。结合单位编辑的地情书籍，扩大发放范围，开展送书进社区、进学校活动5次，赠阅《成都精览》《崇州文化史话》等地情书籍500余册；宣讲、宣传地情知识，多次参与百姓故事会讲述、骆学林讲堂授课、发送地情知识短信。参加"同心圆"活动，助力观胜镇青柳村党建工作。先后有3人次参加了先进人物、家风、家规宣讲相关活动，在崇州市百姓故事会比赛中获得一个三等奖、一个优秀奖的佳绩。连续

推介赠阅地情书籍

第三年坚持每周编辑发送地情短信，全年覆盖20400人次。

（高雅）

科技与知识产权
Technology and intellectual property

【概况】 2017年，科技与知识产权工作紧紧围绕“绿色发展、创业创新”这一主题，大力实施创新驱动发展战略，将科技创新和知识产权工作作为推动区域经济发展的突破口和支撑点，重点以创新政策措施和深化知识产权改革为依托，以推动产学研深度融合为着力点，以强化科技创新和知识产权保护服务为手段，狠抓创新创业，大力整合、聚集各类科技创新要素，从科技服务体系完善、创新载体打造、创新驱动项目推进、国家知识产权示范城市的建设等方面扎实推动崇州科技和知识产权事业的全面发展。

【科技成果转化】 累计引进科技成果转化服务机构6家，实现成果转化16项，开展各类协同创新项目32项。

【专利申请】 1—12月，全市专利申请总量达3233件，其中发明专利780件，专利托管企业20家，专利许可、转让企业达5家。

【知识产权强县】 3月，崇州市获批“国家知识产权强县工程示范县”称号，启动企业知识产权贯标工作。知识产权大数据运营平台建成上线，110Tb数据落地IPC枢纽大楼机房。3月30日，2017微软“创新杯”全球大赛四川区域赛总决赛在崇州举行。

（胡桃）

名词解释

“3+2”学制：5年学习时间分为两段，即前3年在普通中专学习，后两年在相应的高职院校学习，教学计划由普通中专和高职院校共同制定，分段教学。

劳动和社会保障
Labor and Social Security

【概况】 2017年，市人社局以“建设群众满意的人社公共服务体系”为目标，坚持“以人为本，人才优先”原则，不断创新举措，深入推进“智慧人社”建设，大力实施“就业优先”战略，创新推动“精准扶贫”工作，继续大力开展“关爱拯救行动”，不断增加广大群众的幸福感和获得感，千方百计满足人民日益增长的美好生活需要。

【城乡就业】 全市城镇新增就业9206人；失业人员再就业1573人，其中，就业困难人员再就业666人；农村富余劳动力新增转移就业6120人；青年劳动者技能培训526人；新增吸纳大学生就业创业2374人，促进大学生实现创业138人。

【就业促进】 超前谋划、提前介入“散乱污”失业人员再就业工作，组织专场招聘会24场次，成功帮助1900余人实现再就业，多家省、市媒体进行了专题报道，引起了强烈的社会反响。在成都市率先开展对口就业扶贫工作，对马尔康市进行就业帮扶，“订单式”技能培训50人，提供工作岗位1500余个。立足于“造血式”扶贫，创造性地开展了“四大行动”，积极帮助各类贫困人员脱贫解困。开展“岗位援助”行动，深入乡镇开展巡回就业服务活动16场，提供岗位1400余个，达成就业意向协议1350余人。开展“技能提升”行动，开展针对性技能培训，举办百万职工技能大赛5场。开展“公益帮扶”行动，牵头建立公益帮扶联动机制，开发公益性岗位52个。开展“创业造血”行动，向贫困家庭劳动者推介创业项目8个，实施创业小额担保贷款项目3个。

【劳动者权益保障】 劳动者合法权益全面保障。建立农民工工资清欠联席会议制度，建成劳动者权益纠纷举报投诉平台，大力开展劳动监察执法专项检查，不断加强劳动保障日常巡查力度。开展法律宣传，增强维权意识。积极加强与法院、检察院、公安部门的工作衔接，加大对欠薪的查处打击力度，依法处理恶意欠薪行为。形成联动工作机制，明确执法要点，开展各类检查。建立健全劳动仲裁规章制度，依托崇州“大调解”制度，积极发挥劳动仲裁调解职能，努力构建和谐劳资关系。

【社会保险】 全市城镇职工基本养老保险覆盖人数达18.93万人，在职职工新增扩面1.13万人；基金征缴11.77万元；全市城镇职工基本医疗保险覆盖人数达21.02万人（含退休人员），新增扩面2.01万人；全市城乡居民养老保险参保人数达29.78万人，城乡居民基本医疗保险参保率达98%。新农合制度参合农民住院医疗费用政策范围报销比例达75%。在成都市率先对全市59名建档立卡贫困人员进行社保兜底，使其获得长期稳定的生活保障。创新开展关爱拯救行动，实施"重特大疾病在院定额救助"，提升医疗救助的时效性。

【社会保险基金监管】 借力"互联网+"，充分利用现代先进技术手段，切实加大各类基金的监管力度。扎实推进社会保险治理体系和治理能力现代化建设。推动"互联网+"、大数据、云计算等现代信息技术在全市社保经办领域的全方位拓展应用，通过服务流程再造等方式，大力推行"综合柜员制"，基本实现了社保业务的"一站式"办理，切实做到了让群众"少跑路"。继续推行"打断机制"，通过智能审核系统审核经办要件，对程序不规范、要件不充分的业务实施"打断"，有效提升风险防控水平。创新性开展医保智能监管工作。通过使用自主开发的"崇州医保基金红黄预警智能分析系统"，实现了对基金运行指标的自动预警和智能分析，将事后监管提前到事中监管，对基金运行异常指标自动发出"红黄"预警，实现"快捷、精准、实效、直观、防控风险"五大功能，初步实现了基金监管的智能化、信息化、便捷化；在成都市各区（市、县）中，率先启动非现场监控手段，对全市定点零售药店开展远程视频监管，通过后台监控中心对定点药店进行日常视频监管，不仅将对定点药店稽核工作的效率提高近9倍，还有力保障了崇州市医保基金安全、良性运行。上线"崇州医保"微平台，将医保经办业务线下办理转到线上办理或线上预审，让数据多跑路，群众少跑路。为群众提供在线预审、在线办理、在线预约医保业务的功能，实现"四川人社事、最多跑一次"。

（周伟）

住房公积金管理
Housing Provident Fund Management

【概况】 2017年，成都住房公积金管理中心崇州市管理部紧扣成都国家中心城市建设目标，认真夯实基础工作，促进住房公积金事业的健康发展。新增住房公积金归集额5.01亿元，比上年同期增长17.51%；新增开户单位61户；新增缴存职工11724人；职工支取住房公积金2.6亿元，比上年同期增长30.63%；住房公积金归集余额14.09亿元。向755户职工发放住房公积金贷款2.73亿元，比上年同期下降19.45%；贷款回收率为99.98%，住房公积金贷款余额14.09亿元。

【加强归集扩面】 为认真贯彻落实成都市人民政府办公厅《关于进一步扩大住房公积金制度覆盖面的实施意见》精神，加强催建工作。采取多种宣传形式，对住房公积金制度在住房保障方面的优越性和有关使用政策开展宣传，强化社会认同，助推制度覆盖面。积极协调崇州市经济和信息化局、成都崇州经济开发区管理委员会、崇州市工商业联合会、崇州市人力资源和社会保障局，掌握辖区内企业情况，梳理、筛选规模以上重点企业名单159家，加强后续跟踪和服务。实施精准扩面，掌握辖区内重点规模企业建制情况，对未全员建制的企业采取上门政策宣讲、业务指导等个性化服务；梳理住房公积金贷款合作企业未建制名单，利用开展项目巡查时机，逐一上门向合作企业进行政策宣讲；适时利用经济科技和信息化局政策大讲堂平台，组织辖区内企业召开住房公积金政策宣传会，扩大政策宣传覆盖面；调查了解辖区内人大、政协代表、委员所办企业建制情况，适时开展政策宣讲。加强与崇州市工商业联合会的协调，定期了解崇州市当年新成立企业情况，适时对新成立企

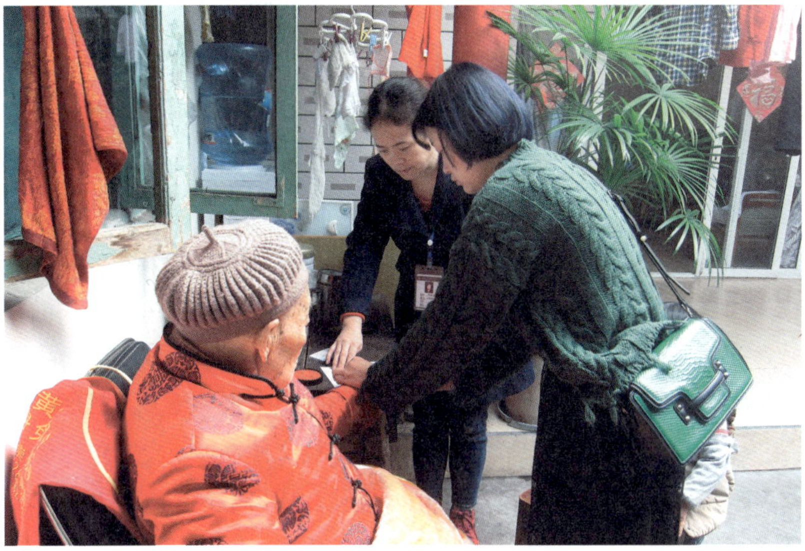

民政工作者为身体不便的老人提供上门提取公积金服务

业进行住房公积金政策宣传和协助企业建立住房公积金。全年新增开户61个单位，新增缴存职工1.17万人。

【强化贷款管理】 认真落实《成都住房公积金管理中心关于维护住房公积金缴存职工合法权益支持职工使用住房公积金贷款购买商品住房有关事项的通知》精神，对不提供公积金贷款合作项目的楼盘，协调房管部门联合进行调查处理，维护职工诉求，保证缴存职工的利益。拓展合作项目覆盖面，组织开展合作企业的贷款政策、业务操作和网厅培训，全年新增合作项目11个。每季度组织开展合作项目巡查，跟踪检查合作项目工程建设进度、销售等情况，收集相关意见建议，并建立项目巡查台账，防范项目风险。定期督促受托银行和担保公司加强对逾期贷款客户的催收，按中心相关文件规定报送催收台账。安排专人采取电话催收、上门催收、协调单位协助催收等手段，加大管理部自主催收力度。按照中心诉讼管理办法相关规定，将三户逾期6期以上的客户移交中心法律部门按规定提起诉讼。认真做好“一站式”个人贷款他项权证办理工作。督促受托银行按照贷款他项权证清单、时限完成任务，非“一站式”模式下他项权证办妥户数为206户，办结率达99%。

【开展骗提套取专项整治】 按照中心骗提套取专项整治工作要求，加强学习，完善各种内控制度，在中心相关部门的指导下，采取了各种措施对不法分子（中介）和缴存职工套取公积金的猖獗行为从源头上进行遏制。要求全体职工提高认识，充分认识套取骗提行为的危害性，规范管理和使用业务权限，严禁混用、盗用业务权限；严把审核关，主动提升政策运用和业务处置能力。加强与市住建局、社保局、税务局和公安局等相关部门的联系和沟通，对发现有骗提套取的苗头及时到相关部门核实，进行阻止。全年杜绝两起骗提套取行为的发生。

【提升窗口服务水平】 明确专人负责处理群众来信来访，在规定时限内及时办结，切实解决群众反映的问题，全年处理市长信箱等20余件，均受到客户的满意和好评。每季度根据第三方服务测评和明察暗访反馈问题，组织部门员工和进场单位经办人对存在的问题讨论、研究、制定方案进行整改，群众满意度大幅度提升。对标焦作、衢州中心在服务态度、意识、精神及服务细节、技巧、亮点，结合部门实际，就如何改进和提升服务进行讨论，全体员工各抒己见、建言献策，收集意见和建议10余件，对能立即实施的立即组织整改实施，窗口服务水平明显提升。

（舒志方）

房产管理与住房保障

Housing management and housing security

【概况】 2017年，崇州房地产业稳定、健康、持续发展。全市累计批准预售商品房7472套，面积54.43万平方米，同比上涨33.37%；累计销售商品房7270套，面积61.99万平方米，销售金额33.66亿元。

【房地产开发】 崇州房地产业销售面积61.99万平方米，比上年上涨31.81%，市场供销比0.88∶1；商品住房市场成交均价5449元/平方米，较上年同期上涨583元/平方米，涨幅11.98%；共颁发31个商品房预售许可证。市住建局与成都银行股份有限公司、成都农村商业银行股份有限公司崇州支行签订《成都市崇州市存量房交易资金监管服务协议》，成功搭建存量房资金监管服务平台；严格遵行《关于商品住房开盘销售采用公证摇号排序选房有关事宜的通知》，全市新取得预售许可或现售备案的商品住房，开盘销售全部采取公证摇号排序选房的销售方式。同时，进一步加强房地产市场异动监测管理，对取得商品房预售许可证的在售楼盘合同备案、成交价格等进行监测，发现异动及时约谈企业。

【物业管理】 以物业管理“幸福年”为主题，搭建交流平台。对街道办、物业服务企业和社区物业服务中心管理人员，业主委员会成员、从事农集区物业管理人员进行培训达280余人次。积极推进“互联网+物业服务”工作，促进全市物业服务转型升级。全市有3家物业服务企业开展并实施19个物业小区“互联网+物业服务”互联网服务平台，逐步推出生活缴费、日用百货、家政服务、物流快递等服务内容，其中世纪朗域物业小区落实“实体店”平台。开展物业项目评优活动，唐人街沃尔玛、唐安首玺、泰江兰庭、恒昌·格兰郡4个物业管理小区荣获“成都市物业管理优秀小区”称号。上林西江国际社区小区荣获“蓉城好家园”和五星级服务窗口称号。

【产权交易与管理】 2017年是崇州市实行房地合一的不动产统一登记的第一年。交易与产权管理工作严格按照《不动产登记暂行条例实施细则》和《房屋交易与产权管理工作导则》的要求开展。做好与不动产统一登记的有序衔接，充分利用现有人和物的资源，科学而合理地进行安排部署，取得初步成效。全年办理房屋交易和产权登记2.55件，比上年同期增加22.90%。在工作量加大而办件质量不减的前提下，实现平稳过渡。积极利用产改成果，深化产权制度改革。办理一宗土地性质为集体建设用地的农村房屋抵押登记，抵押融资额100万元。

【住房保障和老旧院落改造】 根据《崇州市怡心花园公共租赁住房、经济商品房、限价商品房实物配租配售实施方案的通知》政策性文件，进一步完善和规范保障性住房申请、审核、分配措施和程序，确保保障性住房政策真正惠及低收入住房困难群体。全年完成配租配售公租房、经适房、限价房591套，发放租赁补贴109户，完成老旧院落改造62个。青年公苑二期保障性住房项目总投资约5.2亿元，建设15.34万平方米公共租赁住房及配套设施，合计2374套，建成后可满足捷普集团1.4万名员工日常住宿需求，已完成一标段2、3、8、9栋外墙保温钢丝网，完成二标段4、5、6、7栋进行外墙抹抗力砂浆。怡心

“颐和天璞”项目进出口自动冲洗设备

花园保障性住房项目共计售房84套，其中经适房销售8套，限价房销售76套。

【城中村、棚户区改造】 完成向荣街等3个项目收尾103户资金兑付；5—9月，实施正东街棚户区改造项目签约工作，签约357户；大划镇工业区拓展项目、崇阳街办城中村改造项目，签约504户。

（罗川　李偲榕）

民政工作者看望慰问困难群众

【安置点建设项目】 永安安置点主体施工，完成产值约9500万元；西江安置点主体施工，完成产值约2500万元；石羊安置点主体完成，进入总平施工，完成产值约4000万元；同心安置点主体施工，完成产值约1亿元；大划安置点主体施工，完成产值约1500万元；集贤安置点建设完工，江源安置点进入总平施工，完成产值约1000万元。

（古明姝）

社会服务
Social service

【概况】 2017年，崇州市民政事业以“民政为民，民政爱民”为理念，把民政服务作为保障和改善民生、加强和创新社会治理的重要工作；加强制度建设，积极建立完善社会救助体系，切实发挥民政在民生保障中的兜底作用；切实贯彻“党政主导、社会参与、全民关怀”的老龄工作方针，全市老龄事业和产业发展取得新进展，丰富老年人的精神文化生活；围绕“乡村振兴”战略，规范殡葬、婚姻等服务行业，进一步完善民生基本公共服务能力。

【完善社会救助机制】 全市民政“一站式”医疗机构积极参与社会关爱援助工作。崇州寿康老年病医院共惠及城乡低保等困难群众2590人，减免医疗费、生活费等共计86.2万元。崇州二医院通过对全市部分乡镇城乡低保等困难群众实施免费体检，困难群众实施医疗救助工作积极参与社会关爱援助，免费体检1300余人。救助民政一站式困难群众2370人次，救助金额232.37余万元。崇州花果山寿康护理院主动为困难群众中失能、半失能人员进行免费护理，开展社会关爱援助工作，已惠及有意愿实施护理的城乡低保对象等困难群众18人，免收护理费近30万余元。多渠道公开社会救助电话，通过官方网站、政务微博、崇州电视台等，对社会救助热线电话、城乡低保热线电话及市民政局监督电话进行公开。

【提高城乡最低生活保障标准】 1月，城乡最低生活保障标准由家庭月人均收入450元提高到460元；11月，城乡最低生活保障标准由家庭月人均收入460元提高到560元。截至年底，全市城乡低保4924户、8085人，其中城镇低保494户、673人，农村低保4430户、7412人。全市新增城乡低保244户、457人，退出城乡低保845户、1818人，与上年同期相比分别减少12.2%、14.27%。月人均救助金额分别较上年同期增加5.78%和7.31%，超额完成成都市下达的民生目标任务。

【加强医疗救助和临时救助工作】 完善以城乡居民基本医疗保险为主体、以大病救助为补充的城乡医疗救助制度，严格把关救助范围和救助程序，扩大困难群众救助面，全面落实民政对象政策范围内住院自负费用在年度救助限额内救助比例不低于75%。为全市1.2266万人次困难群众发放城乡医疗救助资金747.39万元，为1.2255万人次城乡低保对象发放门诊医疗救助金90.61万元，为188名困难群众发放补充医疗救助金127.47万元，为1.3579万名民政对象资助参保支出531.83万元。为全市2396户、6138人提供临时救助和快速救助，合计支出260.23万元，人均救助423元。其中临时救助263户、723人，157.25万元，快速救助2133户、5415人，102.98万元。

【发挥社会力量参与社会救助】 崇州社会关爱援助中心于3月17日正式运营，全年走访了23个乡镇、200个村（社区），共入户走访了278户困难群众，建立135个困难家庭帮扶档案。确定A索国际早教中心等合作企业19家。援助困难群众救助资金（含物资）共计21.67万元。开展“互助友爱，相扶暖冬”等公益关爱援助活动13次。开通微信公众号“乐助崇州”，推送信息108次。

【老龄服务】 办理省老年优待证7230本、市老年优待证8828本，为老年人的出行和享受其他相关优待提供便利。对2016年7月至2017年6月社会化养老机构给予6139人，共计92.09万元的社会化养老机构床位补贴。乡镇（街道）老年协会建会率达100%，村（社区）老年协会建会备案率达95%以上。全市共有310支老年文化团队，全年参加活动人数8000—9000人；各级老年活动站（中心、室）180个，建筑面积9000平方米，其中，有154个村级老年活动设施，建筑面积7700平方米，全年参加活动人数约7750人。2017年，各级老年大学（学校）、辅导站（学习点）199个。在册在校学员2.9万人，其中区（县）级1500人，镇（乡、街道）级7500人，村级1.2万人，老年教育辅导站、学习点8000人。

【高龄老年人关爱】 崇州市百岁老人共计70人，其中男性18人，女性52人；农村65人，城镇5人，100—105岁65人，106—110岁5人，最高年龄为109岁。2017年，全市2.05万名80岁及以上高龄老年人享受高龄津贴，补贴金额为1725.06万元。其中2719名90岁及以上高龄老年人享受高龄津贴，补贴金额为672.39万元。70名100岁及以上高龄老年人享受高龄津贴，补贴金额为42.25万元。共有8972名65岁及以上的高龄老年人享受到各级政府的免费体检优待政策，免费体检金额达87.92万元。其中有2649名90岁及以上的高龄老年人享受到各级政府的免费体检优待政策，免费体检金额达26.49 万元。

【空巢老人帮扶】 2017年，全市共有空巢（留守）老人3401人，助老探访服务对象3401人，助老探访服务人员3401人，全年助老探访服务32.65万人次，互助养老服务站点23个，互助养

省民政厅厅长益西达瓦（中）到省养老实训示范基地调研

老服务站点提供服务8832人次，帮助解决困难184件。投入资金378.734万元，对8010名80周岁以上及经济困难失能半失能老年人提供助餐、助浴、护理等服务。

【养老服务体系完善】 以居家为基础、社区为依托、机构为支撑的社会养老服务体系基本形成。出台《崇州市城乡社区日间照料中心建设方案》等文件，养老服务有章可循。为破解农村养老服务难题，让农村老人享受到看得见、摸得着的居家养老服务。根据国家、省、市关于加快推进社区养老服务设施建设的意见精神，投入4315万元，在全市新建154家村（社区）日间照料中心（其中居家养老服务中心14家，微型养老机构4家），每年市财政给予每个点位1.5万元的运营资金补助。各中心以“立足农村、面向老人、专业服务”为特点，按照有偿服务为主、低偿服务为辅、政府购买服务为补充的方式开展居家养老服务。全市共有社会化养老机构5家，床位1462张；公建民营养老机构1家（成都聚源养老服务中心），床位354张；社区养老院1所，正在筹建的社区养老院2所。同时，还统一增设医疗保健、法律维权、文化教育、优育健身等专项服务，满足城乡社区老年人多样化养老服务需求。

【特殊老人居家养老服务】 培育引进社会组织，实现居家养老服务多元化参与。通过广泛宣传，深入发动，通过市场调节动员各类社会组织（机构、企业）参与养老服务工作，培育成都聚源养老服务咨询公司、崇州市花果山寿康老年公寓、崇州市华西康福院等本土养老组织；引进四川光华社工服务中心、成都正好家政服务公司和成都同行社工服务中心等涉老社会组织；全市38家城乡社区日间照料中心注册登记为民办非企业单位，按民办非企业的管理制度进行管理。出台了《崇州市政府购买居家养老服务实施细则》，并且通过购买社会组织、社工组织、老年协会等涉老社会组织，每年开展全市60周岁以上的散居城镇“三无”老人、散居农村“五保"、60周岁以上的居家养老城乡低收入家庭中失能老人、残疾老人和独居老人及城乡低收入家庭中80周岁老人助餐、助洁、助浴、助急、助医、护理等上门服务。

【残疾人两项补贴】 制定《崇州市民政局财政局残疾人联合会关于印发崇州市困难残疾人生活补贴和重度残疾人护理补贴实施细则的通知》，对崇州市户籍的低保或低保边缘困难家庭中持有第二代“中华人民共和国残疾人证”的一级和二级残疾人发放生活补贴和护理补贴。扎实开展残疾人两项补贴中低保对象及低收入家庭认定工作，根据符合条件残疾人自愿申请、逐级审核程序，共完成8500余名残疾人两项补贴审批工作，并发放相关补贴资金。

【持续提高特困人员供养水平】 全市纳入城乡特困人员救助供养2901人，其中集中供养1937人，分散供养964人。自11月起，城乡特困人员救助供养标准由每月598元提高到728元，全年共发放救助供养金约2289万元；投入资金，对城乡特困人员提供照料护理服务。按照先行试点、稳妥推进的原则，在3月对第一批托管的崇阳、怀远、三郎3所敬老院考评合格的基础上，于当月将第二批托管的公议、桤泉、王场3所敬老院移交运营方管理，经过3个月的运行，于7月组织托管考评；在考评合格的基础上，于9月将桤泉、大划、三江、江源、羊马5所敬老院一并移交运营方管理，完成全市11所敬老院的整体移交。经过运营方和敬老院一年的辛勤工作和共同努力，敬老院硬件建设明显提升，软件建设有所加强，管理服务水平有所提高。

【孤儿生活保障】 基本生活费发放方面，每月及时发放孤儿基本生活费。全市有孤儿24人，其中散居孤儿21人，集中供养孤儿3人。全年孤儿基本生活费共发放284人次，发放金额30.2万元（按散居孤儿1000元/月/人，集中收养孤儿1500元/月/人的标准）。

对于乡镇上报的申请孤儿保障的资料，认真审核；对于每一个申请人，都要做到入户调查，详细了解申请人家庭情况、申请人意愿、监护人意见，向孤儿监护人宣传孤儿养育的相关政策和作为监护人应尽的责任和义务，确保孤儿权益不受侵害，供养金用在孤儿身上，孤儿健康成长；将符合孤儿保障条件的申请人资料上传到全国儿童福利信息管理系统，及时与省市领导对接沟通，力争在最短时间内让申请人通过省市审核。每年全额资助孤儿购买少儿互助金。春节期间，为23名孤儿发放价格补贴6900元。

【困境儿童保障】 全市有困境儿童27人，其中一类对象19人，二类对象8人。每月及时发放生活补贴，全年困境儿童基本生活费共发放309人次，发放金额12.35万元（按一类对象300元/月/人，二类对象700元/月/人的标准）。对于乡镇上报的申请困境儿童保障的资料，认真审核；对于每一个申请人，都要做到入户调查，详细了解申请人家庭情况、申请人意愿、监护人意见，向困境儿童监护人宣传困境儿童养育的相关政策和作为监护人应尽的责任和义务，确保困境儿童权益不受侵害，生活补贴用在困境儿童身上，困境儿童健康成长；应保尽保，应退尽退，要求每个申请人的监护人写下承诺：在不符合困境儿童保障条件时，退出困境儿童保障。每年全额资助二类对象购买少儿互助金。春节期间，为3名二类对象发放价格补贴900元。

【开展农村留守儿童关爱保护】 建立农村留守儿童关爱保护工作联席会议制度，联席会议总召集人由市政府分管领导担任，召集人由市政府办公室副主任和市民政局局长担任。市民政局、市综治办等20个单位部门分管负责人为联席会议成员。建立健全关爱保护机制，制定并下发《关于进一步加强农村留守儿童关爱保护工作的实施意见》，出台《崇州市开展农村留守儿童“合力监护、相伴成长”关爱保护专项行动实施方案》，全面完成全市农村留守儿童《监护委托确认书》签订工作，按时统计留守儿童数据，将留守儿童的关爱保护工作落实到具体责任人；多部门联动，落实关爱保护责任。进一步强化全市留守学生（儿童）关爱工作的管理、实施和考核，并将市上下达的任务细化分解，协调、明确各部门承担的主要职责，形成部门联动、社会参与的良性工作运行机制；启动2017年“守望童年 筑爱成长”留守（学生）儿童关爱项目。成立“留守儿童之家”，启动关爱留守“想家”计划公益项目试点工作，组织大学生志愿者每周开展“大手牵小手，陪你一起走”的志愿活动，通过这种方式，与留守儿童面对面交谈，从生活、学习、心理上给予他们足够的帮助。

【殡葬服务】 科学规划、合理布局殡葬设施。按照《成都市人民政府研究殡葬设施布局规划有关工作的会议纪要》要求，成立殡葬工作联席会议，印发《崇州市殡葬工作联席会议工作制度》，明确成员单位人员、职责。通过公开招标、实地勘察、征求意见、专家论证和联席会研究讨论，科学审订《崇州市殡葬设施布局规划（2016—2030）》，已将《崇州市殡葬设施布局规划（2016—2030）（草案）》上报成都市殡葬工作联席会办公室审批。规范殡葬单位管理，按期报送火化、安葬进度报表。定期和不定期对辖区内的公墓和殡仪馆安全生产、服务项目、价格公示进行监督检查。8月，成立崇州市殡葬协会，并聘请川大教授培训殡葬从业人员130人。共火化遗体6876具，火化率达98 %以上。落实惠民殡葬政策，为减轻人民群众的丧葬负担，进一步深化殡葬改革，保护生态环境，根据民政部《关于全面推行惠民殡葬政策的指导意见》、省民政厅等11部门《关于推行节地生态安葬的通知》和成都市人民政府办公厅《关于印发成都市惠民殡葬政策的通知》的精神，结合崇州市实际，代拟《崇州市惠民殡葬政策实施细则（草案）》，经市政府常务会议研究同意已对外发布。全面推进节地生态安葬、绿色殡葬，惠民殡葬政策，为全市5102位群众减免基本费用266.11万元，其中为困难群体低保、五保355人减免运费1.58万元。为更好宣传落实《崇州市惠民殡葬政策实施细则》，提高群众知晓率，在村（社区）、院落、小区、人口密集场所、殡葬服务机构长期设立惠民殡葬政策宣传栏，张贴惠民殡葬宣传画。

【做好婚姻及收养登记】 崇州市民政局婚姻登记处从2003年10月1日统一收回集中办理以来，在省厅、市局的统一安排下对工作人员进行了《中华人民共和国婚姻法》（以下简称《婚姻法》）和《婚姻登记条例》及相关法律法规的专业培训，提高工作人员的法律意识和业务能力。婚姻登记处在做好婚姻登记工作的同时，利用多媒体做平台，在登记大厅内滚动播放《婚姻法》和《婚姻登记条例》视频。全年共办理结婚登记5350对，离婚登记2634对，补领结婚登记3036对，补领离婚证228例，出具无婚姻记录2条，婚姻登记合格率达100%。为方便群众办事，于周六开展延时及电话预约服务。配合计生部门开展婚前医学检查约3500余对。积极宣传收养登记相关法律法规，主动向群众宣传《中华人民共和国收养法》《中国公民收养子女登记办法》相关规定，引导符合条件群众依法办理收养登记；严格收养登记程序。按照收养登记工作规范，严格执行申请、受理、审查、报批、登记、颁证程序；为符合收养条件的3对夫妻免费办理收养登记，为30对不符合收养条件的群众提供咨询和政策解释；规范收养登记档案。收养登记档案按存档目录、收养登记申请书、询问笔录、收养登记审批表、收养人证明材料、被收养人证明材料、送养人证明材料分类及顺序存档。

（付敏）

社会管理
Social management

【概况】 2017年，崇州市民政局把保障和改善民生、加强和创新社会治理作为重点工作，积极谋划、严密组织，坚持高标准起步、严要求推进，社会治理现代化水平取得新进展实现新突破。根据经济社会发展需要，规范地名管理，加强地名文化建设，深化“三社联动”机制，加大社工人才“引育留用”力度，创新基层社会治理。

【基层群众自治】 依法推进基层群众性自治组织换届选举，圆满完成全市25个乡镇（街道）的253个村（居）民委员会换届选举工作。为做好全市基层群众性自治组织特别法人统一社会信用代码证书赋码工作，在全国“村（居）委会统一赋码管理系统”上完成6325项、12660条信息录入、比对、审核等工作；全面实施城乡社区减负增效行动。认真贯彻落实成都市城乡社区减负十条措施，把“还权、赋能、归位”的成都社区治理核心理念落实到位，进一步明确基层群众自治组织的“四项清单”［基层群众自治组织依法自治事项清单、基层群众自治组织依法协助政府工作主要事项清单、可购买服务事项清单和村（社区）工作负面事项清单］和“成都市15个证明事项清单”。全市253个村（居）民委员会与各乡镇（街道）签署了“一揽子”协议书，废止各项目标。并要求各部门、乡镇（街道）不得自行对村（社区）开展考核，坚决取消对村（社区）的“一票否决”事项。实施城乡社区可持续总体营造行动。通过需求调研、项目征集、项目评审、公开招投标、组织实施等程序，共开展社区营造项目21个，资金共计投入320万余元。其中，成都市级资助89万元，崇州市级财政投入110万余元，村（社区）自主开展并投入资金121万余元。社区营造工作得到成都市级和本级领导的高度重视和充分肯定。全面完成村（社区）组织活动场所“提档升级”。全市村（社区）活动场所“提档升级”建设点位共112个。27个村（社区）活动场所“提档升级”建设任务全面

社区居民齐动手美化街区环境

完成。全市112个点位家具配送和标识标牌、便民服务室规范工作、信息平台录入完成，接受成都市级验收。落实社区公服资金制度，城市社区公共服务和社会管理专项资金按每百户4000元的标准，足额按时拨付263.868万元，资金到位率为100%。会同市财政局，确定调剂18万元在崇阳街道开展城市社区公服资金跨社区调剂试点。开展分级培训，明确资金用途，加强宣传引导，增强社区“两委”对公服资金政策理解、执行、使用、管理能力，转变工作思维、拓宽工作思路，提升资金使用效益，积极探索深化社区治理和服务机制创新，推动社区健康可持续发展。落实村（居）务公开和民主管理制度。指导、督促村（社区）严格落实村（居）务公开制度，明确各乡镇（街道）村（社区）村（居）务公开的基本项目、常规项目、农村“四大基础工程”专项公开项目、财务公开项目、村（社区）开展自我服务和社会化服务类项目等，进一步规范完善村（居）务公开栏。

【基层社会治理机制建设】 不断深化城乡社区发展治理机制，成立崇州市城乡社区发展治理工作领导小组，市委副书记任组长，30余个成员单位明确职责分工，形成合力，稳步推进我城乡社区发展治理。以“三社联动”创新基层社会治理，深化“三社联动”机制，加大社工人才“引育留用”力度，加快社工人才队伍建设；开展城乡社区可持续总体营造行动，共实施各级各类社工项目和社区总体营造项目32个；规范社区营造资金管理，明确资金管理使用办法和划拨方式，召开专项工作推进会和走访点位开展督查，确保社造工作有力有序开展。

【村（社区）治理机制建设】 进一步深化农民集中居住区村民自治改革试点工作，提升全市村民小组或农民集中居住区治理水平。制定《崇州市农村改革试验区建设工作领导小组关于加强村民小组及农民集中居住区村民自治的指导意见》。在村民小组或农集区探索村民自治多种有效实现形式，保障村民能够在关系切身利益的问题上充分表达意愿，开展民主协商议事，参与监督管理等自治活动，建设村级党组织领导下的组织健全、自治有效、服务完善、文明祥和的村民自治制度，深化完善“一核多元、共治共享”新型基层治理机制，实现人人参与、人人尽责、人人共享。落实院落居民自治制度，按照“先自治、后整治”的原则，指导崇阳街道推进55个老旧院落改造。在改造过程中，同步构建以居民为主体的院落管理长效机制，通过组建院落党小组、自治小组、楼栋长等，引导居民代表根据院落人员、区位、产业等具体情况讨论、制定院落居民公约，公示后在院落党小组引导下实行，建立院落决策大家定、院落管理大家议、院落自治大家管的自治机制，实现群众自我管理。落实城乡社区协商制度，认真贯彻落实中央和省关于加强城乡社区协商的意见、通知精神，不断深化完善城乡社区议事会制度。换届后进一步规范村（居）民议事会的授权方式和内容，拓展居民参与社区协商渠道。通过党建引领、社工陪伴、居民主体、协商共治，加强议事会成员培训，提升村（居）民议事会决策水平。

【社工项目发展及制度建设】在留守儿童关爱、老年人社会工作、妇女社会工作、社工介入城乡医疗救助、社工介入精准扶贫、社区治理及本土社工能力提升等多个领域开发社工项目取得一定成效，尤其是社工参与基层治理方面的成效较为突出。按照“行业和社区提供需求、社会组织开发项目、社工提供专业服务、政府予以财力保障”的模式，在全市各领域征集需求、开发项目。争取到成都市社工项目1个和社区总体营造项目10个，崇州市级开展社工项目11个，撬动村公资金等经费开展社工项目和社区营造项目11个。争取成都市级项目资金109万元（其中成都市社工示范项目经费10万，成都市社区营造项目经费89万，成都市慈善总会扶持社会组织项目10万），崇州市级财政投入项目经费约242万元，带动村（社区）公服经费自主投入158.75万元。崇州社工参与的基层治理模式，在局部试点取得成效的同时，加大宣传推介力度，力争让崇州的更多群众、更多组织共同关注、合力推进。中央、省、市主流媒体先后采访报道了《乡愁的另类重建——四川成都崇州市社工介入社区治理的实践》《如何让“散沙”社区其乐融融？社工巧安排拉近邻里情》《借“外力”练“内功”社会力量参与激发公共文化服务新活力》《望得见山水记得住乡愁　荷风水村竖起大家庭公约墙》等崇州社工的成功实践。

三元街社区“甜蜜红火·共闹元宵”院落主题活动

【社会工作人才队伍建设】　加大本土社工人才培训和继续教育力度，组织社会工作师、助理工作师考前培训2次，参训人员400余人次，全市通过全国社会工作者职业水平考试和成都市社工员考试的专业社工人才40人，培育

在“执子之手　与子偕老”重阳节活动中，社工为三元街社区老年夫妻拍摄爱心照片

本土社工人才229人，发放村（社区）专职工作者社工补贴39.28万元，本土社工人才队伍迅速发展壮大。加快本土社工机构的培育发展，成立崇州市常青藤社工服务中心等10家本土社工机构，吸收一批有能力、有志向的社工专业人才参与其中。壮大基层社会工作服务人才队伍，鼓励村（社区）专职工作人员参加各级各类社会工作职业水平考试，支持社会工作专业人才参加崇州市第十届村（社区）自治组织换届选举，换届后全市40%的社区（涉农社区）至少配备了2名社会工作专业人才，40%的建制村至少配备1名社会工作专业人才。

【社会组织培育发展与管理】 崇州市全年成立登记社会组织35家，社会组织总量达381家，实施社会组织等级评估25家。安排400万元专项资金培育发展社会组织，启动培育发展社会组织专项资金扶持项目41个。稳妥推进行业协会商会类、公益慈善类、科技类、城乡社区服务类社会组织直接登记。推进行业协会商会与行政机关脱钩38家。推动“三证合一”，存量社会组织换发新证249家。规范社会组织档案管理，清理社会组织档案806份。

表16

崇州市2017年新增社会组织一览表

序号	社会组织名称	社会组织类型	登记管理机关	法定代表人
1	崇州市白头镇农业技术协会	社会团体	崇州市民政局	孙献中
2	崇州市隆兴镇农业技术协会	社会团体	崇州市民政局	任建忠
3	崇州市电子商务协会	社会团体	崇州市民政局	杨维强
4	崇州市元通镇农业科技协会	社会团体	崇州市民政局	张加文
5	崇州市进出口商会	社会团体	崇州市民政局	母春芳
6	崇州市燎原早熟梨专业技术协会	社会团体	崇州市民政局	黎元康
7	崇州市廖家镇老年协会	社会团体	崇州市民政局	付贵伯
8	崇州市殡葬协会	社会团体	崇州市民政局	杨　群
9	崇州市肉牛养殖协会	社会团体	崇州市民政局	董建清
10	崇州植保协会	社会团体	崇州市民政局	艾　攀
11	崇州市台球协会	社会团体	崇州市民政局	王　军
12	崇州市古琴学会	社会团体	崇州市民政局	印事龙
13	崇州市巾帼志愿者协会	社会团体	崇州市民政局	梁　红
14	崇州市人才发展促进会	社会团体	崇州市民政局	冯　梅
15	崇州市健美操协会	社会团体	崇州市民政局	李佳滨
16	崇州市颈腰椎病研究学会	社会团体	崇州市民政局	李文江

续表16

序号	社会组织名称	社会组织类型	登记管理机关	法定代表人
17	崇州市三江镇听江村日间照料中心	民办非	崇州市民政局	丁小明
18	崇州市隆兴镇青桥村日间照料中心	民办非	崇州市民政局	王正彬
19	崇州市常青藤社工服务中心	民办非	崇州市民政局	王　珍
20	崇州市道明现代农业科技服务中心	民办非	崇州市民政局	刘世新
21	崇州市崇锦社会工作服务中心	民办非	崇州市民政局	余波静
22	崇州市桤泉镇中和社区日间照料中心	民办非	崇州市民政局	叶清文
23	崇州市仁爱社会工作服务中心	民办非	崇州市民政局	邓玉英
24	崇州市友爱社工服务中心	民办非	崇州市民政局	高　娟
25	崇州市崇阳镇袋鼠妈咪幼儿园	民办非	崇州市民政局	陈太俊
26	崇州惠爱社会工作服务中心	民办非	崇州市民政局	梁　红
27	崇州市福恩公益发展中心	民办非	崇州市民政局	贾　渔
28	崇州市崇阳街道黑铺日间照料中心	民办非	崇州市民政局	唐　建
29	崇州市崇阳街道汇蜀社区日间照料中心	民办非	崇州市民政局	田圃松
30	崇州市崇庆北路社区日间照料中心	民办非	崇州市民政局	董志豪
31	崇州市乐土社会工作服务中心	民办非	崇州市民政局	周　刚
32	崇州市馨源社会工作服务中心	民办非	崇州市民政局	陈晓娟
33	崇州市正行社会工作服务中心	民办非	崇州市民政局	吴崚玮
34	崇州市蓉荟城乡统筹发展研究院	民办非	崇州市民政局	刘永锋
35	崇州市宏爱社会工作服务中心	民办非	崇州市民政局	吴　彦

【行政区域勘界】 按期完成年度界限联检任务，积极创建平安边界，妥善处理界限纠纷隐患。按照《四川省民政厅关于做好2017年度县级行政区域界线联检工作的通知》要求，牵头开展温江区、都江堰市、大邑县3条界线联检工作，成立3个区（市）县边界联检工作领导小组，制定工作方案，并报成都市民政局备案。6—8月，完成3个区（市）县的外业工作。11月，全面完成边界联检工作。

【落实区划地名管理工作】 清理整治不规范地名，严格落实地名核名程序性规定。为进一步规范地名管理，加强地名文化建设，根据国务院、省、成都市相关要求，崇州第二次全国地名普查领导小组制定印发了《崇州市加强地名文化保护清理整治不规范地名工作实施方案》，建立不规范地名台账，清理47条不规范地名。多次组织邀请历史、地理、文化、社会、法律等方面专家对普查摸底提出的初步名单进行审核论证，提出地名文化遗产保护和拟清理整治不规范地名建议清单以及相应的处理意见。按照国务院《地名管理条例》、四川省《地名管理办法》、成都市《地名管理条例》和《崇州市地名规划（2014—2020）》等有关条规，对成都崇州经济开发区、崇阳街办、羊马镇等13个乡镇新建成（规划）的53条街（路）、140条巷、18个农民集中居住区、1个公园和6个更名或更改道路长度（起止点）街（路）等地名实体进行现场查勘、逐一审核修改，报成都市民政局区划地名处审核确定在大成都范围内无重名；并邀请地名专家、相关部门工作人员和热心于地名管理工作的人士对初步命名草案进行论证、修改、完善，形成地名命名方案，呈报请市政府审批并已对外公布。认真执行建筑物命名备案管理办法，按照《成都市建筑物名称备案管理办法》要求，认真落实、严格审查，共办理18例建筑物名称备案。规范建筑物名称，有效杜绝“刻意夸大、崇洋媚外、怪异难懂、重名同音”等不规范现象。按时保质完成第二次全国地名普查验收，2014年7月启动第二次全国地名普查前期工作，组织各成员单位、乡镇（街道）分管领导和联络员召开了地名普查工作培训会。严格按照《第二次全国地名普查工作规程》和有关政策规定、技术标准等开展第二次地名普查工作，对辖区范围内的地名及相关属性信息进行了全面的调查、补充和完善，2017年4月，顺利完成成都市级检查验收。10月，崇州地名普查数据库被成都市民政局推荐到民政部进行预检查。

（付敏）

崇阳街道
Chongyang Sub-districts

【概况】 崇阳街道办事处是崇州市委、市政府所在地，崇州市政治、经济、文化、信息中心；东距成都25千米，面积约75.9平方千米，其中，包括工业区在内的城镇建成区约22平方千米。全街道辖13个城市社区，包括北楸社区、蜀州北路社区、汇蜀社区、永安路社区、崇庆北路社区、崇庆中路社区、三元街社区、上南街社区、永康东路社区、蜀州南路社区、杨祠街社区、唐安西路社区、朱氏街社区，8个涉农社区，包括白碾社区、三和社区、北郊社区、石羊社区、毛桥社区、仁里社区、西河社区、西桥社区，17个行政村，包括白石村、高墩村、小罗村、石埂村、王殿村、永安村、黑铺村、东泉村、清平村、红桥村、水陆村、彭庙村、同心村、罗墩村、唐安村、白云村、棋盘村，共计361个村（居）民小组。2017年年末，辖区户籍人口13.07万人，常住人口为14.33万人。完成工商税收11083.73万元，基金收入6364.95万元；农民人均纯收入达17512元。

【城建攻坚】 崇阳街道坚持任务清、责任清、时间明的“两清一明”原则，明确“项目、安置、维稳联抓共管”的工作思路，紧紧抓住棚户区及城中村改造的契机，力争项目工作“提质增效”，“严抓不松”保障社会稳定，主动扛起在城市攻坚中的责任使命，全力配合崇州市产业发展和城市建设需要，为全市经济社会健康发展、实现群众共同富裕提供了“基础保障”。街道对所承担的22项市级重大项目逐一解剖，制定攻坚措施，圆满

表17 2017年崇阳街道经济社会发展主要指标一览表

项　目	单位	实绩	同比增减（%）
全年年财政总收入	亿元	1.29	–
公共财政收入	万元	9727.46	–
公共财政支出	万元	9727.46	–
税收收入	亿元	1.11	–
城镇居民人均可支配收入	万元	–	–
农村居民人均可支配收入	万元	1.75	–
卫生机构数	个	86	–

崇阳街道城市风貌

完成了幸福街、水源地保护、二医院、绿荫街等6个重点项目。同时，成功扫尾了8户钉子户，保障了汇兴南路项目、普洛斯项目、锦蓉家居项目、中企万通项目、全友5期项目、睿邦项目、世纪仁和项目顺利实施。在安置方面，妥善化解遗留难题。年底，街道待安置人员7863人。针对即将进入分房阶段的三和安置点一期，街道多次召开党工委扩大会，针对房少人多的问题进行专题研究，确定了较为稳妥的安置办法，有效化解黑铺村、仁里社区等已过渡近10年的遗留难题。同时，街道还建立了“民情直报员、纠纷调解员、治安巡逻员”的“三员队伍”，及时排查项目工作推进过程中存在的不稳定因素，探索“群众稳定群众、党员稳定群众、村（社区）稳定群众、街道稳定群众”的“四级维稳体系”，充分发挥各级主体的主观能动性，争取做到“小事不出村（社区），大事不出街道”。

【城市党建】 街道立足自身优势，打造3个“服务型”党建品牌，分别是“红情绿意·生态清平”、朱氏街“新乡贤文化”、三和社区“乐和一家”，逐步探索党建引领区域自治、党建引领文化传承、党建引领产业转型的特色党建品牌。另外，以城南党委为试点，充分发挥党组织在项目攻坚、发展稳定上的核心引领作用。整合区域内机关、学校、医院等各类党建资源，以群众需求为导向，开展群众文化骨干培训、法律咨询等各类服务40余次，常态化组织各类面向群众的党员志愿活动，推动高品质和谐宜居生活社区初见雏形。扎实开展“不忘初心、牢记使命”主题教育，优化党群服务中心功能设置，实现“去行政化、便民化”。打造“小街变形记、小街生活记、小街体验记”等工作品牌，实施朱氏街文创基地、“同心家园”等党建项目，推动社区发展治理工作上新台阶，全面提升群众获得感和幸福感，引导群众开展全域增绿、背街小巷整治、文化传承等活动，完成省级卫生城市验收，人居环境和城市品质显著提升，为“精美崇阳”建设提供组织保障。

【信访维稳】 崇阳街道坚持矛盾纠纷排查预警制度，矛盾纠纷排查从基层做起，自下而上，做到横排到边，竖排到底，不留死角，防止因漏查、漏排而留下隐患，把所有信访问题和隐患都清理排查出来，把矛盾和纠纷化解在基层，解决在萌芽状态，从根本上减少群众集体上访、越级上访。坚持问题定期研判制度。对排查出来的问题及时进行梳理，分类进行处理，对简单的信访事项、矛盾纠纷及时进行答复和调解；对现场难以解释、需要其他部门协调处理的及时与相关单位对接，在规定时间内办理；对重点难点问题和群众反映强烈的民生问题进行定期研判，并制定化解方案，在每月两次的民生月例会上提出进行研究解决。坚持问题跟踪化解处置制度。对重点难点信访维稳问题，特别是群体性上访案件及时建立台账，落实责任人、责任科室和包案领导，按照“谁主管、谁负责”的原则，实行“五包”（即包调查、包处理、包结案、包息诉息访、包稳定），专人定期跟踪问题化解处置情况，确保崇阳街道办信访问题小事不出村（社区）、中事不出街道办、大事不出崇州市。全年共受理来信来访1002件，其中街道信访接待中心100件，信访局交办107件，市长信箱和市长公开电话795件，全部按时办结。同时，全年共出动红袖套等群防群治巡逻队伍12000余人次，确保了中共十九大及省、市党代会、“一带一路”高峰论坛等重大敏感期的辖区稳定。

【环保“三大战役”】 严格落实河长制，关闭养殖场13家；清除死角积存垃圾30余吨；抓牢“小散乱污”企业整治，关闭“三无”企业37家，整改餐饮企业137家。共收到央督案件23件，其中2件主办案件，省级督办案件2件，均已全面整改到位。一是常态化、制度化抓牢环境整治工作。实施“地面精细化、立面美化、天际线优化”的“三化”工程，通过集中治理、全面改善、长效提升“三步走”的具体工作思路，常态化、制度化打赢“三大战役”。持续用力整治“背街小巷”，塑造城市“微景观”，努力将“城在田中、园在城中、人在绿中”的意境转为现实。

【农村产业结构“转型发展”】 按照“成片发展、成群打造”的思路，制定全覆盖的整体规划，在清平村、小罗村、棋盘村等纯农区域实施产业调整，打造以竹林农舍、小桥流水为特色的川西林盘聚落，形成错落有致、全域景观的新型空间形态，促进农文商旅融合发展。

【农村基础条件“提档升级”】 深入实施乡村振兴战略，加强农村基础设施建设，加快构建自治、法治、德治相结合的乡村治理体系；建强农村干部人才队伍，努力锻造一支懂农业、爱农村、爱农民的“三农”工作队伍。

【乡村振兴】 崇阳街道共有13个城市社区、8个涉农社区、17个行政村。随着城市快速发展，城乡差距进一步加大，农村地区的人均收入、产业发展、基础设施建设等均明显低于城市地区。要实现城乡共融，就必须破解“城乡二元结构”，把农村和城市作为一个有机整体，探索一、二、三产业融合发展，形成新型城乡关系，从“二元”走向“一体”。创新打造体验式农业。坚持“全域旅游、全业旅游、全域景区”理念，主动作为，积极谋划，开启了街道农业转型升级的试点工作。在城市周边的清平、棋盘、小罗等纯农区域实施产业调整，发展观光农业、生态农业，塑造一批川西林盘聚落，形成错落有致、全域景观的新型空间形态。积极启动乡村规划编制。依托琴鹤大桥延伸段的修建，开始河西片区土地综合整治摸底工作，逐步建设蜀西田园综合体。弥补桤木河湿地公园单一景点的缺失，搭建完善的旅游服务系统。同时改善农村片区居民的生产、生活方式。

【“寻找崇阳记忆”系列活动】 紧紧抓住“人”这个“核心单元”，策划开展“寻找崇阳记忆”系列活动。开展寻找“崇阳精神”的历史文化讲座3场，近1000余人次参加，理清崇阳历史文化脉络，转变基层干部工作理念；开展捕捉精彩“崇阳瞬间”的老旧照片征集活动，甄选精美照片4000余张，唤醒群众社区归属感；开展征集“崇阳片段”身边榜样故事大赛3场，整理精彩故事40余个，吸引新乡贤、社区人才参与推动社区发展治理。以“崇阳记忆”为抓手，寻找历史文化的当代表达，在群众心中树立“社区大家庭”的概念，唤醒居民群众的“社区意识”，激发群众参与社区发展治理的意识和热情。

【朱氏街试点实施“小街变形记”】 紧紧抓住“社区榜样”这个社区发展治理的“助推器”，建立“社区人才库”，通过“社区党组织+社工+社会组织+社会企业+社区榜样”五社联动的工作模式，以发挥新乡贤作用为抓手，依托崇阳历史文化底蕴，在朱氏街试点实施“小街变形记”。引导群众主动积极地对老西江小学和朱氏老街进行环境整治，将废弃的老学校改造为社区居民的活动中心。同时通过党建引领，乡贤人士积极牵头，举办老街故事会、组建老街帮帮队、成立老街味道坊，打造“小街生活记”；通过开展家味腊八节、幸福年篝火晚会、老街运动会等品牌活动，打造“小街体验记”。通过金鸡文化广场、崇庆中路东四巷、东五巷等点位的文化建设，进一步丰福文化氛围、提升精神面貌，建设美丽家园。用文化植入激发居民对老街、小巷、院落、小区的认同感、归属感和责任感，着力打造崇阳乡村振兴文创基地，提高居民社区治理的能力，实现自治、德治、法治“三治合一”，促进形成“治理中发展，发展中治理”的良好工作格局。

【党建引领社区发展治理】 紧紧抓住“党建引领”这个社区发展治理的“牛鼻子”，通过发挥城南党委、汇蜀社区党委、崇庆中路党委等党组织战斗堡垒和党员先锋模范作用，开展机关党员“双报到”进社区服务1800余人次，成立汇爱益家志愿服务站，举办“全域增绿”“你交垃圾我送花”“你刷楼道我送料”等活动，惠及近10个院落小区、10000余名群众，完善村（居）民公约、健全楼栋长制，逐步激发群众对于党建引领、文化推动社区发展治理的内心共鸣。同时推出“五心行动”，开展寻找“最美阳台、最美院落、最美家庭、最美社工、最美人物”等活动，增强群众“自律心、诚信心、感恩心、责任心、进取心”，引导群众向善向美，进一步推动社区发展治理工作落地见实效。

（王梓杰　陈卓）

羊马镇
Yangma Town

【概况】 羊马镇交通发达，属崇州市东大门，东距成都市区29千米，距外环路19千米，南距双流机场26千米，西距崇州市区5千米，北距都江堰市47千米。交通大动脉318国道、成温邛公路、光华大道横贯全境。全镇辖区面积41.1平方千米，城镇建成区面积3.175平方千米。辖伏虎、永和、中华、经功、菩提、福田、东平、大土、漕溪、白鸽、猫渡、泗安12个行政村及凌翔、崇江路、全友、安阜4个社区，279个村（居）民小组，人口4.93万人。2005年8月，被成都市列为优先发展重点镇。2013年4月11日，被成都市小城镇建设工作领导小组办公室列为小城市建设示范镇。2014年2月28日，被成都市小城镇建设领导小组办公室列为成都市10个小城镇建设示范镇。2014年7月21日，被住房和城乡建设部等部门评为全国重点镇。2017年，羊马镇加快产业转型升级，推进辖区内“散乱污”企业整治，推进大气污染防控和面源污染整治，确立了依托成都润恒城项目建设智慧物流城市的发展定位，发挥了基层党组织把方向、保落实、促发展作用。

【公共服务配套稳步提升】 16个村（社区）全面配备完善了广播室、活动室、图书室及健身场所、健身器材，文体活动进一步向村级延伸，羊马镇文化镇获批省级文化示范站。新建五人制标准足球场1个，有线电视光纤接入户数1.4728万户，网络化服务覆盖率超80%。完善公交运营体系，开通302A、302B两班公交，

表18 **2017年羊马镇经济社会发展主要指标一览表**

项　目	单位	实绩	同比增减（%）
公共财政收入	万元	4502.31	–
税收收入	万元	2448.62	–
人均三次产业增加值	万元	5.15	–
全社会固定资产投资总额	亿元	12.6	–
城镇居民人均可支配收入	万元	3.37	–
农村居民人均可支配收入	万元	1.86	–
中小学校数	所	2	–
中小学在校学生数	人	2814	–
卫生机构数	个	2	–
卫生机构床位数	张	100	–
卫生技术人员	人	39	–

羊马镇宣传十九大精神文艺巡演

实现成都地铁4号线、羊马场镇、崇州市区的无缝接驳。完成大土村卫生室改造，新建农村日间照料中心4家，东平、福田、永和日间照料中心建成并投入使用，全友日间照料中心建设进入尾声。

【城乡环境面貌持续靓化】　开展镇容镇貌专项整治、背街小巷综合整治、违规广告牌专项治理、“门前三包、联户联勤”试点、省农村生活垃圾治理试点、“百村容貌”打造等一系列专项措施，全面整治群众反映强烈的突出问题和管理薄弱环节，共梳理背街小巷8条，采取“一街一策”针对性措施，建立整改台账，限期整改。全年共拆除违章搭建21户、1700余平方米，有效落实“户集、村收、镇运、市处理”垃圾收运模式，镇村环境得到有效改善，全镇综合考核排名显著提升。

【环境治理成效明显】　中央环保督察组进驻四川期间，共交办信访件5件（其中重复投诉件1件），反映环境问题6个，对涉案的4家“三无”工业企业全部实施“两断三清”，对3家屠宰企业通过整改达标后恢复生产。扎实开展“散乱污”工业企业清理整顿。全镇环评备案项目共计199家，通过核查验收163家，累积关闭或搬迁30家，对6家未通过核查验收的企业全部实施断电处理。积极开展“散乱污”工业企业整治工作。累积排查“散乱污”企业84家，对其中19家“散乱污”工业企业实行“两断三清”，其余65家纳入规范整改。全面完成全镇27台燃煤锅炉淘汰、改造工作。落实河长制，深入推进水环境治理。全年完成10家养殖场环保核查，完成22家工业企业涉水整改，累计封堵排污口23处，有效控制面源污染。对黑石河、青羊河、石鱼河及五支各斗渠进行全面治理，累计投入机械60余台次、人员1000余人次、经费50余万元，清理淤泥垃圾700余吨，疏浚河道30多千米。扎实开展大气污染防治。针对建筑工地、周边道路等重点区域，强化日常监督管理，全年累计责改扬尘污染问题21个，覆盖裸土5000余平方米，对7.1万平方米道路开展不间断洒水除尘，全天保洁；积极推进清洁能源使用，完成37家企业活性炭等挥发性有机物装置整改，11家餐饮企业和

18家工业企业完成油烟净化装置安装；落实逐级分包责任制，镇村组参与禁烧工作人员达300余人，日均出动宣传车辆50辆次，张贴宣传标语3000余条，签订承诺书1.6万余份。

【统筹村级公共服务和社会管理】 按照村公“四步工作法”，羊马镇各村（社区）2017年度计划实施项目163个，实际实施项目143个，计划使用资金1131.03万元，实际使用资金880.036万元，聘用保洁员、治保巡逻队员、计算机员共72人。扎实开展村级公共服务和社会管理专项资金“微腐败”治理，进行4轮全覆盖检查和不定期抽查，形成《督查通报》5期，保障村公改革深化完善和村公资金安全规范使用。

【农民集中居住区管理服务】 深化“一核多元、合作共治”基层治理机制，物业服务延伸拓展，群众参与热情渐高，农集区管理走向制度化、常态化和规范化。积极培育向上向善的社区精神，把社会主义核心价值观和中华优秀传统文化融入村规民约、居民公约，鼓励友善公益的志愿服务，推动形成与邻为善、与邻为伴、守望相助、乐观包容的良好社区氛围。引进成都大同社工参与安阜新村发展治理。采取市场主体、村集体、居民三方众筹的模式修建安阜新村多功能活动中心。

建设中的西蜀御景

【教育事业稳步推进】 控辍保学工作圆满完成目标：学前教育入园率达98%，辍学率0%，三残入学率100%。完成崇州市级示范社区教育工作站1个（羊马镇东平村社区教育工作站）创建工作，崇州市羊马镇社区教育学校代表崇州市完成了成都市优质（示范）社区教育学校的创建任务。

【劳动就业与社会保障】 城镇新增就业人数1050人，城镇失业人员再就业315人。完成全年任务率153%。农村富余劳动力向非农产业转移就业530人，农村劳动力转移输出6948人，均超额完成全年目标任务。城乡居民养老保险参保、续缴费工作稳步推进，续缴人数4981人，完成率达96%。完成全镇第一批约1.9万余名城乡居民第三代社保卡数据采集工作申报、发卡、社保功能激活工作。完成润恒城、二绕等项目共计2526名失地农民参加社保办理工作。

【成都润恒城项目】 项目分两期进行，主要建设西南农产品交易所、现代化冷藏中心、农产品展示及交易中心、进出口食品专区、物流配送中心、农业科技“硅谷”园等，建成后，将使羊马成为西南冷链物流窗口。完成一期供地。

【省民政厅养老实训基地一期项目】 该项目是集养老、康复、培训等多种功能于一体的综合性养老实训示范基地，项目主体已封顶，进入墙体建设。

【乌木博物馆一期项目】 该项目主要是典藏、陈列乌木雕刻艺术品和古家具等，建成后将为羊马再增加一张靓丽的名片。2017年底，博物馆及部分商业主体已封顶，正在进行外装，预计2019年2月开馆。

【成蒲铁路羊马车站项目】 车站选址猫渡村，并进场施工，通车后将极大地提升羊马镇交通区位优势，同时便利辖区群众的出行。

【基础设施改造提升】 光华大道（崇州至温江段）升级改造工程道路总长约6千米，道路施工及路灯安装完成，进入进行人行道铺装及绿化工作。羊马旧城污水管网改造工程主要街道雨污管埋设回填工作已基本完成。羊马镇专职消防中队常驻基地建设，主体工程完成封顶。

（马迎曦）

廖家镇
Liaojia Town

【概况】 廖家镇位于市境东北面，距崇州市区10千米。东隔金马河与温江区和盛镇相邻，南与羊马镇、崇平镇相连，西与观胜镇、锦江乡接壤，北与梓潼镇、都江堰市顺江乡毗邻，镇域面积24.2平方千米，场镇面积1平方千米，有11条街道。辖8个行政村和1个社区（建华村、龙岗村、民和村、廖场村、高庆村、新桃村、詹湾村、龙福村和天元社区）。廖家镇属典型的平原镇，地势平坦，交通发达，河流密布，人杰地灵。黑石河、金马河、羊马河、青羊河等河流南北纵贯全境，近千亩羊马河环湖生态水面资源独具特色。交通区位优势明显，新建的水木北部旅游环线与成都第二绕城高速公路出口、安梓公路等织就“四通八达”的道路交通体系，与崇州中心城区紧

表19 2017年廖家镇经济社会发展主要指标一览表

项　目	单位	实绩	同比增减（%）
全年年财政总收入	万元	1142.86	–
公共财政收入	万元	1142.86	–
公共财政支出	元	1142.86	–
农村居民人均可支配收入	万元	1.7106	10.21
中小学校数	所	2	–
中小学在校学生数	人	1290	–
卫生机构数	个	2	–
卫生机构床位数	张	110	–
卫生技术人员	人	80	–

密相连。境内土壤肥沃，灌溉便利，农业以优质水稻、花木、蔬菜、药材为主导产业，企业主要以古建艺雕行业为主。2017年年末，户籍人口2.071万人（其中农业人口1.99万人），户籍户数6923户（其中农业户6474户），人均可支配收入1.7106万元，同比增长10.21%。2017年，廖家镇以打造“水韵花乡，艺雕廖家”为发展定位，较好地完成了各项工作任务，有力地推动了全镇经济社会发展迈上新台阶。

【脱贫攻坚】 坚持“入户调研+专题研究”的思路，深入剖析致贫原因，因户施策、精准定位，整合帮扶单位、党员干部、致富能手等多方力量，进行“一对一”全面结对帮扶，责任到人，做到帮扶力量贫困村、贫困户“两个全覆盖”。通过“合作社+村集体”产业扶贫模式，指导贫困村建立新型农业经营主体，开展现代农业技能培训，带动218名群众就近就业，因地制宜林下种植大球盖菇和中药材，发展精

工行四川省分行营业部纪委书记杨小平（中）到对口帮扶廖家镇民和村开展扶贫调研

品花卉等特色产业，开设网上电子商务平台，形成产销一体化。铺好“产业路”，脱贫不返贫。民和村新建产业路1千米，新建稻虾养殖基地4公顷，依托古建艺雕优势产业，探索发展产业旅游经济，促进群众持续增收。2017年末，全镇19扶贫户增收均达60%以上，最低户人均可支配收入为1.62万元。民和村和龙福村整体经济增幅均达30%以上，农村居民人均可支配收入分别为1.86万元、1.8万元，全镇贫困村和扶贫户全部脱贫。

【瓢虫村景区】 组建廖家紫薇文化乡村旅游合作社，引导群众广泛参与，现金入社56户，筹集资金23.15万元，土地等资源入社18户，形成全民“共建共治共享”新村治理新格局，整合多方资源提档升级133.33公顷紫仙园景区，以紫薇花为切入点，通过文化创意注入瓢虫文化，增设梦幻紫仙园、高空观景长廊、钓虾池、森林茶园、水上大冲关、权力迷宫和瓢虫科普小馆等景点，努力打造中国瓢虫第一村。8月15日，盛大开启以“紫薇花开·廖家趣玩”为主题的2017第二届中国·崇州·廖家紫薇文化嘉年华暨川西首届乡村童玩艺术节，分“紫薇花开·色诱全城、童真七夕·醉情廖家、瓢虫大比拼·泥巴也疯狂、国庆乡绘·缤纷童梦”4个主题，活动持续到10月，景区接待旅行社大巴1137辆，团客4.4万人，散客0.8万人，合作社收益达39.97万元，是全市第一家以乡村旅游合作社作为运营主体收费赢利的封闭景区，按照“农旅结合、产村相融、一三互动”的思路，实现发展乡村旅游助推乡村振兴。

【重点项目】 完成廖家中学外联通道0.4千米道路建设；水木北部旅游环线廖家段主线3千米和支线2千米，全线贯通。按照“小组微生”要求，完成虹桥小区（二绕安置点）风貌改造工作；刘家仓拆院并院项目完成立项、规划、设计工作，与农户签订合同并拆除房屋；胥家林盘保护改造项目进入立项阶段。

2017年第二届中国·崇州·廖家紫薇文化嘉年华暨川西首届乡村童玩艺术节开幕

【农业共营制】 发展农村新型经营主体5个（崇州市廖家镇民和春生态农业旅游专业合作社、高庆农村股份经济合作社、崇州市龙岗旭林家庭农场、崇州市多多鱼家庭农场、新注册成都市海川水景现代农业有限公司），合作社面积966.67公顷。大力培育新时代农业人才，培训新型职业农民50人、农业职业经理人15人、农民实用技术2000人次。

【环保战役】 廖家镇全力打好大气、水、土壤污染防治“三大战役”。发放环保宣传资料7800余份，推送科普短信2万余条，营造良好共治氛围。及时处理涉及环保信访投诉100件，关停“三无”企业15家，搬迁转移面源污染养殖场8家。建立巡查机制，对辖区内重点排污企业坚持每月不少于1次巡查，并督促村上坚持每月1次以上巡查，及时处理偷排、漏排污染物等行为，生态环境明显改善。严格落实河长制工作部署，成立河长办公室，制定“一河一策”治理方案，指导开展河长制管理工作，建立总河长领导下的镇、村（社区）、组（社）三级河长管理体系，组织开展巡查、考核、督查、通报等工作，确保环境治理常态长效。

【社会事业】 规范民政经费管理，新增低保家庭4户，新建城乡日间照料中心2个，为125名空巢老人购买政府养老服务。关爱帮助困难家庭，通过“阳光爱心助学”和“困难大学生圆梦”活动为15名贫困大学生筹集助学金6万元，为43名残疾人发放辅助器具，为52名残疾人家庭发放了种养殖业扶持。严格落实拥军优属政策，完成征兵任务，廖家镇被评为2017年崇州市拥军先进单位。

【减证便民】 从5月起，镇村两级严格落实村（社区）证明事项保留清单（15项清单）政策，让群众少跑腿，受到一致好评。镇村便民服务窗口严格执行“延时服务”工作制度，做到中午服务不间断，周六服务不休息，周日逢场服务不放假。延时接待办事群众300余人次，办理群众服务事项80余件，惠民工作取得实效。

【“一线工作法”】 制定“一线工作法”（即政策在一线落地，问题在一线收集，作风在一线转变，工作在一线认可），获群众支持，密切了党群干群关系。

（牟朝孔）

梓潼镇

Zitong Town

【概况】 梓潼镇东距温江区通平镇2.5千米，南与廖家镇接壤，西与观胜镇毗邻，北与都江堰市柳街镇、沿江乡为邻。全镇面积约16.3平方千米，辖真武、天寿、城白、自公、天府5个行政村和兴裕1个社区，共102个村（居）民小组。总户数4334户，总人口1.42万人，其中农业人口数1.381万人。场镇面积约为1.1平方千米，镇政府位于梓潼街65号。梓潼镇为平坝区，西北偏高，东南略低，平均海拔577米，年平均气温15.9℃，年平均降雨量1100毫米。羊马河、清凉河、黑石河、龙岗河从北向南穿流而过，水源充足，沟渠纵横，灌溉便利。土壤质地肥沃，有机质含量高，以粮食、蔬菜和花卉苗木种植为主。境内道路四通八达，县道安梓路沿梓潼镇城白村插界而过，“水木北部”环线沿羊马河穿真武、天寿、自公村，乡道观梓路、梓沿路连接着梓潼中心集镇，村道天府、真武路、廖梓路同廖家镇相连，龙岗路、天寿路、自公路通向都江堰市柳街镇，镇上设农村客运站1个，数辆班车往返崇州客运中心。镇内综合集贸市场、农业综合服务站、文化站、卫生院、畜牧兽医站、农商行、中心小学、幼儿园、邮政所等服务设施健全。梓潼镇将2017年列为“基础设施建设年”，先后实施一般场镇改造并形成标杆，建成梓潼广场、水韵广场、清漾湾慢道等节点。完成北部10万亩粮经旅综合示范区6.8千米环线道路建设和廖梓路改扩建工程，启动民俗活动中心建设，肖家院子一、三产业互融，天府城白土地综合整理项目。以党建为引领，创新体制机制，建

表20 2017年梓潼镇经济社会发展主要指标一览表

项　目	单位	实绩	同比增减（%）
公共财政收入	万元	825.89	-50.8
公共财政支出	万元	825.89	-50.8
税收收入	万元	68.04	81.47
全社会固定资产投资总额	万元	8198	-
农村居民人均可支配收入	元	16997	9.5
教育事业财政投入	万元	6.13	-
中小学校数	所	1	0
中小学在校学生数	人	513	3.6
文化事业财政投入	万元	8.9	-
卫生事业财政投入	万元	30.33	-
卫生机构数	个	6	0
卫生机构床位数	张	29	-
卫生技术人员	人	28	12

2017年实施清漾湾特色水杉林慢道建设

立“街（巷）长制”，推进城乡社区发展治理，取得阶段性成效。通过了四川省“安全社区”现场评定。

【环境保护】 树立和践行绿水青山就是金山银山理念，全力抓好环境保护。分类挂图作战，全力打好环境治理保卫战。制定企业环保督查工作作战图，落实“河长制”作战图和养殖面源污染治理作战图，明确10条河道、43家企业、79家养殖户监管重点、目标和责任。建立总河长领导下的镇、村（社区）“三级河长”管理体系，延伸将梓潼范围内的支渠、斗渠一并纳入“河长制”监管范畴，实现全镇河道出入境水质达Ⅲ类标准。台账清单式管理，养殖面源污染实现联动管控。镇村同时建立养殖户台账，实行一本台账管总，巡查情况纳入台账管理，施行整改销账，实现养殖监管闭环。确立全镇“要么整改，要么关闭”养殖管理准则，通过广泛宣传、养殖户自主承诺、组织农户外出学习标准化养殖养场建设等方式，有效运用防疫、保险、补贴等政策手段，关闭排放不达标养殖场6家，堵塞排污口17处，完成整治34家，实现养殖面源污染有效管控。多措并举处理信访问题，将矛盾化解在基层。针对群众的信访反映，由镇主要领导带队实地核实情况，坚持环保违法零容忍，处理整改一步到位，及时向反映人反馈处理情况及整改时限，确保了梓潼在中央环保督查组进驻四川期间无跨级信访举报。

【产业发展】 梓潼镇特色产业逐步提档升级，现代农业产业基础逐步增强，特色蔬菜种植进一步发展，韭菜、大葱等特色蔬菜种植面积达46.67余公顷，年产值达1200万元。以市场需求为导向，引导群众走珍稀珍贵花卉苗木培育的种植转型之路，全镇苗木种植面积600余公顷，年产值达5500多万元，有较强的产业优势，并逐步向绿色生态观光型农业发展。珍稀珍贵苗木品种达17种，种植面积286.67公顷，年产值5500余万元。主要品种有（1）红豆杉：南方红豆杉（乔木），美国曼地亚红豆杉（灌木）13.33余公顷。主要种植地：自公村2组黑石河畔，由崇州市鸿祥红豆杉有限公司吴续红开发。（2）红枫：美国红枫、日本红枫、中国红枫，主要分布在天寿村13组、14组。由温江区专业户租地种植，带动当地群众种植。（3）银杏：全镇范围内种植零散，范围大，沿黑石河旁边形成银杏产业带。

（4）桂花：全镇范围内种植较多，规模种植为天府村2组李天林园艺场3.33公顷左右。（5）万年青、楠木、水杉：真武村17组、18组农户自发形成规模种植，扦插幼苗销往省内外，河南、贵州、山西、陕西、湖北等省。

【一般场镇改造】 有序实施一般场镇改造并形成示范。实施场镇范围内水、电、气、雨污、路灯等基础设施工程；完成背街小巷整治，完成兴裕街、裕民街、桑梓街、顺和街、东顺街、三沿街等主要街道道路黑化、人行道铺装、绿化工程；完成场镇580余户房顶违建水塔拆除，拆除率达98%；与2处商户签订搬迁协议打通断头路，实现场镇街道“三纵五横”布局。实施梓潼广场、黑石河水韵滨河带、青羊河田野运动长廊等景观节点建设，2.4千米特色水杉林小湿地慢道竣工。场镇功能配套得到完善，镇容镇貌明显提升。

高标准实施一般场镇改造并形成示范

【社区发展治理】 按照“三纵五横”街道摆布，通过推行“街长制”有效提升基层民主管理整体水平。政府引导制定导则，制定场镇建设负面清单，形成场镇管理导则，场镇违建“三步走”，锁定存量、制定标准、着力整改，保障场镇总体形态。“街长”带动落实责任，公开招募“街长”“巷长”志愿者，“街长”“巷长”带头履行《邻里公约》，负责动员所属街道群众落实“门前三包”责任，定期组织开展巡查，对居民的不文明行为劝说和引导，确保街道、巷道、房前屋后干净、整洁、文明、有序。群众参与自治评比，召集群众监督志愿者参与场镇管理，对街巷的日常管理情况进行监督，发现问题及时反馈“街长”“巷长”进行调度处理，建立激励机制，每季度综合评比出“最美商户”“最美街长”“最美街道”。着力“共建共治”机制建，建立“共建共治”微信群，发动辖区居民将身边的好人好事、不文明现象等通过微信平台，共同学习，互相监督，督促整改，形成人人参与的良好氛围。

【脱贫攻坚】 着眼“全面小康”，奋力推进脱贫攻坚。完成相对贫困村扶贫发展规划，积极争取扶贫项目和资金，廖梓路扩建工程项目，项目惠及天府村1300余人，打通梓潼到二三绕连接线的通道，取得良好的社会效益和经济效益。完成二支一斗东副斗浆砌工程1512米，组道硬化700米。在各级帮扶单位及天府村自身努力下，实施林下养殖项目，完成村集体经济股权量化，搭建电商平台，为天府村经济增收创造了良好的条件。天府村人均可支配收入达到成都市同期水平70%以上，全年人均可支配收入达1.85万元。精准扶贫工作结合贫困户意愿找准帮扶突破口，采取有针对性、切实可行的脱贫措施，7户相对贫困户全部脱贫，相对贫困户人均可支配收入达到崇州市同期水平70%以上，人均可支配收入达1.47万元。

【民生保障】 低保动态管理117户，共计202人，新增低保家庭3户，退出13户，做到应保尽保，应退尽退，为30位民政对象申请医疗二次救助，大病补充救助3人，完成全镇覆盖的优抚点位建设。加强安全监管，投入20.30万元用于安全领域氛围营造，全年安全态势平稳，未发生安全生产事故，推进四川省安全社区建设，全面夯实安全基础，通过四川省安全社区建设现场评定。组建梓潼巡防队7支153人，其中专职治安巡逻队1支13人，统一制服和车辆，坚持每周不低于2次开展夜间巡查，有力维护辖区的安全稳定。完成成都市民生工程“法律之家”建设。信访接件14件，完成14件，处理历史积案1件。矛盾纠纷受理55件，调处55件，调处成功率达100%。

【农村党员公约】 通过探索试点“农村党员公约”，加强农村党员常态动态、分层分类管理。分层分类定制“三类”党员公约，将党员“细分”成“村组干部党员”“普通党员”和“流动党员”，经“三类”党员充分酝酿、共同讨论，形成初稿，经党员大会表决后形成三类正式“党员公约”，并广泛公示。常态动态多措履约监督，在接受广大群众和支部全体党员监督的同时，由老党员、老干部和党小组组长组成监督小组，对党员平时履约情况实时监督，对违反公约的党员及时提醒制止。严格程序全面考核，结合党员民主评议，对党员履约情况按月分别进行评议计分；按季度通报党员履约情况；年度把每位党员履约情况作为民主评议党员的重要依据。

（张登贵）

崇平镇
Chongping Town

【概况】 崇平镇处崇州市东北，东接羊马镇，南接崇阳镇，西邻锦江乡，北连廖家镇。镇域面积18.83平方千米，场镇面积1平方千米，距崇州市区10千米。辖春风、全兴、新乐、君渡4个村和明珠1个社区，共111个村民小组。总人口1.77万人，总户数6551户。土地承包面积1248.27公顷。崇平镇属平坝地区，龙岗河、黑石河、羊马河等穿流而过，农业以水稻、小麦、油菜为主，经济作物以川芎、土烟及花卉苗圃为主。2017年，崇平镇按照“全域旅游、全业旅游、全域景区”的发展理念，制定发展规划，优化空间布局，创新体制机制，依托崇州市“粮经旅”综合示范区契机，通过“连点成线，连线扩面”，做好熊家院子、菩堂院落、君渡里三大节点打造，努力将生态旅游培育成特色产业。

【党员户长】 探索“党员户长制”，构建联系群众“百米服务圈”。设立党员户长，积极做好群众工作“五心人”，做到党员户长全覆盖，明确划分党员责任区，合理建立党员说事室，通过“一示范三引领三到位”，促进服务居民常态长效，构建联系群众“百米服务圈”。全年全镇110名党员户长全覆盖走访群众5轮6000余人次，收集意见建议2000

表21 2017年崇平镇经济社会发展主要指标一览表

项　目	单位	实绩	同比增减（%）
全年年财政总收入	万元	2205.78	–41.3%
公共财政收入	万元	878.22	–5.01%
公共财政支出	万元	878.22	–5.0%
税收收入	元	1356.18	18.5%
全社会固定资产投资总额	万元	500	–
农村居民人均可支配收入	万元	1.8	10.86%
教育事业财政投入	万元	20	–
中小学校数	所	1	–
中小学在校学生数	万人	0.06	–
文化事业财政投入	万元	20	–
体育事业财政投入	万元	20	–
卫生事业财政投入	万元	23	–
卫生机构数	个	5	–
卫生机构床位数	张	40	–
卫生技术人员	人	7	–

余条，向全镇群众全覆盖宣传政策法规1万余条次。向全镇群众宣传“微腐败”专项治理工作4批次，发送宣传产品6000余件，收集“微腐败”问题线索13条，协助镇纪委核实13条，切实把监督的“探头”设置到群众的身边。

菩堂院落

【对标管理】 完成幸福美丽乡村——菩堂院落、春风村“熊家院子”一期工程，春风村“熊家院子”二期工程基本完成。完成北部10万亩粮经旅综合示范区沟渠、田间耕作道路建设工作。加快农业资源开发利用，完成健生堂项目，西藏云图康养进入实施阶段。

【环境治理】 打好“三大战役”，提高宜业宜居环境。全面清理整顿违法违规建设项目，58家企业办理环评报告并按要求落实整改，经过环保局现场核查验收，企业办理环评后全部通过现场核查验收。全面清理摸排“三无”企业共计30家。辖区内现有与群众密切相关的经营场所共计29家（小餐馆、汽修厂），27家已经整改安装环保设施完毕正常营业，2家已关停。严格按照“三个一批”原则，持续加大排查力度，对“散乱污”工业企业进行治理，目前登记在册18家“散乱污”企业全部停产。

【基础组织建设】 夯实民主政治，巩固发展基础。持续开展“走基层”“三严三实”和“两学一做”学习教育常态化制度化，充分发挥“红袖套”服务队作用，通过社会协商，探索形成了“一元钱、二包干、三评比、四联动”的群众自主管理办法。坚持从严治党，严格执行党风廉政各项规章制度，落实廉政建设责任清单，开展专项治理“微腐败”工作，监督执纪稳步推进。全年共查办党员违规案件2件。

【经济发展】 实现乡镇本级税收由2016年1144.15万元增长到2017年1356.18万元，提升18.53%；实现劳动力就业1.26万人，其中，农村就业率98.9%，城镇就业率100%，实现充分就业。加快农业资源开发利用。完成农业招商引资项目2个，农业固定投资3779万元。组建集体经济组织2个，建设村级电商示范站1个，增设助农取款服务点3个，完成幸福美丽新村建设1个、“四好村”建设2个。引进云图康养、瑞禾国际乡村社区、亚东锦绣田园综合体3个农业项目，实现农民人均纯收入1.75万元，较上年提高5.30%。

【基础设施建设】 依托“三纵四横”路网建设，注重对场镇路面的提档升级，中南街建设年底完成，老羊太路改扩建工程开工，场镇5条道路的路灯完成安装，城镇自来水入户管网附表工程基本完成，完善了场镇服务功能。君渡村土地整理项目完成房屋主体建设、明珠社区土地整理项目完成包装立项并上报市级相关部门、菩堂院落建设项目完成第一期建设。熊家林二期建设项目基本完成。通过实施“1+8+N”公共服务设施标准化建设、美丽乡村试点建设、土地整理、川西林盘整治、百村容貌整治、支斗农渠改造等项目，改善居住环境，提升生活水平。

【社会事业】 城乡居民医疗和

养老保险参保率均达100%，实现全镇居民医疗、养老全覆盖。完成安居工程和土坯房改造；为全镇58名新增重度残疾人购买城镇职工养老保险，对全镇927名进网残疾人完成“量体裁衣”式个性化服务向“智慧量服”的转换工作。切实开展安全生产专项整治行动和安全生产大检查活动，有力促进安全生产各项工作的落实，加强农村家宴管理日常巡查。全镇矛盾纠纷排查28宗，调处矛盾28宗，查处率达100%；没有集体越级上访案件，在民事纠纷调解中，无一例“民转刑”事件发生。组建“151”文艺队，承接上级各类文艺下乡活动等共5场次。流动人口“幸福港湾”和留守儿童“阳光乐园”活动中心经常开展活动，广受老百姓喜爱。

（王利娟）

表22

2017年三江镇经济社会发展主要指标一览表

项　目	单位	实绩	同比增减（%）
全年年财政总收入	万元	2183	–
公共财政收入	万元	2183	–
公共财政支出	万元	2183	–
税收收入	万元	811.51	–
第一产业增加值	亿元	1.3	–
第二产业增加值	亿元	14.2	–
第三产业增加值	亿元	1	–
全社会固定资产投资总额	亿元	0.4	–
农村居民人均可支配收入	元	19543	–
中小学校数	所	2	–
中小学在校学生数	人	2658	–
卫生机构数	个	2	–
卫生机构床位数	张	132	–
卫生技术人员	人	50	–

三江镇
Sanjiang Town

【概况】　三江镇位于崇州市境东南，属崇州市东南际边陲重镇。东过金马河同双流县金桥接壤，南和新津县兴义、万和、文井毗邻，西隔文井江与大邑县沙渠、龙凤相望，北与大划、江源连壤，是传统型的四县（市）商贸、文化集市中心。镇域面积47.12平方千米，其中耕地面积2657公顷，全镇1.58万户，总人口5.44万人，其中非农人口956户、0.39万人。辖2个集镇、3个社区居委会、17个行政村、24个居民小组、292个村民小组。三江镇距崇州市城区16千米，距成都市中心市区35千米，距国际机场西南航空港18千米，有省级公路怀华路同国道川藏线相接，镇镇政府坐落于桥东路134号。全境为金马河与文井江纵流相夹，境中部又有羊马、黑石河曲折顺流贯通全境，有水无山，属自然天成的冲积平原，气候温和，雨量充沛，历来无旱灾涝患记载。盛产粮食、油菜及中药材郁金等。青羊河与黑石河交汇处的江心岛，蕴藏着丰厚的地下温泉，亟待开发。文井江沿境内纵流10余千米，沿岸河滩石灰石陈面。2017年，三江镇以成都市“西控”部署为导向，以崇州市“产业新城　品质崇州”发展战略为引领，结合自身功能定位，以建设“多彩田园　水韵三江”为奋斗目标，进一步理清发展思路，着力强化工作措施，强基础、重产业、惠民生、促和谐。

【现代化农业示范带建设】　建成“成新蒲”66.67公顷粮经高效现代农业示范区，无公害蔬菜、食用菌、郁金种植蓬勃发展，眼镜蛇、大闸蟹特色养殖初具规模。结合三江现代农业功能区定位，大力发展“农业+旅游”、特色农业。发展农业观光旅游产业，以川西林盘“千家船林”为示范，整合农业合作社建设荷塘观光、水果采摘体验、打造精品农家乐、发展乡村旅游新业态；大力发展“丽水湾”立体水产种养，以生态种养殖与生态旅游相结合的模式，构建新型景农一体产业，现立体种养面积200余公顷。打造“食用菌之乡”品牌，全镇食用菌种植面积达66.67公顷，年销售收入达3000万元。发展特色养殖业，随着“散乱污”企业整治深入推进，村干部带头发展养蛇产业，促进产业转型、关闭企业下岗工人创业增收。成立同欣野生驯化专业合作社，流转土地2公顷，提供就业岗位30余个，年产量10余万条，产值超2000万元。

【基础设施建设】 积极开展城乡环境综合整治工作，完成沿永路、怀化路、新崇路、三安路改造，完成110千伏安输变电工程，基本做到组组通水泥路。怀华路穿越镇属两个集镇，半小时内可直达省城。且有崇双货运大道、崇新路、三安路（三江—安仁）均为水泥路面，分别与新津、大邑县城相通。境内已完成村村通水泥路面硬化工程，四通八达，宜大小车辆畅行。成都市第二绕城高速公路穿境而过，途径三江镇牂牁村、仁和村、桥东社区等8个村（社区），并在三江镇桥东社区设出口1处，让三江镇正式进入成都“1小时经济圈”。境内自来水厂2座，三江场镇水厂日供水量1000余吨；中学1所，标准化九年制学校2所，公办幼儿园2所，民办幼儿园1所；公立卫生院2家；邮电、电视广播、银行、信用社、工商、税务、公安派出所、法庭、变电供电、农机、房管、国土等机构，应有尽有。光纤电缆在场镇普及入户，已向村、组、户延伸。每年农历二月初九的“文经博览会”，秉承“诚招天下来客，广纳四海嘉宾”的办会宗旨，会期持续近10天，与会客人流量日均上万人。

【环境治理】 违建拆除强力推进，共拆除违法建设100余宗，46.67余公顷。持续开展“小散乱污”企业清理整治，2017年，共完成规范整改环评备案企业443家，依法关闭“小散乱污”企业177家，鼓励57家有意愿有条件企业调迁入广元昭化区家具产业园。建立健全河长制工作机制，设立镇村组三级河长，成立200余人的河道巡查、保洁队伍，完善组织构架及配套制度，共投入资金约500万元，有序推进河渠日常保洁清淤、畜禽养殖整治、打击非法盗采砂石、清理河渠倾倒工业垃圾等工作；西河、金马河全年水质监测稳定达标，其他河流水质持续好转。四是强化城乡环境治理，通过对上争取、自筹等方式，投入资金150余万元，对场镇主干道行道树、路灯设施、交安设施进行改造升级，提升场镇、村组道路形象与交安基础设施水平；投入500余万元，进一步强化城乡环境日常管理、保洁、洒水降尘、林盘整治等。2015年，城乡环境工作目标考核全市第22名，2016年提升4个名次，2017年有望提升5个名次。

【优先发展特色镇】 三江镇是

羊马河三江段桥东社区景观道

怀华路三江段绿化带

成都市优先发展特色镇，崇州市南部新型工业集聚区、崇州市商贸物流节点，以发展现代都市农业为基础，以商贸物流业为主导，集观光旅游、生态宜居等功能于一体的生态田园城镇。王桥村、永同村为主的绿色蔬菜种植示范区规模达200余公顷，拥有“听江牌”蔬菜注册商标；总投资5.1亿元的羊马河流域生态立体种养、生态旅游综合开发项目完成投入8000万元，首批生态螃蟹上市。积极发展现代农业，实现农业规模化种植，现代化生产，同时延伸产业链条，大力发展现代农产品精深加工业、观光农业、休闲农业等实现三产联动，同步提升。重点发展绿色有机蔬菜、大棚蔬菜、郁金种植、特色立体水产养殖业、食用菌精深加工等。扩大绿色蔬菜种植比重，打造万亩蔬菜生产基地，到2020年，种植面积达1000公顷，年产值达1.5亿元；以宋桥村、三桥村、崇新村为核心，建设折耳根和郁金等中药材种植示范区；已建成12公顷红心猕猴桃基地基础设施；利水湾现初具规模，以珍稀鱼类立体水产养殖和产业化培育示范基地为依托，建设以仁和村、皂角村为核心的立体生态水产养殖基地；以玉麟农业开发有限公司、金江源农业开发有限公司等农业产业化龙头企业为引领，大力发展食用菌规范化、标准化种植和深加工，加快食用菌农业园区和特色村建设；引进社会资金3000万元打造二绕高速出入口天桥下违法建设拆除还耕后的土地，打造成集农业观光、商务接待、餐饮住宿、旅游休闲等一体化的高标准生态农业观光园；壮大永同村养蛇合作社，养蛇规模达1.5万条。

【精准扶贫】 富国、蒙渡两个相对贫困村人均收入分别达1.84万元和1.85万元，达到相关收入标准。两个贫困村均有集体经济收入、卫生室、文化室、有通信网络，并于12月接受成都市相关部门的脱贫验收，符合脱贫标准。三江镇肖子良等23户相对贫困户，经各级政策帮扶，家庭人均收入在1.4万元以上，并于12月接受崇州市相关部门的联合验收，符合脱贫标准。两个村共流转出土地100公顷由企业从事农业生产，实现村民可持续收入；成立扶贫公益性企业崇州市富国村生态农业开发有限公司，开展农作物种植经营，壮大集体经济，促进农户发展致富。

（赵婷）

大划镇
Dahua Town

【概况】 大划镇位于崇州市，东连江源镇，东南接三江镇，西南界西河与大邑沙渠、龙凤乡相望，西临集贤乡，北邻崇阳、羊马。镇政府驻地大划场镇临江街，距崇州市区1.7千米，属于崇州城区，交通便捷。大划镇土地面积22.48平方千米，辖崇镇、石桥、德寿、登田、灰窑、划石、净居、白果8个村民委员会和1个社区居委会，年末常住人口3.9万人，户籍户数8971户，户籍人口2.36万人（其中农业人口1.3万人）。2017年，大划镇共有2个公交站台，供308路、双流、新津来往公交大巴上下乘客；共有1所中心卫生院、1所中心小学校、1所中心幼儿园和1所私立幼儿园；主要商圈集中在场镇社区临近捷普公司青年公苑附近，具有城市功能核心区、工业配套服务区、经开区拓展区区位优势，引进投资资金约8000万元。荣获成都市就业创业先进集体、2017年优秀乡村规划等称号。

【重大交通建设项目】 积极配合市交通局推进重大交建项目，启动怀华路大划场镇段改造，年内完成大划老桥重建工作，交通主节点区位逐步凸显；新建（改建）农村道路7.4千米、城镇街道300米，通过村道大联通、组道入林盘、绿道串景点农村公路建设，基本建成“外联内畅、便捷高效”的镇域道路交通体系。

【电子信息产业】 捷普科技、福蓉科技等重大工业项目不断发展壮大，镇域电子信息产业产值达70亿元。

【休闲服务产业】 围绕场镇3

表23

2017年大划镇经济社会发展主要指标一览表

项　目	单位	实绩	同比增减（%）
公共财政收入	万元	2140.57	–
公共财政支出	万元	2140.57	–
税收收入	万元	256.9	–
第二产业增加值	亿元	4.5	–
第三产业增加值	亿元	0.5	–
全社会固定资产投资总额	万元	4000	–
城镇居民人均可支配收入	元	19457	–
农村居民人均可支配收入	元	17688	–
中小学校数	所	1	–
中小学在校学生数	人	658	–
卫生机构数	个	1	–
卫生机构床位数	张	70	–
卫生技术人员	人	13	–

万余外来产业工人的“衣食住行用”，场镇餐饮、商场、旅店、网吧等服务业小微主体增至80家，以加勒比水上乐园、竹茗苑农家乐为代表的休闲服务产业蓬勃发展，乡村酒店、农家乐增至6家、休闲娱乐项目增至2个。

【农业转型发展】　农业共营制进一步成熟，4个土地股份合作社规范运行，优化提升4家家庭农场，粮经产能提升、农业发展转型，推动了农民持续增收。全年预计粮食产量达7316吨，蔬菜产量达6795吨，肉类产量达2249吨，较上年增长11.4%；规范化农民合作社面积增至733.33公顷，同比增长16%，改造提升幸福美丽新村1个（德寿村）。农民人均纯收入达1.77万元，同比增长13.2%。

【重点项目建设】　探索实施群众自主搬迁工作，完成涉及灰窑村和德寿村12个村民小组501户1601人，共计106.67余公顷土地清腾任务，为工业区重点项目用地提供坚实保障。

【镇域规划】　强化圈层融合发展，紧扣崇州市打造千亿级产业园区目标，立足经开区拓展区、产业服务承接区定位，主动融入“五位一体”规划，科学规划镇域“工业发展区、城镇功能区、生态涵养区”功能分区，加快城镇建设，形成良好生产环境、生活环境、服务环境，城乡建设规范有序；加快幸福美丽新村建设，完成德寿村、白果村“四好村”建设验收。

【林盘“小组微生”项目】　全面推进德寿村陈家林盘“小组微生”项目，完成发改立项、项目施工图设计、项目预算清单编制等相关工作，并按照川西民居风格，对728平方米广场周围房屋进行了立面打造前期工作。

【基础设施建设】　围绕经开区拓区阔能及千亿级产业园区建设，重点保障创新大道延伸段、220千伏变电站、经开区雨污管网等配套基础设施建设项目用地，严格按照项目需求推进配套用地保障。

大化镇工业园区

【脱贫攻坚】 德寿村脱贫攻坚取得阶段性成效。2017年，22户精准脱贫户增收2600元，较上年增收22%以上。对77户低保家庭实施动态管理、常态关爱，为837名残疾人提供了个性化服务，实施“阳光爱心助学”“困难大学生圆梦”工程，帮扶困难学生36人。

【深化农村金融改革】 建立农村金融服务点和产权交易综合服务点9个，完成产权交易鉴证办理4宗，新五权颁证4宗。深化村级公共服务和社会管理改革工作，强化宣传培训，明确“三项清单”“四项制度”。进一步完善农村产权和公共资源交易中心运行体系，规范项目招投标和审计工作。

【环境治理】 深入开展“七乱”“四清”治理，自筹资金70余万元建设打造标准化农贸市场，完成道路硬化约4000米，新增、翻新绿化面积8400平方米，新增场镇路灯200余座，界面提质升级，新增村（社区）垃圾车18辆，改造美化垃圾中转房12座，拆除500多座水塔（箱）；打好环保“三大战役”，巡查各类环保点159处2280余次，关闭整治养殖场38家，关停违规企业、作坊58家，生态环境明显改善，城乡面貌得到显著改观。

【民生改善工作】 培训农村劳动力500余人次，向二、三产业转移就业711人，农村合作医疗参合率保持99%以上，办理失地农民养老保险716人、城乡居民养老保险新参保110人，基本实现应保尽保。加强老年人关怀，新建成日间照料中心1个，有序运行4个老年人日间照料中心。建成标准化村（社区）群众活动中心9个、群众文体广场15个，实施文化惠民利民工程，实现物质文明与精神文明协调发展。

由大划镇党委、政府主办，大划镇文化站、老年人协会承办的“真情系老人 文化暖重阳”文艺演出在大划镇敬老院举行

【基层治理】 全面完成白果、净居、石桥村和场镇社区村级活动场所“提档升级”工作。扩展“雪亮”工程点位至74个，在全镇设置监控探头89个，配备治保巡逻队员36人、网格员15人、“红袖套”138人，形成社会治安立体化防控体系，为生产生活创造良好环境。圆满完成村（社区）自治组织换届选举工作，加强村（居）民代表、议监事会、村（居）民小组长培训工作，不断加强队伍建设，建立一支19人的村级后备干部队伍。

（艾晰）

江源镇
Jiangyuan Town

【概况】 江源镇位于崇州市境内东南方，距崇州市区12千米，地处崇州市、温江区和双流区三县（市）交界处，东临温江区金马镇，南靠双流县金桥镇，北接羊马新城，西连崇州市经开区，政府驻地在江源镇唐兴西街195号。辖区面积27.1平方千米，辖8个行政村、2个社区、168个村民小组。2017年年末，常住人口3.61万人，户籍人口3.42万人（其中农业人口3.27万人）。成温邛快速通道建成后，成为崇州通往成都主城区的主要节点，距离成

表24

2017年江源镇经济社会发展主要指标一览表

项　目	单位	实绩	同比增减（%）
全年年财政总收入	万元	1211.64	-15.2
公共财政收入	万元	1211.64	-
公共财政支出	万元	1211.64	-
税收收入	万元	40.89	-
全社会固定资产投资总额	万元	6000	241.9
农村居民人均可支配收入	元	21000	-
中小学校数	所	2	-
中小学在校学生数	人	2100	-
卫生机构数	个	1	-
卫生机构床位数	张	60	-
卫生技术人员	人	41	-

都市主城区25千米，双流国际机场18千米。镇域内羊马河、石鱼河和青羊河三河交汇。光华大道延伸段、崇双货运大道穿境而过，正在建设的成蒲快铁，成温邛快速通道横贯江源，第二绕城高速将江源全部纳入二绕范围，江源已全面进入成都“半小时经济圈”，四川水利职业技术学院、四川省公安厅战训基地坐落于江源镇红土村内，地理位置优越，出行便利，学习环境清幽，更增添了特有的人文气息和浓厚的学习氛围。2017年，江源镇加快从传统农业向“一三产业互动”的都市现代农业方向发展，确定了农旅融合、产居一体的发展定位，以乡村振兴战略为引领，结合“散乱污”企业清理，河长制工作，城乡环境工作，优化美化环境，奋力实现江源发展新跨越。

【交通区位】　形成“五横四纵”的交通道路骨架。“五横”分别是光华大道延伸段、新大江路、崇双货运大道、成蒲铁路、成温邛快速路；“四纵”分别是羊江路、听崇路、江邓路、羊安路。随着这些道路的建成，江源镇成为崇州离成都市区最近的乡镇之一，进入成都“半小时经济圈”，成为崇州市东面的重要门户。

江源镇二绕与成温邛快速路交叉口

【重点项目建设】 投入资金400万元完成三通道改配道路工程，投资1100万元完成三通道安置点建设，投资800万元完成成蒲铁路安置点建设，投资130万元完成崇福村等乡村道路3.1千米建设。完成土地承包经营权证抵押贷款7宗，金额400万元；完成土地承包经营权产权交易鉴证2宗，交易金额2026万元。规范建设江源镇公共资源交易服务中心，统一标准，规范交易，2017年累计完成交易项目6个，其中建设类项目5个，交易金额253.8万元。

【环境治理工作】 完成142家环保违法违规建设项目的规范整治工作，清理“散乱污”企业62家。推广使用清洁能源，完成居民用电用气改造200余户，淘汰燃煤锅炉4台。投入300余万用于城乡环境，50余万元用于“河长制”工作，全年共清理垃圾3700余吨，清理河道、沟渠等垃圾200余吨，完成1300余处牛皮癣整治。

【社会事业】 劳动就业、社会保障、教育卫生、精准扶贫、计生奖励、农业补贴等一系列民生惠民政策“公开、公平、公正”执行，确保社会公正。全镇15000余个劳动力网上录入，实现99%的就业率；全镇6600余位领取养老金待遇人员的年审。全年国家、省、成都市奖励扶助的独生子女户和双女户人数2446人，特别扶助119人，享受18周岁以下独生子女父母奖励的人数3700余人，金额22万余元，发放耕地地力保护补贴144.7万元。实现城乡居民养老保险覆盖率达94%，城乡居民基本医疗保险参保率99%，按照民政、计生、残联等部门要求发放低保、“五保”、民政救助、“老复退”等各项补贴约500万元。

江源镇红土村举办首届群众文化节

【基层党建】 深入开展“微腐败”整治活动，全年征求意见建议76条，查找镇村干部问题880个，提出整改措施1000余条。投入200余万用于5个党群活动中心配套设施建设。出台《江源镇党员常态化培训实施细则》，结合“微党校”“农民夜校”，将新修订的党章、中共十九大精神等纳入培训内容，制订培训计划，全年共计开展党务知识培训2期、600余人次，农民实用技术培训4期、1200余人次，科学技术培训2期，400人次从大学生村官、镇村年轻干部中聘用“读报员”，定期将《党建微刊》送到读报困难的党员手中。全年共计送报上门2000余次，受益党员200余人次。

【和谐江源建设】 整合派出所、司法所、执法大队、村（社区）便民服务站、调解委员会等各方面资源，健全“大联动、网格化、微治理、细服务”体系，全年镇村两级共排查调处各类矛盾纠纷184件，调解成功率达97%，排查不稳定因素27起，彻底解决19起，稳控6起。

（王超）

王场镇
Wangchang Town

【概况】 王场镇位于崇州市西大门，2004年10月与原东关乡合并，镇政府驻地五福社区义兴

表25

2017年王场镇经济社会发展主要指标一览表

项　目	单位	实绩	同比增减（%）
全年年财政总收入	万元	1462.17	–
公共财政收入	万元	1462.17	–
公共财政支出	万元	1462.17	–
税收收入	万元	86	–
全社会固定资产投资总额	亿元	4.82	–
农村居民人均可支配收入	万元	1.72	–
中小学校数	所	2	–
中小学在校学生数	人	573	–
卫生机构数	个	3	–
卫生机构床位数	张	170	–
卫生技术人员	人	36	–

中路107号，距崇州市区9千米，距大邑县城5千米，全镇辖区面积29.41平方千米，辖五福、中心2个涉农社区，觉皇、东风、清明、桂花、莱花、大雨、莲花、板槽8个行政村，共138个村（居）民小组。全镇设党委1个、党总支1个，下设党支部16个，有党员790人，远程教育站点11个。2017年年末，常住人口2.1255万人，户籍户数8555户，户籍人口2.2888万人。成温邛高速、成蒲快铁穿境而过，镇域内有重庆路、崇王路、东桤路等干线道路。特色农产品主要有小龙虾、稻虾米、稻田鸭、稻田鱼、生态菜籽油、健康猪肉、有机蔬菜。2017年，引进成都市力聚农业签订战略合作协议，计划投资1.6亿元发展稻虾产业，沿崇王路在东风村、清明村、桂花村、五福社区布局“水稻+小龙虾”为主的综合种养产业面积近160公顷；沿重庆路在大雨村布局建设稻虾体验馆，已进场施工；按照“农业+”思路，打造华川公司“新亚洲”风格的璞莲乡村旅游项目，已完成投资2亿元；2017年3月，由村集体组建乡村旅游合作社开办的“鸡鸣谷”成为自驾赏花节的新亮点，接待游客近10万人次；12.9千米健身游山步道全面完工，并逐渐成为城乡居民健身观光的新去处。2017年，王场镇被四川省劳务开发暨农民工工作领导小组评为四川省优秀农民工暨返乡创业先进集体，被成都市人民政府消防安全委员会评为2017年度消防宣传先进单位，被成都市妇女联合会评为成都市妇联基层组织建设示范乡镇（街道）。探索“三资同改”发展集体经济引领脱贫攻坚（崇州市王场镇大雨村“稻虾体验馆”股份合作制改革实践）被成都市委统筹城乡工作委员会转发。全镇耕地1453.13公顷，其中稻虾综合种养区160公顷，主产水稻、小麦、油菜、小龙虾、稻田鱼、稻田鸭等特色农产品。2017年，农民人均可支配收入17175元；有土地股份合作社10家，耕地规模经营度达87%。

【林盘改造】 积极融入乡村振兴战略，通过党建引领，社区治理，在全镇开展“三清四改一增一亮”整治工作，旨在通过人居环境的改善，为实施乡村振兴

鸡鸣谷

奠定基础。在全镇各村（社区）通过召开议事会、带领群众外出参观学习、制定实施方案、入户宣传动员，以党建引领，社区治理为抓手，发动群众以筹智、筹资、筹劳等方式参与到“三清四改一增一亮”工作中，建言献策，共建共享。2017年，完成板槽村6组和清明村2组试点打造，该项目实施推进了“绿、富、美”发展，为乡村建设和乡村振兴积累了宝贵经验。

【游山步道建设】 王场镇游山步道全长12.9千米，贯穿板槽、莲花和大雨3个村，该步道是沿山群众主动投工投劳、心怀增收致富梦想而修建的山路，串联了山林、重庆路旅游环线、读书台等得天独厚的自然和地理优势。连接游山步道的竹海听涛餐饮，着立打造集健身、文化、餐饮于一体的别具一格的生态旅游整体。利用毗邻山林、重庆路旅游环线得天独厚的自然和地理优势，根据现状风景资源的特征和赋予的旅游功能，在科学规划的前提下，分区分期建设，形成在生态资源下，融自然、历史、现代于一体。保护和利用相结合，集生态旅游、休闲度假、人居相协调统一的环境体系及所有基础配套实施完善，为崇州及周边人群提供一个放松身心的好去处。

【乡村旅游发展】 游山步道全线连接水系、山体、田园、林盘、历史文化古迹，展现崇州“宜居宜玩”的生活环境，体现现代人“知快守慢、张弛有序”的生活态度，满足现代人亲近自然的渴望需求，能吸引崇州当地或成都市区游客前来，健身的同时体验大自然风光。成都莲花境生态旅游开发有限公司耗资1.5亿元打造的高端酒店旅游“璞莲山庄”以高端会议、住宿、旅游接待为主，15栋主体工程竣工。规划在板槽村9组建设的“中国鸡鸣谷·川西桃花源”，一期工程于3月上旬完成，实现开门迎客；大雨村集体旅游合作社拟打造“稻虾体验馆”，已进场施工，设置有亲子活动区、博物馆、稻虾美食区等，结合13组郭家林盘翻新改造，修建具有川西乡村特色餐椅住宿、会议接待等民宿综合休闲区，同时旁边约33.33公顷稻虾观光区作为配套建设健身步道、休闲吹点、观光亭等，吸引游客壮大绿友合作社集体经济，带动村民致富增收。以大雨村读书台为依托，挖掘段文昌历史名人文化和道教文化为载体，进一步扩大读书台规模，吸引香客文人，打造以道教为主的康养综合体验。重庆路沿线形成竹海听涛、老渔塘、二号营地等近20家各类特色乡村旅游接待点位，解决重庆路沿线旅游配套“吃”的问题。稻田综合种养体验推动水稻景观与乡村休闲旅游相结合，目前东风村、清明村、桂花村分别建成80公顷、20公顷和18公顷稻田综合种养基地，借助小龙虾和优质大米种养，开展垂钓体验、亲子体验、乡村美食体验等活动。

村民参与健身步道修建

【“稻虾综合种养”基地建设】 引进成都市力聚农业签订战略合作协议，投资1.6亿元发展稻虾产业，沿崇王路在东风村、清明村、桂花村、五福社区布局“水稻+小龙虾”为主的综合种养产业面积近133.33公顷，在崇州排名第一；沿重庆路在大雨村布局建设稻虾体验馆，已进场施工，与竹海听涛、老渔塘等合作开发了小龙虾系列口味菜。规划333.33公顷稻田综合种养示范区。

【一般场镇改造】 2016年，王场镇被确定为一般场改造示范镇，改造规划包括两个场镇，即东关城镇和王场社区，对该镇发展提出了更高的发展要求，王场位于中国最美乡村公路——重庆路上，旅游区位突出，自身旅游资源较为丰富。但资源没有充分的挖掘，优势没有很好地发挥，产业不够突出，城镇旅游的承载力不强。此次改造旨在改善场镇的整体环境，完善场镇的基础设施包括道路交通、市政基础设施、公共服务设施等；在传承与延续场镇历史文脉的基础上，对场镇的建筑风貌关键节点等进行详细设计，提升场镇整体形象与文化内涵；同时充分挖掘场镇资源并进行有效的整合，从而促进场镇的旅游发展。2017年，已投入1280万元，全面完成场镇道路、绿化、路灯、自来水的升级改造，完成东桤路场镇至崇王路段黑白化改造，“小三线”管网下地、店招店牌等风貌工程进入招投标程序，场镇基础设施和公共配套设施建设进一步完善。

【养老服务】 王场镇辖区内的60岁以上老年人为5421人，65周岁以上的3343人，70周岁以上的2103人，80周岁以上的615人，90周岁以上有68人，100岁以上的有5人。为顺应社会老龄化发展趋势需要，在全镇各村（社区）成立居家养老服务中心，在中心社区、大雨村、五福社区、东风村、清明村陆续建成日间照料中心5个，为老年人提供各类服务项目。

【环境治理】 环境保护扎实有效。全镇各类中小型企业共63家，因环保不达标等原因关停10家，51家完成环评整治和达标验收，其中工业企业31家，农家乐餐饮19家，养殖企业3家。开展好砖厂整治、“三无”企业整治、高污染燃料锅炉淘汰或清洁能源改造、工地扬尘管控、餐饮油烟整治等各项环保专项整治工作。以严格落实河长制为统揽，以强力推进畜禽养殖污染治理为重点，克服点多面广、治理困难等影响，对全镇养猪、养牛、养鸡、养鸭养殖户进行环保执法和污染治理，关停养殖场14家，整改13家；以建好机制为抓手，制定《崇州市王场镇畜禽养殖管理办法》和《王场镇治理畜禽养殖“八不准”规定》，成立由镇长为总指挥、镇领导分片负责的4个畜禽污染整治专项领导小组；以清淤治污为目标，对流经我镇的干溪河、三合堰干渠及各支斗渠进行分片、包干、全面治理，共清理沟渠8条11.5千米，清理淤泥6000余立方米，各河流出境段面地表水全面消除劣5类水体，部分村级段面达到3类水质。进一步加大扬尘治理监管力度，深入推进工地扬尘治理，对工地施工进行规范，加大对工地的督查力度；狠抓道路接口硬化、裸土覆盖，“黑加白”油化改造道路2.1千米，对全镇4家机动车清洗站进行停业整改；规范垃圾倾倒点设置，日产日清，杜绝垃圾积存，建立农村环境卫生的管理长效机制，引导村民自觉对乱堆乱放进行清理，及时清运保洁，清明村张巷子以群众主体推进林盘治理的方式被市委主要领导多次表扬。

【产业扶贫】 明确产业扶贫、产业脱贫的发展思路，以体验农业、精品种养循环、文旅互动项目为抓手。在清明村、大雨村进行集体经济发展改革试点，大力发展稻虾综合种养、乡村旅游项目，将大雨、清明打造成为以精品农业、文旅融合、一三互动为特色的幸福美丽新村。大雨村与硕谷农业有限公司签订33.33公顷稻虾综合种养协议，通过组建蜀禹农乡旅游专业合作社，以“稻虾体验馆”的实体项目为依托，吸纳近200户村民加入旅游合作社，筹资106万元。该项目以财政资金投入为主、贫困户和农民出资元为辅，已启动总平建设。

在清明村开展发展集体经济促进扶贫产业发展的创新试点，采取“村集体+职业经理人+农户+精准扶贫户”的模式，投入扶贫资金50万元，职业经理人出资20万元，村民合伙出资10万元，精准扶贫帮扶对象出资2.4万元，建成稻虾综合种养面积11.67公顷，发展一个特色主导产业，培育一个发展带动主体，解决村集体经济的“造血功能”，为贫困村脱贫，集体经济壮大和可持续发展打下良好基础。

【改革创新成效】 农业经济改革扎实推进，在大雨村依托稻虾体验馆建设推进以“资源变资产、资金变股金、农民变股民”，专业化运营的“三变一专”改革创新，其经验被成都市委统筹委采编印发全市，被市委主要领导多次点名表扬。社区治理改革试点成效初现，中心社区建成成都市六个示范点之一的群团改革中心，板槽村6组正在加快实施乡村振兴示范点位建设。

（乐正勇）

表26

2017年白头镇经济社会发展主要指标一览表

项　目	单位	实绩	同比增减（%）
全年年财政总收入	万元	1133.16	–
税收收入	万元	194.12	–
全社会固定资产投资总额	亿元	3.8874	–
农村居民人均可支配收入	万元	1.48	–
教育事业财政投入	万元	130	–
中小学校数	所	2	–
中小学在校学生数	万人	0.25	–
文化事业财政投入	万元	90	–
体育事业财政投入	万元	50	–
卫生事业财政投入	万元	30	–
卫生机构数	个	1	–
卫生机构床位数	张	50	–
卫生技术人员	人	27	–

白头镇
Baitou Town

【概况】 白头镇是崇州市西部片区一个纯农业镇，镇政府驻地天竺社区甘泉街9号。白头镇处于成温邛高速崇州到大邑的中心点上，距崇州市区6千米，2017年土地面积16.7平方千米，辖五星、三洞、和乐、高笕、甘泉5个行政村和天竺1个社区；年末常住人口1.4322万人，户籍户数5753户，户籍人口1.5355万人。白头街道位于成都成温邛发展主轴线上，白头镇区和桤木河湿地有两个互通式高速路出口；与成都快速路光华大道、第二快速通道、第三快速通道相连；有成大路、街安路、省道106线、重庆路、干蒲路、N32县道等干线道路。特色农产品主要有天健君稳糖型功能性大米、“白头五星”优质大米、生态菜籽油、健康猪肉、“土而奇”虫草鸡蛋、有机蔬菜、铁皮石斛。2017年，崇州市农村党员教育学院、崇州市城乡融合发展研究院正式成立，白头镇成功创建省级乡村旅游示范镇，签约天府国际慢城，引入一满文旅公司，组建白头旅游协会，通过了“四川省安全社区”现场评定、“血防检测达标”现场评定。五星村被四川省评为“水美新村”，崇州市农村党员教育学院被四川省委组织部评为“农民夜校示范实践基地”。全镇耕地1066.67公顷，主产水稻、小麦、油菜等作物，2017年，农民人均可支配收入1.74万元；有土地股份合作社5家，耕地规模经营度达88%。

【特色镇建设】 白头镇紧扣“西控”战略，按照优化城乡空间结构、提升绿色发展能级的要求，确定城镇功能定位、产城布局、发展目标。按照国际标准、全国一流的天府农、文、旅融合发展示范区标准，将白头打造成具有浓厚东方文化色彩的世界慢享旅游目的地、成都西部旅游集散中心、农业文创中心、高品质田园度假中心的“慢享田园特色镇”。项目投资100余亿元，总规划区域74.29平方千米，按照“世界级田园综合体”的总体目标，围绕慢行系统串联湿地、大田景观、林盘和新村，形成集会展、娱乐、康养、旅游购物、观光休闲等为核心的农、文、旅融合产业高地，打造国家AAAAA级田园度假景区。

【天府国际慢城项目】 3月21日，四川发展（控股）有限责任公司与崇州市正式签订协议，共同成立国弘崇展公司，联手在白头投资100亿元，打造“天府国际慢城”项目。项目总规划区域74.29平方千米，以白头为核心，延伸9个乡镇。按照“世界级田园综合体”的总体目标，围绕慢行系统串联湿地、大田景观、林盘和新村，形成集会展、娱乐、康养、旅游购物、观光休闲等为核心的农文旅融合产业高地，打造国家AAAAA级田园度假景区。完成486.67公顷项目一期工程“天府蔓谷、桤木河休闲带”规划设计和立项流程，项目地点五星村区域，总投资20亿元，分三批次进行建设，该区通过土地整理已腾挪14公顷。

【合作社党建组团“13235”党建工作模式】 “1”：组团发展1个核心，扩大组织覆盖，实现红色引领绿色。“3”：政治服务3个平台，帮助合作社解决发展中存在的问题。内部沟通平台，解决合作社发展中人才的因素；横向连接平台，解决合作社发展中技术的瓶颈；上下联动平台，解决合作社发展中资源的困难。“2”：发挥党员作用2项举措，助推党建组团合作社的凝聚力。党员管理“三培三带”，一是将优秀人才培养成党员，带动普通社员向党组织靠拢；二是将组团党员培养成生产骨干、管理人才、技术标兵，带动组团追赶比超，争创佳绩；三是将优秀人才培养成带头人，带动党建组团成员单位紧密团结在党组织周围；党员模范“四带头”，一是带头弘扬党的优良传统；二是带头严守党的纪律；三是带头苦钻本职工作；四是带头“亮身份”。“3”：工作运行3项机制，保障党建组团问题及时解决，包括组团成员议事决策机制、区域协调工作机制、销号式运行工作机制。“5”：服务发展5个作用，推动党建组团合作社良性发展，

美丽新村五星村

即宣传党的政策作用、引导党员争先作用、协商问题矛盾作用、监督成员守法作用、整合各方资源作用。

【土地整理项目】 坚持建好新城、优化老城的思路，启动两个总挂钩周转指标90.53公顷的土地综合整治项目，将现有散居人口中的40%，即4000余人向场镇转移，形成东临桤木河湿地北段，西靠重庆路的33.33公顷场镇新区，加上五星、甘泉新村综合体及保护性林盘聚居人口后，城镇化率将达65%以上。场镇新区通过土地整理项目引进华西集团资金2.5亿元，财政资金配套基础、公益、公共设施投入0.73亿元，农户自筹1亿元。其中总投资约3.5亿元的土地整理安置点22公顷启动建设；投资2000余万元总长3千米的场镇新区4条骨干市政道路年底竣工；投资1000万元的片区幼儿园基本完工；投资2000万元的片区医院完成规划选址、立项、征地等前期工作；投资1500万元长约2.6千米的连接桤木河湿地北段的场镇新区亲水湿地步行景观长廊完成一期水系建设；投资800万元的场镇中央雨水花园完成调地。

【乡村旅游服务业】 按照“新型城镇化和统筹城乡发展的亮点镇”及“小规模、组团式、生态化、微田园”要求，秉承四态融合发展思路，着眼“景农一体村庄、产村相融单元”的规划定位，以AAAA级旅游小村的标准设计房屋布置总平，配置基础设施，依托十里生态湿地，发展都市现代农业和乡村旅游互动产业，引进天府国际慢城项目、柏翠汽车营地项目。依托万亩大田景观，推动区域粮食规模经营与一、三产业深度融合，培育循环经济，探索种养新模式，形成体验农业旅游发展新模式。

【深化农业共营制】 经营体系共营共建，维护农户在家庭承包权的主体地位，盘活经营权，形成“合作社+职业经理人+社会化服务组织”等多元组织共建共营的经营体系。经营收益共营共享，通过强化土地的集中、生产要素的聚集及专业人士的参与经营来改善农业的规模经济、分工协作，形成利益共同体间的分享机制，实现多渠道增收。经营目标共营多赢，使农民走出小农经济，参与社会化分工；合作社通过专业化适度规模经营、科学种地，实现农业增收；社会化服务组织通过全方位生产性服务外包，实现服务规模经营。“三个

生态白头

共营”成效重构农村生产关系，解放农村生产力，释放农业产业能级，促进川农大博士团队、水稻研究所等人才和机构进入农村，开发富硒、低糖大米等功能性高端农产品，解决农民进城不离田等问题，促进大批农民参与更多的社会分工，成为新型市民，促进新型城镇化建设。

【环境治理】 白头镇坚持走生态优先绿色发展之路，将“最美田园湿地”作为特色和主题，按照“统一规划、资源整合、市场参与”的思路，在桤木河沿线加快建设“生态湿地、健康食地”，为崇州以西培育一个生态“绿肺”。完成示范段2.8千米打造，引进专业公司进行管理运营。建成湿地北段、南段骑游道，建成桤木河路北段，启动创建国家级生态湿地。完成黑臭河渠整治工作，共清淘沟渠4600米。

【天府国际慢城项目建设用地成功签约】 8月11日，天府国际慢城项目农村集体建设用地签约仪式在白头镇举行。签约用地数达5.07公顷，是成都市农村集体建设用地，单笔流转规模最大的一项签约，签约用地将直接用于天府国际慢城项目。

【白头镇接受乡村旅游特色镇评审组评审】 9月28日，四川省乡村旅游特色镇评审组到白头镇进行乡村旅游特色镇评审。评审组先后到白头镇五星村、桤木河湿地公园、一满田园餐厅等特色项目点，查看了白头镇在乡村旅游特色镇创建上的工作成效及产业推进情况，翻阅了白头镇乡村旅游特色镇工作档案，评审组高度认同白头镇在乡村旅游特色镇上的工作成效。

【成立集体经济联合公司】 10月12日上午，由白头镇五村一社区集体资产管理合作社共同出资成立的成都慢享白头农业旅游开发有限公司召开首次股东大会。成都慢享白头农业旅游开发有限公司是在五星旅游合作社的基础上，联合白头6个村（社区）共同组建的集体股、社会股、人才股混合型集体经济组织，注册资金六千万元。是白头镇实施全域旅游，一、二、三产业融合，发展集体经济壮大的重要平台，在优质粮油生产、旅游服务产业、重大项目服务等方面拓展市场、创造效益。此次股东会议决议，确定高志伟为公司总经理，通过公司章程，确定人员薪酬，通过公司股东会议事规则、公司基本管理制度等。

【首届乡村运动会】 11月11日，白头镇举办以“坚定不移跟党走 砥砺前行创辉煌”为主题的首届乡村运动会。全镇800余人参加。比赛项目有展示团队团结力量的拔河，还有趣味与团结结合的两人三足以及由农业生产衍生而来的插秧、推车，还有展示个人体育技能的跳绳等项目。运动员充分展示了自己的风采，享受运动了的乐趣，展现了健康活力新风采，体现了文明向上新风貌。

（龚颖）

道明镇
Daoming Town

【概况】 道明镇位于崇州市市区之西偏北，处于成都平原西部边缘，无根山丘陵区与坝区交接地带，东与济协乡接壤，南与白头镇、王场镇为邻，西与大邑青霞乡和怀远镇毗邻，北与公议乡紧连，东北隔西河与锦江乡相望。道明镇人民政府驻地位于崇州市道明镇白塔湖大道130号，距崇州主城区约6千米，辖区面积36.1平方千米。下辖龙黄、顺交、双杨、升平、永乐、天水、四河、斜阳、红旗、三龙10个行政村，白塔路、东岳2个社区，现有村（居）民小组145个，年末户籍人口7780户2.1028万人。镇域内交通发达，有重庆路、四宝路、街安路、白塔湖旅游专线横贯而过，境内有著名的白塔湖风景区、始建于隋朝的白塔寺院，有2000多年悠久历史的道明竹编非遗文化，有清朝一等昭勇诸侯、杨遇春墓地及其杨家祠堂遗址，道明镇是四川自驾赏花节的重要核心区域。2017年，道明围绕“竹湖白塔·自在道明”发

表27 **2017年道明镇经济社会发展主要指标一览表**

项　目	单位	实绩	同比增减（%）
全年年财政总收入	万元	1471	–
公共财政支出	万元	1471	–
农村居民人均可支配收入	万元	1.72	–
中小学校数	所	1	–
中小学在校学生数	人	518	–
卫生机构数	个	1	–
卫生机构床位数	张	26	–
卫生技术人员	人	15	–

俯瞰竹里

展主题，开展特色镇建设，打造“竹艺村”特色村落，成功举办第五届四川自驾赏花节、第六届公路自行车精英赛、崇州市第四届运动会登山步道健身走比赛，农业、旅游经济稳步发展，全镇经济社会发展取得较大成效。

【特色镇建设】　按照“全域旅游”发展理念，走“旅游+产业”路子，靓化白塔湖景区环境，加快打造“竹艺村”特色村落，道明竹编参加第六届成都国际非遗展示，并走出国门到德国、美国和蒙古进行非遗文化展示交流。成功举办和协办第五届四川自驾赏花节、第六届公路自行车精英赛、崇州市第四届运动会登山步道健身走比赛等文体赛事，开展竹编非遗文化技艺展示大赛、进校园活动，助推了道明非遗文化特色小镇建设，成功获批成都市第一批非物质文化遗产特色小镇称号。

【产业发展】　农业稳步发展，全年粮食产量12716吨，蔬菜产量14049吨，肉类产量3689吨，完成3个幸福美丽新村建设，创建完成4个“四好村”，完成农业招商引资建设项目2个，完成2个相对贫困村和4户精准扶贫户脱贫目标，完成5000万元农业固定资产投资任务。规范合作社建设800公顷，规范合作社建设7个，培训新型职业农民22人，农业职业经理人更新培训12人。11月14日，全国林改现场会在崇州召开，定点调研道明季崧林地股份合作社，建设村级示范电商服务站1个，新增稻田综合种养16.67公顷，深化农村改革试点，完成多权颁证（土地经营权证、林地经营权等）7个，产权抵押贷款800万元，组建村集体经济组织2个。

【民生项目建设】　完成镇村金融服务中心建设，深化农村产权制度改革，有力推进农民集中居住区“1+3+2+N”自治管理服务机制，深化村级公共服务和社会管理改革，完成农村基础设施建设类项目21个，金额94.35万元；社会管理类完成项目52个，金额414.35万元；文体类完成项目12个，金额45.4万元；其他类完成项目20个，金额42.4万元；完成招商引资0.5亿元、服务业固定资产投资1.3亿元，引进新项目1个。加快打造竹艺村特色村落，完成竹艺村一期工程建设，“竹里天府新林盘”试点二期工程项目于2017年9启动，完成8个坝区村土地整理增减挂钩项目分房入住和验收，完成山区村土地整理项目调查摸底，完成小城镇建设项目1个，总投资3000万元，实施项目攻坚行动，全年实施重点项目9个，总投资4.95亿元，年度完成投资2.43亿元。

【生态文明建设】 认真落实“治霾十条”“治堵十条”，完成43辆黄标车淘汰，加强河长制管理，落实河道“河长”，建立“一河一策”四大清单，实施“清河、护岸、净水、保水”四项行动，加强黑臭水体治理，加强饮用水水源地保护，完成全域增绿栽植芙蓉100株。突出重点领域整治，铁腕治污，全镇完善环保备案企业67家，关停违法违规企业20家，其中工业企业9家、养殖场（户）5家、农家乐6家，环境有效改善。落实机动车维修企业污染治理，节能减排，及时办理环境信访投诉，认真开展“回头看”，完成迎接中央环保督察，深化“七乱”“四清”治理，推进绿化风貌整治和景观提升，完成龙黄村百村容貌整治试点村建设、验收，完成基本农田保护任务、耕地保有量，完成2015年耕保金发放，完成新建道路5.3千米。

【公共服务建设】 完成企业安全生产标准化建设1个，有效落实延时服务，创建东岳社区、双杨村2个依法治理示范点，开展法制宣传4次、法律进校园2次，依法调解5件疑难纠纷，为农民工讨薪600余万元。重点优抚对象医疗保险参保100%，实现低保应保尽保，实施医疗救助24起，救助金额1.4万元，完成城市低保补助发放7人，农村低保补助发放530人，遗体火化100%，完成村（社区）自治组织换届选举。城乡居民基本医保参保98%，完成养老保险参保1.19万人，续缴费3913人，城镇新增就业人数107人，农村富余劳动力转移就业新增人数306人。符合政策生育率99.2%，完成“阳光爱心助学”“困难大学生圆梦”27户，完成流动人口计划生育服务与管理、计划生育特殊困难家庭34户扶助，为1009名残疾人提供7894项“量体裁衣”式个性化服务，关怀救助10名白内障患者、15名残疾学生和残疾人子女、219名重度残疾人、35名从事种养殖业贫困残疾人家庭，完成12个村（社区）妇联组织改建，完成镇妇联区域化建设，完成5个妇女儿童之家建设，杨隆梅家庭入选崇州最美家庭。

【竹编技艺传承与保护】 9月8日，道明镇荣获成都市第一批非物质文化遗产特色小镇称号。9—12月，道明竹编新生代传承人杨隆梅、丁春梅随文化部“中国非遗世界巡展”团先后到美国、俄罗斯、德国等国展示道明竹编非遗文化和传统手工技艺。10月17日，成都市长罗强及常委田蓉批示，建议同意与中央美院设立工作站。11月13日，崇州市道明竹编进入成都市第一批非物质文化遗产生产性保护示范基地名单。

【“1+3+N”党建工作新模式】 落实党建工作责任制，推进村级党组织标准化建设，构建竹艺村院落自治体系，探索实施“1+3+N”党建工作新模式，年内对斜阳村软弱涣散党组织“整帮创”并实现转化提升。

（刘宇）

济协乡
Jixie Township

【概况】 济协乡地处崇州市“滨江新城”的源头，乡域范围连接成温邛高速，距成都38千米，位于成都“一小时经济圈”。街安路、白塔湖旅游通道贯穿全乡，距离崇州市主城区3千米，交通优势显著。全乡辖区面积16.3平方千米，耕地面积907公顷，总人口1.32万人。全乡辖双凤、文昌、天宫、济民4个行政村和协和社区，共100个村民小组。2017年，济协乡坚持“围绕稳定抓党建，抓好项目促发展”的工作思路，在乡党委的坚强领导下，全乡干群真抓实干、奋力拼搏，取得了党建工作、经济发展、社会和谐的显著成效。

表28

2017年济协乡经济社会发展主要指标一览表

项　目	单位	实绩	同比增减（%）
全年年财政总收入	万元	965.66	–
公共财政收入	万元	965.66	–
公共财政支出	万元	965.66	–
地方税收收入	万元	114.86	–
农村居民人均可支配收入	万元	2.28	–
中小学校数	所	1	–
中小学在校学生数	人	171	–
卫生机构数	个	1	–
卫生机构床位数	张	20	–
卫生技术人员	人	19	–

【第一产业发展壮大】 主导产业不断壮大。粮食产量每年保持在1.1万吨左右，依托合作社发展，大力发展稻田养鱼、稻田养虾、蔬菜等附加值较高的产业。天宫岳家桥土地股份合作社发展稻田养鱼、养虾、种养循环73.33公顷，种植蔬菜33.33公顷。大力发展家庭农场、农机合作社、植保合作社等多种经营主体。建立发展四喜家庭农场、老兵家庭农场等4家家庭农场，成立红英植保合作社等专业合作社，为土地股份合作社提供便利的服务。济民合作社充分利用财政补助资金，在济民18组建立一座3个机组的烘储中心。

【乡村旅游业】 济协乡全面对外开放不断深化，全力打造投资发展软环境，突出抓好招商引资。以南部10万亩、桤木河北段、天府国际慢城、豪芸通航项目为依托，大力推动一、三产业融合，积极推进项目区景区化建设，全乡乡村旅游人数达3.2万人次，旅游收入达200万元以上。

【现代农业创新创业科技示范园项目】 成都农业科技职业学院崇州现代农业创新创业科技示范园项目包括农业科普文化长廊，农业产品生产、展示、销售区域对外服务、培训、体验区域等。2017年，完成核心区46.67公顷隔田整理，完成46.67公顷围栏搭建，13.33公顷大棚搭建和13.33公顷果树种植及嫁接。启动田间整理，更换品种，建设用地流转手续。

【崇州市济协乡豪芸航空起降点项目】 项目建筑面积1.5万平方米。主要建设内容包括低空旅游营地、水上体育运动休闲旅游设施、个人娱乐飞行区、航空展览馆、航空运动飞行训练营地；配套建设飞行跑道、机库、指挥调度中心、餐饮、停车场等服务设施；通用航空飞行器购置。完成无人机一号培训场地建设，无人机二号开工培训场地建设。豪芸航空成功申报为科技示范基地。

【产业结构优化】 产业结构持续优化，以“三百行动”为抓手，着重在农产品品牌战略、电商平台上下功夫，并在7个合作社实现电商平台销售农副产品。

豪芸航空起降点项目

完成合作社经营权颁证工作，开展经营权抵押担保融资，致曲合作社已融资到位资金50万元，致曲合作社蔬菜加工项目投入200余万元，已生产营业。引进四川豪芸通用航空项目、成都农业科技职业学院培训基地项目、“天府国际慢城”项目、南部10万亩桤木河北段建设等落户，到位资金9000余万元；产业基础有力夯实。持续进行高标准农田建设，共投资1000余万元，平整格田66.67公顷，修建生产道、机耕道10余千米、浆砌沟渠10千米，极大方便合作社耕作。F1道路完成增绿添彩。

【村庄规划】 坚持城乡一体统筹发展，在做大做强都市现代农业和乡村旅游产业的基础上，于2017年对全乡4村1社区进行村庄规划，已启动文昌村村庄规划。乡镇定位为“生态田园之乡，航空运动小镇”，以都市现代农业和乡村旅游业为主导产业，初步形成以济协场镇为核心，全力打造都市现代农业发展区和乡村旅游体验区的“一核两区”新型城乡形态。

【改善基础设施】 以一般场镇改造工作为契机，争取投入资金2000万元，改变城镇风貌不一、夹道建设严重和建筑面过于单一问题，发掘文化内涵和生态底蕴。改善公共服务设施，特别是与乡村旅游发展相关的配套设施，投入资金100万元，实施街安路、川兴街人行道绿化工程，在场镇实现路灯全覆盖。济民、天宫村灾后重建城乡建设用地增减挂钩项目安置点用地10.67余公顷投入使用，安置农户469多户、1732人，节约建设用地指标21.77公顷。文昌村农村集体建设用地整理项目通过验收，安置点建设基本完成。

【老旧院落改造】 着力推进“四改六治理”，整治场镇入口现有的工业企业厂房，实行关、停、转，改善场镇形象。做好土地和违规建设项目的监管，7月，对协和社区1组木器加工厂和废品收购站等两家违规占用土地乱搭建生产房进行强拆，对所有建设项目进行严格审核和把关，实地查看，签订安全施工责任书，交纳履约保证金，并形成乡村联动监管机制。对辖区内2条道路实行白加黑油化修建，利用机具对天宫村蓝天苑、协和场镇等6处遗留问题全力整改清运平整，栽种芙蓉花100余株，撒播草籽、花籽约6000平方米，栽种各类苗木8000余株，改造2座桥梁、4000米排水沟、1500米河堤，新增设景观灯30多盏，改造老旧院落12座，新增绿化面积530平方米，废弃沙场填方量2.6万立方米，裸土覆盖和植绿面积约6000平方米，栽种花卉苗木4.1万余株。

【农村金融综合服务】 有序推进农村金融服务综合改革。济协乡有序推进四站合一，工作人员已确定专人，于6月25日完成四站合一的基础配备。积极联系崇州市上银村镇银行，进行两次金融知识培训。深化财政资金补助合作社资产股份量化改革试点。济民合作社充分利用财政补助资金，在济民村18组建立一座3个机组的烘储中心。

【农民财产性增收】 完成2017年各种政策性惠农补贴（粮补、良种补贴）的核实和发放工作让群众及时享受到相应的惠农补贴。全乡应发3568户，应发金额为118.01985万元，已发118.015875万元，均通过农商银行代发发放到各群众卡中。集体建设用地开发利用，盘活农村宅基地。济协乡文昌村11组2户农户自愿有偿退出宅基地，宅基地共0.28公顷，用于成都农业科技职业学院在文昌村试验基地的相关配套用地。现农户已搬家，腾出宅基地。济协乡双凤村21组引进养老院项目，8户农户用宅基地入股养老项目，盘活农村宅基地。“一事一议”项目资金方面，通过前期的积极准备和协调，组织文昌村、济民村参加了财政局“一事一议”资金的竞争立项，通过努力争取30万元项目资金，加大了对村级基础设施的投入。济民村、文昌村已顺利通过市级部门的验收。全乡精准扶贫对象为3户，协助分管领导与市场监督管理局、法制办对接，争取部门帮扶资金0.6万元为精准扶贫对象购买生产资料。

【环境治理】 对F1沿线、济民路、街安路两侧进行增绿添彩；对天宫村蓝天苑、济民村向阳河坝空地植绿打造；共计废弃沙场填方量26000立方米，裸土覆盖和植绿面积约6万平方米，栽种花卉苗木41000余株。全乡实施裸土覆盖、绿化合计217.75万元；道路平整45.53万元，环境卫生整治112.88万元，扬尘控制0.55万元，撒播花草种子11.06万元。关闭辖区内3家砂厂并植绿。对西河济协段、场镇道路进行白加黑、油化2.5千米。清理林盘积存垃圾150余处，拆除小区违建3处，清理转运各类杂物、杂草1000多余处。改造老旧院落12座，新增绿化面积1530平方米；强制拆除三无企业1家，改造1千米场镇路面、6家落后产能企业，新增设景观灯30多盏。河道清淤。全面落实河长制，修缮2座桥梁、4000米排水沟、1500米河堤，对流经济协的9条河道、关联支渠、沟渠进行全面清理整顿，千功一支关联河道泉水河济协段面消除劣V类水质，达到四类水标准；组织6辆环保宣传车进行不间断巡查，严厉查处整治破坏水利生态的行为。制定清河、护岸、净水、保水四项行动方案，细化四项清单，先期对长约10.5千米的桤木河沿线进行环境整治，迁坟483余座，认真完成南部10万亩示范基地桤木河北段建设工程，已完成农户苗木、坟墓搬迁，青苗赔付；同时对桤木河沿线资源进行前期摸底，可开发利用林盘15个，涉及农户300余户，建设用地面积约20公顷。重拳整治养殖场面源污染，全乡29家养殖场实施长效监管，对禁养区9家养殖场实施全面关停搬迁工作。狠抓黑臭水体整治，泉水河及关联沟渠清淤约16.3千米、19750立方米，出动机具20余辆、人工800人次。全面关停辖区内10家“三无”企业、6家铸造厂。先后发出断电通知16份、关停通知20份，张贴社会监督公告5张；辖区内3家高污染锅炉企业整治完成3家；勤督严查抓落实，切实做好秸秆禁烧工作，坚决杜绝露天焚烧行为，辖区内6辆环保宣传车每日循环出动，悬挂各类宣传标语35幅，发送各类宣传单200余份。对辖区内5条主要道路、6条背街小巷每日进行洒水降尘、清扫保洁，对辖区内1处幼儿园项目在建工地进行台账管理，动态监控工地扬尘污染情况。

【民生事业】 济协乡城镇新增就业人数118人，失业人员和失地农民实现再就业34人，农村富余劳动力向非农产业新增转移就业300人，城填登记失业率控制在3%以内。农村劳动力7750人（男3984人、女3766人），其中在校学生300人，已经向二、三产业转移6980人，转移率达90%。城乡居民医疗保险参保9800人，医保覆盖率达98%以上。城乡居民养老保险参保7675 人，当年新增参保265人，单独办理农村中央财政基础养老金补贴（每月80元）20人。扶持185名城乡残疾人居家就业。向7人发放居家护理补贴。帮助31户残疾家庭发展种养殖业扶持。为所有低保残疾人发放困

济协乡协和社区党员义工活动

难残疾人家庭专项生活补助。为8名精神病患者提供免费服药。对42名符合条件的所有残疾儿童及残疾家庭子女，进行资助参加居民医疗保险。对30名残疾人开展实用技能、职业技能培训。为全乡143名重度残疾人发放护理补贴。对10户残疾人家庭实施无障碍改造。为35名重度残疾人办理养老保险。

【创建“红旗村”党建引领示范工程】 文昌村邵巷子结合“两学一做”学习教育常态化制度化，坚持党建引领院落治理，聚焦于党员作用发挥，建立党员志愿服务小组和卫生监督小组，采取“设岗定责、党员承诺、先锋制评”等形式，带头倡导乡风文明，带动群众积极参与，助力乡村发展。

（刘锐）

隆兴镇
Longxing Town

【概况】 位于市境西南部，东邻集贤乡，南接桤泉镇，西与燎原乡相连，北与崇阳街道毗邻，西北与白头镇接壤，镇政府设在隆兴镇府青路113号，距崇州市区8千米。2017年，镇域面积1800公顷，辖丰乐、石马、高塔、顺江、青桥、黎坝6个村和香樟1个涉农社区。年末常住人口1.5558万人，户籍户数0.6089万户（其中农业户0.5441万户），户籍人口1.6544万人（其中农业人口1.6127万人）。隆兴镇是川西旅游环线通往刘氏庄园和建川博物馆必经之地，与成都至温江、邛崃的318国道相接，全镇农村道路长度约35.1千米全部实施标准化水泥路面硬化，115个村（居民）小组实现水泥路面网格化连接。该镇常年气候温和，雨量充沛，水源充足，土壤肥沃，生产水稻、小麦、油菜等，果树种类繁多，物产较为丰富。隆兴（杂交）米颇有名气，《华阳国志》记载了东晋川西平原水旱从人、沃野稻香的景象，蜀汉时曾有军队在此屯田，隆兴镇肥沃的土地孕育出优质大米，也孕育出农业共营制的雏形。2017年，隆兴镇认真谋划各项工作，以推动经济发展、改善群众生活为抓手，带领全镇干部群众，深化改革，聚力发展。

表29 2017年隆兴镇经济社会发展主要指标一览表

项 目	单位	实绩	同比增减（%）
全年年财政总收入	万元	1260	2.5
地方公共财政收入	万元	1260	2.5
地方公共财政支出	万元	1260	2.5
地方税收收入	万元	920	–6
第一产业增加值	亿元	0.8	–2
第二产业增加值	亿元	2.7	–1.5
第三产业增加值	亿元	0.36	–2
全社会固定资产投资总额	亿元	2.53	–2.5
城镇居民人均可支配收入	元	27000	–3
农村居民人均可支配收入	元	16979	–2
中小学校数	所	2	0
中小学在校学生数	万人	0.1208	1
卫生机构数	个	1	0
卫生机构床位数	张	50	0
卫生技术人员	人	27	0

【现代农业发展规划】 为文林、青桥小区引进并培育新型旅游业态，依托丰乐村刘家林整治和配套田园景观打造，探索农村集体经济组织入股经营，加快推进丰乐农业观光园建设；依托桤木河湿地公园现有资源和人气，引进农业观光、乡村酒店、康养健身、民宿体验、高端特色餐饮等旅游业态，打造隆兴全域旅游驱动升级；依托南部10万亩稻香环线核心区的区位优势，推进农业与旅游休闲、教育培训的深度融合，积极支持凡朴农业、云上农庄等发展民宿和体验农业、

创意农业、科普农业等新业态；提升光华大道、安仁连接线、重庆路延伸线两侧的草莓、葡萄种植基地，通过科学统一的规划设计，在充分尊重群众意愿的基础上，深入开展“双创”工作，鼓励业主与外来投资者开展合作。着力在基础设施提档升级、种植品种高端引进、产品经销品牌运营上积极探索，着力打造景观农业；大力发展采摘、观光、种植、休闲、体验为一体的新型农业生产经营业态。

【农业共营制】 深化农业共营制，完成该镇现代农业发展五年规划编制工作；加强高端种业、高端品种的引进和推广，建设稻田综合种养基地266.67公顷；严格把控农产品质量安全，建立村级农产品质量检测室5个，初步形成镇、村、组三级监管网格，与村、组签订农产品食品安全责任书117份，与农户签订农产品食品安全承诺书255户，指导种养殖户建立生产养殖档案，全年抽检农药残留1000组；推进农业供给侧结构性改革，率先探索“‘农业共营制’+龙头企业”模式构建农业全产业链体系，组建成都西蜀粮仓农业发展有限公司，成功举办“稻虾藕遇”生态大米品尝推介会，解决“农业共营制”目前面临的主导产业链不长、市场主体竞争力不强的问题。全镇农业共营制工作成效明显，数次获得中央、省、成都市及其他地市州各级部门的关注，全年共接待中央、省、市和各级新闻媒体调研、采访、参观学习约1600人次。

【农村产权制度改革】 深化农村产权确权颁证工作，与各类农村产权主管部门配合，累计完成10个土地股份合作社的13宗土地经营权颁证541.02公顷，家庭农场4家土地经营权确权颁证17.93公顷，个人2起土地经营权确权颁证6.29公顷，经济林木（果）权5宗面积27.33公顷，水面经营权1宗3.33公顷，农业设施所有权11宗，全镇推进农村土地“三权分置”工作。该镇深化农村产权“长久不变”，全年共为农户办理农村土地承包经营权死亡变更、离婚分户、继承合户96宗。2017年，农村集体资产股份量化工作，青桥、丰乐村率先开展集体经济经营性资产股权量化试点，完成试点村集体资产分股量化颁证1500户，并以量化后的持股折资入股，新成立崇州市青桥、丰乐农村股份经济合作社，作为村集体资产经营管理主体。

【村级公共服务和社会管理】 夯实基层治理机制。完成了村“两委”班子的换届选举工作；以基层“微腐败”专项治理为抓手，进一步完善政务、村务公开制度，规范了镇、村两级权力运行监督机制，工作作风进一步好转；按“四步工作法”稳步推动村级公共服务和社会管理，全年征集群众意见420条，征集意见达总户数的90%以上；通过宣传、商议、决议，审核后，全镇7个村（社区）立项82项，涉及道路、沟渠等基建设施和城乡环境、治保安防、便民服务、文化体育、基层阵地等内容，立项资金共354.908万元，现完成项目63个，包括沟渠清淤5.128万米，安装太阳能路灯37盏，新建健身广场6处共940平方米，安装健身器材11套等；此外该年全镇突出抓好综治维稳工作，全年共排查矛盾纠纷362余次，无群体性事件发生，无民转刑案件，无集体上访案件；调处化解各类矛盾纠纷23件，调解成功23件；完成镇“大联动、微治理”指挥调度中心建设，录入10类43项基础数据共计3万余条；落实网格化管理，全镇共采集事件2631件，事件办结率达100%。打造优质便民服务平台，确保社会民生保障措施的贯彻落实。严格落实《成都市村（社区）证明事项保留清单》，全面精简证明材料；严格执行“延时服务”要求，最大程度地满足广大群众对行政审批和公共服务的需求，中心全年接待5084人次，接受咨询2418件，受理事项2542件，办结事项2486件，网上政务服务和电子监察系统共受理事项1535件，办结事项1535件，电子监察系统无网上投诉；落实社保全覆盖工作，全年完成城乡居民医疗保险参保人

崇州隆兴青桥新貌

数11169人（其中特殊人群参保7人）；补办城乡医疗卡1106张及门诊卡密保代制作平台下移调试和业务指导；为255名城镇职工和3893名农村退休人员的登记和年检工作及网上录入，外地退休人员证明25件；每月为3名领取遗属补贴按时月检；办理、激活城乡居民新型社保卡10397张；就业及农村劳动力网上登记信息4000余条；新增城镇就业失业登记159条。

【环境治理与保护】 着重加强日常巡查，强化环保执法。做好重点污染源的防控排查，针对突出的环境问题，实施重点巡查、夜间暗访、定期复查，从源头严厉打击违规养殖企业及屠宰场偷排畜禽粪便等违法行为，查处私屠滥宰屠1处，没收非法屠宰牛2头，查处夜间偷排1处；关闭养殖场68家，行政处罚16家，拘留1人，整改验收工业企业23家，关闭4家，农家乐餐饮类整改备案5家，第三产业整改备案6家，关停2家；规模养殖业21家，整改19家，关闭2家，小型养殖户205户，已整改184家；集中力量清理“散乱污”企业，对“三无”企业实施断电14 家，镇域内“三无”企业得到有效治理和管控。2017年全镇持续开展环保专项行动，切实解决群众身边的环境热点、难点问题。落实在建工地的施工打围、裸土和堆料场覆盖等扬尘控制措施，增加全镇道路洒水车洒水频率，平均每天洒水至少4次；完成大、小春的禁烧任务；完成永新无害化处理厂、瑞恒食品厂的锅炉升级改造，关停洋泉酒厂锅炉，推进居家纸业锅炉煤改气工作；全年累计发现上报环保问题60余次，建立信访投诉台账，处理环保投诉案件60余起，包括4起央督协办案件，群众满意度较高。全年进行强化环保宣传教育，引导群众自觉投入。印制宣传手册5000余份，宣传标语130多幅，为环保工作推进打下了坚实基础；全年通过官方微博及微信订阅号，推送环保知识829条；组建环保志愿者队伍1支共42人，开展环保志愿活动8次；该镇妇联、团委发起的节约用水宣传、环保知识宣讲、河岸垃圾清理等主题活动35次。通过创新“村级河段长+党员护河队”“流动巡查+定点监测”等举措，延伸工作手臂，做实河道管护的最小单元，形成基层党组织与市镇河长工作体系的有益补充，初步构建起“党委主导、党员主力、党群共治”的河道管护工作格局。全年签订“共建共治”承诺书592份；发动2200人次，分期分批对千功堰一支渠、蜀河、泉水河等溪流沿线，开展截污、清淤、引流冲污等整治，清淤4.5万立方米，覆盖河段22千米；处理淤积、堵塞等突发情况75件；通过悬挂标语、发放《倡议书》等形式，浓厚社会公众关注、支持氛围，提升河道管护的群众知晓率、参与度；全镇村（社区）已共商共治涉及河道脏乱、堵塞、安全隐患等问题累计284个；其中，采纳群众关于“建立生态景观、引入物业机构管理”的建议，有效根治桤木河湿地公园（隆兴）延伸段淤积、排污问题；关停桤木河、蜀河56千米河段周边养殖场23家，关停或整改企业31家、小型养殖户205户。

隆兴大米

【产业发展转型升级】 为解决“农业共营制”面临的主导产业链不长、市场主体竞争力不强的问题，率先探索“‘农业共营制’+龙头企业”模式构建农业全产业链体系，促成成都蜀禾彩农业发展有限公司、崇州市青桥土地股份合作社、崇州市杨柳合作社3家经营主体共同组建成都西蜀粮仓农业发展有限公司；搭建“隆兴大米电子商务公共平台+垂直平台+本土平台”三级农村电子商务平台，建成750平方米的仓储中心、300平方米农产品配送中心、210平方米“稻虾藕遇”大米主题馆、190平方米的电子商务服务中心，全年电商平台销售额达200余万元；进一步加大崇州农产品品牌宣传，让具有崇州特色的“稻虾藕遇”优质大米走进千家万户，提高知名度、延伸价值链，利用全媒体推广手段和各方优势渠道推广崇州市优质农产品，并成功举办“稻虾藕遇”生态大米品尝推介会暨崇州市首届好米节。此外，隆兴镇在原有文林新村“小组微生”新农村综合体建设总平绿化要求基础上，完成基础设施及周边景观提升工程。对安置区出行道路进行加宽黑化，增建农户至雨水排水管管网，对活动中心进行外墙风貌及门窗内部改造工程。

（周谦）

桤泉镇
Qiquan Town

【概况】 桤泉镇地处崇州市西南部，东接崇州市集贤乡，南连大邑董场镇，西临大邑安仁镇，北与崇州燎原乡接镶，成温邛第三快速通道横穿东西，成温邛高速安仁连接线纵贯南北，距成新蒲高铁崇州站8千米、成温邛高速入口6千米、双流国际机场29千米。镇政府位于桤泉镇灵通村1组1号，距离崇州市主城区11.5千米。辖区土地面积18.09平方千米。下辖中和社区和灵通、生建、千功、群安4个行政村。户籍户数5786户，其中农业户5576户；户籍人口1.5936万人，其中农业人口1.247万户。所在地属河西平坝地区，气候温和，土壤肥沃，雨量充沛，物产丰富，品质优良。桤木河位于西界，泉水河及千功堰河自北向南流经境内，千功二支渠流于东境，全镇农田自流灌溉，主要用千功一支、二支渠水源。土壤以再积黄泥土为主，兼少部分紫色冲击水稻土，主产水稻、小麦、油菜、绿色有机果蔬。位于大邑县安仁镇及刘氏庄园陈列馆200米处的余湾岛，素有川西竹海的美称，代表西蜀

表30

2017年桤泉镇经济社会发展主要指标一览表

项　目	单位	实绩	同比增减（%）
全年年财政总收入	万元	5868	–
地方公共财政收入	万元	5868	177.50
地方公共财政支出	万元	5868	177.50
地方税收收入	万元	4769	–
第一产业增加值	亿元	5.28	–
第二产业增加值	亿元	7.92	–
第三产业增加值	亿元	4.4	–
全社会固定资产投资总额	亿元	11.1	8.82
城镇居民人均可支配收入	元	34110	0.0
农村居民人均可支配收入	元	19010	4.9
中小学校数	所	1	0.0
中小学在校学生数	万人	0.0452	1.0
卫生机构数	个	1	0
卫生机构床位数	张	50	0
卫生技术人员	人	8	1.1

崇州市桤泉镇余花龙门子清明祭祖大会

农耕文化、典型成都平原聚落的村落林盘。初建于清光绪年间的“余花龙门子”，先祖余腾海为清朝武举人，系成吉思汗（铁木真）的后裔，现已在桤泉镇繁衍30余代。至今，余氏家族仍延续着清明祭祖的习俗。2017年，桤泉镇对镇域范围内的桤集路进行了改造升级，同时对桤燎路进行局部路面修补。新硬化村级道路40.58千米，乡级道路改造20.44千米，实现组组通公路。改建产业生态道路0.9千米。与桤泉接壤的集贤、隆兴、燎原，以及大邑安仁、董场全部实现互联互通。观光大道、果蔬大道等境内道路四通八达。开通了安仁至成都、桤泉至崇州等公交班次，极大方便群众出行。现代农业园区共引进高科农、丰味居、丰超亿、新蜀九香等37个项目，其中农业招商引资及农业固定资产项目共3个；小组微生项目暨农博士项目点1个。完成农业招商引资2000万元，农业固定资产投资6000万元，完成3个共2.2亿元重点项目的招商引资。

【经济发展】 现代农业园区共引进高科农、丰味居、丰超亿、新蜀九香等37个项目，总产值约3.6亿元，税收630万元，带动就业约1000余人。完成工商税收1601万元，固定资产投资达11.1亿元，肉类总产值4300吨，粮食总产值13800吨，蔬菜总产量33639吨；全镇农村社会养老保险参保人数13261人，100%完成续保指标；城镇居民人均可支配年收入为3.411万元；农村居民人均纯收入1.901万元，比上年增加893元，增长4.9%。共有耕地面积1333.33余公顷，农业作为主导产业，所占比重约70%。

【产镇相融】 依托桤泉镇位于现代农业集聚区、崇州市现代农业园区核心区的区位优势以及桤泉镇优质大量劳动力的优势，在农产品加工园区实现高新产品的商品化开发，提升基础配套设施，植入展示、体验、教学等服务功能，实现“镇园一体”融合发展。重点围绕农业全产业链，发展农产品精深加工、农业研发育种和农业物流等产业，延伸农业产业链，提高农业综合效益。现农产品加工园区招商入驻农业产业化企业32家，包括蜀九香食品有限公司、风味居调料有限公司、何老幺食品有限公司、映红食品厂等知名品牌，居民就业和企业劳动力得到保障，产品远销日本、欧洲等发达国家，年产值5.2亿余元。

【深化农村产权制度改革】 农村产权制度改革进一步深化。桤泉镇群安群、中和社区完成农村集体资产股权量化改革试点工作率达100%，对未确权到户的土地、房屋和其他集体资产全部折股量化到集体经济组织成员；深入推进土地经营权、农业设施产权、林木果权等“六权”颁证登记，全年共完成土地经营权登记7宗，农业设施产权登记3宗；完成镇、村两级农村金融综合服务平台建设，全镇5村1社区全部建成农村金融综合服务平台建设；开展农村产权抵押融资，全年共完成12宗农村产权抵押融资，完成产权抵押贷款800万元。

【“三产”融合】 “三产”融合进一步深化。建成村级农产品质量安全农残检测室4个，全年完成农残检测1200个样，检测样品合格率达100%；实现农村精准扶贫1户脱贫，实现该户经济增收70%；建成县级“四好村”3个，完成产业融合发展项目3个。

【合作社运营】 合作社运营进一步规范。把“规范化·标准化、品牌化”作为合作社的基础性工作来抓，聘请专业会计对合作社账务进行专业，规范合作社财务管理；同时深化农业技术培训，全年培训新型职业农民25人，职业经理人知识更新培训17人，新增职业经理人培训17人，农民实用技术培训3000人次。

【场镇改造工程】 积极实施场镇改造工程。分别对灵宝东路延伸段、场镇太阳能路灯、中心公园绿化及道路进行改造，共完成投资498万元，新增道路硬化7000平方米，绿地覆盖0.67公顷。境内农业基础设施斗渠、农渠得到三面光整治，排灌无阻。

【农村新居建设】 积极推进农村新居建设。严格按照市住建局、市规划局要求，积极配合、指导群安村、灵通村13户村民完善自建工作，严格把守安全和规划、风貌关；积极推进千功二期、余湾岛两个项目建设，累计投资3.5亿元，涉及安置306户农户。

【农旅桤泉】 桤泉以“农旅桤泉”特色理念，坚持“休闲体验、文化创意”发展理念，挖掘川西村落林盘文化底蕴，科技植入和节会助推，打造集赏荷花、采红提、游康道、品特色餐饮、听余家故事、住农家客栈为一体的乡村旅游村落；以“四区一线一廊”规划布局为统领，大力发展绿色经济、绿色旅游。以群安村为核心的观光旅游度假区，灵通村为核心的农产品加工区，生建村为核心的现代农业研发和高端农业产业区，千功村为核心的万亩粮经复合产业区空间开发结构，着力构建科学合理的产业发展格局。并依托稻香旅游环线，实现桤泉乡村旅游度假串珠成链，对金手指红提农庄、“荷风廉韵”廉洁文化教育基地、余花龙门子川西特色林盘保护群、河畔人家、茅草人家、天府怡园等休闲农庄、养老基地、有机农庄实施了提档升级，实现乡村旅游精品化、个性化发展。依托毗邻大邑安仁古镇地理优势，大力打造桤木河湿地氧栖走廊，发展边界经济，实现走出安仁古镇厚重，便能享受桤木河湿地田园风光的悠闲，现已初步形成以桤木河湿地旅游为轴线，集农事体验、农产品采摘、农业观光体验为一体的现代农业特色乡村旅游，逐步实现把农产品变为礼品，把田园变成公园。

【采摘节·赏花节】 成功举办“菜花香桤泉·火锅进田园”自驾旅游赏花节和“十四届葡萄采摘节”，吸引来自成都市内外游客7.7万余人次，带动当地经济收入700余万元。

【农副产品加工】 桤泉镇食品加工类企业共17家，涉及蔬菜、饮料、肉类制品、速冻食品、火锅底料等多个产业。生产包装类企业2家。种子研发、物流仓储、家具制造、燃气服务类企业各1家。7个在建项目中，世音包装二期、汇城二期2家企业厂房主体完工。丰味居项目厂房主体修建已启动。艾诺米、好良心、信诺、新品川4家企业承租园区企业厂房。

【林盘打造】 重点修复打造镇内林盘，再现西蜀农耕文化，还原典型成都平原聚落，突出"坚持共建共享，还原西蜀农耕文化，还原西蜀林盘民俗民情"。按照"一城多体"的建设原则打造桤泉场镇核心，梳理完善基础设施，提升公共服务水平。辐射带动周边6个新型社区的林盘化优化提升，品牌化营销余花龙门子林盘群，按"保改建"的原则对陈湾林盘群、陈斑林盘群进行逐步提升，最终形成环绕镇区5分钟车程的林盘聚落。围绕"现代田园·成都林盘"的核心定位，挖掘文化底蕴，传承乡愁记忆。坚持留住生态、留住文化、留住人，不毁林、不拆迁、不占耕地"三留三不"的建设方法，对全镇具有历史文化资源禀赋的自然村落林盘进行连片规划。注重对镇内"两河一岛"河道滩涂、村落林盘、民俗文化的保护和弘扬，保护修缮具有历史文化价值的古井、古树、渠道、小桥、林盘、住宅、院落、祠堂，形成"一村一品、一村一景"特色文化，以"余花龙门子"4个保护性林盘为基础样本，传承千年农耕田园文化，打造一批生态环境优美、传承优良民风、农耕田园记忆的川西林盘，让成都林盘在全国形成影响。打造具有浓郁川西味道的传统院落，发展特色乡村旅游。

【环境治理】 积极实施场镇环境治理。围绕打造"美丽乡村·农旅桤泉"理念开展碧水、蓝天、净土"三大行动"，出动洒水车523次，新建垃圾收集房5个，新添置垃圾清运车10台，更换补充垃圾桶40个，做到垃圾日产日清、定点收放、集中清运，改善场镇环境卫生；积极引导环境保护宣传。在环保宣传发动上，严格按照上级工作安排，

桤泉镇村落林盘景观

印刷宣传资料400份，张贴环境治理标语横幅25副、公益广告13副，开展“环境保护大家谈”夜谈会、坝坝会、恳谈会24次，“环境保护、人人有责”的意识深入人心；严格执行环境保护督查。按照上级指示精神，积极配合市环保执法，清理整顿违法违规建设项目83家，关停改造高能耗锅炉企业34家、粪便直排养殖场23家，限期整改排污不达标农家乐3家，处理中央环保督办件2条。经过一系列环境保护行动，推进了全镇的生态文明建设和环境保护水平整体提升，改善集镇人居环境。

（乐波）

集贤乡
Jixian Township

【概况】 集贤乡位于崇州市南大门，政府驻地为集贤乡梧桐街1号，距崇州市约4千米。全乡辖区面积15.95平方千米，其中耕地1034.67公顷，辖3个村、1个社区、72个村民小组，年末常住人口1.35万人，户籍户数0.43万户（其中农业户0.43万户），户籍人口1.35万人（其中农业人口1.33万人）。境内光华大道沿乡而过，成温邛第三快速通道贯穿全乡，101线市内公交车沿西集路、集风路开通，北部10万亩稻香环线穿山泉村、梁景村。主产水稻、小麦、油菜等农作物。2017年，集贤乡发展农业土地股份合作社5个，有更新农业和锦程农业2个现代农业园区，引进原色农旅和玫瑰园项目。有企事业单位38家，主要以汽配铸造和白酒酿造为主。建成铁溪澜庭二期和徐家林盘美丽新村，完成凡朴生活社区营造项目。集贤乡被评为2016年度崇州市双拥和征兵工作先进单位；11月16日，四川省农业职业经理人培育现场会与会代表现场参观集贤农业综合服务站；山泉村徐家林盘被确定为崇州市田园综合体现场会、崇州市“三美”示范村暨文明村镇创建工作会的现场参观点位；四川省发展改革委员会网站12月8日刊发的《农村产业融合在四川经典案例》收录了《集贤乡突出“项目”引领农村产业融合》的经验做法。

表31

2017年集贤乡经济社会发展主要指标一览表

项　目	单位	实绩	同比增减（%）
全年年财政总收入	万元	981.44	-18.16
地方公共财政收入	万元	961.88	10.73
地方公共财政支出	万元	961.88	10.73
地方税收收入	万元	24.39	-
全社会固定资产投资总额	亿元	4.15	-
城镇居民人均可支配收入	元	19005.23	-
农村居民人均可支配收入	元	17079.04	-
中小学校数	所	1	-
中小学在校学生数	人	200	-
卫生机构数	个	1	-
卫生机构床位数	张	35	-
卫生技术人员	人	29	-

【凡朴生活项目】 5月，签约凡

凡朴项目签约仪式

徐家林盘提档升级

朴生活项目。9月底前，利用徐家林盘节余的建设用地打造野奢木屋、胶囊小屋、树屋、智能温室等独具一格的田园建筑，并且融入当地人文文化、徐家林盘津渡文化，发展循环生态民宿经济。每周接待游客200人次，年营业额约300万元，已辐射带动农户创业就业33户、100人，户均增收3000元以上。

【原色农旅文化融合体验园项目】 项目引进完成意向性签约投资8000万元，采取拆院并院的方式，以食用花卉、书画基地为主题，通过花卉种植、花卉观光、鲜花美食、花卉衍生品网络营销等吸引游客体验游玩。项目选址山泉村5组，完成群众参与意愿调查、整组农户共同承诺参与项目搬迁，初步确定项目实施方案。

【场镇土地整理项目】 由成都市源道农业开发有限公司与集贤乡签订集贤乡场镇土地项目投资意向协议，项目拟投资资金6000万元。初步完成参与农户调查测绘，基本完成安置点征地和出入口拆迁。

【林盘打造提升】 铁溪澜庭二期（余湾半岛）完成农户入住装修、总平建设、基础设施建设和周边景观打造。对稻香环线的林盘进行提档升级，将山泉村铁溪澜庭一期、二期小区、徐家林盘科学规划、集中连片推进建设“小组微生”田园综合体，以种植时令蔬菜的“微田园”替代景观植被装点小区，挖掘浓厚的乡贤文化、川西农耕文化和津渡文化，对原有的乡村生态要素去遮挡、展形象，保持农村闲适生活，展现乡野田园风光。

【环保攻坚行动】 投入资金140余万元，深入治理“水、土、气”污染。实现关停“三无”企业和小散乱企业21家，搬迁1家，改造完成9台高污染锅炉，常态化保持巡查管控的高压态势；境内河道全部落实河长制，严格落实巡查治理责任，清理河道10千米，清淤100多吨，封闭排污口29处，关闭和整治散乱污养殖户50多户，拆除养殖面积4公顷；督促21家农家乐和餐饮场所完成环保设备的更新和维护，关停1家洗车场，规范1家洗车场。开展“添花增绿”行动，并在西集路栽植芙蓉树100棵，利用徐家渡桥空地建成绿化园地800多平方米。

【乡村旅游发展】 以梁景通道经济走廊、山泉稻乡环线为核心，举办以“良辰美景、赏心乐事”为主题的自驾赏花节活动，各类媒体和直播平台的各类活动成效报道达20余篇次，共计接待游客3.2万人次，实现旅游收入340万元，有效地提升集贤乡的知名度和美誉度。

【法治乡村建设】 认真落实“党政同责、一岗双责、齐抓共管”安全生产责任，完成隐患排查整治700多条，完成两家标准化企业建设，超额完成职业危害现场检测任务。完成集贤乡综治中心建设，加大群众诉求和纠纷调处，办理环保、拆迁等信访重点来信20余件，处理网上信访94件。以“法律七进”活动提升群众的法治意识，充分利用春台会、逢场赶集、开院坝会、广场舞等场合宣传法律常识。在“菜花节”期间，与崇州市法院开展法治宣传联谊活动，聘请律师开展农村法治宣传讲座等活动7次；在全乡发放各类的法律常识手册1万余册、法制宣传单8000份；利用短信、QQ信息、微博、微信等新形式进行普法宣传，制作法治宣传展板30多个，悬挂标语70余条，受教育群众达1.2万余人次。积极推行依法行政、依法治乡，加大突出治安问题、各类违法犯罪打击力度，做好社区戒毒康复工作。

【民生实事建设】 完成西集路路面亮化工程，安装太阳能路灯85盏，解决群众夜间出行不便的难题。完成集凤苑小区公共服务设施建设，对小区外围景观和绿化进行打造，安装了导视系统，建设了公共服务点。完成三通道安置点总平建设，道路绿化工程完工，天然气、电力接通。徐家林盘和铁溪澜庭二期完成路灯安装，新建生态停车场，对周边景观进行了提升打造。在华兴村和梁景村建立妇女儿童之家、童伴之家，组织13名留守儿童外出参加活动。全年组织10余场大型文化惠民活动，丰富群众精神文化生活。启动华兴村完善社会困难群体救助体系，做到规范建档、精准帮扶、应保尽保，做实困难党员群众和贫困学生帮扶，发放资金约19万元；做好残疾人服务工作，共发放各类补贴33万多元。

（蔡晓琴）

燎原乡
Liaoyuan Township

【概况】 燎原乡地处崇州市西南部，光华大道穿境而过，东接崇州市桤泉镇、大邑安仁镇，南与大邑苏家镇接镶，西接大邑县晋原镇，北接王场镇和隆兴镇，距离崇州市区15千米。属平原地区，四季分明雨量充沛，夏长冬短，雨云多，日照偏少，无霜期长，年平均气温17.5℃。属亚热带湿润气候区。全乡辖区面积27.9平方千米。下辖安顺、崇德两个社区和铧头、紫竹、梓乐、七洞、壁山、回龙6个行政村，共161个村民小组。全乡总户数7822户，总人口24752人，其中非农业人口1343人，共有耕地面积1715.1公顷。有着丰富的水资源，境内菜花河（三合堰支渠）、千功堰支渠、乾芦沟、觉皇堰支渠等贯穿全境。燎原乡地质属于再积黄泥平坝湖积物，地壤pH值6.8～7.5显中性。主产水稻、小麦、大麦、油菜、青菜。2017年，在市委领导下，燎原乡围绕打造“精品农旅、生态燎原”的发展目标，抓红色党建引领，促绿色生态发展，团结和带领广大干部群众，埋头苦干，开拓进取，有效维护了全乡政治安定、社会稳定，较好地完成了各

表32

2017年燎原乡经济社会发展主要指标一览表

项　目	单位	实绩	同比增减（%）
地方公共财政收入	万元	1211.46	–
地方公共财政支出	万元	1211.46	–
地方税收收入	万元	50.42	–
农村居民人均可支配收入	元	16083	–
中小学校数	所	2	–
中小学在校学生数	人	421	–
卫生机构数	个	2	–
卫生机构床位数	张	35	–
卫生技术人员	人	23	–

项工作任务，实现了经济社会持续健康发展。

【特色产业发展】　积极调结构、促发展，累计发展种植优质宝石梨106.67余公顷、优质蔬菜266.67余公顷、优质食用菌46.67余公顷。建成稻田养虾40余公顷，建成特种养殖场2个。

【深入推进农业共营制】　发展土地股份合作社和专业种植合作社10个，入社面积达1166.67余公顷，农业职业经理人培育17人，创业培训5人，农民实用技术培训2208人，实现“合作社+公司”合作模式2个，农业共营制进一步提质增效，农村经营方式不断创新。

【农贷通融资综合服务平台】　建立1个农贷通融资综合服务平台、8个村级农贷通金融服务站，开展信息录入100余条，完成产权抵押融资3例，融资额达150余万元。

燎原乡宝石梨

【农村产权流转服务体系】　建立健全规范有序的农村产权流转服务体系，解决农村产权纠纷16余起，提供3次法律援助，完成新型集体经济体制改革2个、各类确权5宗。在确权的基础上，大力包装农业项目，完成农业招商2亿元，完成农村固定资产投资2000万元，促进一、三产业互动。

【基础设施建设】　修建沟渠96千米，清淤23千米。继续推进高标准农田整治项目，累计整治农田1333.33余公顷。完成4个村活动中心提档升级，4个村（社区）日间照料中心投入使用。投资50余万元打造的安顺地下党史料馆于6月30日开馆，全年接待65家单位3000余人开展党性教育活动。

【社会治理】　开展“成都市三星级平安乡镇创建”申报创建，回龙村“平安村（社区）创建”，安顺社区“雪亮工程”创建。开展城乡社区发展治理示范点建设工作。充分发动群众参与，通过动员社区工作人员、志愿者及林盘村民清理林盘内垃圾、清扫房前屋后杂物，拆除乱搭乱建。成立林盘自治委员会，引导群众建立完善“林盘公约”，实现林盘共治共建共享。

【环境治理】　完成河长制建章立制工作。任命乡级河长9人，聘用民间河长8人，开展乡村组三级河长巡河1001次。投入100余万元对辖区千功一支等5条主要沟渠进行清淤，清淤方量达2.3万立方米，境内河渠水质得到持续改善。优化生态结构，合理规划养殖区域布局。对现有养殖户实行备案登记，限期治理，确保粪污零排放，清理整治养殖户21家，关停搬迁8家。组织开展背街小巷专项整治。纠正乱扔、乱倒、乱挂和占道经营等严重影响城乡环境卫生的行为。引导商贩到附近规范摊位和流动摊点疏导点规范经营。结合百村容貌整治对铧头村杜林进行打造，加快实现农村环境面貌和精神面貌的整体改善。

【民生事业建设】 积极落实民生保障工作。落实低保275户421人，完善8个各村（社区）的社会救助公开栏及双拥、优抚服务体系建设工作。完成城乡医疗救助工作，实现民政对象医疗参保100%。扶持48户贫困残疾人家庭发展种养殖业。完成第三代社保卡更换16170人。

【生态文明建设】 严格管控畜禽面源污染，推进畜禽环保养殖，禁止生产生活污水直排，关停排放不达标企业3家、养殖户2家。另有19家养殖户、6家餐饮企业、18家工业企业已全面完成环评，100%执行“三同时”制度。

【安顺地下党史料馆】 在市委组织部、市委宣传部、市党史办、市文旅局的指导下，完成安顺地下党史料馆提档升级工作，于6月30日成功开馆。安顺地下党史料馆被成都市委党史研究室授予“成都市中共党史教育基地”标牌。展览馆总面积120余平方米，分前言、形势、斗争、星火和后记五大部分，以图文和实物展陈的形式，详细介绍了二十世纪四十年代末五十年代初川西的社会经济形势，以及川康边人民游击纵队、崇大新游击支队和安顺区队阻击国民党残部、参加平叛剿匪等事迹，介绍崇州市第一个党组织安顺地下党支部的建立和发展的艰辛历程。史料馆配备两名讲解员，其中1名为游击队员后代，把祖辈们口传的故事和挖掘的红色资源与加强干部党性和理想信念教育相结合。

（王梦丽）

安顺地下党史料馆开馆揭牌仪式

元通镇
Yuantong Town

【概况】 元通镇市四川省历史文化名镇，素有“水乡小成都”之称。位于市境中部偏北，镇域面积23.12平方千米，东与观胜镇相接，南与锦江乡、公议乡接壤，西临怀远镇，北靠街子镇和都江堰市安龙镇。辖聚源、禹王、景汇、三宝、清溪、通顺、大罗7个行政村和麒麟、双凤2个社区，共95个村民小组。年末总户数8009户，总人口数2.0166万人，劳动力人口1.2439万人。镇境内西河、味江河、泊江河三江汇注，生态环境良好。全年元通古镇景区共接待游客252.1万人次，实现旅游总收入7.4628亿元。人均可支配收入2.1658万元，增幅达10%以上。

【古镇建设】 元通古镇景区增设了火灾自动报警、应急疏散及IP网络可视对讲系统。11月21日，由成都市安监局、成都市安

表33

2017年元通镇经济社会发展主要指标一览表

项　目	单位	实绩	同比增减（%）
全年年财政总收入	万元	1656.04	-58
地方公共财政收入	万元	1544.19	-59
地方公共财政支出	万元	1544.19	-59
地方税收收入	万元	996.37	-6
农村居民人均可支配收入	万元	18536	13
中小学校数	所	2	0
中小学在校学生数	人	1735	4
卫生机构数	个	2	0
卫生机构床位数	张	686	0
卫生技术人员	人	74	-

保中心共同组成的安全标准化专家组，对元通镇三级安全标准化达标进行了评审和验收，以高分一次性通过；全年景区共接待游客252.1万人次，实现旅游总收入7.4628亿元。为了进一步完善古镇景区基础设施配套，逐步提升景区游客接待能力，在古镇核心区实施了4个项目：楠木广场建设项目总占地面积约1.3万平方米，建设内容包括园林建设、园林景观等，项目总投资2202.69万元；永利桥片区综合整治及元通塔建设项目建设了50余米仿古塔、服务用房、休闲广场、拱桥、栏杆、连廊等，项目总投资4200余万元；古镇核心区电力线路改造项目对核心区古街道电力线路进行改造及排除安全隐患，项目总投资278万元；滨江游步道建设二期项目建设了长200米滨江游步道，项目总投资300余万元。

【现代农业发展】　全镇实现土地流转483.72公顷，种植面积达到933.35公顷。全年共计组织开展农民实用技术培训9期，共计培训1800人次；农民产业培训2期，计100人次。组织参加农业职业经理人知识更新培训13人，新型职业农民培训15人，创新创业培训5人。完成农村经济产业固定投资5000万元，新落地项目2个，完成省外资金2500万元。健全镇、村、组农产品质量安全网格化监管体系，完成企业农产品溯源平台入驻47家，组建村级农药残检测室4个，实现手机端APP农产品移动监管，农药残留快速检测数据联机和联网。三宝村成功创建四川省级“四好村”，清溪村成功创建成都市级“四好村”。建设三宝村电商示范服务站1个，申报建设“益农社”6个。粮食产量1.2780万吨，蔬菜产量1.0225万吨，肉类产量4250吨。

【乡村旅游发展】　立足元通古镇深厚的历史文化底蕴和古建筑群资源，积极开展国家级历史文化名镇申报工作，经成都市建委和四川省住建厅历史文化名镇审核评选通过，成功上报住房城乡建设部参加中国历史文化名镇的最后评审，争取将元通镇申报为国家级历史文化名镇。同时，立足深厚的大院文化，以“元通·蜀州古院小镇”为旅游特色

2017年崇州元通古镇第264届清明春台会

元通古镇游客中心

亮点，成功申报为成都市首批特色小镇。以成都市级非物质文化遗产——元通清明会为基础，成立非遗工作领导小组，邀请四川省、成都市和崇州市非遗专家召开专家研讨会探讨分析元通清明会历史文化资源，积极开展四川省非物质文化遗产申报工作。申报工作已进入最后评审阶段。同时全力加快一、三产业互动，积极培育清溪村百亩小龙虾、三宝村千亩荷花基地，扶持大罗村归园田居生态农家乐，建成龙腾居田园花海、儿童乐园、水上乐园等项目。同时，进一步建设集生态种植、康养膳食、科普教育现代农业观光体验园，有力促进了乡村旅游产业发展。

【深化农村产权制度改革】 成功组建元通镇级“农贷通”服务平台及7个村级平台，健全农村产权交易、金融服务制度，完成2017年耕地保护基金信息变更工作。全镇办理农村土地经营权5宗、经济林木果权证1宗。佳家家庭农场、五粮丰公司、一稼禾公司等7家农业经营主体或涉农企业，利用土地经营权证、农业设施权证、农村产权等办理抵押融资贷款10宗，共计1573.85万元。三宝村、清溪村完成农村集体资产股份量化，组建集体经济组织2家。

【基层公共服务和社会管理】 制定印发2017年《元通镇公共服务和社会管理改革工作实施办法》《元通镇村社区监事会成员考核办法》《元通镇村社区议事会成员考核办法》《元通镇村级公共服务和社会管理专项资金管理办法》；开展村公“微腐败”专项治理，指导各村开展6轮村公“微腐败”自查、整改工作，形成问题台账和自查报告，相关结果上报市委统筹委和镇纪委。开展全覆盖式村公工作专项督查6次，针对公开公示情况、平台信息录入情况、议监事会履职情况、“四步”工作开展情况、资料收集归档情况等开展了专项督查。接受市委统筹委村公检查2次，对于查出的问题责令责任人及时整改，同时将查出的问题作为案源线索移交镇纪委。各村完善了村民小组村公示栏，及时更新公示新一届议事会成员联系村民台账。因2017年下半年基础设施建设原材料价格上涨，各村基础设施类建设项目均无建设单位报名比选，导致各村基础设施建设类项目均未实施。

【德仁堂康养小镇项目】 禹王村村委会成功与德仁堂公司签订土地经营权流转协议，流转土地29.33公顷用于德仁堂康养小镇项目建设。搬迁项目区域内坟墓178座。10月，双方完成交地手续，德仁堂公司开展土地平整清理。

【龙腾居项目】 龙腾居家庭农场投资1000万元建成1万余平方米花卉育苗智能大棚，投资800万元建成儿童娱乐区和户外拓展活动区，通过旅行社、学校、社会企业团体，精准锁定目标客户，全年共吸引游客4万余人，实现销售收入1300余万元。该项目获2017年成都市服务业发展扶持资金奖补支持，四川省林业厅授予其“青少年森林自然教育实践示范基地”称号，崇州市科协授予其“科普教育基地”称号，是

2017年成都市重点项目。

【城乡基层社区治理】 先后5次召开专题党委会研究城乡社区发展治理工作，制定印发《元通镇社区发展治理“五大行动”三年计划的实施方案》《元通镇社区发展治理“八大工程”实施方案》，围绕成都市乡村振兴战略和崇州市“十镇百村”天府新林盘行动计划，按照“千院百态”“一村一韵”进行不同主题文化建设的思路，倾力保护开发季家林盘、濮家湾林盘、周家祠林盘、两河湾林盘4个重点保护林盘。同时，发挥党建引领作用，成立林盘管理委员会，搭建林盘自治、村党支部、镇党委三级管理组织架构。初步形成了以季家林盘党建引领、新乡贤带领、群众齐参与、社会力量协同的社区治理典型模式。

（张匀蒿）

观胜镇

Guansheng Town

【概况】 观胜镇位于崇州市城区北面，北与都江堰市柳街镇、安龙乡为邻。镇人民政府驻天胜路社区，距崇州市区12千米，土地面积23.67平方千米，其中基本农田1785.3公顷，下辖6村1社区，拥有农民集中居住区5个。年末常住人口2.0872万人，户籍户数0.6282万户，户籍人口2.0771万人。观胜镇距成青快速通道5千米、成温邛高速路11千米、二绕3千米，交通十分便利。有成都到观胜镇（到都江堰）、崇州到观胜镇两条客运线路运行，全村行政村客运通达率60%。镇域内已建成北部粮经旅环线14千米，联结锦江乡、梓潼镇和元通镇。已规划二绕、三绕连接线8.2千米，交通优势明显。观胜镇是崇州市花卉苗木基地，有展弘、龙湖、大千、求实、观蒙、多彩田园等企业，种植面积达933.33余公顷。小吃“石观音板鸭”具有130余年历史，因风味独特，成为佐酒之佳肴，名扬川西坝子；场镇逢三、六、九赶集，农历二月十九为春台会期。独有的严氏川派树桩盆景，以粗犷沉雄、险峻奇幽为主，体现出雄浑、沉练、苍古、险峻的艺术特色，表现了雄、险、幽、秀、奇，具独特之处。观胜镇是崇州市的塑胶和铸造业基地，有川汇、川一、都得利等龙头企业，另外还有酿造、制革、皮鞋、板鸭，大田种植、养殖等多种农村经营增长点。2017年，引进多彩田园、西电光伏等6家企业，引进投资资金1.2亿元。2017年，观胜镇荣获成都市2014—2016年度爱国卫生工作先进集体和2016年度成都市“安康杯”竞赛先进集体的称号。

【文化旅游】 观胜镇按照“西控”和“两区一基地”战略部署，以“北部粮经旅环线”为主线，以“严家弯湾”盆景文化民俗村落、“百年荣光·观胜传承”乡土林盘为两翼，带动水乡四季花海、果蔬田园采摘等多点发展的“一线、两翼、多点”发展思路，利用现有的苗木资源优势，大力发展乡村旅游，推动乡村现代服务业发展，增加乡村就业和居民收入。引进了“多彩田园”“紫薇花海”“森景园林”等观光旅游项目，建设高端花卉苗木研发中心，重点培育一批花卉苗木种植合作社，改善镇域内花卉苗木结构，形成高中低端布

表34

2017年观胜镇经济社会发展主要指标一览表

项 目	单位	实绩	同比增减（%）
全年年财政总收入	万元	1095.34	-4.62
地方公共财政收入	万元	1095.34	-
地方公共财政支出	万元	1095.34	-
农村居民人均可支配收入	元	17981	-
中小学校数	所	1	-
中小学在校学生数	人	397	-
卫生机构数	个	1	-
卫生机构床位数	张	35	-
卫生技术人员	人	10	-

局合理，品种丰富的林木经济结构，让花卉苗木经济成为群众增收致富的支柱型产业，初步形成了粮经旅综合示范区核心产业园雏形。重点打造"严家弯湾盆景文化民俗村落"，使其成为北部粮经旅综合示范区的示范点位。引进"在水一方""蜀州书院""观竹苑""西点光伏"等项目，同时依托严家弯湾特色林盘打造，盘活当地经济发展，发展"民宿旅游+现代农业观光+盆景产供销"一体。

【严家弯湾项目】 在建设发展严家弯湾特色林盘中，观胜镇以围绕田园综合体的六大支撑体系建设理念，以旅游为先导，以产业为核心，以文化为灵魂，以流通基础为支撑，以体验为价值，以乡村复兴为目标，围绕统筹城乡、"两化互动"，加强城市规划、土地规划、产业规划等各层级规划的有效衔接配合，统筹城乡规划，引领城乡统筹发展。坚持"组织群众、依靠群众、相信群众""民事、民议、民参与"的原则。组建实施主体，成立弯湾园林农民专业合作社，确保群众参与项目推进全过程，建立院落管理"1+4+5"制度，即以一个公约、4个制度、5项承诺来推行群众自主管理。完善生产体系发展条件。开展高标准农田建设，加强严家弯湾区域内"田园+农村"基础设施建设，整合完善供电、自来水、天然气、污水垃圾处理、游客集散、公共服务等配套设施条件。利用现有的房屋、巷道和院内的盆景，对严家院子林盘进行保护性升级打造，统一风貌，完善功能，提升严家院子的观赏价值和旅游价值，通过政府投资、招商引资等方式累计投入基础设施建设资金约1000万余元，完善项目区的投资环境。打造以川派盆景为产业的严家院子。盆景产业在严家院子为主导产业。从事盆景苗圃种植，川派盆景制作的村民较多，且当地村民院落景观也主要以盆景装饰为主。围绕这一特色产业资源，结合当地"鸳鸯竹"特色林盘景观展现出的鸳鸯竹文化特点，依托

严家弯湾

沙沟河的水资源，形成以盆景院落、鸳鸯竹文化、岁月文化为民宿文化内涵核心，以沙沟河生态水景为重点景点，以乡村大田苗圃竹林为景观背景，具有丰富人文景观层次的乡村旅游村落结构体系，实现本地乡村文化内涵与盆景、竹景、水景、乡景的完美结合。通过土地流转、股份合作、土地托管等方式促进农业适度规模经营，优化农业生产经营体系，增加效益。当地群众以土地入股，成立弯湾园林农民专业合作社负责川派盆景民宿文化艺术村的打造，成立崇州市鸳鸯竹乡村民俗旅游专业合作社，统一宣传、统一管理、统一对外招商运营，以集体资产入股的形式达到与企业联营，形成合作社对群众实行“保底分红+盈余分红”的利益连接机制，带动群众持续稳定增收。坚持以农为本，保持当地农村田园风光。积极发展当地特色产业——盆景产业，深挖当地文化内涵，夯实基础设施，加强环境综合整治，增强环保意识。构建乡村旅游生态体系屏障，实现生态可持续。项目区运行良好，一、二、三产业的发展均呈上升态势，成为北部粮经旅综合示范区的示范点位。

【土地综合整治】 观胜镇按照市委、市政府“两区一基地”的战略部署，在2017年启动了3个土地综合整治项目。观胜镇联义村、青柳村土地整理项目。联义村报名参与土地整理项目的农户有300户、800人，青柳村有100户、400人，占地总共有20公顷。北部水乡旅游环线土地整理项目。共计拆迁农户21户，征地13.33公顷，安置点征地0.81公顷，完成规划设计方案，规划安置户数48户，安置人口173人。观胜镇天胜路社区、八角村、五桥村土地整理项目。占地总面积20公顷，规划安置240户群众，共计690人。完成前期选址、测绘、宣传、动员大会等准备工作。

【“千亩红叶石楠”观赏基地】

“千亩红叶石楠”观赏基地地处青柳村，坐落于三斗渠两岸，涉及青柳村2～11组，主要由温江刘何周苗木公司及成都观蒙花卉苗木有限公司共同打造。该基地前期已种植66.67公顷红叶石楠，对其提档升级，建设高端花卉苗木研发中心，引进桂花、樱花、银杏、老人头、紫荆花、杜鹃等众多花卉苗木，拟进行园艺景观建设，打造生态休闲观光基地。

【基础设施】 按照“1+9+N”标准配套完善基础设施和公共服务项目，进一步完善场镇和农村社区服务功能。全面实施农村饮用水和天然气改造工程，实现场镇居民区和农民集中居住区生活用水、用气户户通。依托市委宣传部“三美”示范村创建，完善了青柳村和八角村文化风尚打造，提高了新区居民的幸福指数。拓宽了三斗渠道路，修建6条扶贫路。总长2240米，宽3.5米，厚0.2米，全部进行C30混凝土硬化。争取现代农业暨特色效益农业生产项目资金270万元，结合高新区对口扶贫资金20万元对青柳村烂泥河及沿线生产道路4.5千米的修建，并利用高标准农田建设项目对青柳村1.7千米的毛渠和千米断头路进行修建。

【环境治理】 结合城乡环境对扬尘进行治理，加强对主要道路、沟渠沿线卫生督查，农民建房施工规范打围、工地整治合格率达100%。通过开展扬尘专项治理和禁烧工作，7个村（社区）共组织民工500人次，清理公共区域20多处，清理杂物多200余吨，制止53处焚烧杂物事件，规范6家废品收购站，对落后产能规劝淘汰锅炉5家，改换清洁能源1家。对特殊天气启动应急预案，实行限产、停产措施。同时建立农村面源污染档案，加强对重点畜禽养殖场排污治理和监督检查。加大巡查力度，开展企业违法排污整治与关停工作，达标45家，关停2家，由于工作的有序开展，观胜镇在环保督查期间无一例环保投诉案件。

【“党建同心圆”工作模式】 观胜镇以“为民”为圆心，以“务实”为半径，探索出“党建同心圆”工作模式，激发基层党建的内生动力，助推当地乡村发展。以服务群众为“圆心点”，通过打造党建宣传栏、手机报、公众号、微博和信息服务室五大服务平台，实现服务范围全面化；通过“群众评议干部”活动和首问负责制、服务承诺制、失责追究制等制度，促进服务工作制度化；通过定期调研和接访、驻村蹲点、选派“第一书记”等方式，达到党员干部服务能力的实用化。以党组织为“核心层”，创新学习、活动和制度载体。通过推进基层组织阵地建设，观胜镇新建党群服务中心4个，并对广场、活动室、阅览室、远程教育站点等硬件进行提档升级；活动方面，将组织活动常态化，并将每月第一周星期五固定为党日和党费日，强化党员身份意识；制定党建工作目标管理考核标准，确保责任落实到位、考核措施到位、检查督促到位。以共建单位为“贴心层”，发挥基层党组织的辐射带动作用。通过城乡联动的“结对共建·拉手发展”党建项目试点，实施以“组织一轮共建活动、帮扶一批民生实事、开展一轮全面培训、宣讲一期公开党课、进行一轮调研走访”为主题的“六个一”活动。观胜镇与15家单位结对签约，达成党员教育类、帮扶救济类、为民服务类等结对意向共38项。以结对共享为“连心层”，建立“民生诉求、困难群众、问题矛盾”三本台账，建成“民情信息台账管理电子系统”。通过结对帮扶，组织乡镇党员志愿者、社会组织与群众结对子交朋友、察民情听民意，走实联系服务群众的“最后一步路”。截至8月31日，全镇23名干部职工分别联系青柳村23个村民小组1019户3233人，已全面摸清劳动力就业状况，技能情况，收入情况和困难情况，并通过召开议事会，确定了发展养殖业的帮扶对策。

（邹媛妙）

锦江乡
Jinjiang Township

【概况】 锦江乡位于市境北部，距离主城区4千米，东与崇平、廖家相邻，南与崇阳接壤，西与济协隔河相望，北与元通、观胜相连。锦江乡人民政府位于华怀路沿线、锦江乡军民路1号。乡域面积18.69平方千米，辖新华、乌尤、天民、余塘4个行政村和白马1个社区（涉农），共90个村民小组。年末常住人口1.5233万人，户籍数6071户（其中农业户4998户），户籍人口1.6359万人（其中农业人口1.6178万人），有少量婚迁藏族、羌族、白族、侗族、回族居民。锦江乡每天有数十班客车来往于成都、崇州、都江堰市、街子、怀远，是到九龙沟、鸡冠山、凤栖山风景名胜区必经之地。城市客运车在锦江设站，客运交通畅达。有古法酿酒遗址、手工棕刷、泡菜制作等历史文化资源。境内有小学一所、卫生院一所。具有离城区近，交通便利，濒临西河的区位优势。2017年，引进企业1家，引进省外投资资金2200万元。

【文化建设】 开展“川西秋收文化旅游节暨成都·崇州锦江耕作艺术体验月活动”，弘扬传统民族文化、传承爱国主义精神的包粽子活动、“喜迎十九大 共

表35 **2017年锦江乡经济社会发展主要指标一览表**

项 目	单位	实绩	同比增减（%）
全年年财政总收入	万元	1102.7348	47.61
地方公共财政收入	万元	1102.7348	47.61
地方公共财政支出	万元	1102.7348	47.61
地方税收收入	万元	616.3200	–
农村居民人均可支配收入	万元	1.7858	23.64
中小学校数	所	1	0%
中小学在校学生数	人	410	10.22
卫生机构数	个	1	0
卫生机构床位数	张	30	0
卫生技术人员	人	11	–26.67

筑中国梦”大联欢等活动。开展全民健身特色活动2次，参加市第四届运动，参加世界读书日启动仪式、“农民读书月”、“村干部阅读朗诵比赛”等活动以乌尤驿为题材的原创小品《乌尤那些事》，获得市基层优秀案例展演三等奖。

【社会事业】 积极开展医保工作，全乡新农保参加人数8993余人，城乡居民养老保险参加人数2000余人，城乡居民医疗保险9600人。严格按照申请、评议、公示、动态管理的要求，开展城乡低保动态管理。城乡低保动态人数为79户146人。按照扶真贫、真扶贫的要求，对全乡24户精准扶贫户实行“一户一策”和市、乡、村三级对口帮扶措施，为全面建成小康社会打好基础。城镇新增就业人数91人，农村富余劳动力转移就业350人。完成“幸福工程”帮扶计生特殊家庭2人，关怀贫困母亲、孤残留守儿童等暖心行动2人，完成优扶对象住房改造1户。完成残疾人种养殖业帮扶37户，实施残疾人无障碍化建设10户、失能半失能居家环境改造36户。

【基层党建】 完善干部管理机制。结合“两学一做”学习教育常态化制度化和中央“八项规定”，完善机关管理制度和考评机制。加强队伍建设。结合专项治理“微腐败”工作，开展经常性全乡干部教育。组织新一届村（社区）支部集中学习每季度不少于1次，各村（社）推荐出优秀年轻后备干部共11人，为两委班子配备了后备人才。坚持开展“走基层”活动，动态建立各类台账，收集问题145条，销账145条，解决问题5个。严格落实党内监督。全年组织党员干部学习了《中国共产党廉洁自律准则》《中国共产党纪律处分条例》和上级纪委典型案例通报等18次，专题研究党风廉政建设和反腐败工作6次，层层签订了《党风廉政建设目标责任书》16份，营造良好的反腐倡廉氛围。建立“微腐败”问题快查快处“半小时工作圈”，受理群众反映问题11件，及时处理11件，让群众获得感幸福感极大提升，被《人民日报》进行刊登。进一步强化正风肃纪，全年教育谈话8人次，立案4件，结案4件，处理违纪党员4人，其中开除党籍1人，党内警告处分3人。

【换届工作】 全乡5个村（社区）“两委”换届工作顺利完成，共选出29名村（社区）“两委”干部。其中女干部9人，占31%；党员24人，占83%；35岁以下11名，占37.9%，高中及中专以上学历25名，占86.2%。通过换届选举村干部的学历进一步提升，年龄结构进一步优化，工作能力进一步增强。

【水木北部建设】 完成10万亩旅游环线道路涉及农户的拆迁任务，10万亩旅游环线道路已实现全线贯通。完成了213.33公顷苗木的腾退工作，800公顷的高标准农田已全部建设完成。稻田综合种养获丰收，初步实现了“现代农业生产”和“现代乡村生态旅游”为一体的一三互动。

【乌尤民俗文化村】 在乌尤村

稻田综合种养

乌尤驿局部图

“众筹建新村”的基础上，以乌尤村2组、3组、4组为核心，打造民俗文化村。依托当地的百年老宅、陈家祠堂、乌尤寺等民居民俗特色文化资源，充分利用现有的竹林、树林、河流等原生态的地形地貌，打造极具川西民居风格的宅院、小桥流水，建成了集食宿游、体验乐趣于一体的民俗村落。前期完成污水管网铺设、三线下地、道路建设和20余户房屋风貌改造工作，群众原址重建，入口、道路周边、广场等景观节点也已完工，乌尤民俗文化村建设已基本完成。

【都市现代农业发展样板区建设】 根据现代农业功能园区化、产业链条化、规模集群化发展要求，在锦江乡新华村现有2个合作社的基础上，实施整村推进，崇州市国家粮食储备公司以资金入股方式加入合作社，新组建专业合作社，实施田园综合体项目建设，推进一、三产业融合发展。该项目已经完成前期规划设计，并经成都市农发办立项批复。农业总部基地位于北部10万亩粮经旅综合示范基地环线，由成都富民农资有限公司投资修建，基地前期规划占地20公顷，计划投资3000万元，6月动工修建。

【基层治理】 坚持“一核多元、合作共享”机制，把党建引领作为林盘聚落治理的活水源泉，把群众自治作为林盘聚落治理的重要抓手，构建以群众为主体的林盘聚落“1+5+3”自治体系，坚持把德治法治作为林盘聚落治理的支撑保障。采用“众筹模式”筹群众之智、筹群众之力、筹群众之资、筹和谐之法，解决建设过程中遇到的各种难题，加快建设和谐幸福美丽新村进度，在全乡5个村（社区）实施以“小游园、微绿地”为基础的林盘整治和新村建设，走符合农民意愿、体现地方特色的科学创建新路子。通过设立“移动村委会”和“党群服务点”，成立林盘治理委员会，建立同心“党群创业互助会”，形成“党组织领导、村民齐抓共管、社会组织共同参与”的社会治理合力。

【“移动少年宫”】 自2016年4月成都市流动少年宫项目落户锦江小学以来，开设了陶艺、跆拳道、电子琴、美术和舞蹈5项活动，每周三由成都市青少年宫选派5名专业老师到校对学生进行两个课时的辅导，锦江小学精选5名有一定专业基础的助教老师，全程跟踪学习并利用隔周星期二进行两个课时的复习巩固。锦江小学“移动少年宫”深入村社开展“喜迎十九大，共筑中国梦”“贯彻十九大，圆梦微心愿”等送文化下乡活动；舞蹈班的学生登上四川音乐学院的专业舞台，在同年暑假举行的“成都市少儿艺术人才选拔大赛”中，美术班15个孩子参赛，获得13个等次奖；承办“崇州市首届乡村学校少年宫成果展示”活动，并荣获优秀组织奖，受邀参加了成都市银杏艺术团的新年首场巡演。

【环境治理】 牢记“青山绿水就是金山银山”这一科学论断，打好环保“三大战役”攻坚战，对全乡116家企业进行分层分类整治。制定“一企一策”整改措施，强化问责机制，通过乡、村、组三级巡查督促，整改完善84家，关停24家，搬迁8家。对“三无”企业实施公示制度，强化社会监督，接到5起投诉，整改5起，有效杜绝“三无”企业死灰复燃。建立完善三级河长制，制定“一河一策”目标、问题、任务、责任四大清单，对全乡16条主要河流和支斗渠进行治理、管理和保护。对全乡30余家畜禽养殖进行限期整改，达标排放，关停10家，整改20家。完成F1段裸土绿化覆盖，铺设草坪3000平方米，播撒草籽和花种子7000平方米，栽植绿化树2000株，专门安排2名保洁人员负责F1段清扫保洁和绿化管护。引导天林水泥厂打造花园式工厂，向绿色生态可持续发展转型。

（余秀娟）

公议乡
Gongyi Township

【概况】 公议乡位于市境西北，地处无根山脉边缘中段，属西河河西地区。全乡半山半坝，乡域面积27.18平方千米，其中山区面积11平方千米。耕地面积1552.49公顷。乡政府驻将军街，距崇州市中心16千米。辖桤木河、花果山2个涉农社区和林秀、天冬堰、三合堰3个行政村，共40个居民小组、47个村民小组。户籍户数4250户，户籍人口1.44万人，其中党员564人。境内有万亩灌木林、成片松林、成片美国紫薇、川西农家、崇文教育基地、高山寺等自然人文景观。水果资源丰富，以猕猴桃、柠檬、柑为主的优质水果种类多、规模大。2017年，公议乡围绕“花果之乡、怡养小镇、幸福公议”发展定位，大力推动农旅康养产业融合发展，落实惠民政策，提升群众幸福指数。

【城乡建设用地增减挂钩试点项目】 街子镇与公议林秀村、花果山社区、天冬堰村城乡建设用地增减挂钩试点项目，完成天冬堰村317户426套住房、林秀村221户290套住房、花果山社区87户118套住房的分房工作，完成后期配套设施，引进小区物业管理。

【崇州市蜀西玉泉·翠微谷项目】 四川省玉泉森林旅游开发有限公司计划在翠微谷建设66.67公顷森林旅游项目开发区。2017年，完成固定资产投资8250万元。

柠檬种植示范基地

表36 **2017年公议乡经济社会发展主要指标一览表**

项　目	单位	实绩	同比增减（%）
全年年财政总收入	万元	989.0523	–
地方公共财政收入	万元	963.9500	–
地方公共财政支出	万元	963.9500	–
地方税收收入	万元	221.9245	–
农村居民人均可支配收入	万元	1.6951	–
中小学校数	所	1	–
中小学在校学生数	人	392	–
卫生机构数	个	2	–
卫生机构床位数	张	86	–
卫生技术人员	人	19	–

【德仁堂康养小镇项目】 完成失地农民社保指标分配工作，分配社保指标449个，涉及花果山社区11个村民小组2402人。所有指标都确定到人，前期270人通过市社保局和市国土局审核，并报市财政局。收缴完成全部个人缴费部分。

【城乡环境综合治理】 深入实施场镇和新村聚居点美化、亮化工程，对场镇进行规划配套；按照“1+9+N”的标准，对新村聚居点进行规划配套。清理卫生死角垃圾1200余吨，清理和规范流动商贩及越门占道经营1600余次，拆除清理违章设置的户外广告30余块，规范店招店牌50余块，清除“牛皮癣”1800余处。

【河道沟渠治理】 实施乡域范围内桤木河及关联渠系工业污染源和农业污染源整治，查处位于林秀村8组与道明镇交界处的1家洗沙场，依法关闭位于禁养区的6家养殖场，规范整治67家散养户。

【幸福美丽新村建设】 公议乡加快打造幸福美丽新村，进一步完善花果山小区、晋康小区、桃子坪旅游小村、三溪丽景小区、天秀花园5个农民集中居住区配套设施提升。

【落实惠民政策】 落实各项惠民政策，按政策发放耕保金、种粮补助，兑现计生奖励扶助和各类民政优抚对象扶持。完成城乡劳动者培训计划，实现城镇新增就业180人，新合医疗参保率99%以上。深入开展关爱拯救行动、阳光助学工程，按照“应保尽保”的原则，将符合条件的困难家庭纳入低保范围。

【办好民生实事】 深化村级公共服务和社会管理，完善涉农社区及村（农民集中居住区）“1+9+N”标准化设施配置，进一步推进村级活动中心“提档升级”。继续实行空巢老人巡查服务制度，为困难家庭失能、半失能老人和80岁以上老人提供居家养老服务，落实80岁以上老人的高龄津贴。

【做好村公工作】 公议乡继续深化村级民主机制建设，完善和提高常态化民主决策和监督管理水平。全乡5个村（社区）共计备案资金416.51万元，实施项目48个，其中建设类项目7个。

【粮油基地建设】 公议乡引导种植优质水稻600多公顷，年产优质大米3150多吨；种植优质油菜266.67公顷，年产优质菜籽油220多吨；种植优质小麦200公顷，年产优质小麦1050吨。做大做强“合堰牌”花香大米，引导规模种植生态有机大米60公顷，年产300多吨，实现销售收入近200万元。

【猕猴桃基地建设】 花果山社区、天冬堰村完成猕猴桃种植113.33公顷，实现销售收入200万元。启动沟渠、田间作业道等基础设施建设。

【保障平安稳定】 解决好垃圾填埋场隐患问题。乡党委切实维护群众利益，实现垃圾填埋场500米范围外386户农户迁入新居。抓好安全监督和检查。落实安全生产责任“五级五覆盖”工作，组织安全生产大检查7次，开展消防、防汛、道路交通、建筑施工、地质灾害等主题宣传活动5次，发放宣传资料900份，发送手机短信2000条。

【加强党的建设】 公议乡严格落实从严治党责任，强化干部队伍作风建设，扎实开展“两学一做”常态化制度化学习教育活动。抓好活动阵地建设，按要求推进桤木河、天冬堰、三合堰、林秀、花果山5个村（社区）活动场所提档升级工作。建立村级班子结对帮扶机制，大力整顿软弱涣散党组织。建立后备干部储备机制，选择优秀的党员后备干部参与村“两委”日常工作，为村级组织注入源头活水。

【夕阳初心党建项目】 公议乡实施党建项目“夕阳初心”，组建党史传统宣讲团等4支老年志愿服务团队，并切实引导他们履职，为推进公议经济社会文化发展贡献力量。在林秀村打造公议乡文化墙，制作党建工作宣传展板14个、民风民俗宣传展板10个、文化宣传展板27个，打造了公议乡基层党建宣传阵地。

（周明强）

怀远镇
Huaiyuan Town

【概况】 怀远镇又称“分州”，是崇州市第二大镇，位于崇州市西北部山区与平坝区结合部，地处邛崃山脉前沿，东与元通镇毗邻，南与大邑县青霞镇毗邻，西南与大邑县金星乡毗邻，西北与三郎镇毗邻，东北与街子镇毗邻。镇政府驻地位于文井江畔的怀远场镇，距主城区22千米。全镇辖区面积82.25平方千米，下辖富丽、福桥、黎店、龙潭、前锋、枫南、宝峰、三官、黄鹤、德通、共和、玉圭、二江、富强、和平、石子、清江17个村，定江桥、泉水、文井江、天泉、安乐、青峰岭6个涉农社区和大顺街、洄澜街2个街道社区，282个村（居）民小组。年末常住人口5.11万人，户籍户数2.13万户，户籍人口5.68万人（其中农业人口4.65万人）。怀远镇场镇处于平坝与山地交汇处，面积3平方千米，是全镇及周围片区的政治、经济、文化、商贸中心，地扼都江堰市、崇州市、大邑县三县（市）交通要道，距崇州市区20千米，是周围镇乡的重要商品集散地。场镇常住人口2万人，现有街道39条。场镇上政治、经济、文化、商贸服务等设施完善，全镇共有中小学及幼儿园14所，其中成都市重点中学1所；医院2家（其中公立卫生院1所），村级医疗点20余个，以及影剧院、文化站等文化设施，完善的社会服务设施基本上能够满足城镇居民及村民的生活需求。2017年，怀远镇紧紧围绕“经济发展、脱贫攻坚、产业提升、城乡统筹、民生保障、环保整治、社会和谐”七大目标，按照“务实、高效、创新、开放、向上”工作准则，全面完成年初确定的工作任务。

【小城市特色镇建设】 启动5个基础设施建设项目和5个产业项目工作积极进行推动和建设。现已完成荷花小龙虾旅游观光垂钓基地、樱之谷文创农业体验园、慕藤月家庭农场3个产业项目的

表37 2017年怀远镇经济社会发展主要指标一览表

项 目	单位	实绩	同比增减（%）
地方公共财政收入	万元	2362.06	–
地方公共财政支出	万元	2362.06	–
全社会固定资产投资总额	亿元	14.5	–
农村居民人均可支配收入	元	16038	–
中小学校数	所	5	–
中小学在校学生数	人	8000	–
卫生机构数	个	3	–
卫生机构床位数	张	309	–
卫生技术人员	人	207	–

建设。

【现代农业】 组建规范合作社建设15个，新建成高标准农田120公顷，办理经营权证3 宗，开展新型职业农民、职业经理人等培训35人次，建设示范电商服务站1个，新增稻田养鱼30.67公顷，组建集体经济组织2个，全年粮食产量24210吨，蔬菜产量23332吨，肉类产量8190吨，农村人均可支配收入达16500元。

【水利及防汛】 完成桤木河关联河道，清水堰、王洞堰、石马沟、山溪堰、天冬堰等河道的清淤整治共计6000余米。争取市级维修资金20余万元对西山堰等6条河道进行维修清淤整治。构建河长制管理体系，现有镇级河长11人，村级河长46人，镇级河长巡河30次，村级河长累计巡河179次，完成全镇19条责任河渠的“一河一策”实施方案。

【林业共营制】 率先推行林地流转公开竞拍，已流转林地857.33公顷，办理交易鉴证469.07公顷，办理林地经营权证87.76公顷（3宗），林下经济产值（含景观利用）达8500万元。成立林地股份合作社，已建成70公顷的牛尾竹基地、80公顷观赏樱花基地、果园采摘基地、28.47公顷的藤条种植基地、66.67公顷的林下中药材种植基地、20公顷森林蔬菜种植基地、20公顷枇杷茶种植研究所、牧草种植、土豆种植、藤条种植试验区。

【深化集体林权制度改革】 深化集体林权制度改革专项工作，规范使用林地率达100%，森林虫害率控制在0.1‰以内，培育林业新型经营主体16个，全镇现有林业职业经理人20人，培训林业职业经理人62人次。

【李家岩水库项目】 李家岩库区已经签订拆迁安置合同617户1766人，1号、2号渣场及导流洞施工进展顺利，青峰岭社区6、7、9、11组生产作业道路进场施工。李家岩水库工程项目实地农转非社保指标已匹配下发至各村民小组并陆续召开社保指标分配方案会议。

【三绕项目】 三绕怀远段共计占地83.01公顷，占地涉及农户共计547户，拆迁安置146户551人，各标段已进场施工。

锦绣大地

2017怀远百花会暨藤木文化艺术周活动

【百花会暨藤木文化艺术周活动】 3月，怀远镇举办了“赶百花盛会·寻古城分州记忆”怀远百花会暨藤木文化艺术周活动。3月8日，怀远镇百花会暨藤木艺术文化活动周以盛大的“迎匾”仪式拉开帷幕；3月8—14日，陆续开展了寻找藤艺匠人，寻找百花仙子、寻找会飞的萌猪、寻找厨艺达人、书画比赛、川剧表演、乒乓球比赛、雀鸟格斗等系列民俗文化活动，再现川西朝会的传统。

【首届“天府文化看怀远”摄影大赛】 7月22，首届“天府文化看怀远”摄影大赛在崇州市怀远镇启动。100多名来自成都的摄影师兵分多路，对怀远分州古镇、历史古迹、茶马古道、藤编、美丽新村、重大项目、美食等主题进行拍摄。本次大赛作品征集持续到8月中旬，共有426幅作品参赛。首轮评审后，《夕阳余辉映宝塔》等85幅优秀摄影作品成功入围进入复评环节。经过专家评审团审定和网络投票，9月15日，“天府文化看怀远”摄影大赛进行了终审，以洄澜塔为主题的《晨雾》获得一等奖，《怀远冻糕开甄啦》《藤编女》《新屋老伴》等5幅作品分获二三等奖，并评选出网络人气奖3人及优秀奖20人。

【怀远藤编申报地理标志保护产品工作】 8月9日，四川省质监局科技处处长文勇一行到怀远镇调研怀远藤编拟申报地理标志保护产品工作。经实地考察并听取相关汇报后，文勇对怀远藤编产业发展情况给予了充分肯定和赞誉，认为怀远藤编具有悠久的历史文化、精湛的手工技艺、独特的地理环境，发展极具潜力，进行地理标志产品保护很有价值，同时表示省质监局将对该品牌申报地理标志产品保护工作给予大力的支持和帮助。

（王娜）

街子镇
Jiezi Town

【概况】 街子镇位于崇州境域西北部，地处邛崃山脉，坐落于凤栖山下，地理坐标为北纬30°49′，东经109°33′，是街子镇人民政府驻地，距成都市57千米，距崇州市区23千米，距都江堰市区23千米，距青城山8千米。镇域面积41.18平方千米，镇域气候属亚热带季风性湿润气候。辖古寺、莲经、天顺、会元、余庆、上元、白圣、忙城、味江9个行政村和唐公、双河2个居民委员会，共183个村民小组，2017年年末，常住人口3.2372万人，总户数9442户，户籍人口3.1984万人。2017年，街子镇围绕崇州市“产业新城、品质崇州”目标，持续深入推进街子镇全域旅游建设，获评“国家卫生镇”称号、成都市法治宣传教育先进基层单位、成都市依法治理示范乡镇、成都市文明单位、成都市维稳和社会治安先进单位，唐公社区入选第三批四川省传统村落名录，天顺村获评“成都市传统村落”。

【基层党建】 街子镇党员共1058人，党委1个，党支部17个。进一步推进“党建+”体系建设，组建12支党员志愿服务队，持续化开展“党员志愿服务周”“党员角色体验日”活动，新成立唐公社区爱心超市并向社会发

表38 **2017年街子镇经济社会发展主要指标一览表**

项　目	单位	实绩	同比增减（%）
全年财政总收入	万元	2338	–
地方公共财政收入	万元	1850	–
地方税收收入	万元	1643	–
全社会固定资产投资总额	亿元	12.8	–
农村居民人均可支配收入	万元	1.9472	5.7
中小学校数	所	2	–
中小学在校学生数	人	1288	–
卫生机构数	个	4	–
卫生机构床位数	张	98	–
卫生技术人员	人	56	–

唐公社区爱心超市启动仪式

出“爱心传递·党员在行动”倡议，进一步诠释和践行街子党员奉献、友爱、互助、进步的志愿服务精神。

【旅游经济】　街子镇旅游资源丰富，全域旅游形态已初具规模，特色景点、特色民宿雨后春笋般成长，并通过“春赏花、夏避暑、秋采摘、冬养生”旅游经营理念避免季节性旅游淡季及古镇同质化问题，塑造“旅游+花卉”“旅游+体育”“旅游+采摘”等发展模式，旅游经济带动全业态发展作用日趋彰显。全年接待游客量750万人次，实现旅游收入19.8亿元，同比增长8.2%。

【现代农业】　持续推进都市现代农业“一线一品”打造，持续鼓励特色经济作物种植，年末镇域确权颁证承包地面积1804.93公顷，观光农业与花卉苗木栽种面积约为1300公顷。拓展农业生产经营方式，成立种粮合作社5个，共计205.8公顷；林业合作社1个，共计53.33余公顷；栽种苗木合作社10个，共计893.33公顷。畅通农村产权要素自由流动路径，探索农民财产性增收新渠道，推行“合作社+公司”模式，由合作社提供土地，公司提供发展资金，打造现代农业观光旅游点位“神农五谷”。全年实现城镇土地使用税收853.4万元，土地增值税收941.9万元。

【项目推进】　街子镇紧扣“西控”转型发展策略，聚焦崇州市“明日之城·翡翠之城”建设契机，围绕生态宜居的现代田园城市典范发展目标，进一步推动“青城古镇·文创街子”升级打造。全年承担省、成都市和崇州市三级重点项目21个，全面完成总计划投资23.9亿元。摸底排查区域内僵尸项目，及时沟通协调，引进具备优质条件项目，实现区域项目“腾笼换凤”。立足职能职务高效履行，做好提前谋划、沟通协调工作，疏通项目实施过程中“栓塞点”，维护和谐稳定社会环境，搭建安全高效工作平台，切实按照时间节点促进项目工作任务落实，多个项目推进有条不紊，安置配套不断完善，保障重点项目稳步推进。三绕项目完成征地拆迁工作，在所涉及乡镇中是交地最早、进场最早、进度最快且“零投诉”项目。

【民生保障】　立足关注民生、

改善民生、服务民生，以群众满意作为检验标准，不断提高群众宜居幸福指数。年末，街子镇城乡低保241户375人，每月发放低保救助金13万多元，每月按时在镇、村、组进行公示，接受社会监督。全年为55户家庭申请快速救助金2.75万元，为患病的低保、特困（五保）和优抚人员共13人次办理二次医疗救助，为9名困难群众申请临时救助。每月向900多名80岁以上高龄老人发放高龄补贴，要求各村（社区）对277名空巢老人每24小时进行一次巡查探访。为47名留守儿童签订委托监护人管理责任书，并依托樱花屋留守儿童关爱中心和志愿者团队，提供心理关怀及文艺培训2500多人次。完成量服平台信息录入和重度残疾人护理补助、生活补贴、居家安养补贴等专项资金的发放。全年对7家已建日间照料中心开展4次安全生产和规范运营检查，健全食品安全责任体系，分类签订食品安全目标责任书和质量安全承诺书，保证食品安全事故“零”发生。顺利完成第三代社保卡办理工作，协调解决劳动争议7起，协助两名申请人通过大学生创业补贴申请。救助37名“阳光助学”对象，发放救助金额10.72万元。输血性帮扶抓好精准扶贫，将扶贫资金用于购买中草药种苗，帮助2户精准扶贫户加入合作社。

【环境保护】 落实绿水青山环保工程。深入推进“三大战役”向基层、向村庄、向盲点死角延伸。积极开展清理整顿，街子镇备案企业310家，截至年末，除1家木器加工厂外，均通过验收。切实整治“小散乱污”和“三无”企业，101家工业企业中56家已关停，45家已被断电。狠抓大气污染防治，企业煤改电、煤改气稳步推进，淘汰1个停用锅炉、48辆黄标车。认真开展水污染防治，定期抽查4家重点企业排水情况，确保达标排放；加强餐饮农家乐行业管理，装备油水分离器减少生活污水。抓好固废污染防治，完善执法监管体制机制，要求辖区内所有产生固废企业必须与有资质企业签订回收合同。持续做好中央环保督察整改工作，全年协助中央环保督察组办理案件10件，主要反映水、大气、噪声、违规占用土地等环境问题。全年接受环保投诉194起，处置率和回复率均达到100%。落实城乡环境美化工程，全力促进“优质景区环境、优美农村环境”建设。开展整治“三无”企业和违法排污企业专项行动治理大气雾霾；投入资金10.8万元加强容貌秩序管控；河长制工作有序推进，投入约240万元进行水域环境治理和污水处理设施、饮用水源地规范化建设；实施“百村容貌”整治绿化亮化工程；整治“四大工地”和垃圾运输车扬尘污染乱象；重腕治理违法建设，全年拆除违法建设8宗。

【全域旅游】 街子历史悠久，建制已有1000多年，自然环境优美、文化底蕴深厚。西连世界自然文化遗产——都江堰、青城山，东接省级风景区名胜区——九龙沟。境内有晋代古刹光严禅院、凤栖山旅游风景区、千亩原始森林、千年银杏、千年古楠、清代古塔、清末民初古建一条街、宋代民族英雄王小波起义遗址、唐代一瓢诗人唐求故居、清末民初古建筑群等各类文物古迹20余处。以街子古镇景区为“核”，以106省道川西旅游环线、重庆路、街安路沿线特色乡村旅游景点为“星”，着力打造南来北往、十里花香、柳暗花明、石器时代、神农五谷、余庆人家、仙风道韵、田园新歌8个休闲度假乡村旅游主题品牌，构建“一核多星”“众星拱月”的“全域景区”乡村旅游发展格局。致力于休闲度假旅游古镇和乡村旅游特色镇的打造，先后成功创建全球低碳生态景区、国家AAAA级旅游景区、国家环境优美镇、国家卫生镇、四川省历史文化名镇、四川最美古镇，是成都市“五大天府古镇”之一、驰名全国的“兰花之乡”。古寺村被评为全国乡村旅游示范村，缘道家庭农场评为省级精品乡村旅游特色业态，街子·三郎省级旅游度假区通过初检。街子镇进一步建立健全智慧景区服务平台，积极探索大数据技术动态掌握旅游业运营数据。成功引进旅游项目4个，乡村旅游产业化项目20个，完成兰花博览园、卡兰美朵情歌村等项目落地手续。积极推动神农五谷现代农业观光园、金惠园国标垂钓场、金沙滩泳池馆、杜鹃花基地投入运营。进一步推进白圣樱花基地、神龙五谷乡村主题公园、崇州市芮瑶花卉艺术五彩玫瑰园等项目建设，新建忙城杜鹃花公园，路之·青城民宿酒店等项目，带动农业旅游产业发展。

【节庆活动】 街子镇节庆活动丰富多彩，获得社会热烈反响及好评。作为第五届四川自驾赏花节营地之一，3月，街子镇在白圣村樱花公园拉开第二届乡村旅游体验季活动帷幕，以“我爱故我创·培根行动”“花盛街子·匠心筑梦”两大主题活动吸引数百名行业代表、民间匠人和群众现场见证百万株樱花灿烂的盛景和培根行动的启动。4月，在忙城村杜鹃花基地举办“‘一针一线·编织爱的春天’川西首届杜鹃女红大赛暨‘杜鹃巧妹’评选活动”，助力提高赏花节旅游体验感受，传承中国传统女红精湛技艺，弘扬中国古蜀女红文化，为姹紫嫣红的街子增添一抹厚重且绵长的文化韵味。“达人角逐，匠心筑梦”——圣沅乐康杯达人秀总决赛在杜鹃花基地举行，传承中华民族传统匠心精神，弘扬社会主义核心价值观，促进社会和谐稳定，亮出“全域旅游示范镇”新名片。6月，唐公社区爱心超市启动仪式暨党员义工日活动在街子举办，该超市是继双河社区爱心超市之后开业的第二家爱心超市，是街子又一“爱心”党建品牌。此外，街子镇还成功举办首届诗歌文化节暨《一瓢诗人唐求》新书介绍会以及“幸福乡约·缘到街子”“忙城遗址·西蜀明珠”、樱花屋“心手相牵·传递温暖”关爱留守儿童等主题活动，承办崇州市首届小龙虾节分会场活动，参加天府古镇艺术节展销节活动。川西民歌村民歌集《幺妹情》、大型婚俗实景剧《蜀歌·蜀嫁》实现常态化演出，极具当地特色的农历正月十五“上元宫庙会”、

街子镇第二届乡村旅游体验季活动开幕式

正月十九“春苔会（兰花会）”、六月十九“古寺（光严禅院）庙会”每年如期举行，节庆活动持续不断烘托并增强古镇文化底蕴，备受游客关注和欢迎。

（章婵丽）

表39

2017年三郎镇经济社会发展主要指标一览表

项　目	单位	实绩	同比增减（%）
全年年财政总收入	元	1187	-31.78
地方公共财政收入	元	1187	-31.78
地方公共财政指出	元	1187	-31.78
农村居民人均可支配收入	元	17040	9.5
中小学校数	所	1	–
中小学在校学生数	万人	483	0.63
卫生机构数	个	1	–
卫生机构床位数	张	30	–
卫生技术人员	人	29	7.4

三郎镇
Sanlang Town

【概况】　三郎镇位于市境西北，距主城区距离27千米，处于山区与坝区交接地带，东与街子镇为邻，南与怀远镇相连，西与文井江镇、鸡冠山乡相连，北与都江堰两河乡、汶川县白石乡接壤，处于山坝结合部，政府驻地位于三郎镇政广路160号。镇域面积104.18平方千米，其中山区面积占95%，丘陵和平原占5%。辖和平1个社区和天国、欢喜、三台、益善、红纸、茶园、凤鸣7个行政村，共100个村民小组。年末常住人口16032人，户籍户数6010户（其中农业户4550户），户籍人口13575人（其中农业户口11832人），人均可支配收入17040元。三郎镇辖区内通车公路共计234.747千米，其中县道3条（老106线三郎段2.5千米，九龙沟旅游公路10千米，重庆路三郎段5千米），乡道4条（三街路3.317千米，两红路8.423千米，黄泥沟路2.715千米，凤德路1.14千米，同心路1.652千米），村道200余千米。大明寺，始建于隋代大业初年，初名万年寺，隋炀帝杨广曾亲为赐敕曰“化成”，故此寺易名“化成院”，是四川省崇州市不可多得的重要文化遗产之一。该寺北接青城，属无根山脉，与街子古寺、三郎九龙寺、苟万山区连成一线，文化底蕴丰富，是龙门山系旅游带的重要节点，位于崇州市三郎镇凤鸣村化成山中，寺院古木参天，面积12.67公顷。山中大明古刹门前有两株大楠木拔地而起，秀茂非常，化成双楠是大明寺的奇异景观。山门后左右对称挺立两株千岁以上的贞楠，大明寺桢楠已有千年历史，树径180厘米，俗称“夫妻苍龙”，诗人陆游曾2次在崇州做官时写五言诗记载此树。清朝时，不仅石刻陆游诗全文，而且由衙门出面发布护双楠告示，并将告示也刻成石碑，这两道石碑至今犹存大明寺内。大明寺的这两株楠木树于2004年4月在四川的“搜寻四川省树暨评选天府树王”活动中，被评为“天府十大树王之一”。三郎镇属于鸡冠山—九龙沟风景名胜区、街子三郎省级旅游区、被崇州市定位全域旅游示范区核心区域、康养旅游集聚区、山地旅游功能区。2017年，财政总收入1187万元，比上年减少31.78%，地方公共财政收入1187万元，比上年减少31.78%；地方公共财政支出1187万元，比上年减少31.78%；农村居民人均可支配收入17040元，比上年增长9.5%。获得四川省爱卫会评为2016年四川省卫生乡镇、成都市人民防空办公室评为2017年度人防警报先进设台单位等称号。

【深化产权制度改革】　积极开展“新五权”登记颁证工作。完成登记颁证6宗。其中颁发农业生产设施所有权1宗，颁发农村养殖水面经营权1宗，颁发林地经营权4宗。继续完善乡镇农村产权管理服务中心建设，建立并规范农村产权纠错台账、农村产权变更登记台账、农村产权纠纷调处台账和农村产权抵押融资“四本台账”，完成13宗农村产权变更登记代办服务。完成全镇8个村（社区）100个村民小组农村产权确权颁证原始电子档案资料的归档工作；积极开展试点村（茶园村）集体资产股份化改革工作。颁发“股权证”562本，组建崇州市三郎茶园股份经济合作社，完成工商注册登记手续，合作社与公司签订了集体资产租赁协议，产生效益分红。

希尔顿酒店奠基仪式

【农村金融服务】 在成功实现全省首宗林地经营权抵押贷款200万元的基础上，积极开展林木（竹、果）权、土地经营权、农村房屋所有权、农业生产设施所有权等农村产权抵押融资贷款，实现多种形式的金融产品创新，拓展金融资本“下乡”渠道，运用权证抵押3宗，贷款430万元。

【陇海三郎国际旅游度假区项目】 陇海三郎国际旅游度假区属龙门山国际旅游带的核心位置，整体开发规模约1800公顷，项目总投资达106亿元，分为云端奇幻世界与三郎度假小镇两大部分。云端奇幻世界包括中国首个沉浸式动物园、假日森林公园、地中海俱乐部以及高端酒店集群。三郎度假小镇包括七大生活组团、七大主题公园、90千米慢行系统，并提供完善的教育、医疗等配套体系。8月19日，“梦田·三郎里”举行开园仪式。12月6日，陇海三郎旅游度假区希尔顿度假酒店动工，并于当日举行了奠基仪式。

【历史文化名村保护规划】 三郎镇凤鸣村地处崇州市西北，三郎镇西南，村东与千五里河相邻，西、南与怀远相邻，北与本镇茶园村接壤，距成都64千米，重庆路穿境而过，对外交通情况良好，于2015年被评为“成都市历史文化名村”，此次规划范围面积约5.1平方千米，共计人口1400人。规划区高程介于600—900米，处于山区、坝区过度区域，整体地势呈西高东低状。地区坡度介于8—25度之间。主要规划为，“一走廊·两秘境”，分别为落樱走廊、大明寺古刹禅境及依托宗佛寺与幽静的山野环境，打造幽静奇境。规划目标是建设以唐风为底蕴，以贵妃与樱花文化为特色的历史文化名村，在保护传承历史文脉的同时，改善当地居民的生活水平。整体规划保护格局为，保护山地形势及原生动植物，保护沟谷内当地居民的主要生活与生产场景、大明寺周边划定保护范围及建设控制地带，采用生态设计方法、水系与景观、道路、民宿结合。规划到2020年总人口1350人，用地17.48公顷，年均接待游客量10万人。

【扶贫村庄规划】 三郎镇茶园村位于崇州市西北，三朗镇西南，村域东与三台村相连，西与文井江镇和鸡冠山乡相邻，南与文井江镇相连，北与红纸村相邻，距成都64千米，未来规划有九冠路经过规划区，处于鸡冠山—九龙沟风景名胜区保护区及生态保持区范围内，具有较强的旅游发展潜力。规划范围为茶园村全区域，总面积28.8平方千米，规划区内茶园村居民491人，外地居民约200户，以散居为主，非建设用地28846.98公顷，建设用地33.02公顷，其中村民住宅用地24.63公顷。规划区总体高程700—1460米，最大高差约1000米，地势西高东低，规划区为山地，坡度较小区域为沿河谷区域、樱花基地、二道坪及三道坪，区域地区坡度均大于25度，不宜建设。发展定位为建设中国最大的樱花生态旅游目的地、独特的枇杷茶体验基地、成都著名的修心养身地、成都知名的山珍生产体验基地。新建、拓宽、硬化道路预计22千米，产业空间布局以构建形成“一带五区三十五产业点”空间布局结构为目标，打造油溪河娱乐度假示范带、樱花种植观光示范区、山地旅游休闲示范区、牛尾笋种植体验示范区、枇杷茶观光采摘示范区、红庙子观光休闲示范区，实现一、三联动，依托现代农业与旅游资源，打造养心之旅，素心之旅，涤心之旅。

【九龙沟风景名胜区管控】

九龙沟景区，面积23.9平方千米，核心景区的保护工作重点是，风景区的自然生态系统保护工作；风景区景观系统保护工作。环境保护目标，大气：规划区域的空气质量标准达到国家一级标准。水体：规划区水体水质达到《地表水环境质量标准》二类。噪声：风景区内至少达到声环境质量标准中的一类标准要求。环境保护规划要求：对风景区进行生态现状评价，建议聘请专业的环保技术机构进行风景区生态保护专项规划的编制；风景内的建设活动必须先行编制环境影响评价报告。严格建设项目的环境影响评价制度：建立风景区禁入项目名录，对符合风景区建设要求的项目必须严格执行环境影响评价制度和“三同时”制度；严格执行《饮用水水源保护区划分技术规范》《饮用水水源保护区污染防治管理规定》《四川省饮用水水源保护管理条例》及崇州市相关水源保护文件中的相关要求和规定。生态环境保护措施：风景区内所产生的生活污水，一律不得直接排入水体之中，必须经过处理达标后方能用于山林灌溉。

（廖勇）

三郎镇樱花基地

文井江镇
Wenjinjiang Town

【概况】 文井江镇位于市境西北部，距离崇州市约37千米，因文井江穿境而过而得名，是国家级生态镇。文井江镇政府坐落于文井江镇大同村温泉小镇168号，镇域面积50.63平方千米，森林覆盖率95%以上。辖大坪、清泉、铁索、大同4个村民委员会和万家、马家2个社区居委会，年末常住人口0.74万人，户籍户2936万户。文井江镇现有小学、幼儿园1所，卫生院1所，怀鸡路贯穿全镇。有“崇州枇杷茶”“牛尾笋”2个地标产品。2017年，文井江镇紧扣“茶竹生态镇·山水文井江”发展定位，围绕“产业新城、品质崇州”工作思路，形成了以怡养休闲、农事体验、山地观光、有氧运动为主的美丽乡村发展模式，打造“中国崇州亚健康调理小镇”，逐步实现了生态立镇、旅游强镇、产业富民目标。作为“生态涵养功能区”核心区，以生态为本底，大力发展生态产业。2017年，农民人均可支配收入15923元；固定资产投资25315万元，乡镇财政收入795.29万元。

表40

2017年文井江镇经济社会发展主要指标一览表

项　目	单位	实绩	同比增减（%）
全年年财政总收入	元	7952900	–
全社会固定资产投资总额	亿元	2.53	–
农村居民人均可支配收入	元	15923	–
中小学校数	所	1	–
中小学在校学生数	人	80	–
卫生机构数	个	1	–
卫生机构床位数	张	24	–
卫生技术人员	人	11	–

【旅游新业态】 打造大坪村郑家大院传统村落，加强配套设施的建设，投资80万元完成污水设施的改造，不断提升郑家大院整体接待能力和质量。打造“大同花海　康养圣地”，利用大同温泉小镇安置点，进行组团式改造，形成不同的观赏景点，利用闲置房屋，改造高端休闲度假、康养民居。

【崇庆枇杷茶文化体验季】 3月11日至4月9日，文井江镇龙门贡茶崇州造崇庆枇杷茶文体验季活动在文井江镇成功举办，通过开展千年枇杷茶寻梦之旅健康步道游，看茶、采茶、观茶艺、悟禅茶、闻茶香，品味枇杷茶千年茶韵，以及文井江乡村旅游户外宣传推广等活动，提升了枇杷茶的知名度。

【文井江镇第五届牛尾笋采摘节】 9月9日，以“茶竹生态镇　山水文井江”为理念的“文井江镇第五届牛尾笋采摘节”开幕。在9—10月的每个周六开展牛尾笋“一日采”活动，乡村旅游合作社结合山地休闲旅游开展多样销售，以“三产”带动“一产”。在崇州市设立两个宣传推广展销点，集中推广牛尾笋。大坪村通过“一日游”，共接待游客4.5万人次，实现旅游经济收入

枇杷茶园

牛尾笋林

200万元。

【中药材种植】 依托四川归谷农林有限公司，大力发展名贵中药材制种产业，并逐步铺开万亩林下中药材种植。已建名贵中药材核心制种基地3.33余公顷，恒温智能大棚0.8公顷，培育松贝、原种三七、黄精等10多名贵中药材种苗。带动铁索村、万家社区发展林下中药材种植133.33公顷。走出一条以中药材种植，辐射生态农业观光、医疗药膳、森林康养，亚健康调理的独特生态旅游康养产业之路。

【李家岩水库项目】 李家岩水库项目工程进入项目征地阶段，文井江镇扎实开展征地拆迁工作，项目工作组根据文井江镇征地农户的情况，进行及早的工作部署，调查研究，做到底数清、情况明，及时向上级部门反映相关情况，为李家岩水库征地工作上级部门出台切实可行的政策提供了强有力的依据，保障了征地工作的顺利进行。完成了672名失地农民社保的办理。完成环湖公路测量，附着物的核实，签订拆迁协议36户，全部予以公示。围绕李家岩水库生态涵养功能区发展定位，结合文井江镇的生态资源优势，大力发展“生态+旅游”“生态+康养”的新兴业态。

【深化集体林权制度改革】 集体林权制度改革得到进一步深化，培育林地股份合作社16家，家庭农场和森林人家36家，新型职业林农36人，流转林地1055.87公顷。推动林业生产向适度规模经营转变，推动传统生产向专业化管理转变。围绕林业生产、加工、销售和生态旅游服务全产业链，构建教育培训、认定管理、政策扶持“三位一体”的新型职业林农培育体系。11月，成功举办全国集体林业综合改革试验示范工作推进会现场会，各省、自治区、直辖市林业厅（局）分管负责人和林改处（办）主要负责人，各集体林业综合改革试验示范区林业局主要负责人参观了文井江镇林权制度改革成果。

【传统村落保护】 大坪村是保存完整的明清古村落，文物保护单位较多，保存文物古迹丰富，历史文化价值很高，对当时社会的民俗学、礼学、风水学、环境生态学等方面均有研究价值。该村还有历史悠久的佛教文化、丰富多彩的民间文化、神奇绝妙的自然文化、底蕴深厚的历史文化和别具一格的非物质文化。大坪村村委会通过制定保护措施，加强对原貌保存、古建筑修缮、环境整治，设立保护机构，明确保护范围，设置保护标志，建立保护档案，使大坪村几百年的历史文化得以延续，更好的保护文物古迹，达到大坪村可持续发展的目的。投入80万元资金对大坪村2组郑家大院进行了污水改造。

（舒象爱）

鸡冠山乡
Jiguanshan Township

【概况】 鸡冠山乡位于市境西北，在邛崃山脉东部边缘，属龙门山系，全境为大山区，两端宽、中段略狭，地势由东向西次第升高，海拔最高达3868米，最低为900米。乡域面积301平方千米，系崇州市面积最大的乡镇，辖苟家、薤子、大木、竹根、岩峰、琉璃6个行政村和鞍子河1个社区，共35个村民小组。户籍户数1323户，户籍人口3646人，常住人口2995人。乡政府驻地鞍子河场镇，距市城区45千米。全乡动植物资源丰富，境内有鸡冠山国家森林公园。2017年，按照结构调整、转型发展的需要，结合“全域旅游、全业旅游、全域景区”的思路，持续优化产业布局，以大熊猫国家公园、鸡冠山国家森林公园、李家岩水库的建设为契机，推动一、三产业互动融合发展，把生态优势转化为绿色产业优势，全乡经济社会发展成效显著。

表41

2017年鸡冠山乡经济社会发展主要指标一览表

项 目	单位	实绩	同比增减（%）
全年年财政总收入	万元	781.36	–
地方公共财政收入	万元	781.36	–
地方公共财政指出	万元	781.36	–
地方税收收入	万元	282	–
农村居民人均可支配收入	万元	1.4197	–
中小学校数	所	1	–
中小学在校学生数	人	7	–
卫生机构数	个	1	–
卫生机构床位数	张	11	–
卫生技术人员	人	3	–

【“熊猫爱情”特色小镇建设】 鸡冠山乡作为崇州市山地生态涵养区核心板块，牢固树立“绿水青山就是金山银山”发展理念，坚持绿色发展战略，生态文明建设取得新成效。主动融入熊猫元素，积极建设“熊猫爱情”特色小镇，完成场镇风貌改造立项工作，薤子村“竹溪涧”项目600米道路油石硬化和1.2千米游山步道建设。关停矿山、电冶企业4家，完成全乡103家农家乐、13家水电企业的环保设施建设，对场镇所有住户、商家和餐饮进行环保整改。实施“增绿”工程，植树9万余株。全面落实河长制，强力开展环境综合治理“百日攻坚行动”，着力抓好“路边、河边、山边、林边”“四边”治理，积极推进六村一社区共14个院落的示范点建设。

【森林管护】 健全完善森林管护网格化制度，强化森林防火，召开会议16次，出动乡、村、组三级巡逻队伍600人次，巡逻面积达200多平方千米。大力实施“增绿”工程，完成2000余平方米裸土植绿。2017年，种植树苗9万余株，森林覆盖率持续提升。同时扎实做好防乱砍滥伐、防乱捕乱猎、防森林火灾、防乱占林地、防森林病虫等工作。

【林业产业】 鸡冠山乡大力培育新型经营主体，规范林地股份合作社8家，专业合作社5家，入社林地面积533.33余公顷，新增家庭农场8家，达46家。建设以薤子村红白茶和大木村反季樱桃为重点的高山农产品观光采摘体验基地。现已种植高山反季节樱桃18.2公顷，红白茶10公顷，芙蓉、紫薇花4公顷，嫁接乌梅2万余株。建设以琉璃村和竹根村为主的中药材种植加工基地。发展各种中药材近400公顷，基本完成以中药材为主的林下共享经济发展规划编制。同时积极探索实践校地合作模式，与成都中医药大学合作，建设集研发、种植、加工、观光、体验于一体的名贵中药材基地。建成1200平方米优选育苗大棚，正在申报建设重楼西南基因库。

【森林康养旅游产业】 建设鞍子河社区和苟家村的休闲康养产业区、蕗子坪至大木坪一线的山乡民俗特产体验带和琉璃坝至鸡冠山一线的高山运动观光旅游带。引进崇州市天地蓝途户外公司在鞍子河社区建设户外拓展基地，现已达成合作协议。积极挖掘鸡冠山乡土文化和沙陀国历史，持续高水平举办2017成都·鸡冠山“四季风”主题系列活动。投入9.8万元，完成鸡冠山乡风光宣传片拍摄。同时，大力发展亲水乐山、房车露营、户外拓展、徒步健身等与自然和谐共处的山地运动项目。

【有机农业】 加快推进竹笋、红白茶、山药、枇杷茶和蜂蜜等山货品质升级，采取“走出去、请进来”方式，在种植、加工、包装上下功夫，促进“鸡冠山产”山货提质增效。着力打造“我从山中来”“鸡冠山”“鞍子河”等特色山货公共品牌，让品牌成为提高农特产品价值的倍增器。四川大木云川公司落户大木村，充分利用其成熟可靠的渠道资源，加强与“龙门山货”“西蜀粮仓·崇州味道”等知名电商的合作，同时依托“鸡冠山映象”电商服务平台，积极拓宽销售渠道，促进“鸡冠山产”绿色有机农特产品走出四川销往全国，努力实现“电商换市”。

【高山农产品观光采摘体验基地】 高山农产品观光采摘体验基地位于大木村，种植反季节樱桃18.2公顷、红白茶10公顷，嫁接乌梅2万株。同时成功引进了四川大木云川农业有限公司，拟投资1亿元打造“高山有机农业融合发展项目”。

【彩叶林观赏基地】 建设以岩峰村为核心的彩叶林观赏基地。采取“农户+合作社+公司”运营模式，力争打造全川最大的人工彩林，种植彩林46.67公顷。

【中药材种植加工基地】 深化与成都中医药大学合作，基本完成《鸡冠山乡中药材产业发展规划》的编制，合作建成1200平方米优选育苗大棚，名贵中药材种植面积增加42公顷，启动申报建设西南重楼基因库。

【青梅采摘节】 7月7日，在鸡冠山乡岩峰村举办崇州市鸡冠

鸡冠山乡青梅采摘节

山乡首届青梅采摘节，近千名游客走近娇子梅林，体验“望梅止渴”，品味“青梅煮酒”。

【音乐节】 9月23日，在鸡冠山乡麻柳沟举办2017年成都·鸡冠山“四季风”主题系列活动之“金秋音乐会”活动，此次活动吸引了来自各地的上千名游客的参与。

（郭其港）

名词解释

两断三清：切断工业用水、用电,清除原料、产品、生产设备。

“一元钱、二包干、三评比、四联动”的群众自主管理办法：“一元钱”——2009年开展城乡环境综合治理以来，我镇为解决农村治理经费不足的问题，在全镇开展了农户每人每月缴纳1元钱作为环境治理整治费用的行动，并以此促进群众参与环境卫生整治，此项行动已成为崇州市城乡环境综合治理“3+2”模式之一。“二包干”——一是每户包干负责各户房前屋后室内及房屋周围林盘道路、农毛渠的卫生整治，随时保持干净、整洁，物品堆放有序，无乱搭乱挂等现象；二是每户包干负责各自承包地、自留地、林盘地及其周围道路、沟渠的整治，保持清爽，无垃圾、无杂草、杂物等。“三评比”——一是对各户包干的责任区域进行卫生评比；二是对各户垃圾分类回收以积分制进行评比；三是每季度综合评比一次“文明、卫生、守法、和谐户”（星级户评比），对全年都是“四星户”的，年终给予精神和物质奖励。“四联动”——一是村民委员会负责全面指导各村民小组、散居院落的环境卫生整治工作；二是以村民小组为单位成立环境卫生督导组，负责督促、指导各户进行环境卫生整治及垃圾分类，并对整治结果进行评比、公示；三是各户积极主动参与环境卫生整治中来，养成良好的卫生习惯，全面提升本组院落的卫生形象；四是保洁员要履职到位，认真负责，村道、沟渠干净整洁，垃圾日产日清。

“1+9+N”：涉农社区及村标准化设置配置，即1个涉农社区、村，9项公共服务和社会管理设施由政府配置，N项以市场为主按需配置。

林盘聚落“1+5+3”自治体系：1，即成立林盘治理委员会，实现林盘“提事、议事、定事”管理常态化。5，即设立项目推进组、环境整治组、综合服务组、公益事业组、宣传教育组等五个小组，负责林盘具体自治事务落实。3，即建立完善林盘治理“三大管理机制”，即：实行林盘日常事务例会制度，每月定期召开商议林盘事务的林盘例会；推行林盘环境卫生综合评比制度，细化林盘卫生“星级户”评分标准，坚持周查、月评、季考，促进群众讲卫生、除陋习；建立林盘自筹资金维护制度，由全体村民每人每年自筹不少于300月的林盘维护资金，用于林盘卫生管理、公益服务、文化活动等。

附 录

2017年领导名录

中国共产党崇州市委员会
书记、副书记、常委名录

书　记：赵浩宇

副书记：欧　昭　骆良云

常　委：赵卫东　廖冬雪　陈　波　毛向阳　张泽林　王成龙　余家洪

崇州市人民代表大会常务委员会
主任、副主任名录

主　任：易孔盛

副主任：陈志贤　张志新　李文明　李　超　丁加武

崇州市人民政府市长、副市长名录

市　长：欧 昭

副市长：赵卫东　冯卫康　文国洪　叶志俊　程志宏　郑厚君

中国人民政治协商会议崇州市委员会
主席、副主席名录

主　席：杨火清

副主席：王　伟　陈　刚　陈启舟　朱泽军　马　灵

中共崇州市纪律检查委员会
书记、副书记、常委名录

书　记：陈　波

副书记：向　斌　张远春

常　委：张　建　彭　斌　秦　瑶　高　波

崇州市部门领导干部一览表

表42

单 位	职 务	姓 名	备 注
市委办公室	主 任	廖 庆	
市人大常委会	办公室主任	张 林	
	办公室副主任	李建刚	
	办公室副主任	汪 涵	
	纪检组长	夷志彬	
	人大代联工委主任	王 伟	
	人大研究室主任	李建刚	
	人大信访办主任	张春文	
	人大法制工委主任	袁仕洪	
	人大财经工委主任	白银刚	
	人大社会事务工委主任	屈世梁	
	人大城建环保工委主任	陈德全	
市政府办公室	主 任	姜德尧	
市政协	秘书长	刘天全	4月离任
	秘书长、办公室主任	陈 玲	4月任办公室主任，8月任秘书长
	副秘书长	沈玉彬	
	副秘书长	张春福	12月任职
	副秘书长	王云辉	12月任职
	纪检组长	董 静	
	政协委组办主任	李惠君	4月离任
	政协委组办主任	陈 刚	5月任职
	政协经济农业委主任	秦世革	
	政协提案委主任	陈有智	
	政协社会法制委主任	刘 艳	
	政协民族宗教联谊委主任	雷成杰	
	政协文史学习委主任	余成茜	
	政协教科文卫体委主任	朱志宏	
市监察局	局 长	马绍议	4月离任
	局 长	向 斌	4月任职
中共崇州市委巡察办	主 任	康 翔	5月任职
市法院	院 长	张 静	12月任职
市检察院	检察长	龚亚明	12月离任
	代理检察长	周光富	12月任职
市人武部	部 长	张大伟	
	政 委	冯中力	

续表42

单　位	职　务	姓　名	备　注
市委组织部	部　长	余家洪	
	常务副部长	方　敏	
市委宣传部	部　长	廖冬雪	
	常务副部长	舒文星	
市委统战部	部　长	毛向阳	
	常务副部长	杨康虎	
市委政法委	书　记	张泽林	
	常务副书记、市综治办主任	谭　勇	
市委编办	主　任	杨　林	
市委统筹委	主　任	华　斌	1月任职
市直机关工委	书　记	刘启蓉	
市信访局	局　长	刘　毅	
市目督办	主　任	万国威	
市委机要保密局	局　长	叶春江	
市外台侨办	主　任	李家志	5月离任
	主　任	陈文雅	5月任职
市民族宗教事务局	局　长	甘建成	
市委政研室	主　任	沈贵川	
市委党史研究室（市地方志办公室）	主　任	雷庆龄	
市委老干局	局　长	赵泽君	
市委党校（市行政学校）	校　长	余家洪	兼职
	常务副校长	李正鹏	
中共崇州市委城乡社区发展治理委员会	主　任	余家洪	10月任职，兼职
	常务副主任	伍建光	10月任职
经开区管委会	党工委书记、主任	毛向阳	兼职
旅游发展和景区管理委员会	主　任	丁强武	7月任职
市发改局（市粮食局）	局　长	俞冬梅	
市经信局	局　长	黄晓琴	
市教育局	局　长	吕　鹏	
市公安局	局　长	杨文良	1月离任
	局　长	程志宏	1月任职
市民政局	局　长	罗加红	1月任职
市司法局	局　长	戚　斌	10月离任
	局　长	黄　勇	10月任职
市财政局	局　长	罗小明	

续表42

单 位	职 务	姓 名	备 注
市人社局	局 长	李世清	
市国土局	局 长	张春阳	
市环保局	局 长	谢建明	
市住建局	局 长	周 华	
市规划局	局 长	钟有君	
市城管局	局 长	马绍宏	4月离任
	局 长	代会明	4月任职
市交通局	局 长	陈 权	
市水务局	局 长	马永忠	
市农发局	局 长	李建强	
市商投局	局 长	徐 剑	
市文旅局	局 长	陈 玲	4月离任
	局 长	戴万川	4月任职
市新闻中心	主 任	丁强武	4月离任
	主 任	余 鹏	4月任职，12月离任
	主 任	夏海英	12月任职
市卫计局	局 长	胡 川	
市审计局	局 长	张学如	
市安监局	局 长	王涌佺	1月任职
市市场监管局	局 长	余文祥	
市市场服务中心	主 任	杨 强	
市供销联社	主 任	且 直	1月任职
市档案局（馆）	局 长	高志芳	4月任职
市政务办（行政审批局）	主 任	尧 兰	7月离任
	主 任	马绍宏	7月任职
市法制办	主 任	杨成毅	
市防震减灾局	局 长	王 勇	
市统计局	局 长	万 敏	
市综合执法局	局 长	代会明	
市沼气办	主 任	陈志全	5月离任
	主 任	张永志	5月任职
市街管局	局 长	黄 勇	7月离任
市交易中心	主 任	谭文鹏	1月任职
市总工会	主 席	王成龙	兼职
	常务副主席	马绍议	
团市委	书 记	罗艳丽	

续表42

单　位	职　务	姓　名	备　注
市妇联	主　席	袁红跃	
市科协	主　席	杨　建	
市残联	理事长	黄来远	
市红会	会　长	郑厚君	兼职
	常务副会长	晏　雪	
市社科联	主　席	温故新	
市文联	主　席	廖冬雪	兼职
	常务副主席	姜孝云	
市关工委	主　任	郑继良	5月离任，兼职
	主　任	余家洪	5月任职，兼职
	执行主任	张年福	5月离任，兼职
	执行主任	张春生	5月任职，兼职
市工商联	主　席	游　刚	兼职
	常务副主席	吴　敏	

表43

崇州市乡镇（街道）领导干部一览表

单　位	职　务		姓　名	备　注
崇阳街道	党工委	书 记	陈　刚	5月离任
	党工委	书 记	杨　凯	5月任职
	办事处	主 任	罗文良	
羊马镇	党委	书 记	何　彬	
	政府	镇 长	廖　强	
崇平镇	党委	书 记	谭凤君	
	政府	镇 长	张　冬	5月离任
	政府	镇 长	闫　斌	5月任职
梓潼镇	党委	书 记	王晓梅	
	政府	镇 长	张红良	4月离任
	政府	镇 长	余永江	5月任职
廖家镇	党委	书 记	李　刚	
	政府	镇 长	任献波	
三江镇	党委	书 记	粟崇泽	
	政府	镇 长	吴　霞	
江源镇	党委	书 记	陈孟常	
	政府	镇 长	王建根	

续表43

单　位	职　务		姓　名	备　注
大划镇	党委	书 记	雷文全	
	政府	镇 长	华　斌	2017年1月离任
	政府	镇 长	张红良	2017年4月任职
王场镇	党委	书 记	任恩志	
	政府	镇 长	张　智	
白头镇	党委	书 记	李铭剑	
	政府	镇 长	胥　伟	
道明镇	党委	书 记	牟小刚	
	政府	镇 长	康　蓉	5月离任
	政府	镇 长	马　强	11月任职
济协乡	党委	书 记	张　健	1月离任
	党委	书 记	杨　军	1月任职
	政府	乡 长	罗　秦	
隆兴镇	党委	书 记	罗　巍	
	政府	镇 长	黄　建	
桤泉镇	党委	书 记	谢　莉	1月任职
	政府	镇 长	谢　莉	1月离任
	政府	镇 长	李成龙	4月任职
集贤乡	党委	书 记	罗加勇	1月任职
	政府	乡 长	洪　浩	
燎原乡	党委	书 记	刘乾富	
	政府	乡 长	徐　宏	4月离任
	政府	乡 长	冯月玲	4月任职
元通镇	党委	书 记	黄　荣	
	政府	镇 长	张龙江	1月任职
观胜镇	党委	书 记	陶　陶	
	政府	镇 长	罗加勇	1月离任
	政府	镇 长	雷　雨	6月任职
锦江乡	党委	书 记	骆磅礴	4月离任
	党委	书 记	康　蓉	5月任职
	政府	乡 长	常　敏	
公议乡	党委	书 记	张永志	5月离任
	党委	书 记	张　冬	5月任职
	政府	乡 长	王华阳	
怀远镇	党委	书 记	金红兵	
	政府	镇 长	徐　平	

续表43

单 位	职 务		姓 名	备 注
街子镇	党委	书 记	杨 凯	5月离任
	党委	书 记	宁志俊	5月任职
	政府	镇 长	宁志俊	5月离任
	政府	镇 长	胡青卿	6月任职
三郎镇	党委	书 记	晏云鹤	
	政府	镇 长	杨 军	1月离任
	政府	镇 长	余艳清	1月任职
文井江镇	党委	书 记	戴万川	4月离任
	政府	镇 长	杨 忠	
鸡冠山乡	党委	书 记	刘洪彬	
	政府	乡 长	付 勇	

表44

国有投融资公司领导干部一览表

单 位	职 务	姓 名	备 注
蜀兴投资有限公司	董事长（总经理）	沈 庆	
兴蜀投资开发有限责任公司	董事长（总经理）	周 宾	
蜀州城市建设投资有限责任公司	董事长	崔 忠	
	总经理	杨 彬	
琉璃旅游投资开发有限责任公司	董事长	崔 忠	
	总经理	曾 强	
中小企业融资担保有限公司	董事长（总经理）	张 愉	
崇中展业投资有限公司	董事长	陈 建	
	总经理	康 瑛	
成都市蜀州兴宇城市建设有限责任公司	董事长（总经理）	宋 敏	

表45

省、成都市驻崇州单位领导干部一览表

单 位	职 务	姓 名	备 注
供电公司	总经理	谭 毅	
国税局	局 长	陶国彬	
地税局	局 长	徐明朗	
气象局	局 长	周正斌	
崇州邮政公司	总经理	胡 斌	
烟草公司（市烟草局）	局长（经理）	万家均	
公积金管理中心	副主任	高 浩	
人行崇州支行	行 长	李 卫	
四川省银监会驻崇州办事处	主 任	王晓东	

2017年崇州市在中央级媒体外宣稿件选登表

表46

日 期	媒体	标 题	内 容
1月11日	《人民法院报》	崇州法院成功化解一起涉稳涉访纠纷案	报道四川省崇州市人民法院由院长挂帅审判团队，带头化解一起重大涉稳涉访纠纷，解决多年以来国企遗留问题，圆满解决长期困扰23户下岗职工难题
1月23日	《经济日报》	从“泥腿子”到农业CEO	报道崇州隆兴镇顺江村农民王志全成为崇州首个凭农业职业经理人资格证书获得银行贷款的人
1月24日	《中国文化报》	新春走基层 文化暖人心	集中报道了全国多个地区新春文化活动，其中提及崇州市各有特色的文化院坝：“四川省崇州市各乡镇的迎新春系列活动正在各文化院坝如火如荼地开展。以崇州市国际标准舞运动协会、圆梦妇女儿童关爱中心等为代表的13家文化类社会组织积极配合当地政府开展了30多场民俗闹春文化活动，使崇州市内各文化站点过年前后天天有活动、处处有欢笑。”
2月11日	《农民日报》	创新：农民合作社发展的持久动力	报道农业部农村经济体制与经营管理司调研组赴四川成都市温江区、郫县、崇州市和资阳市雁江区等地进行了调研，崇州市耘丰农机合作社多方筹集资金从台湾厂商引进了大陆地区第一台高性能全自动插育秧机组，大大提高了作业效率
2月16日	《中国文化报》	四川崇州元宵民俗活动异彩纷呈	报道四川省崇州市2017年“闹元宵　过大年”民俗展演活动在全市25个乡镇开展。展演活动的巡游展示队伍超过70支、志愿者5000多人，参与群众2万多人次，展现了崇州“文化管家”模式的创新成果
2月20日	《农民日报》	三问三答解码崇州农业“共营制”	报道崇州市地农业共营制解决了谁来经营？谁来种地？谁来服务？等问题
3月4日	中央电视台一套《新闻联播》《晚间新闻》，中央电视台一套、十三套《朝闻天下》	春天的中国	报道崇州市赏花节
3月10日	中央电视台一套《晚间新闻》	文化优惠机制创新　百姓幸福加码	报道成都文化事业创新亮点，区县以崇州市文化管家模式为例
3月19日	中央电视台五套体育频道《体育晨报》	2017赛季车迷健身节在“最美赛道”开启	报道为期两天的中国·成都第八届自行车车迷健身节（崇州站）暨第六届公路自行车精英赛在崇州市桤木河湿地公园拉开帷幕，并介绍了重庆路沿线优美的风光
3月20日	中央电视台军事农业频道《聚焦三农》	美丽乡村我来画	通过成都市几位乡村规划师的工作为引，展示新农村的巨大改变，13分钟节目主要以白头镇五星村、甘泉村美丽镜头为主，崇州赏花节元素丰富

续表46

日期	媒体	标题	内容
3月21日	新华每日电讯	成都:花开春意浓	图文报道3月18日小朋友们在位于四川成都崇州市的油菜花田旁合影。随着气温的回升，成都周边的油菜花绽放，乡间田野春意盎然
3月21日	新华社	养了3万只鸡的农庄没有粪味，鸡粪去哪了?	通过白头镇土而奇探索生态循环种养模式切入，反映崇州大力实施农业供给改革
3月23日	新华每日电讯	养3万只鸡却没粪味，鸡粪去哪了?一个“新型”农民的10年生态追求	报道成都崇州市白头镇一新型职业农民冉启斌10年里不懈追求生态循环种养模式“正是崇州大力实施的农业供给改革试验”
3月23日	《人民日报》	农区变景区 田园变公园 升级版农家乐 账本更厚了（探路供给侧·怎么赚）——来自农业大省四川的农业供给侧结构性改革调研	列举崇州、龙泉和雅安名山三地实例，报道崇州结合一产业和赏花节等文化和旅游亮点元素，形成了“现代农业壮观景象”
4月2日	《人民日报》	走进英雄的心	刊载清明前夕女飞行员余旭的母亲撰写的纪念文章《儿曾萧雨入梦来》，以神圣的仪式表达崇尚和敬仰，也从英雄的日常里涵养一份直达心底的共情
4月7日	《光明日报》	跨领域执法破解“九龙治水”困局	报道崇州市组建市综合行政执法局并制定责任清单，通过改革改变了过去“九龙治水”的局面
4月24日	《人民日报》	成都新农村建设迈入“4.0版”	报道崇州桤泉镇“小组微生”新农村建设营造出了田园风光，发展乡村旅游，为农民致富增收拓宽了门路等相关情况
5月7日	《光明日报》	成都：音乐之都怎么建	报道每年彭州白鹿镇、崇州街子镇、龙泉驿洛带镇、大邑安仁镇等四个特色音乐小镇，总是有众多的活动吸引人们参加，形成音乐与旅游、教育、游戏等更多领域的融合发展
5月10日	《中国改革报》	“以花为媒”助力成都国家中心城市建设	报道崇州市按照成都深入推进农业供给侧结构性改革要求，结合地理区位、资源禀赋和产业基础“以花为媒”高水准办好四川自驾赏花节，培育出了一大批文化旅游产业化项目，带动群众增收致富
7月3日	《检察日报》	成都：推进“两学一做”学习教育常态化制度化	报道“七一”前夕，成都市检察院党员代表到简阳市农云村、崇州市黎店村慰问帮扶村贫困户，开展“走基层、送党代会精神”宣讲活动，为村民们送上了“乡村广播”等法治政策套餐
7月19日	中央电视台一套、十三套《朝闻天下》	四川电影《笑里藏刀》传递川剧魅力	报道电影《笑里藏刀》在开拍，元通为该剧主要拍摄地之一，多处使用元通古镇镜头

续表46

日　期	媒体	标　题	内　　容
7月24日	《中国纪检监察报》	板子打在痛处	报道7月11日四川省成都市召开全市落实主体责任工作推进座谈会，崇州市积极创新方式方法，探索推动主体责任落实的有效途径，研究出台落实全面从严治党责任“五项清单”，确保责任落地生根
7月24日	《经济参考报》	“民间河长”巡河记	报道崇州市隆兴镇黎坝村整治污染，落实“河长制”目前正在探索畜禽粪便还田的资源化新机制，努力保持河流生态与百姓生活的平衡
8月1日	《农民日报》	土地经营权入股发展农业产业化经启改革新征程	报道土地经营权入股发展农业产业化经营试点自2015年启动实施以来，7个试点地区坚持改革创新的精神，深入研究和把握试点规律、方法，明确推进试点思路，稳步推进各项工作，经过两年多的探索，取得了显著成绩——列举了包括崇州在内全部7个试点县近况
8月6日	《中国文化报》	绘新风 塑军魂	报道成都画院组织30余名专职画家、画师及特聘画家来到崇州市白头镇，探访慰问在这里的官兵们
8月27日	《中国纪检监察报》	四川成都 重拳直击“微腐败”	报道8月10日成都市纪委常委、市预防腐败局副局长刘耘芸带队到崇州市，对群众反映的该市元通镇景汇村6组元通水电厂法人代表伙同他人侵占该厂拆迁补偿款这一信访问题进行督办
8月29日	中央电视台二套《中国财经报道》	系列专题《辉煌中国》	包括崇州鞍子河保护区自然生态和熊猫栖息相关内容
9月5日	《人民日报》	干部廉不廉　群众来打分	报道四川在全国率先探索开展党风廉政建设社会评价工作，崇州市退休干部张鹏接受采访说：“隔三岔五就能在当地媒体看到反‘四风’、反贪腐的通报，这让我感受到党委政府惩治腐败的决心。”
9月13日	《中国旅游报》	成都旅游引资超600亿元	报道9月11日借势UNWTO大会召开和世界旅游联盟成立的重大契机，成都市政府举行了旅游投资项目推介会。其中，《崇州市与海南白沙天元康养城花果山健康小康投资协议》等6个重点项目完成了现场签约
10月13日	新华社	“林业共营制”让沉睡林地资源“活”起来——成都深化林改纪实	报道作为“第二批全国农村改革试验区深化集体林权制度改革试点市”“全国集体林业综合改革试验示范区”，四川省成都市崇州通过创新和改革，让沉睡的林地资源“活”起来
10月15日	新华每日电讯	成都:“共营制”让林地“活”起来	报道作为“第二批全国农村改革试验区深化集体林权制度改革试点市”“全国集体林业综合改革试验示范区”，四川省成都市通过创新和改革，让沉睡的林地资源“活”起来，列举并介绍了崇州市深化林改的措施与改变

续表46

日　期	媒体	标　题	内　　容
10月17日	《农民日报》	成都构筑都市现代农业新高地	报道成都崇州市10万亩现代农业产业基地综合示范区
10月19日	中央电视台一套《晚间新闻》	乡亲集体听报告　期待美好未来	报道全国各地对中共十九大召开的热切反应，其中桤泉镇余花龙门子群众集体观看中共十九大开幕会，并采访当地党员
10月22日	《中国改革报》	成都崇州市以精深加工为手段，以品牌培育为突破，推出天府好米	报道9月29日中国崇州“稻虾藕遇·天府好米”新米推介会在素有“天府粮仓”美誉的成都崇州市隆兴镇举行。来自四川省、成都市及有关高等院校的营养学专家、农业科技专家、水稻研究专家等对崇州的“稻虾藕遇·天府好米”种植结构和模式、生态及有机营养学价值给予了高度评价
10月22日	《中国改革报》	惠民致富 打造‘农业共营制’升级版	报道崇州发展粮食适度规模经营，推动粮食生产供给侧结构性改革，走在了全国前列
10月30日	新华社	成都首次雪豹调查确认：成都范围至少有2只雪豹	报道鞍子河自然保护区和黑水河自然保护区联合进行专项调查，在崇州市鞍子河自然保护区红外相机捕捉到了雪豹的画面，此次调查发现的雪豹，活动海拔更高、分布范围更广，表明了近年来保护区生态条件的不断改善
10月31日	人民网	崇州“农民夜校”开展十九大精神学习　农民说“听得过瘾”	报道崇州社区学校开展中共十九大精神宣讲
11月7日	《农民日报》	开渠引水润天府金融改革战正酣	报道“农贷通”综合服务站入驻崇州，崇州多位农民得到贷款帮助
11月21日	新华社	四川崇州推出法律机器人“小崇”	报道崇州法院自主设计了一款多功能应用型机器人，用大数据及人工智能技术为多个部门及个人提供法律服务
11月22日	《人民日报》	智慧法院 贴心服务	报道崇州法院自主设计了一款多功能应用型机器人，用大数据及人工智能技术为多个部门及个人提供法律服务
11月24日	《经济日报》	图片新闻	报道，11月21日，在四川省崇州市人民法院，工作人员向市民介绍法律机器人“小崇”的功能和使用方法。四川省崇州市在打造“智慧法院”过程中，自主设计一款多功能应用型法律机器人，为市民提供法律咨询、法治宣传等服务
11月26日	《法制日报》	法律机器人“小崇”上岗	报道四川省崇州市在打造“智慧法院”过程中，自主设计一款多功能应用型法律机器人，为市民提供法律咨询、法治宣传等服务

续表46

日期	媒体	标题	内容
11月28日	《经济日报》	绘就新农村美丽画卷	报道四川崇州白头镇五星村坚持"景农一体、产村相融"建设思路，被评为"最美休闲乡村"
11月30日	《经济日报》	荒山绿了 腰包鼓了	报道在四川崇州道明镇斜阳村的季崧林地股份合作社，记者看到成片的杉木林一改往日的荒凉，林下，一垄垄翻新的泥土留下了精耕细作痕迹，一片片新栽植的白芨、金钟花、金线莲长势喜人。在合作社的林地里种着中药材，林间搭起了漂亮的接待站，探索推行林业共营制
12月1日	新华每日电讯	晒"微权力""微腐败"	报道四川崇州市从严格规范村务办理流程着手，通过晒出基层"微权力"，紧紧盯住基层"微腐败"
12月2日	中央电视台十套《中国影像志》	四川崇州篇	以文井江为线索展现了崇州的历史文化民俗风貌，以真实的影像呈现崇州人民书写的千古方志
12月13日	《人民日报》	四川崇州零容忍政治基层微腐败——有报必快查查实必追究	报道崇州市紧盯基层"微腐败"，严格规范村务办理流程，全面提高基层依法治理能力和水平
12月21日	《人民法院报》	机器人"小崇"助推诉讼服务工作	报道，作为新生代智能机器人，"小崇"以微信、一体机、桌面机器人为应用场景，集权威、智慧、便民、跨界四大要素特点，因地制宜为办事群众和法官提供诉讼服务。"小崇"的主要功能不仅在于提供法律问答、诉讼风险评估、类案推送等服务，更在于依托政府大联动平台、横向连接"蜀信"平台、司法局人民调解平台、融合社会征信平台，实现既能查询案件，又能采集机构信用、工商信息，从而实现矛盾纠纷的多元化解
12月26日	《法制日报》	政法高科技连犯罪都可以"预测"	报道7月崇州市人民法院推出问答机器人"小崇"，依托2800万法律案例大数据平台，提供智能咨询、智能评估、在线纠纷解决等服务

2017年崇州市获成都市委市政府以上授予的称号

表47

序号	项　目	发文机关	发文字号	发文时间
1	国家知识产权强县工程示范县	国家知识产权局	国知发管函字〔2017〕36号	2017.3.16
2	公安部贺函	公安部	公安部贺函	2017.11.16
3	2017年第六届平安中国防灾宣导系列公益活动优秀组织奖	中国地震局 中国科协	奖牌	2017年
4	2017年度全国县级防震减灾工作综合考核先进单位	中国地震局	中震防发〔2017〕63号	2017.12.20
5	中国蜂蜜之乡	中国蜂产品协会	中蜂协发字〔2017〕25号	2017.10.16
6	2017年全国科普日活动优秀组织单位	中国科学技术协会	科协办发普字〔2017〕40号	2017.12.15
7	《中华人民共和国红十字会法》暨全国红十字应急救护知识竞赛最佳组织一等奖	中国红十字总会	中红办字〔2017〕90号	2017.8.22
8	2016年县域经济发展先进县	省委、省政府	川委〔2017〕577号	2017.12.29
9	2016年度全省农民增收工作先进县	省委办公厅、省政府办公厅	川委厅〔2017〕8号	2017.1.21
10	2016年度全省“三农”工作先进县	省委办公厅、省政府办公厅	川委厅〔2017〕7号	2017.1.21
11	2016年目标绩效考评先进单位	成都市委、市政府	成委〔2017〕186号	2017.7.5
12	成都市2016年安全生产先进集体	成都市政府	成府函〔2017〕92号	2017.6.1
13	2016年度消防工作先进单位	成都市政府	成府函〔2017〕45号	2017.3.24
14	2016年专项建设基金工作成绩突出单位	成都市委、市政府	成委〔2017〕17号	2017.1.22
15	2011–2015年全市法治宣传教育先进集体	成都市委	成委〔2017〕76号	2017.3.24
16	2017年群众来信和领导留言办理工作先进单位	成都市信访工作联席会议	成信联发〔2017〕19号	2017.12.28
17	2016年度服务业重大项目推进工作先进单位	成都市人民政府办公厅	成办函〔2017〕14号	2017.1.17
18	第四届成都农博会投资促进工作突出贡献单位	成都市政府办公厅	成办函〔2017〕26号	2017.2.16
19	第四届成都农博会展览展销工作突出贡献单位	成都市政府办公厅	成办函〔2017〕26号	2017.2.16
20	2016年度征兵工作先进单位	成都市政府、成都警备区	成府函〔2017〕122号	2017.7.21
21	2016年度向市委报送信息先进单位	成都市委办公厅	成委厅〔2017〕118号	2017.9.1

2017年崇州市经济社会发展主要目标完成情况表

表48

指标名称	2017年完成情况	
	总量	增长（%）
一、地区生产总值（亿元）	300.4	10.5
一产业增加值（亿元）	36.2	5.2
二产业增加值（亿元）	148.8	12.3
三产业增加值（亿元）	115.4	9.9
二、固定资产投资总额（亿元）	292.8	15.3
三、规模以上工业增加值（亿元）	—	16.1
四、社会消费品零售总额（亿元）	86.3	12.9
五、地方一般公共预算收入（亿元）	20.5	22.0
税收收入（亿元）	16.3	25.8
六、农村居民人均可支配收入（元）	19543	9.2
七、城镇居民人均可支配收入（元）	32875	9.2